공인노무사
원포인트 객관식 민법

김중연

제3판 머리말

2024년부터 변경된 시험제도에 따라 객관식이 40문항으로 증가하였습니다. 문항의 증가는 시험범위 전체 영역에서 조문과 판례를 골고루 출제하겠다는 취지일 것입니다. 이에 맞추어 「공인노무사 원포인트 객관식 민법」 제3판을 출간하게 되었습니다. 본서의 특징은 다음과 같습니다.

1부 - 객관식 기출문제 풀이

공인노무사 기출문제는 2010년부터 2023년까지의 문제를 수록하였습니다. 변경된 시험제도 하에서도 기출의 분석은 당연히 선행되어야 합니다. 해설은 간결하게 하였으며, 사례형식을 갖추고 있는 객관식 문제의 경우 이해도를 높이기 위하여 자세한 해설을 하였습니다.

2부 - 전범위 실전 모의고사

25문항을 푸는 것과 40문항을 푸는 것은 정말 큰 차이가 있습니다. 문제 자체의 난이도는 별론으로, 시험시간 자체가 늘어나기 때문에 체력적으로나 정신적으로 큰 부담이 될 것입니다. 이에 대비하고자 전범위 모의고사 5회분을 수록하였습니다. ① 기존의 출제비중을 고려하여 민법총칙 50%, 채권총론 25%, 채권각론 25% 비율로 문제를 편집하였으며, ② 기출지문도 60% 이상 반영하였고, 24년 2월까지의 최신판례 역시 반영하였습니다. ③ 박스형, 5지 선다형, 갑을병 사례형의 문제를 골고루 배치하여 난이도 역시 기존 시험에 가장 부합하도록 선별하였습니다.

「공인노무사 원포인트 민법」에 이어 「공인노무사 원포인트 객관식 민법」까지 출간에 힘써주신 도서출판 새흐름의 이종은 대표님 그리고 직원분들께 감사의 인사를 드립니다.

2024년 2월

김중연

제2판 머리말

「공인노무사 원포인트 객관식 민법」 제2판을 출간하게 되었습니다. 본서의 특징은 다음과 같습니다.

[본서의 특징 및 활용법]

1. 민법의 총체적 검토 활용

객관식 문제를 보기에 앞서 공인노무사에서 반드시 정리해야 하는 내용들을 [기출쟁점과 함께 살펴보는 민법의 총체적 검토]라는 제목으로 본서 앞에 배치하였습니다. 시험에 합격하기 위해서는 모든 내용을 학습하는게 아니라 시험에 자주 출제되는 쟁점을 집중적으로 학습하는 것이 효율적입니다. 따라서 본서에서 제시하는 내용들은 앞으로 수험방향의 길잡이가 되어줄 것입니다.

2. 난이도 높은 문제의 추가

공인노무사의 기출문제는 2010년부터 2022년까지의 문제를 수록하였습니다. 다만, 최근에 문제가 어렵게 출제되고 있습니다. 우선, **관련 영역이 물권과 가족법까지 조금씩 확대해 가고** 있습니다. 그리고 사례형 객관식 문제가 출제되고 있습니다. 이런 출제경향에 맞추어 변호사시험과 사법시험 및 법원행시 기출문제 중 공인노무사에도 출제될 수 있는 문제를 선별하여 추가 수록하였습니다.

3. 간소하지만 정확한 해설

간소하지만 정확한 해설을 통해 콤팩트하게 정리할 수 있도록 하였습니다. 무엇보다 사례형식을 갖추고 있는 객관식 문제의 경우 이해도를 높이기 위하여 자세한 해설을 하였습니다. 마지막으로 초판에서 부족하였던 해설을 보완하였습니다.

「공인노무사 원포인트 민법」에 이어 「공인노무사 원포인트 객관식 민법」까지 출간에 힘써주신 도서출판 새흐름의 이종은 부장님 그리고 직원분들께 감사의 인사를 드립니다.

2023년 2월

김중연

머리말

「공인노무사 원포인트 민법」에 이어 「공인노무사 원포인트 객관식 민법」을 출간하게 되었습니다. 본서 역시 오직 공인노무사만을 위한 교재이며, 문제의 해설에는 「공인노무사 원포인트 민법」의 편제에 따라 민법총칙 ⇒ 채권총론 ⇒ 채권각론의 순서입니다. 본서의 특징은 다음과 같습니다.

[본서의 특징 및 활용법]

1. 기출문제의 구성 및 이유

공인노무사의 기출문제는 2010년부터 2021년까지의 문제를 수록하였습니다. 특히 최근에 사례유형의 문제가 자주 출제되고 있는 만큼 변호사시험과 사법시험 및 법원행시 기출문제 중 공인노무사에도 출제될 수 있는 문제를 선별하여 추가 수록하였습니다.

2. 간소하지만 정확한 해설

단순 박스형이나 5지 선다형의 문제는 별론으로 하고 사례유형의 형식을 갖추고 있는 객관식 문제의 경우 이해도를 높이기 위하여 자세한 해설을 하였습니다. 이에 따라 사안까지 포섭하는 해설을 제시하였습니다. 반면 조문과 판례의 경우에는 추가적인 학습이 필요한 부분이 있을 수 있는 만큼 지문에 해당되는 내용이 포함된 판례 역시 자세하게 수록을 하였습니다.

3. 도표와 참고 사항의 제시

자주 출제되는 쟁점은 도표 등을 통하여 정리를 하였으며, 공인노무사 시험의 특성을 고려하여 관련된 쟁점은 참고사항 등을 통하여 다양한 관점을 생각할 수 있도록 해설을 제시하였습니다.

「공인노무사 원포인트 민법」에 이어 「공인노무사 원포인트 객관식 민법」까지 출간에 힘써주신 도서출판 새흐름의 이종은 부장님 그리고 직원분들께 감사의 인사를 드립니다.

2022년 2월

김중연

Contents
차 례

제1부 기출문제

PART 01 민법총칙

CHAPTER 01 민법과 민법학 … 4

CHAPTER 02 법률관계와 권리 … 6

CHAPTER 03 신의성실의 원칙 … 8

CHAPTER 04 권리의 주체 … 13
- 제1절 자연인 … 13
- 제2절 법 인 … 30

CHAPTER 05 권리의 객체 … 43

CHAPTER 06 권리의 변동 … 51
- 제1절 권리변동과 법률행위 … 51
- 제2절 법률행위의 해석 … 52
- 제3절 법률행위의 목적 … 54
- 제4절 의사표시 … 64
- 제5절 법률행위의 대리 … 82
- 제6절 법률행위의 무효와 취소 … 105
- 제7절 조건과 기한(법률행위의 부관) … 117
- 제8절 기 간 … 127

CHAPTER 07 소멸시효 … 130

PART 02 채권총론

CHAPTER 01 채권의 목적 ··· 144

CHAPTER 02 채권의 효력 ··· 149
제1절 채무불이행 · 149
제2절 손해배상 · 157
제3절 채권자지체 · 165
제4절 책임재산의 보전(채권자대위권과 채권자취소권) · 166

CHAPTER 03 다수당사자의 채권관계 ··· 181
제1절 분할채권관계와 불가분채권관계 · 181
제2절 연대채무와 부진정연대채무 · 183
제3절 보증채무 · 187

CHAPTER 04 채권양도와 채무인수 ··· 191
제1절 채권양도 · 191
제2절 채무인수 · 198

CHAPTER 05 채권의 소멸 ··· 204
제1절 변제(대물변제 및 변제공탁) · 204
제2절 상 계 · 209
제3절 기타 채권의 소멸 · 214

PART 03 채권각론

CHAPTER 01 계약총론 ··· 216
제1절 계약의 성립 ········· 216
제2절 계약의 효력 ········· 221
제3절 계약의 실효(해제와 해지) ········· 229

CHAPTER 02 계약각론 ··· 238
제1절 증 여 ········· 238
제2절 매 매 ········· 240
제3절 소비대차 ········· 252
제4절 임대차 ········· 253
제5절 도 급 ········· 262
제6절 위 임 ········· 266
제7절 임 치 ········· 271
제8절 조 합 ········· 272
제9절 화 해 ········· 275

CHAPTER 03 사무관리 ··· 276

CHAPTER 04 부당이득 ··· 278

CHAPTER 05 불법행위 ··· 288
제1절 불법행위의 성립 ········· 288
제2절 불법행위의 효과 ········· 298

제2부 실전모의고사

제1회 실전모의고사 ⋯ 305

제2회 실전모의고사 ⋯ 317

제3회 실전모의고사 ⋯ 329

제4회 실전모의고사 ⋯ 341

제5회 실전모의고사 ⋯ 353

정답·해설 실전모의고사 ⋯ 365

  제1회 ··· 365
  제2회 ··· 375
  제3회 ··· 386
  제4회 ··· 395
  제5회 ··· 403

[기출쟁점과 함께 살펴보는 민법의 총체적 검토]

1 민법의 의의와 법원

민법 제1조는 「민사에 관하여 법률에 규정이 없으면 관습법에 의하고 관습법이 없으면 조리에 의한다」고 규정하고 있다. 민법은 이러한 민사관계에 관한 분쟁을 해결하기 위한 법률이며 이에는 관습법이 성문법에 보충적으로 적용된다.

※ 민법총칙 기출분포

법원	14(12문)	15(12문)	16(12문)	17(12문)	18(13문)	19(12문)	20(12문)	21(12문)	22(12문)	23(12문)
	관습법	관습법과 사실인 관습								

2 기본원리 - 신의칙

민법 제2조에 제1항에서 「권리의 행사와 의무의 이행은 신의에 좇아 성실히 하여야 한다」고 규정하고 있다. 제2항에서는 「권리는 남용하지 못한다」고 규정하고 있다. 신의칙은 일정한 법률관계에 있는 당사자로서 권리를 행사하는 채권자와 의무를 이행하는 채무자는 상대방의 이익과 신의를 고려하여 이에 어긋나지 않도록 성실하게 행동해야 한다는 일반적·추상적 원칙으로서 강행규정이다.

※ 민법총칙 기출분포

	14(12문)	15(12문)	16(12문)	17(12문)	18(13문)	19(12문)	20(12문)	21(12문)	22(12문)	23(12문)
신의칙					판례				신의칙 판례	

3 법률관계의 변동

당사자 사이의 생활관계 내지 법률관계를 규율하는 것이 민법이며 이는 당사자의 의사와 법률에 의하여 형성되는 것이 원칙이다. 특히 사적자치의 원리가 지배되며, 법률관계의 경우 권리·의무의 형태로 구성되는데, 이는 법률관계의 변동(발생, 변경, 소멸을 총칭하는 말이며 권리의 측면만을 본다면 권리의 변동)을 내용으로 한다.

이러한 법률관계의 변동은 법률의 규정 또는 법률행위를 통해서 발생하며, 이 중 법률행위란 일정한 법률효과의 발생을 목적으로 하면서 당사자의 의사표시를 불가결의 구성요로 하는 법률요건을 말한다. 여기서 특히 중요한 것이 계약이므로 이하에서는 '계약'을 중심으로 공인노무사의 수험민법으로서 중요 기출쟁점들이 어디에 위치하고 있는가도 살펴본다.

4 계약상의 채권관계

Ⅰ. 당사자 사이에 계약이 성립하였는지의 문제 [민법총칙의 영역]

1. 계약의 성립요건은 계약의 유효요건에 선행한다
2. 계약의 성립요건으로서 검토하여야 하는 것,
   (1) 권리의 주체로서 <u>당사자(자연인·법인)</u> - 대리의 경우 당사자확정의 문제가 중요
   (2) 권리의 객체로서 물건
      여기서 검토하여야 하는 것,
      1) <u>일물일권주의(토지, 건물, 집합물)</u>
      2) <u>주물과 종물, 원물과 과실</u>
   (3) 목적
   (4) 의사표시의 존재
   (5) 이는 <u>법률행위의 해석</u>을 통하여 확정

Ⅱ. 당사자 사이에 이루어진 계약의 유형 [채권각론의 영역]

1. 민법에서 규정하고 있는 15가지 전형적인 계약의 종류
   - 증여, <u>매매</u>, 교환, <u>소비대차</u>, 사용대차, <u>임대차</u>, 고용, <u>도급</u>, 현상광고, 여행계약, <u>위임</u>, 임치, 조합, 종신정기금, 화해
2. 당사자의 법적 지위 확정 - 예를 들어 매매의 경우 매도인과 매수인의 확정

※ 채권각론 기출분포

	14(7문)	15(8문)	16(8문)	17(5문)	18(7문)	19(7문)	20(6문)	21(6문)	22(7문)	23(8문)
증여			조문과 판례							
매매		매도인의 담보책임	계약금	조문과 판례	매도인의 담보책임		매도인의 담보책임	매도인의 담보책임	담보책임 일반	매매의 성립
임대차	임차인의 권리	조문과 판례	조문	조문과 판례	매도인의 담보책임	임차인의 권리와 임대인의 의무				토지임차인의 권리

구분							
도급(여행계약)		여행계약		수급인의 담보책임	수급인의 담보책임		
위임	조문				조문		조문과 판례
조합		조문과 판례			조문과 판례	조문과 판례	
기타 계약	소비대차			화해계약			

Ⅲ. 당사자 사이의 계약이 유효한지의 문제 [민법총칙의 영역]

1. 계약의 유효요건의 검토

(1) 당사자의 <u>권리능력, 행위능력, 의사능력</u>이 적법하게 존재하여 한다. 여기서 검토하여야 하는 것,

1) <u>태아, 미성년자(제한능력자)의 행위능력, 성년후견제도, 부재와 실종</u>

2) <u>의사무능력자의 법률행위</u>

3) <u>법인(비법인사단)의 법률행위(행위능력 및 불법행위능력)</u>

4) 대리인에 의한 법률행위의 경우 대리권의 존재 - <u>무권대리와 표현대리</u>

5) 조건부 기한부 법률행위의 경우 - <u>조건의 성취와 기한의 도래</u>

6) 만약 요건을 갖추지 못한 제한능력자의 법률행위는 취소할 수 있으며, 의사무능력자의 법률행위는 절대적 무효.

(2) 계약의 목적이 확정되어야 하고 그 내용이 실현 가능하고 적법 타당하여야 한다. 여기서 검토하여야 하는 것,

1) 제103조의 <u>반사회질서의 법률행위</u> - <u>불법원인급여</u>

2) 제104조의 <u>폭리행위</u>

3) 이에 위반한 법률행위는 강행규정 위반으로서 절대적 무효이며 추인도 불가

(3) 의사표시에 있어서는 의사와 표시가 일치하여야 한다.

여기서 검토하여야 하는 것,

1) 제107조 <u>비진의 표시</u> - 이는 원칙 유효, 예외 무효

2) 제108조 <u>통정허위표시</u> - 이는 무효

3) 제109조 <u>착오에 의한 의사표시</u> - 이는 취소할 수 있는 법률행위

4) 제110조 <u>사기·강박에 의한 의사표시</u> - 이는 취소할 수 있는 법률행위

2. 계약이 무효 또는 취소된 경우의 법률관계

여기서 검토하여야 하는 것,

(1) <u>유동적 무효</u>, <u>무효행위의 재생(추인 및 전환)</u>, <u>취소와 추인</u>
(2) 무효 및 취소에 따른 <u>부당이득반환청구권의 행사(제748조)</u>와 고의·과실이 있는 경우 불법행위책임(제750조)에 따른 <u>손해배상청구권의 선택적 행사</u>
(3) 쌍방의 부당이득반환채무에 대한 <u>동시이행항변권</u>의 행사 가능

※ 민법총칙 기출분포

	14(12문)	15(12문)	16(12문)	17(12문)	18(13문)	19(12문)	20(12문)	21(12문)	22(12문)	23(12문)
자연인	미성년자	제한능력자의 법률행위	제한능력자의 법률행위	행위능력 일반	제한능력자 조문	제한능력자의 법률행위 (조문)	미성년자	제한능력자의 법률행위 (조문)	미성년자	제한능력자의 법률행위 (조문)
부재와 실종	부재와 실종선고 사례				부재자 재산관리인의 조문과 판례					
법인	비법인사단의 법률행위	법인 일반	1. 법인 일반 2. 사원총회		법인 일반	비법인사단 일반	1. 법인 일반 2. 비법인사단	비법인사단의 법률행위	법인 일반	대표이사
권리객체		물건 일반	주물과 종물	물건 일반	조문과 판례	물건 일반	물건 일반	물건 일반	물건 일반	물건 전반 (판례)
법률행위의 목적	1. 권리의 행사 방법 2. 제103조 법률행위 3. 권리행사의 효력	강행규정 판례		1. 반사회질서 또는 불공정한 법률행위 2. 당사자 확정 및 법률행위의 해석	1. 불공정한 법률행위 2. 법률행위의 목적 (가능성)	1. 권리의 종류 (사권) 2. 제103조 법률행위	불공정한 법률행위	불공정한 법률행위	반사회질서 판례	불공정한 법률행위
의사표시	사기 강박에 의한 의사표시	착오에 의한 의사표시	1. 사기에 의한 의사표시 2. 의사표시의 효력발생	1. 통정허위표시 2. 비진의 의사표시	착오에 의한 의사표시	1. 통정허위표시 2. 통정허위표시 3. 착오에 의한 의사표시	1. 비진의 의사표시 2. 통정허위표시 3. 착오에 의한 의사표시	1. 통정허위표시 2. 착오에 의한 의사표시	통정허위표시	의사표시 전반

대리	1. 대리행위 사례 2. 대리행위 효과 사례	1. 복대리 2. 대리 일반 3. 대리권의 범위와 제한	1. 대리권 범위 2. 표현대리	1. 대리 일반 2. 표현대리 3. 무권대리	1. 대리 일반 2. 무권대리 행위	1. 임의대리권의 범위 2. 무권대리	대리권	1. 대리 일반 2. 무권대리 행위	대리 일반	1. 임의대리 2. 무권대리
무효			조문과 판례	무효와 취소의 일반	무효인 법률행위의 추인	무효와 취소 일반	무효와 취소 일반	무효인 법률행위의 추인	무효와 취소 일반	1. 무효와 취소 일반 2. 유동적 무효
취소		취소 일반								
조건과 기한	조문과 판례	조문과 판례	조문과 판례	조문과 판례	조문과 판례	조문	판례	조문과 판례	조문과 판례	조문과 판례
기간			기간 계산					기간 계산	조문	조문
소멸시효	중단사유	소멸시효와 제척기간	소멸시효의 기산점	소멸시효 일반	조문과 판례	조문과 판례	판례	조문과 판례	중단의 판례	조문과 판례

Ⅳ. 당사자 사이의 계약이 적법·유효한 경우의 법률관계 [채권총론의 영역]

1. 채권·채무의 발생에 따른 당사자 간의 채권관계 형성

채권관계는 양 당사자 간의 채권법적 권리와 의무 및 부수적 의무의 실현을 내용으로 하는 법률관계이다. 채권관계에서는 발생원인에 의해 결정된 주채무 또는 주된 급부의무가 그 중심적 내용이 된다.

2. 채권의 목적 중 종류채권, 금전채권(이자채권), 특정물채권, 선택채권

채권의 목적은 '채무자의 특정한 행위'를 말하는 것으로 이를 '급부'라고 하며, 특히 금전채권과 관련하여 중요한 제도로서 검토하여야 하는 것,

(1) 채권·채무의 소멸이라는 효과를 가져오는 **소멸시효**

(2) 책임재산의 보전방안으로서 **채권자대위권과 채권자취소권**

(3) 금전채권 만족을 위한 인적담보인 **보증**

3. 채무자가 채무를 이행한 경우의 법률관계

여기서 검토하는 것,

(1) 채권의 소멸사유로서 **변제**

(2) 채권의 소멸사유로서 **상계**

4. 채무자가 채무를 이행하지 않은 경우의 법률관계

(1) 채무자에게 귀책사유 및 위법성이 있는 경우 - <u>채무불이행</u>

여기서 검토하여야 하는 것,

1) <u>이행보조자의 고의·과실</u>

2) <u>이행지체, 이행불능(전보배상청구권, 계약해제권, 대상청구권)</u>

3) <u>과실상계, 손해배상액의 예정</u>

(2) 채무자에게 귀책사유 및 위법성이 없는 경우

여기서 검토하여야 하는 것,

1) 위법성 조각사유로서 <u>동시이행항변권</u>

2) <u>위험부담과 대상청구권</u>

5. 채무를 이행하는 자가 수인인 경우 - 다수당사자의 채권관계

여기서 검토하여야 하는 것,

(1) <u>연대채무와 부진정 연대채무</u>

(2) <u>보증채무(근보증과 연대보증)</u>

6. 채권자와 채무자의 변경에 따른 법률관계

여기서 검토하여야 하는 것,

(1) <u>지명채권양도</u>

(2) <u>채무인수(병존적 채무인수, 이행인수)</u>

※ 채권총론 기출분포

	14(6문)	15(5문)	16(5문)	17(8문)	18(5문)	19(6문)	20(7문)	21(7문)	22(6문)	23(5문)
채권의 목적		금전채권과 이자채권		금전채권			금전채권		채권의 목적 일반	
채무 불이행	채무불이행의 유형 및 효과	손해 일반		채무불이행 조문과 판례	이행지체		이행지체	1. 채무불이행 조문과 판례 2. 이행보조자 판례 3. 매매계약의 불능		1. 채무불이행책임과 불법행위책임 비교 2. 이행지체

손해배상	손해배상액의 예정			손해배상액의 예정	손해배상액의 예정	1. 이행지체의 손해배상액의 예정 2. 과실상계	과실상계	손해배상액의 예정		
분할 및 불가분 채권			불가분 채권				이행지체			
연대채무 부진정 연대채무		연대채무 절대효	연대채무 계산문제				과실상계	판례	연대채무 절대효	연대채무 절대효
보증채무	조문			조문과 판례			조문과 판례			
채권양도			조문과 판례		판례	판례(→채권양도)	판례	조문과 판례		
채무인수	조문과 판례			조문과 판례		조문과 판례(→채무인수)	조문과 판례	조문과 판례	조문과 판례	
변제		변제 일반					판례		변제충당	
상계	조문과 판례		조문과 판례	조문과 판례	상계요건과 조문		조문과 판례		판례	
기타 채권의 소멸원인							판례			

V. 당사자 및 이외의 자에게 채권이 침해된 경우의 구제방안 [채권총론의 영역]

여기서 검토하여야 하는 것,

1. 제3자의 채권침해(특수한 불법행위책임)
2. 채권자대위권(채무자의 소극적 침해행위에 대한 제재)
3. 채권자취소권(채무자의 적극적 침해행위에 대한 제재)

※ 채권총론 기출분포

	14(6문)	15(5문)	16(5문)	17(8문)	18(5문)	19(6문)	20(7문)	21(7문)	22(6문)	23(5문)
채권자 대위권		요건관련 이론과 판례	요건과 효과에 관한 이론과 판례	판례	사례	사례			요건관련 판례	요건과 효과 관련 판례
채권자 취소권	판례			조문과 판례		판례	금전채권	조문과 판례		판례

VI. 계약의 성립과 실효된 경우의 법률관계 [채권각론의 영역]

1. 해제권의 발생사유

여기서 검토하여야 하는 것,

(1) 자동해제조항과 약정해제권(제565조 계약금계약에 따른 해제권의 행사 - 이는 매매에서 규정)

(2) 법정해제사유로서 이행불능과 이행지체

2. 해제권 행사에 따른 쌍방의 원상회복의무의 내용과 범위

여기서 검토하는 것,

(1) 원상회복의무의 내용인 전부반환의무(서로 동시이행관계)

(2) 해제의 소급효에 따른 제3자의 보호규정

※ 채권각론 기출분포

	14(7문)	15(8문)	16(8문)	17(5문)	18(7문)	19(7문)	20(6문)	21(6문)	22(7문)	23(8문)
계약의 성립	계약 일반	계약의 성립 일반	청약과 승낙 사례			제3자를 위한 계약	청약과 승낙		계약의 성립 일반	1. 계약의 유형 2. 청약과 승낙
계약의 효력		제3자를 위한 계약	동시이행 의 항변권 판례	동시이행 의 판례				동시이행 항변권 판례	제3자를 위한 계약	
계약의 해제	조문과 판례	해제의 효과	조문과 판례		판례	조문과 판례		조문과 판례	조문과 판례	해제의 제3자

5 법률규정에 따른 권리의 변동 – 법정채권관계 [채권각론의 영역]

I. 사무관리(제734조 이하)

사무관리는 <u>법률상 의무 없이 타인을 위하여 그의 사무를 처리하는 행위</u>이다. 우리 민법은 이러한 사무관리를 적법행위로 인정하고 관리자에게 비용의 상환과 손해의 배상을 청구할 수 있는 권리를 인정하는 한편, 적절한 관리를 계속해야 할 의무를 부담시킨다.

II. 부당이득(제741조 이하)

부당이득은 법률상 원인 없이 부당하게 재산적 이득을 얻고, 이로 말미암아 타인에게 손실을 준 자에 대하여 그 이득을 반환하게 할 의무를 부담시키는 제도이다. 따라서 <u>법률상의 원인 없이 타인의 재산 또는 노무로 인하여 이득을 얻고, 이로 인하여 타인에게 손해를 가한 자는 그 이득을 반환해야 할 법률상의 의무를 부담</u>한다.

III. 불법행위(제750조 이하) – 사용자 책임, 공동불법행위

<u>불법행위는 가해자의 고의 또는 과실 있는 위법한 행위로 인하여 타인에게 손해가 발생한 경우, 가해자로 하여금 피해자에게 손해를 배상할 의무를 부담시키는 제도</u>이다. 계약법이 당사자 사이의 계약에 의하여 정해진 급부를 실현하는 것을 목적으로 하는 데 반하여, 불법행위법은 가해행위로 인해서 발생된 손해를 피해자에게 배상하도록 하는 것을 목적으로 한다. 불법행위는 법률행위가 아니라는 점에서는 사무관리 및 부당이득과 그 성질이 같다.

※ 채권각론 기출분포

		14(7문)	15(8문)	16(8문)	17(5문)	18(7문)	19(7문)	20(6문)	21(6문)	22(7문)	23(8문)
사무관리			조문과 판례						조문과 판례		
부당이득			판례	현존이익 반환 조문	조문과 판례	조문과 판례	조문과 판례	조문과 판례		조문과 판례	조문과 판례
불법행위	사용자책임	판례			판례	사례		판례			불법행위 전반 조문과 판례
	공동불법행위	사례									
	기타					불법행위 일반	법률행위 일반		불법행위 판례	불법행위 판례	

원포인트 공인노무사 객관식 민법

제1부
기출문제

PART 01

민법총칙

CH 01 민법과 민법학

CH 02 법률관계와 권리

CH 03 신의성실의 원칙

CH 04 권리의 주체

CH 05 권리의 객체

CH 06 권리의 변동

CH 07 소멸시효

CHAPTER 01 민법과 민법학

001 관습법 등에 관한 설명으로 옳지 않은 것은? (다툼이 있으면 판례에 의함) 〈노무사 2014〉

① 관습법상 미분리과실에 관한 공시방법이 인정된다.
② 공동선조와 성과 본을 같이 하는 후손인 여성은 성년이 되면 종중의 구성원이 된다.
③ 관습법이 법규범으로서 효력이 인정되기 위해서는 전체 법질서에 부합하여야 한다.
④ 민사에 관하여 법률에 규정이 없으면 조리에 의하고 조리가 없으면 관습법에 의한다.
⑤ 관습법은 사회의 거듭된 관행이 사회구성원의 법적 확신에 의하여 법규범으로 승인된 것이다.

해설 | ① [옳음] 명인방법이라 함은 지상물의 소유권이 현재 누구에게 있는지를 알리는 방법으로 관습법으로 인정된다. 명인방법을 갖춘 수목이나 그 집단 또는 미분리과실은 토지와 별개의 독립한 부동산이다.

② [옳음] 종중 구성원의 자격을 성년 남자만으로 제한하는 종래의 관습법은 이제 더 이상 법적 효력을 가질 수 없게 되었다. 따라서 공동선조와 성과 본을 같이하는 후손은 성별의 구별 없이 성년이 되면 당연히 그 구성원이 된다고 보는 것이 조리에 합당하다(대판 2005.7.21. 2002다1178 전원합의체).

③ [옳음], ⑤ [옳음] 관습법이란 사회의 거듭된 관행으로 생성한 사회생활규범이 사회의 법적 확신과 인식에 의하여 법적 규범으로 승인·강행되기에 이른 것을 말하고, 그러한 관습법은 법원(法源)으로서 법령에 저촉되지 아니하는 한 법칙으로서의 효력이 있는 것이고, 또 사회의 거듭된 관행으로 생성한 어떤 사회생활규범이 법적 규범으로 승인되기에 이르렀다고 하기 위하여는 헌법을 최상위규범으로 하는 전체 법질서에 반하지 아니하는 것으로서 정당성과 합리성이 있다고 인정될 수 있는 것이어야 하고, 그렇지 아니한 사회생활규범은 비록 그것이 사회의 거듭된 관행으로 생성된 것이라고 할지라도 이를 법적 규범으로 삼아 관습법으로서의 효력을 인정할 수 없다(대판 2005.7.21. 2002다1178 전원합의체).

④ [틀림] 민사에 관하여 법률에 규정이 없으면 관습법에 의하고 관습법이 없으면 조리에 의한다(제1조).

정답 | ④

002 민법의 법원에 관련한 설명으로 옳지 않은 것은? (다툼이 있으면 판례에 따름) 〈노무사 2015〉

① 일단 성립한 관습법이라도 사회구성원들이 그 관행의 법적 구속력에 대해 확신을 갖지 않게 되면 그 효력이 부정된다.
② 관습법이 헌법에 위반될 때에는 법원(法源)이 그 효력을 부인할 수 있다.
③ 민법 제1조(法源)에서의 '법률'은 국회가 제정한 법률만을 의미한다.
④ 사실인 관습은 그 존재를 당사자가 주장·입증하여야 한다.
⑤ 임의규정과 다른 관습이 있는 경우에 당사자의 의사가 명확하지 아니한 때에는 그 관습에 의한다.

해설 | ① [옳음], ② [옳음] 관습법이란 사회의 거듭된 관행으로 생성된 사회생활규범이 사회의 법적 확신과 인식에 의하여 법적 규범으로 승인·강행되기에 이른 것(대판 1983.6.14. 80다3231)을 의미하며, 현재 관습법은 성문법의 발달과 함께 그 역할 및 기능이 점차 축소되고 있다. <u>법적 규범으로 승인되기 위해서는 그 사회생활규범은 헌법을 최상위규범으로 하는 전체 법질서에 반하지 아니하는 것으로서 정당성과 합리성이 있어야 한다.</u> 따라서 사회구성원들이 기존의 관습법의 법적 구속력에 대하여 확신을 갖지 않게 되었다거나, 사회를 지배하는 기본적 이념이나 사회질서의 변화로 인하여 그러한 관습법을 적용하여야 할 시점에 있어서의 전체 법질서에 부합하지 않게 되었다면 그러한 관습법은 법적 규범으로서의 효력이 부정될 수밖에 없다(대판 2003.7.24. 2001다2005 전원합의체).

③ [틀림] 민법 제1조는 "<u>민사에 관하여 법률에 규정이 없으면 관습법에 의하고 관습법이 없으면 조리에 의한다</u>"고 규정하고 있다. 여기의 법률에는 형식적 의미의 민법, 즉 민법전뿐만 아니라 민사에 관한 특별법 및 법규 등을 포함한다. 즉 넓은 의미의 법률, 광의의 법률을 의미한다.

④ [옳음] 관습법과 사실인 관습의 비교

	관습법	사실인 관습
의의	관습법이란 사회의 거듭된 관행으로 생성된 사회생활규범이 법적 확신을 얻어 법규범으로 승인된 것	<u>사회구성원의 법적 확신 내지 인식을 얻지 못하여 법규범으로 승인되지 못한 것</u>
효력	법령과 같은 효력 - 성문법 보충	<u>법률행위의 해석기준으로서 당사자의 의사를 보충 및 확정 - 사적자치의 영역에서 적용</u>
주장, 증명 책임	당사자의 주장·증명을 기다릴 필요 없이 법원이 직권으로 확정	<u>사실인 관습은 법령과 같은 효력이 없으므로, 원칙상 그 존재를 당사자가 주장·증명</u>

⑤ [옳음] 법령 중의 선량한 풍속 기타 사회질서에 관계없는 규정과 다른 관습이 있는 경우에 당사자의 의사가 명확하지 아니한 때에는 그 관습에 의한다(제106조).

정답 | ③

CHAPTER 02 법률관계와 권리

001 사권(私權)과 그 성격이 올바르게 연결되지 않은 것은? (다툼이 있으면 판례에 따름) 〈노무사 2019〉

① 물권 – 지배권
② 제한능력자의 취소권 – 형성권
③ 매매예약의 완결권 – 형성권
④ 동시이행의 항변권 – 연기적 항변권
⑤ 임차인의 부속물매수청구권 – 청구권

해설 | ① [옳음] 물권은 물건을 직접 지배할 수 있는 '권리'이며, 지배권이다.
② [옳음], ③ [옳음], ⑤ [틀림] 형성권에 대하여 정리하면 다음과 같다.

행사방법에 따른 분류	권리자의 의사표시만으로 효과가 발생하는 것	① 법률행위의 동의권(제5조·제10조), **취소권**(제140조 이하), 추인권(제143조 이하), 전세권소멸통고권(제313조), 상계권(제492조), 계약의 해제권·해지권(제543조 이하), **매매의 일방예약완결권**(제564조) 등 ② 약혼해제권, 상속포기권
	법원의 판결이 있어야 비로소 효과가 발생하는 것	① 채권자취소권(제406조) ② 재판상 이혼권(제840조), 친생부인권(제846조), 입양취소권(제884조), 재판상 파양권(제905조) 등
명칭은 청구권이지만 실질은 형성권인 경우	매수청구권	공유지분매수청구권(제266조 제2항), 지상물매수청구권(제283조 제2항·제285조 제2항·제643조·제644조·제645조), **부속물매수청구권**(제316조·제646조·제647조) 등
	증감청구권	지료증감청구권(제286조), 전세금증감청구권(제312조의2), 매매대금감액청구권(제572조), 차임감액·증감청구권(제627조·제628조) 등
	소멸청구권	지상권소멸청구권(제287조), 전세권소멸청구권(제311조), 유치권소멸청구권(제324조 제3항·제327조) 등
	기타	공유물분할청구권(제268조), 재판상 이혼청구권(제840조)

④ [옳음] 동시이행의 항변권은 상대방이 이행할 때까지 채무이행을 거절할 수 있는 일시적 항변권이다.

정답 | ⑤

002 사권(私權)에 관한 설명으로 옳은 것은? (다툼이 있으면 판례에 의함) 〈노무사 2013〉

① 채권자대위권은 일신전속권이다.

② 매매계약에 기한 소유권이전등기청구권은 물권이다.

③ 저당권은 그 피담보채권의 주된 권리이다.

④ 건물의 소유를 목적으로 한 토지임차인의 건물매수청구권은 형성권이다.

⑤ 보증인의 최고·검색의 항변권은 청구권의 작용을 영구적으로 저지할 수 있는 권리이다.

해설 | ① [틀림] 채권자대위권은 일신전속적 권리가 아니며, 채권자대위권 역시 채권자대위권의 목적이 될 수 있다. 이를 순차대위라고 한다.

② [틀림] 매매계약 등 법률행위로 인한 소유권이전등기청구권은 채권적 청구권으로서 일반적으로 10년의 소멸시효에 걸린다(대판 1976.11.6. 76다148 전원합의체).

③ [틀림] 저당권은 피담보채권과는 별개의 권리이나 저당권으로 담보한 채권이 시효의 완성 기타 사유로 인하여 소멸한 때에는 저당권도 소멸한다(제369조).

④ [옳음] 토지임차인의 건물매수청구권은 일방적 의사표시만으로써 효과를 발생하는 형성권이다.

⑤ [틀림] 보증인의 최고·검색의 항변권은 연기적 항변권이다.

정답 | ④

003 법원에 소를 제기하는 방법으로만 행사할 수 있는 권리는? 〈노무사 2014〉

① 상계권

② 계약해제권

③ 예약완결권

④ 채권자취소권

⑤ 보증인의 최고·검색의 항변권

해설 | ④ [옳음] 채무자가 채권자를 해함을 알고 재산권을 목적으로 한 법률행위를 한 경우, 채권자는 사해행위의 취소를 법원에 소를 제기하는 방법으로 청구할 수 있을 뿐 소송상의 공격방어방법으로 주장할 수 없다(대판 1995.7.25. 95다8393).

정답 | ④

CHAPTER 03 신의성실의 원칙

001 신의성실의 원칙에 관한 설명으로 옳지 않은 것은? (다툼이 있으면 판례에 따름) 〈노무사 2022〉

① 신의칙은 당사자의 주장이 없더라도 법원이 직권으로 그 위반 여부를 판단할 수 있다.

② 사정변경의 원칙에 기한 계약의 해제가 인정되는 경우, 그 사정에는 계약의 기초가 된 객관적 사정만이 포함된다.

③ 임대차계약에 차임을 증액하지 않기로 하는 특약이 있더라도 그 특약을 그대로 유지시키는 것이 신의칙에 반한다고 인정될 정도의 사정변경이 있는 경우에는 임대인에게 차임증액청구가 인정될 수 있다.

④ 채무자가 소멸시효 완성을 주장하는 것은 신의칙에 반하여 권리남용으로 될 여지가 없다.

⑤ 강행규정을 위반한 자가 그 위반을 이유로 하여 법률행위의 무효를 주장하는 것은 신의칙 위반으로 될 수 있다.

해설 | ① [옳음] 신의칙은 다른 민법규정과 마찬가지로 법관을 구속하는 '재판규범'이면서 아울러 일반인에 대한 행위규범이기도 하다. 특히 신의성실의 원칙에 반하는 것 또는 권리남용은 '강행규정'에 위배되는 것이므로 당사자의 주장이 없더라도 '법원은 직권으로 판단'할 수 있다(대판 1995.12.22. 94다42129).

② [옳음] 이른바 사정변경으로 인한 계약해제는 계약성립 당시 당사자가 예견할 수 없었던 현저한 사정의 변경이 발생하였고 그러한 사정의 변경이 해제권을 취득하는 당사자에게 책임없는 사유로 생긴 것으로서 계약내용대로의 구속력을 인정한다면 신의칙에 현저히 반하는 결과가 생기는 경우에 계약준수 원칙의 예외로서 인정되는 것이다. 여기에서 말하는 사정이라 함은 계약의 기초가 되었던 객관적인 사정이지, 일방 당사자의 주관적 또는 개인적인 사정을 의미하는 것은 아니다(대판 2017.6.8. 2016다249557).

③ [옳음] 임대물에 대한 공과부담의 증감 기타 경제사정의 변동으로 인하여 약정한 차임이 상당하지 아니하게 된 때에는 '당사자'는 장래에 대한 차임의 증감을 청구할 수 있다(제628조). 편면적 강행규정으로써 임차인에게 불리한 것은 그 효력이 없다(제652조). 따라서 '차임을 감액하지 않는다는 특약'은 언제나 무효이다. 그러나 일정기간 동안 '차임을 증액하지 않는다는 특약'은 임차인에게 유리하므로 원칙적으로 유효하며, <u>그 특약을 그대로 유지시키는 것이 신의칙에 반한다고 인정될 정도의 사정변경이 있는 예외적인 경우 형평의 원칙상 임대인에게 차임증액청구를 인정할 수 있다</u>(대판 1996.11.12. 96다34061).

④ [틀림] 소멸시효의 완성을 주장하는 것도 신의칙에 위배될 수 있다. 판례도 <u>소멸시효 완성 후에</u>

시효완성의 원용을 하지 않을 것 같은 신뢰를 주었다가 소멸시효를 주장하는 것은 신의칙에 반한다고 하였다(대판 1999.12.7. 99다42929).

⑤ [틀림] 합법성의 원칙과 신의칙이 충돌하는 경우 합법성의 원칙이 우선한다. 따라서 강행법규를 위반한 자가 스스로 무효를 주장하는 것은 신의칙에 위반되지 않으며, 이를 신의칙에 위반되는 권리행사라는 이유로 그 주장을 배척한다면, 오히려 강행법규에 의하여 배제하려는 결과를 실현시키는 셈이 되어 입법취지를 몰각하게 되기 때문이다(대판 2013.12.18. 2012다89399 전원합의체). 즉 강행규정을 위반한 경우에는 신의칙이 적용되지 않는다. 따라서 위 지문은 틀린 것으로 보아야 한다. 그러나 예외적으로 신의칙이 적용될 수 있다. 판례도 합법성의 원칙을 희생하여서라도 구체적 타당성을 도모하여야 하는 극히 예외적인 경우라고 한다면, 신의칙을 우선적으로 적용할 수 있다고 하였다. 출제자는 이 예외를 의도하고 문제를 출제한 것으로 보인다. 다만 지문이 ④번 지문처럼 여지가 없다는 명확한 문장이 아니기에 복수정답으로 인정된 것으로 보인다.

> **판례 정리 — 합법성의 원칙을 희생시킬 수 있는 극히 예외적인 경우**
> ① 단체협약 등 노사합의의 내용이 근로기준법의 강행규정을 위반하여 무효인 경우에, 무효를 주장하는 것이 신의칙에 위배되는 권리의 행사라는 이유로 이를 배척한다면 강행규정으로 정한 입법취지를 몰각시키는 결과가 될 것이므로, 그러한 주장이 신의칙에 위배된다고 볼 수 없음이 원칙이다. 그러나 근로기준법의 강행규정성에도 불구하고 신의칙을 우선하여 적용하는 것을 수긍할 만한 특별한 사정이 있는 예외적인 경우에 한하여 노사합의의 무효를 주장하는 것은 신의칙에 위배되어 허용될 수 없다(대판 2013.12.18. 2012다89399 전원합의체).
> ② 노사합의에서 정기상여금은 그 자체로 통상임금에 해당하지 아니한다는 전제로, 정기상여금을 통상임금 산정 기준에서 제외하기로 합의하고 이를 전제로 임금수준을 정한 경우, 근로자 측이 정기상여금을 통상임금에 가산하고 이를 토대로 추가적인 법정수당의 지급을 구함으로써, 사용자에게 새로운 재정적 부담을 지워 중대한 경영상의 어려움을 초래하거나 기업의 존립을 위태롭게 하는 것은 정의와 형평 관념에 비추어 신의에 현저히 반할 수 있다(대판 2019.2.14. 2015다217287).

정답 | ④, ⑤

002 신의성실의 원칙에 관한 설명으로 옳은 것은? (다툼이 있으면 판례에 따름) 〈노무사 2018〉

① 인지청구권의 포기는 허용되지 않지만, 인지청구권에는 실효의 법리가 적용될 수 있다.
② 임대차계약 당사자가 차임을 증액하지 않기로 약정한 경우, 사정변경의 원칙에 따라 차임을 증액할 수 없다.
③ 신의성실의 원칙에 반한다는 것을 당사자가 주장하지 않더라도 법원은 직권으로 판단할 수 있다.
④ 취득시효완성 후 그 사실을 모르고 권리를 주장하지 않기로 하였다가 후에 시효주장을 하는 것은 특별한 사정이 없는 한 신의칙상 허용된다.
⑤ 강행법규를 위반한 약정을 한 사람이 스스로 그 약정의 무효를 주장하는 것은 신의칙상 허용되지 않는다.

해설 | ① [틀림] 인지청구권은 본인의 일신전속적인 신분관계상의 권리로서 포기할 수도 없으며 포기하였더라도 그 효력이 발생할 수 없는 것이고, 이와 같이 인지청구권의 포기가 허용되지 않는 이상 거기에 실효의 법리가 적용될 여지도 없다(대판 2001.11.27. 2001므1353).

② [틀림] 임대차계약에 있어서 차임부증액의 특약이 있더라도 그 약정 후 그 특약을 그대로 유지시키는 것이 신의칙에 반한다고 인정될 정도의 사정변경이 있다고 보여지는 경우에는 형평의 원칙상 임대인에게 차임증액청구를 인정하여야 한다(대판 1996.11.12. 96다34061).

③ [옳음] 신의성실의 원칙에 반하는 것 또는 권리남용은 강행규정에 위배되는 것이므로 당사자의 주장이 없더라도 법원은 직권으로 판단할 수 있다(대판 1995.12.22. 94다42129).

④ [틀림] 취득시효완성 후에 그 사실을 모르고 당해 토지에 관하여 어떠한 권리도 주장하지 않기로 하였다 하더라도 이에 반하여 시효주장을 하는 것은 특별한 사정이 없는 한 신의칙상 허용되지 않는다(대판 1998.5.22. 96다24101).

⑤ [틀림] 강행법규인 「증권거래법」에 위반하여 무효인 수익보장약정이 투자신탁회사가 먼저 고객에게 제의를 함으로써 체결된 것이라고 하더라도, 이러한 경우에 강행법규를 위반한 투자신탁회사 스스로가 그 약정의 무효를 주장함이 신의칙에 위반되는 권리의 행사라는 이유로 그 주장을 배척한다면, 이는 오히려 강행법규에 의하여 배제하려는 결과를 실현시키는 셈이 되어 입법취지를 완전히 몰각하게 되므로, 달리 특별한 사정이 없는 한 위와 같은 주장이 신의성실의 원칙에 반하는 것이라고 할 수 없다(대판 1999.3.23. 99다4405).

정답 | ③

003 신의칙에 관한 설명으로 옳은 것은? (다툼이 있는 경우 판례에 의함) 〈노무사 2013〉

① 본인의 지위를 단독으로 상속한 무권대리인은 본인의 지위에서 추인거절권을 행사할 수 있다.

② 차임을 증액하지 않기로 하는 특약이 있더라도, 그 특약을 유지시키는 것이 신의칙에 반한다고 인정될 정도의 사정변경이 있는 경우에는 임대인의 차임증액청구를 인정하여야 한다.

③ 법령에 위반되어 무효임을 알면서 법률행위를 한 자는 강행법규 위반을 이유로 그 법률행위의 무효를 주장할 수 없다.

④ 신의칙에 반하는지의 여부는 당사자의 주장이 없는 한, 법원이 직권을 판단할 수 없다.

⑤ 매매계약의 당사자가 계약체결 시에 신의칙 위반을 이유로 매매의 효력을 다투지 않기로 한 특약은 유효하다.

해설 | ① [틀림] 무권대리인이 본인을 상속한 경우 무권대리인은 금반언의 원칙이나 신의성실의 원칙상 본인으로서의 지위에서 추인을 거절할 수 없고, 따라서 상대방 앞으로 경료된 소유권이전등기가 무효의 등기라고 주장하여 그 등기의 말소를 청구하거나 부동산의 점유로 인한 부당이득금의 반환을 청구할 수 없다(대판 1994.9.27. 94다20617).

② [옳음] 임대차계약에 있어서 차임부증액의 특약이 있더라도 그 약정 후 그 특약을 그대로 유지시키는 것이 신의칙에 반한다고 인정될 정도의 사정변경이 있다고 보여지는 경우에는 형평의 원칙상 임대인에게 차임증액청구를 인정하여야 한다(대판 1996.11.12. 96다34061).

③ [틀림] 강행법규에 위반하여 무효인 수익보장약정이 투자신탁회사가 먼저 고객에게 제의를 함으로써 체결된 것이라고 하더라도, 이러한 경우에 강행법규를 위반한 투자신탁회사 스스로가 그 약정의 무효를 주장함이 신의칙에 위반되는 권리의 행사라는 이유로 그 주장을 배척한다면, 이는 오히려 강행법규에 의하여 배제하려는 결과를 실현시키는 셈이 되어 입법취지를 완전히 몰각하게 되므로, 달리 특별한 사정이 없는 한 위와 같은 주장이 신의성실의 원칙에 반하는 것이라고 할 수 없다(대판 1999.3.23. 99다4405).

④ [틀림], ⑤ [틀림] 매매계약의 당사자가 계약체결 시에 신의칙 위반을 이유로 매매의 효력을 다투지 않기로 한 특약은 무효이다. 즉 신의칙에 반하는지의 여부는 당사자의 주장이 없는 한, 법원이 직권으로 판단할 수 있으며, 이는 강행규정에 해당하므로 당사자의 의사로 이를 배제할 수 없다.

정답 | ②

004 실효의 원칙에 관한 설명으로 옳지 않은 것은? (다툼이 있는 경우에는 판례에 의함) 〈노무사 2012〉

① 소멸시효의 대상이 아닌 권리도 실효의 원칙이 적용될 수 있다.
② 실효의 원칙의 적용 여부는 당사자의 주장이 없더라도 법원이 직권으로 판단할 수 있다.
③ 실효의 원칙은 항소권과 같은 소송법상의 권리에는 적용될 수 없다.
④ 권리자가 장기간 권리를 행사하지 않았다는 사실만으로는 권리가 실효되는 것은 아니다.
⑤ 징계면직처분에 불복하던 근로자가 이의 없이 퇴직금을 수령하고 다른 생업에 종사하다가 징계면직일로부터 2년 10개월 후에 제기한 해고 무효확인청구는 허용될 수 없다.

해설 | ① [옳음], ③ [틀림] 실효의 원칙은 법적 효력을 가지는 모든 권리에 적용된다. 특히 소멸시효에 걸리지 않는 권리도 적용되는 실익이 있으며, 나아가 항소권과 같은 소송법상의 권리에도 적용된다(대판 1996.7.30. 94다51840).

② [옳음] 민법 제2조에서 규정한 신의칙 내지 권리남용금지 원칙에 해당하는 행위는 강행규정에 위배되는 것이다(대판 1998.8.21. 97다37821). 또한 이에 대한 당사자의 주장이 없더라도 법원은 직권으로 제2조의 적용 여부를 판단할 수 있다(대판 1995.12.22. 94다42129).

④ [옳음] 권리자가 실제로 권리를 행사할 수 있는 기회가 있었음에도 불구하고 상당한 기간이 경과하도록 권리를 행사하지 아니하여 의무자인 상대방으로서도 이제는 권리자가 권리를 행사하지 아니할 것으로 신뢰할 만한 정당한 기대를 가지게 된 다음에 새삼스럽게 그 권리를 행사하는 것이 신의성실의 원칙에 위반하는 것으로 인정되는 결과가 될 때에는 이른바 실효의 원칙에 따라 그 권리의 행사가 허용되지 않는다. 따라서 단순히 장기간 권리를 행사하지 않았다는 사정만으로 권리가 실효되는 것은 아닙니다.

⑤ [옳음] 회사가 근로자를 해고한 후 근로자가 퇴직금과 해고수당의 변제를 받지 아니하여 이를 공탁하자 근로자가 아무런 조건의 유보 없이 공탁금을 수령하여 간 경우 근로자가 공탁금을 수령할 때 회사의 해고처분을 유효한 것으로 인정하였다고 볼 수밖에 없고, 근로자가 해고당한 후 약 1개월이 지난 다음 동종업체에 취업하여 전회사에 있어서와 유사한 봉급수준의 임금을 지급받으며 근무하고 있으면서 해고당한 때로부터 3년 가까이나 경과하여 해고무효확인청구소송을 제기한 경우라면 위 청구는 금반언의 원칙에 위배된다(대판 1990.11.23. 90다카25512).

정답 | ③

CHAPTER 04 권리의 주체

제1절 자연인

001 권리능력에 관한 설명으로 옳지 않은 것은? (다툼이 있는 경우에는 판례에 의함) 〈노무사 2010〉

① 민법 제3조에서 '사람은 생존한 동안 권리와 의무의 주체가 된다'고 규정한 것은 자연인의 권리능력의 시기와 종기에 대하여 규정한 것이다.
② 자연인은 성별·종교·기형 여부 등을 묻지 않고 평등하게 권리능력을 취득한다.
③ 민법은 태아의 권리능력에 관하여 개별적 보호주의를 취하고 있다.
④ 사람은 출생한 후 출생신고에 의하여 가족관계등록부에 기재되어야 권리능력을 취득한다.
⑤ 태아가 살아서 출생하지 못한 경우에는 권리능력이 인정되지 않는다.

해설 | ① [옳음] 생존한 동안이란 출생에서부터 사망까지를 말하는 것으로 이는 자연인의 권리능력의 시기와 종기를 말한다.
② [옳음] 사람은 살아서 태어나면 잠시라도 살아 있으면 성별, 생존능력 유무, 기형인지 여부, 쌍둥이인지 여부 등을 묻지 않고 모두 권리능력을 취득한다(권리능력평등의 원칙).
③ [옳음] 태아보호에 관한 입법주의에는 태아의 이익이 문제되는 모든 법률관계에 관하여 태아가 출생한 것으로 보는 일반적 보호주의와 중요한 법률관계에 한해서 태아가 출생한 것으로 보는 개별적 보호주의가 있다. 우리나라는 개별적 보호주의를 채택하고 있다.
④ [틀림] 출생신고는 보고적 신고에 불과하므로 권리능력은 출생이라는 사실이 발생하였을 때에 이미 발생하는 것이지, 가족관계등록부에 기재되어야 권리능력을 취득하는 것은 아니다.
⑤ [옳음] 태아가 권리능력을 취득하기 위한 전제조건으로 태아는 살아서 출생하여야 한다(정지조건설). 따라서 태아가 모체와 같이 사망하여 출생의 기회를 못 가졌다면 손해배상청구권을 논할 여지가 없다(대판 1976.9.14. 76다1365).

정답 | ④

002 제한능력자에 관한 설명으로 옳지 않은 것은? 〈노무사 2023〉

① 피성년후견인은 의사능력이 있더라도 단독으로 유효한 대리행위를 할 수 없다.

② 가정법원은 한정후견개시의 심판을 할 때 본인의 의사를 고려하여야 한다.

③ 제한능력을 이유로 취소할 수 있는 법률행위는 제한능력자가 단독으로 취소할 수 있다.

④ 가정법원이 취소할 수 없는 피성년후견인의 법률행위의 범위를 정한 경우, 피성년후견인은 그 범위에서 단독으로 유효한 법률행위를 할 수 있다.

⑤ 가정법원이 피한정후견인에 대하여 성년후견개시의 심판을 할 때에는 종전의 한정후견의 종료 심판을 해야 한다.

해설 | ① [틀림] 대리인은 행위능력자임을 요하지 아니하므로 제한능력자도 대리인이 될 수 있다(제117조).

② [옳음]

> 제9조(성년후견개시의 심판) ② 가정법원은 성년후견개시의 심판을 할 때 본인의 의사를 고려하여야 한다.
>
> 제12조(한정후견개시의 심판) ② 한정후견개시의 경우에 제9조제2항을 준용한다.

③ [옳음] 제한능력을 이유로 취소할 수 있는 법률행위는 제한능력자가 단독으로 취소할 수 있으며, 이러한 취소권의 행사에 법정대리인의 동의는 필요 없다.

④ [옳음] 피성년후견인은 예외적으로 ⅰ) 일용품의 구입 등 일상생활에 필요하고, 동시에 그 대가가 지나치지 않은 법률행위는 피성년후견인이 단독으로 할 수 있으며, 성년후견인이 취소할 수 없다. 또한 ⅱ) 가정법원은 취소할 수 없는 피성년후견인의 법률행위의 범위를 정할 수 있으며, 이 범위 내에서는 단독으로 법률행위를 할 수 있다.

⑤ [옳음]

> 제14조(한정후견종료의 심판) 한정후견개시의 원인이 소멸된 경우에는 가정법원은 본인, 배우자, 4촌 이내의 친족, 한정후견인, 한정후견감독인, 검사 또는 지방자치단체의 장의 청구에 의하여 한정후견종료의 심판을 한다.

정답 | ①

---

003 미성년자에 관한 설명으로 옳지 않은 것은? (다툼이 있으면 판례에 따름) 〈노무사 2022〉

① 미성년자가 자신의 채무를 면제하는 것만을 내용으로 하는 채무면제계약에 관해 승낙의 의사표시를 하는 것은 법정대리인의 동의가 없어도 확정적으로 유효하다.

② 법정대리인이 미성년자에게 범위를 정하여 재산의 처분을 허락하는 것은 묵시적으로도 가능하다.

③ 법정대리인이 미성년자에게 특정한 영업을 허락한 경우, 그 영업과 관련된 행위에 대해서 법정대리인의 대리권은 소멸한다.

④ 미성년자는 타인의 임의대리인이 될 수 없다.

⑤ 미성년자가 제한능력을 이유로 자신이 행한 법률행위를 단독으로 취소한 경우, 그 법정 대리인은 미성년자가 행한 취소의 의사표시를 다시 취소할 수 없다.

해설 | ① [옳음] 미성년자라도 권리만을 얻거나 의무만을 면하는 행위는 단독으로 할 수 있다(제5조 1항 단서). 예컨대 부담 없는 증여의 승낙, 권리만을 얻게 하는 제3자를 위한 계약상의 수익의 의사표시, 친권자에 대한 부양청구의 행사, 채무면제의 청약에 대한 승낙, 서면에 의하지 않은 증여계약의 해제 등과 같이 미성년자에게 이익만을 주는 행위는 미성년자가 단독으로 할 수 있다.

② [옳음] 법정대리인이 미성년자에게 범위를 정하여 재산의 처분을 허락하는 것은 묵시적으로도 가능하다. 미성년자의 법률행위에서 법정대리인의 묵시적 동의나 처분허락이 있다고 볼 수 있는지 여부를 판단함에 있어서, 미성년자의 연령 및 독자적인 소득의 유무와 그 금액 등 기타 제반 사정을 종합적으로 고려하여야 한다(대판 2007.11.16. 2005다71659·71666·71673).

③ [옳음] 미성년자가 법정대리인으로부터 허락을 얻은 특정한 영업에 관하여는 성년자와 동일한 행위능력이 있다(제8조 제1항). '성년자와 동일한 행위능력이 있다'는 것은, 그 범위에서는 법정대리인의 동의를 필요로 하지 않을 뿐만 아니라 법정대리인의 대리권도 이 범위에서 소멸함을 의미한다.

④ [틀림] 대리인은 행위능력자임을 요하지 아니하므로 제한능력자도 대리인이 될 수 있다(제117조).

⑤ [옳음] 제한능력자는 자기가 행한 '취소할 수 있는 법률행위'를 단독으로 취소할 수 있다(이는 신의칙에도 위반되지 않는다는 것이 판례이다). 취소권행사에 대한 법정대리인의 동의가 없었다는 이유로 위 제한능력자의 취소를 다시 취소할 수는 없다.

정답 | ④

004 미성년자의 행위능력에 관한 설명으로 옳지 않은 것은? (다툼이 있는 경우에는 판례에 의함) 〈노무사 2011〉

① 미성년자는 자신의 노무제공에 따른 임금을 독자적으로 청구할 수 있다.

② 미성년자의 법률행위에 대한 법정대리인의 동의는 묵시적으로도 가능하다.

③ 미성년자는 단독으로 부동산경매절차에서 매수인(경락인)이 될 수 없다.

④ 법정대리인인 부모는 자(子)의 동의를 얻어 자(子)의 근로계약을 대리할 수 있다.

⑤ 미성년자가 사술로써 법정대리인의 동의가 있는 것으로 믿게 한 때에는 그 행위를 취소할 수 없다.

해설 | ① [옳음] 미성년자는 자신의 노무제공에 대하여 단독으로 임금을 청구할 수 있다(근로기준법 제68조).

② [옳음] 법정대리인의 동의는 묵시적으로도 가능하다.

③ [옳음] 미성년자는 단독으로 부동산경매절차에서 매수인이 될 수 없다.

④ [틀림] 친권자 또는 후견인은 미성년자의 근로계약을 대리할 수 없다.

⑤ [옳음] 미성년자나 피한정후견인이 속임수(사술)로서 법정대리인의 동의 있는 것으로 믿게 한 때에도 전항과 같다(제17조 제2항). 즉 그 행위를 취소하지 못한다.

정답 | ④

005 제한능력자에 관한 설명으로 옳지 않은 것은? (다툼이 있으면 판례에 따름) 〈노무사 2019〉

① 미성년자가 속임수로써 법정대리인의 동의가 있는 것으로 믿게 하고 자신의 부동산을 매도한 경우, 그 매매계약은 취소할 수 없다.

② 2018년 12월 1일 오후 4시에 출생한 자는 2037년 12월 1일 0시에 성년이 된다.

③ 일상생활에 필요하고 그 대가가 과도하지 아니한 피성년후견인의 법률행위는 성년후견인이 취소할 수 없다.

④ 제한능력자의 취소권은 재판 외에서 의사표시를 하는 방법으로는 행사할 수 없다.

⑤ 제한능력자가 맺은 계약은 추인이 있을 때까지 상대방이 그 의사표시를 철회할 수 있지만, 상대방이 계약 당시에 제한능력자임을 알았을 경우에는 철회할 수 없다.

해설 | ① [옳음] 민법은 제한능력자가 상대방으로 하여금 자기를 능력자로 오신케 하거나 또는 법정대리인의 동의가 있는 것으로 오신케 하기 위하여 사술을 쓴 경우에는 제한능력자 측의 취소권을 배제시키고 있다(제17조).

② [옳음] 연령계산에는 출생일을 산입한다(제158조). 따라서 만19세가 성년이므로 2018년 12월 1일 오후 4시에 출생한 자는 2037년 12월 1일 0시에 성년이 된다.

③ [옳음] 일용품의 구입 등 일상생활에 필요하고 그 대가가 과도하지 아니한 법률행위는 성년후견인이 취소할 수 없다(제10조 제4항).

④ [틀림] 취소권은 형성권이므로 상대방에 대한 단독의 의사표시에 의한다. 취소의 의사표시는 특별한 방식을 요하지 않으므로 반드시 소에 의해 하는 것은 아니다.

⑤ [옳음] 민법 제16조

> **제16조(제한능력자의 상대방의 철회권과 거절권)** ① 제한능력자가 맺은 계약은 추인이 있을 때까지 상대방이 그 의사표시를 철회할 수 있다. 다만, 상대방이 계약 당시에 제한능력자임을 알았을 경우에는 그러하지 아니하다.
> ② 제한능력자의 단독행위는 추인이 있을 때까지 상대방이 거절할 수 있다.
> ③ 제1항의 철회나 제2항의 거절의 의사표시는 제한능력자에게도 할 수 있다.

정답 | ④

006 만 17세인 甲은 법정대리인의 동의 없이 자신의 골동품을 乙에게 1,000만 원에 처분하면서 단순히 자신이 성년자라고 하였다. 1개월 후 甲은 법정대리인 몰래 그 매매대금 1,000만 원 중 700만 원으로 丙 소유의 오토바이를 구입하였고, 300만 원은 현재 보관 중이다. 다음 설명으로 옳은 것은? (다툼이 있는 경우에는 판례에 의함) 〈노무사 2012〉

① 甲은 법정대리인의 동의 없이도 乙과의 매매계약을 취소할 수 있고, 이 경우 甲은 300만 원만 반환하면 된다.
② 甲은 丙과의 계약을 취소할 수 없다.
③ 甲이 乙과의 계약을 취소한 경우, 乙에게 부당이득으로 오토바이만 반환하면 된다.
④ 甲이 단순히 성년자라고 한 것만으로는 취소권이 배제되지 않는다.
⑤ 丙은 오토바이를 매도할 당시 甲이 미성년자임을 알았더라도 추인이 있기 전에는 계약을 철회할 수 있다.

해설 │ ① [틀림] 제한능력자가 법정대리인의 동의를 얻지 않고 법률행위를 한 경우 자신이 한 법률행위를 법정대리인의 동의를 얻지 않고 독자적으로 취소할 수 있다(제141조). 제141조 단서의 받은 이익의 현존 한도라는 의미는 취소당시 받은 현존이익이 그대로 존재하는 경우와 그 받은 이익이 변형되어 잔존한 경우를 말한다. 따라서 구입한 오토바이도 현존이익이 된다.

② [틀림] 제한능력자가 법정대리인의 동의를 얻지 않고 법률행위를 한 경우 자신이 한 법률행위를 법정대리인의 동의를 얻지 않고 독자적으로 취소할 수 있다(제141조).

③ [틀림] 현존이익으로 반환해야 하는 것은 구입한 오토바이와 현재 보관 중인 300만 원이다. 부당이득한 것이 금전인 경우 그 금전을 타인에게 대여한 경우, 예금한 경우, 생활비 등 필요한 비용으로 지출한 경우, 채무의 변제에 사용한 경우 등은 현존이익이 있는 것으로 인정된다. 그러나 받은 이익을 이미 소비하였거나 낭비하였다면 그 이익이 현존하지 않는 것으로 반환할 의무가 없다.

④ [옳음] 제한능력자의 속임수는 상대방으로 하여금 그 능력자임을 믿게 하기 위하여 적극적으로 사기수단을 쓴 것(주민등록증의 위조)을 말하고, 단순히 자기가 능력자라 칭한 것만으로는 사술을 쓴 것이라 할 수 없다. 따라서 단순히 성년자라고 말한 것 또는 단순한 침묵, 군대를 다녀왔다고 말한 것은 속임수에 해당하지 않으므로 취소권이 박탈되지 않는다. 이러한 속임수의 존재에 관해서는 이를 주장하는 상대방이 증명해야 한다(대판 1971.12.14. 71다2045).

⑤ [틀림] 상대방이 계약 당시에 제한능력자임을 알았을 때에는 그 의사표시를 철회할 수 없다(제16조 제1항 단서).

정답 │ ④

007 미성년자 甲이 법정대리인 乙의 동의 없이 한 법률행위에 관한 설명으로 옳지 않은 것은?

〈노무사 2014〉

① 甲이 부담 없는 증여를 받는 것은 단독으로 할 수 있다.
② 특별한 사정이 없는 한 甲이 성년이 된 후 상대방에게 이행을 청구하면 법률행위를 취소할 수 없다.
③ 甲은 법정대리인의 관여 없이 부동산 경매절차에서 매수인이 될 수 없다.
④ 甲과 계약을 체결하였으나 甲이 미성년자임을 알지 못한 거래상대방은 추인이 있을 때까지 그 의사표시를 철회할 수 있다.
⑤ 甲이 성년자인지에 대한 거래상대방의 물음에 단순히 대답하지 않은 경우, 甲은 乙의 동의 없음을 이유로 법률행위를 취소할 수 없다.

해설 | ① [옳음], ③ [옳음] 미성년자는 법정대리인의 동의가 없는 한 단독으로 유효한 법률행위를 할 수 없고 이러한 법률행위에 대하여 미성년자 본인 또는 법정대리인이 이를 취소할 수 있다(제5조 제2항). 그러나 미성년자라 하더라도 단순히 권리만을 얻거나 의무를 면하는 행위(제5조 제1항 단서)는 단독으로 할 수 있는 바, i) 미성년자의 친권자에 대한 부양료청구(대판 1972.7.11. 72므5), ii) 임금청구, iii) 부담 없는 증여의 수락, iv) 제3자를 위한 계약으로 행해진 부담 없는 증여계약에서 수익의 의사표시, v) 서면에 의하지 않는 증여에 대한 해제 등은 단독으로 할 수 있다.

② [옳음] 법정추인이다. 법정추인의 사유는 취소원인이 종료한 후, 즉 미성년자의 경우에는 성년자가 된 이후에 발생하여야 한다(제145조 본문). 법정추인사유(제145조 제1호~제6호)로는 i) 전부나 일부의 이행(채무를 이행·채무이행을 수령), ii) 이행의 청구(상대방으로부터 이행청구를 받는 것은 포함되지 않는다), iii) 경개, iv) 담보의 제공, v) 취소할 수 있는 행위로 취득한 권리의 전부나 일부의 양도(다만 취소함으로써 발생하게 될 장래의 채권에 대한 양도는 포함되지 않는다), vi) 강제집행 등이다.

④ [옳음]

> **제16조(제한능력자의 상대방의 철회권과 거절권)** ① 제한능력자가 맺은 계약은 추인이 있을 때까지 상대방이 그 의사표시를 철회할 수 있다. 다만, 상대방이 계약 당시에 제한능력자임을 알았을 경우에는 그러하지 아니하다.
> ② 제한능력자의 단독행위는 추인이 있을 때까지 상대방이 거절할 수 있다.
> ③ 제1항의 철회나 제2항의 거절의 의사표시는 제한능력자에게도 할 수 있다.

⑤ [틀림] 제한능력자의 속임수는 상대방으로 하여금 그 능력자임을 믿게 하기 위하여 적극적으로 사기수단을 쓴 것(주민등록증의 위조)을 말하고, 단순히 자기가 능력자라 칭한 것만으로는 사술을 쓴 것이라 할 수 없다. 따라서 단순한 침묵은 적극적인 속임수에 해당하지 않으므로 취소권이 박탈되지 않는다(대판 1971.12.14. 71다2045).

정답 | ⑤

008 제한능력자의 상대방 보호에 관한 설명으로 옳지 않은 것은? (다툼이 있는 경우에는 판례에 의함) 〈노무사 2010〉

① 법정대리인의 동의 없이 자기 소유의 토지를 매도한 제한능력자가 능력자가 된 후 그 대금청구권을 제3자에게 양도하였다면 그 매매계약을 추인한 것으로 본다.
② 미성년자가 매매계약을 체결하면서 자기가 사장이라고 말하였거나, 동석한 자가 사장이라고 호칭한 사실만으로는 취소권을 배제하는 사술에 해당하지 않는다.
③ 제한능력자의 단독행위는 추인있을 때까지 상대방이 거절할 수 있다.
④ 선의의 상대방은 제한능력자 측에서 추인하기 전까지 그 의사표시를 철회할 수 있는데, 이 때 철회의 상대방에 제한능력자는 포함되지 않는다.
⑤ 제한능력자가 사술로서 능력자로 믿게 한 때에는 그 행위를 취소할 수 없는데, 사술을 썼다는 점에 대한 증명책임은 상대방에게 있다.

해설 | ① [옳음] 취소의 원인이 종료한 뒤에 즉 추인할 수 있는 후에 제145조에서 규정하는 법정추인에 해당하는 행위를 하면 법정추인이 된다. 취소할 수 있는 행위로 취득한 권리의 전부나 일부를 양도한 경우로서 제145조 제5호 사유이다.
② [옳음] 제한능력자의 속임수는 상대방으로 하여금 그 능력자임을 믿게 하기 위하여 적극적으로 사기수단을 쓴 것(주민등록증의 위조)을 말하고, 단순히 자기가 능력자라 칭한 것만으로는 사술을 쓴 것이라 할 수 없다. 따라서 단순한 침묵은 적극적인 속임수에 해당하지 않으므로 취소권이 박탈되지 않는다(대판 1971.12.14. 71다2045).
③ [옳음] 제한능력자의 (상대방 있는) 단독행위(예: 채무면제, 상계)는 추인 있을 때까지 상대방이 거절할 수 있다(제16조 제2항). 상대방은 제한능력자의 의사표시를 단지 수령한데에 불과하므로, 악의의 상대방도 거절할 수 있다(통설).
④ [틀림] 제한능력자의 계약은 추인 있을 때까지 선의의 상대방은 그 의사표시를 철회할 수 있다(제16조 제1항). 철회나 거절의 의사표시는 제한능력자에 대하여도 할 수 있다(제16조 제3항).
⑤ [옳음] 제한능력자의 속임수는 상대방으로 하여금 그 능력자임을 믿게 하기 위하여 적극적으로 사기수단을 쓴 것(주민등록증의 위조)을 말하고, 이러한 속임수의 존재에 관해서는 이를 주장하는 상대방이 증명해야 한다(대판 1971.12.14. 71다2045).

정답 | ④

009 행위능력에 관한 설명으로 옳은 것은? 〈노무사 2017〉

① 미성년후견인이 미성년자에게 특정한 영업을 허락한 경우, 미성년후견인의 대리권은 그 영업과 관련하여서도 여전히 유지된다.
② 가정법원이 성년후견개시의 심판을 하는 경우 취소할 수 없는 피성년후견인의 법률행위의 범위를 정할 수 있다.
③ 가정법원이 한정후견개시의 심판을 하는 경우 본인의 의사를 고려할 필요는 없다.
④ 특정후견은 본인의 의사에 반하여서도 할 수 있다.
⑤ 성년후견은 가족관계등록부에 공시된다.

해설 | ① [틀림] 미성년후견인이 미성년자에게 특정한 영업을 허락한 경우, 그 범위에서는 법정대리인의 동의를 필요로 하지 않을 뿐만 아니라 법정대리인의 대리권도 이 범위에서 소멸함을 의미한다.

> **제8조(영업의 허락)** ① 미성년자가 법정대리인으로부터 허락을 얻은 특정한 영업에 관하여는 성년자와 동일한 행위능력이 있다.
> ② 법정대리인은 전항의 허락을 취소 또는 제한할 수 있다. 그러나 선의의 제삼자에게 대항하지 못한다.

② [옳음] 민법 제10조

> **제10조(피성년후견인의 행위와 취소)** ① 피성년후견인의 법률행위는 취소할 수 있다.
> ② 제1항에도 불구하고 가정법원은 취소할 수 없는 피성년후견인의 법률행위의 범위를 정할 수 있다.

③ [틀림] 민법 제12조 제2항

> **제12조(한정후견개시의 심판)** ② 가정법원은 한정후견개시의 심판을 할 때 본인의 의사를 고려하여야 한다.

④ [틀림] 민법 제14조의2 제2항

> **제14조의2(특정후견의 심판)** ② 특정후견은 본인의 의사에 반하여 할 수 없다.

⑤ [틀림] 가정법원이 성년후견개시심판을 하면, 성년후견에 관한 등기는 후견등기에 관한 법률에 의해 후견등기부에 공시된다. 한정후견과 특정후견에 대해서도 '후견등기부에 공시'된다. 다만, 주의할 점은 미성년후견에 대해서는 가족관계등록부에 공시된다는 점이다.

정답 | ②

010 행위능력에 관한 설명으로 옳지 않은 것은? (다툼이 있으면 판례에 의함) 〈노무사 2013〉

① 타인의 대리인인 미성년자는 단독으로 대리행위를 할 수 있다.
② 행위능력의 유무는 객관적 기준에 의하여 판정된다.
③ 미성년자는 독자적으로 임금을 청구할 수 있다.
④ 미성년자가 법정대리인의 동의 없이 물건을 시가보다 훨씬 싸게 매수한 경우에도 그 계약을 취소할 수 있다.
⑤ 미성년자의 영업에 대한 법정대리인의 허락과 그 제한은 선의의 제3자에게 대항할 수 있다.

해설 | ① [옳음] 대리인은 행위능력자임을 요하지 아니한다(제117조).
② [옳음] 행위능력의 유무는 객관적, 획일적 기준에 의하여 판정된다.
③ [옳음] 미성년자는 독자적으로 임금을 청구할 수 있다(근로기준법 제66조).
④ [옳음] 미성년자는 법정대리인의 동의가 없는 단독으로 유효한 법률행위를 할 수 없고 이러한 법률행위에 대하여 미성년자 본인 또는 법정대리인이 이를 취소할 수 있다(제5조 제2항).
⑤ [틀림] 미성년자가 법정대리인으로부터 허락을 얻은 특정한 영업에 관하여는 성년자와 동일한 행위능력이 있다(제8조 제1항). 법정대리인은 전항의 허락을 취소 또는 제한할 수 있다. 그러나 선의의 제3자에게 대항하지 못한다(제8조 제2항).

정답 | ⑤

011 제한능력자에 관한 설명으로 옳지 않은 것은? 〈노무사 2018〉

① 미성년자가 법정대리인으로부터 허락을 얻은 특정한 영업에 관하여는 성년자와 동일한 행위능력이 있다.
② 가정법원은 성년후견개시의 심판을 할 때 본인의 의사를 고려하여야 한다.
③ 특정후견은 본인의 의사에 반하여 할 수 없다.
④ 가정법원이 피성년후견인에 대하여 한정후견개시의 심판을 할 때에는 종전의 성년후견의 종료 심판을 한다.
⑤ 가정법원은 질병, 장애, 노령, 그 밖의 사유로 인한 정신적 제약으로 사무를 처리할 능력이 부족한 사람에 대하여 일정한 자의 청구로 성년후견개시의 심판을 한다.

해설 | ① [옳음] 미성년자가 법정대리인으로부터 허락을 얻은 특정한 영업에 관하여는 성년자와 동일한 행위능력이 있다(제8조 제1항).
② [옳음] 가정법원은 성년후견개시의 심판을 할 때 본인의 의사를 고려하여야 한다(제9조 제2항).
③ [옳음] 특정후견은 본인의 의사에 반하여 할 수 없다(제14조의2 제2항).

④ [옳음] 가정법원이 피성년후견인 또는 피특정후견인에 대하여 한정후견개시의 심판을 할 때에는 종전의 성년후견 또는 특정후견의 종료 심판을 한다(제14조의3 제2항).

⑤ [틀림] 가정법원은 질병, 장애, 노령, 그 밖의 사유로 인한 정신적 제약으로 사무를 처리할 능력이 부족한 사람에 대하여 본인, 배우자, 4촌 이내의 친족, 미성년후견인, 미성년후견감독인, 성년후견인, 성년후견감독인, 특정후견인, 특정후견감독인, 검사 또는 지방자치단체의 장의 청구에 의하여 한정후견개시의 심판을 한다(제12조 제1항).

정답 | ⑤

012 제한능력자와 관련한 설명으로 옳지 않은 것은? 〈노무사 2015〉

① 피성년후견인이 성년후견인의 동의를 얻어 단독으로 체결한 토지매매계약은 취소할 수 없다.

② 가정법원은 성년후견개시의 심판을 할 때 본인의 의사를 고려하여야 한다.

③ 피한정후견인은 동의를 필요로 하는 행위가 아닌 이상 확정적으로 유효한 법률행위를 할 수 있다.

④ 가정법원은 한정후견개시의 심판을 할 때 본인의 의사를 고려하여야 한다.

⑤ 가정법원은 피한정후견인이 한정후견인의 동의를 받아야 하는 행위의 범위를 정할 수 있다.

해설 | ① [틀림] 성년후견인은 피성년후견인의 법률행위에 대한 동의권이 없다. 즉, 피성년후견인의 법률행위는 언제든지 취소할 수 있다(제10조 제1항). 피성년후견인이 설령 성년후견인의 동의를 받아 한 행위라도 취소할 수 있다고 보아야 한다.

② [옳음], ④ [옳음] 성년후견제도는 피후견인의 의사를 최대한 존중하여야 하므로, 성년후견개시심판과 한정후견개시심판을 할 때 본인의 의사를 고려하여야 하고(제9조 제2항, 제12조), 특정후견의 심판은 본인의 의사에 반하여 할 수 없다(제14조의2).

③ [옳음], ⑤ [옳음] 가정법원은 피한정후견인이 한정후견인의 동의를 받아야 하는 행위의 범위를 정할 수 있으며(제13조 제1항), 본인, 배우자, 4촌 이내의 친족, 한정후견인, 한정후견감독인, 검사 또는 지방자치단체의 장의 청구에 의하여 그 정한 범위를 변경할 수도 있다(동조 제2항). 따라서 피한정후견인은 동의를 필요로 하는 행위가 아닌 이상 확정적으로 유효한 법률행위를 할 수 있다.

정답 | ①

013 제한능력자에 관한 설명으로 옳은 것은? 〈노무사 2016〉

① 가정법원은 본인의 의사에 반하여 성년후견개시의 심판을 할 수 없다.
② 성년후견개시의 원인이 소멸된 경우, 본인은 가정법원에 성년후견종료의 심판을 청구할 수 있다.
③ 한정후견개시의 심판을 하는 경우, 가정법원은 한정후견의 기간을 정해야 한다.
④ 특정후견개시의 요건이 갖추어진 경우, 본인은 가정법원에 특정후견개시의 심판을 청구할 수 없다.
⑤ 가정법원이 피한정후견인에 대하여 성년후견개시의 심판을 할 때에 종전의 한정후견의 종료 심판을 할 필요는 없다.

해설 | ① [틀림] 성년후견개시심판을 할 경우 본인의 의사를 고려하면 되는 것이지 본인의 의사에 반하여 할 수 없는 것은 아니다. 피특정후견인의 경우와 다름을 주의하여야 한다.

> **제9조(성년후견개시의 심판)** ② 가정법원은 성년후견개시의 심판을 할 때 본인의 의사를 고려하여야 한다.
>
> **제14조의2(특정후견의 심판)** ② <u>특정후견은 본인의 의사에 반하여 할 수 없다.</u>

② [옳음] 민법 제11조

> **제11조(성년후견종료의 심판)** <u>성년후견개시의 원인이 소멸된 경우에는 가정법원은 본인</u>, 배우자, 4촌 이내의 친족, 성년후견인, 성년후견감독인, 검사 또는 지방자치단체의 장의 <u>청구에 의하여 성년후견종료의 심판을 한다.</u>

③ [틀림] 기간을 지정하여야 하는 것은 피특정후견인의 경우이다.

> **제12조(한정후견개시의 심판)** ① 가정법원은 질병, 장애, 노령, 그 밖의 사유로 인한 정신적 제약으로 사무를 처리할 능력이 부족한 사람에 대하여 본인, 배우자, 4촌 이내의 친족, 미성년후견인, 미성년후견감독인, 성년후견인, 성년후견감독인, 특정후견인, 특정후견감독인 검사 또는 지방자치단체의 장의 청구에 의하여 한정후견개시의 심판을 한다.
>
> **제14조의2(특정후견의 심판)** ③ <u>특정후견의 심판을 하는 경우에는 특정후견의 기간 또는 사무의 범위를 정하여야 한다.</u>

④ [틀림] 민법 제14조의2

> **제14조의2(특정후견의 심판)** ① 가정법원은 질병, 장애, 노령, 그 밖의 사유로 인한 정신적 제약으로 일시적 후원 또는 특정한 사무에 관한 후원이 필요한 사람에 대하여 <u>본인</u>, 배우자, 4촌 이내의 친족, 미성년후견인, 미성년후견감독인, 검사 또는 지방자치단체의 장의 <u>청구에 의하여 특정후견의 심판을 한다.</u>

⑤ [틀림] 민법 제14조의3

> 제14조의3(심판 사이의 관계) ① 가정법원이 피한정후견인 또는 피특정후견인에 대하여 성년후견개시의 심판을 할 때에는 종전의 한정후견 또는 특정후견의 종료 심판을 한다.

정답 | ②

014 미성년자 甲과 행위능력자 乙 간의 매매계약에 관한 설명으로 옳은 것은? (다툼이 있으면 판례에 따름) 〈노무사 2020〉

① 甲의 법정대리인이 동의하면 위 계약은 확정적으로 유효하게 되는데 이때 그 동의는 명시적으로 행해져야 한다.
② 乙은 계약체결 시 甲이 미성년자임을 알았더라도 추인이 있기 전까지 자신의 의사표시를 철회할 수 있다.
③ 甲이 단독으로 乙과 계약을 체결한 후, 제한능력을 이유로 甲 스스로 위 계약을 취소하는 것은 신의칙에 반한다.
④ 계약체결 시 乙이 甲에게 나이를 물었을 때 甲이 만 20세라 답하였다고 하더라도 甲의 법정대리인은 위 계약을 취소할 수 있다.
⑤ 甲의 법정대리인에 의하여 위 계약이 甲의 제한능력을 이유로 취소되었다면, 甲의 부당이득반환범위는 그 법정대리인의 선의·악의에 따라 달라진다.

해설 | ① [틀림] 甲의 법정대리인이 동의하면 위 계약은 확정적으로 유효하게 되는데 이때 그 동의는 명시적이든 묵시적이든 상관없다.
② [틀림] 제16조 제1항. 철회권은 선의의 상대방만이 행사할 수 있다.
③ [틀림] 제한능력자는 자기가 행한 취소 가능한 법률행위를 단독으로 취소할 수 있으며, 그것은 확정적으로 효력을 발생한다. 즉 제한능력자의 취소는 법정대리인의 동의가 없었다는 것을 내세워 다시 취소할 수 없다.
④ [옳음] 민법 제17조에 소위 '제한능력자가 능력자인 것을 믿게 하기 위하여 사술을 쓴 때'라 함은 제한능력자가 상대방으로 하여금 그 능력자임을 믿게 하기 위하여 적극적으로 사기수단을 쓴 것을 말하는 것으로서 단순히 자기가 능력자라 칭한 것만으로는 사술을 쓴 것이라 할 수 없다고 해석할 것이므로, 매매 당시 미성년자가 상대방에게 성년자로 군대에 갔다 왔다고 언명한 사실이 있다 하더라도 이것만으로서는 소위 사술을 썼다고 할 수 없다(대판 1955.3.31. 4287민상77).
⑤ [틀림] 제한능력자에 관한 특칙으로서 제한능력자는 취소된 행위에 의하여 미성년자의 선의, 악의를 불문하고 받은 이익이 현존하는 한도 내에서 상환할 책임이 있다(제141조 단서).

정답 | ④

015 제한능력자에 관한 설명으로 옳은 것은? (다툼이 있으면 판례에 따름) 〈노무사 2021〉

① 미성년자가 법정대리인의 동의 없이 매매계약을 체결하고 성년이 되기 전에 스스로 채무의 일부를 이행한 경우에는 그 계약을 추인한 것으로 본다.
② 피성년후견인이 속임수로써 상대방으로 하여금 성년후견인의 동의가 있는 것으로 믿게 하여 체결한 토지매매계약은 제한능력을 이유로 취소할 수 없다.
③ 가정법원은 본인의 의사에 반하여 한정후견개시의 심판을 할 수 없다.
④ 가정법원이 특정후견의 심판을 하는 경우에는 특정후견의 기간 또는 사무의 범위를 정하여야 한다.
⑤ 제한능력자의 취소권은 재판 외에서 의사표시를 하는 방법으로는 행사할 수 없다.

해설 | ① [틀림] 법정추인의 경우 취소 사유가 종료하여야 하는 바, 성년이 되기 전에 스스로 채무의 일부를 이행한 경우에는 그 계약을 추인한 것으로 볼 수 없다.
② [틀림] 피성년후견인의 경우 성년후견인에게는 동의권이 없으므로 속임수로써 상대방으로 하여금 성년후견인의 동의가 있는 것으로 믿게 하여도 여전히 제한능력을 이유로 취소할 수 있다.
③ [틀림] 특정후견은 본인의 의사에 반하여 할 수 없다. 그러나 성년후견과 한정후견은 본인의 의사를 고려하기만 하면 되므로 설령 본인의 의사에 반한다 하더라도 가능하다.
④ [옳음]

> **제14조의3(심판 사이의 관계)** ① 가정법원이 피한정후견인 또는 피특정후견인에 대하여 성년후견개시의 심판을 할 때에는 종전의 한정후견 또는 특정후견의 종료 심판을 한다.
> ② 가정법원이 피성년후견인 또는 피특정후견인에 대하여 한정후견개시의 심판을 할 때에는 종전의 성년후견 또는 특정후견의 종료 심판을 한다.

⑤ [틀림] 취소권은 형성권으로서 재판 외에서 의사표시를 하는 방법으로도 권리를 행사할 수 있다고 보아야 한다(대판 1993.7.27. 92다52795).

정답 | ④

016 부재자 재산관리인에 관한 설명으로 옳지 않은 것은? (다툼이 있으면 판례에 따름) 〈노무사 2018〉

① 부재자가 재산관리인을 정한 경우에 부재자의 생사가 분명하지 않은 때에는 법원은 재산관리인을 개임할 수 있다.
② 법원은 재산관리인의 과거의 처분행위를 추인하는 허가도 할 수 있다.
③ 법원이 선임한 재산관리인의 권한은 부재자가 사망하면 선임결정이 취소되지 않더라도 소멸한다.
④ 법원이 선임한 재산관리인은 관리할 재산목록을 작성하여야 한다.

⑤ 부재자의 생사가 분명하지 않은 경우, 법원은 부재자가 정한 재산관리인에게 재산의 관리 및 반환에 관하여 상당한 담보를 제공하게 할 수 있다.

해설 | ① [옳음] 부재자가 재산관리인을 정한 경우에 부재자의 생사가 분명하지 아니한 때에는 법원은 재산관리인, 이해관계인 또는 검사의 청구에 의하여 재산관리인을 개임할 수 있다(제23조).

② [옳음] 법원의 부재자 재산관리인의 초과행위결정의 효력은 그 허가받은 재산에 대한 장래의 처분행위뿐만 아니라 기왕의 처분행위를 추인하는 행위로도 할 수 있다(대판 1982.12.14. 80다1872).

③ [틀림] 법원에 의하여 부재자 재산관리인의 선임결정이 있는 이상, 가사 부재자가 그 이전에 이미 사망하였음이 밝혀졌다 하여도 법에 의한 절차에 따라 그 선임결정이 취소되지 않는 한 선임된 관리인의 권한은 당연히 소멸되지는 아니하고 그 선임결정이 취소된 경우에도 그 취소의 효력은 장래에 향하여서만 생기는 것이다(대판 1973.3.13. 72다1405). 즉 부재자재산관리인의 권한은 법원의 선임결정의 취소가 있어야 한다.

④ [옳음] 법원이 선임한 재산관리인은 관리할 재산목록을 작성하여야 한다(제24조 제1항).

⑤ [옳음] 민법 제26조

> **제26조(관리인의 담보제공, 보수)** ① 법원은 그 선임한 재산관리인으로 하여금 재산의 관리 및 반환에 관하여 상당한 담보를 제공하게 할 수 있다.
> ② 법원은 그 선임한 재산관리인에 대하여 부재자의 재산으로 상당한 보수를 지급할 수 있다.

정답 | ③

017 법원이 선임한 부재자의 재산관리인에 관한 설명으로 옳지 않은 것은? (다툼이 있는 경우에는 판례에 의함) 〈노무사 2011〉

① 재산관리인은 선량한 관리자의 주의의무를 다하여 직무를 수행하여야 한다.

② 재산관리인의 처분행위에 관한 법원의 허가는 재산관리인의 과거 처분행위를 추인하는 방법으로 할 수 없다.

③ 법원의 허가범위를 넘은 처분행위는 무권대리행위이다.

④ 재산관리인이 법원의 허가를 받아 행한 처분행위는 후에 그 허가가 취소되더라도 유효하다.

⑤ 재산관리인은 불법하게 경료된 소유권이전등기의 말소를 법원의 허가 없이 청구할 수 있다.

해설 | ① [옳음] 법원이 선임한 재산관리인은 '선량한 관리자의 주의'로써 직무를 처리하여야 한다(제681조).

② [틀림] 재산관리인의 처분행위에 대한 법원의 허가는 장래의 처분행위에 대해서 뿐만 아니라, 과거의 처분행위에 대한 추인을 위해서 할 수 있다(대판 2000.12.26. 99다19278).

③ [옳음] 부재자가 재산에 대한 보존·이용·개량행위 등의 관리행위는 가정법원의 허가를 받을 필요가 없지만, 처분행위를 할 때에는 가정법원의 허가를 받아야 한다. 허가를 받지 않고 한 처분행위 또는 허가의 범위를 넘은 처분행위는 무권대리행위로서 무효이다.

④ [옳음] 가정법원은 본인 또는 이해관계인의 청구에 의하여 위의 처분을 취소해야 한다(제22조 제2항). 취소는 반드시 법원의 선고를 통하여 이루어져야 하며, 소급효가 없으므로 취소 전의 재산관리인이 행한 행위에는 영향이 없다.

⑤ [옳음] 부재자의 재산에 대한 임료청구 또는 불법행위로 인한 손해배상청구와 불법하게 경료된 소유권이전등기의 말소는 부재자 재산관리인으로서 당연히 그 권한이 있는 것이므로 권한 외의 초과행위의 허가를 요하지 아니한다(대결 1957.10.14. 4290민재항104).

정답 | ②

018 2002년 4월 15일 선박침몰로 甲이 실종되었다. 甲의 배우자 乙은 2010년 1월경 甲에 대한 실종선고를 청구하여 2010년 7월 5일 실종선고가 내려졌다. 실종선고로 甲소유의 X아파트는 乙에게 단독으로 상속되었고, 乙은 실종선고 후 그 취소 전에 X아파트를 丙에게 매도하고 소유권이전등기를 해 주었다. 다음 설명으로 옳지 않은 것은? 〈노무사 2012〉

① 甲에 대하여 실종선고를 하기 위해서는 1년의 실종기간이 경과하여야 한다.
② 실종선고가 취소되더라도 乙과 丙이 선의라면 매매계약과 소유권이전등기는 유효하다.
③ 실종선고로 인해 甲은 2010년 7월 5일 사망한 것으로 간주된다.
④ 실종선고가 취소된 경우, 乙이 선의인 때에는 그 받은 이익이 현존하는 한도에서 甲에게 반환하면 된다.
⑤ 甲이 생환하여 실종선고가 취소되기 전에 종래의 주소지에서 체결한 계약은 유효하다.

해설 | ① [옳음] (특별실종) 전지(戰地)에 임한 자(=전쟁실종), 침몰한 선박 중에 있던 자(=선박실종), 추락한 항공기 중에 있던 자(=항공기실종) 기타 사망의 원인이 될 위난을 당한 자(=위난실종)의 생사가 전쟁종지 후 또는 선박의 침몰, 항공기의 추락 기타 위난이 종료한 후 1년 간 분명하지 아니한 때에는 법원은 이해관계인이나 검사의 청구에 의하여 실종선고를 하여야 한다(제27조 제2항).

② [옳음] 실종선고 후 취소 전에 선의로(=실종선고가 사실에 반하는 것을 알지 못하고) 한 법률행위는 그 효력이 유지된다(제29조 제1항). 그 법률행위가 재산법상의 계약의 경우 계약당사자 쌍방이 선의인 경우에만 그 계약은 유효하고 일방당사자가 악의인 경우에는 무효라는 쌍방선의설이 다수설이다.

③ [틀림] 실종선고를 받은 자는 (실종선고가 내려진 날이 아니라) 실종기간이 만료한 때에 사망한 것으로 간주한다(제28조). 문제의 경우 실종기간의 기산점은 선박이 침몰한 2002년 4월 16일 0시이므로 특별실종기간인 1년이 만료되는 날인 2003년 4월 15일 24시(2003년 4월 16일 0시)에 사망한 것으로 간주된다.

④ [옳음] 실종선고가 취소된 경우 실종선고를 직접원인으로 하여 재산을 취득한 자가 선의(善意)인 경우에는 그 받은 이익이 현존하는 한도에서 반환할 의무가 있고, 악의(惡意)인 경우에는 그 받은 이익에 이자를 붙여서 반환하고 손해가 있으면 이를 배상하여야 한다(제29조 제2항).

⑤ [옳음] 실종선고는 실종자의 권리능력을 상실시키는 것이 아니라 실종자의 종래의 주소 또는 거소를 중심으로 하는 사법상의 법률관계에 한하여 사망한 것으로 간주하는 것이다. 따라서 실

종자가 다른 곳에서 살고 있다면 그는 권리능력을 가지고, 종래의 주소 또는 거소로 돌아온 후 사법상의 법률관계에 관하여는 사망의 효과가 미치지 않는다. 또한 사법상의 법률관계만을 종료시키는 것이므로, 선거권, 피선거권의 유무나 범죄의 성립 등과 같은 공법상의 법률관계는 실종선고와는 관계없이 결정된다.

정답 | ③

019 건물을 소유하고 있는 甲은 재산관리인을 두지 않고 해외여행을 떠났는데, 甲이 탄 비행기가 2008년 4월 22일 오전 10시부터 행방이 묘연하게 되었다. 그 후 법원에 의하여 乙이 甲의 재산관리인으로 선임되었다. 다음 설명으로 옳은 것은? (다툼이 있으면 판례에 의함) 〈노무사 2014〉

① 甲은 2008년 4월 22일 사망한 것으로 간주된다.
② 乙이 건물의 관리 및 개량행위를 하기 위해서는 법원의 허가를 받아야 한다.
③ 乙이 법원의 허가를 받아 한 건물의 처분행위는 甲이 실종선고를 받게 되면 그 효력을 잃는다.
④ 乙이 건물의 처분에 대하여 법원의 허가를 받은 경우, 甲과 아무 관계가 없는 타인의 채무담보를 위해 저당권을 설정하더라도 유효하다.
⑤ 만약 甲의 실종선고로 인해 건물을 상속한 선의의 丙이 그 건물을 매도하고 양도하였는데, 그 후 甲이 생환하여 실종선고가 취소되면 丙은 甲에 대해 그가 받은 이익이 현존하는 범위 내에서 반환할 의무가 있다.

해설 | ① [틀림] (특별실종) 전지(戰地)에 임한 자(=전쟁실종), 침몰한 선박 중에 있던 자(=선박실종), 추락한 항공기 중에 있던 자(=항공기실종) 기타 사망의 원인이 될 위난을 당한 자(=위난실종)의 생사가 전쟁종지 후 또는 선박의 침몰, 항공기의 추락 기타 위난이 종료한 후 1년 간 분명하지 아니한 때에는 법원은 이해관계인이나 검사의 청구에 의하여 실종선고를 하여야 한다(제27조 제2항). 문제의 경우 실종기간의 기산점은 비행기의 경우 특별실종이므로 2008년 4월 23일 0시부터 특별실종기간인 1년이 만료되는 날인 2009년 4월 22일 24시(2009년 4월 23일 0시)에 사망한 것으로 간주된다.
② [틀림] 법원이 선임한 재산관리인은 제118조 소정의 보존·이용·개량 등의 관리행위를 법원의 허가 없이 할 수 있다(제25조).
③ [틀림] 부재자 재산관리인이 권한초과행위의 허가를 받고 그 선임결정이 취소되기 전에 위 권한에 의하여 이뤄진 행위는 부재자에 대한 실종선고기간의 만료된 후에 이뤄졌다고 하더라도 유효한 것이고 그 재산관리인의 적법한 권한행사의 효과는 이미 사망한 부재자의 재산상속인에게 미친다(대판 1975.6.10. 73다2023).
④ [틀림] 부재자 재산관리인이 법원의 매각처분허가를 얻었다 하더라도 위와 같이 부재자와 아무런 관계가 없는 남의 채무의 담보만을 위하여 부재자 재산에 근저당권을 설정하는 행위는 보통 있을 수 없는 드문 처사라 할 것이니 통상의 경우 객관적으로 그 행위가 부재자를 위한 처분행위로서 당연하다고는 경험칙상 쉽사리 볼 수 없는 처사라 할 것이다(대결 1976.12.21. 75마551).

⑤ [옳음] 실종선고의 취소가 있을 때에 실종의 선고를 직접 원인으로 하여 재산을 취득한 자(丙)가 선의인 경우에는 그 받은 이익이 현존하는 한도에서 반환할 의무가 있고 악의인 경우에는 그 받은 이익에 이자를 붙여서 반환하고 손해가 있으면 이를 배상하여야 한다(제29조 제2항).

정답 | ⑤

020 2012.3.2. 횡단보도를 건너던 甲과 그의 아들 乙은 신호위반을 한 A의 차에 치어 현장에서 사망하였다. 사망 당시 甲에게는 배우자 丙, 태아 丁이 있었으며, 丁은 2012.5.20. 태어났다. 다음 설명으로 옳은 것은? (다툼이 있는 경우에는 판례에 의함) 〈노무사 2012〉

① 甲과 乙은 동시에 사망한 것으로 간주한다.
② 재산상속에 있어 丁은 2012.3.2. 태어난 것으로 추정한다.
③ 丙은 2012.3.2.부터 태아 丁의 법정대리인이 된다.
④ 丁은 2012.3.2.부터 모든 법률관계에서 권리능력을 취득한다.
⑤ 丁은 A에 대하여 甲의 사망으로 인한 위자료청구권을 가진다.

해설 | ① [틀림] 2인 이상이 동일한 위난으로 사망한 경우에는 동시에 사망한 것으로 '추정'한다(제30조).
② [틀림] 태아는 상속순위에 관하여는 이미 출생한 것으로 본다(제1000조 제3항). (그리고) 태아로 있는 동안에는 권리능력을 취득할 수 없으므로 '살아서 출생'한 때에 출생시기가(=정지조건의 성취 시에 비로소 권리능력을 취득하는데 권리능력의 취득의 효과가) 문제의 사건의 시기까지 소급하여 그 때에 태아가 출생한 것으로 본다(대판 1976.9.14. 76다1365). 따라서 재산상속에 있어 丁은 문제된 사건시기인 아버지 甲의 사망시기인 2012. 3. 2. 태어난 것으로 간주한다.
③ [틀림] 태아인 동안에는 법정대리인이 있을 수 없고, 따라서 법정대리인에 의한 수증행위도 불가능한 것이어서 증여와 같은 쌍방행위가 아닌 손해배상청구권의 취득이나 상속 또는 유증의 경우를 유추하여 태아의 수증능력을 인정할 수 없다(대판 1982.2.9. 81다534).
④ [틀림] 중요한 법률관계를 열거하여 이에 대해서만 태아가 출생한 것으로 보는 개별적 보호주의와 모든 법률관계에 관하여 일반적으로 태아가 출생한 것으로 보는 일반적 보호주의가 있으나 민법은 개별적 보호주의를 채택하였다.
⑤ [옳음] 정신적 고통에 대한 피해자의 위자료 청구권도 재산상의 손해배상 청구권과 구별하여 취급할 근거가 없으므로 그 위자료 청구권이 일신 전속권이라 할 수 없고 피해자의 사망으로 인하여 상속된다. 피해자의 재산상속인이 민법 제752조 소정의 유족(=피해자의 직계존속·직계비속·배우자)인 경우에 그 유족이 민법 제752조 고유의 위자료 청구권과 피해자로부터 상속받은 위자료 청구권을 함께 행사할 수 있다. 피해자의 위자료 청구권은 피해자가 즉사한 경우라 하여도 피해자가 치명상을 받은 때와 사망과의 사이에는 이론상 시간적 간격이 인정될 수 있는 것이므로 피해자의 위자료청구권은 당연히 상속의 대상이 된다(대판 1969.4.15. 69다268). 따라서 父에게 발생한 父의 위자료청구권은 제1000조 제3항에 의해 태아에게 상속된다. 또한 제762조에 의해 태아는 父의 사망으로 인해 태아 자신이 받은 정신상 고통으로 인한 위자료 청구권도 가진다.

정답 | ⑤

제2절 법인

021 민법상 사단법인 甲과 그 대표이사 乙에 관한 설명으로 옳은 것을 모두 고른 것은? (다툼이 있으면 판례에 따름) 〈노무사 2023〉

> ㄱ. 甲과 乙의 이익이 상반하는 사항에 관하여는 乙은 대표권이 없다.
> ㄴ. 甲의 정관에 이사의 해임사유에 관한 규정이 있는 경우, 甲은 乙의 중대한 의무위반 등 특별한 사정이 없는 한 정관에서 정하지 아니한 사유로 乙을 해임할 수 없다.
> ㄷ. 乙이 丙에게 대표자로서의 모든 권한을 포괄적으로 위임하여 丙이 甲의 사무를 집행한 경우, 丙의 그 사무집행행위는 원칙적으로 甲에 대하여 효력이 있다.

① ㄱ
② ㄷ
③ ㄱ, ㄴ
④ ㄴ, ㄷ
⑤ ㄱ, ㄴ, ㄷ

해설 | ㄱ [옳음]

> **제64조(특별대리인의 선임)** 법인과 이사의 이익이 상반하는 사항에 관하여는 <u>이사는 대표권이 없다</u>. 이 경우에는 전조의 규정에 의하여 특별대리인을 선임하여야 한다.

ㄴ [옳음] 법인이 자치법규인 정관으로 이사의 해임사유 및 절차 등에 관하여 별도의 규정을 두는 것도 가능하며, 법인의 정관에 이사의 해임사유에 관한 규정이 있는 경우 법인으로서는 이사의 중대한 의무위반 또는 정상적인 사무집행 불능 등의 특별한 사정이 없는 이상, 정관에서 정하지 않은 사유로 이사를 해임할 수 없다(대판 2013.11.28. 2011다41741).

ㄷ [틀림] 포괄적으로 위임할 수 없으며, 이를 위반한 행위의 효과는 법인에게 발생하지 않는다(대판 1996.9.6. 94다18522).

> **제62조(이사의 대리인 선임)** 이사는 정관 또는 총회의 결의로 금지하지 아니한 사항에 한하여 타인으로 하여금 특정한 행위를 대리하게 할 수 있다.

정답 | ③

022 민법상 법인에 관한 설명으로 옳은 것은? (다툼이 있으면 판례에 따름) 〈노무사 2022〉

① 생전처분으로 재단법인을 설립하는 자가 서면으로 재산출연의 의사표시를 하였다면 착오를 이유로 이를 취소할 수 없다.
② 생전처분으로 지명채권을 출연하여 재단법인을 설립하는 경우, 그 지명채권은 대외적으로는 양도통지나 채무자의 승낙이 행해진 때 법인의 재산이 된다.
③ 법인의 불법행위를 성립시키는 대표기관에는 법인을 실질적으로 운영하면서 그 법인을 사실상 대표하여 법인의 사무를 집행하는 사람이 포함된다.
④ 법인의 대표기관은 정관 또는 사원총회에 의해 금지되지 않는 한 타인에게 포괄적인 대리권을 수여할 수 있다.
⑤ 법인이 청산종결등기를 하였다면 실제로 청산사무가 종료되지 않았더라도 그 법인은 소멸한다.

해설 | ① [틀림] 서면에 의한 출연이더라도 출연자가 착오에 기한 의사표시를 이유로 출연의 의사표시를 취소할 수 있고, '상대방 없는 단독행위'인 재단법인에 대한 출연행위라고 해서 달리 볼 것은 아니다(대판 1999.7.9. 98다9045).
② [틀림] 채권자가 특정되어 있는 지명채권의 경우에는 공시방법이 따로 없기 때문에 제48조가 규정하는 시기에 법인에게 귀속된다. 그러므로 출연자가 사망하였다 하더라도 상속재산에 포함되지 않으므로 상속인이 이를 처분한 경우에는 무권리자의 처분행위에 해당하여 무효이다.
③ [옳음] 법인의 대표기관에는 그 명칭이나 직위 여하, 또는 대표자로 등기되었는지 여부를 불문하고 당해 법인을 실질적으로 운영하면서 법인을 사실상 대표하여 법인의 사무를 집행하는 사람을 포함한다. 그리고 이러한 법리는 '주택조합 또는 노동조합과 같은 비법인 사단에도 마찬가지로 적용'된다(대판 2011.4.28. 2008다15438).
④ [틀림] 이사는 원칙적으로 자신이 대표권을 행사하여야 한다. 다만 정관 또는 총회의 결의로 금지하지 아니한 사항에 한하여 타인으로 하여금 특정의 행위를 대리하게 할 수 있다(제62조). 즉 포괄적으로 위임할 수 없으며, 이를 위반한 행위의 효과는 법인에게 발생하지 않는다(대판 1996.9.6. 94다18522).
⑤ [틀림] 법인에 대한 청산종결등기가 경료되었다 하더라도 청산사무가 종결되지 않는 한 그 범위 내에서 청산법인으로서 존속한다(대판 2003.2.11. 99다66427·73371).

정답 | ③

023 민법상 법인에 관한 설명으로 옳지 않은 것은? 〈노무사 2018〉

① 법인은 이사를 두어야 한다.
② 사단법인의 사원의 지위는 양도 또는 상속할 수 없다.
③ 법인은 정관 또는 총회의 결의로 감사를 둘 수 있다.
④ 주무관청은 이해관계인의 청구에 의하여 임시이사를 선임할 수 있다.
⑤ 이사의 대표권에 대한 제한은 등기하지 않으면 제3자에게 대항하지 못한다.

해설 | ① [옳음] 법인은 이사를 두어야 한다(제57조).
② [옳음] 사단법인의 사원의 지위는 양도 또는 상속할 수 없다(제56조).
③ [옳음] 법인은 정관 또는 총회의 결의로 감사를 둘 수 있다(제66조).
④ [틀림] 이사가 없거나 결원이 있는 경우에 이로 인하여 손해가 생길 염려가 있는 때에는 법원은 이해관계인이나 검사의 청구에 의하여 임시이사를 선임하여야 한다(제63조). 주무관청이 아닌 법원이다.
⑤ [옳음] 이사의 대표권에 대한 제한은 등기하지 아니하면 제3자에게 대항하지 못한다(제60조).

정답 | ④

024 법인에 관한 설명으로 옳지 않은 것은? (다툼이 있는 경우에는 판례에 의함) 〈노무사 2011〉

① 아파트 입주자대표회의는 특별한 사정이 없는 한 법인 아닌 사단이다.
② 법인의 이사가 수인인 경우 정관에 다른 정함이 없으면 법인의 사무집행은 이사의 과반수로써 결정한다.
③ "사단법인의 사원의 지위는 양도 또는 상속할 수 없다"는 민법규정은 임의규정이다.
④ 이사의 대표권에 대한 제한은 등기를 하지 않더라도 정관에 기재함으로써 제3자에게 대항할 수 있다.
⑤ 법인의 해산 및 청산은 법원이 검사·감독한다.

해설 | ① [옳음] 아파트 입주자대표회의는 단체로서의 조직을 갖추고 의사결정기관과 대표자가 있을 뿐만 아니라, 또 현실적으로도 자치관리기구를 지휘·감독하는 등 공동주택의 관리업무를 수행하고 있으므로 특별한 다른 사정이 없는 한 법인 아닌 사단으로서 당사자능력을 가지고 있는 것으로 보아야 한다(대판 2007.6.15. 2007다6307).
② [옳음] 이사가 수인인 경우에는 정관에 다른 규정이 없으면 법인의 사무집행은 이사의 과반수로써 결정한다(제58조 제2항). 이러한 이사의 의결기관이 이사회이다. 이사회는 민법상 법인의 필수기관이 아니다.
③ [옳음] "사단법인의 사원의 지위는 양도 또는 상속할 수 없다"고 한 민법 제56조의 규정은 강행

규정은 아니라고 할 것이므로 정관에 의하여 이를 인정하고 있을 때에는 양도·상속이 허용된다(대판 2003.7.8. 2001다19097).
④ [틀림] 이사의 대표권에 대한 제한은 이를 정관에 기재하지 아니하면 그 효력이 없다(제41조). 그리고 이사의 대표권제한을 정관에 기재한 경우에도 법인등기부에 등기하여야만 제3자에게 대항할 수 있다(제60조).
⑤ [옳음] 법인의 해산 및 청산은 법원이 검사, 감독한다(제95조).

정답 | ④

025 민법상 법인에 관한 설명으로 옳지 않은 것은? (다툼이 있는 경우 판례에 따름) 〈노무사 2016〉

① 비법인사단의 대표자가 직무에 관하여 타인에게 손해를 가한 경우, 그 비법인사단은 그 손해를 배상하여야 한다.
② 대표권이 없는 이사는 법인의 대표기관이 아니기 때문에 그의 행위로 인하여 법인의 불법행위가 성립하지 않는다.
③ 법인의 대표이사가 그 대표권의 범위 내에서 한 행위는 자기의 이익을 도모할 목적으로 그 권한을 남용한 것이라 할지라도, 특별한 사정이 없는 한, 법인의 행위로서 유효하다.
④ 정관에 다른 규정이 없는 경우, 법인은 정당한 이유 없이도 이사를 언제든지 해임할 수 있다.
⑤ 후임이사가 유효하게 선임되었다고 하더라도 그 선임의 효력을 둘러싼 다툼이 있다면, 그 다툼이 해결되기 전까지는 구(舊) 이사만이 직무수행권을 가진다.

해설 | ① [옳음] 비법인사단의 대표자가 직무에 관하여 타인에게 손해를 가한 경우 그 사단은 민법 제35조 제1항의 유추적용에 의하여 그 손해를 배상할 책임이 있고, 비법인사단의 대표자의 행위가 대표자 개인의 사리를 도모하기 위한 것이었거나 혹은 법령의 규정에 위배된 것이었다 하더라도 외관상, 객관적으로 직무에 관한 행위라고 인정할 수 있다면 민법 제35조 제1항의 직무에 관한 행위에 해당한다 할 것이나, 한편 그 대표자의 행위가 직무에 관한 행위에 해당하지 아니함을 피해자 자신이 알았거나 또는 중대한 과실로 인하여 알지 못한 경우에는 비법인사단에게 손해배상책임을 물을 수 없다(대판 2008.1.18. 2005다34711).
② [옳음] 사원총회·감사와 같이 법인의 대표기관이 아닌 기관이나 이사가 선임한 임의대리인의 행위에 관하여는 법인의 불법행위가 성립하지 않고, 다만 사용자책임만이 문제된다. 즉 법인의 불법행위책임이 성립하는 경우 사용자책임은 성립되지 않는다.
③ [옳음] 법인의 대표이사가 그 대표권의 범위 내에서 한 행위는 설사 회사의 영리목적과 관계없이 자기 또는 제3자의 이익을 도모할 목적으로 권한을 남용한 것이라 할지라도 일단 회사의 행위로서 유효하고, 다만 상대방이 대표이사의 진의를 알았거나 알 수 있었을 때에는 회사에 대하여 무효가 되는 것이며, 이는 민법상 법인의 대표자가 대표권한을 남용한 경우에도 마찬가지이다(대판 2008.5.15. 2007다23807).

④ [옳음] 이사선임행위는 법인과 이사 간의 위임계약이라 할 것이다. 따라서 정관에 특별한 정함이 없으면 위임의 일반법리가 적용되므로 법인은 언제든지 해임할 수 있다(대결 2014.1.17. 2013마1801). 이사의 성명·주소는 등기사항이며, 이를 등기하지 않으면 이사의 선임·해임·퇴임을 가지고 제3자에게 대항할 수 없다.

⑤ [틀림] 후임이사가 유효하게 선임된 경우 그 선임의 효력을 둘러싼 다툼이 있다 하더라도 그 다툼이 해결되기 전까지는 구 이사만이 직무수행권을 가진다고 할 수 없다(대판 2009.4.25. 2008다2556).

정답 | ⑤

026 법인의 불법행위책임에 관한 설명으로 옳은 것은? (다툼이 있으면 판례에 의함) 〈노무사 2013〉

① 비법인사단에 대해서는 법인의 불법행위책임을 규정한 민법 제35조가 유추적용되지 않는다.
② 민법 제35조 제1항에 의한 법인의 불법행위책임이 인정되는 경우, 이사 기타 대표자는 이로 인하여 자기의 손해배상책임을 면하지 못한다.
③ 법인이 대표자에 대한 선임·감독상의 주의의무를 다한 경우에는 민법 제35조에 의한 불법행위책임을 면할 수 있다.
④ 법인은 대표권 없는 이사의 불법행위에 대하여도 민법 제35조에 의한 불법행위책임을 진다.
⑤ 노동조합의 대표기관이 아닌 간부들의 주도 하에 이루어진 불법쟁의 행위가 조합의 집행기관으로서의 행위라고 볼 수 있는 경우에도 노동조합은 사용자가 입은 손해에 대하여 배상책임을 지지 않는다.

해설 | ① [틀림] 민법 규정 가운데서 법인격을 전제로 하는 것을 제외하고는 이를 유추적용하여야 한다(통설, 판례). 여기에는 이사의 대리인선임규정(제62조), 법인의 불법행위책임 및 대표권남용이론(제35조 제1항), 제691조 긴급수행권, 임시이사선임규정(제63조) 등이 있다.

② [옳음], ③ [틀림] 법인은 불법행위에 의한 손해배상책임을 부담한다. 이는 법인 자신의 책임으로서 선임·감독상의 과실이 없다 하더라도 면책되지 않는다. 물론 법인의 불법행위가 성립하는 경우 개인으로서의 대표기관은 법인과 경합하여 피해자에게 배상책임을 지며, 그 책임의 성질은 부진정연대채무이다.

④ [틀림] 대표권이 없는 이사는 법인의 기관이기는 하지만 대표기관은 아니기 때문에 제756조의 사용자책임이 성립한다.

⑤ [틀림] 노동조합의 간부들이 불법쟁의행위를 기획, 지시, 지도하는 등으로 주도한 경우에 이와 같은 간부들의 행위는 조합의 집행기관으로서의 행위라 할 것이므로 이러한 경우 노동조합은 그 불법쟁의행위로 인하여 사용자가 입은 손해를 배상할 책임이 있고, 노동조합의 책임 외에 불법쟁의행위를 기획, 지시, 지도하는 등으로 주도한 조합의 간부들 개인에 대하여도 책임을 지우는 것이 상당하다(대판 1994.3.25. 93다32828·32835).

정답 | ②

027 법인의 불법행위책임에 관한 설명으로 옳지 않은 것은? (다툼이 있는 경우에는 판례에 의함)

〈노무사 2012〉

① 행위의 외형상 대표기관의 직무행위라고 인정될 수 있다면, 법령에 위반된 것이라도 직무에 관한 행위에 해당한다.

② 법인은 대표기관의 불법행위에 대해 선임·감독상의 과실이 없음을 증명하더라도 책임을 면할 수 없다.

③ 노동조합의 대표자들이 불법쟁의행위를 주도한 경우, 노동조합은 법인의 불법행위책임을 질 수 있다.

④ 대표권이 없는 이사의 행위에 대하여도 법인은 불법행위책임을 진다.

⑤ 법인의 불법행위가 성립하는 경우, 가해행위를 한 이사의 책임과 법인의 손해배상책임은 부진정연대관계에 있다.

해설 | ① [옳음] 대표이사가 대표권의 범위 내에서 한 행위는 설사 대표이사가 법인의 목적과 관계없이 자기 또는 제3자의 이익을 도모할 목적으로 그 권한을 남용한 것이라 할지라도 일단 법인의 행위로서 유효하고, 다만 그 행위의 상대방이 대표이사의 진의를 알았거나 알 수 있었을 때에는 법인에 대하여 무효가 되는 것이다(대판 2004.3.26. 2003다34045). 다만 법인은 상대방의 악의를 입증하여 그 행위의 효과를 부인할 수 있을 뿐이다(대판 1990.3.13. 89다카24360).

② [옳음] 법인의 불법행위에는 면책사유가 없다(제35조 제1항). 법인이 피해자에게 손해를 배상한 경우에 대표기관 개인에게 구상권을 행사할 수 있다(제65조·제61조).

③ [옳음] 노동조합도 비법인 사단이라 제35조를 유추적용한다. 따라서 노동조합의 대표자들이 불법쟁의행위를 주도한 경우, 노동조합은 법인의 불법행위책임을 질 수 있다.

④ [틀림] 대표권 없는 이사, 임의대리인은 제35조의 대표기관에는 속하지 않는다. 따라서 법인의 불법행위책임이 성립하지 않는다.

⑤ [옳음] 법인의 불법행위가 성립하는 경우 법인은 피해자에게 손해배상책임을 지고, 가해행위를 한 대표기관도 피해자에게 손해배상책임을 진다. 이 경우 법인의 불법행위책임과 불법행위를 한 대표기관 개인의 책임은 부진정 연대채무이므로 피해자는 법인과 가해 대표기관 개인에 대하여 선택적으로 손해배상을 청구할 수 있다.

정답 | ④

028 법인 아닌 사단 甲의 대표자 乙이 사원총회의 결의를 거치지 않고, 甲 소유의 부동산을 丙에게 매도하고 매매대금 1억 원을 받아 해외로 도주하였다. 甲의 정관에는 부동산의 처분에 관한 특별한 규정이 없었다. 다음 설명으로 옳은 것은? (다툼이 있는 경우에는 판례에 의함)

〈노무사 2014〉

① 丙은 甲에 대하여 사용자책임을 물을 수 없다.
② 丙은 乙의 행위에 대하여 권한을 넘은 표현대리의 성립을 주장할 수 있다.
③ 丙은 甲에 대하여 원칙적으로 법인의 불법행위책임을 물을 수 없다.
④ 甲의 부동산에 대한 乙의 처분행위는 특별한 사정이 없는 한 유효하다.
⑤ 만일 乙이 사원총회의 결의를 거치지 않고 丁의 금전채무에 대하여 丁의 채권자와 보증계약을 체결한 경우, 특별한 사정이 없는 한 그 계약은 무효이다.

해설 | ① [옳음] 법인의 대표자였던 자에 의한 차금행위가 불법행위가 된다면 이는 민법상 사용자의 배상책임이 아니고 민법 제35조에 의한 법인자체의 불법행위가 되어 배상책임이 있다(대판 1978.3.14. 78다132).

② [틀림] 사원총회의 결의를 거쳐야 하는 민법 규정은 강행규정이다 따라서 표현대리가 적용될 여지가 없다.
[관련 판례] 비법인사단인 교회의 대표자는 총유물인 교회 재산의 처분에 관하여 교인총회의 결의를 거치지 아니하고는 이를 대표하여 행할 권한이 없다. 그리고 교회의 대표자가 권한 없이 행한 교회 재산의 처분행위에 대하여는 민법 제126조의 표현대리에 관한 규정이 준용되지 아니한다(대판 2009.2.12. 2006다23312).

③ [틀림] 비법인사단의 대표자의 행위가 대표자 개인의 사리를 도모하기 위한 것이었거나 혹은 법령의 규정에 위배된 것이었다 하더라도 외관상, 객관적으로 직무에 관한 행위라고 인정할 수 있는 것이라면 민법 제35조 제1항 비법인사단의 대표자가 직무에 관하여 타인에게 손해를 가한 경우 그 사단은 민법 제35조 제1항의 유추적용에 의하여 그 손해를 배상할 책임이 있으며, 비법인사단의 대표자의 행위가 대표자 개인의 사리를 도모하기 위한 것이었거나 혹은 법령의 규정에 위배된 것이었다 하더라도 외관상, 객관적으로 직무에 관한 행위라고 인정할 수 있는 것이라면 민법 제35조 제1항의 직무에 관한 행위에 해당한다(대판 2003.7.25. 2002다27088).

④ [틀림] 총유물의 관리 및 처분에 관하여는 정관이나 규약에 정한 바가 있으면 이에 따라야 하고, 그에 관한 정관이나 규약이 없으면 사원 총회의 결의에 의하여 하는 것이므로 정관이나 규약에 정함이 없는 이상 사원총회의 결의를 거치지 않은 총유물의 관리 및 처분행위는 무효라고 할 것이다(대판 2003.7.22. 2002다64780).

⑤ [틀림] 비법인사단이 타인 간의 금전채무를 보증하는 행위는 총유물 그 자체의 관리·처분이 따르지 아니하는 단순한 채무부담행위에 불과하여 이를 총유물의 관리·처분행위라고 볼 수는 없다. 따라서 비법인사단인 재건축조합의 조합장이 채무보증계약을 체결하면서 조합규약에서 정한 조합 임원회의 결의를 거치지 아니하였다거나 조합원총회 결의를 거치지 않았다고 하더라도 그것만으로 바로 그 보증계약이 무효라고 할 수는 없다(대판 2007.4.19. 2004다60072 전원합의체).

정답 | ①

029 민법상 법인에 관한 설명으로 옳지 않은 것은? 〈노무사 2015〉

① 이사는 선량한 관리자의 주의로 그 직무를 행하여야 한다.
② 이사는 정관 또는 총회의 결의로 금지하지 아니한 사항에 한하여 타인으로 하여금 특정한 행위를 대리하게 할 수 있다.
③ 법인은 정관 또는 총회의 결의로 감사를 둘 수 있다.
④ 해산한 법인은 청산의 목적범위내에서만 권리가 있고 의무를 부담한다.
⑤ 이사가 없거나 결원이 있는 경우에 이로 인하여 손해가 생길 염려 있는 때에는 법원은 이해관계이이나 검사의 청구에 의하여 특별대리인을 선임하여야 한다.

해설 | ① [옳음] 이사에게는 선량한 관리자로서의 주의의무가 요구된다(제61조).
② [옳음] 이사는 정관 또는 총회의 의결로 금지하지 않은 사항에 한하여 대리인을 둘 수 있으나(제62조), 포괄적으로 위임할 수는 없다.
③ [옳음] 사단법인 또는 재단법인은 정관 또는 총회의 의결로써 감독기관인 감사(監事)를 둘 수 있다(제66조). 특히 비영리법인에 있어서 감사는 필요기관이 아니며, 임의기관이다.
④ [옳음] 청산법인은 청산의 목적범위 내에서만 권리를 가지고 의무를 부담한다(제81조). 따라서 청산법인의 목적범위 외의 행위는 무효이다.
⑤ [틀림] 이사가 없거나 결원이 있는 경우에 이로 인하여 손해가 생길 염려가 있는 때에는 법원은 이해관계인이나 검사의 청구에 의하여 임시이사를 선임하여야 한다(제63조).

정답 | ⑤

---

030 민법상 법인에 관한 설명으로 옳은 것은? (다툼이 있으면 판례에 따름) 〈노무사 2020〉

① 사단법인 정관의 법적 성질은 자치법규이다.
② 청산종결등기가 행해졌다면 청산사무가 아직 남아있다 하더라도 그 법인의 권리능력은 소멸된다.
③ 대표이사의 불법행위가 법인의 불법행위로 되는 경우에 대표이사는 자기의 불법행위책임을 면한다.
④ 법인의 대표권을 가진 자가 하는 법률행위는 성립상 효과만 법인에게 귀속할 뿐 그 위반의 효과인 채무불이행책임까지 법인에 귀속하는 것은 아니다.
⑤ 사단법인 사원의 지위는 정관에 의하여도 상속할 수 없다.

해설 | ① [옳음] 사단법인의 정관은 이를 작성한 사원뿐만 아니라 그 후에 가입한 사원이나 사단법인의 기관 등도 구속하는 점에 비추어 보면 그 법적 성질은 계약이 아니라 자치법규로 보는 것이 타당하다(대판 2000.11.24. 99다12437).

② [틀림] 청산종결등기가 된 경우에도 청산사무가 종료되었다 할 수 없는 경우에는 청산법인으로 존속한다(대판 1980.4.8. 79다2036).
③ [틀림] 법인은 이사 기타 대표자가 그 직무에 관하여 타인에게 가한 손해를 배상할 책임이 있다. 이사 기타 대표자는 이로 인하여 자기의 손해배상책임을 면하지 못한다.
④ [틀림] 법인의 권리능력의 범위에 속하는 행위를 법인의 대표기관이 하였을 때에, 그것은 법인의 행위로 된다.
⑤ [틀림] 민법 제56조는 강행규정은 아니라 할 것이므로 정관에 의하여 이를 인정하고 있을 때에는 양도·상속이 허용된다(대판 1997.9.26. 95다6205).

정답 | ①

031 사원총회에 관한 설명으로 옳은 것은? ⟨노무사 2016⟩

① 사원총회는 사단법인 및 재단법인의 필수기관이다.
② 정관에 다른 규정이 없는 경우, 사원은 서면이나 대리인으로 결의권을 행사할 수 있다.
③ 사원총회는 소집통지에 의해 통지한 사항에 대해서만 결의할 수 있으나, 총회의 결의로 이와 달리 정할 수 있다.
④ 사원총회를 소집하려고 하는 경우, 1주간 전에 그 회의의 목적사항을 기재한 통지가 도달해야 한다.
⑤ 임시총회의 소집을 요구할 수 있는 사원의 수는 정관으로 증감할 수 없다.

해설 | ① [틀림] 사원총회는 사단법인의 최고의 의사결정기관이다. 재단법인에는 사원총회가 있을 수 없으나, 사단법인에는 필요기관이므로 정관의 규정에 의해서도 이를 폐지할 수 없다.
② [옳음] 민법 제73조

> 제73조(사원의 결의권) ① 각 사원의 결의권은 평등으로 한다.
> ② 사원은 서면이나 대리인으로 결의권을 행사할 수 있다.

③ [틀림], ④ [틀림] 총회의 결의로 이와 달리 정할 수 있다는 부분이 틀린 지문이다. 정관의 규정으로 달리 정할 수 있다.

> 제71조(총회의 소집) 총회의 소집은 1주간 전에 그 회의의 목적사항을 기재한 통지를 발하고 기타 정관에 정한 방법에 의하여야 한다.
> 제72조(총회의 결의사항) 총회는 전조의 규정에 의하여 통지한 사항에 관하여서만 결의할 수 있다. 그러나 정관에 다른 규정이 있는 때에는 그 규정에 의한다.

⑤ [틀림] 민법 제70조

> **제70조(임시총회)** ① 사단법인의 이사는 필요하다고 인정한 때에는 임시총회를 소집할 수 있다.
> ② 총사원의 5분의 1 이상으로부터 회의의 목적사항을 제시하여 청구한 때에는 이사는 임시총회를 소집하여야 한다. 이 정수는 정관으로 증감할 수 있다.

정답 | ②

032 법인 아닌 사단에 관한 설명으로 옳은 것은? (다툼이 있으면 판례에 따름) 〈노무사 2019〉

① 성년의 남자만이 종중의 구성원이 될 수 있다.
② 법인 아닌 사단의 대표가 총회 결의 없이 법인 아닌 사단의 이름으로 제3자의 금전채무를 보증한 경우, 특별한 사정이 없는 한 법인 아닌 사단은 보증채무를 부담하지 않는다.
③ 종중재산의 분배에 관한 종중총회의 결의 내용이 자율적으로 결정되었다고 하더라도 종원의 고유하고 기본적인 권리의 본질적인 내용을 침해하는 경우, 그 결의는 무효이다.
④ 법인 아닌 사단의 대표자의 직무상 불법행위에 대하여는 법인의 불법행위능력에 관한 민법 제35조 제1항이 적용되지 않는다.
⑤ 교인들이 집단적으로 교회를 탈퇴한 경우, 법인 아닌 사단인 교회가 2개로 분열되고, 분열되기 전 교회의 재산은 분열된 교회의 구성원들에게 각각 총유적으로 귀속된다.

해설 | ① [틀림] 종중이란 공동선조의 분묘수호와 제사 및 종원 상호간의 친목 등을 목적으로 하여 구성되는 자연발생적인 종족집단이므로, 종중의 이러한 목적과 본질에 비추어 볼 때 공동선조와 성과 본을 같이하는 후손은 성별의 구별 없이 성년이 되면 당연히 그 구성원이 된다고 보는 것이 조리에 합당하다(대판 2005.7.21. 2002다1178 전원합의체).

② [틀림] 비법인사단이 타인 간의 금전채무를 보증하는 행위는 총유물 그 자체의 관리·처분이 따르지 아니하는 단순한 채무부담행위에 불과하여 이를 총유물의 관리·처분행위라고 볼 수는 없다. 따라서 비법인사단인 재건축조합의 조합장이 채무보증계약을 체결하면서 조합규약에서 정한 조합 임원회의 결의를 거치지 아니하였다거나 조합원총회 결의를 거치지 않았다고 하더라도 그것만으로 바로 그 보증계약이 무효라고 할 수는 없다(대판 2007.4.19. 2004다60072 전원합의체).

③ [옳음] 종중이 그 구성원인 종원에 대하여 그가 가지는 고유하고 기본적인 권리의 본질적인 내용을 침해하는 처분을 하는 것은 허용되지 않는다(대판 2006.10.26. 2004다47024).

④ [틀림] 비법인사단의 대표자가 직무에 관하여 타인에게 손해를 가한 경우 그 사단은 민법 제35조 제1항의 유추적용에 의하여 그 손해를 배상할 책임이 있다(대판 2008.1.18. 2005다34711).

⑤ [틀림] 우리 민법이 사단법인에 있어서 구성원의 탈퇴나 해산은 인정하지만 사단법인의 구성원들이 2개의 법인으로 나뉘어 각각 독립한 법인으로 존속하면서 종전 사단법인에게 귀속되었던 재산을 소유하는 방식의 사단법인의 분열은 인정하지 아니한다. 그 법리는 법인 아닌 사단에 대하여도 동일하게 적용되며, 법인 아닌 사단의 구성원들의 집단적 탈퇴로써 사단이 2개로 분열되고 분열되기

전 사단의 재산이 분열된 각 사단들의 구성원들에게 각각 총유적으로 귀속되는 결과를 초래하는 형태의 법인 아닌 사단의 분열은 허용되지 않는다(대판 2006.4.20. 2004다37775 전원합의체).

정답 | ③

033 비법인사단에 관한 설명으로 옳지 않은 것은? (다툼이 있으면 판례에 따름) 〈노무사 2020〉

① 비법인사단의 대표자로부터 포괄적 위임을 받은 수임인의 대행행위는 비법인사단에 효력을 미치지 않는다.
② 비법인사단 대표자의 대표권이 정관으로 제한된 경우, 비법인사단은 그 등기가 없더라도 그 거래상대방이 악의라면 이로써 대항할 수 있다.
③ 법인의 불법행위책임에 관한 민법 제35조 제1항은 비법인사단에 유추적용된다.
④ 비법인사단의 구성원이 집단으로 탈퇴하면 2개의 비법인사단으로 분열되고, 이때 각 비법인사단은 종전의 재산을 구성원 수의 비율로 총유한다.
⑤ 사원총회 결의를 거치지 않아 무효가 되는 비법인사단 대표자의 총유물 처분행위에 대해서는 '권한을 넘은 표현대리'의 법리가 적용되지 않는다.

해설 | ① [옳음] 비법인사단에 대하여는 사단법인에 관한 민법 규정 가운데 법인격을 전제로 하는 것을 제외하고는 이를 유추적용하여야 하는데, 민법 제62조에 비추어 보면 비법인사단의 대표자는 정관 또는 총회의 결의로 금지하지 아니한 사항에 한하여 타인으로 하여금 특정한 행위를 대리하게 할 수 있을 뿐 비법인사단의 제반 업무처리를 포괄적으로 위임할 수는 없으므로 비법인사단 대표자가 행한 타인에 대한 업무의 포괄적 위임과 그에 따른 포괄적 수임인의 대행행위는 민법 제62조를 위반한 것이어서 비법인사단에 대하여 그 효력이 미치지 않는다(대판 2011.4.28. 2008다15438).

② [옳음] 정관은 자치규범이므로 비법인사단의 총유에 관하여는 정관·규약 등이 있으면 그에 따른다(제275조), 그러나 비법인사단의 경우 대표권 제한에 관하여 등기할 방법이 없어 민법 제60조의 규정을 준용할 수 없다. 따라서 비법인사단의 대표자가 '정관에서 사원총회의 결의를 거쳐야 하도록 규정한 대외적 거래행위에 관하여 이를 거치지 아니한 경우'라도, 이는 비법인사단의 내부적 의사결정'에 불과하다 할 것이므로, 그 거래 상대방이 그와 같은 대표권 제한 사실을 알았거나 알 수 있었을 경우가 아니라면 그 거래행위는 유효하다고 봄이 상당하고, 이 경우 거래의 상대방이 대표권 제한 사실을 알았거나 알 수 있었음은 이를 주장하는 '비법인사단측이 주장·입증'하여야 한다(대판 2003.7.22. 2002다64780).

③ [옳음] 비법인사단의 대표자가 직무에 관하여 타인에게 손해를 가한 경우 그 사단은 민법 제35조 제1항의 유추적용에 의하여 그 손해를 배상할 책임이 있고, 비법인사단의 대표자의 행위가 대표자 개인의 사리를 도모하기 위한 것이었거나 혹은 법령의 규정에 위배된 것이었다 하더라도 외관상, 객관적으로 직무에 관한 행위라고 인정할 수 있다면 민법 제35조 제1항의 직무에 관한 행위에 해당한다 할 것이나, 한편 그 대표자의 행위가 직무에 관한 행위에 해당하지 아니함을 피해자 자신이 알았거나 또는 중대한 과실로 인하여 알지 못한 경우에는 비법인사단에게 손해배상책임을 물을 수 없다(대판 2008.1.18. 2005다34711).

④ [틀림] 우리 민법이 사단법인에 있어서 구성원의 탈퇴나 해산은 인정하지만 사단법인의 구성원들이 2개의 법인으로 나뉘어 각각 독립한 법인으로 존속하면서 종전 사단법인에게 귀속되었던 재산을 소유하는 방식의 사단법인의 분열은 인정하지 아니한다. 그 법리는 법인 아닌 사단에 대하여도 동일하게 적용되며, 법인 아닌 사단의 구성원들의 집단적 탈퇴로써 사단이 2개로 분열되고 분열되기 전 사단의 재산이 분열된 각 사단들의 구성원들에게 각각 총유적으로 귀속되는 결과를 초래하는 형태의 법인 아닌 사단의 분열은 허용되지 않는다(대판 2006.4.20. 2004다37775 전원합의체).

⑤ [옳음] 비법인사단인 교회의 대표자는 총유물인 교회 재산의 처분에 관하여 교인총회의 결의를 거치지 아니하고는 이를 대표하여 행할 권한이 없다. 그리고 교회의 대표자가 권한 없이 행한 교회 재산의 처분행위에 대하여는 민법 제126조의 표현대리에 관한 규정이 준용되지 아니한다(대판 2009.2.12. 2006다23312).

정답 | ④

034 법인 아닌 사단에 관한 설명으로 옳지 않은 것은? (다툼이 있으면 판례에 따름) 〈노무사 2021〉

① 이사가 결원이 생겨 손해가 생길 염려가 있는 경우, 임시이사의 선임에 관한 민법 제63조가 유추적용될 수 있다.

② 법인 아닌 사단이 그 명의로 총유재산에 관한 소송을 제기할 때에는 특별한 사정이 없는 한 사원총회의 결의를 거쳐야 한다.

③ 대표자로부터 사단의 제반 업무처리를 포괄적으로 위임 받은 자의 대행행위의 효력은 원칙적으로 법인 아닌 사단에 미친다.

④ 대표자가 정관에 규정된 대표권 제한을 위반하여 법률행위를 한 경우, 그 상대방이 대표권 제한 사실을 알았거나 알 수 있었을 경우가 아니라면 그 법률행위는 유효하다.

⑤ 사원이 존재하지 않게 된 경우, 법인 아닌 사단은 청산사무가 완료될 때까지 청산의 목적 범위 내에서 권리의무의 주체가 된다.

해설 | ① [옳음] 민법 제63조는 법인의 조직과 활동에 관한 것으로서 법인격을 전제로 하는 조항이 아니고, 법인 아닌 사단이나 재단의 경우에도 이사가 없거나 결원이 생길 수 있으며, 통상의 절차에 따른 새로운 이사의 선임이 극히 곤란하고 종전 이사의 긴급처리권도 인정되지 아니하는 경우에는 사단이나 재단 또는 타인에게 손해가 생길 염려가 있을 수 있으므로, 민법 제63조는 법인 아닌 사단이나 재단에도 유추 적용할 수 있다(대판 2009.11.19. 2008마699 전원합의체).

② [옳음] 비법인사단이 총유재산에 관한 소를 제기할 때에는 정관에 다른 정함이 있는 등의 특별한 사정이 없는 한 사원총회의 결의를 거쳐야 한다(대판 2011.7.28. 2010다97044).

③ [틀림] 비법인사단에 대하여는 사단법인에 관한 민법 규정 가운데서 법인격을 전제로 하는 것을 제외하고는 이를 유추적용하여야 할 것인바, 민법 제62조의 규정에 비추어 보면 비법인사단의 대표자는 정관 또는 총회의 결의로 금지하지 아니한 사항에 한하여 타인으로 하여금 특정한 행위를 대리하게 할 수 있을 뿐 비법인사단의 제반 업무처리를 포괄적으로 위임할 수는 없다 할

것이므로, 비법인사단 대표자가 행한 타인에 대한 업무의 포괄적 위임과 그에 따른 포괄적 수임인의 대행행위는 민법 제62조의 규정에 위반된 것이어서 비법인사단에 대하여는 그 효력이 미치지 아니한다(대판 1996.9.6. 94다18522).

④ [옳음] 비법인사단의 경우에는 대표자의 대표권 제한에 관하여 등기할 방법이 없어 민법 제60조의 규정을 준용할 수 없고, 비법인사단의 대표자가 정관에서 사원총회의 결의를 거쳐야 하도록 규정한 대외적 거래행위에 관하여 이를 거치지 아니한 경우라도, 이와 같은 사원총회 결의사항은 비법인사단의 내부적 의사결정에 불과하다 할 것이므로, 그 거래 상대방이 그와 같은 대표권 제한 사실을 알았거나 알 수 있었을 경우가 아니라면 그 거래행위는 유효하다고 봄이 상당하고, 이 경우 거래의 상대방이 대표권 제한 사실을 알았거나 알 수 있었음은 이를 주장하는 비법인사단측이 주장·입증하여야 한다(대판 2003.7.22. 2002다64780).

⑤ [옳음] 비법인사단에 대하여는 사단법인에 관한 민법규정 중 법인격을 전제로 하는 것을 제외한 규정들을 유추적용하여야 할 것이므로 비법인사단인 교회의 교인이 존재하지 않게 된 경우 그 교회는 해산하여 청산절차에 들어가서 청산의 목적범위 내에서 권리·의무의 주체가 된다(대판 2003.11.14. 2001다32687).

정답 | ③

CHAPTER 05 권리의 객체

001 권리의 객체에 관한 설명으로 옳은 것을 모두 고른 것은? (다툼이 있으면 판례에 따름) 〈노무사 2023〉

> ㄱ. 주물과 종물은 원칙적으로 동일한 소유자에게 속하여야 한다.
> ㄴ. 분묘에 안치되어 있는 피상속인의 유골은 제사주재자에게 승계된다.
> ㄷ. 부동산 매수인이 매매대금을 완제한 후, 그 부동산이 인도되지 않은 상태에서 그로부터 발생한 과실은 특별한 사정이 없는 한 매도인에게 귀속된다.

① ㄱ
② ㄱ, ㄴ
③ ㄱ, ㄷ
④ ㄴ, ㄷ
⑤ ㄱ, ㄴ, ㄷ

해설 | ㄱ [옳음] 주물과 종물이 원칙적으로 모두 동일한 소유자에게 속하여야 한다. 따라서 주물과 종물의 소유자가 다른 경우에는 원칙적으로 종물이 될 수 없다(대판 2008.5.8. 2007다36933, 36940).

ㄴ [옳음] 사람의 유체·유골은 매장·관리·제사·공양의 대상이 될 수 있는 유체물로서, 분묘에 안치되어 있는 선조의 유체·유골은 민법 제1008조의3 소정의 제사용 재산인 분묘와 함께 그 제사주재자에게 승계되고, 피상속인 자신의 유체·유골 역시 위 제사용 재산에 준하여 그 제사주재자에게 승계된다(대판 2008.11.20. 2007다27670 전원합의체).

ㄷ [틀림] 매수인이 이미 대금을 지급한 경우 매도인이 목적물을 인도하지 않고 있다 하더라도 매도인이 매매대금과 과실을 이중으로 취득할 수는 없으므로, 원칙적으로 과실은 매수인에게 귀속된다(대판 1993.11.9. 93다28928).

정답 | ②

002 물건에 관한 설명으로 옳지 않은 것은? (다툼이 있으면 판례에 따름) 〈노무사 2022〉

① 특정이 가능하다면 증감·변동하는 유동집합물도 하나의 물건으로 다루어질 수 있다.

② 타인의 토지에 권원 없이 자신의 수목을 식재한 자가 이를 부단히 관리하고 있다면 그 수목은 토지에 부합하지 않는다.

③ 명인방법을 갖춘 수목은 독립하여 거래의 객체가 될 수 있다.

④ 주물·종물 관계는 특별한 사정이 없는 한 동일인 소유의 물건 사이에서 인정된다.

⑤ 주물·종물 법리는 타인 소유 토지 위에 존재하는 건물의 소유권과 그 건물의 부지에 관한 건물소유자의 토지임차권 사이에도 유추적용 될 수 있다.

해설 | ① [옳음] 증감·변동하는 유동집합물이라 하더라도 그 목적동산을 종류, 장소 또는 수량지정 등의 방법에 의하여 특정할 수만 있다면 그 전부를 하나의 재산권으로 보아 담보권의 설정이 가능하다(대판 2003.3.14. 2002다72385).

② [틀림] 토지 위에 식재된 입목은 토지의 구성부분으로 토지의 일부일 뿐 독립한 물건으로 볼 수 없으므로 특별한 사정이 없는 한 토지에 부합하고, 토지의 소유자는 식재된 입목의 소유권을 취득한다(대판 2021.8.19. 2020다266375). 즉, 수목이나 과실수에 대해서는 토지 위의 과목은 그 정착물로서 토지의 일부로 간주되며 기타 권원이 있는 자가 특별히 토지에서 분리하여 과목만을 따로 처분한다는 특별한 조처가 없는 한 그 토지와 법률적 운명을 같이한다(대판 1971.12.28. 71다2313).

③ [옳음] 토지 위에 식재된 입목을 그 토지와 독립하여 거래의 객체로 하기 위해서는 '입목에 관한 법률'에 따라 입목을 등기하거나 명인방법을 갖추어야 한다. 명인방법은 부동산의 등기 또는 동산의 인도와 같이 입목에 대하여 물권변동의 성립요건 또는 효력발생요건에 해당하므로 식재된 입목에 대하여 명인방법을 실시해야 그 토지와 독립하여 소유권을 취득한다(대판 2021.8.19. 2020다266375).

④ [옳음] 주물과 종물이 원칙적으로 모두 동일한 소유자에게 속하여야 한다. 따라서 주물과 종물의 소유자가 다른 경우에는 원칙적으로 종물이 될 수 없다.

⑤ [옳음] 주물·종물 법리는 주된 권리와 종된 권리 상호간에도 유추적용되므로, 주된 권리인 소유권이 이전되면, 종된 권리인 임차권, 법정지상권, 대지사용권 등도 함께 이전된다(판례).

정답 | ②

003 권리의 객체에 관한 설명으로 옳지 않은 것은? (다툼이 있으면 판례에 따름) 〈노무사 2018〉

① 주물 자체의 효용과 직접 관계없는 물건은 종물이 아니다.

② 주물에 설정된 저당권의 효력은 특별한 사정이 없으면 종물에 미친다.

③ 입목에 관한 법률에 의하여 입목등기를 한 수목의 집단은 토지와 별개의 부동산이다.

④ 종물은 주물의 처분에 따르므로, 당사자의 특약에 의하여 종물만을 별도로 처분할 수 없다.

⑤ 법정과실은 수취할 권리의 존속기간일수의 비율로 취득한다.

해설 | ① [옳음] 종물은 주물의 상용에 이바지하는 관계에 있어야 하고, 주물의 상용에 이바지한다 함은 주물 그 자체의 경제적 효용을 다하게 하는 것을 말하는 것으로서 주물의 소유자나 이용자의 상용에 공여되고 있더라도 주물 그 자체의 효용과 직접 관계가 없는 물건은 종물이 아니라고 할 것이다(대판 1997.10.10. 97다3750).

② [옳음] 주물 위에 저당권이 설정된 경우에 그 저당권의 효력은 저당권설정 당시의 종물은 물론 설정 후의 종물에 대해서도 미친다(제358조).

③ [옳음] 수목은 토지로부터 분리되면 동산이지만, 분리되지 않은 상태에서는 토지의 일부이다. 그러나 "입목에 관한 법률"에 의하여 소유권보존등기를 한 수목의 집단(즉 입목)은 독립한 부동산으로 된다(동법 제3조 제1항).

④ [틀림] 제100조 제2항은 임의규정이므로 당사자의 다른 특약이 있으면 그 특약에 따른다. 즉 특약에 의하여 종물만을 처분할 수도 있다(대판 1978.12.26. 78다2028).

⑤ [옳음] 법정과실은 수취할 권리의 존속기간일수의 비율로 취득한다(제102조 제2항).

정답 | ④

004 물건에 관한 설명으로 옳지 않은 것은? (다툼이 있으면 판례에 따름) 〈노무사 2020〉

① 주물과 다른 사람의 소유에 속하는 물건은 종물이 될 수 없다.

② 주물을 처분할 때 당사자 간의 특약으로 종물만을 별도로 처분할 수도 있다.

③ 국립공원의 입장료는 법정과실에 해당한다.

④ 관리할 수 있는 자연력은 동산이다.

⑤ 명인방법을 갖춘 수목의 경우 토지와 독립된 물건으로서 거래의 객체가 된다.

해설 | ① [옳음] 종물은 물건의 소유자가 그 물건의 상용에 공하기 위하여 자기 소유인 다른 물건을 이에 부속하게 한 것을 말하므로, 주물과 다른 사람의 소유에 속하는 물건은 종물이 될 수 없다(대판 2008.5.8. 2007다36933·36940).

② [옳음] 제100조 제2항은 임의규정이므로 당사자의 다른 특약이 있으면 그 특약에 따른다. 즉 특약에 의하여 종물만을 처분할 수도 있다(대판 1978.12.26. 78다2028).

③ [틀림] 자연공원법(1995. 12. 30. 법률 제5122호로 개정된 것) 제26조 및 제33조의 규정내용과 입법목적을 종합하여 보면, 국립공원의 입장료는 토지의 사용대가라는 민법상 과실이 아니라 수익자 부담의 원칙에 따라 국립공원의 유지·관리비용의 일부를 국립공원 입장객에게 부담시키고자 하는 것이어서 토지의 소유권이나 그에 기한 과실수취권과는 아무런 관련이 없다(대판 2001.12.28. 2000다27749).

④ [옳음] 토지 및 그 정착물이 부동산이고, 부동산 이외의 물건이 모두 동산이다(제99조).

⑤ [옳음] 관습법상의 명인방법이라는 공시방법을 갖춤으로써 토지와는 분리된 독립한 부동산으로 취급된다(대판 1974.6.11. 74다542).

정답 | ③

005 물건에 관한 설명으로 옳지 않은 것은? (다툼이 있으면 판례에 따름) 〈노무사 2021〉

① 주물과 종물은 원칙적으로 동일한 소유자에게 속하여야 한다.
② 주물과 종물에 관한 민법 제100조 제2항의 법리는 압류와 같은 공법상 처분에는 적용되지 않는다.
③ 당사자는 주물을 처분할 때에는 특약으로 종물을 제외하거나 종물만 별도로 처분할 수 있다.
④ 노동의 대가인 임금은 법정과실이 아니다.
⑤ 매매목적물이 인도되지 않았고 매수인도 대금을 완제하지 않은 경우, 특별한 사정이 없는 한 매도인의 이행지체가 있더라도 매매목적물로부터 발생하는 과실은 매도인에게 귀속된다.

해설 │ ① [옳음] 종물은 물건의 소유자가 그 물건의 상용에 공하기 위하여 자기 소유인 다른 물건을 이에 부속하게 한 것을 말하므로, 주물과 다른 사람의 소유에 속하는 물건은 종물이 될 수 없다(대판 2008.5.8. 2007다36933·36940).

② [틀림] 민법 제100조 제2항에서는 "종물은 주물의 처분에 따른다."고 하고 있는바, 위 종물과 주물의 관계에 관한 법리는 물건 상호 간의 관계뿐 아니라 권리 상호 간에도 적용되고, 위 규정에서의 처분이란 처분행위에 의한 권리변동뿐 아니라 주물의 권리관계가 압류와 같은 공법상의 처분 등에 의하여 생긴 경우에도 적용되어야 한다(대판 2006.10.26. 2006다29020).

③ [옳음] 제100조 제2항은 임의규정이므로 당사자의 다른 특약이 있으면 그 특약에 따른다. 즉 특약에 의하여 종물만을 처분할 수도 있다(대판 1978.12.26. 78다2028).

④ [옳음] 물건의 사용대가로 받는 금전 기타의 물건이 법정과실이다(제101조 제2항). 그러나 노동의 대가(임금)나 권리사용의 대가(예컨대 주식의 배당금·특허권의 사용료 등)는 법정과실이 아니다.

⑤ [옳음] 매매목적물이 인도되지 아니하더라도 매수인이 대금을 완제한 때에는 그 시점 이후의 과실은 매수인에게 귀속되지만, 매매목적물이 인도되지 아니하고 또한 매수인이 대금을 완제하지 아니한 때에는 매도인의 이행지체가 있더라도 과실은 매도인에게 귀속되는 것이므로 매수인은 인도의무의 지체로 인한 손해배상금의 지급을 구할 수 없다(대판 2004.4.23. 2004다8210).

정답 │ ②

006 권리의 객체에 관한 설명으로 옳지 않은 것은? (다툼이 있는 경우에는 판례에 의함) 〈노무사 2010〉

① 명인방법을 갖춘 수목의 집단은 토지와는 별개의 부동산이 되며, 이에 대하여는 저당권의 설정이 가능하다.
② 주물 자체의 상용에 공여되지 않고 주물의 사용자의 사용에 공여되는데 불과한 물건은 종물로 볼 수 없다.
③ 매매목적물의 인도 전에 목적물로부터 생긴 과실은 원칙적으로 매도인에게 속한다.

④ 횟집건물에 딸린 생선을 보관하기 위한 수족관 건물은 횟집건물의 종물로 볼 수 있다.
⑤ '종물은 주물의 처분에 따른다'는 민법의 규정은 강행규정이 아닌 임의규정으로 해석하여야 한다.

해설 | ① [틀림] 명인방법을 갖춘 수목의 집단은 토지와는 별개의 독립한 부동산이 된다. 불완전한 공시방법인 명인방법으로 공시되는 물권은 소유권 및 소유권에 준하는 양도담보권에 한한다. 따라서 명인방법에 의한 저당권설정 기타 제한물권설정은 인정되지 않는다.

② [옳음] 어느 물건이 주된 물건의 종물이기 위하여는 주물의 상용에 이바지되어야 하는 관계가 있어야 하는바, 여기에서 '주물의 상용에 이바지한다' 함은 주물 그 자체의 경제적 효용을 다하게 하는 것을 말하는 것이며, 주물의 소유자나 이용자의 상용에 공여되고 있더라도 주물 그 자체의 효용과는 직접 관계없는 물건은 종물이 아니다(대판 1994.6.10. 94다11606).

③ [옳음] 매매계약 후에 인도하지 아니한 목적물로부터 생긴 과실은 매도인에게 속한다(제587조).

④ [옳음] 횟집으로 사용할 점포건물에 거의 붙여서 횟감용 생선을 보관하기 위하여, 즉 위 점포건물의 상용에 공하기 위하여 신축한 수족관건물은 위 점포건물의 종물이라고 해석할 것이다(대판 1993.2.12. 92도3234).

⑤ [옳음] 제100조 제2항은 임의규정이므로 반대의 특약으로 주물 또는 종물만을 따로 처분할 수 있다(통설과 판례).

정답 | ①

007 물건에 관한 설명으로 옳지 않은 것은? 〈노무사 2011〉

① 임금은 법정과실이다.
② 종물은 주물의 처분에 따른다.
③ 법정과실은 수취할 권리의 존속기간 일수의 비율로 취득한다.
④ 천연과실은 물건의 용법에 의하여 수취하는 산출물이다.
⑤ 천연과실은 그 원물로부터 분리된 때 이를 수취할 권리자에게 속한다.

해설 | ① [틀림] 법정과실이란 원물인 물건의 사용대가로 받는 금전 기타의 물건을 말한다. 법정과실의 경우 원물은 물건이어야 하므로 원물이 물건이 아닌 경우 즉 권리에 대한 과실(주식의 배당금, 특허권의 사용료)과 노동의 대가인 임금은 과실이 아니다(통설).

② [옳음] 종물은 주물의 처분에 따른다(제100조 제2항).

③ [옳음] 법정과실은 수취할 권리의 존속기간일수의 비율로 취득한다(제102조 제2항).

④ [옳음] 천연과실이란 원물인 물건의 경제적 용도에 따라서 수취하는 산출물을 말한다. 천연과실에는 과수의 열매, 가축의 새끼 등과 같이 자연적으로 생산되는 물건뿐만 아니라 광물, 석재, 모래 등과 같이 인공적으로 수취되는 것도 산출물에 포함된다.

⑤ [옳음] 천연과실은 그 원물로부터 분리하는 때에 이를 수취할 권리자에게 속한다(제102조 제1항).

정답 | ①

008 주물·종물에 관한 설명으로 옳은 것은? (다툼이 있는 경우에는 판례에 의함) 〈노무사 2012〉

① 주유기는 주유소 건물의 종물이 아니라 부합물이다.
② 주유소의 지하에 매설된 유류저장탱크는 주유소 건물의 종물이다.
③ 주물의 소유자가 아닌 다른 사람의 물건은 원칙적으로 종물이 될 수 없다.
④ 호텔의 객실에 설치된 텔레비전, 전화기는 호텔건물의 종물이다.
⑤ 증축부분이 물리적 구조뿐만 아니라 용도와 기능면에서도 기존건물과 독립한 별개의 소유권의 객체가 될 수 없는 경우에는 기존건물의 종물로 본다.

해설 | ① [틀림] 주유소의 주유기가 비록 독립된 물건이기는 하나 유류저장탱크에 연결되어 유류를 수요자에게 공급하는 기구로서 주유소 영업을 위한 건물이 있는 토지의 지상에 설치되었고 그 주유기가 설치된 건물은 당초부터 주유소 영업을 위한 건물로 건축되었다는 점 등을 종합하여 볼 때, 그 주유기는 계속해서 주유소 건물 자체의 경제적 효용을 다하게 하는 작용을 하고 있으므로 주유소건물의 상용에 공하기 위하여 부속시킨 종물이라고 보아야 할 것이다(대판 1995.6.29. 94다6345).

② [틀림] 주유소의 지하에 매설된 유류저장탱크를 토지로부터 분리하는 데 과다한 비용이 들고 이를 분리하여 발굴할 경우 그 경제적 가치가 현저히 감소할 것이 분명하다는 이유로, 그 유류저장탱크는 토지에 부합되었다고 보아야 할 것이다(대판 1995.6.29. 94다6345).

③ [옳음] 주물의 소유자가 아닌 사람 소유인 물건이 종물이 될 수 있는지 여부(소극): 종물은 물건의 소유자가 그 물건의 상용에 공하기 위하여 자기 소유인 다른 물건을 이에 부속하게 한 것을 말하므로(제100조 제1항) 주물과 다른 사람의 소유에 속하는 물건은 종물이 될 수 없다(대판 2008.5.8. 2007다36933).

④ [틀림] 호텔의 각 방실에 시설된 텔레비존, 전화기, 호텔세탁실에 시설된 세탁기, 탈수기, 드라이크리닝기, 호텔주방에 시설된 냉장고 제빙기, 호텔방송실에 시설된 브이티알(비데오), 앰프 등이 포함되어 있는 사실이 인정되는 바 위 사실관계에 의하면 적어도 위에 적시한 물건들에 관한 한 위 물건들이 위 호텔의 경영자나 이용자의 상용에 공여됨은 별론으로 하고 주물인 같은 제1,2목록 기재부동산 자체의 경제적 효용에 직접 이바지 하지 아니함은 경험칙상 명백하므로 위 부동산에 대한 종물이라고는 할 수 없다 할 것이다(대판 1985.3.26. 84다카269).

⑤ [틀림] 기존건물에 붙여서 증축된 건물부분이 물리적 구조상이나 용도, 기능 및 거래의 관점에서 사회적, 경제적으로 볼 때 그 자체로서는 구조상 건물로서의 독립성이 없고 종전의 건물과 일체로서만 거래의 대상이 되는 상태에 있으면 부합이 성립한다(대판 1981.12.8. 80다2821).

정답 | ③

009 물건에 관한 설명으로 옳지 않은 것은? (다툼이 있으면 판례에 의함) 〈노무사 2013〉

① 종류물의 매매에는 담보책임에 관한 규정이 적용될 수 없다.
② 주물에 설정된 저당권의 효력은 종물에도 미친다.
③ 미분리의 천연과실도 명인방법을 갖추면 독립한 물건이 된다.
④ 자기 소유의 금전을 타인이 점유한 경우에는 채권적 반환청구권을 행사할 수 있다.
⑤ 입목에 관한 법률에 의하여 입목등기를 한 수목의 집단은 토지와 별개의 부동산이다.

해설 | ① [틀림] 종류물의 매매는 담보책임(제581조)에 관한 규정이 적용된다.
② [옳음] 저당권의 효력이 저당부동산에 부합된 물건과 종물에 미친다는 민법 제358조 본문을 유추하여 보면 건물에 대한 저당권의 효력은 그 건물에 종된 권리인 건물의 소유를 목적으로 하는 지상권에도 미치게 된다(대판 1996.4.26. 95다52864, 대판 1992.7.14. 92다527).
③ [옳음] 수목의 집단 및 미분리의 과실의 소유권변동에 관한 관습법상 명인방법이 인정된다.
④ [옳음] 금전은 점유 있는 곳에 소유가 있으므로 채권적 반환청구권을 행사하는 것이다.
⑤ [옳음] 토지 위에 생립하고 있는 수목은 토지의 구성부분으로서 토지의 일부로 간주되어 특별한 사정이 없는 한 독립한 물건이 아닌 것으로 취급된다. 다만 「입목에 관한 법률」에 따라 등기된 입목이나 명인방법을 갖춘 수목의 경우에는 토지와 독립한 부동산으로 된다(대결 1998.10.28. 98마1817).

정답 | ①

010 민법상 물건에 관한 설명으로 옳지 않은 것은? (다툼이 있으면 판례에 따름) 〈노무사 2015〉

① 「입목에 관한 법률」에 따라 등기된 입목이나 명인방법을 갖춘 수목의 경우에는 독립하여 거래의 객체가 된다.
② 사람의 유체·유골은 매장·관리·제사·공양의 대상이 될 수 있는 유체물로서 그 제사 주재자에게 승계된다.
③ 당사자는 주물을 처분할 때에 특약으로 종물을 제외할 수 있고 종물만을 별도로 처분할 수도 있다.
④ 천연과실은 수취할 권리의 존속기간 일수의 비율로 취득한다.
⑤ 주물과 다른 사람의 소유에 속하는 물건은 종물이 될 수 없다.

해설 | ① [옳음] 수목은 토지의 정착물로서 원칙적으로 물권의 객체가 되지 못한다. 그러나 입목에 관한 법률 또는 관습법상 공시방법인 명인방법을 갖춘 수목의 집단은 독립한 부동산으로서 소유권의 목적이 될 수 있다. 미분리의 과실도 수목의 일부이지만 관습법상 공시방법인 명인방법을 갖추면 독립한 물건으로서 거래의 목적이 될 수 있다.

② [옳음] 분묘에 안치되어 있는 선조의 유체·유골은 민법 제1008조의3 소정의 제사용 재산인 분묘와 함께 그 제사주재자에게 승계되고, 피상속인 자신의 유체·유골 역시 위 제사용 재산에 준하여 그 제사주재자에게 승계된다(대판 2008.11.20. 2007다27270 전원합의체).

③ [옳음] 종물은 주물의 처분에 따른다(제100조 제2항). 제100조 제2항은 강행규정이 아니므로(대판 1978.12.26. 78다2028) 당사자들이 특약으로 주물과 종물의 처분을 각각 따로 할 수 있지만, 저당권의 경우에는 이러한 취지를 등기하여야 한다. 이러한 주물·종물 법리는 주된 권리와 종된 권리 상호간에도 유추적용되므로, 원본채권이 양도되면 기본적 이자채권도 원칙적으로 함께 양도된다(대판 1992.7.14. 92다527).

④ [틀림] 천연과실이란 물건의 용법에 의하여 수취되는 산출물이다(제101조 제1항). 산출물에는 자연적·유기적으로 생산되는 물건(과일)뿐만 아니라, 인공적·무기적으로 수취되는 물건(석재)도 포함된다. 천연과실은 그 원물로부터 '분리하는 때'에 이를 수취할 권리자에게 속한다(제102조 제1항).

⑤ [옳음] 주물과 종물이 원칙적으로 모두 동일한 소유자에게 속하여야 한다.

정답 | ④

CHAPTER 06 권리의 변동

제1절 권리변동과 법률행위

001 다음 중 상대방 없는 단독행위는? 〈노무사 2011〉

① 해제　　② 추인　　③ 유언　　④ 취소　　⑤ 상계

해설 | ① [틀림], ② [틀림], ④ [틀림], ⑤ [틀림] 상대방 있는 단독행위란 의사표시가 상대방에게 도달하면 효력이 발생하는 단독행위로서, 의사표시를 하면 그에 따라 상대방의 권리의무에 일방적으로 영향을 미치게 되므로 권리의 관점에서 볼 때 형성권이다(예: 동의, 추인, 취소, 채무의 면제, 상계, 해제, 해지).

③ [옳음] 상대방 없는 단독행위란 특정인에 대한 의사표시의 도달 여부에 관계없이, 표시자의 표시행위만으로 효력을 발생하는 단독행위를 말한다(예: 유언, 재단법인의 설립행위, 소유권의 포기).

정답 | ③

제2절 법률행위의 해석

002 甲과 乙은 甲소유의 X토지와 그 토지에 인접한 Y토지 중 X토지에 대한 매매계약을 체결하였지만, 그 지번에 착오를 일으켜 매매계약서상 그 목적물을 Y토지로 표시하였고, 甲은 乙에게 Y토지를 인도하고 그 소유권이전등기를 해 주었다. 다음 중 옳지 않은 것은? 〈노무사 2011〉

① 甲과 乙 사이의 매매계약은 유효하다.
② 乙은 甲에 대하여 담보책임을 주장할 수 없다.
③ 乙은 甲에게 X토지의 소유권이전등기를 청구할 수 있다.
④ 甲은 Y토지에 대한 매매계약을 착오를 이유로 취소할 수 있다.
⑤ 乙은 Y토지에 대한 소유권을 취득하지 못한다.

해설 | ① [옳음], ② [옳음] 부동산의 매매계약에 있어 쌍방당사자가 모두 특정의 X토지를 계약의 목적물로 삼았으나 그 목적물의 지번 등에 관하여 착오를 일으켜 계약을 체결함에 있어서는 계약서상 그 목적물을 X토지와는 별개인 Y토지로 표시하였다 하여도 X토지에 관하여 이를 매매의 목적물로 한다는 쌍방당사자의 의사합치가 있은 이상 위 매매계약은 X토지에 관하여 성립한 것으로 보아야 할 것이고 Y토지에 관하여 매매계약이 체결된 것으로 보아서는 안 된다(대판 1993.10.26. 93다2629·2636).

③ [옳음], ④ [틀림] 오표시무해의 원칙은 법률행위의 해석문제라는 점에서 착오와 구별된다. 외형상 의사와 표시가 일치하지 않더라도 자연적 해석을 통하여 그 표시가 무엇을 의미하는지에 관한 당사자 간에 공통의 의사가 인정되는 경우에는 오표시무해의 원칙에 의해 그들이 사실상 일치하여 이해한 의미대로 법률효과가 주어지기 때문에, 즉 의사표시의 해석상 의사와 표시가 일치되는 결과로 되기 때문에, 착오취소는 인정될 여지가 없다. X토지에 관하여는 甲과 乙 사이에 물권적 합의는 있으므로 착오는 문제되지 않는다. 그러나 등기가 경료되지 않았으므로 乙은 X토지에 관하여 소유권을 취득하지 못한다. 그러나 X토지에 관하여 매매계약이 유효하게 성립하였으므로 乙은 甲에게 매매에 따른 소유권이전등기청구권을 가진다.

⑤ [옳음] Y토지에 관하여는 매매계약 자체가 성립되지 않았으므로 착오를 이유로 취소할 수도 없고 등기가 되어 있으나 물권적 합의가 없기 때문에 乙은 Y토지에 관하여 소유권을 취득하지 못한다.

정답 | ④

003 당사자 확정 및 법률행위의 해석에 관한 설명으로 옳은 것은? (다툼이 있으면 판례에 따름)
〈노무사 2017〉

① 예금명의자의 위임에 의하여 자금출연자가 대리인으로 예금계약을 체결한 경우, 예금계약의 반환청구권자는 자금출연자이다.
② 불법행위로 인한 손해배상에 관하여 가해자와 피해자 사이에 피해자가 일정한 금액을 지급받고 그 나머지의 청구를 포기하기로 약정한 때에는 모든 후발손해에 대해서도 배상청구권을 포기한 것으로 해석하여야 한다.

③ 본인이 대리인을 통하여 계약을 체결하는 것에 대하여 상대방이 그러한 사정을 알고 대리인과 계약을 체결하였는데 대리권이 존재하지 않은 경우, 계약의 당사자는 대리인과 상대방이 된다.

④ 甲이 乙의 행사를 하여 乙 명의로 丙과 부동산을 매수하는 계약을 체결한 후 丙으로부터 인도받아 거주하고 있고, 丙이 甲을 매수인으로 알고 있는 경우 부동산 매매계약의 당사자는 乙과 丙이다.

⑤ 부동산 매매계약에 있어서 당사자 쌍방 모두 지번 등에 착오를 일으켜 실제로 합의하지 않은 토지(Y)를 계약서에 매매목적물로 기재한 경우, 실제로 합의된 토지(X)가 매매목적물이다.

해설 | ① [틀림] 금융실명거래 및 비밀보장에 관한 법률에 따라 실명확인 절차를 거쳐 예금계약을 체결하고 그 실명확인 사실이 예금계약서 등에 명확히 기재되어 있는 경우에는, 일반적으로 그 예금계약서에 예금주로 기재된 예금명의자나 그를 대리한 행위자 및 금융기관의 의사는 예금명의자를 예금계약의 당사자로 보려는 것이라고 해석하는 것이 경험법칙에 합당하고, 예금계약의 당사자에 관한 법률관계를 명확히 할 수 있어 합리적이다(대판 2009.3.19. 2008다45828 전원합의체).

② [틀림] 불법행위로 인한 손해배상에 관하여 가해자와 피해자 사이에 피해자가 일정한 금액을 지급받고 그 나머지 청구를 포기하기로 합의가 이루어진 때에는 그 후 그 이상의 손해가 발생하였다 하여 다시 그 배상을 청구할 수 없는 것이지만, 그 합의가 손해의 범위를 정확히 확인하기 어려운 상황에서 이루어진 것이고, 후발손해가 합의 당시의 사정으로 보아 예상이 불가능한 것으로서, 당사자가 후발손해를 예상하였더라면 사회통념상 그 합의금액으로는 화해하지 않았을 것이라고 보는 것이 상당할 만큼 그 손해가 중대한 것일 때에는 당사자의 의사가 이러한 손해에 대해서까지 그 배상청구권을 포기한 것이라고 볼 수 없으므로 다시 그 배상을 청구할 수 있다고 보아야 한다(대판 2001.9.14. 99다42797).

③ [틀림], ④ [틀림] 계약을 체결하는 행위자가 타인의 이름으로 법률행위를 한 경우에 행위자 또는 명의인 가운데 누구를 계약의 당사자로 볼 것인가에 관하여는, 우선 행위자와 상대방의 의사가 일치한 경우에는 그 일치한 의사대로 행위자 또는 명의인을 계약의 당사자로 확정해야 하고, 행위자와 상대방의 의사가 일치하지 않는 경우에는 그 계약의 성질·내용·목적·체결경위 등 그 계약체결 전후의 구체적인 제반사정을 토대로 상대방이 합리적인 사람이라면 행위자와 명의자 중 누구를 계약당사자로 이해할 것인가에 의하여 당사자를 결정하여야 한다. 일방 당사자가 대리인을 통하여 계약을 체결하는 경우에 있어서 계약의 상대방이 대리인을 통하여 본인과 사이에 계약을 체결하려는 데 의사가 일치하였다면 대리인의 대리권 존부문제와는 무관하게 상대방과 본인이 그 계약의 당사자이다(대판 2003.12.12. 2003다44059).

⑤ [옳음] 부동산의 매매계약에 있어 쌍방 당사자가 모두 특정의 A토지를 계약의 목적물로 삼았으나 그 목적물의 지번 등에 관하여 착오를 일으켜 계약을 체결함에 있어서는 계약서상 그 목적물을 A토지와는 별개인 B토지로 표시하였다 하여도, A토지에 관하여 이를 매매의 목적물로 한다는 쌍방 당사자의 의사합치가 있는 이상, 그 매매계약은 A토지에 관하여 성립한 것으로 보아야 하고 B토지에 관하여 매매계약이 체결된 것으로 보아서는 안 될 것이며, 만일 B토지에 관하여 그 매매계약을 원인으로 하여 매수인 명의로 소유권이전등기가 경료되었다면, 이는 원인 없이 경료된 것으로서 무효이다(대판 1996.8.20. 96다19581·19598).

정답 | ⑤

제3절　법률행위의 목적

004 甲은 자기 소유의 부동산을 乙에게 매도하고 계약금과 중도금을 수령하였다. 그 뒤 甲은 그 부동산 소재지 주변이 개발될 것이라는 정보를 미리 입수한 丙이 매매대금으로 그 부동산 시세의 두 배를 제시하자 丙에게 매도하고 이전등기를 해주었다. 다음 설명 중 옳지 않은 것은? (다툼이 있으면 판례에 의함) 〈노무사 2013〉

① 甲의 乙에 대한 소유권이전의무는 특별한 사정이 없는 한 이행불능이 된다.
② 乙은 甲을 상대로 전보배상을 청구할 수 있다.
③ 乙은 이행의 최고 없이도 甲과의 계약을 해제할 수 있다.
④ 甲은 乙에게 계약금의 배액을 상환하고 매매계약을 해제할 수 있다.
⑤ 丙이 甲의 배임행위에 적극 가담한 경우, 甲과 丙 사이의 매매계약은 반사회적 법률행위로서 무효이다.

해설 | ① [옳음], ② [옳음], ③ [옳음] 甲의 乙에 대한 소유권이전등기채무는 이행불능이 되었으므로 乙은 더 이상 甲에게 소유권이전등기청구권을 행사할 수 없고 불능 당시 시가 상당액에 대하여 손해배상을 청구할 수 있을 뿐이다. 이행불능 당시는 丙과 매매계약을 체결한 때가 아니고 丙에게 등기가 경료된 때이다(대판 1996.7.26. 96다14616). 또한 乙은 이행불능을 이유로 甲과의 매매계약을 해제할 수 있으며, 이 경우 이행의 최고는 필요 없다.
④ [틀림] 乙은 이미 중도금을 지급하였으므로 제565조의 이행의 착수가 된 것이고 따라서 甲은 乙에게 계약금의 배액을 상환하고 매매계약을 해제할 수 없다.
⑤ [옳음] 이중매매가 공서양속에 반한다고 하려면, 다른 특별한 사정이 없는 한 상대방에게도 그러한 무효의 제재, 보다 실질적으로 말하면 나아가 그가 의도한 권리취득 자체의 좌절을 정당화할 만한 책임귀속 사유가 있어야 한다(대판 2013.10.11. 2013다52622). 즉, 적극가담이 있어야 하는 바, 따라서 丙이 단순 악의를 넘어 甲의 이중매매에 적극적으로 가담하여 매도를 요청 및 유인한 경우라면 이는 제103조에 위반되어 절대적 무효라 할 것이므로 설령 전득자가 선의라 하더라도 보호받을 수 없고 전매도인에게 제570조에 따른 담보책임을 추궁할 수 있을 것이다.

정답 | ④

005 甲은 자신의 X건물을 매매대금 1억 원, 계약금 1,000만 원으로 정하여 乙에게 매도하는 계약을 체결하고, 乙로부터 계약금을 수령하였다. 甲이 乙에게 X건물의 인도 및 소유권이전등기를 마쳐주기 전에 제3자 丙의 과실로 인한 화재로 X건물이 전부 멸실되었다. 이에 관한 설명으로 옳지 않은 것은? (다툼이 있으면 판례에 따름) 〈노무사 2018〉

① 乙은 丙에게 불법행위로 인한 손해배상을 청구할 수 있다.
② 乙은 甲에게 X건물에 관한 소유권이전등기를 청구할 수 없다.

③ 乙은 甲에게 채무불이행으로 인한 손해배상을 청구할 수 없다.

④ 乙은 甲에게 지급한 계약금에 대해 부당이득반환을 청구할 수 있다.

⑤ 乙은 甲에게 대상청구권의 행사로써 丙에 대한 손해배상채권의 양도를 청구할 수 있다.

해설 | ① [틀림] 乙은 채권자에 불과하므로 丙에게 불법행위로 인한 손해배상을 청구하려면 제3자 채권침해가 있어야 한다. 위 사안에서는 丙의 채권의 존재를 알면서 적극가담 여부가 나와있지 않으므로 乙은 丙에게 불법행위로 인한 손해배상을 직접적으로는 청구할 수 없다.

② [옳음] 위험부담의 전형적 사례로 채무자는 그 채무를 면하게 되지만, 동시에 채권자에 대한 반대급부청구권을 잃는다(제537조). 즉 채권자는 채권을 상실하는 동시에 반대급부를 하여야 할 채무를 면하게 된다.

> **제537조(채무자위험부담주의)** 쌍무계약의 당사자 일방의 채무가 당사자 쌍방의 책임 없는 사유로 이행할 수 없게 된 때에는 채무자는 상대방의 이행을 청구하지 못한다.

③ [옳음] 쌍무계약의 일방의 채무가 채무자에게 책임 없는 사유로 이행불능이 되어 소멸한 경우에, 그에 대응하는 타방의 채무의 운명은 어떻게 되느냐가 위험부담의 문제이다. 이 경우는 채무자의 귀책사유가 없으므로 채무불이행의 문제는 발생하지 않는다.

④ [옳음] 반대급부를 이미 이행하였다고 한다면 채권자는 목적소멸에 의한 부당이득을 이유로 급부한 것의 반환을 청구할 수 있다(제741조).

⑤ [옳음] 일방급부의 불능으로 말미암아 채무자가 그 목적물에 갈음하는 대상물 또는 배상청구권을 취득한 경우에는, 채권자는 대상청구권을 행사할 수 있다. 이때 채권자는 대상청구를 하고 그의 반대급부를 이행하거나 또는 제537조를 원용하여 그의 반대급부의무의 소멸을 주장할 수 있는 선택권을 가진다.

정답 | ①

006 반사회질서 또는 불공정한 법률행위에 관한 설명으로 옳은 것은? (다툼이 있으면 판례에 따름) 〈노무사 2017〉

① 소송사건에 증인으로서 증언에 대한 대가를 약정하였다면 그 자체로 반사회질서 행위로서 무효이다.

② 반사회질서 법률행위에 해당되는 매매계약을 원인으로 한 소유권이전등기명의자의 물권적 청구권 행사에 대하여 상대방은 법률행위의 무효를 주장할 수 없다.

③ 급부 간 현저한 불균형이 있더라도 폭리자가 피해 당사자 측의 사정을 알면서 이를 이용하려는 의사가 없다면 불공정한 법률행위가 아니다.

④ 경매 목적물이 시가에 비해 현저하게 낮은 가격으로 매각된 경우 불공정한 법률행위로 무효가 될 수 있다.

⑤ 민사사건에 관한 변호사의 성공보수약정은 선량한 풍속 기타 사회질서에 위배되어 무효이다.

해설 | ① [틀림] 소송사건에서 일방 당사자를 위하여 증인으로 출석하여 증언하였거나 증언할 것을 조건으로 어떤 대가를 받을 것을 약정한 경우(또는 어떠한 사실을 알고 있는 사람과의 사이에 소송에서 사실대로 증언하여 줄 것을 조건으로 어떠한 급부를 할 것을 약정한 경우), 증인은 법률에 의하여 증언거부권이 인정되지 않은 한 진실을 진술할 의무가 있는 것이므로 그 대가의 내용이 통상적으로 용인될 수 있는 수준(예컨대 증인에게 일당과 여비가 지급되기는 하지만 증인이 법원에 출석함으로써 입게 되는 손해에는 미치지 못하는 경우 그러한 손해를 전보해 주는 정도)을 초과하는 경우에는 그와 같은 약정은 금전적 대가가 결부됨으로써 선량한 풍속 기타 사회질서에 반하는 법률행위가 되어 민법 제103조에 따라 효력이 없다고 할 것이다(대판 1999.4.13. 98다52483).

② [틀림] 선량한 풍속 기타 사회질서에 위반한 사항을 내용으로 하는 법률행위의 무효는 이를 주장할 이익이 있는 자는 누구든지 무효를 주장할 수 있다. 따라서 반사회질서 법률행위를 원인으로 하여 부동산에 관한 소유권이전등기를 마쳤더라도 그 등기는 원인무효로서 말소될 운명에 있으므로 등기명의자가 소유권에 기한 물권적 청구권을 행사하는 경우에, 권리 행사의 상대방은 법률행위의 무효를 항변으로서 주장할 수 있다(대판 2016.3.24. 2015다11281).

③ [옳음] 피해 당사자가 궁박·경솔 또는 무경험의 상태에 있었다고 하더라도 그 상대방 당사자에게 위와 같은 피해 당사자 측의 사정을 알면서 이를 이용하려는 의사, 즉 폭리행위의 악의가 없었다면 불공정법률행위는 성립하지 않는다(대판 2002.9.4. 2000다54406·54413).

④ [틀림] 경매에 있어서는 불공정한 법률행위 또는 채무자에게 불리한 약정에 관한 것으로서 효력이 없다는 민법 제104조는 적용될 여지가 없다(대결 1980.3.21. 80마77).

⑤ [틀림] 형사사건에 관하여 체결된 성공보수약정과 달리 민사사건은 성공보수약정이 가능하다.

정답 | ③

007 강행규정에 관한 설명으로 옳은 것은? (다툼이 있으면 판례에 따름) 〈노무사 2015〉

① 법률행위가 강행규정에 위반하여 무효인 경우에는 언제나 불법원인급여에 해당한다.
② 임차인의 비용상환청구권에 관한 민법 제626조는 강행규정이다.
③ 강행규정위반의 무효는 원칙적으로 선의의 제3자에게도 주장할 수 있다.
④ 강행규정을 위반하여 무효인 법률행위는 추인하면 유효로 될 수 있다.
⑤ 강행규정에 위반한 자가 스스로 그 약정의 무효를 주장하는 것은 특별한 사정이 없는 한, 신의칙에 반하는 행위로 허용될 수 없다.

해설 | ① [틀림] 불법원인급여의 경우에 불법원인이라 함은 그 원인인 행위가 선량한 풍속 기타 사회질서에 위반하는 경우를 말하는 것으로서, 설사 법률의 금지함에 반하는 경우라 할지라도 그것이 선량한 풍속 기타 사회질서에 위반하지 않는 경우에는 이에 해당하지 않는 것이라 할 것인바, 강행법규위반이 곧 불법원인급여에 상당한다는 논지는 채용할 수 없다(대판 1960.12.27. 4293민상359).

② [틀림] 임차인의 비용상환청구권은 임의규정이므로 당사자 사이에 이와 달리 정할 수 있다(대판 1994.9.30. 94다20389).

③ [옳음], ④ [틀림] 선량한 풍속 기타 사회질서에 반하는 법률행위는 무효(제103조)이므로 그 법

률행위에 기한 이행을 청구할 수 없다. 이는 강행법규 위반으로서 절대적 무효이며 추인도 할 수 없다. 나아가 제3자 보호규정도 존재하지 않으므로 선의의 전득자도 보호될 수 없다.

⑤ [틀림] 강행법규를 위반하여 행위한 자가 스스로 무효를 주장하는 것은 외형적으로 볼 때 신의칙에 반하는 것으로 보이지만, 이를 인정하게 되면 강행법규의 효력을 인정하지 않는 것이 되어 법의 목적이나 취지가 무너질 수 있기 때문에 신의성실의 원칙에 반한다고 할 수 없다.

정답 | ③

008 반사회질서의 법률행위에 관한 설명으로 옳지 않은 것은? 〈노무사 2010〉

① 명의신탁약정 그 자체는 반사회질서의 법률행위에 해당한다고 볼 수 없다.

② 강제집행을 면할 목적으로 부동산에 허위의 근저당권설정등기를 경료하는 행위는 반사회질서의 법률행위에 해당하지 않는다.

③ 반사회질서의 법률행위는 법률행위의 목적인 권리의무의 내용이 선량한 풍속 기타 사회질서에 위반되는 경우뿐만 아니라, 표시되거나 상대방에게 알려진 법률행위의 동기가 반사회질서적인 경우도 포함한다.

④ 부동산 이중매매가 반사회질서 법률행위로 무효가 되려면, 매도인의 배임행위에 제2매수인이 적극 가담한 경우이어야 한다.

⑤ 법률행위가 단지 그 성립과정에서 불법적인 방법이 사용된 데 불과한 때에도 반사회질서의 법률행위로 무효이다.

해설 | ① [옳음] 무효인 명의신탁약정에 기하여 타인 명의의 등기가 마쳐졌다는 이유만으로 그것이 당연히 불법원인급여에 해당한다고 볼 수 없다(대판 2003.11.27. 2003다41722).

② [옳음] 강제집행을 면할 목적으로 부동산에 허위의 근저당권설정등기를 경료하는 행위는 선량한 풍속 기타 사회질서에 위반한 사항을 내용으로 하는 법률행위로 볼 수 없다(대판 2004.5.28. 2003다70041).

③ [옳음] 민법 제103조에 의하여 무효로 되는 반사회질서행위는 법률행위의 목적인 권리의무의 내용이 선량한 풍속 기타 사회질서에 위반되는 경우뿐만 아니라, 그 내용 자체는 반사회질서적인 것이 아니라고 하여도 법률적으로 이를 강제하거나 그 법률행위에 반사회질서적인 조건 또는 금전적 대가가 결부됨으로써 반사회질서적 성질을 띠게 되는 경우 및 표시되거나 상대방에게 알려진 법률행위의 동기가 반사회질서적인 경우를 포함한다(대판 2005.7.28. 2005다23858).

④ [옳음] 이중매매가 공서양속에 반한다고 하려면, 다른 특별한 사정이 없는 한 상대방에게도 그러한 무효의 제재, 보다 실질적으로 말하면 나아가 그가 의도한 권리취득 자체의 좌절을 정당화할 만한 책임귀속사유가 있어야 한다(대판 2013.10.11. 2013다52622). 즉, 적극가담이 있어야 한다.

⑤ [틀림] 법률행위의 성립과정에서 강박이라는 불법적 방법이 사용된 데 불과한 때에는 강박에 의한 의사표시의 하자나 의사의 흠결을 이유로 효력을 논할 수 있을지언정, 반사회질서의 법률행위로서 무효라고 할 수는 없다(대판 1996.4.26. 94다34432).

정답 | ⑤

009 민법 제103조의 반사회적 법률행위에 해당하여 무효인 것을 모두 고른 것은? (다툼이 있으면 판례에 따름) 〈노무사 2019〉

> ㄱ. 뇌물로 받은 금전을 소극적으로 은닉하기 위하여 이를 임치하는 약정
> ㄴ. 강제집행을 면할 목적으로 허위의 근저당권을 설정하는 행위
> ㄷ. 도박자금에 제공할 목적으로 금전을 대여하는 행위
> ㄹ. 해외파견 후 귀국일로부터 상당기간 동안 소속회사에서 근무하지 않으면 해외파견 소요경비를 배상한다는 사규나 약정

① ㄱ   ② ㄷ   ③ ㄱ, ㄴ   ④ ㄴ, ㄷ   ⑤ ㄷ, ㄹ

해설 | ㄱ [틀림] 반사회적 행위에 의하여 조성된 재산인 이른바 비자금을 소극적으로 은닉하기 위하여 임치한 것이 사회질서에 반하는 법률행위로 볼 수 없으므로, 불법원인급여가 아니라고 할 것이다(대판 2001.4.10. 2000다49343).

ㄴ [틀림] 강제집행을 면할 목적으로 부동산에 허위의 근저당권설정등기를 경료하는 행위는 민법 제103조의 선량한 풍속 기타 사회질서에 위반한 사항을 내용으로 하는 법률행위로 볼 수 없다(대판 2004.5.28. 2003다70041).

ㄷ [옳음] 도박자금의 대여계약(대판 1973.5.22. 72다2249), 도박으로 부담한 채무의 변제로서 토지를 양도하는 계약(대판 1959.10.15. 4291민상262), 도박에 패한 빚을 토대로 하여 그 노름빚을 변제하기로 한 계약(대판 1966.2.22. 65다2567) 등은 무효이다.

ㄹ [틀림] 해외파견된 근로자가 귀국일로부터 일정기간 소속회사에 근무하여야 한다는 사규나 약정은 민법 제103조 또는 제104조에 위반된다고 할 수 없고, 일정기간 근무하지 않으면 해외 파견 소요경비를 배상한다는 사규나 약정은 근로계약기간이 아니라 경비반환채무의 면제기간을 정한 것이므로 근로기준법 제21조에 위배하는 것도 아니다(대판 1982.6.22. 82다카90).

정답 | ②

010 선량한 풍속 기타 사회질서 위반으로 무효로 되지 않는 것은? (다툼이 있으면 판례에 의함) 〈노무사 2014〉

① 보험계약자가 다수의 보험계약을 통하여 보험금을 부정취득할 목적으로 체결한 보험계약
② 참고인이 수사기관에 허위의 진술을 하는 대가로 일정한 급부를 받기로 한 약정
③ 행정기관에 진정서를 제출하여 상대방을 궁지에 빠뜨린 다음 이를 취하하는 조건으로 거액의 급부를 받기로 한 약정
④ 부동산매매계약 체결시 매도인의 양도소득세를 저감하기 위하여 소유권이전등기를 일정 기간 이후에 하기로 한 약정

⑤ 채무자에게 의무를 강제하여 얻어지는 채권자의 이익에 비하여 과도하게 무거운 위약벌 약정

해설 | ① [옳음] 보험계약자가 다수의 보험계약을 통하여 보험금을 부정취득할 목적으로 보험계약을 체결한 경우, 합리적인 위험의 분산이라는 보험제도의 목적을 해치고 위험발생의 우발성을 파괴하며 다수의 선량한 보험가입자들의 희생을 초래하여 보험제도의 근간을 해치게 되므로, 이와 같은 보험계약은 민법 제103조 소정의 선량한 풍속 기타 사회질서에 반하여 무효이다(대판 2005.7.28. 2005다23858).

② [옳음] 수사기관에서 참고인으로 진술하면서 자신이 잘 알지 못하는 내용에 대하여 허위의 진술을 하는 경우에 그 허위 진술행위가 범죄행위를 구성하지 않는다고 하여도 이러한 행위 자체는 국가사회의 일반적인 도덕관념이나 국가사회의 공공질서이익에 반하는 행위라고 볼 것이니, 그 급부의 상당성 여부를 판단할 필요 없이 허위 진술의 대가로 작성된 각서에 기한 급부의 약정은 민법 제103조 소정의 반사회적질서행위로 무효이다(대판 2001.4.24. 2000다71999).

③ [옳음] 행정기관에 진정서를 제출하여 상대방을 궁지에 빠뜨린 다음 이를 취하하는 조건으로 거액의 급부를 제공받기로 약정한 경우, 민법 제103조 소정의 반사회질서의 법률행위에 해당한다(대판 2000.2.11. 99다56833).

④ [틀림] 주택매매계약에 있어서 매도인으로 하여금 주택의 보유기간이 3년 이상으로 되게 함으로써 양도소득세를 부과받지 않게 할 목적으로 매매를 원인으로 한 소유권이전등기는 3년 후에 넘겨 받기로 특약을 하였다고 하더라도, 그와 같은 목적은 위 특약의 연유나 동기에 불과한 것이어서 위 특약 자체가 사회질서나 신의칙에 위반한 것이라고는 볼 수 없다(대판 1991.5.14. 91다6627).

⑤ [옳음] 위약벌의 약정은 채무의 이행을 확보하기 위하여 정해지는 것으로서 손해배상의 예정과는 그 내용이 다르므로 손해배상의 예정에 관한 민법 제398조 제2항을 유추 적용하여 그 액을 감액할 수는 없고 다만 그 의무의 강제에 의하여 얻어지는 채권자의 이익에 비하여 약정된 벌이 과도하게 무거울 때에는 그 일부 또는 전부가 공서양속에 반하여 무효로 된다(대판 1993.3.23. 92다46905).

정답 | ④

011 반사회질서의 법률행위에 관한 설명으로 옳지 않은 것은? (다툼이 있으면 판례에 따름) 〈노무사 2022〉

① 과도한 위약벌 약정은 법원의 직권감액이 가능하므로 선량한 풍속 기타 사회질서에 반할 여지가 없다.

② 부동산 매매계약에서 계약금을 수수한 후 당사자가 매매계약의 이행에 착수하기 전에 제3자가 매도인을 적극 유인하여 해당 부동산을 매수하였다면 매도인과 제3자 사이의 그 매매계약은 반사회질서의 법률행위가 아니다.

③ 보험사고를 가장하여 보험금을 부정취득할 목적으로 체결된 다수의 생명보험계약은 그 목적에 대한 보험자의 인식 여부를 불문하고 무효이다.

④ 부첩(夫妾)관계의 종료를 해제조건으로 하는 증여계약은 반사회질서의 법률행위로서 무효이다.

⑤ 선량한 풍속 기타 사회질서에 반하는 법률행위의 무효는 그 법률행위를 기초로 하여 새로운 이해관계를 맺은 선의의 제3자에 대해서도 주장할 수 있다.

해설 | ① [틀림] 위약벌의 약정은 채무의 이행을 확보하기 위하여 정하는 것으로서 손해배상액의 예정과 그 내용이 다르므로 손해배상액의 예정에 관한 민법 제398조 제2항을 유추적용하여 그 액을 감액할 수 없다(대판 2022.7.21. 2018다248855,248862 전원합의체). 약정된 위약벌이 과도할 경우에는 일부 또는 전부가 공서양속에 반하여 무효로 될 수 있을 뿐이다(대판 2015.12.10. 2014다14511).

② [옳음] 이중매매는 제1매수인이 중도금을 지급한 이후에 문제되는 것이다. 즉 계약금만 교부된 단계에서는 교부자는 계약금을 포기하고, 수령자는 배액을 상환하여 해제할 수 있기 때문이다(제565조).

③ [옳음] 보험계약자가 다수의 보험계약을 통하여 보험금을 부정취득할 목적으로 보험계약을 체결한 경우, 합리적인 위험의 분산이라는 보험제도의 목적을 해치고 위험발생의 우발성을 파괴하며 다수의 선량한 보험가입자들의 희생을 초래하여 보험제도의 근간을 해치게 되므로, 이와 같은 보험계약은 민법 제103조 소정의 선량한 풍속 기타 사회질서에 반하여 무효라고 할 것이다(대판 2018.9.13. 2016다255125).

④ [옳음] 부첩관계의 종료를 해제조건으로 하는 증여계약은 그 조건은 물론 증여계약 자체가 무효이다(대판 1966.6.21. 66다530).

⑤ [옳음] 선량한 풍속 기타 사회질서에 반하는 법률행위는 무효이므로 그 법률행위에 기한 이행을 청구할 수 없다. 이때 그 무효는 이를 주장할 소송상의 이익이 있는 자에 한하며, 그 누구에 대하여도 주장 또는 항변할 수 있다. 이는 강행법규 위반으로서 절대적 무효이며 추인도 할 수 없다. 나아가 제3자 보호규정도 존재하지 않으므로 선의의 전득자도 보호될 수 없다.

정답 | ①

012 민법 제104조의 불공정한 법률행위 관한 설명으로 옳은 것은? (다툼이 있으면 판례에 따름) 〈노무사 2018〉

① '무경험'이란 일반적인 생활체험의 부족이 아니라 어느 특정영역에서의 경험부족을 의미한다.

② 급부와 반대급부 사이의 '현저한 불균형'은 당사자의 주관적 가치가 아닌 거래상의 객관적 가치에 의하여 판단한다.

③ '궁박'에는 정신적 또는 심리적 원인에 기인한 것은 포함되지 않는다.

④ 불공정한 법률행위가 성립하기 위해서는 피해자에게 궁박, 경솔, 무경험 요건이 모두 구비되어야 한다.

⑤ 법률행위가 현저하게 공정을 잃은 경우, 그 행위는 궁박, 경솔, 무경험으로 이루어진 것으로 추정된다.

해설 | ① [틀림] 무경험이라 함은 일반적인 생활체험의 부족을 의미하는 것으로서 어느 특정영역에 있어서의 경험부족이 아니라 거래일반에 대한 경험부족을 뜻한다(대판 2002.10.22. 2002다38927 등).

② [옳음] 급부와 반대급부 사이의 '현저한 불균형'은 단순히 시가와의 차액 또는 시가와의 배율로 판단할 수 있는 것은 아니고 구체적·개별적 사안에 있어서 일반인의 사회통념에 따라 결정하여야 한다. 그 판단에 있어서는 피해 당사자의 궁박·경솔·무경험의 정도가 아울러 고려되어야 하고, 당사자의 주관적 가치가 아닌 거래상의 객관적 가치에 의하여야 한다(대판 2010.7.15. 2009다50308).

③ [틀림] 궁박이라 함은 '급박한 곤궁'을 의미하는 것으로서 경제적 원인에 기인할 수도 있고 정신적 또는 심리적 원인에 기인할 수도 있다(대판 2002.10.22. 2002다38927 등).

④ [틀림] 궁박·경솔·무경험 중 하나만 갖추면 되고 3가지를 동시에 충족시킬 필요는 없다(대판 1993.10.12. 93다19924).

⑤ [틀림] 주관적 요건은 객관적 요건의 존재에 의하여 당연히 그 존재가 추정되지 않는다. 따라서 현저한 불균형이 있다고 하여 궁박·경솔·무경험이 추정되지는 않는다(대판 1969.12.30. 69다1873).

정답 | ②

013 민법 제104조(불공정한 법률행위)에 관한 설명으로 옳은 것은? (다툼이 있으면 판례에 따름)
〈노무사 2020〉

① 증여계약은 민법 제104조에서의 공정성 여부를 논의할 수 있는 성질의 법률행위가 아니다.

② 급부와 반대급부가 현저히 균형을 잃은 경우에는 법률행위가 궁박, 경솔, 무경험으로 인해 이루어진 것으로 추정된다.

③ 대리인에 의하여 법률행위가 이루어진 경우 경솔과 무경험은 본인을 기준으로, 궁박은 대리인을 기준으로 판단한다.

④ 불공정한 법률행위의 성립요건인 궁박, 경솔, 무경험은 모두 구비되어야 한다.

⑤ 불공정한 법률행위로서 무효인 경우라도 당사자의 추인에 의하여 유효로 된다.

해설 | ① [옳음] 증여나 기부행위와 같이 아무런 대가관계 없이 당사자 일방이 상대방에게 일방적인 급부를 하는 법률행위는 그 공정성 여부를 논의할 수 있는 성질의 법률행위가 아니다(대판 2000.2.11. 99다56833).

② [틀림] 주관적 요건은 객관적 요건의 존재에 의하여 당연히 그 존재가 추정되지 않는다. 따라서 현저한 불균형이 있다고 하여 궁박·경솔·무경험이 추정되지는 않는다(대판 1969.12.30. 69다1873).

③ [틀림] 당사자가 직접 법률행위를 하는 경우에는 문제가 없으나, 대리인에 의하여 법률행위를 한 경우에는 원칙적으로 경솔·무경험은 그 대리인을 기준으로 하여 판단하고, 궁박상태에 있었는지의 여부는 본인의 입장에서 판단하여야 한다(대판 2002.10.22. 2002다38927).

④ [틀림] 불공정한 법률행위가 성립하기 위한 요건인 궁박·경솔·무경험은 모두 구비되어야 하는 요건이 아니라 그 중 일부만 갖추어져도 충분하다(대판 2002.10.22. 2002다38927 등).

⑤ [틀림] 불공정한 법률행위(대판 1994.6.24. 94다10900)·공시방법을 결여한 행위·허가 등의 효력요건을 결여한 행위 등은 이를 몇 번 추인하여도 유효한 것이 되지 못한다.

정답 | ①

014 불공정한 법률행위에 관한 설명으로 옳지 않은 것은? (다툼이 있으면 판례에 따름) 〈노무사 2021〉

① 법률행위가 대리인에 의해서 행해진 경우, 궁박 상태는 본인을 기준으로 판단하여야 한다.
② 불공정한 법률행위의 무효는 선의의 제3자에게 대항할 수 없다.
③ 불공정한 법률행위의 무효는 원칙적으로 추인에 의해 유효로 될 수 없다.
④ 경매절차에서 매각대금이 시가보다 현저히 저렴하더라도 불공정한 법률행위를 이유로 무효를 주장할 수 없다.
⑤ 매매계약이 불공정한 법률행위에 해당하여 무효인 경우, 특별한 사정이 없는 한 그 계약에 관한 부제소 합의도 무효가 된다.

해설 | ① [옳음] 당사자가 직접 법률행위를 하는 경우에는 문제가 없으나, 대리인에 의하여 법률행위를 한 경우에는 원칙적으로 경솔·무경험은 그 대리인을 기준으로 하여 판단하고, 궁박상태에 있었는지의 여부는 본인의 입장에서 판단하여야 한다(대판 2002.10.22. 2002다38927).

② [틀림] 당사자의 궁박, 경솔 또는 무경험으로 인하여 현저하게 공정을 잃은 법률행위는 무효로 한다(제104조 무효는 절대적 무효이므로 불공정한 법률행위의 무효는 선의의 제3자에게 대항할 수 있다).

③ [옳음] 불공정한 법률행위로서 무효인 경우에는 추인에 의하여 무효인 법률행위가 유효로 될 수 없다(대판 1994.6.24. 94다10900).

④ [옳음] 적법한 절차에 의하여 이루어진 경매에 있어서 경락가격이 경매부동산의 시가에 비하여 저렴하다고 하여 불공정한 법률행위에 해당한다고 할 수 없다(대결 1980.3.21. 80마77).

⑤ [옳음] 매매계약과 같은 쌍무계약이 급부와 반대급부와의 불균형으로 말미암아 민법 제104조에서 정하는 '불공정한 법률행위'에 해당하여 무효라고 한다면, 그 계약으로 인하여 불이익을 입는 당사자로 하여금 위와 같은 불공정성을 소송 등 사법적 구제수단을 통하여 주장하지 못하도록 하는 부제소 합의 역시 다른 특별한 사정이 없는 한 무효이다(대판 2010.7.15. 2009다50308).

정답 | ②

015 불공정한 법률행위에 관한 설명으로 옳은 것을 모두 고른 것은? (다툼이 있으면 판례에 따름) 〈노무사 2023〉

> ㄱ. 급부 상호 간에 현저한 불균형이 있는지의 여부는 법률행위 시를 기준으로 판단한다.
> ㄴ. 무경험은 거래 일반에 관한 경험부족을 말하는 것이 아니라 특정영역에 있어서의 경험부족을 의미한다.
> ㄷ. 불공정한 법률행위로서 무효인 법률행위는 원칙적으로 법정추인에 의하여 유효로 될 수 없다.
> ㄹ. 대가관계 없는 일방적 급부행위에 대해서는 불공정한 법률행위에 관한 민법 제104조가 적용되지 않는다.

① ㄱ
② ㄴ, ㄷ
③ ㄴ, ㄹ
④ ㄱ, ㄷ, ㄹ
⑤ ㄱ, ㄴ, ㄷ, ㄹ

해설 | ㄱ [옳음] 불공정 법률행위에 해당하는지는 법률행위가 이루어진 시점을 기준으로 약속된 급부와 반대급부 사이의 주관적 가치가 아닌 '객관적 가치'를 비교 평가하여 판단하여야 할 문제이고, 당초의 약정대로 계약이 이행되지 아니할 경우에 발생할 수 있는 문제는 채무의 불이행에 따른 효과로서 다루어지는 것이 원칙이다(대판 2013.9.26. 2010다42075).

ㄴ [틀림] 특정영역이 아닌 일반적인 생활경험 및 지식의 결여를 '무경험'이라 한다(대판 2008.3.14. 2007다11996).

ㄷ [옳음] 불공정한 법률행위로서 무효인 경우에는 추인에 의하여 그 무효인 법률행위가 유효로 될 수 없다고 할 것이므로, 같은 취지에서 법정추인규정이 적용될 여지도 없다(대판 1994.6.24. 94다10900).

ㄹ [옳음] 기부행위와 같이 아무런 대가관계 없이 일방이 상대방에게 일방적인 급부를 하는 법률행위는 그 공정성 여부를 논의할 수 있는 성질의 법률행위가 아니다(대판 1997.3.11. 96다49650).

정답 | ④

제4절 의사표시

016 의사표시의 효력발생에 관한 설명으로 옳은 것을 모두 고른 것은? (다툼이 있는 경우 판례에 따름) 〈노무사 2016〉

> ㄱ. 특별한 사정이 없는 한, 아파트 경비원이 집배원으로부터 우편물을 수령한 후 이를 아파트 공동 출입구의 우편함에 넣어 두었다는 사실만으로도 수취인이 그 우편물을 수취하였다고 추단할 수 있다.
> ㄴ. 의사표시가 기재된 내용증명 우편물이 발송되고 반송되지 않았다면, 특별한 사정이 없는 한, 그 무렵에 송달되었다고 볼 수 있다.
> ㄷ. 채권양도의 통지와 같은 준법률행위의 도달은 의사표시와 마찬가지로 사회 관념상 채무자가 통지의 내용을 알 수 있는 객관적 상태에 놓여졌을 때를 말한다.
> ㄹ. 법인의 대표이사가 사임서 제출 당시 권한 대행자에게 사표의 처리를 일임한 경우, 권한 대행자의 수리행위가 있어야 사임의 효력이 발생한다.

① ㄱ, ㄴ ② ㄴ, ㄷ ③ ㄷ, ㄹ
④ ㄱ, ㄷ, ㄹ ⑤ ㄴ, ㄷ, ㄹ

해설 | ㄱ [틀림] 우편물이 수취인 가구의 우편함에 투입되었다고 하더라도 분실 등을 이유로 그 우편물이 수취인의 수중에 들어가지 않을 가능성이 적지 않게 존재하는 현실에 비추어, 아파트 경비원이 집배원으로부터 우편물을 수령한 후 이를 우편함에 넣어 둔 사실만으로 수취인이 그 우편물을 수취하였다고 추단할 수 없다(대판 2006.3.24. 2005다66411).

ㄴ [옳음] 내용증명우편으로 발송한 때에는 반송되지 아니하는 한 원칙적으로 도달된 것으로 본다(대판 1980.1.15. 79다1498).

ㄷ [옳음] 민법은 도달주의의 원칙을 채택하고 있다(제111조 제1항). 도달이란 사회통념상 상대방이 그 통지내용을 알 수 있는 객관적 상태에 놓여 있는 것을 말한다(대판 1983.8.23. 82다카439).

ㄹ [옳음] 법인의 대표이사가 사임서 제출 당시 권한 대행자에게 사표의 처리를 일임한 경우, 권한 대행자의 수리행위가 있어야 사임의 효력이 발생한다(대판 2003.1.10. 2001다1171).

정답 | ⑤

017 의사표시에 관한 설명으로 옳지 않은 것은? (다툼이 있는 경우에는 판례에 의함) 〈노무사 2010〉

① 진의 아닌 의사표시에서 상대방이 표의자의 진의 아님을 알았다면 표의자는 그 의사표시를 취소할 수 있다.
② 착오를 이유로 의사표시를 취소하는 자는 법률행위의 내용에 착오가 있었다는 사실과 함께 그 착오가 중요부분에 관한 착오라는 것을 증명하여야 한다.
③ 착오에 의한 의사표시에서 표의자의 중대한 과실이라 함은 표의자의 직업, 행위의 종류, 목적 등에 비추어 보통 요구되는 주의를 현저히 결여하는 것을 의미한다.
④ 상대방이 있는 의사표시에 관하여 제3자가 사기나 강박을 행한 경우에는 상대방이 그 사실을 알았거나 알 수 있었을 경우에 한하여 그 의사표시를 취소할 수 있다.
⑤ 민법상 착오로 인한 의사표시의 취소와 사기나 강박에 의한 의사표시의 취소는 선의의 제3자에게 대항하지 못한다.

해설 | ① [틀림] 의사표시는 표의자가 진의 아님을 알고한 것이라도 그 효력이 있다. 그러나 상대방이 표의자의 진의 아님을 알았거나 이를 알 수 있었을 경우에도 무효로 한다(제107조). 즉 취소사유가 아니라 무효사유이다.

② [옳음] 착오를 이유로 의사표시를 취소하는 자는 법률행위의 내용에 착오가 있었다는 사실과 함께 그 착오가 의사표시에 결정적인 영향을 미쳤다는 점, 즉 만약 그 착오가 없었더라면 의사표시를 하지 않았을 것이라는 점을 증명하여야 하고(대판 2008.1.17. 2007다74188), 중과실의 증명책임은 의사표시의 상대방이 부담한다.

③ [옳음] 중대한 과실이란 표의자의 직업, 행위의 종류 및 목적 등에 비추어 일반적으로 요구되는 주의를 지나치게 결여한 것을 말한다(대판 2003.4.11. 2002다70884).

④ [옳음] 상대방 있는 의사표시에 관하여 제3자가 사기나 강박을 행한 경우에는 상대방이 그 사실을 알았거나 알 수 있었을 경우에 한하여 그 의사표시를 취소할 수 있다(제110조 제2항).

⑤ [옳음] 제109조 제2항과 제110조 제3항

> **제109조(착오로 인한 의사표시)** ② 전항의 의사표시의 취소는 선의의 제삼자에게 대항하지 못한다.
>
> **제110조(사기, 강박에 의한 의사표시)** ③ 전2항의 의사표시의 취소는 선의의 제삼자에게 대항하지 못한다.

정답 | ①

018 비진의 의사표시에 관한 설명으로 옳지 않은 것은? (다툼이 있으면 판례에 따름) 〈노무사 2017〉

① 근로자가 회사의 경영방침에 따라 사직원을 제출하고 퇴사 후 즉시 재입사하여 근로자가 그 퇴직 전후에 걸쳐 실질적인 근로관계의 단절이 없이 계속 근무하였다면 그 사직원 제출은 비진의 의사표시에 해당한다.

② 근로자가 희망퇴직의 권고를 받고 제반 사항 등을 종합적으로 고려하여 심사숙고한 결과 사직서를 제출한 경우라면 그 사직서 제출은 비진의 의사표시에 해당한다.

③ 근로자들이 사용자의 지시에 따라 사직의 의사 없이 사직서를 제출하였고 사용자가 선별적으로 수리하여 의원면직 처리하였다면 그 사직서의 제출은 비진의 의사표시에 해당한다.

④ 학교법인이 그 학교의 교직원의 명의로 금융기관으로부터 금전을 차용한 경우, 명의대여자의 의사표시는 비진의 의사표시가 아니므로 주채무자로서 책임이 있다.

⑤ 장관의 지시에 따라 공무원이 일괄사표를 제출하여 일부 공무원에 대해 의원면직 처분이 이루어진 경우 그 사직원 제출행위는 비진의 의사표시로 당연 무효가 된다고 볼 수 없다.

해설 | ① [옳음], ③ [옳음] 근로자가 회사의 경영방침에 따라 사직원을 제출하고 회사가 이를 받아들여 퇴직처리를 하였다가 즉시 재입사하는 형식을 취함으로써 근로자가 그 퇴직 전후에 걸쳐 실질적인 근로관계의 단절이 없이 계속 근무하였다면 그 사직원 제출은 근로자가 퇴직을 할 의사 없이 퇴직의사를 표시한 것으로서 비진의 의사표시에 해당하고 재입사를 전제로 사직원을 제출케 한 회사 또한 그와 같은 진의 아님을 알고 있었다고 봄이 상당하다 할 것이므로 위 사직원 제출과 퇴직처리에 따른 퇴직의 효과는 생기지 아니한다(대판 2005.4.29. 2004두14090).

② [틀림] 사용자가 근로자로부터 사직서를 제출 받고 이를 수리하는 의원면직의 형식을 취하여 근로계약관계를 종료시킨 경우, 사직의 의사 없는 근로자로 하여금 어쩔 수 없이 사직서를 작성, 제출케 하였다면 실질적으로 사용자의 일방적인 의사에 의하여 근로계약관계를 종료시키는 것이어서 해고에 해당한다고 할 것이나, 그렇지 않은 경우에는 사용자가 사직서 제출에 따른 사직의 의사표시를 수락함으로써 사용자와 근로자의 근로계약관계는 합의해지에 의하여 종료되는 것이므로 사용자의 의원면직처분을 해고라고 볼 수 없다. 희망퇴직제 실시에 따라 근로자가 회사에 대하여 사직서를 제출하고 회사가 이를 수리하여 면직한 것이 근로기준법상의 해고가 아니다(대판 2003.4.11. 2002다60528).

④ [옳음] 동일인에 대한 대출액 한도를 제한한 법령이나 금융기관 내부규정의 적용을 회피하기 위하여 실질적인 주채무자가 실제 대출받고자 하는 채무액에 대하여 제3자를 형식상의 주채무자로 내세우고, 금융기관도 이를 양해하여 제3자에 대하여는 채무자로서의 책임을 지우지 않을 의도 하에 제3자 명의로 대출관계서류를 작성받은 경우, 제3자는 형식상의 명의만을 빌려준 자에 불과하고 그 대출계약의 실질적인 당사자는 금융기관과 실질적 주채무자이므로, 제3자 명의로 되어 있는 대출약정은 그 금융기관의 양해 하에 그에 따른 채무부담의 의사 없이 형식적으로 이루어진 것에 불과하여 통정허위표시에 해당하는 무효의 법률행위이고, 여기에서 금융기관이 위와 같은 사정을 양해하고 제3자에 대한 채무부담의사 없이 그 대출을 한 것인지의 여부는 그 대출거래를 실제로 담당한 대표

자 또는 대리인을 기준으로 살펴보아야 할 것이다(대판 2001.5.29. 2001다11765, 대판 2007.11.29. 2007다53013 등).

⑤ [옳음] 공무원이 사직의 의사표시를 하여 의원면직처분을 하는 경우, 그 사직의 의사표시는 그 법률관계의 특수성에 비추어 외부적·객관적으로 표시된 바를 존중하여야 할 것이므로, 비록 사직원 제출자의 내심의 의사가 사직할 뜻이 아니었다고 하더라도 진의 아닌 의사표시에 관한 민법 제107조는 그 성질상 사직의 의사표시와 같은 사인의 공법행위에는 준용되지 아니하므로 그 의사가 외부에 표시된 이상 그 의사는 표시된 대로 효력을 발한다(대판 1997.12.12. 97누13962).

정답 | ②

019 비진의표시에 관한 설명으로 옳지 않은 것은? (다툼이 있으면 판례에 따름) 〈노무사 2020〉

① 비진의표시에서 '진의'란 특정한 내용의 의사표시를 하고자 하는 표의자의 생각을 말하는 것이지 진정으로 마음속에서 바라는 사항을 뜻하는 것은 아니다.

② 법률상의 장애로 자기명의로 대출받을 수 없는 자를 위하여 대출금채무자로서 명의를 빌려준 자는 특별한 사정이 없는 한 채무부담의사를 가지지 않으므로 그가 행한 대출계약상의 의사표시는 비진의표시이다.

③ 재산을 강제로 뺏긴다는 인식을 하고 있는 자가 고지된 해악이 두려워 어쩔 수 없이 증여의 의사표시를 한 경우 이는 비진의표시라 할 수 없다.

④ 근로자가 회사의 경영방침에 따라 사직원을 제출하고 회사가 이를 받아들여 퇴직처리를 하였다가 즉시 재입사하는 형식으로 실질적 근로관계의 단절없이 계속 근무하였다면 그 사직의 의사표시는 무효이다.

⑤ 비리공무원이 감사기관의 사직권고를 받고 사직의 의사표시를 하여 의원면직처분이 된 경우, 그 사표제출자의 내심에 사직할 의사가 없었더라도 그 사직의 의사표시는 효력이 발생한다.

해설 | ① [옳음] 진의 아닌 의사표시에 있어서의 진의란 특정한 내용의 의사표시를 하고자 하는 표의자의 생각을 말하는 것이지 표의자가 진정으로 마음속에서 바라는 사항을 뜻하는 것은 아니라고 할 것이므로, 표의자가 의사표시의 내용을 진정으로 마음속에서 바라지는 아니하였다고 하더라도 당시의 상황에서는 그것을 최선이라고 판단하여 그 의사표시를 하였을 경우에는 이를 내심의 효과의사가 결여된 진의 아닌 의사표시라고 할 수 없다(대판 2003.4.25. 2002다11458).

② [틀림] 법률상 또는 사실상의 장애로 자기 명의로 대출받을 수 없는 자를 위하여 대출금채무자로서의 명의를 빌려준 자에게 그와 같은 채무부담의 의사가 없는 것이라고는 할 수 없으므로 그 의사표시를 비진의표시에 해당한다고 볼 수 없고, 설령 명의대여자의 의사표시가 비진의표시에 해당한다고 하더라도 그 의사표시의 상대방인 상호신용금고로서는 명의대여자가 전혀 채무를 부담할 의사 없이 진의에 반한 의사표시를 하였다는 것까지 알았다거나 알 수 있었다고 볼 수도 없으므로 그 명의대여자는 표시행위에 나타난 대로 대출금채무를 부담한다(대판 1996.9.10. 96다18182).

③ [옳음] 비록 재산을 강제로 뺏긴다는 것이 표의자의 본심으로 잠재되어 있었다 하여도 표의자가 강박에 의하여서나마 증여를 하기로 하고 그에 따른 증여의 의사표시를 한 이상 증여의 내심의 효과의사가 결여된 것이라고 할 수는 없다(대판 2002.12.27. 2000다47361).

④ [옳음] 근로자가 상사의 지시 등으로 마지못해 제출한 사직서, 특히 일괄사직서는 비진의표시로서 무효이므로, 이에 기한 해고는 부당해고이고 또 의원면직의 효과도 발생하지 않는다(대판 1993.1.26. 91다38686 등).

⑤ [옳음] 공무원이 사직의 의사표시를 하여 의원면직처분을 하는 경우, 그 사직의 의사표시는 그 법률관계의 특수성에 비추어 외부적·객관적으로 표시된 바를 존중하여야 할 것이므로, 비록 사직원 제출자의 내심의 의사가 사직할 뜻이 아니었다고 하더라도 진의 아닌 의사표시에 관한 민법 제107조는 그 성질상 사직의 의사표시와 같은 사인의 공법행위에는 준용되지 아니하므로 그 의사가 외부에 표시된 이상 그 의사는 표시된 대로 효력을 발한다(대판 2001.8.24. 99두9971).

정답 | ②

020 통정허위표시에 관한 설명으로 옳은 것은? (다툼이 있으면 판례에 따름) 〈노무사 2022〉

① 통정허위표시에 의하여 생긴 채권을 가압류한 경우, 가압류권자는 선의이더라도 통정허위표시와 관련하여 보호받는 제3자에 해당하지 않는다.

② 통정허위표시인 법률행위는 무효이므로 채권자취소권의 대상인 사해행위로 될 수 없다.

③ 표의자의 진의와 표시가 불일치함을 상대방이 명확하게 인식하였다면 그 불일치에 대하여 양자 간에 합의가 없더라도 통정허위표시가 성립한다.

④ 파산관재인이 통정허위표시와 관련하여 보호받는 제3자로 등장하는 경우, 모든 파산채권자가 선의인 경우에 한하여 그의 선의가 인정된다.

⑤ 임대차보증금반환채권을 담보하기 위하여 임대인과 임차인 사이에 임차인을 전세권자로 하는 전세권설정계약이 체결된 경우, 그 계약이 전세권자의 사용·수익을 배제하는 것이 아니라 하더라도 임대차계약과 양립할 수 없는 범위에서는 통정허위표시로 무효이다.

해설 | ① [틀림] 제3자로 인정되는 경우로는 ⅰ) 가장저당권이 실행되어 부동산을 '경락'받은 자(대판 1957.3.2. 4289민상580), ⅱ) 가장전세권에 대한 '저당권자'(대판 2006.2.9. 2005다59864) 및 가압류권자(대판 2010.3.25. 2009다35743), ⅲ) 가장매매의 매수인으로부터 매매계약에 의한 소유권이전청구권보전을 위한 '가등기'를 취득한 자(대판 1970.9.29. 70다466), ⅳ) 가장매매에 기한 대금채권 또는 가장소비대차에 기한 대여금채권의 '양수인'인 한국자산관리공사(대판 2004.1.15. 2002다31537), ⅴ) 가장매매의 '압류'채권자(대판 2004.5.28. 2003다70041), ⅵ) 가장소비대차의 대주가 파산선고를 받았을 때의 '파산관재인'(대판 2006.11.10. 2004다10299), ⅶ) 허위의 보증채무를 이행하여 구상권을 취득한 '보증인'(대판 2000.7.6. 99다51258), ⅷ) 가장전세권에 설정된 근저당권으로 담보되는 채권의 '압류'한 자(대판 2013.2.15. 2012다49292) ⅸ) 임대차보증금반환채권 양도계약이 허위표시로서

무효인 경우 임대차보증금반환채권에 대하여 '채권압류 및 추심명령'을 받은 채권자(대판 2014.4.10. 2013다59753) 등이 있다.

② [틀림] 채무자의 법률행위가 통정허위표시인 경우에도 채권자취소권의 대상으로 된다고 할 것이고(대판 1984.7.24. 84다카68), 한편 채권자취소권의 대상으로 된 채무자의 법률행위라도 통정허위표시의 요건을 갖춘 경우에는 무효라고 할 것이다(대판 1998.2.27. 97다50985).

③ [틀림] 통정허위표시는 진의 아닌 의사표시를 한 자가 스스로 그 사정을 인식하면서 그 상대방과 진의 아닌 의사표시를 하는 데에 대하여 양해 하에 한 의사표시이다(대판 1972.12.26. 72다1776). 따라서 그 불일치에 관하여 상대방과의 사이에 통정이 있어야 한다. 통정의 존재를 인정하기 위해서는 표의자가 진의 아닌 표시를 하는 것을 상대방이 알고 있는 것만으로는 부족하며, 그에 관하여 상대방과의 사이에 의사의 합치(양해 내지 용인)가 있어야 한다.

④ [틀림] 파산자가 상대방 회사와 그 회사의 이사회 결의가 없는 거래행위를 하였다가 파산이 선고된 경우 특별한 사정이 없는 한 파산관재인은 이사회의 결의를 거치지 아니하고 이루어진 상대방 회사와의 거래행위에 따라 형성된 법률관계를 토대로 실질적으로 새로운 법률상의 이해관계를 가지게 된 제3자에 해당한다(대판 2014.8.20. 2014다206563). 그 선의·악의도 파산관재인 개인의 선의·악의를 기준으로 할 수는 없고 총파산채권자를 기준으로 하여 파산채권자 모두가 이사회 결의가 없었음을 알았거나 이를 못한 데 중대한 과실이 있지 않는 한 상대방 회사는 위 거래의 무효를 파산관재인에게 주장할 수 없다(대판 2014.8.20. 2014다206563).

⑤ [옳음] 임대차계약에 따른 임대차보증금반환채권을 담보할 목적으로 임대인과 임차인 사이의 합의에 따라 임차인 명의로 전세권설정등기를 마친 경우, 그 전세금의 지급은 이미 지급한 임대차보증금으로 대신한 것이고, 장차 전세권자가 목적물을 사용·수익하는 것을 완전히 배제하는 것도 아니므로, 그 전세권설정등기는 유효하다. 이때 임대인과 임차인이 위와 같이 임대차보증금반환채권을 담보할 목적으로 전세권을 설정하기 위하여 전세권설정계약을 체결하였다면, 임대차보증금에서 연체차임 등을 공제하고 남은 돈을 전세금으로 하는 것이 임대인과 임차인의 합치된 의사라고 볼 수 있다. 그러나 그 전세권설정계약은 외관상으로는 그 내용에 차임지급 약정이 존재하지 않고 이에 따라 전세금이 연체차임으로 공제되지 않는 등 임대인과 임차인의 진의와 일치하지 않는 부분이 존재한다. 따라서 그러한 전세권설정계약은 위와 같이 임대차계약과 양립할 수 없는 범위에서 통정허위표시에 해당하여 무효라고 봄이 타당하다(대판 2021.12.30. 2018다268538).

정답 | ⑤

021 甲은 강제집행을 면할 목적으로 자기 소유의 X토지에 관하여 乙과 짜고 허위의 매매계약을 체결한 후 乙 명의로 소유권이전등기를 마쳐 주었다. 그 후 乙은 丙에게 금전을 차용하면서 X토지 위에 저당권을 설정하였다. 이에 관한 설명으로 옳지 않은 것은? (다툼이 있으면 판례에 따름) 〈노무사 2019〉

① 甲과 乙 사이의 매매계약은 무효이다.
② 丙은 특별한 사정이 없는 한 선의로 추정된다.
③ 丙이 보호받기 위해서는 허위표시에 대하여 선의이면 족하고 무과실일 필요는 없다.

④ 丙이 악의인 경우, 甲은 丙의 저당권등기의 말소청구를 할 수 있다.
⑤ 丙이 선의인 경우, 甲은 乙에게 X토지의 진정명의회복을 위한 소유권이전등기를 청구할 수 없다.

해설 | 허위표시는 당사자 사이에서는 언제나 무효이다(제108조 제1항). 따라서 이행을 하고 있지 않으면 이행할 필요가 없고, 이행한 후이면 허위표시로 이익을 얻은 자는 부당이득반환의무를 부담한다(제741조 이하). 주의할 것은 허위표시는 그 자체가 불법은 아니므로 허위표시를 이유로 하는 부당이득반환청구권에 관하여는 불법원인에 의한 반환청구권배제의 문제(제746조)가 생기지 않는다. 선의란 의사표시가 허위표시임을 모르는 것을 말한다. 제108조 제2항에서는 선의의 제3자의 무과실을 요구하고 있지 않으므로 선의이면 되고 무과실은 요건이 아니다(대판 2004.5.28. 2003다70041). 丙이 선의인 경우라도, 甲은 여전히 소유권자이므로 乙에게 X토지의 진정명의회복을 위한 소유권이전등기를 청구할 수 있다(민법 제214조).

정답 | ⑤

022 민법 제108조의 통정허위표시에 관한 내용으로 옳지 않은 것은? (다툼이 있으면 판례에 따름) 〈노무사 2017〉

① 甲이 乙로 하여금 금융기관에 대해 乙을 주채무자로 하는 금전소비대차계약을 체결하도록 하고 甲이 그 원리금을 상환하기로 한 경우, 특별한 사정이 없는 한 위 소비대차계약은 통정허위표시이다.
② 甲이 통정허위표시로 乙에게 전세권설정등기를 마친 후 丙이 이러한 사정을 알면서도 전세권근저당권설정등기를 마쳤다. 위 사실을 모르는 乙이 丙의 전세권근저당권부 채권을 압류하면 甲은 乙에게 대항할 수 없다.
③ 채권양도인과 채무자 사이의 허위표시에 의해 성립한 지명채권을 선의로 양수한 채권양수인이 채무자에게 채권을 행사하기 위하여 양도에 관한 합의 외에 채권양도의 대항요건을 갖추어야 한다.
④ 파산자가 상대방과 통정하여 허위의 의사표시를 통해 가장채권을 보유하고 있다가 파산선고를 받은 경우, 파산관재인은 민법 제108조 제2항의 제3자에 해당한다.
⑤ 민법 제108조 제2항에서 규정하고 있는 제3자에 대한 무효의 대항력 유무는 제3자의 선의만이 판단기준이며, 무과실은 요구되지 않는다.

해설 | ① [틀림] 금융기관과 양해, 통정이 없는 한 민법 제108조 통정허위표시 무효가 아니다. 동일인에 대한 대출액 한도를 제한한 법령이나 금융기관 내부규정의 적용을 회피하기 위하여 실질적인 주채무자가 실제 대출받고자 하는 채무액에 대하여 제3자를 형식상의 주채무자로 내세우고, 금융기관도 이를 양해하여 제3자에 대하여는 채무자로서의 책임을 지우지 않을 의도 하에 제3자 명의로 대출관계서류를 작성받은 경우, 제3자는 형식상의 명의만을 빌려 준 자에 불과하고 그 대출계약의 실질적인 당사자는 금융기관과 실질적 주채무자이므로, 제3자 명의로 되어 있는 대출약정은 그 금융기관의

양해 하에 그에 따른 채무부담의 의사 없이 형식적으로 이루어진 것에 불과하여 통정허위표시에 해당하는 무효의 법률행위이고, 여기에서 금융기관이 위와 같은 사정을 양해하고 제3자에 대한 채무부담의사 없이 그 대출을 한 것인지의 여부는 그 대출거래를 실제로 담당한 대표자 또는 대리인을 기준으로 살펴보아야 할 것이다(대판 2007.11.29. 2007다53013).

② [옳음] 실제로는 전세권설정계약이 없음에도 불구하고 임대차계약에 기한 임차보증금반환채권을 담보할 목적으로 임차인과 임대인, 제3자 사이의 합의에 따라 제3자 명의로 전세권설정등기를 경료한 후 그 전세권에 대하여 근저당권이 설정된 경우, 가사 위 전세권설정계약만 놓고 보아 그것이 통정허위표시에 해당하여 무효라고 한다 하더라도, 이로써 위 전세권설정계약에 의하여 형성된 법률관계를 토대로 별개의 법률원인에 의하여 새로운 법률상 이해관계를 갖게 된 근저당권자에 대해서는 그와 같은 사정을 알고 있었던 경우에만 그 무효를 주장할 수 있다(대판 1998.9.4. 98다20981).

③ [옳음] 채권양수인이 채권양도인으로부터 지명채권을 양도받았음을 이유로 채무자에 대하여 그 채권을 행사하기 위하여는 지명채권 양도에 관한 합의 이외에 양도받은 당해 채권에 관하여 민법 제450조 소정의 대항요건을 갖추어야 하는 것이고, 이러한 법리는 채권양도인과 채무자 사이의 법률행위가 허위표시인 경우에도 마찬가지로 적용된다(대판 2011.4.28. 2010다100315).

④ [옳음] 파산관재인은 파산선고에 따라 파산자와 독립하여 그 재산에 관하여 이해관계를 가지게 된 제3자로서의 지위도 가지게 되며, 따라서 파산자가 상대방과 통정한 허위의 의사표시를 통하여 가장채권을 보유하고 있다가 파산이 선고된 경우 그 가장채권도 일단 파산재단에 속하게 되고, 파산선고에 따라 파산자와는 독립한 지위에서 파산채권자 전체의 공동의 이익을 위하여 직무를 행하게 된 파산관재인은 그 허위표시에 따라 외형상 형성된 법률관계를 토대로 실질적으로 새로운 법률상 이해관계를 가지게 된 민법 제108조 제2항의 제3자에 해당한다(대판 2003.6.24. 2002다48214).

⑤ [옳음] 민법 제108조 제2항에 규정된 통정허위표시에 있어서의 제3자는 그 선의 여부가 문제이지 이에 관한 과실 유무를 따질 것이 아니다(대판 2006.3.10. 2002다1321).

정답 | ①

023 통정허위표시의 무효로 대항할 수 없는 선의의 제3자로 될 수 없는 자는? (다툼이 있는 경우에는 판례에 의함) 〈노무사 2012〉

① 가장매매의 매수인으로부터 목적부동산을 다시 매수한 자
② 제한물권이 가장포기된 경우에 기존의 후순위 제한물권자
③ 가장매수한 부동산에 대하여 저당권을 취득한 자
④ 가장저당권이 설정된 후 그 저당권의 실행에 의하여 부동산을 매각받은 자
⑤ 가장매매의 매수인으로부터 매매계약에 의한 소유권이전청구권 보전을 위한 가등기를 취득한 자

해설 | ① 제3자에 해당하는 경우 : (a) 가장매매의 매수인(가장양수인)으로부터 그 목적부동산을 다시 양수한 자(대판 1970.6.30. 70다415), (b) 가장매매의 매수인으로부터 저당권을 설정받은 자, (c) 가장매매의 매수인으로부터 소유권이전청구권보전을 위한 가등기를 취득한 자(대판 1970.9.29. 70다466), (d) 가장의 가등기

및 본등기로 인한 소유권이전등기의 말소 후의 양수인(대판 1996.4.26. 94다12074), (e) 가장매매의 매수인으로부터 임차한 자, (f) 가장매매의 매수인에 대한 압류채권자, (g) 가장매매에 기한 대금채권의 양수인, (h) 가장소비대차에 기한 채권의 양수인, (i) **가장저당권설정계약에 기한 저당권의 실행으로 경락받은 자**(대판 1957.3.23. 4289민상580), (j) 가장근저당권설정계약에 기한 근저당권을 양수한 자, (k) 가장전세권설정계약에서 전세권에 대한 근저당권설정자(대판 1998.9.4. 98다20981), (l) 전세권의 가장포기 후 그 부동산을 부담 없는 상태로 양도받은 자, (m) 주채무자의 기망행위에 의하여 보증계약을 체결한 후 보증채무를 이행한 보증인(대판 2000.7.6. 99다51258), (n) 가장채권자가 파산한 경우의 파산관재인(대판 2003.6.24. 2002다48214) 등은 제108조 제2항의 제3자에 해당한다.

② 제3자에 해당하지 않는 경우 : (a) 가장양수인의 일반채권자, (b) 채권의 가장양수인으로부터 추심을 위하여 채권을 양수한 자(단 주의를 요한다), 임대차보증금반환채권이 양도된 후 그 양수인의 채권자가 임대차보증금반환채권에 대하여 채권압류 및 추심명령을 받았는데 그 임대차보증금반환채권 양도계약이 허위표시로서 무효인 경우 그 채권자는 그로 인해 외형상 형성된 법률관계를 기초로 실질적으로 새로운 법률상 이해관계를 맺은 제3자에 해당한다고 보아야 한다(대판 2014.4.10. 2013다59753). (c) 저당권 등 제한물권이 가장포기된 경우의 기존의 후순위 제한물권자, (d) 토지임차인이 자기소유의 건물을 가장양도한 경우의 토지소유자, (e) 가장의 제3자를 위한 계약에 있어서의 제3자, (f) 가장매매에 기한 손해배상청구권의 양수인, (g) 채권의 가장양도에 있어서의 채무자(대판 1983.1.18. 82다594), (h) 가등기약정에 이은 가장양도 후의 가등기권자(대판 1982.5.25. 80다1403) 등은 제108조 제2항의 제3자에 해당하지 아니한다.

정답 | ②

024 무자력한 甲은 乙에게 3억 원의 금전채무를 부담하고 있으나, 乙의 강제집행을 피하기 위해 자신의 유일한 재산인 A부동산을 丙에게 가장매매하고 소유권이전등기를 해주었다. 이에 관한 설명으로 옳은 것은? (다툼이 있으면 판례에 따름) 〈노무사 2020〉

① 乙은 甲에 대한 자신의 채권을 보전하기 위하여 甲의 丙에 대한 소유권이전등기의 말소등기청구권을 대위행사할 수 있다.

② 甲과 丙 간의 가장매매는 무효이므로 乙은 이것이 사해행위라는 것을 이유로 하여 채권자취소권을 행사할 수 없다.

③ 허위표시는 불법원인이므로 甲은 丙에게 자신의 소유권에 기하여 A부동산의 반환을 청구할 수 없다.

④ 만약 丙이 丁에게 A부동산을 매도하였다면, 丁은 선의·무과실이어야 제3자로서 보호를 받을 수 있다.

⑤ 甲과 丙이 A부동산의 가장매매계약을 추인하면 그 계약은 원칙적으로 체결시로 소급하여 유효한 것이 된다.

해설 | ① **[옳음]** 채무자가 상대방과 통정하여 가장행위를 한 경우에, 채권자는 허위표시로서 무효인 그 법률행위에 대해 채권자대위권을 행사할 수 있다.

② [틀림] 채무자가 상대방과 통정하여 가장행위를 한 경우에, 채권자는 허위표시로서 무효인 그 법률행위에 대해 채권자취소권을 행사할 수 있다(통설, 판례).

③ [틀림] 허위표시는 그 자체가 불법은 아니므로 허위표시를 이유로 하는 부당이득반환청구권에 관하여는 불법원인에 의한 반환청구권배제의 문제(제746조)가 생기지 않는다.

④ [틀림] 제108조 제2항에서는 선의의 제3자의 무과실을 요구하고 있지 않으므로 선의이면 되고 무과실은 요건이 아니다(대판 2004.5.28. 2003다70041)(전득자도 선의이면 되고 무과실은 요건이 아니다).

⑤ [틀림] 무효인 법률행위는 추인하여도 그 효력이 생기지 아니하나, 새로운 법률행위를 한 것으로 간주한다(제139조). 이 경우 추인의 효력은 무효행위시에 소급하지 않는다.

정답 | ①

025 통정허위표시에 관한 설명으로 옳지 않은 것은? (다툼이 있으면 판례에 따름) 〈노무사 2021〉

① 통정허위표시가 성립하기 위해서는 표의자의 진의와 표시의 불일치에 관하여 상대방과의 사이에 합의가 있어야 한다.

② 통정허위표시에 무효인 법률행위는 채권자취소권의 대상이 될 수 있다.

③ 통정허위표시로서 의사표시가 무효라고 주장하는 자는 그 무효사유에 해당하는 사실을 증명할 책임이 있다.

④ 가장근저당권설정계약이 유효하다고 믿고 그 피담보채권을 가압류한 자는 통정허위표시의 무효로 대항할 수 없는 제3자에 해당하지 않는다.

⑤ 가장양수인으로부터 소유권이전등기청구권 보전을 위한 가등기를 경료받은 자는 특별한 사정이 없는 한 선의로 추정된다.

해설 | ① [옳음] 통정허위표시가 성립하기 위하여는 의사표시의 진의와 표시가 일치하지 아니하고, 그 불일치에 관하여 상대방과 사이에 합의가 있어야 한다(대판 1998.9.4. 98다17909).

② [옳음] 채무자가 상대방과 통정하여 가장행위를 한 경우에, 채권자는 허위표시로서 무효인 그 법률행위에 대해 채권자취소권을 행사할 수 있다(통설, 판례).

③ [옳음] 제108조 제1항

④ [틀림] 통정한 허위표시에 의하여 외형상 형성된 법률관계로 생긴 채권을 가압류한 경우, 그 가압류권자는 허위표시에 기초하여 새로운 법률상 이해관계를 가지게 되므로 민법 제108조 제2항의 제3자에 해당한다고 봄이 상당하다(대판 2004.5.28. 2003다70041).

⑤ [옳음] 제108조 제2항에서는 선의의 제3자의 무과실을 요구하고 있지 않으므로 선의이면 되고 무과실은 요건이 아니다(대판 2004.5.28. 2003다70041). 그런데 제3자는 특별한 사정이 없는 한 선의로 추정할 것이므로, 무효를 주장하는 자가 제3자의 악의를 입증하여야 한다(대판 2006.3.10. 2002다1321).

정답 | ④

026 의사표시에 관한 설명으로 옳지 않은 것은? (다툼이 있으면 판례에 따름) 〈노무사 2023〉

① 매매계약이 착오로 취소된 경우 특별한 사정이 없는 한 당사자 쌍방의 원상회복의무는 동시이행관계에 있다.
② 등기의 착오가 상대방의 부정한 방법에 의하여 유발된 경우, 등기가 표시되지 않았더라도 표의자는 착오를 이유로 의사표시를 취소할 수 있다.
③ 통정허위표시로 무효인 법률행위도 채권자취소권의 대상이 될 수 있다.
④ 사기에 의해 화해계약이 체결된 경우 표의자는 화해의 목적인 분쟁에 관한 사항에 착오가 있더라도 사기를 이유로 화해계약을 취소할 수 있다.
⑤ 경과실에 의한 착오를 이유로 의사표시를 취소한 자는 상대방이 그 의사표시의 유효를 믿었음으로 인하여 발생한 손해에 대하여 불법행위책임을 진다.

해설 | ① [옳음] 취소된 원인행위에 기초하여 급부의 실현행위가 이미 이루어진 때에는 당사자들은 이를 각자 반환하여야 한다(제741조). 이때에 당사자들이 부담하는 의무의 내용은 원상회복이 아니라 부당이득이며, 서로 동시이행의 관계에 있다(대판 2001.7.11. 2001다3764).
② [옳음] 동기가 상대방의 부정한 방법에 의하여 유발된 경우(대판 1987.7.21. 85다카2339) 또는 동기가 상대방으로부터 제공된 경우(대판 1978.7.11. 78다719)에는 동기가 표시되지 않았다고 하더라도 동기의 착오에 의한 의사표시는 취소될 수 있다.
③ [옳음] 채무자의 법률행위가 통정허위표시인 경우에도 채권자취소권의 대상으로 된다고 할 것이고(대판 1984.7.24. 84다카68), 한편 채권자취소권의 대상으로 된 채무자의 법률행위라도 통정허위표시의 요건을 갖춘 경우에는 무효라고 할 것이다(대판 1998.2.27. 97다50985).
④ [옳음] 화해계약이 사기로 인하여 이루어진 경우에는 화해의 목적인 분쟁에 관한 사항에 착오가 있는 때에도 민법 제110조에 따라 이를 취소할 수 있다고 할 것이다(판례).
⑤ [틀림] 적법한 취소권의 행사에는 위법성이란 있을 수 없으며, 나아가 제535조를 유추적용할 수도 없는 바, 취소권자는 비록 경과실이 있으나 적법하게 매매계약을 취소할 수 있고, 이로 인하여 상대방에게 불법행위에 따른 손해배상의무를 부담하지 않는다(대판 1997.8.22. 97다13023).

정답 | ⑤

027 착오에 의한 의사표시에 관한 설명으로 옳은 것은? (다툼이 있으면 판례에 따름) 〈노무사 2019〉

① 매도인의 담보책임이 성립하는 경우, 매수인은 매매계약 내용의 중요부분에 착오가 있더라도 이를 취소할 수 없다.
② 소송행위에도 특별한 사정이 없는 한 착오를 이유로 하는 취소가 허용된다.
③ 착오로 인하여 표의자가 경제적 불이익을 입지 않은 경우에는 법률행위 내용의 중요부분의 착오라고 볼 수 없다.

④ 표의자에게 중대한 과실이 있다는 사실은 법률행위의 효력을 부인하는 자가 증명하여야 한다.

⑤ 매도인이 매수인의 채무불이행을 이유로 매매계약을 적법하게 해제한 경우에는 매수인은 착오를 이유로 그 매매계약을 취소할 수 없다.

해설 | ① [틀림] 민법 제109조 제1항에 의하면 법률행위 내용의 중요 부분에 착오가 있는 경우 착오에 중대한 과실이 없는 표의자는 법률행위를 취소할 수 있고, 민법 제580조 제1항, 제575조 제1항에 의하면 매매의 목적물에 하자가 있는 경우 하자가 있는 사실을 과실 없이 알지 못한 매수인은 매도인에 대하여 하자담보책임을 물어 계약을 해제하거나 손해배상을 청구할 수 있다. 착오로 인한 취소 제도와 매도인의 하자담보책임 제도는 취지가 서로 다르고, 요건과 효과도 구별된다. 따라서 매매계약 내용의 중요 부분에 착오가 있는 경우 매수인은 매도인의 하자담보책임이 성립하는지와 상관없이 착오를 이유로 매매계약을 취소할 수 있다(대판 2018.9.13. 2015다78703).

② [틀림] 소송행위에 관하여도 역시 제109조가 적용되지 않는다.

③ [옳음] 착오가 법률행위내용의 중요부분에 있다고 하기 위하여는 표의자에 의하여 추구된 목적을 고려하여 합리적으로 판단하여 볼 때 표시와 의사의 불일치가 객관적으로 현저하여야 하고, 만일 그 착오로 인하여 표의자가 무슨 경제적인 불이익을 입은 것이 아니라면 이를 법률행위내용의 중요부분의 착오라고 할 수 없다(대판 2006.12.7. 2006다41457).

④ [틀림] 중대한 과실이 있다는 입증책임은 표의자로 하여금 그 의사표시를 취소케 하지 않으려는 상대방이 부담한다.

⑤ [틀림] 매도인이 매수인의 중도금 지급채무불이행을 이유로 매매계약을 적법하게 해제한 후라도 매수인으로서는 상대방이 한 계약해제의 효과로서 발생하는 손해배상책임을 지거나 매매계약에 따른 계약금의 반환을 받을 수 없는 불이익을 면하기 위하여 착오를 이유로 한 취소권을 행사하여 위 매매계약 전체를 무효로 돌리게 할 수 있다(대판 1991.8.27. 91다11308).

정답 | ③

---

028 의사표시를 한 자가 착오를 이유로 그 의사표시를 취소할 수 없는 경우를 모두 고른 것은? (단, 표의자의 중대한 과실은 없으며 다툼이 있으면 판례에 따름) 〈노무사 2020〉

> ㄱ. 매매에서 매도인이 목적물의 시가를 몰라서 대금과 시가에 근소한 차이가 있는 경우
> ㄴ. 주채무자의 차용금반환채무를 보증할 의사로 공정증서에 서명·날인하였으나 그 공정증서가 주채무자의 기존의 구상금채무에 관한 준소비대차계약의 공정증서이었던 경우
> ㄷ. 건물 및 부지를 현상태대로 매수하였으나 그 부지의 지분이 근소하게 부족한 경우

① ㄱ　　② ㄷ　　③ ㄱ, ㄴ　　④ ㄴ, ㄷ　　⑤ ㄱ, ㄴ, ㄷ

해설 | 다음의 경우에는 중요부분의 착오로 인정되지 않는다.

ㄱ 목적물의 시가에 관한 착오(대판 1985.4.23. 84다카890)

ㄴ 주채무자의 차용금반환채무를 보증할 의사로 공정증서에 연대보증인으로 서명·날인하였으나 그 공정증서가 주채무자의 기존의 구상금채무 등에 관한 준소비대차계약의 공정증서이었던 경우, 소비대차계약과 준소비대차계약의 법률효과는 동일하므로 공정증서가 연대보증인의 의사와 다른 법률효과를 발생시키는 내용의 서면이라고 할 수 없어 표시와 의사의 불일치가 객관적으로 현저한 경우에 해당하지 않을 뿐만 아니라, 연대보증인은 주채무자가 채권자에게 부담하는 차용금반환채무를 연대보증할 의사가 있었던 이상 착오로 인하여 경제적인 불이익을 입었거나 장차 불이익을 당할 염려도 없으므로 위와 같은 착오는 연대보증계약의 중요부분의 착오가 아니다(대판 2006.12.7. 2006다41457).

ㄷ 목적물의 수량(지적)의 부족에 관한 착오(대판 1969.5.13. 69다196)

정답 | ⑤

029 착오에 관한 설명으로 옳지 않은 것은? (다툼이 있으면 판례에 따름) 〈노무사 2018〉

① 대리인에 의한 의사표시의 경우, 착오의 유무는 대리인을 표준으로 결정한다.
② 소송대리인의 사무원의 착오로 소를 취하한 경우, 착오를 이유로 취소하지 못한다.
③ 매도인이 매매계약을 적법하게 해제한 후 매수인은 착오를 이유로 매매계약을 취소할 수 없다.
④ 상대방이 착오자의 진의에 동의한 것으로 인정될 때에는 계약의 취소가 허용되지 않는다.
⑤ 착오가 표의자의 중대한 과실로 인한 것이더라도 상대방이 표의자의 착오를 알고 이를 이용한 경우에 표의자는 의사표시를 취소할 수 있다.

해설 | ① [옳음] 대리행위에 착오가 있는지 또는 표의자에게 중대한 과실이 있는지의 여부는 대리인을 기준으로 판단한다(제116조 제1항).

② [옳음] 착오로 인한 소취하의 효력(유효)에 대하여 소의 취하는 원고가 제기한 소를 철회하여 소송계속을 소멸시키는 원고의 법원에 대한 소송행위이고 소송행위는 일반 사법상의 행위와는 달리 내심의 의사보다 그 표시를 기준으로 하여 효력 유무를 판정할 수밖에 없는 것인바, 원고 소송대리인으로부터 소송대리인 사임신고서 제출을 지시받은 사무원은 원고 소송대리인의 표시기관에 해당되어 그의 착오는 원고 소송대리인의 착오라고 보아야 하므로, 사무원의 착오로 원고 소송대리인의 의사에 반하여 소를 취하하였다고 하여도 이를 무효라고 볼 수는 없다고 보았다(대판 1997.10.24. 95다11740).

③ [틀림] 매도인이 매수인의 중도금지급채무불이행을 이유로 매매계약을 적법하게 해제한 후라도 매수인으로서는 상대방이 한 계약해제의 효과로서 발생하는 손해배상책임을 지거나 매매계약에 따른 계약금의 반환을 받을 수 없는 불이익을 면하기 위하여 착오를 이유로 한 취소권을 행사하여 위 매매계약 전체를 무효로 돌리게 할 수 있다(대판 1991.8.27. 91다11308).

④ [옳음] 착오란 의사표시의 내용과 내심의 의사가 (진의)일치하지 않는 것을 표의자가 모르는 것 이므로 따라서 상대방은 상대방의 진의를 모르고 표시만 믿고 법률 행위를 하여야 취소가 가능하나 상대방이 진의에 동의하였으므로 자연적해석 결과 원하는 법률효과가 발생하므로 취소를 인정할 이유가 없다.

⑤ [옳음] 민법 제109조 제1항 단서는 의사표시의 착오가 표의자의 중대한 과실로 인한 때에는 그 의사표시를 취소하지 못한다고 규정하고 있는바, 위 단서 규정은 표의자의 상대방의 이익을 보호하기 위한 것이므로, 상대방이 표의자의 착오를 알고 이를 이용한 경우에는 그 착오가 표의자의 중대한 과실로 인한 것이라고 하더라도 표의자는 그 의사표시를 취소할 수 있다고 할 것이다(대판 2014.11.27. 2013다49794).

정답 | ③

030 착오로 인한 의사표시에 관한 설명으로 옳은 것은? (다툼이 있으면 판례에 따름) 〈노무사 2015〉

① 토지매매계약에 있어 토지의 현황·경계에 관한 착오는 법률행위의 중요부분에 관한 착오로 볼 수 없다.

② 화해의 목적인 분쟁 이외의 사항에 착오가 있는 때에는 착오를 이유로 화해계약을 취소할 수 있다.

③ 매도인이 매매계약을 적법하게 해제한 이상 매수인은 착오를 이유로 매매계약을 취소할 수 없다.

④ 의사표시의 착오가 표의자의 중대한 과실로 발생한 경우, 상대방이 표의자의 착오를 알고 이용하였더라도 표의자는 그 의사표시를 취소할 수 없다.

⑤ 매매계약의 쌍방 당사자가 계약의 목적물로 삼은 X토지의 지번에 착오를 일으켜 계약서에 목적물을 Y토지로 표시한 경우, 매매계약은 Y토지에 관하여 성립한다.

해설 | ① [틀림] 중요부분의 해당 여부

중요부분에 해당하는 경우	중요부분에 해당하지 않는 경우
• <u>토지 현황·경계에 관한 착오</u>(대판 1993.9.28. 93다31634) • 신용보증기금에 의한 신용보증을 하는 데 있어서 기업의 신용유무의 착오(대판 2007.8.23. 2006다52815) • 채무자의 동일성에 관한 착오는 법률행위내용(즉, 근저당설정행위)의 중요부분에 관한 착오에 해당한다(대판 1995.12.22. 95다37087). • 재건축아파트설계용역에서 당사자의 전문자격에 대한 착오(대판 2003.4.11. 2002다70884)	• 법률행위의 목적물이 누구에게 속하는가의 문제(대판 1975.1.28. 74다2069) • 매매목적물의 시가(대판 1984.4.10. 81다239) • 목적물의 수량(지적)의 부족에 관한 착오(대판 1969.5.13. 69다196) • 소유권귀속에 관한 착오(대판 1999.2.23. 98다47924) • 주채무자의 차용금반환채무를 보증할 의사로 서명·날인한 것이 준소비대차계약의 공정증서이었던 경우(대판 2006.12.7. 2006다41457)

② [옳음] 화해계약은 착오를 이유로 이를 취소할 수 없으나 '화해 당사자의 자격' 또는 '화해의 목적인 분쟁 이외의 사항'에 착오가 있는 경우에는 착오를 이유로 취소할 수 있다(제733조). 여기서 '화해의 목적인 분쟁 이외의 사항'이라 함은 분쟁의 대상이 아니라 분쟁의 전제 또는 기초가 된 사항으로서 쌍방 당사자가 예정한 것이어서 상호 양보의 내용으로 되지 않고 다툼이 없는 사실로 양해된 사항을 말한다(대판 2005.8.19. 2004다53173).

③ [틀림] 매도인이 매수인의 중도금지급채무불이행을 이유로 매매계약을 적법하게 해제한 후라도, 매수인으로서는 착오를 이유로 한 취소권을 행사할 수 있다(대판 1996.12.6. 95다24982·24999).

④ [틀림] 상대방이 표의자의 착오를 알고 이를 이용한 경우에는 착오가 표의자의 중대한 과실로 인한 것이라고 하더라도 표의자는 의사표시를 취소할 수 있다(대판 2014.11.27. 2013다49794).

⑤ [틀림] 부동산의 매매계약에 있어 쌍방당사자가 모두 특정의 X토지를 계약의 목적물로 삼았으나 그 목적물의 지번 등에 관하여 착오를 일으켜 계약을 체결함에 있어서는 계약서상 그 목적물을 X토지와는 별개인 Y토지로 표시하였다 하여도 X토지에 관하여 이를 매매의 목적물로 한다는 쌍방당사자의 의사합치가 있는 이상 위 매매계약은 X토지에 관하여 성립한 것으로 보아야 할 것이고 Y토지에 관하여 매매계약이 체결된 것으로 보아서는 안 된다(대판 1993.10.26. 93다2629·2636).

정답 | ②

031 착오로 인한 의사표시에 관한 설명으로 옳은 것은? (다툼이 있으면 판례에 따름) 〈노무사 2021〉

① 상대방이 표의자의 착오를 알고 이를 이용한 경우, 표의자에게 중과실이 있으면 그 의사표시를 취소할 수 없다.

② 착오의 존재와 그 착오가 법률행위의 중요부분에 관한 것이라는 점은 표의자의 상대방이 증명하여야 한다.

③ 신원보증서류에 서명날인한다는 착각에 빠진 상태로 연대보증서면에 서명날인한 것은 동기의 착오이다.

④ 재단법인설립을 위한 출연행위는 상대방 없는 단독행위이므로 착오를 이유로 취소할 수 없다.

⑤ 표시상 착오가 제3자의 기망행위에 의하여 일어난 경우, 표의자는 제3자의 기망행위를 상대방이 알았는지 여부를 불문하고 착오를 이유로 의사표시를 취소할 수 있다.

해설 | ① [틀림] 민법 제109조 제1항 단서는 의사표시의 착오가 표의자의 중대한 과실로 인한 때에는 그 의사표시를 취소하지 못한다고 규정하고 있는데, 위 단서 규정은 표의자의 상대방의 이익을 보호하기 위한 것이므로, 상대방이 표의자의 착오를 알고 이를 이용한 경우에는 착오가 표의자의 중대한 과실로 인한 것이라고 하더라도 표의자는 의사표시를 취소할 수 있다(대판 2014.11.27. 2013다49794).

② [틀림] 착오의 존재와 그 착오가 법률행위의 중요부분에 관한 것이라는 점은 표의자가 증명하여야 한다(민법 제109조 제1항).

③ [틀림], ⑤ [옳음] 사기에 의한 의사표시란 타인의 기망행위로 말미암아 착오에 빠지게 된 결과 어떠한 의사표시를 하게 되는 경우이므로 거기에는 의사와 표시의 불일치가 있을 수 없고, 단지 의사의 형성과정 즉 의사표시의 동기에 착오가 있는 것에 불과하며, 이 점에서 고유한 의미의 착오에 의한 의사표시와 구분되는데, 신원보증서류에 서명날인한다는 착각에 빠진 상태로 연대보증의 서면에 서명날인한 경우, 결국 위와 같은 행위는 강학상 기명날인의 착오(또는 서명의 착오), 즉 어떤 사람이 자신의 의사와 다른 법률효과를 발생시키는 내용의 서면에, 그것을 읽지 않거나 올바르게 이해하지 못한 채 기명날인을 하는 이른바 표시상의 착오에 해당하므로, 비록 위와 같은 착오가 제3자의 기망행위에 의하여 일어난 것이라 하더라도 그에 관하여는 사기에 의한 의사표시에 관한 법리, 특히 상대방이 그러한 제3자의 기망행위 사실을 알았거나 알 수 있었을 경우가 아닌 한 의사표시자가 취소권을 행사할 수 없다는 민법 제110조 제2항의 규정을 적용할 것이 아니라, 착오에 의한 의사표시에 관한 법리만을 적용하여 취소권 행사의 가부를 가려야 한다(대판 2005.5.27. 2004다43824).

④ [틀림] 민법 제47조 제1항에 의하여 생전처분으로 재단법인을 설립하는 때에 준용되는 민법 제555조는 "증여의 의사가 서면으로 표시되지 아니한 경우에는 각 당사자는 이를 해제할 수 있다."고 함으로써 서면에 의한 증여(출연)의 해제를 제한하고 있으나, 그 해제는 민법 총칙상의 취소와는 요건과 효과가 다르므로 서면에 의한 출연이더라도 민법 총칙규정에 따라 출연자가 착오에 기한 의사표시라는 이유로 출연의 의사표시를 취소할 수 있고, 상대방 없는 단독행위인 재단법인에 대한 출연행위라고 하여 달리 볼 것은 아니다(대판 1999.7.9. 98다9045).

정답 | ⑤

032 사기·강박에 의한 의사표시에 관한 설명을 옳지 않은 것은? (다툼이 있는 경우는 판례에 의함) 〈노무사 2014〉

① 강박에 의한 의사표시를 한 자는 강박상태에서 추인한 경우에도 그 의사표시를 취소할 수 있다.
② 교환계약의 당사자가 목적물의 시가를 묵비한 경우, 특별한 사정이 없는 한 기망행위가 아니다.
③ 어떤 해악의 고지가 아니라 단지 각서에 서명·날인할 것을 강력히 요구한 행위는 강박행위가 아니다.
④ 사기로 인하여 화해계약이 체결된 경우, 화해의 목적인 분쟁에 관한 사항에 착오가 있더라도 사기를 이유로 계약을 취소할 수 없다.
⑤ 제3자에 의한 기망행위로 계약을 체결한 자는 그 계약을 취소하지 않고 제3자에 대하여 불법행위로 인한 손배해상청구를 할 수 있다.

해설 | ① [옳음] 취소할 수 있는 법률행위의 추인은 취소의 원인이 소멸한 후에 하지 아니하면 효력이 없다(제144조 제1항). 즉 제한능력자는 능력자가 된 뒤에, 착오·사기·강박에 의하여 의사표시를 한 자는 착오·사기·강박의 상태에서 벗어난 뒤에 하여야 한다. 취소원인이 소멸하기 전에 한 추인은 추인으로서의 효력이 없다.

② [옳음] 당사자 일방이 알고 있는 정보를 상대방에게 사실대로 고지하여야 할 신의칙상의 주의의무가 인정된다고 볼 만한 특별한 사정이 없는 한, 어느 일방이 교환 목적물의 시가나 그 가액

결정의 기초가 되는 사항에 관하여 상대방에게 설명 내지 고지를 할 주의의무를 부담한다고 할 수 없고, 일방 당사자가 자기가 소유하는 목적물의 시가를 묵비하여 상대방에게 고지하지 아니하거나 혹은 허위로 시가보다 높은 가액을 시가라고 고지하였다 하더라도 이는 상대방의 의사결정에 불법적인 간섭을 한 것이라고 볼 수 없다(대판 2002.9.4. 2000다54406·54413).

③ [옳음] 법률행위 취소의 원인이 될 강박이 있다고 하기 위하여서는 표의자로 하여금 외포심을 생기게 하고 이로 인하여 법률행위 의사를 결정하게 할 고의로써 불법으로 장래의 해악을 통고할 경우라야 한다. 따라서 어떤 해악의 고지가 아니라 단지 각서에 서명·날인할 것을 강력히 요구한 행위는 강박행위가 아니다(대판 1992.12.24. 92다25120).

④ [틀림] 민법 제733조의 규정에 의하면, 화해계약은 화해당사자의 자격 또는 화해의 목적인 분쟁 이외의 사항에 착오가 있는 경우를 제외하고는 착오를 이유로 취소하지 못하지만, 화해계약이 사기로 인하여 이루어진 경우에는 화해의 목적인 분쟁에 관한 사항에 착오가 있는 때에도 민법 제110조에 따라 이를 취소할 수 있다(대판 2008.9.11. 2008다15278).

⑤ [옳음] 제3자의 사기행위로 인하여 피해자가 주택건설사와 사이에 주택에 관한 분양계약을 체결하였다고 하더라도 제3자의 사기행위 자체가 불법행위를 구성하는 이상, 제3자로서는 그 불법행위로 인하여 피해자가 입은 손해를 배상할 책임을 부담하는 것이므로, 피해자가 제3자를 상대로 손해배상청구를 하기 위하여 반드시 그 분양계약을 취소할 필요는 없다(대판 1998.3.10. 97다55829).

정답 | ④

033 사기에 의한 의사표시에 관한 설명으로 옳지 않은 것은? (다툼이 있는 경우 판례에 따름)
〈노무사 2016〉

① 교환계약의 당사자가 자기 소유 목적물의 시가를 묵비한 것은, 특별한 사정이 없는 한, 위법한 기망행위가 되지 않는다.

② 제3자의 사기로 상대방 없는 의사표시를 한 표의자는 그 의사표시를 취소할 수 있다.

③ 제3자의 사기로 계약을 체결한 자는 그 계약을 취소하지 않고 그 제3자에 대하여 불법행위로 인한 손해배상만을 청구할 수도 있다.

④ 사기에 의하여 의사표시를 한 자의 포괄승계인은 그 의사표시를 취소할 수 없다.

⑤ 상품의 광고에 있어 다소의 과장·허위가 수반되는 것은 그것이 일반 상거래의 관행과 신의칙에 비추어 시인될 수 있는 한 기망행위에 해당하지 않는다.

해설 | ① [옳음] 일방 당사자가 자기가 소유하는 목적물의 시가를 묵비하여 상대방에게 고지하지 아니하거나, 혹은 허위로 시가보다 높은 가액을 시가라고 고지하였다 하더라도, 이는 상대방의 의사결정에 불법적인 간섭을 한 것이라고 볼 수 없으므로 불법행위가 성립한다고 볼 수 없다(대판 2002.9.4. 2000다54406·54413).

② [옳음] 제3자 사기의 경우 상대방 없는 의사표시의 경우 표의자는 언제든지 취소할 수 있다.

③ [옳음] 기망은 동시에 불법행위를 구성하므로 표의자는 불법행위에 따른 손해배상을 청구할 수 있다. 이 경우 법률행위를 먼저 취소하여야 하는 것 아니다. 즉 불법행위에 따른 손해배상을 청구함에 있어 반드시 취소권의 행사가 전제되어야 하는 것은 아니다(대판 1998.3.10. 97다55829).

④ [틀림] 상속과 회사합병과 같은 포괄승계인은 취소권을 승계하여 행사할 수 있다. 또한 특정승계인도 행사할 수 있으나 취소권만의 승계는 인정되지 않는다. 즉 취소할 수 있는 행위에 의하여 취득한 권리의 승계가 있는 경우에만 특정승계인은 취소권자가 된다.

> **제140조(법률행위의 취소권자)** 취소할 수 있는 법률행위는 제한능력자, 착오로 인하거나 사기·강박에 의하여 의사표시를 한 자, 그의 대리인 또는 승계인만이 취소할 수 있다.

⑤ [옳음] 상품의 선전광고에 있어서 거래의 중요한 사항에 관하여 구체적 사실을 신의성실의 의무에 비추어 비난받을 정도의 방법으로 허위로 고지한 경우에는 기망행위에 해당한다고 할 것이나, 그 선전광고에 다소의 과장·허위가 수반되는 것은 그것이 일반 상거래의 관행과 신의칙에 비추어 시인될 수 있는 한 기망성이 결여된다고 할 것이다(대판 2001.5.29. 99다55601·55618).

정답 | ④

제5절   법률행위의 대리

034 甲은 자신 소유의 X토지에 대한 매매계약 체결의 대리권을 乙에게 수여하였고, 그에 따라 乙은 丙과 위 X토지에 대한 매매계약을 체결하였다. 이에 관한 설명으로 옳은 것은? (다툼이 있으면 판례에 따름) 〈노무사 2023〉

① 乙은 원칙적으로 매매계약을 해제할 수 있는 권한을 가진다.

② 乙이 매매계약에 따라 丙으로부터 중도금을 수령하였으나 이를 甲에게 현실로 인도하지 않았더라도 특별한 사정이 없는 한 丙은 중도금 지급채무를 면한다.

③ 乙은 甲의 승낙이 있는 경우에만 복대리인을 선임할 수 있다.

④ 乙의 사기로 매매계약이 체결된 경우, 丙은 甲이 乙의 사기를 알았거나 알 수 있었을 경우에 한하여 사기를 이유로 그 계약을 취소할 수 있다.

⑤ 丙이 甲의 채무불이행을 이유로 계약을 해제한 경우, 그 채무불이행에 乙의 책임사유가 있다면 해제로 인한 원상회복의무는 乙이 부담한다.

해설 | ① [틀림] 어떠한 계약의 체결에 관한 대리권을 수여받은 대리인이 그 계약을 대리하여 체결하였다고 하여 대리인이 체결된 계약의 해제 등 일체의 처분권과 상대방의 의사를 수령할 권한까지 가지고 있다고 볼 수는 없다(대판 2008.6.12. 2008다11276).

② [옳음] 토지매각의 대리권수여는 중도금이나 잔대금을 수령하고, 소유권이전등기를 할 권한을 포함하므로, 매수인이 매도인을 대리하여 매매대금을 수령할 권한을 가진 자에게 잔대금의 수령을 최고하고 그 자를 공탁물수령자로 지정하여 한 변제공탁은 매도인에 대한 잔대금 지급의 효력이 있다(대판 2012.3.15. 2011다77849).

③ [틀림]

> **제120조(임의대리인의 복임권)** 대리권이 법률행위에 의하여 부여된 경우에는 대리인은 본인의 승낙이 있거나 부득이한 사유 있는 때가 아니면 복대리인을 선임하지 못한다.

④ [틀림] 제110조 제2항에서 정한 제3자에 해당될 수 없는 자란 그 의사표시에 관한 상대방의 대리인 등 상대방과 동일시할 수 있는 자만을 의미한다(대판 1998.1.23. 96다41496). 그러므로 대리인의 사기로 법률행위를 취소하는 경우, 상대방의 인식 여부는 문제되지 않는다.

> **제116조(대리행위의 하자)** ① 의사표시의 효력이 의사의 흠결, 사기, 강박 또는 어느 사정을 알았거나 과실로 알지 못한 것으로 인하여 영향을 받을 경우에 그 사실의 유무는 대리인을 표준하여 결정한다.
>
> **제110조(사기, 강박에 의한 의사표시)** ① 사기나 강박에 의한 의사표시는 취소할 수 있다.
>   ② 상대방 있는 의사표시에 관하여 제3자가 사기나 강박을 행한 경우에는 상대방이 그 사실을 알았거나 알 수 있었을 경우에 한하여 그 의사표시를 취소할 수 있다.

⑤ [틀림] 계약상 채무의 불이행을 이유로 계약이 상대방 당사자에 의하여 유효하게 해제되었다면, 해제로 인한 원상회복의무는 대리인이 아니라 계약의 당사자인 본인이 부담한다. 이는 본인이 대리인으로부터 그 수령한 급부를 현실적으로 인도받지 못하였다거나 해제의 원인이 된 계약상 채무의 불이행에 관하여 대리인에게 책임 있는 사유가 있다고 하여도 다른 특별한 사정이 없는 한 마찬가지라고 할 것이다(대판 2011.8.18. 2011다30871).

정답 | ②

035 대리에 관한 설명으로 옳지 않은 것은? 〈노무사 2022〉

① 대리인이 그 권한내에서 본인을 위한 것임을 표시한 의사표시는 직접 본인에게 효력이 생긴다.
② 복대리인은 본인에 대하여 대리인과 동일한 권리의무가 있다.
③ 대리인이 수인(數人)인 때에는 법률 또는 수권행위에서 다른 정함이 없으면 공동으로 본인을 대리한다.
④ 임의대리권은 대리인의 성년후견의 개시로 소멸된다.
⑤ 특정한 법률행위를 위임한 경우에 대리인이 본인의 지시에 좇아 그 행위를 한 때에는 본인은 자기가 안 사정에 관하여 대리인의 부지(不知)를 주장하지 못한다.

해설 | ① [옳음] 대리인이 그 권한내에서 본인을 위한 것임을 표시한 의사표시는 직접 본인에게 효력이 생긴다(제114조).
② [옳음] 복대리인은 '본인이나 제3자에 대하여' 대리인과 동일한 권리·의무가 있다(제123조 제2항).
③ [틀림] 대리인이 수인일 때에는 각자대리의 원칙이 적용된다. 즉 공동대리가 아니고, 각자가 본인을 대리한다(각자대리의 원칙)(제119조 본문). 그러나 법률(제909조 제2항) 또는 수권행위에서 이와 다르게 정한 경우에는 수인의 대리인은 공동으로만 본인을 대리한다(제119조 단서).
④ [옳음] 본인 또는 대리인이 사망하면 대리권은 소멸한다(제127조 제1호·2호). 대리인이 성년후견개시의 심판 또는 파산선고를 받은 때에도 대리권은 소멸한다(제127조 제3호).
⑤ [옳음] 특정한 법률행위를 수임한 대리인이 본인의 지시에 좇아 그 법률행위를 한 때에는, 본인은 자기가 안 사정 또는 과실로 알지 못한 사정에 관한 대리인의 선의 및 무과실을 제116조 제1항에 따라 주장할 수 없다(제116조 제2항). 즉 법률행위를 한 대리인이 선의일지라도 그러한 지시를 내린 본인이 악의이며 대리인의 선의를 주장할 수 없다.

정답 | ③

036 대리에 관한 설명으로 옳지 않은 것은? (다툼이 있으면 판례에 따름) 〈노무사 2022〉

① 대리행위가 강행법규에 위반하여 무효인 경우에도 표현대리가 성립할 수 있다.
② 복임권이 없는 임의대리인이 선임한 복대리인의 행위에도 표현대리가 성립할 수 있다.
③ 하나의 무권대리행위 일부에 대한 본인의 추인은 상대방의 동의가 없으면 무효이다.
④ 무권대리인이 본인을 단독상속한 경우, 특별한 사정이 없는 한 자신이 행한 무권대리행위의 무효를 주장하는 것은 허용되지 않는다.
⑤ 제한능력자가 법정대리인의 동의 없이 계약을 무권대리한 경우, 그 제한능력자는 무권대리인으로서 계약을 이행할 책임을 부담하지 않는다.

해설 | ① [틀림] 표현대리가 성립하려면 대리행위자체는 존재하여야 하므로 강행규정을 위반한 행위에는 표현대리가 적용될 여지가 없다(대판 2009.2.12. 2006다23312).

② [옳음] 복대리인의 선임권이 없는 대리인에 의하여 선임된 복대리인의 권한도 기본대리권이 될 수 있으므로, 민법 제126조를 적용함에 있어서 기본대리권의 흠결 문제는 생기지 않는다(대판 1998.3.27. 97다48982).

③ [옳음] 추인은 원칙적으로 무권대리행위 전부에 대하여 하여야 한다. 즉 추인은 권리자의 일방적인 의사표시로서 상대방의 지위에 중대한 영향을 미치므로 무권대리행위의 일부에 대하여 추인을 하거나 변경을 가하여 추인을 하는 것은 상대방의 동의가 없는 한 무효이다(대판 1982.1.26. 81다카549).

④ [옳음] 자(子)가 부(父)의 대리인의 자격에서 부의 재산을 처분한 후 부의 사망으로 부를 '(단독)상속한 경우'에는, 자는 무권대리인으로서 상대방에 대하여 이행 또는 손해배상의 의무를 지는 지위와 부의 상속인으로서 무권대리행위를 추인하거나 이를 거절할 수 있는 지위를 동시에 갖게 된다. 이에 대하여 판례는 A가 대리권 없이 B 소유 부동산을 C에게 매도하여 소유권이전등기를 마쳐주었다면 그 매매계약은 무효이고 이에 터잡은 이전등기 역시 무효가 되나, A가 B로부터 부동산을 상속받아 그 소유자가 되어 자신으로부터 부동산을 전전매수한 D에게 원래 자신의 매매행위가 무권대리행위여서 무효였다는 이유로 D 앞으로 경료된 소유권이전등기가 무효의 등기라고 주장하여 그 등기의 말소를 청구하는 것은 금반언의 원칙이나 신의성실의 원칙에 반하여 허용될 수 없다고 하였다(대판 1994.9.27. 94다20617).

⑤ [옳음] 대리인으로 계약을 한 자에게 행위능력이 제한되는 때에는 무권대리인의 책임 규정이 적용되지 않는다(제135조 제2항).

정답 | ①

037 민법상 대리에 관한 설명으로 옳지 않은 것은? (다툼이 있으면 판례에 따름) 〈노무사 2021〉

① 매매계약 체결의 대리권을 수여받은 대리인은 특별한 사정이 없는 한 중도금을 수령할 권한이 있다.

② 권한의 정함이 없는 대리인은 기한이 도래한 채무를 변제할 수 있다.

③ 대리인이 수인인 경우 대리인은 특별한 사정이 없는 한 각자가 본인을 대리한다.

④ 대리인의 쌍방대리는 금지되나 채무의 이행은 가능하므로, 쌍방의 허락이 없더라도 경개계약을 체결할 수 있다.

⑤ 사채알선업자가 대주와 차주 쌍방을 대리하여 소비대차계약을 유효하게 체결한 경우, 사채알선업자는 특별한 사정이 없는 한 차주가 한 변제를 수령할 권한이 있다.

해설 | ① [옳음] 부동산의 소유자로부터 매매계약을 체결할 대리권을 수여받은 대리인은 특별한 사정이 없는 한 그 매매계약에서 약정한 바에 따라 중도금이나 잔금을 수령할 권한도 있다고 보아야 한다(대판 1994.2.8. 93다39379).

② [옳음] 제118조는 대리권의 범위가 수권행위에 의해 정해지지 않거나 명백하지 아니한 경우에 대비한 보충규정이며, 대리권의 범위가 명백하거나 표현대리가 성립하는 경우에는 적용되지 않는다(대판 1964.12.8. 64다968). 보존행위란 재산의 가치를 현상 그대로 유지하는 것을 목적으로 하는 행위(예컨대 가옥 등 물건의 수선·소멸시효의 중단·미등기부동산의 등기·기한이 도래한 채무의 변제·부패하기 쉬운 물건의 매각 등)를 말한다. 대리인은 이 보존행위를 무제한으로 할 수 있다(제1호).

③ [옳음] 대리인이 수인일 때에는 각자대리의 원칙이 적용되어, 공동대리가 아니고 각자가 본인을 대리한다(제119조 본문). 그러나 법률 또는 수권행위에 다른 정함이 있는 경우에는 공동대리인은 공동해서만 본인을 대리한다(제119조 단서).

④ [틀림] 이미 확정되어 있는 법률관계를 결제하는 것에 지나지 않으므로 당사자간에 새로운 이해관계를 만들지 않고 본인의 이익을 부당하게 해하지 않기 때문에 자기계약·쌍방대리가 허용된다. 그러나 다툼이 있는 채무의 이행·기한미도래 채무의 변제·항변권 있는 채무의 변제·대물변제(제466조)·경개(제500조)·선택채무의 이행 등은 새로운 이해관계의 변경을 수반하므로 채무의 이행에 해당하지 않는다.

⑤ [옳음] 사채알선업자는 소비대차계약의 체결에 있어서 대주(貸主)에 대하여는 차주(借主)의 대리인 역할을 하고, 반대로 차주에 대하여는 대주의 대리인 역할을 하게 되는 것이고, 대주로부터 소비대차계약을 체결할 대리권을 수여받은 대리인은 특별한 사정이 없는 한 그 소비대차계약에서 정한 바에 따라 차주로부터 변제를 수령할 권한도 있다고 봄이 상당하므로 차주가 그 사채알선업자에게 하는 변제는 유효하다(대판 1997.7.8. 97다12273).

정답 | ④

038 대리에 관한 설명으로 옳은 것은? (다툼이 있으면 판례에 따름) 〈노무사 2020〉

① 대리인 乙이 자신을 본인 甲이라고 하면서 계약을 체결한 경우 그것이 대리권의 범위 내일지라도 그 계약의 효력은 甲이 아닌 乙에게 귀속된다.
② 대리행위를 한 자에게 대리권이 있다는 점에 대한 증명책임은 대리행위의 효과를 주장하는 자에게 있다.
③ 금전소비대차계약에서 원리금반환채무 변제의 수령권한을 위임받은 대리인은 원칙적으로 그 원리금반환채무를 면제해 줄 대리권도 있다.
④ 수인의 대리인이 본인을 위하여 각각 상충되는 내용의 계약을 체결한 경우 가장 먼저 체결된 계약만이 본인에게 효력이 있다.
⑤ 임의대리인은 본인의 승낙이 있는 경우에만 복대리인을 선임할 수 있다.

해설 │ ① [틀림] 대리인은 반드시 대리인임을 표시하여 의사표시를 하여야 하는 것이 아니고 본인 명의로도 할 수 있다(대판 1963.5.9. 63다67).
② [옳음] 대리행위로 의사표시를 한 경우 대리권의 존부에 관한 입증책임은 대리권의 존재를 주장하는 자에게 있다(대판 1994.2.22. 93다42047).
③ [틀림] 대여금의 영수권한만을 위임받은 대리인이 그 대여금채무의 일부를 면제하기 위하여는 본인의 특별수권이 필요하다(대판 1981.6.23. 80다3221).
④ [틀림] 대리인이 수인일 때에는 각자대리의 원칙이 적용되어, 공동대리가 아니고 각자가 본인을 대리한다(먼저 체결된 계약만이 본인에게 효력이 있는 것은 아니다).
⑤ [틀림] 대리권이 법률행위에 의하여 부여된 경우에는 대리인은 본인의 승낙이 있거나 부득이한 사유 있는 때가 아니면 복대리인을 선임하지 못한다(제120조).

정답 │ ②

039 대리권의 범위와 제한에 관한 설명으로 옳지 않은 것은? (다툼이 있으면 판례에 따름) 〈노무사 2015〉

① 대리인이 수인인 때에는 각자가 본인을 대리하는 것이 원칙이다.
② 대리인이 부동산입찰절차에서 동일물건에 관하여 이해관계가 다른 2인 이상을 대리한 경우, 그가 한 입찰은 무효이다.
③ 대리권의 범위가 명확하지 않은 임의대리인이라 하더라도 소멸시효를 중단시킬 수 있다.
④ 부동산의 소유자로부터 매매계약을 체결할 대리권을 수여받은 대리인은 특별한 사정이 없는 한, 그 매매계약에서 약정한 바에 따라 중도금이나 잔금을 수령할 권한이 있다.
⑤ 예금계약의 체결을 위임받은 자가 가지는 대리권에는 그 예금을 담보로 하여 대출을 받거나 이를 처분할 수 있는 대리권이 포함되어 있다.

해설 | ① [옳음] 대리인이 수인일 때에는 각자대리의 원칙이 적용된다. 즉 공동대리가 아니고, 각자가 본인을 대리한다(제119조 본문). 그러나 법률 또는 수권행위에서 이와 다르게 정한 경우에는 수인의 대리인은 공동으로만 본인을 대리한다(제119조 단서).

② [옳음] 대리인이 본인의 이름으로 본인을 대리하면서 동시에 상대방을 대리하여 본인과 상대방의 법률행위를 하는 것을 쌍방대리라고 한다(제124조 본문 후단). 이는 대리인의 자의에 의하여 본인의 혹은 한쪽 본인의 이익을 해할 가능성이 있다. 따라서 자기계약 및 쌍방대리는 원칙적으로 금지된다.

③ [옳음] 대리권의 범위가 명확하지 않은 임의대리인이라 하더라도 소멸시효를 중단시킬 수 있는 행위를 할 수 있다. 보존행위에 해당하기 때문이다.

> **제118조(대리권의 범위)** 권한을 정하지 아니한 대리인은 다음 각 호의 행위만을 할 수 있다.
> 1. 보존행위
> 2. 대리의 목적인 물건이나 권리의 성질을 변하지 아니하는 범위에서 그 이용 또는 개량하는 행위

④ [옳음] 토지매각의 대리권수여는 중도금이나 잔대금을 수령하고(대판 1994.2.8. 93다39379) 소유권이전등기를 할 권한을 포함한다(대판 1958.3.27. 4290민상840).

⑤ [틀림] 예금계약의 체결을 위임받은 자가 가지는 대리권에는 그 예금을 담보로 하여 대출을 받거나 이를 처분할 수 있는 대리권이 당연히 포함되어 있는 것은 아니다(대판 2002.6.14. 2000다38992).

정답 | ⑤

040 임의대리권의 범위에 관한 설명으로 옳지 않은 것은? (다툼이 있으면 판례에 따름) 〈노무사 2019〉

① 권한을 정하지 않은 대리인은 보존행위를 할 수 있다.
② 대리인이 수인인 때에는 법률 또는 수권행위에서 달리 정하는 바가 없으면 공동으로 본인을 대리한다.
③ 토지 매각의 대리권을 수여받은 대리인은 특별한 사정이 없는 한 중도금과 잔금을 수령할 권한을 가진다.
④ 매매계약체결에 대해 포괄적 대리권을 수여받은 자는 특별한 사정이 없는 한 상대방에게 약정된 매매대금의 지급기일을 연장하여 줄 권한을 가진다.
⑤ 대여금의 영수권한만을 위임받은 대리인이 그 대여금의 일부를 면제하기 위해서는 본인의 특별수권이 필요하다.

해설 | ① [옳음] 민법 제118조

> **제118조(대리권의 범위)** 권한을 정하지 아니한 대리인은 다음 각 호의 행위만을 할 수 있다.
> 1. 보존행위
> 2. 대리의 목적인 물건이나 권리의 성질을 변하지 아니하는 범위에서 그 이용 또는 개량하는 행위

② [틀림] 공동대리란 수인의 대리인이 공동으로만 대리할 수 있는 대리를 말한다. 대리인이 수인일 때에는 각자대리의 원칙이 적용되어, 공동대리가 아니고 각자가 본인을 대리한다(제119조 본문).

③ [옳음], ④ [옳음] 부동산의 소유자로부터 매매계약을 체결할 대리권을 수여받은 대리인은 특별한 다른 사정이 없는 한 그 매매계약에서 약정한 바에 따라 중도금이나 잔금을 수령할 수도 있다고 보아야 하고, 매매계약의 체결과 이행에 관하여 포괄적으로 대리권을 수여받은 대리인은 특별한 다른 사정이 없는 한 상대방에 대하여 약정된 매매대금지급기일을 연기하여 줄 권한도 가진다고 보아야 할 것이다(대판 1992.4.14. 91다43107).

⑤ [옳음] 대여금의 영수권한만을 위임받은 대리인이 그 대여금채무의 일부를 면제하기 위하여는 본인의 특별수권이 필요하다(대판 1981.6.23. 80다3221).

정답 | ②

041 대리에 관한 설명으로 옳은 것은? (다툼이 있는 경우 판례에 따름) 〈노무사 2016〉

① 대리에 있어 본인을 위한 것임을 표시하는 이른바 현명은 명시적으로 하여야 하고 묵시적으로는 할 수 없다.

② 적법한 대리인에 의하여 체결된 계약이 상대방에 의하여 유효하게 해제된 경우, 대리인이 수령한 상대방의 급부를 본인이 현실적으로 인도받지 못하였더라도, 특별한 사정이 없는 한, 본인이 해제로 인한 원상회복의무를 부담한다.

③ 부동산의 이중매매의 경우, 제2매수인의 대리인이 매매대상 토지에 관한 거래의 사정을 잘 알면서 매도인의 배임행위에 가담하였다면, 대리행위의 하자 유무는 본인을 표준으로 판단해야 한다.

④ 대리인의 대리권은 복대리인의 선임에 의해 소멸한다.

⑤ 부동산의 소유자로부터 매매계약을 체결할 대리권을 수여받은 대리인은, 특별한 사정이 없는 한, 중도금이나 잔금을 수령할 권한은 없다고 보아야 한다.

해설 | ① [틀림] 대리인이 대리행위시에 그 행위가 본인을 위한 것임을 표시해야 하는 것을 현명주의라고 한다. 여기서 본인을 위한다는 것은 그 행위의 법률효과를 본인에게 귀속시키려는 의사를 의미하는 것으로서, 본인의 이익을 위하여 행위한다는 뜻은 아니다. 대리인이 표의자로서 상대방에 대하여 대리의사와 본인성명을 표시하는 것이 원칙이다. 그 표시방법으로서는 명시적 표시·묵시적 표시, 구두·서면, 기타 어떤 방법이라도 무방하다.

② [옳음] 대리인은 다른 특별한 사정이 없는 한 본인을 위하여 계약상 급부를 변제로서 수령할 권한도 가지므로 대리인이 그 권한에 기하여 계약상 급부를 수령한 경우에, 그 법률효과는 직접 본인에게 귀속된다. 따라서 계약상 채무의 불이행을 이유로 계약이 상대방 당사자에 의하여 유효하게 해제되었다면, 해제로 인한 원상회복의무는 계약의 당사자인 본인이 부담하며 이는 본인이 대리인으로부터 그 수령한 급부를 현실적으로 인도받지 못하였다 하여도 마찬가지라고 할 것이다(대판 2011.8.18. 2011다30871).

③ [틀림] 대리인이 본인을 대리하여 매매계약을 체결함에 있어서 매매대상 토지에 관한 저간의 사정을 잘 알고 그 배임행위에 가담하였다면, 대리행위의 하자 유무는 대리인을 표준으로 판단하여야 하므로, 설사 본인이 미리 그러한 사정을 몰랐거나 반사회성을 야기한 것이 아니라고 할지라도 그로 인하여 매매계약이 가지는 사회질서에 반한다는 장애사유가 부정되는 것은 아니다(대판 1998.2.27. 97다45532).

> **제116조(대리행위의 하자)** ① 의사표시의 효력이 의사의 흠결, 사기, 강박 또는 어느 사정을 알았거나 과실로 알지 못한 것으로 인하여 영향을 받을 경우에 그 사실의 유무는 대리인을 표준하여 결정한다.

④ [틀림] 복대리인은 대리인에 의하여 선임된 자이므로 대리인의 감독을 받는다. 즉 복대리인의 선임에 의하여 대리인의 대리권이 소멸되는 것은 아니다. 그리고 복대리인의 대리권은 그 범위나 존립에 있어서 대리인의 대리권에 의존한다. 따라서 복대리권은 대리권을 초과할 수 없으며, 대리인의 대리권이 소멸하면 복대리인의 복대리권도 소멸한다.

⑤ [틀림] 부동산의 소유자로부터 매매계약을 체결할 대리권을 수여받은 대리인은 특별한 사정이 없는 한 그 매매계약에서 약정한 바에 따라 중도금이나 잔금을 수령할 권한도 있다고 보아야 한다(대판 1994.2.8. 93다39379).

정답 | ②

042 대리에 관한 설명으로 옳은 것을 모두 고른 것은? (다툼이 있으면 판례에 따름) 〈노무사 2018〉

> ㄱ. 복대리인은 본인이나 제3자에 대하여 대리인과 동일한 권리의무가 있다.
> ㄴ. 대리행위가 강행법규에 위반하는 경우에는 표현대리의 법리가 적용되지 않는다.
> ㄷ. 친권자가 자신의 부동산을 미성년 자녀에게 증여하는 행위는 자기계약이지만 유효하다.
> ㄹ. 대리인이 그 권한 내에서 본인을 위한 것임을 표시한 의사표시는 직접 본인에게 효력이 생긴다.

① ㄱ, ㄴ ② ㄷ, ㄹ ③ ㄱ, ㄴ, ㄷ
④ ㄴ, ㄷ, ㄹ ⑤ ㄱ, ㄴ, ㄷ, ㄹ

해설 | ㄱ [옳음] 복대리인은 본인이나 제3자에 대하여 대리인과 동일한 권리의무가 있다(제123조 제2항).

ㄴ [옳음] 증권회사 또는 그 임·직원의 부당권유행위를 금지하는 증권거래법 제52조 제1호는 공정한 증권거래질서의 확보를 위하여 제정된 강행법규로서 이에 위배되는 주식거래에 관한 투자수익보장약정은 무효이고, 투자수익보장이 강행법규에 위반되어 무효인 이상 증권회사의 지점장에게 그와 같은 약정을 체결할 권한이 수여되었는지 여부에 불구하고 그 약정은 여전히 무효이므로 표현대리의 법리가 준용될 여지가 없다.

ㄷ [옳음] 법정대리인인 친권자가 부동산을 매수하여 이를 그 자에게 증여하는 행위는 미성년자인 자에게 이익만을 주는 행위이므로 친권자와 자 사이의 이해상반행위에 속하지 아니하고, 또 자기계약이지만 유효하다(대판 1981.10.13. 81다649).

ㄹ [옳음] 대리인이 그 권한 내에서 본인을 위한 것임을 표시한 의사표시는 직접 본인에 대하여 효력이 생긴다(제114조).

정답 | ⑤

043 대리에 관한 설명으로 옳은 것을 모두 고른 것은? (다툼이 있으면 판례에 따름) 〈노무사 2017〉

> ㄱ. 어떤 사람이 대리인의 외양을 가지고 행위하는 것을 본인이 알면서도 이의를 하지 아니하고 방임하는 경우, 본인의 대리권 수여가 추단될 수 있다.
> ㄴ. 계약이 적법한 대리인에 의하여 체결되었는데 상대방이 채무불이행을 이유로 계약을 해제한 경우, 대리인이 수령한 계약상 급부를 본인이 현실적으로 인도받지 못하였다면 본인에게는 원상회복의무가 없다.
> ㄷ. 대리권이 없는 자가 재단법인의 설립행위를 대리한 경우 본인이 추인을 하여도 언제나 무효이며 무권대리인도 이행책임을 지지 않는다.
> ㄹ. 대리인이 계약체결에 관한 권한을 수여받았다면, 그 계약의 해제권 및 상대방의 의사를 수령할 권한은 특별한 사정이 없는 한 대리인에게 부여된다.

① ㄱ, ㄴ   ② ㄱ, ㄷ   ③ ㄱ, ㄹ   ④ ㄴ, ㄷ   ⑤ ㄷ, ㄹ

해설 | ㄱ [옳음] 대리권을 수여하는 수권행위는 불요식의 행위로서 명시적인 의사표시에 의함이 없이 묵시적인 의사표시에 의하여 할 수도 있으며, 어떤 사람이 대리인의 외양을 가지고 행위하는 것을 본인이 알면서도 이의를 하지 아니하고 방임하는 등 사실상의 용태에 의하여 대리권의 수여가 추단되는 경우도 있다(대판 2016.5.26. 2016다203315).

ㄴ [틀림] 계약상 채무의 불이행을 이유로 계약이 상대방 당사자에 의하여 유효하게 해제되었다면, 해제로 인한 원상회복의무는 대리인이 아니라 계약의 당사자인 본인이 부담한다. 이는 본인이 대리인으로부터 그 수령한 급부를 현실적으로 인도받지 못하였다거나 해제의 원인이 된 계약상 채무의 불이행에 관하여 대리인에게 책임 있는 사유가 있다고 하여도 다른 특별한 사정이 없는 한 마찬가지라고 할 것이다(대판 2011.8.18. 2011다30871).

ㄷ [옳음] 재단법인의 설립행위는 상대방 없는 단독행위이므로 언제나 무효이다(제136조 참조).

> **제136조(단독행위와 무권대리)** 단독행위에는 그 행위당시에 상대방이 대리인이라 칭하는 자의 대리권 없는 행위에 동의하거나 그 대리권을 다투지 아니한 때에 한하여 전6조의 규정을 준용한다. 대리권없는 자에 대하여 그 동의를 얻어 단독행위를 한 때에도 같다.

ㄹ. [틀림] 어떠한 계약의 체결에 관한 대리권을 수여받은 대리인이 수권된 법률행위를 하게 되면 그것으로 대리권의 원인된 법률관계는 원칙적으로 목적을 달성하여 종료되는 것이고, 법률행위에 의하여 수여된 대리권은 그 원인된 법률관계의 종료에 의하여 소멸하는 것이므로(제128조), 그 계약을 대리하여 체결하였다 하여 곧바로 그 사람이 체결된 계약의 해제 등 일체의 처분권과 상대방의 의사를 수령할 권한까지 가지고 있다고 볼 수는 없다(대판 1987.4.28. 85다카971).

정답 | ②

044 대리에 관한 설명으로 옳지 않은 것은? ⟨노무사 2015⟩

① 의사표시의 효력이 의사의 흠결로 인하여 영향을 받을 경우에 그 사실의 유무는 대리인을 표준하여 결정한다.

② 선의의 상대방은 본인의 추인이 있을 때까지 무권대리인과 체결한 계약을 철회할 수 있다.

③ 복대리인은 그 권한 내에서 본인을 대리한다.

④ 대리인은 행위능력자임을 요하지 아니한다.

⑤ 무권대리행위에 대한 본인의 추인은 다른 의사표시가 없는 한, 추인한 때로부터 그 효력이 생긴다.

해설 | ① [옳음] 대리인이 행하는 대리행위에 있어서 의사표시의 하자, 즉 의사의 흠결 혹은 사기·강박이 있는 경우에는 대리인을 기준으로 이를 판단한다(제116조 제1항).

② [옳음] 무권대리행위의 상대방이 선의인 경우 본인의 추인이나 추인거절이 있을 때까지 불확정적인 법률행위를 확정적으로 무효로 할 수 있다(제134조 본문). 철회가 있으면 확정적 무효로 되므로, 본인은 무권대리행위를 추인할 수 없을 뿐만 아니라 상대방도 무권대리인에게 책임을 물을 수 없다.

③ [옳음] 복대리인은 본인에 대하여 대리인과 동일한 권리·의무가 있다(제123조 제2항). 따라서 복대리인이 수령한 물건을 직접 본인에게 인도할 수 있고, 대리인에게 인도할 수도 있는데 대리인에게 인도한 경우 본인에 대한 의무도 소멸한다.

④ [옳음] 대리인은 행위능력자임을 요하지 않는 바, 제한능력자도 대리인이 될 수 있다(제117조).

⑤ [틀림] 무권대리행위에 대한 본인의 추인은 다른 의사표시가 없는 한, 계약 시에 소급하여 그 효력이 생긴다(제133조 본문). 즉 계약 시에 소급하여 처음부터 유권대리행위와 동일한 효력이 당사자에게 발생하는 것이므로 사후에 대리권을 수여하는 것이 아니다(대판 1965.10.26. 65다1677).

정답 | ⑤

045 甲은 미성년자 乙에게 X건물의 매매에 관한 대리권만을 수여하였다. 乙은 甲을 대리하여 丙과 X건물의 매매계약을 체결하였다. 다음 설명으로 옳은 것은? (다툼이 있는 경우에는 판례에 의함) 〈노무사 2012〉

① 乙은 제한능력을 이유로 丙과의 매매계약을 취소할 수 있다.
② 丙이 甲을 강박하였다면, 甲은 강박을 이유로 매매계약을 취소할 수 있다.
③ 丙이 乙을 기망하였다면, 甲은 사기를 이유로 매매계약을 취소할 수 있다.
④ 丙이 甲을 강박하였다면, 乙은 강박을 이유로 매매계약을 취소할 수 있다.
⑤ 乙이 丙을 기망하였다면, 甲이 이를 알았거나 알 수 있었을 경우에 한하여 丙은 매매계약을 취소할 수 있다.

해설 | ① [틀림] 제한능력자도 대리인이 될 수 있다(제117조). 대리행위는 법정대리인의 동의 없이 미성년자 단독으로 유효한 법률행위를 할 수 있는 예외에 해당하므로 미성년자 乙은 제한능력을 이유로 丙과의 매매계약을 취소할 수 없다.

② [틀림] 의사표시의 효력이 의사의 흠결(=비진의표시, 통정허위표시, 착오에 의한 의사표시), 사기, 강박 또는 어느 사정을 알았거나 과실로 알지 못한 것으로 인하여 영향을 받을 경우에 그 사실의 유무는 대리인을 표준하여 결정한다(제116조 제1항). 따라서 상대방이 본인에게 사기·강박을 한 경우 대리인이 사기·강박을 당하지 않는 한, 본인은 대리행위를 취소할 수 없다. 즉 丙이 본인 甲을 강박하였다면, 甲은 강박을 이유로 매매계약을 취소할 수 없다.

③ [옳음] 상대방이 대리인에게 사기·강박을 한 경우 대리인의 의사표시에 하자가 있는 경우이므로 제116조 제1항에 의해 본인이 취소할 수 있다. 이 경우에는 본인 자신이 그 사실을 알았거나 알 수 있었는지 여부와는 관계없다.

④ [틀림] 丙이 본인 甲을 강박하였다면, 甲은 강박을 이유로 매매계약을 취소할 수 없고, 설사 甲은 강박을 이유로 매매계약을 취소할 수 있는 경우에도 임의대리인 乙은 취소에 관한 대리권을 받지 못했다면 취소할 수는 없다.

⑤ [틀림] 대리인이 상대방에게 사기·강박을 한 경우 이 경우에는 제116조 제1항에 해당하지 않는다. 따라서 대리인이 사기·강박을 한 사실을 본인이 알았거나 알 수 있었는지 여부를 묻지 않고, 상대방은 언제나 그 의사표시를 취소할 수 있다(제110조 제1항).

정답 | ③

046 거래경험이 부족한 고령의 甲은 乙이 고용한 乙의 대리인 丙으로부터 乙이 제조한 가공식품을 장기간 복용하면 혈압이 개선된다는 허황된 설명을 듣고 이에 속아 다량 매수하였으나, 효능이 없을 뿐만 아니라 인체에 유해한 것으로 밝혀졌다. 乙과 丙은 이 가공식품의 유해성을 알고 있었다. 다음 설명 중 옳지 않은 것은? (다툼이 있으면 판례에 의함) 〈노무사 2013〉

① 甲이 사기를 이유로 매매계약을 취소할 수 있는 경우에는 이와 별도로 착오를 이유로 취소할 수는 없다.

② 설령 乙이 丙의 기망행위를 알지 못한 경우에도 甲은 丙의 사기를 이유로 매매계약을 취소할 수 있다.

③ 甲은 매매계약을 취소하지 않더라도 丙을 상대로 직접 불법행위에 기한 손해배상을 청구할 수 있다.

④ 甲이 위 식품의 장기간 복용으로 인하여 시신경이 손상되는 손해를 입은 경우, 甲은 乙을 상대로 불법행위에 기한 손해배상을 청구할 수 있다.

⑤ 甲이 乙에게 불완전이행을 원인으로 한 신체상의 손해배상을 청구하는 경우, 치료비와 일실수익뿐만 아니라 위자료도 그 배상범위에 포함된다.

해설 | ① [**틀림**] 기망행위로 인하여 법률행위의 중요부분에 관하여 착오를 일으킨 경우뿐만 아니라 법률행위의 내용으로 표시되지 아니한 의사결정의 동기에 관하여 착오를 일으킨 경우에도 표의자는 그 법률행위를 사기에 의한 의사표시로서 취소할 수 있다(대판 1985.4.9. 85도167).

② [**옳음**] 상대방이 대리인의 사기나 강박에 의하여 의사표시를 한 경우에는, 상대방은 민법 제110조 제1항에 의하여 그 의사표시를 취소할 수 있다(대판 1959.6.18. 4291민상101). 즉 대리인의 사기나 강박은 제3자의 사기·강박에 해당하지 아니한다(대판 1999.2.23. 98다60828·60835). 따라서 이 경우에는 민법 제116조 제1항이 적용되지 아니하여, 본인(즉 매도인)이 대리인의 사기나 강박을 알았는가의 여부를 묻지 않고, 상대방(즉 매수인)은 언제나 그 매매계약을 취소할 수 있다.

③ [**옳음**], ④ [**옳음**], ⑤ [**옳음**] 丙의 기망은 동시에 불법행위를 구성하므로 甲은 丙에게 제750조의 불법행위에 따른 손해배상을 청구할 수 있다. 이 경우 甲은 반드시 乙과의 매매계약을 먼저 취소하여야 하는 것 아니다. 丙으로부터 손해배상을 받아도 乙과의 매매계약은 여전히 취소할 수 있고 또는 불법행위에 의한 손해배상청구권과 취소권을 동시에 행사할 수 있다. 즉 불법행위에 따른 손해배상을 청구함에 있어 반드시 취소권의 행사가 전제되어야 하는 것은 아니다. 그리고 甲이 乙에게 불완전이행을 원인으로 한 신체상의 손해배상을 청구하는 경우, 치료비와 일실수익뿐만 아니라 위자료도 그 배상범위에 포함된다.

정답 | ①

047 甲으로부터 5억 원에 토지매수를 부탁받은 임의대리인 乙이 甲의 허락을 얻어 丙을 복대리인으로 선임하였다. 丙은 매수의뢰가격이 5억 원임을 알고 있음에도 丁의 토지를 조속히 매수하기 위하여 丁과 6억 원에 매수하는 계약을 체결하였다. 甲, 乙, 丙, 丁의 **법률관계에 관한 설명으로 옳은 것은?** (다툼이 있으면 판례에 따름) 〈노무사 2015〉

① 乙은 甲의 이름으로 丙을 선임한다.
② 乙은 甲에 대하여 丙의 선임감독에 대한 책임을 지지 않는다.
③ 丙은 乙의 동의가 있더라도 특별한 사정이 없는 한, 토지매매계약을 해제할 수 없다.
④ 만약 乙이 사망하더라도 丙의 복대리권은 소멸하지 않는다.
⑤ 토지를 5억 원에 매수해달라는 부탁을 받은 丙이 丁과 6억 원에 매수하는 계약을 체결한 것은 착오에 의한 의사표시이므로 甲은 매매계약을 취소할 수 있다.

해설 | ① [**틀림**] 복대리라 함은 대리인의 '수권행위'에 의한 또 하나의 대리를 말한다. 따라서 복대리인이라 함은 대리인이 그의 권한 내에서 '대리인 자신의 이름으로 선임'한 '본인의 대리인'이고 대리인의 대리인이 아니다.

② [**틀림**] 임의대리인은 예외적으로 본인의 승낙이나 부득이한 사유가 존재하는 경우에 한하여 복대리인을 선임할 수 있다(제120조). 이 경우 임의대리인은 복대리인을 적법하게 선임하였다면 그를 선임 혹은 감독하는 데 있어서 과실이 있는 경우에 한하여 본인에 대하여 책임을 질 뿐이다(제121조 제1항). 그러나 만일 본인의 지명에 의하여 복대리인을 선임하였다면 그 부적임 또는 불성실을 알고 본인에 대한 통지나 그 해임을 해태한 때에 한하여 책임을 진다(제121조 제2항).

③ [**옳음**] 어떠한 계약의 체결에 관한 대리권을 수여받은 대리인이 수권된 법률행위를 하게 되면 그것으로 대리권의 원인된 법률관계는 원칙적으로 목적을 달성하여 종료하는 것이고, 그 계약을 대리하여 체결하였던 대리인이 체결된 계약의 해제 등 일체의 처분권과 상대방의 의사를 수령할 권한까지 가지고 있다고 볼 수는 없다(대판 2008.6.12. 2008다11276).

④ [**틀림**] 복대리인은 대리인에 의하여 선임된 자이므로 대리인의 감독을 받으며, 복대리인의 대리권은 그 범위나 존립에 있어서 대리인의 대리권에 종속되므로 대리인의 권한을 초과할 수 없다. 따라서 대리인의 사망으로 대리권이 소멸하면 복대리권도 소멸한다.

⑤ [**틀림**] 대리인이 행하는 대리행위에 있어서 의사표시의 하자, 즉 의사의 흠결 혹은 사기·강박이 있는 경우에는 대리인을 기준으로 이를 판단한다(제116조 제1항). 사안을 보면 丙은 매수가격이 5억 원임을 알고 있었으므로 착오가 없다고 할 것이다. 그러므로 甲은 6억 원에 체결된 계약을 착오를 이유로 취소할 수 없다.

정답 | ③

048 甲소유 부동산에 대하여 매매계약체결의 대리권을 甲으로부터 수여받은 乙이 그 부동산을 丙에게 매도하였다. 다음 설명으로 옳지 않은 것을 모두 고른 것은? (다툼이 있으면 판례에 의함) 〈노무사 2014〉

> ㄱ. 乙이 甲을 위한 매매임을 표시하지 않으면 乙의 의사표시는 효력이 없다.
> ㄴ. 乙은 甲의 수권행위가 없더라도 丙과의 매매계약을 해제할 권한이 있다.
> ㄷ. 乙은 甲의 승낙이 있거나 부득이한 사유가 있더라도 복대리인을 선임하지 못한다.
> ㄹ. 乙의 강박행위가 있는 경우, 甲이 그 사실을 알았거나 알 수 있었을 때에 한하여 丙은 의사표시를 취소할 수 있다.

① ㄱ ② ㄱ, ㄹ ③ ㄴ, ㄷ
④ ㄴ, ㄷ, ㄹ ⑤ ㄱ, ㄴ, ㄷ, ㄹ

해설 | ㄱ [틀림] 대리인(乙)이 본인(甲)을 위한 것임을 표시하지 아니한 때에는 그 의사표시는 자기를 위한 것으로 본다(제115조 본문). 즉 대리인 자신이 법률효과를 받는다.

ㄴ [틀림] 법률행위에 의하여 수여된 대리권은 원인된 법률관계의 종료에 의하여 소멸하는 것이므로 특별한 사정이 없는 한, 매수명의자를 대리하여 매매계약을 체결하였다 하여 곧바로 대리인이 매수인을 대리하여 매매계약의 해제 등 일체의 처분권과 상대방의 의사를 수령할 권한까지 가지고 있다고 볼 수는 없다(대판 1997.3.25. 96다51271).

ㄷ [틀림] 乙은 甲의 승낙이 있거나 부득이한 사유가 있는 경우에 복대리인을 선임할 수 있다. 대리권이 법률행위에 의하여 부여된 경우에는 대리인은 본인의 승낙이 있거나 부득이한 사유 있는 때가 아니면 복대리인을 선임하지 못한다(제120조).

ㄹ [틀림] 상대방 있는 의사표시에 관하여 제3자가 사기나 강박을 한 경우에는 상대방이 그 사실을 알았거나 알 수 있었을 경우에 한하여 그 의사표시를 취소할 수 있으나, 상대방의 대리인 등 상대방과 동일시할 수 있는 자의 사기나 강박은 제3자의 사기·강박에 해당하지 아니한다. 따라서 대리인 乙의 강박이 있는 경우 丙은 甲이 乙의 강박에 대하여 알았는지 불문하고 취소할 수 있다(대판 1999.2.23. 98다60828·60835).

정답 | ⑤

049 민법상 무권대리와 표현대리에 관한 설명으로 옳은 것은? (다툼이 있으면 판례에 따름) 〈노무사 2023〉

① 표현대리행위가 성립하는 경우에 상대방에게 과실이 있다면 과실상계의 법리가 유추적용되어 본인의 책임이 경감될 수 있다.
② 권한을 넘은 표현대리에 관한 제126조의 제3자는 당해 표현대리행위의 직접 상대방만을 의미한다.
③ 무권대리행위의 상대방이 제134조의 철회권을 유효하게 행사한 후에도 본인은 무권대리행위를 추인할 수 있다.
④ 계약체결 당시 대리인의 무권대리 사실을 알고 있었던 상대방은 최고권을 행사할 수 없다.
⑤ 대리인이 대리권 소멸 후 선임한 복대리인과 상대방 사이의 법률행위에는 대리권소멸 후의 표현대리가 성립할 수 없다.

해설 | ① [틀림] 표현대리의 성립이 인정되는 한 그 본인은 표현대리행위에 의하여 전적인 책임을 져야 하고, 상대방에게 과실이 있다고 하더라도 과실상계의 법리를 유추적용하여 본인의 책임을 경감할 수는 없다(대판 1996.7.12. 95다49554).
② [옳음] 제126조에서 제3자라 함은 표현대리행위의 직접상대방이 된 자만을 지칭하는 것이며, 그 이후의 전득자는 해당하지 않는다(대판 2002.12.10. 2001다58443).
③ [틀림] 상대방의 철회가 있으면 법률행위는 확정적 무효로 되므로, 본인은 더 이상 무권대리행위를 추인할 수 없을 뿐만 아니라 상대방도 무권대리인에게 책임을 물을 수 없다(대판 2017.6.29. 2017다213838).
④ [틀림] 무권대리행위임을 알고 있는 악의의 상대방도 최고할 수 있다.
⑤ [틀림] 대리인이 대리권소멸 후 복대리인을 선임하여 복대리인으로 하여금 상대방과 사이에 대리행위를 하도록 한 경우, 상대방이 복대리인에게 적법한 대리권이 있는 것으로 믿었고 그와 같이 믿은 데 과실이 없다면 민법 제129조에 의한 표현대리가 성립할 수 있다(대판 1998.5.29. 97다55317).

정답 | ②

050 계약의 무권대리에 관한 설명으로 옳은 것은? (다툼이 있으면 판례에 따름) 〈노무사 2021〉

① 무권대리행위의 목적이 가분적인 경우, 본인은 상대방의 동의 없이 그 일부에 대하여 추인할 수 있다.
② 계약체결 당시 상대방이 대리인의 대리권 없음을 알았다는 사실에 관한 주장·증명책임은 무권대리인에게 있다.
③ 상대방이 무권대리로 인하여 취득한 권리를 양도한 경우, 본인은 그 양수인에게 추인할 수 없다.

④ 무권대리의 추인은 다른 의사표시가 없는 한 추인한 때로부터 그 효력이 생긴다.

⑤ 계약체결 당시 대리인의 무권대리 사실을 알 수 있었던 상대방은 최고권을 행사할 수 없다.

해설 | ① [틀림] 무권대리행위의 추인은 무권대리인에 의하여 행하여진 불확정한 행위에 관하여 그 행위의 효과를 자기에게 직접 발생케 하는 것을 목적으로 하는 의사표시이며, 무권대리인 또는 상대방의 동의나 승락을 요하지 않는 단독행위로서 추인은 의사표시의 전부에 대하여 행하여져야 하고, 그 일부에 대하여 추인을 하거나 그 내용을 변경하여 추인을 하였을 경우에는 상대방의 동의를 얻지 못하는 한 무효이다(대판 1982.1.26. 81다카549).

② [옳음] 민법 제135조 제2항은 '대리인으로서 계약을 맺은 자에게 대리권이 없다는 사실을 상대방이 알았거나 알 수 있었을 때에는 제1항을 적용하지 아니한다.'고 정하고 있다. 이는 무권대리인의 무과실책임에 관한 원칙 규정인 제1항에 대한 예외 규정이므로 상대방이 대리권이 없음을 알았다는 사실 또는 알 수 있었는데도 알지 못하였다는 사실에 관한 주장·증명책임은 무권대리인에게 있다(대판 2018.6.28. 2018다210775).

③ [틀림] 추인의 의사표시는 무권대리인에 대해서는 물론, 무권대리행위의 직접의 상대방 및 그 무권대리행위로 인한 권리 또는 법률관계의 승계인에게도 가능하다(대판 1981.4.14. 80다2314).

④ [틀림] 추인은 다른 의사표시가 없을 때에는 계약시에 소급하여 그 효력이 생긴다. 그러나 제3자의 권리를 해하지 못한다(제133조).

⑤ [틀림] 대리권 없는 자가 타인의 대리인으로 계약을 한 경우에 상대방은 상당한 기간을 정하여 본인에게 그 추인 여부의 확답을 최고할 수 있다. 본인이 그 기간 내에 확답을 발하지 아니한 때에는 추인을 거절한 것으로 본다(제131조).

정답 | ②

051 무권대리행위의 추인에 관한 설명으로 옳지 않은 것은? (다툼이 있으면 판례에 따름) 〈노무사 2018〉

① 추인은 제3자의 권리를 해하지 않는 한, 다른 의사표시가 없으면 계약시에 소급하여 그 효력이 생긴다.

② 무권대리행위의 일부에 대한 추인은 상대방의 동의를 얻지 못하는 한 무효이다.

③ 추인은 무권대리행위로 인한 권리 또는 법률관계의 승계인에게도 할 수 있다.

④ 본인이 무권대리인에게 추인한 경우, 상대방은 추인이 있었음을 주장할 수 있다.

⑤ 무권대리행위가 범죄가 되는 경우에 본인이 그 사실을 알고도 장기간 형사고소를 하지 않은 것만으로 묵시적 추인이 된다.

해설 | ① [옳음] 추인은 다른 의사표시가 없을 때에는 계약시에 소급하여 그 효력이 생긴다(제133조).

② [옳음] 일부에 대하여 추인을 하거나 변경을 가하여 추인을 하는 것은 상대방의 동의가 없는 한 무효이다(대판 1982.1.26. 81다카549).

③ [옳음] 추인은 본인뿐만 아니라 대리인도 할 수 있고, 본인이 사망한 경우 상속인도 추인할 수 있다. 추인의 의사표시는 무권대리인에 대해서는 물론, 무권대리행위의 직접의 상대방 및 그 무권대리행위로 인한 권리 또는 법률관계의 승계인에게도 가능하다(대판 1981.4.14. 80다2314).

④ [옳음] 무권대리인에 대하여 추인한 때에는 상대방이 추인의 사실을 알기까지 상대방에 대하여 추인의 효력을 주장할 수 없다(제132조 단서). 그러므로 상대방은 그때까지 철회(제134조)를 할 수 있다. 그러나 상대방은 무권대리인에의 추인이 있었음을 주장할 수도 있다.

⑤ [틀림] 타인의 형사책임을 수반하는 무권대리행위에 의하여 권리의 침해를 받은자가 그 침해사실을 알고도 장기간 형사고소나 민사소송을 제기하지 않은 경우에 그 사실만으로 그 행위에 대하여 묵시적인 추인이 있었다고 단정할 수 없다(대판 1967.12.18. 67다2294).

정답 | ⑤

052 乙이 대리권 없이 甲의 대리인으로서 丙과 매매계약을 체결한 경우에 관한 설명으로 옳은 것은? (다툼이 있으면 판례에 따름) 〈노무사 2019〉

① 甲이 매매계약을 추인하더라도 소급효가 없다.
② 乙이 甲으로부터 추인에 관한 특별수권을 받은 경우, 乙은 매매계약을 추인할 수 있다.
③ 甲은 매매계약의 추인을 거절하였더라도 이를 다시 번복하여 추인할 수 있다.
④ 乙이 미성년자인 경우에도 乙은 무권대리인의 책임을 진다.
⑤ 丙은 甲이 매매계약을 추인한 사실을 안 경우에도 무권대리임을 이유로 乙과 체결한 매매계약을 철회할 수 있다.

해설 | ① [틀림] 추인이 있으면 무권대리행위는 처음부터 유권대리행위와 동일한 법률효과를 당사자에게 발생시킨다(제133조 본문). 따라서 추인시에 새로운 계약을 체결한 것이 아니라 계약시에 소급하여 효력이 발생한다. 甲이 매매계약을 추인하더라도 소급효가 있다.

② [옳음] 모든 대리효과는 본인에게 귀속하며 형성권인 추인권은 특별수권이 있어야 가능하다. 乙이 甲으로부터 추인에 관한 특별수권을 받은 경우, 乙은 매매계약을 추인할 수 있다.

③ [틀림] 甲은 매매계약의 추인을 거절하였더라도 이를 다시 번복하여 추인할 수 없다. 한 번 행사하면 확정적 무효가 된다.

④ [틀림] 무권대리인의 책임은 상대방이 대리권 없음을 알았거나 알 수 있었을 때에는 발생하지 아니하고, 또 대리인으로 계약한 자가 행위능력이 없을 때에는 발생하지 아니한다(제135조 제2항).

⑤ [틀림] 철회권은 선의의 상대방에게만 인정된다(제134조 단서). 또한 철회가 있으면 불확정한 법률행위는 확정적으로 무효가 되고, 본인은 추인을 할 수 없게 되며, 상대방도 무권대리인에게 책임(제135조)을 물을 수 없게 된다.

정답 | ②

053 무권대리에 관한 설명으로 옳은 것은? (다툼이 있으면 판례에 따름) ⟨노무사 2017⟩

① 무권대리행위가 제3자의 기망이나 문서위조 등 위법행위로 야기된 경우 무권대리인의 상대방에 대한 책임은 부정된다.
② 상대방이 무권대리인과 계약을 체결할 때 무권대리임을 알고 있는 경우, 상대방은 본인에게 추인 여부를 최고할 수 없다.
③ 무권대리행위가 범죄가 되는 경우에 본인이 그 사실을 알고도 장기간 형사고소를 하지 아니하였다면 무권대리행위를 추인한 것이다.
④ 무권대리인이 부담하는 이행책임 또는 손해배상책임의 선택권은 상대방이 갖는다.
⑤ 무권대리인의 본인을 단독상속한 경우, 무권대리행위의 추인을 거절하는 것은 신의칙에 반하지 않는다.

해설 | ① [틀림] 민법 제135조 제1항은 "타인의 대리인으로 계약을 한 자가 그 대리권을 증명하지 못하고 또 본인의 추인을 얻지 못한 때에는 상대방의 선택에 좇아 계약의 이행 또는 손해배상의 책임이 있다"고 규정하고 있다. 위 규정에 따른 무권대리인의 상대방에 대한 책임은 무과실책임으로서 대리권의 흠결에 관하여 대리인에게 과실 등의 귀책사유가 있어야만 인정되는 것이 아니고, 무권대리행위가 제3자의 기망이나 문서위조 등 위법행위로 야기되었다고 하더라도 책임은 부정되지 아니한다(대판 2014.2.27. 2013다213038).

② [틀림] 민법 제131조

> **제131조(상대방의 최고권)** 대리권없는 자가 타인의 대리인으로 계약을 한 경우에 상대방은 상당한 기간을 정하여 본인에게 그 추인여부의 확답을 최고할 수 있다. 본인이 그 기간내에 확답을 발하지 아니한 때에는 <u>추인을 거절한 것으로 본다</u>.

③ [틀림] 무권대리행위에 대한 추인은 무권대리행위로 인한 효과를 자기에게 귀속시키려는 의사표시이니만큼 무권대리행위에 대한 추인이 있었다고 하려면 그러한 의사가 표시되었다고 볼 만한 사유가 있어야 하고, <u>무권대리행위가 범죄가 되는 경우에 대하여 그 사실을 알고도 장기간 형사고소를 하지 아니하였다 하더라도 그 사실만으로 묵시적인 추인이 있었다고 할 수는 없다</u>(대판 1998.2.10. 97다31113).

④ [옳음] 민법 제135조

> **제135조(상대방에 대한 무권대리인의 책임)** ① 다른 자의 대리인으로서 계약을 맺은 자가 그 대리권을 증명하지 못하고 또 본인의 추인을 받지 못한 경우에는 그는 <u>상대방의 선택</u>에 따라 계약을 이행할 책임 또는 손해를 배상할 책임이 있다.
> ② 대리인으로서 계약을 맺은 자에게 대리권이 없다는 사실을 상대방이 알았거나 알 수 있었을 때 또는 대리인으로서 계약을 맺은 사람이 제한능력자일 때에는 제1항을 적용하지 아니한다.

⑤ [틀림] 무권대리인이 본인으로부터 상속을 받은 경우, 자신으로부터 부동산을 매수한 자에게 원래 자신의 매매행위가 무권대리행위여서 무효였다는 이유로 그 경료된 소유권이전등기가 무효의 등기라고 주장하여 그 등기의 말소를 청구하거나 부동산의 점유로 인한 부당이득금의 반환을 구하는 것

은 금반언의 원칙이나 신의성실의 원칙에 반하여 허용될 수 없다(대판 1994.9.27. 94다20617).

정답 | ④

054 乙이 甲소유의 X토지를 丙에게 매도하는 계약을 체결하였다. 매매계약의 효과가 甲에게 귀속되지 않는 경우는? (다툼이 있으면 판례에 의함) ⟨노무사 2014⟩

① 甲과 丙으로부터 토지매매의 대리권을 수여받은 乙이 쌍방의 허락을 받아 X토지에 대한 매매계약을 체결한 경우
② 甲으로부터 X토지매매의 대리권을 수여받은 乙이 甲명의로 계약을 체결한 경우
③ 甲으로부터 X토지매매의 대리권을 수여받은 乙이 오직 자기의 이익을 도모하기 위하여 매매계약을 체결하였고 丙이 乙의 의도를 알 수 있었던 경우
④ 甲으로부터 X토지매매의 대리권을 수여받은 미성년자 乙이 甲을 대리하여 丙과 매매계약을 체결한 경우
⑤ 무권대리인 乙이 X토지를 丙에게 매도하였는데, 甲이 그 계약에 따른 이행을 丙에게 촉구하고 매매대금을 수령한 경우

해설 | ① [옳음] 사적자치의 원칙에 비추어 본인의 허락이 있는 자기계약 또는 쌍방대리를 금지할 이유가 없으므로, 민법은 이를 허용한다. 대리인은 본인의 허락이 없으면 본인을 위하여 자기와 법률행위를 하거나 동일한 법률행위에 관하여 당사자쌍방을 대리하지 못한다(제124조 본문).

② [옳음] 대리인은 대리인임을 표시하여 의사표시를 하여야 하는 것이 아니고 본인명의로도 할 수 있다(대판 1963.5.9. 63다67).

③ [틀림] 진의 아닌 의사표시가 대리인에 의하여 이루어지고 그 대리인의 진의가 본인의 이익이나 의사에 반하여 자기 또는 제3자의 이익을 위한 배임적인 것임을 그 상대방이 알았거나 알 수 있었을 경우에는 민법 제107조 제1항 단서의 유추해석상 그 대리인의 행위에 대하여 본인은 책임을 지지 아니하므로, 금융기관의 임·직원이 예금 명목으로 돈을 교부받을 때의 진의가 예금주와 예금계약을 맺으려는 것이 아니라 그 돈을 사적인 용도로 사용하거나 비정상적인 방법으로 운용하는 데 있었던 경우에 예금주가 그 임·직원의 예금에 관한 비진의 내지 배임적 의사를 알았거나 알 수 있었다면 금융기관은 그러한 예금에 대하여 예금계약에 기한 반환책임을 지지 아니한다(대판 2007.4.12. 2004다51542).

④ [옳음] 대리인은 행위능력자임을 요하지 아니한다(제117조). 이는 본인이 대리인의 행위를 제한능력을 이유로 취소할 수 없다는 취지이다.

⑤ [옳음] 무권리자인 문중 명의로 그것도 대표자로 사칭한 자에 의하여 부동산 매매계약이 체결된 후 진정한 소유자가 그 권리자임을 주장하여 매수인으로부터 중도금을 직접 수령하였다면 위 매매계약에 따른 처분행위가 소유자에 대하여 그 효력이 미치게 되고 따라서 소유자에게 매매를 원인으로 한 소유권이전등기의무가 발생한다(대판 1992.2.28. 91다15584).

정답 | ③

055 甲의 성년인 아들 乙은 대리권 없이 위임장, 인감증명서 등을 위조하여 甲의 대리인이라고 칭하면서 甲 소유의 부동산을 丙에게 매도하였다. 다음 설명 중 옳은 것은? (다툼이 있으면 판례에 의함) 〈노무사 2013〉

① 丙이 甲에게 상당한 기간을 정하여 추인 여부의 확답을 최고하였음에도 甲이 그 기간 내에 확답을 발하지 않으면 추인한 것으로 본다.
② 甲은 丙에게 추인거절의 의사표시를 할 수 있으나, 乙에게는 할 수 없다.
③ 丙이 계약 당시 乙에게 대리권 없음을 알았더라도 甲의 추인이 있기 전에는 매매계약을 철회할 수 있다.
④ 甲이 다른 의사표시 없이 乙로부터 매매대금의 일부를 받은 경우에는 계약 시에 소급하여 유권대리에서와 같은 효력이 생긴다.
⑤ 甲이 乙의 무권대리 행위가 있음을 알면서 곧바로 이의를 제기하지 않으면 묵시적 추인이 된다.

해설 | ① [틀림] 대리권 없는 자가 타인의 대리인으로 계약을 한 경우에 상대방은 상당한 기간을 정하여 본인에게 그 추인 여부의 확답을 최고할 수 있다. **본인이 그 기간 내에 확답을 발하지 아니한 때에는 추인을 거절한 것으로 본다**(제131조).

② [틀림], ③ [틀림] 무권대리의 추인은 무권대리인이나 무권대리인의 상대방 어느 편에 대하여도 할 수 있으며, 여기의 상대방이라 함은 무권대리행위의 직접 상대당사자뿐만이 아니라 그 무권대리로 인한 권리 또는 법률관계의 승계인도 포함된다. 그리고 민법 제132조는 본인이 무권대리인에게 무권대리행위를 추인한 경우에 상대방이 이를 알지 못하는 동안에는 본인은 상대방에게 추인의 효과를 주장하지 못한다는 취지이므로, 상대방은 그때까지 민법 제134조에 의한 철회를 할 수 있고, 또 무권대리인에의 추인이 있었음을 주장할 수도 있다(대판 1981.4.14. 80다2314). 민법 제134조는 "대리권 없는 자가 한 계약은 본인의 추인이 있을 때까지 상대방은 본인이나 그 대리인에 대하여 이를 철회할 수 있다. 그러나 계약 당시에 상대방이 대리권 없음을 안 때에는 그러하지 아니하다"고 규정하고 있다. 민법 제134조에서 정한 상대방의 철회권은, 무권대리행위가 본인의 추인에 따라 효력이 좌우되어 상대방이 불안정한 지위에 놓이게 됨을 고려하여 대리권이 없었음을 알지 못한 상대방을 보호하기 위하여 상대방에게 부여된 권리로서, 상대방이 유효한 철회를 하면 무권대리행위는 확정적으로 무효가 되어 그 후에는 본인이 무권대리행위를 추인할 수 없다. 한편 상대방이 대리인에게 대리권이 없음을 알았다는 점에 대한 주장·입증책임은 철회의 효과를 다투는 본인에게 있다(대판 2017.6.29. 2017다213838).

④ [옳음] 무권대리행위의 추인은 다른 의사표시가 없을 때에는 **계약시에 소급하여 그 효력이 생긴다**(제133조 본문).

⑤ [틀림] 무권대리행위의 추인은 무권대리행위가 있음을 알고 그 행위의 효과를 자기에게 귀속시키도록 하는 단독행위로서 그 의사표시의 방법에 관하여 일정한 방식이 요구되는 것은 아니나, 그 **무권대리행위를 안 직후에 그것이 자기에게 효력이 없다고 이의를 제기하지 않았다거나 상당기간 방치하였다고 하여 그 무권대리행위를 추인하였다고 볼 것은 아니다**(대판 2001.3.23. 2001다4880).

정답 | ④

056 표현대리에 관한 설명으로 옳지 않은 것은? (다툼이 있으면 판례에 따름) 〈노무사 2017〉

① 권한을 넘은 표현대리에 해당하는지 여부를 판단할 경우, 정당한 이유가 존재하는지 여부는 대리행위 당시를 기준으로 판단한다.
② 표현대리가 성립했다면 상대방에게 과실이 있다고 하더라도 과실상계의 법리를 유추적용할 수 없다.
③ 대리권수여의 표시에 의한 표현대리에 해당하여 본인에게 대리의 효과가 귀속하기 위해서는 상대방은 선의·무과실이어야 한다.
④ 대리인이 대리권 소멸 후 선임한 복대리인과 상대방 사이의 법률행위에는 대리권 소멸 후 표현대리가 성립할 수 없다.
⑤ 교회의 정관 기타 규약에 교회 재산에 관한 교회대표자의 권한 규정이 없음에도 불구하고, 교회의 대표자가 교인총회의 결의를 거치지 아니하고 교회 재산을 처분한 경우 권한을 넘은 표현대리에 관한 규정을 준용할 수 없다.

해설 | ① [옳음] 표현대리의 효과를 주장하려면 상대방이 자칭대리인에게 대리권이 있다고 믿고 그와 같이 믿는데 정당한 이유가 있을 것을 요건으로 하는 것인바, 여기의 정당한 이유의 존부는 자칭대리인의 대리행위가 행하여질 때에 존재하는 제반사정을 객관적으로 관찰하여 판단하여야 하는 것이지 당해 법률행위가 이루어지고 난 훨씬 뒤의 사정을 고려하여 그 존부를 결정해야 하는 것은 아니다(대판 1997.6.27. 97다3828).

② [옳음] 표현대리행위가 성립하는 경우에는 과실상계의 법리가 유추적용될 수가 없는 것이다(대판 1994.12.12. 94다24985).

③ [옳음] 민법 제125조의 상대방은 선의, 무과실이어야 한다.

> **제125조(대리권수여의 표시에 의한 표현대리)** 제삼자에 대하여 타인에게 <u>대리권을 수여함을 표시한</u> 자는 그 대리권의 범위내에서 행한 <u>그 타인과 그 제삼자간의 법률행위</u>에 대하여 책임이 있다. 그러나 제삼자가 대리권없음을 <u>알았거나 알 수 있었을</u> 때에는 그러하지 아니하다.

④ [틀림] 표현대리의 법리는 거래의 안전을 위하여 어떠한 외관적 사실을 야기한 데 원인을 준 자는 그 외관적 사실을 믿음에 정당한 사유가 있다고 인정되는 자에 대하여 책임이 있다는 일반적인 권리외관이론에 기초를 두고 있는 것인 점에 비추어 대리인이 대리권 소멸 후 직접 상대방과 사이에 대리행위를 한 경우는 물론, 대리인이 대리권 소멸 후 복대리인을 선임하여 복대리인으로 하여금 상대방과 사이에 대리행위를 하도록 한 경우에도 상대방이 대리권 소멸사실을 알지 못하여 복대리인에게 적법한 대리권이 있는 것으로 믿었고 그와 같이 믿은 데 과실이 없다면 민법 제129조에 의한 표현대리가 성립할 수 있다(대판 1998.5.29. 97다55317).

⑤ [옳음] 비법인사단인 피고 주택조합의 대표자가 조합총회의 결의를 거쳐야 하는 조합원 총유에 속하는 재산의 처분에 관하여는 조합원 총회의 결의를 거치지 아니하고는 이를 대리하여 결정할 권한이 없다 할 것이어서 피고 주택조합의 대표자가 행한 총유물인 이 사건 건물의 처분행위에 관하여는 민법 제126조의 표현대리에 관한 규정이 준용될 여지가 없다. 비법인사단인 교회의 대표자는 총유물인 교회 재산의 처분에 관하여 교인총회의 결의를 거치지 아니하고는 이를 대표하여 행할

권한이 없다. 그리고 교회의 대표자가 권한 없이 행한 교회 재산의 처분행위에 대하여는 민법 제126조의 표현대리에 관한 규정이 준용되지 아니한다(대판 2009.2.12. 2006다23312).

정답 | ④

057 권한을 넘은 표현대리에 관한 설명으로 옳은 것은? (다툼이 있는 경우 판례에 의함) 〈노무사 2010〉

① 대리인이 본인임을 사칭하고 본인을 가장하여 은행과 근저당권설정계약을 체결한 행위에 대하여는 권한을 넘은 표현대리의 법리를 유추적용할 수 없다.
② 복대리인이 복대리권의 범위를 넘어서 대리행위를 한 경우에는 권한을 넘은 표현대리의 법리를 유추적용할 수 없다.
③ 부부간의 일상가사대리권은 권한을 넘은 표현대리의 기본대리권이 될 수 있다.
④ 권한을 넘은 표현대리에 있어서 무권대리인에게 그 권한이 있다고 믿을 만한 정당한 이유가 있는가의 여부는 사실심변론종결시를 기준으로 하여 판단한다.
⑤ 사자(使者)가 월권을 하여 대리인으로서 행동한 경우에, 권한을 넘는 표현대리에 관한 법리가 적용될 여지가 없다.

해설 | ① [틀림] 대리인이 본인을 가장하여 법률행위를 하는 경우에는 원칙적으로 대리행위가 없기 때문에 표현대리는 성립하지 않는다. 그러나 판례는 이에 대하여 특별한 사정이 있는 경우에는 제126조의 표현대리 규정을 유추적용할 수 있다고 한다. 본인으로부터 아파트에 관한 임대 등 일체의 관리권한을 위임받아 자신을 본인으로 가장하여 아파트를 임대한 바 있는 대리인이 다시 자신을 본인으로 가장하여 임차인에게 아파트를 매도하는 법률행위를 한 경우에는 권한을 넘은 표현대리의 법리를 유추적용하여 본인에 대하여 그 행위의 효력이 미친다고 볼 수 있다(대판 1993.2.23. 92다52436).
② [틀림] 복대리의 경우에도 민법 제126조가 적용된다(대판 1998.3.27. 97다48982).
③ [옳음] 일상가사대리권 역시 표현대리가 적용되는 기본대리권이 될 수 있다. 이 경우 월권행위에 대해 대리권을 주었다고 상대방이 믿었음에 정당한 사유가 있을 경우에 제126조의 표현대리가 성립한다고 한다. 부부 일방의 행위가 일상가사에 속하지 않더라도 일상가사대리권을 기본대리권으로 하여 문제의 행위에 특별수권이 주어졌다고 믿을 만한 정당한 이유가 있는 경우에 제126조의 표현대리를 인정할 수 있다(대판 1995.12.22. 94다45098).
④ [틀림] 정당한 이유라 함은 상대방의 입장에서 볼 때 대리권의 부존재에 대하여 '선의이며 과실이 없는 것'을 의미하며 정당한 이유의 존부는 대리인의 대리행위가 행하여질 때에 존재하는 제반 사정을 객관적으로 관찰하여 판단하여야 한다(대판 2001.3.9. 2000다67884).
⑤ [틀림] 대리인이 아니고 사실행위를 위한 사자라 하더라도 외관상 그에게 어떠한 권한이 있는 것의 표시 내지 행동이 있어 상대방이 그를 믿었고 또 그를 믿음에 있어 정당한 이유가 있다면 표현대리의 법리에 의하여 본인에게 책임이 있다(대판 1962.2.8. 4294민상192).

정답 | ③

058 표현대리에 관한 설명으로 옳은 것은? (다툼이 있는 경우 판례에 따름) 〈노무사 2016〉

① 표현대리가 성립되면 무권대리의 성질이 유권대리로 전환된다.
② 표현대리의 성립을 위한 대리권 수여의 표시가 인정되기 위해서는 대리권 또는 대리인이라는 말이 사용되어야 한다.
③ 본인의 성명을 모용하여 자기가 마치 본인인 것처럼 기망하여 본인 명의로 직접 법률행위를 한 경우, 특별한 사정이 없는 한, 표현대리는 성립될 수 없다.
④ 대리인이 대리권 소멸 후 복대리인을 선임하여 복대리인으로 하여금 상대방과 대리행위를 하도록 한 경우, 대리권 소멸 후의 표현대리는 적용되지 않는다.
⑤ 대리권 소멸 후의 표현대리는 법정대리에는 적용되지 않는다.

해설 | ① [틀림] 표현대리의 요건이 충족되면 표현대리인이 한 법률행위의 효과는 본인에게 발생한다. 즉 대리인에 의한 계약의 결과 본인에게 계약상의 채권·채무가 발생한다. 판례는 표현대리를 무권대리로 이해하므로 표현대리가 성립한다고 하여 무권대리의 성질이 유권대리로 전환되는 것이 아니다. 즉 유권대리에 관한 주장 속에 무권대리에 속하는 표현대리의 주장이 포함되어 있다고 볼 수 없다(대판 1983.12.13. 83다카1489 전원합의체).

② [틀림] 제125조 대리권 수여에 의한 표현대리가 성립하기 위한 대리권 표시의 방법에는 제한이 없다. 따라서 표시는 위임장에 의하는 것이 보통이지만, 구두라도 무방하고, 또 특정한 제3자에게 하든 불특정한 제3자에 하든(예컨대 신문광고에 의하는 경우) 차이가 없으며, 본인이 직접 하지 않고 대리인을 통해서 할 수도 있다. 또 대리권수여의 표시는 명시적 또는 묵시적으로 할 수 있다. 또 사회통념상 대리권을 추단할 수 있는 직함이나 명칭 등의 사용을 승낙 또는 묵인한 경우에도 대리권수여의 표시가 있은 것으로 볼 수 있다(대판 1998.6.12. 97다53762).

③ [옳음] 사술을 써서 위와 같은 대리행위의 표시를 하지 아니하고 단지 본인의 성명을 모용하여 자기가 마치 본인인 것처럼 기망하여 본인 명의로 직접 법률행위를 한 경우 특별한 사정이 없는 한 표현대리는 성립될 수 없다. 그러나 본인으로부터 아파트에 관한 임대 등 일체의 관리권한을 위임받아 자신을 본인으로 가장하여 아파트를 임대한 바 있는 대리인이 다시 자신을 본인으로 가장하여 임차인에게 아파트를 매도하는 법률행위를 한 경우에는 권한을 넘은 표현대리의 법리를 유추적용할 수 있다(대판 2002.6.28. 2001다49814).

④ [틀림] 대리인이 대리권소멸 후 직접 상대방과 사이에 대리행위를 하는 경우는 물론 대리인이 대리권소멸 후 복대리인을 선임하여 복대리인으로 하여금 상대방과 사이에 대리행위를 하도록 한 경우에도 제129조의 표현대리가 성립할 수 있다(대판 1998.5.29. 97다55317).

⑤ [틀림] 제129조는 법정대리에도 적용된다. 즉 대리권소멸 후의 표현대리에 관한 제129조는 법정대리인의 대리권소멸에 관하여도 그 적용이 있다(대판 1975.1.28. 74다1199).

정답 | ③

제6절 법률행위의 무효와 취소

059 민법상 법률행위의 무효 또는 취소에 관한 설명으로 옳은 것은? (다툼이 있으면 판례에 따름) 〈노무사 2023〉

① 불공정한 법률행위에는 무효행위 전환에 관한 제138조가 적용될 수 없다.
② 선량한 풍속 기타 사회질서에 위반한 사항을 내용으로 하는 법률행위의 무효는 이를 주장할 이익이 있는 자라면 누구든지 무효를 주장할 수 있다.
③ 취소할 수 있는 법률행위를 취소한 후 그 취소 원인이 소멸하였다면, 취소할 수 있는 법률행위의 추인에 의하여 그 법률행위를 다시 확정적으로 유효하게 할 수 있다.
④ 법률행위의 일부분이 무효인 경우 원칙적으로 그 일부분만 무효이다.
⑤ 甲이 乙의 기망행위로 자신의 X토지를 丙에게 매도한 경우, 甲은 매매계약의 취소를 乙에 대한 의사표시로 하여야 한다.

해설 | ① [틀림] 불공정 법률행위의 경우라도 민법 제138조 무효행위의 전환의 법리에 따라 법률행위의 일부가 유효할 수 있다(대판 2010.7.15. 2009다50308).

② [옳음] 무효는 아무나 주장할 수 있으며, 그 어떠한 효과도 발생하지 않는다. 다만, 무효인 법률행위에 기하여 이행된 급부는 부당이득으로 반환되어야 한다(제741조).

③ [틀림] 취소할 수 있는 법률행위가 일단 취소된 이상 그 후에는 취소할 수 있는 법률행위의 추인에 의하여 이미 무효로 간주된 당초의 의사표시를 다시 확정적으로 유효하게 할 수는 없다. 다만 무효인 법률행위의 추인의 요건과 효력으로서 추인할 수는 있으나, 무효행위의 추인은 그 무효원인이 소멸한 후에 하여야 그 효력이 있다(대판 1997.12.12. 95다38240).

④ [틀림]

> **제137조(법률행위의 일부무효)** 법률행위의 일부분이 무효인 때에는 그 전부를 무효로 한다. 그러나 그 무효부분이 없더라도 법률행위를 하였을 것이라고 인정될 때에는 나머지 부분은 무효가 되지 아니한다.

⑤ [틀림] 상대방 있는 법률행위의 경우, 그 취소는 그 상대방에 대한 의사표시로 하여야 한다(제142조). 그러므로 甲은 상대방인 丙을 상대로 취소의 의사표시를 하여야 한다.

정답 | ②

060 甲은 「부동산 거래신고 등에 관한 법률」상 토지거래허가 구역에 있는 자신 소유의 X토지를 乙에게 매도하는 매매계약을 체결하였다. 아직 토지거래허가(이하 '허가')를 받지 않아 유동적 무효 상태에 있는 법률관계에 관한 설명으로 옳지 않은 것은? (다툼이 있으면 판례에 따름) 〈노무사 2023〉

① 甲은 허가 전에 乙의 대금지급의무의 불이행을 이유로 매매계약을 해제할 수 없다.
② 甲의 허가신청절차 협력의무와 乙의 대금지급의무는 동시이행관계에 있다.
③ 甲과 乙이 허가신청절차 협력의무 위반에 따른 손해배상액을 예정하는 약정은 유효하다.
④ 甲이 허가신청절차에 협력할 의무를 위반한 경우, 乙은 협력의무 위반을 이유로 매매계약을 해제할 수 없다.
⑤ 甲이 허가신청절차에 협력하지 않는 경우, 乙은 협력의무의 이행을 소구할 수 있다.

해설 | ① [옳음] 허가를 받기 전에는 거래계약의 채권적 효력은 물론 물권적 효력도 전혀 발생하지 않으므로 권리의 이전 또는 설정에 관한 어떠한 내용의 이행청구도 할 수 없다(대판 1991.12.24. 90다12243 전원합의체). 따라서 매수인이 이행지체에 빠지는 것은 아니고 채무불이행을 이유로 거래계약을 해제하거나 그로 인한 손해배상을 청구할 수 없다(대판 2001.1.28. 99다40524).

② [틀림] 매도인의 토지거래계약허가 신청절차에 협력할 의무와 매매계약 내용에 따라 매수인이 이행하여야 할 매매대금 지급의무 사이에는 상호 이행상의 견련성이 있다고 할 수 없으므로, 매도인으로서는 그러한 의무이행의 제공이 있을 때까지 그 협력의무의 이행을 거절할 수 있는 것은 아니다(대판 1996.10.25. 96다23825).

③ [옳음] 유동적 무효상태에 있는 계약을 체결한 당사자는 그 계약이 효력이 있는 것으로 완성될 수 있도록 서로 협력할 의무를 부담하므로, 당사자 일방이 토지거래허가를 받기 위한 협력 자체를 이행하지 아니하거나 허가신청에 이르기 전에 매매계약을 철회하는 경우에 상대방에게 일정한 손해액을 배상하기로 하는 약정을 유효하게 할 수 있다(대판 1997.2.28. 96다49933).

④ [옳음] 유동적 무효의 상태에 있는 거래 당사자는 상대방이 그 거래계약의 효력이 완성되도록 협력할 의무를 이행하지 아니하였음을 들어 일방적으로 유동적 무효의 상태에 있는 거래계약 자체를 해제할 수는 없다(대판 1999.6.17. 98다40459 전원합의체).

⑤ [옳음] 유동적 무효상태의 계약 당사자는 그 계약이 효력 있는 것으로 완성될 수 있도록 서로 협력할 신의칙상 의무를 부담하므로 허가신청절차에 협력하지 않는 당사자에 대하여 상대방은 협력의무의 이행을 소송으로써 구할 이익이 있다(대판 1991.12.24. 90다12243 전원합의체).

정답 | ②

061 법률행위의 무효와 취소에 관한 설명으로 옳은 것은? (다툼이 있으면 판례에 따름) 〈노무사 2022〉

① 반사회질서의 법률행위는 당사자가 그 무효를 알고 추인하면 원칙적으로 유효가 된다.
② 담보의 제공은 법정추인사유에 해당하지 않는다.
③ 무효행위의 추인은 무효원인이 소멸하기 전에도 할 수 있다.
④ 피성년후견인은 법정대리인의 동의가 있으면 취소할 수 있는 법률행위를 추인할 수 있다.
⑤ 제한능력을 이유로 법률행위가 취소된 경우, 제한능력자는 현존이익의 한도에서 상환할 책임이 있다.

해설 | ① [틀림] 선량한 풍속 기타 사회질서에 반하는 법률행위는 무효이므로 그 법률행위에 기한 이행을 청구할 수 없다. 이때 그 무효는 이를 주장할 소송상의 이익이 있는 자에 한하며, 그 누구에 대하여도 주장 또는 항변할 수 있다. 이는 강행법규 위반으로서 절대적 무효이며 추인도 할 수 없다.

② [틀림] 민법 제145조

> **제145조(법정추인)** 취소할 수 있는 법률행위에 관하여 전조의 규정에 의하여 추인할 수 있는 후에 다음 각 호의 사유가 있으면 추인한 것으로 본다. 그러나 이의를 보류한 때에는 그러하지 아니하다.
> 1. 전부나 일부의 이행
> 2. 이행의 청구
> 3. 경개
> 4. <u>담보의 제공</u>
> 5. 취소할 수 있는 행위로 취득한 권리의 전부나 일부의 양도
> 6. 강제집행

③ [틀림] 무효인 법률행위의 추인이라 함은 무효인 법률행위를 유효로 인정하려는 당사자의 의사표시를 말한다(제139조). 당사자는 그 법률행위가 무효임을 알고 추인하여야 하며, 추인시에 새로운 법률행위의 유효요건이 존재하여야 한다. 즉 무효원인이 소멸한 후에 하여야 한다. 따라서 강행규정이나 제103조 혹은 제104조에 반하여 무효인 법률행위를 추인하여도 무효인 법률행위 자체가 유효로 되지 않는다.

④ [틀림] 피성년후견인은 법정대리인의 동의가 있다 하더라도 추인할 수 없다. 법정대리인인 성년후견인에게는 동의권이 없기 때문이다.

⑤ [옳음] 민법 제141조

> **제141조(취소의 효과)** 취소된 법률행위는 처음부터 무효인 것으로 본다. 다만, 제한능력자는 그 행위로 인하여 받은 이익이 현존하는 한도에서 상환(償還)할 책임이 있다.

정답 | ⑤

062 무효와 취소에 관한 설명으로 옳은 것은? (다툼이 있으면 판례에 따름) 〈노무사 2019〉

① 무효인 법률행위의 당사자가 그 무효임을 알고 추인한 때에는 새로운 법률행위로 본다.
② 취소권자가 이의의 보류 없이 상대방으로부터 일부의 이행을 수령한 경우에도 법정추인이 되지 않는다.
③ 불공정한 법률행위는 법정추인에 의해 유효로 될 수 있다.
④ 강박에 의한 의사표시를 취소하여 무효가 된 법률행위는 그 무효원인이 종료하더라도 무효행위 추인의 요건에 따라 다시 추인할 수 없다.
⑤ 토지거래허가구역 내의 토지의 매도인은 거래허가 전이라도 매수인의 대금지급의무의 불이행을 이유로 계약을 해제할 수 있다.

해설 | ① [옳음] 무효인 법률행위는 추인하여도 그 효력이 생기지 아니하나, 새로운 법률행위를 한 것으로 간주한다(제139조). 무효행위는 무효인 채로 남아 있고 추인에 의해 새로운 법률행위를 하는 것이 되며, 무효였던 법률행위가 추인 이후에 유효로 변하는 것은 아니다.

② [틀림] 민법 제145조

> **제145조(법정추인)** 취소할 수 있는 법률행위에 관하여 전조의 규정에 의하여 추인할 수 있는 후에 다음 각 호의 사유가 있으면 추인한 것으로 본다. 그러나 이의를 보류한 때에는 그러하지 아니하다.
> 1. 전부나 일부의 이행
> 2. 이행의 청구
> 3. 경개
> 4. 담보의 제공
> 5. 취소할 수 있는 행위로 취득한 권리의 전부나 일부의 양도
> 6. 강제집행

③ [틀림] 불공정한 법률행위로서 무효인 경우에는 추인에 의하여 무효인 법률행위가 유효로 될 수 없다(대판 1994.6.24. 94다10900).

④ [틀림] 취소한 법률행위는 처음부터 무효인 것으로 간주되므로 취소할 수 있는 법률행위가 일단 취소된 이상 그 후에는 취소할 수 있는 법률행위의 추인에 의하여 이미 취소되어 무효인 것으로 간주된 당초의 의사표시를 다시 확정적으로 유효하게 할 수는 없고, 다만 무효인 법률행위의 추인의 요건과 효력으로서 추인할 수는 있다(대판 1997.12.12. 95다38240).

⑤ [틀림] 국토이용관리법상 토지거래허가구역 내에 있는 토지에 관하여 소유권 등 권리를 이전 또는 설정하는 내용의 거래계약은 관할 시장·군수 또는 구청장의 허가를 받아야만 효력이 발생하고 허가를 받기 전에는 물권적 효력은 물론 채권적 효력도 발생하지 아니하여 무효라고 보아야 할 것이므로, 허가를 받을 것을 전제로 한 거래계약은 허가받기 전의 상태에서는 거래계약의 채권적 효력도 전혀 발생하지 않으므로 권리의 이전 또는 설정에 관한 어떠한 내용의 이행청구도 할 수 없고, 그러한 거래계약의 당사자로서는 허가받기 전의 상태에서 상대방의 거래계약상 채무불이행을 이유로 거래계약을 해제하거나 그로 인한 손해배상을 청구할 수 없다(대판 1997.7.25. 97다4357).

정답 | ①

063 법률행위의 무효와 취소에 관한 설명으로 옳지 않은 것은? (판례에 따름) 〈노무사 2017〉

① 가분적 법률행위의 일부분에만 취소사유가 있는 경우 나머지 부분이라도 이를 유지하려는 당사자의 가정적 의사가 인정되더라도 그 일부만의 취소는 불가능하다.
② 반사회적 법률행위는 당사자의 추인으로 유효하게 될 수 없다.
③ 법정대리인의 동의 없이 행한 미성년자의 법률행위는 미성년자가 단독으로 취소할 수 있다.
④ 법률행위의 일부분이 무효인 경우 원칙적으로 그 전부를 무효로 한다.
⑤ 제한능력을 이유로 법률행위가 취소된 경우, 제한능력자는 현존이익의 한도에서 상환할 책임이 있다.

해설 | ① [틀림] 하나의 법률행위의 일부분에만 취소사유가 있는 경우에 그 법률행위가 가분적이거나 그 목적물의 일부가 특정될 수 있다면, 그 나머지 부분이라도 이를 유지하려는 당사자의 가정적 의사가 인정되는 경우 그 일부만의 취소도 가능하고, 또 그 일부의 취소는 법률행위의 일부에 관하여 효력이 생긴다고 할 것이나, 이는 어디까지나 어떤 목적 혹은 목적물에 대한 법률행위가 존재함을 전제로 한다(대판 1999.3.26. 98다56607, 대판 2002.9.4. 2002다18435, 대판 2002.9.10. 2002다21509 등).

② [옳음] 선량한 풍속 기타 사회질서에 반하는 법률행위는 무효(제103조)이므로 그 법률행위에 기한 이행을 청구할 수 없다. 이는 강행법규 위반으로서 절대적 무효이며 추인도 할 수 없다. 나아가 제3자 보호규정도 존재하지 않으므로 선의의 전득자도 보호될 수 없다.

> 제103조(반사회질서의 법률행위) 선량한 풍속 기타 사회질서에 위반한 사항을 내용으로 하는 법률행위는 무효로 한다.

③ [옳음] 민법 제140조

> 제140조(법률행위의 취소권자) 취소할 수 있는 법률행위는 제한능력자, 착오로 인하거나 사기·강박에 의하여 의사표시를 한 자, 그의 대리인 또는 승계인만이 취소할 수 있다.

④ [옳음] 민법 제137조

> 제137조(법률행위의 일부무효) 법률행위의 일부분이 무효인 때에는 그 전부를 무효로 한다. 그러나 그 무효부분이 없더라도 법률행위를 하였을 것이라고 인정될 때에는 나머지 부분은 무효가 되지 아니한다.

⑤ [옳음] 민법 제141조

> 제141조(취소의 효과) 취소된 법률행위는 처음부터 무효인 것으로 본다. 다만, 제한능력자는 그 행위로 인하여 받은 이익이 현존하는 한도에서 상환(償還)할 책임이 있다.

정답 | ①

064 법률행위의 무효에 관한 설명으로 옳지 않은 것은? (다툼이 있는 경우 판례에 따름) 〈노무사 2016〉

① 무효인 법률행위의 내용에 따른 법률효과를 침해하는 것처럼 보이는 위법행위가 있다면 그로 인한 손해의 배상을 청구할 수 있다.
② 토지거래허가를 받지 않아 유동적 무효의 상태에 있는 토지매매계약의 당사자는 허가신청절차에 협력할 의무를 부담한다.
③ 법률행위의 일부가 무효인 때에는 원칙적으로 그 전부를 무효로 한다.
④ 약정된 매매대금의 과다로 말미암아 불공정한 법률행위에 해당하여 무효인 경우에도 무효행위의 전환에 관한 규정이 적용될 수 있다.
⑤ 무효행위의 추인은 묵시적인 방법으로도 할 수 있다.

해설 | ① [**틀림**] 법률행위의 무효란 법률행위가 성립한 당초부터 법률상 당연히 그 효력이 발생하지 않는 것이 확정되어 있는 것을 말한다. 따라서 무효인 법률행위에 따른 법률효과를 침해하는 것처럼 보이는 위법행위나 채무불이행이 있더라도 법률효과에 따른 손해배상을 청구할 수 없다(대판 2003.3.28. 2002다72125).

② [**옳음**] 유동적 무효상태의 계약당사자는 그 계약이 효력 있는 것으로 완성될 수 있도록 서로 협력할 신의칙상 의무를 부담하므로 허가신청절차에 협력하지 않는 당사자에 대하여 상대방은 협력의무의 이행을 소송으로써 구할 이익이 있다(대판 1991.12.24. 90다12243 전원합의체).

③ [**옳음**] 민법 제137조

> **제137조(법률행위의 일부무효)** 법률행위의 일부분이 무효인 때에는 그 전부를 무효로 한다. 그러나 그 무효부분이 없더라도 법률행위를 하였을 것이라고 인정될 때에는 나머지 부분은 무효가 되지 아니한다.

④ [**옳음**] 무효행위의 전환의 법리에 따라 법률행위의 일부가 유효할 수 있다. 즉, 매매계약이 약정된 매매대금의 과다로 말미암아 민법 제104조에서 정하는 '불공정한 법률행위'에 해당하여 무효인 경우에도 무효행위의 전환에 따라 당사자 쌍방이 위와 같은 무효를 알았더라면 대금을 다른 액으로 정하여 매매계약에 합의하였을 것이라고 예외적으로 인정되는 경우에는, 그 대금액을 내용으로 하는 매매계약이 유효하게 성립한다고 할 것이다(대판 2010.7.15. 2009다50308).

⑤ [**옳음**] 무효인 법률행위의 추인이라 함은 무효인 법률행위를 유효로 인정하려는 당사자의 의사표시를 말한다. 당사자는 그 법률행위가 무효임을 알고 추인하여야 하며, 추인시에 새로운 법률행위의 유효요건이 존재하여야 한다. 추인은 명시 혹은 묵시적으로도 할 수 있다.

정답 | ①

065 무효행위에 관한 설명으로 옳지 않은 것은? (다툼이 있으면 판례에 따름) 〈노무사 2021〉

① 취소할 수 있는 법률행위가 취소된 후에는 무효행위의 추인요건을 갖추더라도 다시 추인될 수 없다.
② 무효행위의 추인은 묵시적으로 이루어질 수 있다.
③ 무효행위의 추인이 있었다는 사실은 새로운 법률행위의 성립을 주장하는 자가 증명하여야 한다.
④ 법률행위의 일부분이 무효인 때에는 특별한 사정이 없는 한 그 전부를 무효로 한다.
⑤ 불공정한 법률행위에는 무효행위의 전환에 관한 민법 제138조가 적용될 수 있다.

해설 | ① [틀림] 취소한 법률행위는 처음부터 무효인 것으로 간주되므로 취소할 수 있는 법률행위가 일단 취소된 이상 그 후에는 취소할 수 있는 법률행위의 추인에 의하여 이미 취소되어 무효인 것으로 간주된 당초의 의사표시를 다시 확정적으로 유효하게 할 수는 없고, 다만 무효인 법률행위의 추인의 요건과 효력으로서 추인할 수는 있다(대판 1997.12.12. 95다38240).
② [옳음] 추인은 명시적으로 혹은 묵시적으로도 할 수 있다.
③ [옳음] 무효인 법률행위는 추인하여도 그 효력이 생기지 아니한다. 그러나 당사자가 그 무효임을 알고 추인한 때에는 새로운 법률행위로 본다(제139조).
④ [옳음] 법률행위의 일부분이 무효인 때에는 그 전부를 무효로 한다. 그러나 그 무효부분이 없더라도 법률행위를 하였을 것이라고 인정될 때에는 나머지 부분은 무효가 되지 아니한다(제137조).
⑤ [옳음] 매매계약이 약정된 매매대금의 과다로 말미암아 민법 제104조에서 정하는 '불공정한 법률행위'에 해당하여 무효인 경우에도 무효행위의 전환에 관한 민법 제138조가 적용될 수 있다(대판 2010.7.15. 2009다50308).

정답 | ①

066 무효와 취소에 관한 설명으로 옳은 것은? (다툼이 있으면 판례에 의함) 〈노무사 2013〉

① 제한능력자의 법률행위에 대한 법정대리인의 추인은 그 취소원인이 소멸하기 전에 하여도 효력이 있다.
② 무효인 법률행위의 당사자가 그 무효임을 알고 추인한 때에는 법률행위시에 소급하여 효력이 있는 것으로 본다.
③ 사기·강박에 의하여 의사표시를 한 자의 포괄승계인은 그 의사표시를 취소할 수 없다.
④ 매매계약이 적법하게 해제된 후에는 착오를 이유로 그 계약을 다시 취소할 수 없다.
⑤ 토지거래허가구역 내의 토지에 대한 매매계약이 유동적 무효인 상태에서는 토지거래허가신청을 위한 협력의무가 성립하지 않는다.

해설 | ① [옳음] 취소할 수 있는 법률행위는 제140조에 규정한 자가 추인할 수 있고 추인 후에는 취소하지 못하는데(제143조 제1항), 추인은 취소의 원인이 종료한 후에 하지 아니하면 효력이 없으나, 법정대리인이 추인하는 경우에는 그러하지 아니하다(제144조).

② [틀림] 무효인 법률행위는 추인하여도 처음부터 그 효력이 생기지 않는다. 다만, 그 행위가 '무효임을 알고서' 당사자가 이를 추인한 때에는 새로운 법률행위를 한 것으로 간주한다(제139조).

③ [틀림] 상속인이나 합병회사와 같은 포괄승계인은 피상속인의 취소권을 승계하여 행사할 수 있다(통설).

④ [틀림] 매도인이 매수인의 중도금지급채무불이행을 이유로 매매계약을 적법하게 해제한 후라도, 매수인으로서는 착오를 이유로 한 취소권을 행사할 수 있다(대판 1996.12.6. 95다24982·24999).

⑤ [틀림] 유동적 무효상태의 계약당사자는 그 계약이 효력 있는 것으로 완성될 수 있도록 서로 협력할 신의칙상 의무를 부담하므로 허가신청절차에 협력하지 않는 당사자에 대하여 상대방은 협력의무의 이행을 소송으로써 구할 이익이 있다(대판 1991.12.24. 90다12243 전원합의체).

정답 | ①

067 법률행위의 무효 및 취소에 관한 설명으로 옳은 것은? (다툼이 있는 경우 판례에 의함) 〈노무사 2012〉

① 법률행위의 일부분이 무효인 때에는 원칙적으로 그 부분만이 무효가 된다.

② 무효인 법률행위를 추인한 경우, 특별한 사정이 없는 한 소급하여 처음부터 그 효력이 생긴다.

③ 취소의 의사표시에는 조건을 붙일 수 있다.

④ 취소할 수 있는 법률행위는 취소한 후에는 무효행위의 추인요건을 갖추더라도 다시 추인할 수 없다.

⑤ 유동적 무효인 계약이 확정적으로 무효로 된 경우, 그에 관해 귀책사유가 있는 당사자도 계약의 무효를 주장할 수 있다.

해설 | ① [틀림] 일부무효의 경우 민법 제137조는 그 본문에서 전부무효를 원칙으로 하면서, 그 단서에서 일정한 요건을 갖춘 경우 무효부분을 제외한 나머지 부분은 유효하다고 한다.

② [틀림] (확정적) 무효인 법률행위는 추인하여도 그 효력이 생기지 아니한다. 그러나 당사자가 그 무효임을 알고 (또한 무효의 원인이 소멸한 후에) 추인한 때에는 새로운 법률행위로 본다(제139조). 따라서 원칙적으로 장래에 향하여 유효하게 된다. 즉, 무효행위의 추인은 소급효가 없다.

③ [틀림] 단독행위에 조건을 붙이면 상대방의 지위를 불안정하게 하므로 조건을 붙일 수 없는 것이 원칙이다. 즉, 상대방이 있는 단독행위(해제·해지·철회·취소·추인·선택채권의 선택 등)의 경우에는 원칙적으로 조건을 붙일 수 없다.

④ [틀림] 취소한 법률행위는 처음부터 무효인 것으로 간주되므로 취소할 수 있는 법률행위가 일단 취소된 이상 그 후에는 취소할 수 있는 법률행위의 추인에 의하여 이미 무효로 간주된 당초의

의사표시를 다시 확정적으로 유효하게 할 수는 없다. 다만 <u>무효인 법률행위의 추인의 요건과 효력으로서 추인할 수는 있으나, 무효행위의 추인은 그 무효원인이 소멸한 후에 하여야 그 효력이 있다</u>(대판 1997.12.12. 95다38240).

⑤ [옳음] 강행법규인 (구)국토이용관리법 제21조의3 제1항·제7항을 위반하였을 경우에 있어서 위반한 자 스스로가 무효를 주장함이 신의성실의 원칙에 위배되는 권리의 행사라는 이유로서 이를 배척한다면 투기거래계약의 효력발생을 금지하려는 (구)국토이용관리법의 입법취지를 완전히 몰각시키는 결과가 되므로, 거래당사자 사이의 약정내용과 취득목적대로 관할관청에 토지거래허가신청을 하였을 경우에 그 신청이 (구)국토이용관리법 소정의 허가기준에 적합하여 허가를 받을 수 있었으나 다른 급박한 사정으로 이러한 절차를 회피하였다고 볼 만한 특단의 사정이 엿보이지 아니하는 한, 그러한 주장이 신의성실의 원칙에 반한다고는 할 수 없다(대판 1993.12.24. 93다44319·44326).

정답 | ⑤

068 법률행위의 무효 또는 취소에 관한 설명으로 옳은 것은? (다툼이 있으면 판례에 따름) 〈노무사 2020〉

① 법률행위의 일부분이 무효인 경우 원칙적으로 그 일부분만 무효이다.
② 제한능력자가 법률행위를 취소한 경우 원칙적으로 그가 받은 이익전부를 상환하여야 한다.
③ 취소할 수 있는 법률행위는 추인권자의 추인이 있은 후에는 취소하지 못한다.
④ 법률행위의 취소권은 법률행위를 한 날부터 3년 내에, 추인할 수 있는 날부터 10년 내에 행사하여야 한다.
⑤ 매도인에게 부과될 공과금을 매수인이 책임진다는 취지의 특약은 사회질서에 반하므로 무효이다.

해설 | ① [틀림] 법률행위의 일부분이 무효인 때에는 그 전부를 무효로 한다(제137조 본문).
② [틀림] 취소한 법률행위는 처음부터 무효인 것으로 본다. 그러나 제한능력자는 그 행위로 인하여 받은 이익이 현존하는 한도에서 상환할 책임이 있다(제141조).
③ [옳음] 취소할 수 있는 법률행위는 제140조에 규정한 자가 추인할 수 있고 추인 후에는 취소하지 못한다(제143조 제1항).
④ [틀림] 취소권은 추인할 수 있는 날로부터 3년 내에, <u>법률행위를 한 날로부터 10년 내에 행사하여야 한다</u>(제146조).
⑤ [틀림] 매매계약에서 매도인에게 부과될 공과금을 매수인이 책임진다는 취지의 특약을 하였다 하더라도 이는 공과금이 부과되는 경우 그 부담을 누가 할 것인가에 관한 약정으로서 <u>그 자체가 불법조건이라고 할 수 없고 이것만 가지고 사회질서에 반한다고 단정하기도 어렵다</u>(대판 1993.5.25. 93다296).

정답 | ③

069 사용자 甲이 의사능력이 없는 상태에서 乙과 근로계약을 체결하였다. 이에 관한 설명으로 옳은 것은? (다툼이 있으면 판례에 따름) 〈노무사 2018〉

① 甲은 乙과의 근로계약을 취소할 수 있다.

② 甲이 의사무능력 상태에서 乙과의 근로계약을 추인하더라도 그 계약은 무효이다.

③ 甲이 의사능력을 회복한 후에 추인하면, 다른 약정이 없더라도 그 근로계약은 소급하여 유효하다.

④ 甲과 乙의 근로계약은 추인여부와 상관없이 甲이 의사능력을 회복한 때로부터 유효하다.

⑤ 甲이 의사능력을 회복한 후에 상당한 기간 내에 취소하지 않으면 근로계약은 유효하다.

해설 | ① [틀림], ④ [틀림], ⑤ [틀림] 의사무능력자의 행위는 취소가 아닌 무효이다. 법률적 효과를 생기게 하려면 언제나 의사능력이 필요하다. 민법에는 명문규정이 없으나 사적 자치의 원칙상 의사무능력자의 법률행위는 무효이다. 따라서 의사무능력자의 행위에 대하여는 누구나 언제든지 무효를 주장할 수 있다(통설). 그리고 사람은 보통 의사능력이 있다고 할 수 있으므로 법률행위의 무효를 주장하는 자가 의사능력이 없었음을 입증하여야 한다.

② [옳음] 무효인 법률행위의 추인(제139조)이 가능하려면 무효인 법률행위를 추인에 의하여 새로운 법률행위로 보기 위하여는 당사자가 이전의 법률행위가 무효임을 알고 그 행위에 대하여 추인하여야 한다(대판 1998.12.22. 97다15715). 甲은 여전히 의사무능력 상태이므로 乙과의 근로계약을 추인하더라도 그 계약은 무효이다.

③ [틀림] 무효인 법률행위의 추인(제139조)은 원칙적으로 소급효가 없다.

> 제139조(무효행위의 추인) 무효인 법률행위는 추인하여도 그 효력이 생기지 아니한다. 그러나 당사자가 그 무효임을 알고 추인한 때에는 새로운 법률행위로 본다.

정답 | ②

070 甲은 乙에게 임대해 준 X아파트를 범죄에 대한 대가로 미성년자 丙에게 증여하고, 丙에게 X아파트의 소유권이전등기를 해 주었다. 丙은 X아파트를 丁에게 1억 원에 매도하고 소유권등기와 점유를 이전해 주었다. 다음 설명으로 옳은 것은? (다툼이 있는 경우에는 판례에 의함) 〈노무사 2012〉

① 丙은 물론이고 甲도 증여계약을 취소할 수 있다.

② 乙은 甲과 丙 사이의 증여계약의 무효를 주장할 수 있다.

③ 甲은 증여계약의 무효를 주장하여 丁에 대하여 X아파트의 반환을 청구할 수 있다.

④ 甲은 증여계약의 무효를 주장하여 X아파트에 대한 丁명의의 이전등기말소를 청구할 수 있다.

⑤ 甲은 증여계약의 무효를 주장하여 丙에 대하여 1억 원의 반환을 청구할 수 있다.

해설 | ① [틀림] 취소는 취소권자만이 취소의 의사표시를 할 수 있다. 취소권자는 제한능력자, 착오·사기·강박에 의해 의사표시를 한 자이다. 위 증여계약에 취소사유는 없다.

② [옳음] 법률행위의 무효 자체가 소송상 직권탐지사항은 아니므로, 무효를 주장하여야 한다. 무효의 주장은 누구든지 할 수 있다.

③ [틀림], ④ [틀림], ⑤ [틀림] 甲이 乙에게 한 증여는 불법원인급여이다. 민법 제746조 본문은 부당이득반환청구만을 제한하는 규정이 아니므로 불법의 원인으로 급여를 한 사람이 그 원인행위가 무효이므로 급여물의 소유권이 자기에게 있다는 주장을 하여 소유권에 기한 반환청구를 하는 것도 허용할 수 없다(대판 1989.9.29. 89다카5994). 그 반사적 효과로서 X아파트의 소유권은 급여를 받은 丙에게 귀속한다. 따라서 丙이 X아파트를 丁에게 매도한 매매계약은 유효하다. 결국 甲은 증여계약의 무효를 주장하여 丁에 대하여 X아파트의 반환을 청구할 수 없다.

정답 | ②

071 의사표시의 취소에 관한 설명으로 옳은 것을 모두 고른 것은? (다툼이 있으면 판례에 따름)
〈노무사 2015〉

> ㄱ. 민법은 법률행위의 일부 무효에 대하여는 규정하고 있으나 일부 취소에 대하여는 규정하고 있지 않으므로, 법률행위의 일부 취소는 할 수 없다.
> ㄴ. 법정대리인의 동의 없이 신용구매계약을 체결한 미성년자가 그 후에 법정대리인의 동의 없음을 사유로 들어 이를 취소하는 것은 신의칙에 위배되지 않는다.
> ㄷ. 상대방의 대리인 등 상대방과 동일시할 수 있는 자의 강박은 제3자의 강박에 해당하지 않는다.

① ㄴ ② ㄱ, ㄴ ③ ㄱ, ㄷ
④ ㄴ, ㄷ ⑤ ㄱ, ㄴ, ㄷ

해설 | ㄱ [틀림] '일부무효의 법리'에 준하여 일부취소도 가능하다. 하나의 법률행위의 일부분에만 취소사유가 있고 그 법률행위가 가분적이거나 그 목적물의 일부가 특정될 수 있다면, 나머지 부분이라도 이를 유지하려는 당사자의 '가상적 의사'가 인정되는 경우에는 그 일부만의 취소도 가능하다고 할 것이고, 그 일부의 취소는 법률행위의 일부에 관하여 효력이 생긴다(대판 2002.9.4. 2002다18435).

ㄴ [옳음] 미성년자의 법률행위에 법정대리인의 동의를 요하도록 하는 것은 강행규정인데, 법정대리인의 동의 없이 신용구매계약을 체결한 미성년자가 사후에 법정대리인의 동의 없음을 사유로 들어 이를 취소하는 것이 신의칙에 위배된 것이라고 할 수 없다(대판 2007.11.16. 2005다71659).

ㄷ [옳음] 상대방이 있는 의사표시에 관하여 제3자가 사기나 강박을 행한 경우에는 상대방이 그 사실을 알았거나 알 수 있었을 때에 한하여 그 의사표시를 취소할 수 있다(제110조 제2항). 제110조 제2항에서 정한 제3자에 해당될 수 없는 자란 그 의사표시에 관한 상대방의 대리인 등 상대방과 동일시할 수 있는 자만을 의미하고, 단순히 상대방의 피용자이거나 상대방이 사용자책임을 져야 할 관계에 있는 피용자

에 지나지 않는 자는 상대방과 동일시할 수는 없어 이 규정에서 말하는 제3자에 해당한다(대판 1998.1.23. 96다41496).

정답 | ④

072 취소에 관한 설명으로 옳지 않은 것은? 〈노무사 2011〉

① 제한능력을 이유로 법률행위가 취소된 경우, 제한능력자는 상대방에게 현존이익만을 반환하면 된다.
② 취소의 원인이 종료한 후 취소할 수 있는 법률행위에 관하여 이의 없이 경개계약을 체결한 경우, 그 법률행위를 추인한 것으로 본다.
③ 강박에 의한 의사표시를 한 자는 강박상태에서 의사표시를 추인한 경우에도 그 의사표시를 취소할 수 있다.
④ 취소의 원인이 종료되지 않았다고 하더라도 법정대리인이 추인할 수 있다.
⑤ 취소권은 추인할 수 있는 날로부터 1년, 법률행위를 한 날로부터 5년 내에 행사하여야 한다.

해설 | ① [옳음] 제한능력을 이유로 법률행위가 취소된 경우, 제한능력자는 선의·악의를 묻지 않고 상대방에게 현존이익만을 반환하면 된다(제141조 단서). 제141조 단서는 부당이득을 한 자의 선·악에 따라 반환범위를 달리하는 부당이득의 일반규정인 제748조에 대한 특칙으로 제한능력자를 보호하기 위한 규정이다.

② [옳음] 법정추인이란 취소할 수 있는 법률행위에 관하여 추인할 수 있는 후에 이의를 보류하지 아니하고 제145조에 정한 사유가 있으면 추인한 것으로 간주하는 것이다. 경개계약은 3호 사유이다. 취소권자가 채권자로서 경개계약을 체결하든 채무자로서 체결하든 상관없다.

③ [옳음] 추인은 취소의 원인이 종료한 후 (즉 제한능력자는 능력자가 된 후에, 착오·사기·강박상태에 있었던 자는 그 상태에서 벗어난 후)에 하지 아니하면 효력이 없다(제144조 제1항). 강박상태에서 의사표시를 추인한 경우에는 추인이 아니므로 그 의사표시를 취소할 수 있다.

④ [옳음] 법정대리인은 취소원인종료 여부와 관계없이 언제나 추인할 수 있다(제144조 제2항).

⑤ [틀림] 취소권은 추인할 수 있는 날(=취소의 원인이 종료한 날)로부터 3년 내에, 법률행위를 한 날로부터 10년 내에 행사하여야 한다(제146조). 3년과 10년의 두 기간 중 먼저 만료되는 때에 취소권은 소멸한다.

정답 | ⑤

제7절 조건과 기한(법률행위의 부관)

073 민법상 조건에 관한 설명으로 옳지 않은 것은? (다툼이 있으면 판례에 따름) 〈노무사 2023〉

① 조건을 붙이고자 하는 의사는 법률행위의 내용으로 외부에 표시되어야 하므로 그 의사표시는 묵시적 방법으로는 할 수 없다.
② 조건이 법률행위의 당시 이미 성취한 것인 경우에는 그 조건이 정지조건이면 조건 없는 법률행위이다.
③ 조건의 성취로 인하여 불이익을 받을 당사자가 과실로 신의성실에 반하여 조건의 성취를 방해한 때에는 상대방은 그 조건이 성취한 것으로 주장할 수 있다.
④ 조건의 성취가 미정한 권리의무는 일반규정에 의하여 담보로 할 수 있다.
⑤ 선량한 풍속에 반하는 불법조건이 붙은 법률행위는 무효이다.

해설 | ① [틀림] 조건을 붙이고자 하는 의사는 법률행위의 내용으로 외부에 표시되어야 하고, 조건을 붙이고자 하는 의사가 있는지는 의사표시에 관한 법리에 따라 판단하여야 한다. 조건을 붙이고자 하는 의사의 표시는 그 방법에 관하여 일정한 방식이 요구되지 않으므로 묵시적 의사표시나 묵시적 약정으로도 할 수 있다(대판 2018.6.28. 2016다221368).

② [옳음]

> **제151조(불법조건, 기성조건)** ② 조건이 법률행위의 당시 이미 성취한 것인 경우에는 그 조건이 정지조건이면 조건 없는 법률행위로 하고 해제조건이면 그 법률행위는 무효로 한다.
> ③ 조건이 법률행위의 당시에 이미 성취할 수 없는 것인 경우에는 그 조건이 해제조건이면 조건 없는 법률행위로 하고 정지조건이면 그 법률행위는 무효로 한다.

③ [옳음]

> **제150조(조건성취, 불성취에 대한 반신의행위)** ① 조건의 성취로 인하여 불이익을 받을 당사자가 신의성실에 반하여 조건의 성취를 방해한 때에는 상대방은 그 조건이 성취한 것으로 주장할 수 있다.
> ② 조건의 성취로 인하여 이익을 받을 당사자가 신의성실에 반하여 조건을 성취시킨 때에는 상대방은 그 조건이 성취하지 아니한 것으로 주장할 수 있다.

④ [옳음]

> **제149조(조건부 권리의 처분 등)** 조건의 성취가 미정한 권리의무는 일반규정에 의하여 처분, 상속, 보존 또는 담보로 할 수 있다.

⑤ [옳음]

> **제151조(불법조건, 기성조건)** ① 조건이 선량한 풍속 기타 사회질서에 위반한 것인 때에는 그 법률행위는 무효로 한다.

정답 | ①

074 법률행위의 부관에 관한 설명으로 옳은 것은? (다툼이 있는 경우 판례에 의함) 〈노무사 2011〉

① 기성조건이 정지조건이면 그 법률행위는 무효이다.
② 채무자가 담보제공의 의무를 이행하지 않으면 기한의 이익을 주장하지 못한다.
③ 정지조건부 기한이익의 상실특약은 조건이 성취되더라도 채권자의 의사표시가 있어야 이행기도래의 효과가 발생한다.
④ 불법조건이 붙은 법률행위는 조건 없는 법률행위이다.
⑤ 조건의 성취에 의해 불이익을 받게 될 자가 신의성실에 반하여 조건성취를 방해한 경우, 상대방이 조건성취를 주장한 시점에 조건이 성취된 것으로 본다.

해설 | ① [틀림] (기성조건) 조건이 법률행위의 당시 이미 성취한 것인 경우에는, 그 조건이 정지조건이면 조건 없는 법률행위로 하고 해제조건이면 그 법률행위는 무효로 한다(제151조 제2항).

② [옳음] 채무자가 (약정 또는 법률의 규정에 의한) 담보제공의 의무를 이행하지 아니한 때에는 채무자가 기한의 이익을 주장하지 못한다(제388조 제2호).

③ [틀림] 기한이익상실의 특약에는 그 내용에 의해 일정한 사유가 발생하면 채권자가 별도의 청구를 하지 않더라도 당연히 기한의 이익이 상실되어 이행기가 도래하는 '정지조건부 기한이익상실의 특약'과 일정한 사유가 발생한 후 채권자의 통지나 청구 등 채권자의 의사행위를 기다려 비로소 이행기가 도래하는 '형성권적 기한이익상실의 특약'이 있다.

④ [틀림] (불법조건) 조건이 선량한 풍속 기타 사회질서에 위반한 것인 때에는 그 법률행위는 무효로 한다(제151조 제1항).

⑤ [틀림] 조건이 성취될 경우에 불이익을 받을 자가 신의칙에 반하는 방법으로 조건의 성취를 방해하면 그 조건은 성취된 것으로, 또한 조건이 성취될 경우에 이익을 받을 자가 그러한 방법으로 조건을 성취시키면 그 조건은 성취되지 않은 것으로 각각 주장할 수 있다(제150조). 특히 조건의 성취로 인하여 불이익을 받을 당사자가 신의성실에 반하여 조건의 성취를 방해한 경우, 조건이 성취된 것으로 의제되는 시점은 이러한 신의성실에 반하는 행위가 없었더라면 조건이 성취되었으리라고 추산되는 시점이다(대판 1998.12.22. 98다42356).

정답 | ②

075 조건에 관한 설명으로 옳지 않은 것은? (다툼이 있으면 판례에 따름) 〈노무사 2019〉

① 정지조건부 권리의 경우, 조건이 미성취인 동안에는 소멸시효가 진행되지 않는다.
② 불법조건이 붙어 있는 법률행위는 그 조건뿐만 아니라 법률행위 전부가 무효로 된다.
③ 조건의 성취가 미정인 조건부 권리도 일반규정에 의하여 담보로 할 수도 있다.
④ 기성조건을 해제조건으로 한 법률행위는 무효이다.
⑤ 정지조건부 법률행위는 권리가 성립한 때에 소급하여 그 효력이 생긴다.

해설 | ① [옳음] 조건이 성취되어야 권리행사가 가능하므로, 조건의 성취시가 소멸시효의 기산점이다. 그러나 이행지체책임은 조건성취 후 채무자가 채권자의 이행청구를 받은 때부터 진다(제387조 제2항).

② [옳음] 조건이 선량한 풍속 기타 사회질서에 반하는 조건을 불법조건이라고 한다. 불법조건이 붙은 법률행위는 정지조건이든 해제조건이든 불문하고 법률행위 전부가 무효이다(제151조 제1항).

③ [옳음] 조건의 성취가 미정한 권리의무는 일반규정에 의하여 처분, 상속, 보존 또는 담보로 할 수 있다(제149조).

④ [옳음] 조건이 법률행위의 당시 이미 성취한 것인 경우에는 그 조건이 정지조건이면 조건 없는 법률행위로 하고 해제조건이면 그 법률행위는 무효로 한다(제151조 제2항).

⑤ [틀림] 정지조건 있는 법률행위는 조건이 성취한 때로부터 그 효력이 생긴다(제147조 제1항).

정답 | ⑤

076 법률행위의 조건에 관한 설명으로 옳지 않은 것은? (다툼이 있으면 판례에 따름) 〈노무사 2018〉

① 정지조건이 법률행위 당시 이미 성취된 경우에는 그 법률행위는 무효이다.
② 해제조건 있는 법률행위는 조건이 성취한 때로부터 그 효력을 잃는다.
③ 조건의 성취가 미정한 권리의무는 일반규정에 의하여 처분, 상속, 보존 또는 담보로 할 수 있다.
④ 당사자가 합의한 경우에는 조건성취의 효력을 소급시킬 수 있다.
⑤ 정지조건부 법률행위에서 조건성취의 사실은 권리를 취득하는 자가 증명책임을 진다.

해설 | ① [틀림] 조건이 법률행위의 당시 이미 성취한 것인 경우에는 그 조건이 정지조건이면 조건 없는 법률행위로 하고 해제조건이면 그 법률행위는 무효로 한다(제151조 제2항).

② [옳음] 해제조건 있는 법률행위는 조건이 성취한 때로부터 그 효력을 잃는다(제147조 제2항).

③ [옳음] 조건의 성취가 미정한 권리의무는 일반규정에 의하여 처분, 상속, 보존 또는 담보로 할 수 있다(제149조).

④ [옳음] 조건부 법률행위는 조건이 성취된 때로부터 효력이 발생한다. 즉 법률효과는 소급효를 갖지 않는다. 당사자가 조건성취의 효력을 그 성취 전에 소급하게 할 의사를 표시한 때에는 그 조건성취의 효력은 예외적으로 소급효를 갖는다(제147조 제3항).

⑤ [옳음] 정지조건부 법률행위에 있어서 조건이 성취되었다는 사실은 이에 의하여 권리를 취득하고자 하는 측에서 그 입증책임이 있다 할 것이므로, 정지조건부 채권양도에 있어서 정지조건이 성취되었다는 사실은 채권양도의 효력을 주장하는 자에게 그 입증책임이 있다(대판 1983.4.12. 81다카692).

정답 | ①

077 법률행위의 조건과 기한에 관한 설명으로 옳지 않은 것은? (판례에 따름) 〈노무사 2017〉

① 조건이 법률행위의 당시 이미 성취한 것인 경우에는 그 조건이 정지조건이면 조건 없는 법률행위이다.
② 조건의 성취 여부가 확정 전인 권리의무는 일반규정에 의하여 처분, 상속, 보존 또는 담보로 할 수 있다.
③ 어느 법률행위에 어떤 조건이 붙어 있었는지 여부는 그 조건의 존재를 주장하는 자가 이를 증명하여야 한다.
④ 당사자의 특약이 없거나 법률행위의 성질상 분명하지 않으면 기한의 이익은 채권자에게 있는 것으로 추정된다.
⑤ 기한의 이익이 상대방에게 있는 경우 당사자 일방은 상대방의 손해를 배상하고 기한의 이익을 포기할 수 있다.

해설 | ① [옳음] 기성조건이 정지조건이면 조건 없는 법률행위가 되고, 해제조건이면 그 법률행위는 무효이다 (제151조 제2항).

② [옳음] 민법 제149조

> **제149조(조건부권리의 처분 등)** 조건의 성취가 미정한 권리의무는 일반규정에 의하여 처분, 상속, 보존 또는 담보로 할 수 있다.

③ [옳음] 조건은 법률행위의 당사자가 그 의사표시에 의하여 그 법률행위와 동시에 그 법률행위의 내용으로서 부가시켜 그 법률행위의 효력을 제한하는 법률행위의 부관이므로, 구체적인 사실관계가 어느 법률행위에 붙은 조건의 성취에 해당하는지 여부는 의사표시의 해석에 속하는 경우도 있다고 할 수 있지만, 어느 법률행위에 어떤 조건이 붙어 있었는지 아닌지는 사실인정의 문제로서 그 조건의 존재를 주장하는 자가 이를 증명하여야 한다(대판 2006.11.24. 2006다35766, 대판 2011.8.25. 2008다47367).

④ [틀림] 기한은 채무자의 이익을 위한 것으로 추정한다(제153조 제1항).

⑤ [옳음] 이자부 소비대차에서 기한의 이익이 채권자에게도 있는 경우, 채무자는 채권자의 손해를 배상하고 기한 전에도 변제할 수 있다(제153조).

정답 | ④

078 조건에 관한 설명으로 옳은 것은? (다툼이 있으면 판례에 의함) 〈노무사 2013〉

① 정지조건부 권리는 조건이 성취되지 않은 동안에도 소멸시효가 진행한다.

② 정지조건부 채권을 피보전채권으로 하는 채권자취소권의 행사는 허용되지 않는다.

③ 불능조건이 정지조건이면 조건 없는 법률행위가 되고, 해제조건이면 그 법률행위는 무효이다.

④ 조건이 선량한 풍속 기타 사회질서에 위반한 것인 때에는 그 법률행위는 조건 없는 법률행위로 본다.

⑤ 법률행위가 정지조건부 법률행위에 해당한다는 사실은 그 법률행위로 인한 법률효과의 발생을 저지하는 사유로서 그 법률효과의 발생을 다투려는 자가 주장·증명하여야 한다.

해설 | ① [틀림] 소멸시효는 권리를 행사할 수 있는 때로부터 진행하며, 여기서 권리를 행사할 수 있는 때라 함은 권리행사에 법률상의 장애가 없는 때를 말하므로, 정지조건부 권리의 경우에는 조건미성취의 동안은 권리를 행사할 수 없는 것이어서 소멸시효가 진행되지 않는다(대판 1992.12.22. 92다28822).

② [틀림] 취소채권자의 채권이 정지조건부 채권이라 하더라도 장래에 정지조건이 성취되기 어려울 것으로 보이는 등 특별한 사정이 없는 한, 이를 피보전채권으로 하여 채권자취소권을 행사할 수 있다(대판 2011.12.28. 2011다55542).

③ [틀림] 불능조건이 정지조건이면 그 법률행위는 무효로 되고, 해제조건이면 조건 없는 법률행위로 된다(제151조 제3항).

④ [틀림] 조건부 법률행위에 있어 조건의 내용 자체가 불법적인 것이어서 무효일 경우 그 조건만을 분리하여 무효로 할 수는 없고 그 법률행위 전부가 무효로 된다(대결 2005.11.8. 2005마541).

⑤ [옳음] 어떤 법률행위가 정지조건부 법률행위에 해당한다는 사실은 그 법률행위로 인한 법률효과의 발생을 저지하는 사유로서 그 법률효과의 발생을 다투려는 자에게 주장·입증책임이 있다(대판 1993.9.28. 93다20832).

정답 | ⑤

079 민법상 조건에 관한 설명으로 옳은 것은? (다툼이 있으면 판례에 따름) 〈노무사 2020〉

① '대금이 완납되면 매매목적물의 소유권이 이전된다'는 조항이 있는 소유권유보부 매매에서 대금완납은 해제조건이다.

② 선량한 풍속에 반하는 불법조건이 붙은 법률행위는 조건 없는 법률행위가 된다.

③ 당사자의 의사표시로 조건성취의 효력을 소급시킬 수 없다.

④ 조건은 법률행위의 내용을 이룬다.

⑤ 유언에는 조건을 붙일 수 없다.

해설 | ① [틀림] 동산의 매매계약을 체결하면서, 매도인이 대금을 모두 지급받기 전에 목적물을 매수인에게 인도하지만 대금이 모두 지급될 때까지는 목적물의 소유권은 매도인에게 유보되며 대금이 모두 지급된 때에 그 소유권이 매수인에게 이전된다는 내용의 소위 소유권유보의 특약을 한 경우, 목적물의 소유권을 이전한다는 당사자 사이의 물권적 합의는 매매계약을 체결하고 목적물을 인도한 때 이미 성립하지만 대금이 모두 지급되는 것을 정지조건으로 하므로, 목적물이 매수인에게 인도되었다고 하더라도 특별한 사정이 없는 한 매도인은 대금이 모두 지급될 때까지 매수인뿐만 아니라 제3자에 대하여도 유보된 목적물의 소유권을 주장할 수 있고, 다만 대금이 모두 지급되었을 때에는 그 정지조건이 완성되어 별도의 의사표시 없이 목적물의 소유권이 매수인에게 이전된다(대판 1996.6.28. 96다14807)(정지조건이다).

② [틀림] 불법조건이 붙은 법률행위는 정지조건이든 해제조건이든 불문하고 무효이다(제151조 제1항). 따라서 부첩관계의 종료를 해제조건으로 하는 증여계약은 그 조건만이 무효인 것이 아니라 증여계약 자체가 무효이다(대판 1966.6.21. 66다530).

③ [틀림] 조건부 법률행위는 조건이 성취된 때로부터 효력이 발생한다. 즉 법률효과는 소급효를 갖지 않는다. 당사자가 조건성취의 효력을 그 성취 전에 소급하게 할 의사를 표시한 때에는 그 조건성취의 효력은 예외적으로 소급효를 갖는다(제147조 제3항).

④ [옳음] 조건은 법률행위의 효력의 발생 또는 소멸을 장래의 불확실한 사실의 성부에 의존케 하는 법률행위의 부관으로서 당해 법률행위를 구성하는 의사표시의 일체적인 내용을 이루는 것이므로, 의사표시의 일반원칙에 따라 조건을 붙이고자 하는 의사, 즉 조건의사와 그 표시가 필요하며, 조건의사가 있더라도 그것이 외부에 표시되지 않으면 법률행위의 동기에 불과할 뿐이고 그것만으로는 법률행위의 부관으로서의 조건이 되는 것은 아니다(대판 2003.5.13. 2003다10797).

⑤ [틀림] 혼인·이혼·입양·인지·상속의 승인 또는 포기 등의 신분행위에는 원칙적으로 조건을 붙일 수 없다. 다만 신분행위에 조건을 붙이더라도 상대방의 불이익을 증가치 않는 경우나 선량한 풍속 기타 사회질서에 반하지 않는 경우에는 조건을 붙일 수 있다고 해석하여야 할 것이다. 따라서 유언의 경우에도 조건을 부가할 수 있다. 다만 이는 법정조건이며, 법률행위로서의 조건이 아님을 유의하여야 한다.

정답 | ④

080 조건 있는 증여계약에 관한 설명으로 옳지 않은 것은? (다툼이 있는 경우 판례에 의함) 〈노무사 2014〉

① 정지조건부 증여계약은 그 조건이 성취한 때로부터 그 효력이 생긴다.

② 해제조건부 증여계약에서 그 조건이 불능인 것을 내용으로 하는 경우, 그 증여계약은 무효이다.

③ 정지조건부 증여계약에서 그 조건이 선량한 풍속 기타 사회질서에 위반하는 경우, 그 증여계약은 무효이다.

④ 해제조건부 증여계약에서 그 조건이 계약 당시 이미 성취된 경우, 그 증여계약은 무효이다.

⑤ 정지조건부 증여계약에서 그 조건이 성취되었다는 사실은 이에 의하여 권리를 취득하고자 하는 자에게 그 증명책임이 있다.

해설 | ① [옳음] 조건부 법률행위는 조건이 성취된 때로부터 효력이 발생하거나 소멸한다. 즉, 정지조건부 법률행위의 효력은 소급하여 발생하지 않으며, 해제조건부 법률행위의 효력도 소급하여 소멸하는 것이 아니다. 그러나 당사자가 조건성취의 효력을 그 성취 전으로 소급하게 할 '의사'를 표시한 때에는 조건성취의 효력은 소급효를 갖는다(제147조 제2항·제3항).
② [틀림] 조건이 법률행위의 당시에 이미 성취할 수 없는 것인 경우(→불능조건)에는 그 조건이 해제조건이면 조건 없는 법률행위로 하고 정지조건이면 그 법률행위는 무효로 한다(제151조 제3항).
③ [옳음] 조건이 선량한 풍속 기타 사회질서에 위반한 것인 때에는 그 법률행위는 무효로 한다(제151조 제1항).
④ [옳음] 조건이 법률행위의 당시 이미 성취한 것인 경우(→기성조건)에는 그 조건이 정지조건이면 조건 없는 법률행위로 하고 해제조건이면 그 법률행위는 무효로 한다(제151조 제2항).
⑤ [옳음] 정지조건부 법률행위에 해당한다는 사실은 그 법률행위로 인한 법률효과의 발생을 저지하는 사유로서 그 법률효과의 발생을 다투려는 자에게 주장입증책임이 있다(대판 1993.9.28. 93다20832). 반면 정지조건이 성취되었다는 사실은 그 효력을 주장하는 자에게 증명책임이 있다(대판 1984.9.25. 84다카967).

정답 | ②

081 법률행위의 조건에 관한 설명으로 옳은 것은? (다툼이 있으면 판례에 따름) 〈노무사 2021〉

① 법률행위에 조건이 붙어 있는지 여부는 사실인정의 문제로서 그 조건의 존재를 주장하는 자가 이를 증명하여야 한다.
② 조건의 성취가 미정한 권리의무는 일반규정에 의하여 담보로 할 수 없다.
③ 조건이 선량한 풍속 기타 사회질서에 위반한 경우, 그 조건만 무효로 될 뿐 그 법률행위는 조건없는 법률행위로 유효하다.
④ 법률행위 당시 조건이 이미 성취된 경우, 그 조건이 정지조건이면 그 법률행위는 무효이다.
⑤ 당사자가 조건성취의 효력을 그 성취 전으로 소급하게 할 의사를 표시한 경우, 그 소급의 의사표시는 효력이 없다.

해설 | ① [옳음] 조건은 법률행위의 당사자가 그 의사표시에 의하여 그 법률행위와 동시에 그 법률행위의 내용으로서 부가시켜 그 법률행위의 효력을 제한하는 법률행위의 부관이므로 구체적인 사실관계가 어느 법률행위에 붙은 조건의 성취에 해당하는지 여부는 의사표시의 해석에 속하는 경우도 있다고 할 수 있지만, 어느 법률행위에 어떤 조건이 붙어 있었는지 아닌지는 사실인정의 문제로서 그 조건의 존재를 주장하는 자가 이를 입증하여야 한다고 할 것이다(대판 2006.11.24. 2006다35766).

② [틀림] 조건의 성취가 미정한 권리의무는 일반규정에 의하여 처분, 상속, 보존 또는 담보로 할 수 있다(제149조).

③ [틀림] 조건이 선량한 풍속 기타 사회질서에 반하는 조건을 불법조건이라고 한다. 불법조건이 붙은 법률행위는 정지조건이든 해제조건이든 불문하고 무효이다(제151조 제1항). 따라서 부첩관계의 종료를 해제조건으로 하는 증여계약은 그 조건만이 무효인 것이 아니라 증여계약 자체가 무효이다(대판 1966.6.21. 66다530).

④ [틀림] 조건이 법률행위의 당시 이미 성취한 것인 경우에는 그 조건이 정지조건이면 조건 없는 법률행위로 하고 해제조건이면 그 법률행위는 무효로 한다(제151조 제2항).

⑤ [틀림] 당사자가 조건성취의 효력을 그 성취 전에 소급하게 할 의사를 표시한 때에는 그 의사에 의한다(제147조 제3항).

정답 | ①

082 조건과 기한에 관한 설명으로 옳지 않은 것은? (다툼이 있으면 판례에 따름) 〈노무사 2015〉

① 법률이 요구하는 요건인 법정조건은 법률행위의 부관으로서의 조건이 아니다.

② 조건부 법률행위에서 조건이 불법조건이라고 해서 그 법률행위 전부가 무효로 되는 것은 아니다.

③ 기한이익 상실의 특약은 명백히 정지조건부 기한이익 상실의 특약이라고 볼 만한 특별한 사정이 없는 이상 형성권적 기한이익 상실의 특약으로 추정된다.

④ 주택건설을 위한 토지매매계약에 앞서 당사자 간의 협의에 의하여 건축허가를 필할 때에 매매계약이 성립하고 건축허가 신청이 불허되었을 때에는 이를 무효로 한다고 약정한 토지매매계약은 해제조건부계약이다.

⑤ 이미 부담하고 있는 채무의 변제에 관하여 일정한 사실이 부관으로 붙여진 경우에는 특별한 사정이 없는 한, 그것은 변제기를 유예한 것으로서 그 사실이 발생한 때 또는 발생하지 아니하는 것으로 확정된 때에 기한이 도래한다.

해설 | ① [옳음] 조건은 법률행위의 내용으로서 당사자들이 임의로 정한 것이므로 법정조건은 이미 조건이 아니다.

② [틀림] '선량한 풍속 기타 사회질서'에 반하는 조건, 즉 불법조건이 붙은 법률행위는 정지조건이든 해제조건이든 무효이다(제151조 제1항). 따라서 부부관계의 종료를 해제조건으로 하는 증여계약은 그 조건은 물론 증여계약 자체가 무효이다(대판 1966.6.21. 66다530).

③ [옳음] 기한이익상실의 특약에는 그 내용에 의해 일정한 사유가 발생하면 채권자가 별도의 청구를 하지 않더라도 당연히 기한의 이익이 상실되어 이행기가 도래하는 '정지조건부 기한이익상실의 특약'과 일정한 사유가 발생한 후 채권자의 통지나 청구 등 채권자의 의사행위를 기다려 비로소 이행기가 도래하는 '형성권적 기한이익상실의 특약'이 있다. 기한이익상실의 특약이 위 양자 중 어느

것에 해당하느냐는 당사자의 의사에 대한 해석문제이지만 일반적으로 기한이익상실의 특약이 채권자를 위하여 둔 것인 점에 비추어 명백히 정지조건부 기한이익상실의 특약이라고 볼 만한 특별한 사정이 없는 한 형성권적 기한이익상실의 특약으로 추정하는 것이 타당하다(대판 2002.9.4. 2002다28340).

④ [옳음] 건축허가를 필할 때 매매계약이 성립하고 건축허가신청이 불허되었을 때에는 이를 무효로 한다는 약정은 건축허가신청의 불허가를 해제조건으로 하는 매매계약이다(대판 1983.8.23. 83다카552).

⑤ [옳음] 부관이 붙은 법률행위에서 부관에 표시된 사실이 발생하지 아니하면 채무를 이행하지 아니하여도 된다고 보는 것이 상당하면 조건으로 보아야 하고, 표시된 사실이 발생한 때에는 물론이고 반대로 발생하지 아니하는 것이 확정된 때에도 그 채무를 이행하여야 한다고 보는 것이 상당하면 표시된 사실의 발생 여부가 확정되는 것을 불확정기한으로 정한 것으로 보아야 한다(대판 2011.4.28. 2010다89036). 당사자가 불확정한 사실이 발생한 때를 이행기로 정한 경우에는 그 사실이 발생한 때 또는 발생이 불가능하게 된 때에도 이행기가 도래한 것으로 본다.

정답 | ②

083 기한의 이익에 관한 설명으로 옳은 것은? (다툼이 있는 경우에는 판례에 의함) 〈노무사 2010〉

① 기한의 이익은 채권자를 위한 것으로 추정한다.
② 기한이익 상실특약에 있어서 그것이 정지조건부 기한이익 상실특약인지 형성권적 기한이익 상실특약인지 당사자의 의사가 불분명한 경우, 정지조건부 기한이익 상실특약으로 추정한다.
③ 정지조건부 기한이익 상실특약을 한 경우에는 그 특약에 정한 사유가 발생한 후 기한의 이익을 상실케 하는 채권자의 의사표시에 있어야 이행기도래의 효과가 발생한다.
④ 주채무자가 기한의 이익을 포기하면 보증인에게도 그 효력이 미친다.
⑤ 이자부 소비대차에서 기한의 이익이 채권자에게도 있는 경우, 채무자는 채권자의 손해를 배상하고 기한 전에도 변제할 수 있다.

해설 | ① [틀림] 기한은 채무자의 이익을 위한 것으로 추정한다(제153조 제1항).

② [틀림], ③ [틀림] 기한이익상실의 특약에는 그 내용에 의해 일정한 사유가 발생하면 채권자가 별도의 청구를 하지 않더라도 당연히 기한의 이익이 상실되어 이행기가 도래하는 '정지조건부 기한이익상실의 특약'과 일정한 사유가 발생한 후 채권자의 통지나 청구 등 채권자의 의사행위를 기다려 비로소 이행기가 도래하는 '형성권적 기한이익상실의 특약'이 있다. 기한이익상실의 특약이 위 양자 중 어느 것에 해당하느냐는 당사자의 의사에 대한 해석문제이지만 일반적으로 기한이익상실의 특약이 채권자를 위하여 둔 것인 점에 비추어 명백히 정지조건부 기한이익상실의 특약이라고 볼 만한 특별한 사정이 없는 한 형성권적 기한이익상실의 특약으로 추정하는 것이 타당하다(대판 2002.9.4. 2002다28340).

④ [틀림] 주채무자가 항변권을 포기하더라도 보증인에게는 효력이 없다(제433조).

⑤ [옳음] 이자부 소비대차에서 기한의 이익이 채권자에게도 있는 경우, 채무자는 채권자의 손해를 배상하고 기한 전에도 변제할 수 있다(제153조).

정답 | ⑤

084 조건과 기한에 관한 설명으로 옳은 것은? (다툼이 있으면 판례에 따름) 〈노무사 2022〉

① 기한의 이익을 가지고 있는 채무자가 그가 부담하는 담보제공 의무를 이행하지 아니하더라도 그 기한의 이익은 상실되지 않는다.
② 해제조건 있는 법률행위는 조건이 성취한 때로부터 그 효력이 생긴다.
③ 기성조건이 정지조건이면 그 법률행위는 무효로 한다.
④ 기한이익 상실특약은 특별한 사정이 없는 한 정지조건부 기한이익 상실특약으로 본다.
⑤ 기한은 원칙적으로 채무자의 이익을 위한 것으로 추정한다.

해설 | ① [틀림] 기한의 이익을 상실하는 사유로서는 채무자가 담보를 손상·감소 또는 멸실하게 한 때(제388조 제1호), 채무자가 담보제공의무를 이행하지 아니한 때(제388조 제2호), 그리고 채무자가 파산선고를 받은 경우 등이 있다. 이 경우 채무자는 기한의 이익을 주장하지 못한다(제388조).

② [틀림] 해제조건 있는 법률행위는 조건이 성취한 때로부터 효력이 소멸한다. 해제조건부 증여로 인한 부동산소유권이전등기를 마쳤다 하더라도 그 해제조건이 성취되면 그 소유권은 증여자에게 복귀한다고 할 것이고, 이 경우 당사자 간에 별다른 의사표시가 없는 한 그 조건성취의 효과는 소급하지 아니한다(대판 1992.5.22. 92다5584).

③ [틀림] 조건이 법률행위의 당시 이미 성취한 것인 경우에는 그 조건이 정지조건이면 조건 없는 법률행위로 하고 해제조건이면 그 법률행위는 무효로 한다(제151조 제2항).

④ [틀림] 기한이익상실의 특약에는 그 내용에 의해 일정한 사유가 발생하면 채권자가 별도의 청구를 하지 않더라도 당연히 기한의 이익이 상실되어 이행기가 도래하는 '정지조건부 기한이익상실의 특약'과 일정한 사유가 발생한 후 채권자의 통지나 청구 등 채권자의 의사행위를 기다려 비로소 이행기가 도래하는 '형성권적 기한이익상실의 특약'이 있다. 기한이익상실의 특약이 위 양자 중 어느 것에 해당하느냐는 당사자의 의사에 대한 해석문제이지만 일반적으로 기한이익상실의 특약이 채권자를 위하여 둔 것인 점에 비추어 명백히 정지조건부 기한이익상실의 특약이라고 볼 만한 특별한 사정이 없는 한 형성권적 기한이익상실의 특약으로 추정하는 것이 타당하다(대판 2002.9.4. 2002다28340).

⑤ [옳음] 기한의 이익이란 시기 또는 종기가 아직 도래하지 않아 아직 법률행위의 효력이 확정되지 않았음에도 불구하고 당사자가 받는 이익을 말하며 기한이 어느 당사자를 위하여 존재하는지 불분명한 경우에는 '채무자의 이익'을 위하여 존재하는 것으로 추정된다(제153조 제1항).

정답 | ⑤

제8절 기 간

085 민법상 기간에 관한 설명으로 옳지 않은 것은? (다툼이 있으면 판례에 따름) 〈노무사 2023〉

① 기간의 기산점에 관한 제157조의 초일 불산입의 원칙은 당사자의 합의로 달리 정할 수 있다.

② 정관상 사원총회의 소집통지를 1주간 전에 발송하여야 하는 사단법인의 사원총회일이 2023년 6월 2일(금) 10시인 경우, 총회소집통지는 늦어도 2023년 5월 25일 중에는 발송하여야 한다.

③ 2023년 5월 27일(토) 13시부터 9시간의 만료점은 2023년 5월 27일 22시이다.

④ 2023년 5월 21일(일) 14시부터 7일간의 만료점은 2023년 5월 28일 24시이다.

⑤ 2017년 1월 13일(금) 17시에 출생한 사람은 2036년 1월 12일 24시에 성년자가 된다.

해설 | ① [옳음] 기간은 법령, 재판상의 처분 또는 법률행위에 다른 정한 바가 없으면 본장의 규정에 의한다(제155조). 즉 민법상 기간에 관한 규정은 임의규정이다.

② [옳음] 민법의 계산방법은 일정시점으로부터 장래에 대한 기간의 계산에 관한 것이나, 일정한 기산일로부터 과거에 소급하여 역산되는 기간에도 유추적용된다. 이 경우에도 기간의 초일은 산입하지 않는다(대판 1989.4.11. 87다카2901). 그러므로 사단법인의 사원총회일이 2023년 6월 2일(금) 10시인 경우, 총회소집통지는 늦어도 2023년 5월 25일 중에는 발송하여야 한다.

> **제71조(총회의 소집)** 총회의 소집은 1주간 전에 그 회의의 목적사항을 기재한 통지를 발하고 기타 정관에 정한 방법에 의하여야 한다.

③ [옳음]

> **제156조(기간의 기산점)** 기간을 시, 분, 초로 정한 때에는 즉시로부터 기산한다.

④ [틀림] 기간의 말일이 토요일 또는 공휴일에 해당한 때에는 기간은 그 익일로 만료한다(제161조). 그러므로 말일이 일요일인 경우 그 다음날인 29일이 만료일이다.

⑤ [옳음] 연령계산에서도 출생일을 산입한다(제158조). 따라서 2017년 1월 13일(금) 17시에 출생한 사람은 2036년 1월 12일 24시에 성년자가 된다.

정답 | ④

086 민법상 기간에 관한 설명으로 옳지 않은 것은? 〈노무사 2022〉

① 연령계산에는 출생일을 산입한다.

② 월의 처음으로부터 기간을 기산하지 아니하는 때에는 최후의 월에서 그 기산일에 해당한 날의 익일로 기간이 만료한다.

③ 기간의 말일이 공휴일에 해당한 때에는 기간은 그 익일로 만료한다.

④ 기간을 분으로 정한 때에는 즉시로부터 기산한다.

⑤ 기간을 월로 정한 때에는 역(曆)에 의하여 계산한다.

해설 | ① [옳음] 기간을 일·주·월 또는 연으로 정한 때에는 기간의 초일은 산입하지 아니한다. 그러나 ⅰ) 기간이 오전 0시로부터 시작하는 경우에는 초일을 산입한다(제157조 단서). 또한 ⅱ) 연령계산에서도 출생일을 산입한다(제158조).

② [틀림], ⑤ [옳음] 기간을 주·월 또는 연으로 정한 때에는 역에 의하여 계산하며, 주·월 또는 연의 처음으로부터 기간을 기산하지 아니한 때에는 최후의 주·월 또는 연에서 그 기산일에 해당한 날의 전일로 기간이 만료하고, 월 또는 연으로 정한 경우에 최종의 월에 해당일이 없는 때에는 그 월의 말일로 기간이 만료한다(제160조).

③ [옳음] 기간의 말일이 토요일 또는 공휴일에 해당한 때에는 기간은 그 익일로 만료한다(제161조). 공휴일이란 국경일·일요일을 비롯한 휴일을 말하며, 임시공휴일도 포함된다(대판 1964.5.26. 63다958). 그러나 기간의 초일이 공휴일이라 하더라도 기간은 초일부터 기산한다(대판 1982.2.23. 81누204).

④ [옳음] 기간을 시, 분, 초로 정한 때에는 즉시로부터 기산한다(제156조).

정답 | ②

087 2021년 5월 8일(토)에 계약기간을 '앞으로 3개월'로 정한 경우, 기산점과 만료점을 바르게 나열한 것은? (단, 기간의 계산방법에 관하여 달리 정함은 없고, 8월 6일은 금요일임) 〈노무사 2021〉

① 5월 8일, 8월 7일

② 5월 8일, 8월 9일

③ 5월 9일, 8월 8일

④ 5월 9일, 8월 9일

⑤ 5월 10일, 8월 9일

해설 | 기간이 오전 영시로부터 시작하는 때에는 초일을 산입한다(제157조 단서). '앞으로 3개월'로 정한 경우 5월 9일부터 기산한다. 기간을 주, 월 또는 연으로 정한 때에는 역에 의하여 계산한다. 주, 월 또는 연의 처음으로부터 기간을 기산하지 아니한 때에는 최후의 주, 월 또는 연에서 그 기산일에 해당한 날의 전일로 기간이 만료한다. 월 또는 연으로 정한 경우에 최종의 월에 해당일이

없는 때에는 그 월의 말일로 기간이 만료한다. 제161조에 따라 기간의 말일이 토요일 또는 공휴일에 해당한 때에는 기간은 그 익일로 만료한다. 말일이 8월 8일은 일요일이므로 익일인 8월 9일이 된다.

정답 | ④

CHAPTER 07 소멸시효

001 소멸시효의 중단에 관한 설명으로 옳지 않은 것은? (다툼이 있으면 판례에 따름) 〈노무사 2022〉

① 3년의 소멸시효기간이 적용되는 채권이 지급명령에서 확정된 경우, 그 시효기간은 10년으로 한다.

② 채권자가 동일한 목적을 달성하기 위하여 복수의 채권을 가지고 있는 경우, 특별한 사정이 없으면 그 중 하나의 채권을 행사한 것만으로는 다른 채권에 대한 시효중단의 효력은 없다.

③ 대항요건을 갖추지 못한 채권양도의 양수인이 채무자를 상대로 재판상 청구를 하여도 시효중단사유인 재판상 청구에 해당하지 아니한다.

④ 채권자가 최고를 여러 번 거듭하다가 재판상 청구를 한 경우, 시효중단의 효력은 재판상 청구를 한 시점을 기준으로 하여 이로부터 소급하여 6월 이내에 한 최고시에 발생한다.

⑤ 동일한 당사자 사이에 계속적 거래관계로 인한 수개의 금전채무가 있고, 채무자가 그 채무 전액을 변제하기에는 부족한 금액으로 채무의 일부를 변제하는 경우에 그 수개의 채무전부에 관하여 시효중단의 효력이 발생하는 것이 원칙이다.

해설 | ① **[옳음]** 단기의 소멸시효에 걸리는 것이라도 확정판결을 받은 권리의 소멸시효는 재판의 확정시부터 새로이 소멸시효가 진행하며 그 기간을 10년으로 한다(제165조). 여기의 판결에는 판결과 동일한 효력이 있는 청구의 인낙조서와 확정된 지급명령도 포함된다.

② **[옳음]** 채권자가 동일한 목적을 달성하기 위하여 복수의 채권을 갖고 있는 경우 채권자가 그 중 어느 하나의 청구를 하였더라도 특별한 사정이 없는 한 다른 채권의 소멸시효가 중단되지는 않는다(대판 2020.3.26. 2018다221867).

③ **[틀림]** 채권양도에 의하여 채권은 그 동일성을 잃지 않고 양도인으로부터 양수인에게 이전되며, 이러한 법리는 채권양도의 대항요건을 갖추지 못하였다고 하더라도 마찬가지이다. 채권양도에 의하여 채권을 이전받은 양수인이 채무자를 상대로 재판상의 청구를 한 경우 '권리 위에 잠자는 자라고 할 수 없으므로' 대항요건을 갖추지 못하여 채무자에게 대항하지 못한다고 하더라도 채권의 양수인이 채무자를 상대로 재판상의 청구를 하였다면 이는 소멸시효 중단사유인 재판상의 청구에 해당한다(대판 2005.11.10. 2005다41818).

④ **[옳음]** 민법 제174조가 시효중단 사유로 규정하고 있는 최고를 여러 번 거듭하다가 재판상 청구 등을 한 경우에 시효중단의 효력은 항상 최초의 최고 시에 발생하는 것이 아니라 재판상 청구 등을 한 시점을 기준으로 하여 이로부터 소급하여 6월 이내에 한 최고 시에 발생하고, 민법 제170조의

해석상 재판상의 청구는 그 소송이 취하된 경우에는 그로부터 6월 내에 다시 재판상의 청구를 하지 않는 한 시효중단의 효력이 없고 다만 재판 외의 최고의 효력만을 갖게 된다. 이러한 법리는 그 소가 각하된 경우에도 마찬가지로 적용된다(대판 2019.3.14. 2018두56435).

⑤ [옳음] 시효완성 전에 채무의 일부를 변제한 경우에는 그 수액에 관하여 다툼이 없는 한 전부에 대한 채무승인으로서의 효력이 있으므로 시효중단의 효력이 발생한다(대판 1996.1.23. 95다39854).

정답 | ③

002 소멸시효에 관한 설명으로 옳은 것은? (다툼이 있으면 판례에 따름) 〈노무사 2017〉

① 소멸시효 완성에 의한 권리의 소멸은 법원의 직권조사사항이다.
② 소멸시효는 그 시효기간이 완성된 때로부터 장래에 향하여 권리가 소멸한다.
③ 소멸시효는 법률행위에 의하여 그 기간을 단축할 수 없다.
④ 채무자가 소멸시효 완성 후에 채권자에 대하여 채무를 승인함으로써 그 시효의 이익을 포기한 경우에는 그때부터 새로이 소멸시효가 진행한다.
⑤ 부작위를 목적으로 하는 채권의 소멸시효는 채권이 성립한 때로부터 진행한다.

해설 | ① [틀림] 소멸시효 완성에 의한 권리의 소멸은 당사자의 항변사항이다. 민사소송상의 변론주의로 인해 당사자의 원용이 없는 한 법원은 시효를 고려하지 못한다.

② [틀림], ③ [틀림]

	소멸시효	제척기간
입증곤란 방지	○	×
소급효	○	×
중단	○	×
정지	○	×
이익포기	○	×
단축	○	×

④ [옳음] 채무자가 소멸시효 완성 후에 채권자에 대하여 채무 일부를 변제함으로써 시효의 이익을 포기한 경우에는 그때부터 새로이 소멸시효가 진행한다(대판 2013.5.23. 2013다12464).

⑤ [틀림] 부작위채권의 소멸시효는 위반행위를 한 때로부터 진행한다(제166조 제2항).

정답 | ④

003 제척기간과 소멸시효에 관한 설명으로 옳지 않은 것은? (판례에 의함) 〈노무사 2011〉

① 소멸시효의 기간은 법률행위로 단축할 수 없다.

② 소멸시효에는 중단이 있지만, 제척기간은 중단이 있을 수 없다.

③ 소멸시효에는 소급효가 있으나, 제척기간에는 소급효가 없다.

④ 소멸시효의 이익은 미리 포기하지 못한다.

⑤ 소멸시효는 당사자가 시효완성 사실을 원용할 때 고려되지만, 제척기간은 법원의 직권조사사항이다.

해설 │ ① [틀림] 소멸시효는 법률행위에 의하여 이를 배제, 연장 또는 가중할 수 없으나 이를 단축 또는 경감할 수 있다(제184조 제2항).

② [옳음] 민법 제168조에서 소멸시효의 중단사유를 규정한다. 제척기간에 있어서는 소멸시효와 같이 기간의 중단이 있을 수 없다(대판 2003.1.10. 2000다26425).

③ [옳음] 소멸시효는 소급효가 있지만(제167조), 제척기간은 소급효가 없다.

④ [옳음] 소멸시효의 이익은 미리 포기하지 못한다(제184조 제1항)(반대해석: 시효완성 후에는 포기 가능하다).

⑤ [옳음] 소멸시효는 시효가 완성된 경우 변론주의가 적용되므로 당사자가 이를 주장하여야 한다. 그러나 제척기간은 법원이 직권으로 판단한다.

	소멸시효	제척기간
입증곤란 방지	○	×
소급효	○	×
중단	○	×
정지	○	×
이익포기	○	×
단축	○	×

정답 │ ①

004 소멸시효와 제척기간에 관한 설명으로 옳은 것은? (다툼이 있으면 판례에 따름) 〈노무사 2015〉

① 소멸시효가 완성되면 그 권리는 그 때부터 소멸의 효과가 발생한다.
② 당사자가 매매예약 완결권의 행사기간을 정하지 않고 행사할 수 있는 시기만을 정한 경우 완결권은 권리를 행사할 수 있는 때로부터 10년이 경과하면 소멸한다.
③ 취소권은 그 제척기간 내에 소를 제기하는 방법으로 재판상 행사하여야만 하는 것이 아니라, 재판 외에서 취소의 의사표시를 하는 방법으로도 행사할 수 있다.
④ 소멸시효나 제척기간에는 모두 중단이 인정된다.
⑤ 소멸시효의 기간은 법률행위로 단축할 수 없다.

해설 | ① [틀림], ④ [틀림], ⑤ [틀림] 소멸시효와 제척기간의 비교

	소멸시효	제척기간
입증곤란 방지	○	×
소급효	○	×
중단	○	×
정지	○	×
이익포기	○	×
단축	○	×

② [틀림] 매매의 일방예약에서 예약자의 상대방이 매매예약 완결의 의사표시를 하여 매매의 효력을 생기게 하는 권리, 즉 매매예약의 완결권은 일종의 형성권으로서 반드시 재판상 행사하여야 하는 것은 아니며 재판 외로도 행사할 수 있다(대판 1992.7.28. 91다44766). 당사자 사이에 그 행사기간을 약정한 때에는 그 기간 내에, 그러한 약정이 없는 때에는 그 예약이 성립한 때로부터 10년 내에 이를 행사하여야 하고, 그 기간을 지난 때에는 예약완결권은 제척기간의 경과로 인하여 소멸하며, 매매예약완결권의 제척기간이 도과하였는지 여부는 소위 직권조사 사항으로서, 이에 대한 당사자의 주장이 없더라도 법원이 당연히 직권으로 조사하여 재판에 고려하여야 한다(대판 1992.7.28. 91다44766).

③ [옳음] 취소권은 추인할 수 있는 날로부터 3년 내에 혹은 법률행위를 한 날로부터 10년 내에 행사하여야 한다(제146조). 민법 제146조에 규정된 취소권의 존속기간은 제척기간이라고 보아야 할 것이지만, 그 제척기간 내에 소를 제기하는 방법으로 권리를 재판상 행사하여야만 되는 것은 아니고, 재판 외에서 의사표시를 하는 방법으로도 권리를 행사할 수 있다고 보아야 한다(대판 1993.7.27. 92다52795).

정답 | ③

005 소멸시효에 관한 설명으로 옳지 않은 것은? (다툼이 있으면 판례에 따름) 〈노무사 2023〉

① 주채무자가 소멸시효 이익을 포기하더라도 보증인에게는 그 효력이 미치지 않는다.

② 시효중단의 효력 있는 승인에는 상대방의 권리에 관한 처분의 능력이나 권한 있음을 요하지 않는다.

③ 당사자가 주장하는 소멸시효 기산일이 본래의 기산일과 다른 경우, 특별한 사정이 없는 한 당사자가 주장하는 기산일을 기준으로 소멸시효를 계산하여야 한다.

④ 어떤 권리의 소멸시효 기간이 얼마나 되는지는 법원이 직권으로 판단할 수 있다.

⑤ 민법 제163조 제1호의 '1년 이내의 기간으로 정한 금전 또는 물건의 지급을 목적으로 한 채권'이란 변제기가 1년 이내의 채권을 말한다.

해설 | ① [옳음] 채무자가 채권자와의 사이에서 시효완성의 이익을 포기하였다 하더라도 이러한 시효이익의 포기는 보증인, 저당부동산의 제3취득자, 물상보증인에게는 미치지 않는다.

② [옳음]

> **제177조(승인과 시효중단)** 시효중단의 효력 있는 승인에는 상대방의 권리에 관한 처분의 능력이나 권한 있음을 요하지 아니한다.

③ [옳음] 소멸시효의 기산일은 '변론주의의 원칙상 법원은 당사자가 주장하는 기산일을 기준으로 소멸시효를 계산'하여야 하는데, 이는 당사자가 본래의 기산일보다 뒤의 날짜를 기산일로 하여 주장하는 경우는 물론이고 특별한 사정이 없는 한 그 반대의 경우에 있어서도 마찬가지이다(대판 1995.8.25. 94다35886).

④ [옳음] 어떤 권리의 소멸시효기간이 얼마나 되는지에 관한 주장은 단순한 법률상의 주장에 불과하므로 변론주의의 적용대상이 되지 않고 법원이 직권으로 판단할 수 있다(대판 2013.2.15. 2012다68217). 따라서 '당사자가 민법에 따른 소멸시효기간을 주장한 경우에도 법원은 직권으로 상법에 따른 소멸시효기간을 적용'할 수 있다(대판 2017.3.22. 2016다258124).

⑤ [틀림] 1년 이내의 기간으로 정한 채권이란 1년 이내의 정기에 지급되는 채권을 의미하는 것이지(예를 들면, 정수기의 월 대여료 채권)(대판 2018.2.28. 2016다45779), **변제기가 1년 이내의 채권을 말하는 것이 아니므로** 이자채권이라고 하더라도 1년 이내의 정기에 지급하기로 한 것이 아닌 이상 3년의 단기소멸시효에 걸리지 않는다(대판 1996.9.20. 96다25302).

정답 | ⑤

006 소멸시효에 관한 설명으로 옳지 않은 것은? (다툼이 있으면 판례에 따름) 〈노무사 2019〉

① 음식료채권의 시효기간은 1년이다.

② 소멸시효의 이익은 시효가 완성한 뒤에는 포기할 수 있다.

③ 가처분은 소멸시효 정지사유 중의 하나이다.

④ 가압류에 의한 시효중단의 효력은 가압류의 집행보전의 효력이 존속하는 동안 계속된다.

⑤ 동시이행항변권이 붙은 매매대금 채권은 그 지급기일 이후부터 소멸시효가 진행한다.

해설 | ① [옳음] 민법 제164조

> **제164조(1년의 단기소멸시효)** 다음 각 호의 채권은 1년간 행사하지 아니하면 소멸시효가 완성한다.
> 1. 여관, 음식점, 대석, 오락장의 숙박료, 음식료, 대석료, 입장료, 소비물의 대가 및 체당금의 채권
> 2. 의복, 침구, 장구 기타 동산의 사용료의 채권
> 3. 노역인, 연예인의 임금 및 그에 공급한 물건의 대금채권
> 4. 학생 및 수업자의 교육, 의식 및 유숙에 관한 교주, 숙주, 교사의 채권

② [옳음] 소멸시효의 이익은 시효기간이 완성하기 전에는 미리 포기하지 못한다(제184조 제1항).

③ [틀림] 민법 제168조

> **제168조(소멸시효의 중단사유)** 소멸시효는 다음 각 호의 사유로 인하여 중단된다.
> 1. 청구
> 2. 압류 또는 가압류, 가처분
> 3. 승인

④ [옳음] 민법 제168조에서 가압류를 시효중단사유로 정하고 있는 것은 가압류에 의하여 채권자가 권리를 행사하였다고 할 수 있기 때문인바, 가압류에 의한 집행보전의 효력이 존속하는 동안은 가압류채권자에 의한 권리행사가 계속되고 있다고 보아야 하므로 가압류에 의한 시효중단의 효력은 가압류의 집행보전의 효력이 존속하는 동안은 계속된다(대판 2006.7.27. 2006다32781).

⑤ [옳음] 쌍무계약의 각 채무가 동시이행관계(제536조)에 있다 하여도 자기 채무를 이행하면서 상대방에게 이행청구를 할 수 있으므로 변제기로부터 소멸시효는 진행한다(대판 1991.3.22. 90다9797). 그러나 이행지체책임은 상대방의 이행제공을 받았으면서 자기 채무를 이행하지 않은 때로부터 진다(대판 2001.7.10. 2001다3764).

정답 | ③

---

007 소멸시효에 관한 설명으로 옳지 않은 것은? (다툼이 있으면 판례에 따름) 〈노무사 2018〉

① 주채무자가 소멸시효 이익을 포기하면, 보증인에게도 그 효력이 미친다.

② 소멸시효의 기간만료 전 6개월 내에 제한능력자에게 법정대리인이 없는 경우에는 그가 능력자가 되거나 법정대리인이 취임한 때부터 6개월 내에는 시효가 완성되지 않는다.

③ 시효중단의 효력 있는 승인에는 상대방의 권리에 관한 처분의 능력이나 권한 있음을 요하지 않는다.

④ 채무자가 제기한 소에 채권자인 피고가 응소하여 권리를 주장하였으나, 그 소가 각하된 경우에 6개월 이내에 재판상 청구를 하면 응소시에 소급하여 시효중단의 효력이 있다.

⑤ 당사자가 주장하는 소멸시효 기산일이 본래의 기산일보다 뒤의 날짜인 경우에는 당사자가 주장하는 기산일을 기준으로 소멸시효를 계산하여야 한다.

해설 | ① [틀림] 소멸시효이익의 포기는 상대적이며, 시효이익을 받을 자가 수인인 경우에 그 1인이 포기하더라도 다른 사람에게는 영향을 미치지 않는다. 따라서 주채무자의 시효이익의 포기는 보증인에 대해서는 그 효력이 없다(대판 1991.1.29. 89다카1114).

② [옳음] 소멸시효의 기간만료 전 6개월 내에 제한능력자에게 법정대리인이 없는 경우에는 그가 능력자가 되거나 법정대리인이 취임한 때부터 6개월 내에는 시효가 완성되지 아니한다(제179조).

③ [옳음] 시효중단의 효력 있는 승인에는 상대방의 권리에 관한 처분의 능력이나 권한 있음을 요하지 아니한다(제177조).

④ [옳음] 민법 제168조 제1호, 제170조 제1항에서 시효중단사유의 하나로 규정하고 있는 재판상의 청구라 함은, 통상적으로는 권리자가 원고로서 시효를 주장하는 자를 피고로 하여 소송물인 권리를 소의 형식으로 주장하는 경우를 가리키지만, 이와 반대로 시효를 주장하는 자가 원고가 되어 소를 제기한 데 대하여 피고로서 응소하여 그 소송에서 적극적으로 권리를 주장하고 그것이 받아들여진 경우도 이에 포함되고, 위와 같은 응소행위로 인한 시효중단의 효력은 피고가 현실적으로 권리를 행사하여 응소할 때에 발생한다. 한편, 권리자인 피고가 응소하여 권리를 주장하였으나 그 소가 각하되거나 취하되는 등의 사유로 본안에서 그 권리주장에 관한 판단 없이 소송이 종료된 경우에도 민법 제170조 제2항을 유추적용하여 그때부터 6월 이내에 재판상의 청구 등 다른 시효중단조치를 취하면 응소시에 소급하여 시효중단의 효력이 있는 것으로 봄이 상당하다(대판 2010.8.26. 2008다42416·42423).

⑤ [옳음] 소멸시효의 기산일은 채무의 소멸이라고 하는 법률효과 발생의 요건에 해당하는 소멸시효 기간 계산의 시발점으로서 소멸시효 항변의 법률요건을 구성하는 구체적인 사실에 해당하므로 이는 변론주의의 적용 대상이고, 따라서 본래의 소멸시효 기산일과 당사자가 주장하는 기산일이 서로 다른 경우에는 변론주의의 원칙상 법원은 당사자가 주장하는 기산일을 기준으로 소멸시효를 계산하여야 하는데, 이는 당사자가 본래의 기산일보다 뒤의 날짜를 기산일로 하여 주장하는 경우는 물론이고 특별한 사정이 없는 한 그 반대의 경우에 있어서도 마찬가지이다(대판 1995.8.25. 94다35886).

정답 | ①

008 소멸시효기간의 기산점에 관한 설명으로 옳은 것은? (다툼이 있는 경우 판례에 따름) 〈노무사 2016〉

① 불확정기한부 권리는 채권자가 기한 도래 사실을 안 때로부터 소멸시효가 진행한다.
② 동시이행항변권이 붙은 채권은 이행기가 도래하더라도 소멸시효가 진행하지 않는다.
③ 이행불능으로 인한 손해배상청구권은 이행불능이 된 때로부터 소멸시효가 진행한다.
④ 선택채권은 선택권을 행사한 때로부터 소멸시효가 진행한다.
⑤ 부작위를 목적으로 하는 채권은 성립시부터 소멸시효가 진행한다.

해설 | ① [틀림] 불확정기한부 채권은 불확정기한이 객관적으로 도래한 때가 소멸시효의 기산점이다.

② [틀림] 쌍무계약의 각 채무가 동시이행관계에 있다 하여도 자기 채무를 이행하면서 상대방에

게 이행청구를 할 수 있으므로 변제기로부터 소멸시효는 진행한다(대판 1991.3.22. 90다9797).

③ [옳음] 손해배상청구권은 채무불이행이 있어야 비로소 발생하기 때문에 채무불이행시로부터 소멸시효가 진행된다(대판 2005.1.14. 2002다57119).

④ [틀림] 선택채권은 선택권을 행사할 수 있는 때로부터 소멸시효가 진행된다(대판 1965.8.24. 64다1156).

⑤ [틀림] 민법 제166조 제2항

> **제166조(소멸시효의 기산점)** ② 부작위를 목적으로 하는 채권의 소멸시효는 위반행위를 한 때로부터 진행한다.

정답 | ③

009 소멸시효의 중단에 관한 설명으로 옳지 않은 것은? (다툼이 있는 경우 판례에 의함) 〈노무사 2010〉

① 시효의 중단은 당사자 및 그 승계인 간에만 효력이 있다.
② 당연무효인 가압류신청은 시효중단의 효력이 없다.
③ 가압류에 의한 시효중단의 효력은 가압류의 집행보전의 효력이 존속하는 동안은 계속된다.
④ 시효중단의 효력이 있는 승인에는 상대방의 권리에 관한 처분의 능력이 있음을 요한다.
⑤ 시효가 중단된 때에는 중단까지 경과한 시효기간은 이를 산입하지 않고 중단사유가 종료한 때로부터 새로이 진행한다.

해설 | ① [옳음] 시효중단은 당사자 및 그 승계인에 있어서만 효력이 있으며(제169조), 당사자란 시효중단행위에 관여한 당사자를 말하고, 권리의 당사자를 의미하지 않는다(대판 1997.4.25. 96다46484).

② [옳음] 가압류 자체는 유효하여야 하므로 사망한 사람을 피신청인으로 한 가압류결정이 내려졌다고 하여도 그 결정은 당연무효로서 그 효력이 상속인에게 미치지 않고 이는 민법 제168조 제2호에 정한 소멸시효의 중단사유에 해당하지 않는다(대판 2006.8.24. 2004다26287·26294).

③ [옳음] 가압류에 의한 집행보전의 효력이 존속하는 동안은 가압류채권자에 의한 권리행사가 계속되고 있다고 보아야 하므로 가압류에 의한 시효중단의 효력은 가압류의 집행보전의 효력이 존속하는 동안은 계속된다(대판 2006.7.4. 2006다32781).

④ [틀림] 승인을 함에는 상대방의 권리에 관한 처분의 능력이나 권한 있음을 요하지 않는다(제177조).

⑤ [옳음] 시효중단으로 그때까지 경과한 기간은 소멸시효기간에 산입하지 않는다(제178조 제1항 전단).

정답 | ④

010 소멸시효 중단사유에 해당하는 것은? (다툼이 있으면 판례에 의함) 〈노무사 2014〉

① 채권자의 유효한 압류
② 정지조건부 권리에서 조건의 성취
③ 법정대리인의 동의 없이 한 미성년자의 채무승인
④ 채무자의 채권자에 대한 동시이행의 항변권 행사
⑤ 물상보증인이 제기한 저당권설정등기의 말소등기절차이행청구소송에서 채권자의 응소행위

해설 | ① [해당한다] 압류(제168조 제2호)란 금전채권의 실행을 확보하기 위해 집행기관이 확정판결 기타의 집행권원에 기하여 채무자의 재산처분을 금하는 강제집행이다. 시효중단의 효력은 집행신청 시에 발생한다.

② [해당하지 않는다] 조건의 성취는 소멸시효의 중단사유가 아니고 소멸시효가 진행하는 기산점을 의미한다. 즉, 소멸시효는 객관적으로 권리가 발생하여 그 권리를 행사할 수 있는 때로부터 진행하고 그 권리를 행사할 수 없는 동안만은 진행하지 않는다. 예컨대 기간의 미도래나 조건불성취 등이 있는 경우를 말하는 것이고, 사실상 권리의 존재나 권리행사 가능성을 알지 못하였고 알지 못함에 과실이 없다고 하여도 법률상 장애사유에 해당하지 않는다(대판 2010.9.9. 2008다15865).

③ [해당하지 않는다] 승인을 함에는 상대방의 권리에 관한 처분의 능력이나 권한 있음을 요하지 않는다(제177조). 그렇다고 하더라도 승인자에게는 그 권리를 관리할 능력이나 권한은 있어야 한다. 또한 관념의 통지에 대하여 의사표시의 규정이 유추적용되므로 승인하는 당사자에게는 행위능력이 필요하다. 따라서 피성년후견인의 승인, 법정대리인의 동의 없는 미성년자와 피한정후견인의 승인은 이를 취소할 수 있다. 그러므로 법정대리인의 동의 없는 미성년자의 채무승인은 소멸시효의 중단사유에 해당하지 않는다.

④ [해당하지 않는다] 이행기가 도래한 후 반대급부를 제공함과 동시에 자신의 채권을 행사할 수 있으므로 이행기부터 소멸시효가 진행한다. 부동산에 대한 매매대금채권이 소유권이전등기청구권과 동시이행의 관계에 있지만, 매도인은 매매대금의 지급기일 이후 언제라도 그 지급청구를 할 수 있으므로 그때부터 소멸시효가 진행된다(대판 1993.12.13. 93다27314).

⑤ [해당하지 않는다] 시효를 주장하는 자가 원고가 되어 소를 제기한 데에 대하여 피고로서 응소하여 그 소송에서 적극적으로 권리를 주장하고 그것이 받아들여진 경우도 시효중단사유인 재판상 청구에 해당한다(대판 1993.12.21. 92다47861 전원합의체). 그러나 물상보증인이 그 피담보채무의 부존재 또는 소멸을 이유로 제기한 저당권설정등기 말소등기절차이행청구소송에서 채권자 겸 저당권자가 청구기각의 판결을 구하고 피담보채권의 존재를 주장하였다고 하더라도 이는 의무 없는 자의 소송에 대하여 채권자가 응소한 경우로써 직접 채무자에 대하여 재판상 청구를 한 것으로 볼 수는 없는 것이므로 피담보채권의 소멸시효에 관하여 규정한 민법 제168조 제1호 소정의 '청구'에 해당하지 아니한다(대판 2004.1.16. 2003다30890).

정답 | ①

011 재판상 청구로서 시효중단의 효력이 발생하지 않는 것은? (다툼이 있으면 판례에 의함)

〈노무사 2013〉

① 채권양도의 대항요건을 갖추지 못한 상태에서 대여금채권의 양수인이 채무자를 상대로 그 대여금채무의 이행을 구하는 소를 제기한 경우
② 권리자가 응소하여 적극적으로 권리를 주장하였으나 소가 각하되어 본안판단 없이 소송이 종료되고 다른 조치 없이 6월이 경과한 경우
③ 소유권이전등기청구권이 발생한 기본적 법률관계에 해당하는 매매계약을 기초로 하여 건축주의 명의변경을 구하는 소를 제기한 경우
④ 오납한 조세에 대한 부당이득반환청구권을 실현하기 위하여 과세처분 무효확인의 소를 제기한 경우
⑤ 임금채권을 실현하기 위하여 파면처분 무효확인의 소를 제기한 경우

해설 | ① **[시효가 중단된다]** 채권의 양수인이 채권양도의 대항요건을 갖추지 못한 상태에서 채무자를 상대로 재판상의 청구를 한 경우에도 소멸시효 중단사유인 재판상의 청구로 인정된다(대판 2005.11.10. 2005다41818).

② **[시효가 중단되지 않는다]** 소의 각하 등에 의하여 시효중단의 효력이 일단 부정되었더라도 6개월 이내에 재판상의 청구, 파산절차 참가, 압류 또는 가압류·가처분을 한 때에는 시효는 **최초의 재판상 청구로 인하여 중단**된 것으로 본다(제170조 제2항).

③ **[시효가 중단된다]** 소유권이전등기청구권이 발생한 기본적 법률관계에 해당하는 매매계약을 기초로 하여 건축주명의변경을 구하는 소가 소유권이전등기청구권의 소멸시효를 중단시키는 재판상 청구에 포함된다(대판 2011.7.14. 2011다19737).

④ **[시효가 중단된다]** 오납한 조세에 대한 부당이득반환청구권을 실현하기 위한 수단이 되는 과세처분의 취소 또는 무효확인을 구하는 소는 비록 행정소송이라고 할지라도 조세환급을 구하는 부당이득반환청구권의 소멸시효중단사유인 재판상 청구에 해당한다(대판 1992.3.31. 91다32053 전원합의체).

⑤ **[시효가 중단된다]** 파면된 사립학교교원이 학교법인을 상대로 제기한 파면처분효력정지가처분 및 무효확인의 소는 보수금채권을 실현하는 수단이라는 성질을 가지고 있으므로 무효확인의 소의 제기에 의하여 그 시효중단이 인정된다(대판 1978.4.11. 77다2509). 그러나 **파면처분무효확인청구의 소는 퇴직급여청구권에 대한 소멸시효 중단사유에 해당하지 않는다**(대판 1990.8.14. 90누2024).

정답 | ②

012 소멸시효에 관한 설명으로 옳지 않은 것은? (다툼이 있는 경우에는 판례에 의함) 〈노무사 2012〉

① 지급명령에서 확정된 채권은 단기의 소멸시효에 해당하더라도 그 소멸시효기간이 10년으로 연장된다.

② 권리자의 개인적 사정이나 법률지식의 부족과 같은 사실상 장애는 소멸시효의 진행에 영향을 미치지 않는다.

③ 채무자가 소멸시효 완성 후 채무를 승인하였다면 시효완성의 사실을 알고 그 이익을 포기한 것이라고 추정할 수 있다.

④ 채권자대위소송이 제3채무자는 채무자의 채권자에 대한 소멸시효 완성의 항변을 원용할 수 없다.

⑤ 특정한 채무의 이행을 청구할 수 있는 기간을 제한하고 그 기간을 도과할 경우 채무가 소멸하도록 하는 약정은 무효이다.

해설 | ① [옳음] 단기의 소멸시효에 걸리는 것이라도 확정판결을 받은 권리의 소멸시효는 10년으로 연장된다. 여기에는 지급명령이 확정된 채권도 포함된다. 이는 10년보다 장기의 소멸시효를 10년으로 단축한다거나 또는 본래 소멸시효의 대상이 아닌 권리가 확정판결을 받음으로써 10년의 소멸시효에 걸린다는 의미가 아니다(대판 1981.3.24. 80다1888·1889).

② [옳음] 소멸시효는 객관적으로 권리가 발생하여 그 권리를 행사할 수 있는 때로부터 진행하고 그 권리를 행사할 수 없는 동안만은 진행하지 않는다. 예컨대 기간의 미도래나 조건불성취 등이 있는 경우를 말하는 것이고, 사실상 권리의 존재나 권리행사 가능성을 알지 못하였고 알지 못함에 과실이 없다고 하여도 이러한 사유는 법률상 장애사유에 해당하지 않는다(대판 2010.9.9. 2008다15865).

③ [옳음] 채무자가 소멸시효 완성 후 채무를 일부변제한 때에는 그 액수에 관하여 다툼이 없는 한 그 채무 전체를 묵시적으로 승인한 것으로 보아야 하고, 이 경우 시효완성의 사실을 알고 그 이익을 포기한 것으로 추정된다(대판 2010.5.13. 2010다6345).

④ [옳음] 채권자대위권행사를 통해 채권자의 청구를 받은 제3채무자는 채무자가 채권자에 대하여 가지는 항변으로 대항할 수 없으므로 채권자대위소송의 제3채무자는 채무자의 채권자에 대한 소멸시효 완성의 항변을 원용할 수 없다(대판 2008.1.31. 2007다64471).

⑤ [틀림] 법률행위에 의하여 소멸시효를 배제, 연장 또는 가중하는 것은 허용되지 않는다(제184조 제2항 전단). 이와는 달리 법률행위에 의하여 소멸시효를 단축 또는 경감하는 것은 허용된다(제184조 제2항 후단). 따라서 시효기간을 단축하는 것, 시효의 기산점을 앞당기는 것 또는 법정시효중단사유의 일부만을 인정하는 것 등은 유효하다(대판 2006.4.14. 2004다70253).

정답 | ⑤

013 소멸시효에 관한 설명으로 옳지 않은 것은? (다툼이 있으면 판례에 따름) 〈노무사 2020〉

① 변론주의의 원칙상 법원은 당사자가 주장하는 기산점을 기준으로 소멸시효를 계산하여야 한다.
② 매수인이 목적부동산을 인도받아 계속 점유하고 있다면 그 소유권이전등기청구권의 소멸시효는 진행하지 않는다.
③ 계속적 물품공급계약에 기하여 발생한 외상대금채권은 특별한 사정이 없는 한 거래종료일로부터 외상대금채권 총액에 대하여 한꺼번에 소멸시효가 기산한다.
④ 건물신축공사도급계약에서의 수급인의 도급인에 대한 저당권설정청구권의 소멸시효기간은 3년이다.
⑤ 변론주의 원칙상 당사자의 주장이 없으면 법원은 소멸시효의 중단에 관해서 직권으로 판단할 수 없다.

해설 │ ① [옳음] 소멸시효의 기산일은 채무의 소멸이라고 하는 법률효과 발생의 요건에 해당하는 소멸시효 기간 계산의 시발점으로서 소멸시효 항변의 법률요건을 구성하는 구체적인 사실에 해당하므로 이는 변론주의의 적용 대상이고, 따라서 본래의 소멸시효 기산일과 당사자가 주장하는 기산일이 서로 다른 경우에는 **변론주의의 원칙상 법원은 당사자가 주장하는 기산일을 기준으로 소멸시효를 계산하여야 하는데**, 이는 당사자가 본래의 기산일보다 뒤의 날짜를 기산일로 하여 주장하는 경우는 물론이고 특별한 사정이 없는 한 그 반대의 경우에 있어서도 마찬가지이다(대판 1995.8.25. 94다35886).

② [옳음] 부동산매수인의 소유권이전등기청구권도 형식주의를 취하고 있는 현행민법 하에서는 채권적 청구권이므로 10년의 소멸시효에 걸리지만, 매수인이 매매목적물인 부동산을 인도받아 점유하고 있는 이상 매매대금의 지급 여부와는 관계없이 그 소멸시효가 진행되지 아니한다(대판 1976.11.6. 76다148 전원합의체 등).

③ [틀림] 계속적 물품공급계약에 기하여 발생한 외상대금채권은 특별한 사정이 없는 한 **각 외상대금채권이 발생한 때로부터 소멸시효가 진행한다고 볼 것이지 거래종료일부터 기산하여야 한다고 할 수 없다**(대판 1992.1.21. 91다10152).

④ [옳음] 도급받은 공사의 공사대금채권은 민법 제163조 제3호에 따라 3년의 단기소멸시효가 적용되고, 공사에 부수되는 채권도 마찬가지인데, 민법 제666조에 따른 저당권설정청구권은 공사대금채권을 담보하기 위하여 저당권설정등기절차의 이행을 구하는 채권적 청구권으로서 공사에 부수되는 채권에 해당하므로 소멸시효기간 역시 3년이다(대판 2016.10.27. 2014다211978).

⑤ [옳음] 민사소송절차에서 변론주의 원칙은 권리의 발생·변경·소멸이라는 법률효과 판단의 요건이 되는 주요사실에 관한 주장·증명에 적용된다. 따라서 **권리를 소멸시키는 소멸시효 항변은 변론주의 원칙에 따라 당사자의 주장이 있어야만 법원의 판단대상이 된다**(대판 2017.3.22. 2016다258124).

정답 │ ③

014 소멸시효에 관한 설명으로 옳지 않은 것은? (다툼이 있으면 판례에 따름) 〈노무사 2021〉

① 공유관계가 존속하는 한 공유물분할청구권은 소멸시효에 걸리지 않는다.

② 소멸시효는 그 기산일에 소급하여 효력이 생긴다.

③ 정지조건부채권의 소멸시효는 조건성취 시부터 진행된다.

④ 시효중단의 효력있는 승인에는 상대방의 권리에 관한 처분의 능력이나 권한있음을 요하지 아니한다.

⑤ 천재지변으로 인하여 소멸시효를 중단할 수 없을 경우, 그 사유가 종료한 때로부터 6월내에는 시효가 완성되지 아니한다.

해설 | ① [옳음] 공유물분할청구권(제268조)과 같이 일정한 법률관계가 존재하는 경우에 반드시 그에 수반하여 존재하는 권리는 그 기초가 되는 권리관계가 존속하는 동안은 독립하여 소멸시효에 걸리지 않는다(대판 1981.3.24. 80다1888·1889).

② [옳음] 소멸시효는 그 기산일에 소급하여 효력이 생긴다(제167조).

③ [옳음] 조건이 성취되어야 권리행사가 가능하므로, 조건의 성취시가 소멸시효의 기산점이다.

④ [옳음] 시효중단의 효력 있는 승인에는 상대방의 권리에 관한 처분의 능력이나 권한 있음을 요하지 아니한다(제177조).

⑤ [틀림] 천재 기타 사변으로 인하여 소멸시효를 중단할 수 없을 때에는 그 사유가 종료한 때로부터 1월내에는 시효가 완성하지 아니한다(제182조).

정답 | ⑤

PART 02

채권총론

CH 01 채권의 목적
CH 02 채권의 효력
CH 03 다수당사자의 채권관계
CH 04 채권양도와 채무인수
CH 05 채권의 소멸

CHAPTER 01 채권의 목적

001 민법상 채권의 목적에 관한 설명으로 옳지 않은 것은? (다툼이 있으면 판례에 따름) 〈노무사 2022〉

① 선택채권의 경우, 특별한 사정이 없는 한 선택의 효력은 소급하지 않는다.
② 금전으로 가액을 산정할 수 없는 것이라도 채권의 목적으로 할 수 있다.
③ 종류채권의 경우, 목적물이 특정된 때부터 그 특정된 물건이 채권의 목적물이 된다.
④ 특정물매매계약의 매도인은 특별한 사정이 없는 한 그 목적물을 인도할 때까지 선량한 관리자의 주의로 그 물건을 보존하여야 한다.
⑤ 금전채무에 관하여 이행지체에 대비한 지연손해금 비율을 따로 약정한 경우, 그 약정은 일종의 손해배상액의 예정이다.

해설 | ① [틀림] 선택의 효력은 채권발생 당시로 소급한다. 다만 선택의 소급효로 인해 제3자의 이익을 해하지는 못한다(제386조).
② [옳음] 채권의 목적은 대부분 금전적 차기를 지니지만, 예컨대 새벽에는 공사를 진행하지 않기로 약정한 부작위채권과 같이 금전으로 가액을 산정할 수 없는 것이라도 채권의 목적으로 할 수 있다(제373조).
③ [옳음] 특정에 의해 종류채권은 채권관계의 동일성을 유지하며 특정물의 인도를 목적으로 하는 채권으로 전환되고, 채무자는 특정물의 보존에 대한 '선관주의의무'를 부담하게 된다(제374조).
④ [옳음] 채무자는 계약이 성립한 때부터 특정물을 '실제로 인도할 때까지' 선량한 관리자의 주의로 보존해야 한다(제392조).
⑤ [옳음] 금전채무에 관하여 이행지체에 대비한 지연손해금비율을 따로 약정한 경우에 이는 일종의 손해배상액의 예정으로서 민법 제398조에 의한 감액의 대상이 된다(대판 2017.5.30. 2016다275402).

정답 | ①

002 甲은 乙의 농장에서 키우는 유일한 진돗개 A를 매수하면서, 1주일 후 잔금지급과 동시에 A를 인도받기로 하였다. 이에 대한 설명으로 옳지 않은 것은? (단, 담보책임의 문제는 논외로 하며, 다툼이 있는 경우에는 판례에 의함) 〈노무사 2010〉

① 乙은 다른 약정이 없는 한 A를 자신의 농장에서 甲에게 인도하면 된다.
② 乙이 선관주의의무를 다하여 A를 관리하였으나 丙이 A를 훔쳐간 경우, 乙은 甲에게 손해를 배상할 책임이 없다.

③ 乙이 선관주의의무를 다하여 A를 관리하였는지 여부에 대한 증명책임은 甲에게 있다.

④ 乙이 선관주의의무를 다하여 A를 관리할 의무는 A에 대한 매매계약이 성립한 시점부터 발생한다.

⑤ 乙이 선관주의의무를 다하여 A를 관리하였으나 A가 질병에 걸린 경우, 乙은 A를 현상 그대로 인도하면 된다.

해설 | ① [옳음] 채무의 성질 또는 당사자의 의사표시로 변제장소를 정하지 아니한 때에는 특정물의 인도는 채권성립 당시에 그 물건이 있던 장소에서 하여야 한다(제467조). 따라서 특정물인 진돗개 A의 매도인 乙은 채권성립 당시에 진돗개가 있던 장소인 농장에서 인도하면 된다.

② [옳음] 특정물의 인도가 채권의 목적인 때에는 채무자는 그 물건을 (실제로) 인도하기까지 선량한 관리자의 주의로 보존하여야 한다(제374조). 특정물채무자가 선관주의를 위반하여 목적물이 멸실·훼손되었다면 채무자는 손해배상책임을 진다. 그러나 채무자가 선관주의를 다하였다면 목적물이 멸실·훼손되어도 과실책임의 원칙상 채무자는 손해배상책임을 지지 않는다. 따라서 지문의 경우 乙은 甲에게 손해배상책임을 지지 않는다.

③ [틀림] 채무자가 선관주의를 게을리하여 목적물을 훼손 또는 멸실케 한 경우에는 손해배상의무를 부담한다. 선관주의를 다하였다는 사실은 채무자가 증명하여야 한다. 따라서 증명책임은 채무자인 乙에게 있다.

④ [옳음] 선관주의의무는 특정물 인도채무의 성립시에 발생하므로 채무자는 특정물 인도채무의 성립시부터 실제로 인도할 때까지 선관주의의무를 가지고 그 물건을 보존해야 한다(제374조).

⑤ [옳음] 특정물 인도채무의 경우 이행기의 현상대로 그 물건을 인도하여야 한다(제462조).

정답 | ③

003 채권의 목적과 관련된 민법의 규정에 관한 설명으로 옳은 것은? 〈노무사 2010〉

① 채권의 목적이 어느 종류의 다른 나라 통화로 지급할 것인 경우에 그 통화가 변제기에 강제통용력을 잃은 때에는 우리나라 통화로 변제하여야 한다.

② 채권액이 다른 나라의 통화로 지정된 때에는 채무자는 지급할 때에 있어서의 이행지의 환금시가에 의하여 우리나라 통화로 변제할 수 있다.

③ 채권성립 후 선택권 없는 당사자의 과실로 급부가 불능으로 된 경우, 선택권자는 불능으로 된 급부를 선택할 수 없다.

④ 채권의 목적이 수개의 행위 중에서 선택에 좇아 확정될 경우에 다른 법률의 규정이나 당사자의 약정이 없으면 선택권은 채권자에게 있다.

⑤ 채권의 목적을 종류로만 지정한 경우에 법률행위의 성질이나 당사자의 의사에 의하여 품질을 정할 수 없을 때에는 그 물건의 품질은 채무자가 임의로 정하여 이행하면 된다.

해설 | ① [틀림] 채권의 목적이 어느 종류의 다른 나라 통화로 지급할 것인 경우에 그 통화가 변제기에 강제통용력을 잃은 때에는 그 나라의 다른 통화로 변제하여야 한다(제377조 제2항).

② [옳음] 채권액이 다른 나라 통화로 지정된 때에는 채무자는 지급할 때에 있어서의 이행지의 환금시가에 의하여 우리나라 통화로 변제할 수 있다(제378조). 즉 채무자에게 대용급부권을 인정한다. 따라서 외화채권은 임의채권이다.

③ [틀림] 선택권 없는 당사자의 과실로 인하여 급부의 일부가 후발적 불능이 된 때에는 선택권자의 선택권이 상실당하는 것은 부당하므로 선택권자는 불능으로 된 급부를 선택할 수 있다(제385조 제2항). 한편 급부의 일부가 원시적 불능인 경우 또는 선택권자의 과실로 후발적 불능이 된 경우 또는 당사자 쌍방의 과실 없이 후발적 불능이 된 경우에는 채권의 목적은 잔존한 것에 존재한다(제385조 제1항). 이 경우 잔존하는 급부가 하나뿐이라면 그 급부로 특정되고, 만약 잔존하는 급부가 두 개 이상이라면 그 급부들을 목적으로 하는 선택채권이 성립하므로 그 잔존급부들 중에서 특정이 이루어져야 한다.

④ [틀림] 채권의 목적이 수개의 행위 중에서 선택에 좇아 확정될 경우에 다른 법률의 규정이나 당사자의 약정이 없으면 선택권은 '채무자'에게 있다(제380조).

⑤ [틀림] 채권의 목적을 종류로만 지정한 경우에 법률행위의 성질이나 당사자의 의사에 의하여 품질을 정할 수 없는 때에는 채무자는 중등품질의 물건으로 이행하여야 한다(제375조 제1항).

정답 | ②

004 금전채무에 관한 설명으로 옳은 것은? (다툼이 있으면 판례에 따름) 〈노무사 2017〉

① 채권의 목적이 다른 나라 통화로 지급할 것인 경우, 채무자는 그 국가의 강제통용력 있는 각종 통화로 변제할 수 있다.
② 민사채권과 상사채권의 법정이율은 모두 연 5분이다.
③ 금전채무 불이행책임의 경우, 그 손해에 대한 채권자의 증명이 필요하다.
④ 금전채무의 이행지체로 인하여 발생하는 지연손해금은 3년 간의 단기소멸시효의 대상이다.
⑤ 금전채권의 경우, 특정물채권이 될 여지가 없다.

해설 | ① [옳음] 민법 제377조 제1항

> **제377조(외화채권)** ① 채권의 목적이 다른 나라 통화로 지급할 것인 경우에는 채무자는 자기가 선택한 그 나라의 각 종류의 통화로 변제할 수 있다.

② [틀림] 상법 제54조

> **상법 제54조(상사법정이율)** 상행위로 인한 채무의 법정이율은 연 6분으로 한다.

③ [틀림] 보통의 손해배상에 있어서 채권자는 손해의 발생 및 액을 입증해야만 하지만, 금전채무의 불이행에 있어서 채권자는 그 손해를 증명할 필요가 없다(제397조 제2항 전단). 즉 금전채무의 불이행은 당연히 일정한 손해를 발생케 하는 것으로 되어 있다.

④ [틀림] 금전채무의 이행지체로 인하여 발생하는 지연손해금은 그 성질이 손해배상금이지 이자

가 아니며, 민법 제163조 제1호의 1년 이내의 기간으로 정한 채권도 아니므로 3년 간의 단기소멸시효의 대상이 되지 아니한다(대판 1998.11.10. 98다42141).

⑤ [틀림] 특정금전채권은 임치나 운송·진열의 목적으로 특정의 금전을 지급할 것을 목적으로 하는 채권이다. 이는 순수한 특정물채권으로서, 금전채권으로서의 특색을 지니지 않는다.

정답 | ①

005 금전채권 및 이자채권에 관한 설명으로 옳지 않은 것은? (다툼이 있으면 판례에 따름) 〈노무사 2015〉

① 금전채무불이행의 손해배상에 관하여 채권자는 손해의 증명을 요하지 않는다.
② 금전채무불이행의 손해배상에 관하여 채무자는 과실 없음을 항변하지 못한다.
③ 금전채무의 지연손해금채무는 금전채무의 이행지체로 인한 손해배상채무로서 이행기의 정함이 없는 채무에 해당한다.
④ 원본채권이 양도된 경우 이미 변제기에 도달한 이자채권은 원본채권의 양도 당시 그 이자채권도 양도한다는 의사표시가 없어도 당연히 양도된다.
⑤ 채권의 목적이 어느 종류의 통화로 지급할 것인 경우에 그 통화가 변제기에 강제 통용력을 잃은 때에는 채무자는 다른 통화로 변제하여야 한다.

해설 | ① [옳음], ② [옳음] 민법 제398조

> **제397조(금전채무불이행에 대한 특칙)** ① 금전채무불이행의 손해배상액은 법정이율에 의한다. 그러나 법령의 제한에 위반하지 아니한 약정이율이 있으면 그 이율에 의한다.
> ② 전항의 손해배상에 관하여는 채권자는 손해의 증명을 요하지 아니하고 채무자는 과실 없음을 항변하지 못한다.

③ [옳음] 금전채무의 지연손해금채무는 이행기의 정함이 없는 채무로서, 채권자로부터 이행청구를 받은 때로부터 지체책임을 진다(대판 1998.10.11. 98다42141). 또한 그 성질이 손해배상금이지 이자가 아니므로 3년간의 단기소멸시효의 대상이 되지 아니한다(대판 2010.12.9. 2009다59237).

④ [틀림] 지분적 이자채권은 다시 변제기의 도래에 의해 구체적으로 발생한 지분권으로서의 이자채권과 아직 변제기에 도래하지 않은 지분적 이자채권으로 나누어진다. 변제기를 도과한 지분적 이자채권은 원본채권에서 독립된 존재로서 원본채권과 분리하여 양도될 수 있고 원본채권과는 별도의 시효로 인해 소멸된다. 따라서 변제기에 도달한 이자채권은 원본채권의 양도 당시 그 이자채권도 양도한다는 의사표시가 없는 한 당연히 양도되지는 않는다(대판 1989.3.28. 88다카12803).

⑤ [옳음] 외국의 금전의 급부를 목적으로 하는 채권으로, 외국금액채권의 경우에는 당사자 사이의 특약이 없는 한 채무자는 자신의 선택에 따라 그 나라의 각종 통화로 변제할 수 있다. 그러나 당사자 사이의 특약에 의해 특종 통화로 지급하기로 한 경우(상대적 금종채권)에는 그 통화로 변제하여야 한다. 다만, 그 통화가 변제기에 강제통용력을 상실한 경우에는 그 나라의 다른 통화로 변제하여야 한다(제377조 제2항).

정답 | ④

006 금전채권에 관한 설명으로 옳지 않은 것은? (다툼이 있으면 판례에 따름) 〈노무사 2020〉

① 우리나라 통화를 외화채권에 변제충당할 때 특별한 사정이 없는 한 채무이행기의 외국환시세에 의해 환산한다.
② 금전채무의 이행지체로 발생하는 지연손해금의 성질은 손해배상금이지 이자가 아니다.
③ 금전채무의 이행지체로 인한 지연손해금채무는 이행기의 정함이 없는 채무에 해당한다.
④ 금전채무의 약정이율은 있었지만 이행지체로 인해 발생한 지연손해금에 관한 약정이 없는 경우, 특별한 사정이 없는 한 지연손해금은 그 약정이율에 의해 산정한다.
⑤ 금전채무에 관하여 이행지체에 대비한 지연손해금 비율을 따로 약정한 경우, 이는 일종의 손해배상액의 예정이다.

해설 | ① [**틀림**] 채권액이 외국통화로 지정된 금전채권인 외화채권을 채무자가 우리나라 통화로 변제함에 있어서는 민법 제378조가 그 환산시기에 관하여 외화채권에 관한 같은 법 제376조·제377조 제2항의 '변제기'라는 표현과는 다르게 '지급할 때'라고 규정한 취지에서 새겨볼 때, 그 환산시기는 이행기가 아니라 "현실로 이행하는 때, 즉 현실 이행시"의 외국환시세에 의하여 환산한 우리나라 통화로 변제하여야 한다고 풀이함이 상당하다(대판 1991.3.12. 90다2147 전원합의체).

② [**옳음**], ③ [**옳음**] 금전채무의 지연손해금채무는 금전채무의 이행지체로 인한 손해배상채무로서 이행기의 정함이 없는 채무에 해당하므로, 채무자는 확정된 지연손해금채무에 대하여 채권자로부터 이행청구를 받은 때로부터 지체책임을 부담하게 된다(대판 2004.7.9. 2004다11582).

④ [**옳음**] 민법 제397조 제1항은 본문에서 금전채무불이행의 손해배상액을 법정이율에 의하도록 하고, 단서에서 '그러나 법령의 제한에 위반하지 아니한 약정이율이 있으면 그 이율에 의한다.'고 정하고 있다. 민법 제397조 제1항 단서에서 약정이율이 있으면 이에 따르도록 한 것은 약정이율이 법정이율보다 높은 경우에 법정이율에 의한 지연손해금만으로 충분하다고 하면 채무자가 이행지체로 오히려 이익을 얻게 되는 불합리가 발생하므로, 이를 고려해서 약정이율에 의한 지연손해금을 인정한 것이다(대판 2017.9.26. 2017다22407).

⑤ [**옳음**] 금전채무에 관하여 이행지체에 대비한 지연손해금비율을 따로 약정한 경우에, 이는 일종의 손해배상액의 예정으로서 민법 제398조에 의한 감액의 대상이 된다(대판 2000.7.28. 99다38637).

정답 | ①

CHAPTER 02 채권의 효력

제1절 채무불이행

001 '민법 제390조의 채무불이행책임과 제750조의 불법행위책임'(이하 '양 책임')에 관한 비교 설명으로 옳지 않은 것은? 〈노무사 2023〉

① 양 책임이 성립하기 위해서는 채무자 또는 가해자에게 귀책사유가 있어야 한다는 점에서 공통된다.
② 양 책임이 성립하는 경우, 채권자나 피해자에게 과실이 있다면 과실상계가 적용된다는 점에서 공통된다.
③ 양 책임이 성립하는 경우, 채권자나 피해자가 행사하는 손해배상채권의 소멸시효는 3년이 적용된다는 점에서 공통된다.
④ 양 책임이 성립하는 경우, 손해배상은 통상의 손해를 그 한도로 한다는 점에서 공통된다.
⑤ 양 책임이 성립하는 경우, 채무자나 가해자가 발생한 손해 전부를 배상한 때에는 손해배상자의 대위가 인정된다는 점에서 공통된다.

해설 | ① **[옳음]** 채무불이행책임과 불법행위책임 모두 귀책사유를 요구한다.
② **[옳음]**, ④ **[옳음]**, ⑤ **[옳음]** 불법행위가 성립하면 그 효과로서 손해배상책임이 발생하는데, 이에는 제393조(손해배상의 범위)·제394조(손해배상의 방법)·제396조(과실상계)·제399조(손해배상자의 대위)의 규정 등 채무불이행에 의한 손해배상책임규정이 준용된다.
③ **[틀림]** 채무불이행책임의 경우 본래의 채무의 성질에 따라 소멸시효기간이 정해진다. 일반 민사채권으로 10년의 소멸시효가 걸리는 것이 원칙이다.

> **제766조(손해배상청구권의 소멸시효)** ① 불법행위로 인한 손해배상의 청구권은 피해자나 그 법정대리인이 그 손해 및 가해자를 안 날로부터 3년간 이를 행사하지 아니하면 시효로 인하여 소멸한다.
> ② 불법행위를 한 날로부터 10년을 경과한 때에도 전항과 같다.
> ③ 미성년자가 성폭력, 성추행, 성희롱, 그 밖의 성적 침해를 당한 경우에는 해당 미성년자가 성년이 될 때까지 손해배상청구권의 소멸시효가 진행되지 아니한다.

정답 | ③

002 이행보조자에 관한 설명으로 옳은 것은? (다툼이 있으면 판례에 따름) 〈노무사 2021〉

① 이행보조자는 채무자에게 종속되어 지시·감독을 받는 관계에 있는 자를 말한다.
② 동일한 사실관계에 기하여 채무자와 이행보조자가 각 채무불이행책임과 불법행위책임을 지는 경우, 이들의 책임은 연대채무관계에 있다.
③ 채무자가 이행보조자의 선임·감독상의 주의의무를 다하더라도 채무자는 이행보조자에 의해 유발된 채무불이행책임을 면하지 못한다.
④ 이행보조자의 경과실에 대하여 채무자가 채무불이행 책임을 지지 아니한다는 내용의 특약은 원칙적으로 무효이다.
⑤ 이행보조자가 제3자를 복이행보조자로 사용하는 경우, 채무자가 이를 묵시적으로 동의했다면 복이행보조자의 경과실에 대해서 채무자는 책임을 부담하지 않는다.

해설 | ① [틀림] 민법 제391조에서의 이행보조자로서의 피용자라 함은 일반적으로 채무자의 의사관여 아래 그 채무의 이행행위에 속하는 활동을 하는 사람이면 족하고, 반드시 채무자의 지시 또는 감독을 받는 관계에 있어야 하는 것은 아니므로 채무자에 대하여 종속적인가 독립적인 지위에 있는가는 문제되지 않는다(대판 1999.4.13. 98다51077).

② [틀림] 부진정연대채무관계에 있다(대판 1994.11.11. 94다22446).

③ [옳음] 이행보조자의 행위가 채무자에 의하여 그에게 맡겨진 이행업무와 객관적, 외형적으로 관련을 가지는 경우에는 채무자는 그 행위에 대하여 책임을 져야 하고, 채무의 이행에 관련된 행위이면 가사 이행보조자의 행위가 채권자에 대한 불법행위가 된다고 하더라도 채무자가 면책될 수는 없다(대판 1990.8.28. 90다카10343).

④ [틀림] 채무자의 과실이나 이행보조자의 과실에 대한 면책특약은 그 면책의 결과가 신의칙에 반하지 않는 한 유효하다.

⑤ [틀림] 이행보조자가 채무의 이행을 위하여 제3자를 복이행보조자로서 사용하는 경우에도 채무자가 이를 승낙하였거나 적어도 묵시적으로 동의한 경우에는 채무자는 복이행보조자의 고의·과실에 관하여 민법 제391조에 의하여 책임을 부담한다(대판 2011.5.26. 2011다1330).

정답 | ③

003 채무이행에 관한 설명으로 옳지 않은 것은? (다툼이 있는 경우에는 판례에 의함) 〈노무사 2010〉

① 민법 제391조에서의 이행보조자로서의 피용자는 채무자의 지시·감독을 받는 관계에 있어야 한다.
② 매매 목적 부동산에 처분금지가처분등기와 소유권말소예고등기가 기입되어 있는 경우에는 매도인은 이와 같은 등기를 말소하여 완전한 소유권이전등기를 해 줄 의무가 있다.
③ 금전채무의 불이행으로 확정된 지연손해배상금채무는 채권자로부터 이행청구를 받은 때로부터 지체책임을 부담하게 된다.

④ 상가건물의 점포를 분양하면서 분양대금을 완납하고 건물 준공 후 공부정리가 완료되는 즉시 소유권을 이전하기로 약정한 경우, 이는 불확정기한을 이행기로 정한 것으로 보아야 한다.

⑤ 대상청구권이 인정되기 위해서는 급부가 후발적 불능이어야 하고, 급부를 불능하게 하는 사정의 결과로 채무자가 채권의 목적물에 관하여 '대신하는 이익'을 취득하여야 한다.

해설 | ① [틀림] 민법 제391조의 이행보조자로서의 피용자라 함은 일반적으로 채무자의 의사관여 아래 그 채무의 이행행위에 속하는 활동을 하는 사람이면 족하고, 반드시 채무자의 지시 또는 감독을 받는 관계에 있어야 하는 것은 아니므로 채무자에 대하여 종속적인가 또는 독립적인 지위에 있는가는 문제되지 않는다(대판 2002.7.1. 2001다44338).

② [옳음] 부동산 매매계약이 체결된 경우에는 매도인은 특별한 사정이 없는 한 제한이나 부담이 없는 소유권이전등기의무를 지는 것이므로, 매매 목적 부동산에 처분금지가처분등기와 소유권말소예고등기가 기입되어 있는 경우에는 매도인은 이와 같은 등기를 말소하여 완전한 소유권이전등기를 해 주어야 할 의무가 있다(대판 1999.7.9. 98다13754).

③ [옳음] 지연손해금채무는 이행기의 정함이 없는 채무로서, 채권자로부터 이행청구를 받은 때로부터 지체책임을 진다(대판 1998.10.11. 98다42141). 또한 그 성질이 손해배상금이지 이자가 아니므로 3년 간의 단기소멸시효의 대상이 되지 아니한다(대판 2010.12.9. 2009다59237).

④ [옳음] 상가건물의 점포를 분양하면서 분양대금을 완납하고 건물 준공 후 공부정리가 완료되는 즉시 소유권을 이전하기로 약정한 경우, 이는 불확정기한을 이행기로 정한 것으로 보아야 한다(대판 2008.12.24. 2006다25745).

⑤ [옳음] 대상청구권이 인정되기 위하여는 급부가 후발적으로 불능하게 되어야 하고, 급부를 불능하게 하는 사정의 결과로 채무자가 채권의 목적물에 관하여 '대신하는 이익'을 취득하여야 한다(대판 2003.11.14. 2003다35482).

정답 | ①

004 이행지체책임의 발생 시기에 관한 설명으로 옳지 않은 것은? (판례에 따름) 〈노무사 2018〉

① 지시채권의 경우, 기한이 도래한 후 소지인이 그 증서를 제시하여 이행을 청구한 때로부터 지체책임을 진다.

② 동시이행관계에 있는 채무는 상대방이 채무의 이행을 제공하지 않는 한, 이행기가 도래하여도 지체책임을 지지 않는다.

③ 불확정기한부 채무의 경우, 기한 도래 사실의 인식여부를 불문하고 기한이 객관적으로 도래한 때로부터 지체책임을 진다.

④ 채무이행의 기한이 없는 경우, 채무자는 이행청구를 받은 때부터 지체책임을 진다.

⑤ 불법행위로 인한 손해배상채무는 원칙적으로 그 성립과 동시에 당연히 이행지체가 성립된다.

해설 | ① [옳음] 증서에 변제기한이 있는 경우에도 그 기한이 도래한 후에 소지인이 증서를 제시하여 이행을 청구한 때로부터 채무자는 지체책임이 있다(제517조).

② [옳음] 쌍무계약에서 쌍방의 채무가 동시이행관계에 있는 경우, 일방의 채무의 이행기가 도래하더라도 상대방채무의 이행제공이 있을 때까지는 그 채무를 이행하지 않아도 이행지체의 책임을 지지 않는 것이고, 이와 같은 효과는 이행지체의 책임이 없다고 주장하는 자가 반드시 동시이행의 항변권을 행사하여야만 발생하는 것은 아니다(대판 1998.3.13. 97다54604·54611 등).

③ [틀림] 채무의 이행에 관하여 불확정기한이 있는 경우에는 채무자는 그 기한이 도래함을 안 때로부터 지체책임을 진다(제387조 제1항).

④ [옳음] 채무의 이행에 관하여 기한의 정함이 없는 경우에는 채무자는 이행의 청구(즉 최고)를 받은 때로부터 지체의 책임을 진다(제387조 제2항).

⑤ [옳음] 최고를 기다리지 않고서 불법행위시로부터, 즉 손해배상채무의 성립과 동시에 당연히 지체가 된다(대판 1966.10.21. 64다1102).

정답 | ③

005 민법상 채무의 종류에 따른 이행지체책임의 발생시기가 잘못 연결된 것을 모두 고른 것은? (당사자 사이에 다른 약정은 없으며, 다툼이 있으면 판례에 따름) 〈노무사 2023〉

> ㄱ. 부당이득반환채무 — 수익자가 이행청구를 받은 때
> ㄴ. 불확정기한부 채무 — 채무자가 기한의 도래를 안 때
> ㄷ. 동시이행의 관계에 있는 쌍방의 채무 — 쌍방의 이행제공 없이 쌍방 채무의 이행기가 도래한 때

① ㄱ ② ㄴ ③ ㄷ ④ ㄱ, ㄴ ⑤ ㄴ, ㄷ

해설 | ㄱ [옳음] 부당이득반환의무는 이행기한의 정함이 없는 채무이므로 그 채무자는 이행청구를 받은 때에 비로소 지체책임을 진다(대판 2017.3.30. 2016다253297).

> **제387조(이행기와 이행지체)** ② 채무이행의 기한이 없는 경우에는 채무자는 이행청구를 받은 때로부터 지체책임이 있다.

ㄴ [옳음]

> **제387조(이행기와 이행지체)** ① 채무이행의 확정한 기한이 있는 경우에는 채무자는 기한이 도래한 때로부터 지체책임이 있다. 채무이행의 불확정한 기한이 있는 경우에는 채무자는 기한이 도래함을 안 때로부터 지체책임이 있다.

ㄷ [틀림] 동시이행관계에 있는 채무의 경우 이행의 제공이 계속되지 않는 경우는 과거에 이행의 제공이 있었다는 사실만으로 상대방이 가지는 동시이행의 항변권이 소멸하는 것은 아니므로, 그 제공이 계속되지 아니하는 기간 동안에는 상대방의 의무가 이행지체 상태에 빠졌다고 할 수는 없다(대판 1999.7.9. 98다13754).

정답 | ③

006 채무자의 이행지체책임 발생시기로 옳은 것을 모두 고른 것은? (판례에 따름) 〈노무사 2020〉

> ㄱ. 불확정기한부 채무의 경우, 채무자가 기한이 도래함을 안 때
> ㄴ. 부당이득반환채무의 경우, 수익자가 이행청구를 받은 때
> ㄷ. 불법행위로 인한 손해배상채무의 경우, 가해자가 피해자로부터 이행청구를 받은 때

① ㄱ ② ㄱ, ㄴ ③ ㄱ, ㄷ
④ ㄴ, ㄷ ⑤ ㄱ, ㄴ, ㄷ

해설 | ㄱ [**옳음**] 채무의 이행에 관하여 불확정기한이 있는 경우에는 채무자는 그 기한이 도래함을 안 때로부터 지체책임을 진다(제387조 제1항).

ㄴ [**옳음**] 부당이득반환채무는 이행의 기한이 없는 채무로서 이행청구를 받은 때로부터 지체책임이 있다(대판 2008.2.1. 2007다8914).

ㄷ [**틀림**] 최고를 기다리지 않고서 불법행위시로부터, 즉 손해배상채무의 성립과 동시에 당연히 지체가 된다(대판 1966.10.21. 64다1102).

정답 | ②

007 채무불이행에 관한 설명으로 옳은 것은? (다툼이 있으면 판례에 따름) 〈노무사 2017〉

① 기한이 정해져 있는 지시채권이나 무기명채권의 경우에는 그 증서의 제시 없이도 이행기에 도달하면 당연히 지체책임을 진다.
② 당사자가 불확정한 사실이 발생한 때를 이행기한으로 정한 경우에는 그 사실이 발생한 때는 물론 그 사실의 발생이 불가능하게 된 때에도 이행기한은 도래한 것으로 보아야 한다.
③ 부동산 이중매매의 경우, 제1매수인이 아닌 제2매수인과 그 부동산에 관한 매매계약이 체결된 사실이 있으면, 이행불능으로서 채무불이행에 해당한다.
④ 부동산의 이중매매에서 매매목적물을 제2매수인에게 처분한 가격이 통상가격을 넘는 경우, 그 처분가격이 매도인의 제1매수인에 대한 배상액 산정의 기준이 된다.
⑤ 아파트 광고모델계약을 체결하면서 품위유지약정을 한 유명 연예인이 남편과의 물리적 충돌로 멍들고 부은 얼굴 등을 언론에 공개한 행위는 채무불이행에 해당하지 않는다.

해설 | ① [**틀림**] 지시채권과 무기명채권 혹은 면책증권의 채무자는 그 이행에 관하여 기한이 정하여져 있더라도 그 기한이 도래한 후 소지인이 그 증서를 제시하여 이행을 청구한 때부터 지체의 책임을 진다(제517조, 제524조, 제526조).

② [**옳음**] 당사자가 불확정한 사실이 발생한 때를 이행기로 정한 경우에는 그 사실이 발생한 때는 물론 그 사실의 발생이 불가능하게 된 때에도 이행기는 도래한 것으로 보아야 한다(대판 2002.3.29. 2001다41766).

③ [틀림] 매매목적물에 관하여 이중으로 제3자와 매매계약을 체결하였다는 사실만 가지고는 매매계약이 법률상 이행불능이라고 할 수 없다(대판 1996.7.26. 96다14616).

④ [틀림] 부동산매매에 있어 매도인이 매매목적물을 2중으로 양도하여 제3자에게 소유권이전등기를 하여 줌으로써 매수인에 대한 소유권이전등기의무가 이행불능된 경우 그 손해배상의 액은 특별한 사정이 없는 한 제3자에게 소유권이전등기를 넘겨준 날 현재의 시가상당액이라고 할 것이다(대판 1994.1.11. 93다17638). 즉 이행불능시의 손해배상액 산정시기는 이행불능 당시이다.

⑤ [틀림] 아파트 광고모델계약을 체결하면서 품위유지약정을 한 유명 연예인이 남편과의 물리적 충돌로 멍들고 부은 얼굴 등을 언론에 공개한 행위는, 품위유지약정을 위반한 것으로서 광고주에게 채무불이행으로 인한 손해배상책임을 진다(대판 2009.5.28. 2006다32354).

정답 | ②

008 채무불이행에 관한 설명으로 옳은 것은? (다툼이 있는 경우 판례에 의함) 〈노무사 2013〉

① 채무불이행의 불확정기한이 있는 경우에는 채무자는 이행청구를 받은 때로부터 지체책임이 있다.

② 채권자가 강제이행을 청구하였다면, 이와 별도로 손해배상을 청구할 수는 없다.

③ 채무불이행으로 인하여 재산상 손해가 발생한 경우, 그 손해의 배상으로 회복할 수 없는 정신적 고통은 통상손해로서 배상범위에 포함된다.

④ 채무자의 채무이행과 관련된 이행보조자의 행위가 채권자에 대한 불법행위가 되면 채무자는 채무불이행책임을 면한다.

⑤ 이행불능으로 인한 전보배상의 기준은 이행불능 당시의 목적물의 시가에 의하지만, 그 후 목적물의 시가가 등귀한 경우에는 채무자가 이를 알았거나 알 수 있었던 경우에 한하여 특별손해로서 배상범위에 포함된다.

해설 | ① [틀림] 채무의 이행에 관하여 불확정기한이 있는 경우에는 '채무자가 그 기한이 도래함을 안 때'부터 지체책임을 부담한다(제387조 제1항).

② [틀림] 채권자가 강제이행을 청구하였다면, 이와 별도로 손해배상을 청구할 수는 있다. 즉 강제이행의 청구는 손해배상청구에 영향을 미치지 않는다(제389조 제4항).

③ [틀림] 민법은 이에 관해 불법행위에서만 명문의 규정을 두고 있으나, 통설과 판례는 채무불이행에 있어서도 이 규정의 유추적용을 인정하며 이를 특별한 손해로 보고 있다. 즉, 일반적으로 건물신축 도급계약에 있어서 수급인이 신축한 건물에 하자가 있는 경우 도급인이 하자의 보수나 손해배상만으로는 회복될 수 없는 정신적 고통을 입었다는 특별한 사정이 있고 수급인이 이와 같은 사정을 알았거나 알 수 있었을 경우에 한하여 정신적 고통에 대한 위자료를 인정할 수 있다(대판 2004.11.12. 2002다53865). 이 외에 위임이나 임대차(대판 1994.12.13. 93다59779)의 경우와 같이 신뢰를 바탕으로 형성된 계약관계에 있어 정신적 고통에 대한 손해배상청구를 인정한다.

④ [틀림] 채무자는 이행보조자에 의한 주된 급부채무의 이행행위뿐만 아니라 종된 급부의무와 보호의무의 이행행위에 대해서도 채무불이행 책임을 부담한다. 이는 채무이행과 실질적으로 관련된 고의·과실에 의한 손해야기행위에 한하는 것이므로, 보조행위의 기회를 이용하여 발생한 모든 일탈행위에 대해서까지 책임을 지는 것은 아니고, 이행보조자의 이행업무와 객관적·외형적으로 관련된 것이면 보조자의 행위가 채권자에 대해서 불법행위가 되더라도 채무자는 면책될 수 없다(대판 2008.2.15. 2005다69458).

⑤ [옳음] 채무자의 부동산에 관한 소유권이전등기 의무가 이행불능으로 된 경우 그 손해배상액은 원칙적으로 이행불능 당시의 목적물의 시가 상당액인 통상손해에 의하여야 하고, 그 후 목적물의 시가가 등귀하였다고 하더라도 그로 인한 손해는 특별한 사정에 의한 것이어서 채무자가 이행불능 당시 그와 같은 특별한 사정을 알았거나 알 수 있었을 경우에 한하여 그 등귀한 가격에 의한 손해배상을 청구할 수 있다고 할 것이다(대판 2005.9.15. 2005다29474).

정답 | ⑤

009 채무불이행책임에 관한 설명으로 옳은 것은? (다툼이 있으면 판례에 따름) 〈노무사 2021〉

① 강제이행과 손해배상청구는 양립할 수 없다.
② 채권자의 단순한 부주의라도 그것이 손해확대의 원인이 되는 경우, 이를 이유로 과실상계 할 수 있다.
③ 하는 채무에 대한 대체집행은 허용되지 않는다.
④ 손해배상청구권의 소멸시효는 본래의 채권을 행사할 수 있는 때로부터 진행된다.
⑤ 채무불이행으로 인하여 채권자의 생명침해가 있는 경우, 채권자의 직계존속은 민법 제752조를 유추적용하여 채무불이행을 이유로 한 위자료를 청구할 수 있다.

해설 | ① [틀림] 강제이행의 청구는 손해배상의 청구에 영향을 미치지 아니한다(제389조 제4항). 따라서 강제이행이 있더라도 지연손해 등 채무불이행에 의한 손해가 있으면 그 배상을 청구할 수 있다.

② [옳음] 제396조는 채무불이행에 관하여 채권자에게도 과실이 있는 때라고 규정하고 있지만, 채무불이행 자체뿐만 아니라 널리 손해의 발생 또는 확대에 관하여 과실이 있는 경우도 포함한다(대판 1997.2.28. 96다54560 등).

③ [틀림] 대체집행이 허용되는 것은 주는 채무 이외의 작위채무, 즉 하는 채무이다. 그러나 모든 작위채무에 대체집행이 인정되지는 않으며, 그 가운데에서 채무자의 일신에 전속하지 아니한 행위를 목적으로 하는 것, 즉「대체적 작위채무」에 한한다(제389조 제2항).

④ [틀림] 채무불이행에 따른 손해배상청구권은 채권을 행사할 수 있는 때가 아닌 채무불이행시로부터 소멸시효가 진행한다(대판 1995.6.30. 94다54269).

⑤ [틀림] 채무불이행으로 인하여 채권자의 생명침해가 있는 경우, 채권자의 직계존속은 민법 제752조를 유추적용하여 채무불이행을 이유로 한 위자료를 청구할 수 없다.

정답 | ②

010 채무불이행에 관한 설명으로 옳지 않은 것은? (다툼이 있으면 판례에 의함) 〈노무사 2014〉

① 채무자는 자기에게 과실이 없는 경우에도 특별한 사정이 없는 한 그 이행지체 중에 생긴 손해를 배상하여야 한다.
② 매매목적 부동산에 대하여 제3자의 처분금지 가처분등기가 기입된 것만으로는 바로 계약이 이행불능이 되었다고 할 수 없다.
③ 이행불능이란 사회생활상 경험법칙이나 거래상의 관념에 비추어 채권자가 채무자의 이행의 실현을 기대할 수 없는 경우를 말한다.
④ 채무자의 과실로 이행불능이 된 경우, 채권자가 계약을 해제하기 위해서는 채무자에게 상당한 기간을 정하여 이행을 최고하여야 한다.
⑤ 채무자의 귀책사유로 인하여 후발적으로 채무를 이행할 수 없게 된 경우, 채권자에게 대상청구권이 인정될 수 있다.

해설 | ① [옳음] 채무자는 자기에게 과실이 없는 경우에도 그 이행지체 중에 생긴 손해를 배상하여야 한다. 그러나 채무자가 이행기에 이행하여도 손해를 면할 수 없는 경우에는 그러하지 아니하다(제392조).

② [옳음] 매도인의 채권자가 목적물에 대하여 가압류 또는 처분금지가처분이 되어 있다고 하더라도 이것이 곧 불능이 되는 것은 아니다(대판 1999.7.9. 98다13754·13761).

③ [옳음] 급부의 불능은 단순히 절대적·물리적 불능에만 한정되지 않고, 사회생활상의 경험칙 또는 거래 관념에 비추어 채권자가 채무자의 이행을 더 이상 기대할 수 없는 경우를 의미한다(대판 1995.2.28. 94다42020).

④ [틀림] 매도인의 매매계약상의 소유권이전등기의무가 이행불능이 되어 이를 이유로 매매계약을 해제함에 있어서는 상대방의 잔대금지급의무가 매도인의 소유권이전등기의무와 동시이행관계에 있다고 하더라도 그 이행의 제공을 필요로 하는 것이 아니다(대판 2003.1.24. 2000다22850). 이행불능인 점에서는 이행기까지 기다린다는 것이 또 이행의 최고를 한다는 것이 모두 무의미하기 때문이다.

⑤ [옳음] 판례는 우리 민법에는 이행불능의 효과로서 채권자의 전보배상청구권과 계약해제권 외에 별도로 대상청구권을 규정하고 있지 않으나 해석상 대상청구권을 부정할 이유가 없다고 한다(대판 1992.5.12. 92다4581·92다4598).

정답 | ④

제2절 손해배상

011 과실상계에 관한 설명으로 옳은 것은? (다툼이 있으면 판례에 따름) 〈노무사 2019〉

① 과실상계의 비율에 대한 당사자의 주장은 법원을 구속한다.

② 배상의무자가 피해자의 과실에 관하여 주장하지 않는 경우, 법원이 이를 직권으로 심리·단할 수 없다.

③ 한 개의 손해배상청구권 중 일부가 소송상 청구된 경우, 법원은 과실상계를 함에 있어서 손해의 전액에서 과실비율에 의한 감액을 하고 그 잔액이 청구액을 초과하지 않을 경우에는 그 잔액을 인용해야 한다.

④ 채무내용에 따른 본래의 급부의 이행을 구하는 경우에도 과실상계는 적용된다.

⑤ 채무불이행에 관하여 채권자의 과실이 있고 채권자가 그로 인하여 이익을 받은 경우, 손해배상액을 산정함에 있어서 손익상계를 한 다음 과실상계를 해야 한다.

해설 | ① [틀림], ② [틀림] 법원은 손해배상청구소송에서 원고에게 과실상계의 사유가 있는 때에는 반드시 이를 참작하여야 한다(제396조·제763조). 과실상계는 단순히 채무자에게 항변권을 부여하는 것이 아니므로, 법원은 채권자나 피해자의 과실 유무를 직권조사하여야 한다(대판 1987.11.10. 87다카473 등). 그리고 과실상계사유에 관한 사실인정이나 그 비율을 정하는 것은 그것이 형평의 원칙에 비추어 현저히 불합리하다고 인정되지 않는 한 사실심의 전권사항에 속한다(대판 2008.7.10. 2006다43767 등). 즉 반드시 참작하되 어느 정도로 피해자의 과실을 참작하느냐는 법원의 재량에 맡겨져 있다(대판 1991.4.26. 90다14539).

③ [옳음] 1개의 손해배상청구권 중 일부가 소송상 청구되어 있는 경우에 과실상계를 함에 있어서는 손해의 전액에서 과실비율에 의한 감액을 하고 그 잔액이 청구권을 초과하지 않을 경우에는 그 잔액을 인용할 것이고, 잔액이 청구권을 초과할 경우에는 청구액의 전액을 인용하는 것으로 해석하여야 할 것이다(대판 1977.2.8. 76다2113).

④ [틀림] 채무내용에 따른 본래의 급부의 이행을 구하는 경우에는 과실상계가 인정되지 아니한다(대판 1996.5.10. 96다8468).

⑤ [틀림] 손해발생으로 인하여 피해자에게 이득이 생기고 한편, 그 손해발생에 피해자의 과실이 경합되어 과실상계를 하여야 할 경우에는, 먼저 산정된 손해액에다 과실상계를 한 후에 위 이득을 공제하여야 한다(대판 1996.1.23. 95다24340).

정답 | ③

012 민법상 과실상계에 관한 설명으로 옳지 않은 것은? (다툼이 있으면 판례에 따름) 〈노무사 2020〉

① 불법행위의 성립에 관한 가해자의 과실과 과실상계에서의 피해자의 과실은 그 의미를 달리 한다.
② 피해자에게 과실이 있는 경우 가해자가 과실상계를 주장하지 않았더라도 법원은 손해배상액을 정함에 있어서 이를 참작하여야 한다.
③ 매도인의 하자담보책임은 법이 특별히 인정한 무과실책임이지만 그 하자의 발생 및 확대에 가공한 매수인의 잘못이 있다면 법원은 이를 참작하여 손해배상의 범위를 정하여야 한다.
④ 피해자의 부주의를 이용하여 고의의 불법행위를 한 자는 특별한 사정이 없는 한 피해자의 그 부주의를 이유로 과실상계를 주장할 수 없다.
⑤ 손해를 산정함에 있어서 손익상계와 과실상계를 모두 하는 경우 손익상계를 먼저 하여야 한다.

해설 | ① [옳음] 과실상계에 있어서의 과실은 전자의 것과는 달리 사회통념상·신의성실의 원칙상·공동생활상 요구되는 약한 의미의 부주의를 가리키는 것으로 보아야 한다(대판 1999.7.23. 98다31868).

② [옳음] 법원은 손해배상청구소송에서 원고에게 과실상계의 사유가 있는 때에는 반드시 이를 참작하여야 한다(제396조·제763조). 법원은 채권자나 피해자의 과실 유무를 직권조사하여야 한다(대판 1987.11.10. 87다카473).

③ [옳음] 민법 제581조·제580조에 기한 매도인의 하자담보책임은 법이 특별히 인정한 무과실책임으로서, 여기에 민법 제396조의 과실상계규정이 준용될 수는 없다 하더라도, 담보책임이 민법의 지도이념인 공평의 원칙에 입각한 것인 이상 하자발생 및 그 확대에 가공한 매수인의 잘못을 참작하여 손해배상의 범위를 정함이 상당하다(대판 1994.6.30. 94다23920).

④ [옳음] 피해자의 부주의를 이용하여 고의로 불법행위를 저지른 자가 바로 그 피해자의 부주의를 이유로 자신의 책임을 감하여 달라고 주장하는 것은 허용될 수 없으며, 따라서 피해자의 과실을 들어 과실상계를 하는 것은 허용되지 않는다(대판 2005.11.10. 2003다66066).

⑤ [틀림] 손해발생으로 인하여 피해자에게 이득이 생기고 한편, 그 손해발생에 피해자의 과실이 경합되어 과실상계를 하여야 할 경우에는, 먼저 산정된 손해액에다 과실상계를 한 후에 위 이득을 공제하여야 한다(대판 1996.1.23. 95다24340).

정답 | ⑤

013 민법상 손해배상에 관한 설명으로 옳지 않은 것은? (다툼이 있으면 판례에 따름) 〈노무사 2015〉

① 불법행위로 인한 손해배상채무는 채권자의 청구가 있어야 이행지체가 된다.
② 불법행위로 인하여 손해와 이득이 동시에 발생한 경우에 그 손해발생에 대하여 피해자에게도 과실이 있다면 먼저 손해액에서 과실상계를 한 후에 이득을 공제하여야 한다.
③ 특별손해로 인정되기 위해서는 특별한 사정에 관해서 알았거나 알 수 있었던 것으로 족하고, 손해액까지는 예견가능성이 필요하지 않다.
④ 가해행위와 피해자 측의 요인이 경합하여 손해가 발생하거나 확대된 경우에는 그 피해자 측의 요인이 체질적인 소인과 같이 피해자 측의 귀책사유와 무관한 것이라도, 법원은 손해배상액을 정하면서 과실상계의 법리를 유추적용할 수 있다.
⑤ 매매당사자가 계약금으로 수수한 금액에 관하여 매수인이 위약하면 이를 무효로 하고 매도인이 위약하면 그 배액을 상환하기로 하는 뜻의 약정을 한 경우, 실제 손해액이 예정액을 초과하더라도 그 초과액을 청구할 수 없다.

해설 | ① [**틀림**] 불법행위에 의한 손해배상채무는 최고 없이 불법행위 시로부터 당연히 지체책임이 발생한다(대판 1975.5.27. 74다1393).

② [**옳음**] 불법행위로 인하여 손해가 발생하고 그 손해발생으로 이득이 생기고 동시에 그 손해발생에 피해자에게도 과실이 있어 과실상계를 하여야 할 경우에는 먼저 산정된 손해액에서 과실상계를 한 다음에 위 이득을 공제하여야 한다(대판 1990.5.8. 89다카29129).

③ [**옳음**] 제393조 제1항의 '통상손해'는 사회일반의 관념에 따라 어떤 선행사실이 있으면 그 후행사실로서 보통 발생되는 손해를 말하고, 동조 제2항의 '특별손해'는 그 손해가 특별한 사정으로 인한 것이라 하더라도 채무자가 그 사정을 알았거나 알 수 있었을 때의 손해를 의미한다. 따라서 통상손해에 있어서는 상당인과관계가 그 규준이 되고 채무자 자신의 예견가능성은 문제되지 않으나, 특별손해에 있어서는 채무자 자신의 예견가능성이 기준이 되고 특별사정에 대한 채무자의 예견 또는 예견가능성에 대해서는 계약체결시가 아닌 이행기를 기준으로 판단한다(대판 1985.9.10. 84다카1532).

④ [**옳음**] 피해자 측의 요인이 체질적인 소인 또는 질병의 위험도와 같이 피해자측의 귀책사유와 무관한 것이라고 할지라도 법원은 그 손해배상액을 정함에 있어서 과실상계의 법리를 유추적용할 수 있다(대판 1998.7.24. 98다12270).

⑤ [**옳음**] 이미 지급한 계약금 및 중도금에 대한 반환청구권을 포기 내지 상실키로 하는 약정을 한 경우, 그 포기약정을 손해배상액의 예정으로 보아 그 예정액이 부당히 과다하다면 이를 감액할 수 있다(대판 1995.12.12. 95다40076). 따라서 실제의 손해액이 예정된 배상액보다 많거나 적다는 것을 증명하더라도 예정된 배상액만을 청구할 수 있을 뿐이다. 따라서 채권자가 실손해를 청구하여 예정배상액의 계약에 관한 다툼이 있는 경우에는 채무자가 손해배상액예정의 존재에 대하여 증명하여야 한다.

정답 | ①

014 甲은 자기 소유의 토지에 대해 乙과 매매계약을 체결하면서 이행지체로 인한 손해배상액을 예정하였다. 乙의 이행지체를 이유로 甲이 손해배상을 청구하는 경우에 관한 설명으로 옳지 않은 것은? (다툼이 있으면 판례에 따름) 〈노무사 2019〉

① 甲은 손해액에 대한 증명을 하지 않더라도 乙의 이행지체가 있었던 사실을 증명하면 예정배상액을 청구할 수 있다.

② 甲에게 손해가 발생하였더라도 특별한 사정이 없는 한 乙은 자신에게 귀책사유가 없음을 증명함으로써 예정배상액의 지급책임을 면할 수 있다.

③ 乙은 甲에게 손해가 발생하지 않았다는 사실을 증명하더라도 예정배상액의 지급책임을 면할 수 없다.

④ 甲은 乙의 이행지체로 인하여 입은 실제 손해액이 예정배상액보다 크다는 사실을 증명하더라도 다른 특약이 없는 한 그 초과부분을 따로 청구할 수 없다.

⑤ 乙의 이행지체로 인하여 특별손해가 발생한 경우, 다른 특약이 없는 한 甲은 乙에게 특별손해에 대한 손해배상을 별도로 청구할 수 있다.

해설 | ① [옳음], ② [옳음], ③ [옳음] 채무불이행으로 인한 손해배상액의 예정이 있는 경우에는 채권자는 채무불이행 사실만 증명하면 손해의 발생 및 그 액을 증명하지 아니하고 예정배상액을 청구할 수 있고, 채무자는 채권자와 사이에 채무불이행에 있어 채무자의 귀책사유를 묻지 아니한다는 약정을 하지 아니한 이상 자신의 귀책사유가 없음을 주장·입증함으로써 예정배상액의 지급책임을 면할 수 있다(대판 2007.12.27. 2006다9408).

④ [옳음], ⑤ [틀림] 계약 당시 손해배상액을 예정한 경우에는 다른 특약이 없는 한 채무불이행으로 인하여 입은 통상손해는 물론 특별손해까지도 예정액에 포함되고 채권자의 손해가 예정액을 초과한다 하더라도 초과부분을 따로 청구할 수 없다(대판 1993.4.23. 92다41719).

정답 | ⑤

015 손해배상액의 예정에 관한 설명으로 옳지 않은 것은? (다툼이 있으면 판례에 따름) 〈노무사 2021〉

① 채무자는 특별한 사정이 없는 한 자신의 귀책사유 없음을 이유로 예정배상액의 지급책임을 면할 수 있다.

② 손해배상액의 예정에는 특별한 사정이 없는 한 통상손해뿐만 아니라 특별손해도 포함된다.

③ 손해배상액이 예정되어 있는 경우라도 과실상계 할 수 있다.

④ 예정배상액의 감액범위에 대한 판단은 사실심 변론종결 당시를 기준으로 한다.

⑤ 금전채무에 관하여 이행지체에 대비한 지연손해금비율에 대한 합의는 손해배상액의 예정으로 보아 감액의 대상이 된다.

해설 | ① [옳음] 채무불이행으로 인한 손해배상액의 예정이 있는 경우에는 채권자는 채무불이행 사실만 증명하면 손해의 발생 및 그 액을 증명하지 아니하고 예정배상액을 청구할 수 있고, 채무자는 채권자와 사이에 채무불이행에 있어 채무자의 귀책사유를 묻지 아니한다는 약정을 하지 아니한 이상 자신의 귀책사유가 없음을 주장·입증함으로써 예정배상액의 지급책임을 면할 수 있다(대판 2007.12.27. 2006다9408).

② [옳음] 당사자사이의 채무불이행에 관하여 손해배상액을 예정한 경우에 채권자는 통상의 손해뿐만 아니라 특별한 사정으로 인한 손해에 관하여도 예정된 배상액만을 청구할 수 있고 특약이 없는 한 예정액을 초과한 배상액을 청구할 수는 없다(대판 1988.9.27. 86다카2375).

③ [틀림] 채권자의 과실을 비롯하여 채무자가 계약을 위반한 경위 등 제반 사정을 참작하여 손해배상 예정액을 감액할 수는 있을지언정 채권자의 과실을 들어 과실상계를 할 수는 없다(대판 2016.6.10. 2014다200763, 200770).

④ [옳음] 손해배상의 예정액이 부당하게 과다한지 및 그에 대한 적당한 감액의 범위를 판단하는 기준시는 법원이 구체적으로 그 판단을 하는 때, 즉 사실심의 변론종결시이다(대판 2000.7.28. 99다38637).

⑤ [옳음] 금전채무에 관하여 이행지체에 대비한 지연손해금비율을 따로 약정한 경우에, 이는 일종의 손해배상액의 예정으로서 민법 제398조에 의한 감액의 대상이 된다(대판 2000.7.28. 99다38637).

정답 | ③

016 손해배상액의 예정에 관한 설명으로 옳은 것은? (다툼이 있으면 판례에 따름) 〈노무사 2018〉

① 특별손해는 예정액을 초과하더라도 원칙적으로 청구할 수 있다.

② 계약체결시 손해배상액 예정을 한 경우, 그 예정은 그 계약과 관련된 불법행위로 인한 손해배상까지 예정한 것으로 볼 수 있다.

③ 손해배상 예정액이 부당하게 과다한 경우에는 법원은 당사자의 주장이 없더라도 직권으로 이를 감액할 수 있다.

④ 채권자가 예정된 손해배상액을 청구하기 위하여 손해배상액을 증명할 필요는 없으나 적어도 손해의 발생은 증명하여야 한다.

⑤ 손해배상액 예정이 있어도 손해의 발생에 있어서 채권자의 과실이 있으면, 공평의 원칙상 과실상계를 한다.

해설 | ① [틀림] 계약 당시 손해배상액을 예정한 경우에는 다른 특약이 없는 한 채무불이행으로 인하여 입은 통상손해는 물론 특별손해까지도 예정액에 포함되고 채권자의 손해가 예정액을 초과한다 하더라도 초과부분을 따로 청구할 수 없다(대판 1993.4.23. 92다41719).

② [틀림] 계약 당시 당사자 사이에 손해배상액을 예정하는 내용의 약정이 있는 경우에는 그것은 계약상의 채무불이행으로 인한 손해액에 관한 것이고, 이를 그 계약과 관련된 불법행위상의 손해까지 예정한 것이라고는 볼 수 없다(대판 1999.1.15. 98다48033).

③ [옳음] 손해배상의 예정액이 부당히 과다한 경우에는 법원은 적당히 감액을 할 수 있다(제398조 제2항).

④ [틀림] 채권자는 채무불이행의 사실과 예정계약의 존재를 입증하면 손해의 발생 및 그 액을 입증하지 않고서 예정배상액을 청구할 수가 있다(대판 2000.12.8. 2000다50350).

⑤ [틀림] 손해배상액을 예정한 경우에는 과실상계를 적용할 성질의 것이 아니다(대판 1972.3.31. 72다108).

정답 | ③

017 손해배상액의 예정에 관한 설명으로 옳은 것은? (다툼이 있으면 판례에 따름) 〈노무사 2017〉

① 사용자는 근로계약 불이행에 대한 위약금 또는 손해배상액을 예정하는 계약을 체결할 수 있다.

② 매매계약에서 채권자는 실제 손해액이 예정액을 초과하는 경우에 그 초과액을 청구할 수 있다.

③ 계약 내용에 손해배상액을 예정하는 약정이 있는 경우에는 계약상의 채무불이행으로 인한 손해액과 함께 그 계약과 관련된 불법행위상의 손해액까지 예정한 것이다.

④ 건물 신축공사에 있어 준공 후에도 건물에 다수의 하자와 미시공 부분이 있어 수급인이 약정기간 내에 그 하자와 미시공 부분에 대한 공사를 완료하지 못할 경우 미지급 공사비 등을 포기하고 이를 도급인의 손해배상금으로 충당한다는 내용의 합의각서를 작성한 경우, 채무불이행에 관한 손해배상액을 예정한 경우에 해당한다.

⑤ 금전채무에 관하여 이행지체에 대비한 지연손해금 비율을 따로 약정한 경우, 손해배상액의 예정으로서 감액의 대상이 되지 않는다.

해설 | ① [틀림] 근로기준법에서는 근로관계의 당사자인 근로자는 사용자와 실질적으로 대등한 거래관계에 놓일 수 없는 것이 일반적 현실이므로, 근로자의 보호를 위하여 사용자는 근로자와 근로계약의 불이행에 대한 위약금 또는 손해배상액을 예정하는 계약을 체결하지 못한다고 규정하고 있다.

② [틀림] 채무자에게 채무불이행이 있으면 채권자는 실제 손해액을 증명할 필요 없이 그 예정액을 청구할 수 있는 반면에 실제 손해액이 예정액을 초과하더라도 그 초과액을 청구할 수 없다(대판 1988.5.10. 87다카3101).

③ [틀림] 계약 당시 당사자 사이에 손해배상액을 예정하는 내용의 약정이 있는 경우에는 그것은 계약상의 채무불이행으로 인한 손해액에 관한 것이고 이를 그 계약과 관련된 불법행위상의 손해까지 예정한 것이라고는 볼 수 없다(대판 1999.1.15. 98다48033).

④ [옳음] 건물 신축공사에 있어 준공 후에도 건물에 다수의 하자와 미시공 부분이 있어 수급인이 약정기한 내에 그 하자와 미시공 부분에 대한 공사를 완료하지 못할 경우 미지급 공사비 등을 포기하고 이를 도급인의 손해배상금으로 충당한다는 내용의 합의각서를 작성한 경우, 위 약정은 민

법 제398조에 정한 채무불이행에 관한 손해배상액을 예정한 경우에 해당한다(대판 2008.7.24. 2007다69186).

⑤ [틀림] 금전채무에 관하여 이행지체에 대비한 지연손해금 비율을 따로 약정한 경우에 이는 일종의 손해배상액의 예정으로서 민법 제398조에 의한 감액의 대상이 된다(대판 2000.7.28. 99다38637).

정답 | ④

018 손해배상액의 예정에 관한 설명으로 옳지 않은 것은? (다툼이 있는 경우 판례에 의함) 〈노무사 2011〉

① 손해배상의 예정액이 부당하게 과다한 경우, 법원은 당사자의 주장에 관계없이 직권으로 이를 감액할 수 있다.
② 손해배상액이 부당하게 과다한지의 여부는 사실심 변론종결시점을 기준으로 판단한다.
③ 손해배상액의 예정이 있다고 하여 계약해제권이 배제되는 것은 아니다.
④ 위약금의 약정은 특별한 사정이 없는 한 손해배상액의 예정으로 추정한다.
⑤ 손해배상액의 예정이 있더라도 채권자는 원칙적으로 특별손해의 배상을 청구할 수 있다.

해설 | ① [옳음] 예정한 배상액이 부당하게 과다한 경우에는 채무자의 청구 없이 법원은 직권으로 적당히 감액할 수 있다(제398조 제2항).

② [옳음] 손해배상의 예정액이 부당하게 과다한지는 사실심의 변론종결 당시를 기준으로 하여 그 사이에 발생한 모든 사정을 종합적으로 고려하여야 한다(대판 2004.12.10. 2002다73852).

③ [옳음] 손해배상의 예정은 이행의 청구나 계약의 해제에 영향을 미치지 아니한다(제398조 제3항). 따라서 손해배상액의 예정이 있다 하더라도 채무불이행을 이유로 계약을 해제하는 것은 가능하다.

④ [옳음] 위약금은 실손해의 배상과는 별도로 채무불이행에 대한 제재로서 지급하기로 한 위약벌인 경우도 있고, 또는 손해배상액의 예정인 경우도 있다. 둘 중에서 어느 것에 해당하느냐 하는 것은 계약해석의 문제이지만, 민법은 위약금을 손해배상액의 예정으로 추정한다(제398조 제4항).

⑤ [틀림] 손해배상액을 예정한 경우, 특약이 없는 한 그 예정액에는 통상손해는 물론 특별손해도 포함되고, 채권자는 통상의 손해뿐 아니라 특별손해에 관하여서도 예정된 배상액만을 청구할 수 있다(대판 1988.9.27. 86다카2375, 대판 1993.4.23. 92다41719).

정답 | ⑤

019 손해배상액의 예정에 관한 설명으로 옳은 것은? (다툼이 있는 경우 판례에 의함) 〈노무사 2014〉

① 손해배상의 예정액이 부당히 과다한 경우에는 법원은 적당히 감액할 수 있다.
② 위약금이 위약벌인 때에도 손해배상액의 예정에 관한 규정을 유추적용하여 법원은 그 액을 감액할 수 있다.
③ 손해배상액을 예정하는 약정은 그 계약과 관련된 불법행위상의 손해까지 예정한 것으로 볼 수 있다.
④ 손해배상액의 예정이 있는 경우, 채권자는 채무불이행의 사실을 증명하지 않더라도 예정배상액을 청구할 수 있다.
⑤ 채무자는 특별한 사정이 없는 한 자신에게 귀책사유가 없음을 증명하더라도 예정배상액의 지급책임을 면할 수 없다.

해설 | ① [옳음] 예정한 배상액이 부당하게 과다한 경우에는 채무자의 청구 없이 법원은 직권으로 적당히 감액할 수 있다(제398조 제2항).

② [틀림] 위약벌의 약정은 채무의 이행을 확보하기 위하여 정해지는 것으로서 손해배상의 예정과는 그 내용이 다르므로 손해배상의 예정에 관한 민법 제398조 제2항을 유추 적용하여 그 액을 감액할 수는 없고 다만 그 의무의 강제에 의하여 얻어지는 채권자의 이익에 비하여 약정된 벌이 과도하게 무거울 때에는 그 일부 또는 전부가 공서양속에 반하여 무효로 된다(대판 1993.3.23. 92다46905).

③ [틀림] 계약 당시 당사자 사이에 손해배상액을 예정하는 내용의 약정이 있는 경우에는 그것은 계약상의 채무불이행으로 인한 손해액에 관한 것이고 이를 그 계약과 관련된 불법행위상의 손해까지 예정한 것이라고는 볼 수 없다(대판 1999.1.15. 98다48033).

④ [틀림], ⑤ [틀림] 채무불이행으로 인한 손해배상액이 예정되어 있는 경우에는 채권자는 채무불이행 사실만 증명하면 손해의 발생 및 그 액을 증명하지 아니하고 예정배상액을 청구할 수 있고, 채무자는 채권자와 채무불이행에 있어 채무자의 귀책사유를 묻지 아니한다는 약정을 하지 아니한 이상 자신의 귀책사유가 없음을 주장·입증함으로써 예정배상액의 지급책임을 면할 수 있다(대판 2007.12.27. 2006다9408).

정답 | ①

제3절 채권자지체

020 채무불이행과 채권자지체에 관한 설명으로 옳지 않은 것은? (판례에 의함) 〈노무사 2011〉

① 채무불이행이 있더라도 채권자에게 손해가 발생하지 않은 경우, 손해배상청구권은 인정되지 않는다.
② 채무불이행으로 인한 손해배상은 다른 의사표시가 없는 한 금전으로 하여야 한다.
③ 채권자지체 중에도 채무자는 약정이자를 지급할 의무가 있다.
④ 채권자의 수령지체 중에 당사자 쌍방의 책임 없는 사유로 이행할 수 없게 된 경우, 채무자는 상대방의 이행을 청구할 수 있다.
⑤ 이행지체 중에 채권자에게 손해가 발생한 경우, 채무자가 이행기에 이행을 하였더라도 손해를 면할 수 없었다면, 채무자는 그 손해를 배상할 책임이 없다.

해설 | ① [옳음] 채무불이행으로 인한 손해배상청구권의 요건상 손해가 현실적이고 확실한 손해이어야 한다.
② [옳음] 다른 의사표시가 없으면 손해는 금전으로 배상한다(제394조).
③ [틀림] 채권자지체 중에는 이자 있는 채권이라도 채무자는 이자를 지급할 의무가 없다(제402조).
④ [옳음] 쌍무계약의 당사자 일방의 채무가 채권자의 책임 있는 사유로 이행할 수 없게 된 때에는 채무자는 상대방의 이행을 청구할 수 있다. 채권자의 수령지체 중에 당사자 쌍방의 책임 없는 사유로 이행할 수 없게 된 때에도 같다(제538조 제1항).
⑤ [옳음] 이미 이행지체 중의 채무자는 자기에게 과실이 없는 경우에도 그 이행지체 중에 생긴 손해를 배상하여야 한다(즉 불가항력으로 불능이 된 경우에도 채무자는 손해배상책임을 진다). 다만 채무자가 이행기에 이행하여도 손해를 면할 수 없는 경우(예: 임차인이 집을 비워주지 않고 있는 동안에 옆집에서 불이 나서 임차건물이 모두 타 버린 경우)에는 그러하지 아니하다. 이 경우는 채무자는 그 손해를 배상할 책임이 없다(제392조).

정답 | ③

제4절　책임재산의 보전(채권자대위권과 채권자취소권)

021 乙의 채권자 甲이 乙의 丙에 대한 금전채권에 대하여 채권자대위권을 행사하는 경우에 관한 설명으로 옳은 것은? (다툼이 있으면 판례에 따름) 〈노무사 2023〉

① 甲은 乙의 동의를 받지 않는 한 채권자대위권을 행사할 수 없다.

② 甲의 乙에 대한 채권이 금전채권인 경우, 甲은 丙에게 직접 자기에게 이행하도록 청구하여 상계적상에 있는 자신의 채권과 상계할 수 없다.

③ 甲이 丙을 상대로 채권자대위권을 행사한 경우, 甲의 채권자대위소송의 제기로 인한 소멸시효 중단의 효력은 乙의 丙에 대한 채권에 생긴다.

④ 甲이 丙을 상대로 채권자대위권을 행사하고 그 사실을 乙에게 통지한 이후 乙이 丙에 대한 채권을 포기한 경우, 丙은 乙의 채권포기 사실을 들어 甲에게 대항할 수 있다.

⑤ 乙이 丙을 상대로 금전채무 이행청구의 소를 제기하여 패소판결이 확정된 경우, 甲은 乙에 대한 금전채권을 보전하기 위해 丙을 상대로 채권자대위권을 행사할 수 있다.

해설 | ① [틀림] 채권자가 채무자의 권리를 대위행사함에 채무자의 동의를 필요로 하지 않는다.

② [틀림] 채권자에게는 우선변제권이 인정되지 않지만, 채권자대위권을 행사함에 있어서 채권자가 제3채무자에 대하여 자기에게 직접 급부를 요구할 수 있다(대판 1996.2.9. 95다27998). 또한 채권자는 자신의 채권의 목적물과 인도받은 목적물이 동종의 것이고 상계적상에 있는 때에 한해 자신의 채권과 상계하여 사실상의 우선변제를 받을 수 있다.

③ [옳음] 채권자대위권의 행사에 의하여 채권자는 채무자의 권리를 행사하는 것이므로 그 행사의 효과는 직접 채무자에게 귀속한다. 따라서 채권자가 채무자를 대위하여 채무자의 제3채무자에 대한 채권을 행사한 경우, 그로 인한 피대위채권의 시효가 중단되며 이러한 시효중단의 효과는 채무자에게도 미친다(대판 2011.10.13. 2010다80930).

④ [틀림] 통지 이후에는 채무자가 자신의 권리에 대한 처분권을 상실하게 되므로 제3채무자는 채무자가 그 권리를 소멸시키는 행위를 하더라도 이를 가지고 채권자에게 대항할 수 없다(대판 2012.5.17. 2011다87235 전원합의체). 그러므로 채권을 포기하는 처분행위로 채권자에게 대항할 수 없다.

> **제405조(채권자대위권행사의 통지)** ① 채권자가 전조 제1항의 규정에 의하여 보전행위 이외의 권리를 행사한 때에는 채무자에게 통지하여야 한다.
> ② 채무자가 전항의 통지를 받은 후에는 그 권리를 처분하여도 이로써 채권자에게 대항하지 못한다.

⑤ [틀림] 채무자가 자신의 권리를 행사한 경우에는 그 행사가 채권자에게 유리한가 불리한가에 관계없이 채권자는 대위행사 할 수 없다(대판 2009.3.12. 2008다65839). 따라서 채무자가 제3채무자에 대한 권리를 재판상 행사하여 패소판결을 후에는 채권자는 채무자의 권리를 행사할 수 없는바(대판 1993.3.26. 92다32876), 채권자는 당사자적격이 없게 된다(부적법 각하).

정답 | ③

022 채권자대위권에 관한 설명으로 옳지 않은 것은? (다툼이 있으면 판례에 따름) 〈노무사 2022〉

① 물권적 청구권도 채권자대위권의 피보전권리가 될 수 있다.
② 피보전채권의 이행기가 도래하기 전이라도 채권자는 법원의 허가를 얻어 채무자의 제3자에 대한 채권자취소권을 대위행사할 수 있다.
③ 민법상 조합원의 조합탈퇴권은 특별한 사정이 없는 한 채권자대위권의 목적이 될 수 없다.
④ 행사상 일신전속권은 채권자대위권의 목적이 되지 못한다.
⑤ 채권자대위소송에서 피보전채권의 존재 여부는 법원의 직권조사사항이다.

해설 | ① **[옳음]** 채권자는 자기의 채무자에 대한 부동산의 소유권이전등기청구권 등 특정채권을 보전하기 위하여 채무자의 특정권리를 대위하여 행사할 수 있고, 이 경우에는 채무자의 무자력을 요건으로 하지 않는다고 할 것이며, 이는 물권적 청구권에 대하여도 인정된다(대판 2007.5.10. 82700·82717).

② **[옳음]** 채권자는 이행기 전에는 자신의 채권을 행사할 수 없기 때문에 이행기 이후에 채권자대위권을 행사하는 것이 원칙이다. 다만, 법원의 허가를 얻거나, 법원의 허가가 없다 하더라도 채무자의 권리에 대한 시효중단과 같은 보존행위의 경우에는 채권의 기한이 도래하기 전이라도 채권자대위권을 행사할 수 있다(제404조 제2항). 따라서 법원의 허가를 얻은 경우에는 이행기 도래 전이라도 보존행위가 아니라 하더라도 채권자대위권을 행사할 수 있다.

채권자취소권도 채권자가 채무자를 대위하여 행사하는 것이 가능하다고 할 것인바, 제소기간은 대위의 목적으로 되는 권리의 채권자인 채무자를 기준으로 하여 그 준수 여부를 가려야 할 것이다(대판 2001.12.27. 2000다73049).

③ **[틀림]** 민법상 조합원이 조합을 탈퇴할 권리는 일신전속적 권리라고 할 수 없으므로 채권자대위권의 목적이 될 수 있다(대결 2007.11.30. 2005마1130).

④ **[옳음]** 채권자대위권은 채무자의 권리를 채권자가 행사하는 권리이므로 피대위권리가 채무자 아닌 채권자에 의하여 행사될 수 있는 것이어야 한다. 따라서, 권리의 행사가 채무자 개인의 전적인 자유의사에 맡겨져 있는 일신전속권은 대위권의 객체가 될 수 없다.

⑤ **[옳음]** 채권자대위소송에서 대위에 의하여 보전될 채권자의 채무자에 대한 권리가 존재하는지 여부는 '소송요건'으로서 '법원의 직권조사사항'이다. 채권자대위소송에서 대위에 의해 보전될 채권자의 채무자에 대한 권리가 인정되지 않을 경우에는 대위소송은 부적법하여 각하할 수밖에 없다(대판 1992.11.10. 92다30016).

정답 | ③

023 甲은 乙에게 변제기가 도래한 1억 원의 금전채권을 가지고 있다. 乙은 현재 무자력 상태에 있고 丙에 대하여 변제기가 도래한 5,000만 원의 금전채권을 가지고 있다. 이에 관한 설명으로 옳지 않은 것은? (다툼이 있으면 판례에 따름) 〈노무사 2018〉

① 乙이 반대하는 경우에도 甲은 丙에 대하여 채권자대위권을 행사할 수 있다.

② 甲이 채권자대위권을 행사하는 경우에 丙은 乙에 대해 가지는 모든 항변사유로써 甲에게 대항할 수 있다.

③ 甲은 丙에게 5,000만 원을 乙에게 이행할 것을 청구할 수 있을 뿐만 아니라, 직접 자기에게 이행할 것을 청구할 수 있다.

④ 甲이 丙으로부터 5,000만 원을 대위수령 한 경우, 甲은 상계적상에 있는 때에는 상계함으로써 사실상 우선변제를 받을 수 있다.

⑤ 甲이 丙에게 채권자대위소송을 제기한 경우, 乙은 소송당사자가 아니므로 乙의 丙에 대한 채권은 소멸시효가 중단되지 않는다.

해설 | ① [옳음] 채무자가 스스로 권리를 행사하지 않는 이유는 불문한다. 또 대위권 행사에 대한 채무자의 동의를 필요로 하지 않는다. 설령 채무자가 대위권 행사에 반대하더라도 채권자는 행사할 수 있는 것이다.

② [옳음] 채권자는 채무자에 대위하여서 채무자의 권리를 행사하는 것이므로, 제3채무자는 채무자에 대하여 가지는 모든 항변(예컨대 권리소멸의 항변·상계의 항변·동시이행의 항변·무효의 항변 등)으로써 채권자에게 대항할 수 있다.

③ [옳음] 채권자가 채권자대위권을 행사한 효과는 직접 채무자에게 발생하므로 채권자는 채무자에게 인도할 것을 청구할 수 있음은 물론이나, 금전 기타 물건의 급부를 목적으로 하는 채권과 같이 변제의 수령을 요하는 경우에는 직접 자기에게 인도할 것을 청구할 수도 있다(대판 2005.4.15. 2004다70024).

④ [옳음] 대위수령한 목적물이 채권자의 채권의 목적물과 동종의 것이고 상계적상에 있는 때에는 상계함으로써 우선변제를 받는 것과 같은 결과가 되는 수는 있다.

⑤ [틀림] 채권자대위권 행사의 효과는 채무자에게 귀속되는 것이므로 채권자대위소송의 제기로 인한 소멸시효 중단의 효과 역시 채무자에게 생긴다(대판 2011.10.1. 2010다80930). 따라서 피대위채권 즉 乙의 丙에 대한 채권이 재판상 청구로 소멸시효가 중단된다.

정답 | ⑤

024 乙의 채권자 甲이 乙의 丙에 대한 금전채권에 대하여 채권자대위권을 행사하는 경우에 관한 설명으로 옳지 않은 것은? (다툼이 있으면 판례에 따름) 〈노무사 2019〉

① 甲의 乙에 대한 채권의 소멸시효가 이미 완성된 경우, 丙은 乙의 甲에 대한 소멸시효의 항변을 원용할 수 없다.

② 丙이 乙의 이행청구에 대하여 동시이행항변권을 행사할 수 있는 경우, 丙은 甲에게 그 동시이행항변권을 가지고 대항할 수 있다.

③ 채권자대위소송에서 甲의 乙에 대한 채권이 존재하는지 여부는 법원의 직권조사사항이 아니다.

④ 甲의 乙에 대한 채권의 이행기가 도래하기 전이라도 甲은 법원의 허가를 받아 乙의 丙에 대한 채권을 대위행사할 수 있다.

⑤ 甲은 丙에게 직접 자기에게 이행하도록 청구하여 급부를 대위수령할 수 있다.

해설 │ ① [옳음] 채권자가 채권자대위권을 행사하여 제3자에 대하여 하는 청구에 있어서, 제3채무자는 채무자가 채권자에 대하여 가지는 항변으로 대항할 수 없고, 채권의 소멸시효가 완성된 경우 이를 원용할 수 있는 자는 원칙적으로는 시효이익을 직접 받는 자뿐이고, 채권자대위소송의 제3채무자는 이를 행사할 수 없다(대판 2004.2.12. 2001다10151).

② [옳음] 제3채무자는 채무자에 대하여 가지는 모든 항변(예컨대 권리소멸의 항변·상계의 항변·동시이행의 항변·무효의 항변 등)으로써 채권자에게 대항할 수 있다.

③ [틀림] 채권자대위소송에서 甲의 乙에 대한 채권이 존재하는지 여부는 당사자적격 즉 소송요건이므로 법원의 직권조사사항이다. 직권탐지사항까지는 아니다.

④ [옳음] 제404조 제2항은 원칙적으로 채권자의 채권이 이행기에 있어야 함을 요구하고 있다. 다만 채권의 기한이 도래하기 전이라도 법원의 허가가 있으면 대위권을 행사할 수 있다(제404조 제2항 본문).

⑤ [옳음] 채권자가 채권자대위권을 행사한 효과는 직접 채무자에게 발생하므로 채권자는 채무자에게 인도할 것을 청구할 수 있음은 물론이나, 금전 기타 물건의 급부를 목적으로 하는 채권과 같이 변제의 수령을 요하는 경우에는 직접 자기에게 인도할 것을 청구할 수도 있다(대판 2005.4.15. 2004다70024).

정답 │ ③

025 채권자대위권에 관한 설명으로 옳은 것은? (다툼이 있으면 판례에 따름) 〈노무사 2017〉

① 채권자대위권 행사는 채무자의 무자력을 요하므로, 소유권이전등기청구권은 피보전채권이 될 수 없다.
② 토지거래규제구역 내의 토지 매매의 경우, 매수인이 매도인에 대하여 가지는 토지거래허가신청 절차 협력의무의 이행청구권도 채권자대위권 행사의 대상이 될 수 있다.
③ 채무자의 채권자대위권은 대위할 수 있지만, 채무자의 채권자취소권은 대위할 수 없다.
④ 조합의 조합탈퇴권은 일신전속적 권리이므로 대위의 대상이 되지 못한다.
⑤ 피보전채권이 금전채권인 경우, 대위채권자는 채무자의 금전채권을 자신에게 직접 이행하도록 청구할 수 없다.

해설 | ① [틀림] 채권자는 자기의 채무자에 대한 부동산의 소유권이전등기청구권 등 특정채권을 보전하기 위하여 채무자가 방치하고 있는 그 부동산에 관한 특정 권리를 대위하여 행사할 수 있고, 그 경우에는 채무자의 무자력을 요건으로 하지 아니하는 것이다(대판 1992.10.27. 91다483).

② [옳음] (구)국토이용관리법상의 토지거래규제구역 내의 토지거래계약이 유동적 무효인 경우의 토지거래허가신청절차의 협력의무이행청구권도 채권자대위권의 목적이 될 수 있다(대판 1994.12.27. 94다4806).

③ [틀림] 채권자취소권도 채권자가 채무자를 대위하여 행사하는 것이 가능하다(대판 2001.12.27. 2000다73049).

④ [틀림] 조합원이 조합을 탈퇴할 권리는 그 성질상 조합계약의 해지권으로서 그의 일반재산을 구성하는 재산권의 일종이라 할 것이고 채권자대위가 허용되지 않는 일신전속적 권리라고는 할 수 없다(대결 2007.11.30. 2005마1130).

⑤ [틀림] 채권자가 채권자대위권을 행사한 효과는 직접 채무자에게 발생하므로 채권자는 채무자에게 인도할 것을 청구할 수 있음은 물론이나, 금전 기타 물건의 급부를 목적으로 하는 채권과 같이 변제의 수령을 요하는 경우에는 직접 자기에게 인도할 것을 청구할 수도 있다(대판 2005.4.15. 2004다70024).

정답 | ②

026 甲은 乙에 대해 1,000만 원의 금전채권을, 乙은 丙에 대해 500만 원의 금전채권을 가지고 있다. 甲이 丙에 대해 채권자대위권을 행사하는 경우에 관한 설명으로 옳지 않은 것은? (판례에 따름) 〈노무사 2012〉

① 甲의 乙에 대한 채권이 乙의 丙에 대한 채권보다 먼저 성립할 필요는 없다.
② 甲이 대위권을 행사하기 위하여 비용을 지출한 경우, 甲은 乙에게 그 비용의 상환을 청구할 수 있다.

③ 乙이 甲으로부터 대위권 행사를 통지받은 후 丙에 대한 채권을 제3자에게 양도한 경우, 乙은 이를 가지고 甲에게 대항할 수 있다.

④ 乙이 丙에 대하여 금전채무의 이행을 청구하고 있는 경우, 甲은 대위권을 행사할 수 없다.

⑤ 乙의 甲에 대한 채무의 변제기가 도래하기 전이라도 甲은 법원의 허가 없이 乙의 丙에 대한 채권의 시효중단을 위한 이행청구를 할 수 있다.

해설 | ① [옳음] 채권자대위권을 행사하기 위해서 채권자의 채권이 채무자가 3자에 대해서 가지는 권리보다 먼저 성립되어 있을 필요는 없다.

② [옳음] 채권자대위권을 행사하는 경우 채권자와 채무자는 일종의 법정위임의 관계에 있으므로(예: 채권자가 채권자대위권을 행사하는 과정에서 비용을 지출한 경우) 채권자는 민법 제668조를 준용하여 채무자에게 그 비용의 상환을 청구할 수 있다(대결 1996.8.21. 96그8).

③ [틀림] 채권자가 채무자를 대위하여 채무자의 제3채무자에 대한 권리를 행사하고 채무자에게 통지를 하거나 채무자가 채권자의 대위권 행사사실을 안 후에는 채무자는 그 권리에 대한 처분권을 상실하여 그 권리의 양도나 포기 등 처분행위를 할 수 없고 채무자의 처분행위에 기하여 취득한 권리로서는 채권자에게 대항할 수 없으나, 채무자의 변제수령은 처분행위라 할 수 없고 같은 이치에서 채무자가 그 명의로 소유권이전등기를 경료하는 것 역시 처분행위라고 할 수 없으므로 소유권이전등기청구권의 대위행사 후에도 채무자는 그 명의로 소유권이전등기를 경료하는 데 아무런 지장이 없다(대판 1991.4.12. 90다9407).

④ [옳음] 채무자 스스로 권리를 행사하고 있는 한 그 행사방법이 부당한 경우에도 대위권행사는 허용되지 않는다.

⑤ [옳음] 채무자의 재산의 감소를 방지하는 보존행위(예: 채무자의 권리가 시효로 소멸하려는 경우의 시효중단, 보존등기, 제3채무자가 파산한 경우의 채무자의 채권의 신고)는 피보전채권의 이행기가 도래하기 전이라도, 법원의 허가도 필요 없이 채무자의 권리를 대위행사할 수 있다.

정답 | ③

027 채권자대위권에 관한 설명으로 옳지 않은 것은? (다툼이 있으면 판례에 의함) 〈노무사 2013〉

① 금전채권에 대하여 채권자대위권을 행사하는 채권자는 제3채무자의 변제에 대한 수령권한을 가진다.

② 채무자가 그의 권리를 행사한 이상 그 행사가 부적절하여도 채권자는 채권자대위권을 행사할 수 없다.

③ 이혼으로 인한 재산분할청구권이 협의 또는 심판에 의하여 그 구체적 내용이 형성되기까지는 이를 보전하기 위하여 채권자대위권을 행사할 수 없다.

④ 채무자가 채권자대위권 행사의 통지를 받은 후에는 자신의 채무자로부터 변제를 수령할 수 없다.

⑤ 채권자대위소송에서 소의 제기로 인한 소멸시효 중단의 효과는 채무자에게도 미친다.

해설 | ① [옳음] 채권자대위권을 행사함에 있어서 채권자가 제3채무자에 대하여 자기에게 직접 급부를 요구하여도 상관없는 것이고 자기에게 급부를 요구하여도 어차피 그 효과는 채무자에게 귀속되는 것이므로, 곧바로 채권자 자신의 채권에 대한 채무자의 변제가 되는 것은 아니다. 따라서 채무자가 직접 수령하거나 혹은 채권자가 제3채무자로부터 수령한 경우라도 일단 채무자에게 인도한 후에 채무자로부터 임의의 변제를 받거나 강제이행의 절차를 거쳐야만 한다.

② [옳음] 채무자가 자신의 권리를 행사한 경우에는 그 행사가 채권자에게 유리한가 불리한가에 관계없이 채권자는 이를 대위행사할 수 없다(대판 2009.3.12. 2008다65839).

③ [옳음] 이혼으로 인한 재산분할청구권은 협의 또는 심판에 의하여 그 구체적 내용이 형성되기까지는 그 범위 및 내용이 불명확·불확정하기 때문에 구체적으로 권리가 발생하였다고 할 수 없다. 따라서 이를 보전하기 위하여 채권자대위권을 행사할 수는 없다(대판 1999.4.9. 98다58016).

④ [틀림] 통지 이후에는 제3채무자는 채무자가 그 권리를 소멸시키는 행위를 하더라도 이를 가지고 채권자에게 대항할 수 없다(제405조 제2항). 그러나 채무자에 대한 변제, 상계 또는 동시이행항변권 등의 행사는 처분행위가 아니므로 제3채무자는 대위채권자에게 대항할 수 있다(대판 1991.4.12. 90다9407).

⑤ [옳음] 채권자대위권 행사의 효과는 채무자에게 귀속되는 것이므로 채권자대위소송의 제기로 인한 소멸시효 중단의 효과 역시 채무자에게 생긴다(대판 2011.10.13. 2010다80930).

정답 | ④

028 채권자대위권에 관한 설명으로 옳지 않은 것은? (다툼이 있으면 판례에 따름) 〈노무사 2015〉

① 재심의 소 제기는 채권자대위권의 목적이 될 수 있다.

② 특별한 사정이 없는 한, 유류분반환청구권은 행사상의 일신전속성을 가지므로 채권자대위권의 목적이 될 수 없다.

③ 채권자취소권도 채권자가 채무자를 대위하여 행사하는 것이 가능하다.

④ 토지거래허가구역 내의 토지매매에서 토지거래허가 신청절차 협력의무의 이행청구권은 채권자대위의 목적이 될 수 있다.

⑤ 채무자가 제3채무자에 대한 권리를 재판상 행사하여 패소의 확정판결을 받은 경우에는 채권자는 채권자대위권을 행사할 수 없다.

해설 | ① [틀림] 채무자와 제3자 사이의 소송을 수행하기 위한 개별적 소송행위 예컨대 공격방어방법의 제출, 상소 또는 재심의 소의 제기, 집행방법 또는 가압류결정에 대한 이의신청 등의 행위에 대해서는 대위할 수 없다(대판 2012.12.27. 2012다75239).

② [옳음] 유류분반환청구권은 그 행사 여부가 유류분권리자의 인격적 이익을 위하여 그의 자유로운 의사결정에 전적으로 맡겨진 권리로서 행사상의 일신전속성을 가진다고 보아야 하므로, 유류분권리자에게 그 권리행사의 확정적 의사가 있다고 인정되는 경우가 아니라면 채권자대위권의 목적이 될 수 없다(대판 2010.5.27. 2009다93992).

③ [옳음] 채권자취소권도 채권자가 대위하여 행사하는 것이 가능하다. 이 경우 제소기간은 대위의 목적으로 되는 권리의 채권자인 채무자를 기준으로 한다(대판 2001.12.27. 2000다73049).

④ [옳음] 토지거래허가구역 내의 토지매매에서 토지거래허가 신청절차 협력의무의 이행청구권은 채권자대위의 목적이 될 수 있다(대판 1996.6.28. 96다3982).

⑤ [옳음] 채권자대위권의 요건으로써 채무자가 권리를 행사하지 않을 것이라 함은 채무자의 권리가 존재하고 채무자가 그 권리를 행사할 수 있는 상태에 있으나 스스로 그 권리를 행사하고 있지 아니하는 것을 의미하고, 채무자가 그 권리를 행사하지 않은 이유를 묻지 아니한다(대판 1992.2.25. 91다9312). 그러나 채무자가 자신의 권리를 행사한 경우에는 그 행사가 채권자에게 유리한가 불리한가에 관계없이 채권자는 이를 대위행사할 수 없다(대판 2009.3.12. 2008다65839). 따라서 채무자가 제3채무자에 대한 권리를 재판상 행사하여 패소판결을 받은 후에는 채권자는 채무자의 권리를 행사할 수 없다(대판 1993.3.26. 92다32876).

정답 | ①

029 채권자대위권에 관한 설명으로 옳은 것은? (다툼이 있는 경우 판례에 따름) 〈노무사 2016〉

① 채권자대위권은 절차법상의 권리이다.
② 채권자대위권으로 보전되는 채권은 제3채무자에게 대항할 수 있는 것임을 요하지 않는다.
③ 채무자와 제3채무자 사이의 소송이 계속된 이후의 소송수행과 관련한 개개의 소송상 행위도 채권자대위가 허용된다.
④ 채무자가 대위권 행사의 통지를 받지 못한 경우에는 채권자가 대위권을 행사한다는 것을 알았더라도, 채무자는 대위 행사되는 권리를 처분할 수 있으며 이를 가지고 채권자에게 대항할 수 있다.
⑤ 채권자대위소송의 제기로 인한 소멸시효 중단의 효과는 채무자에게 미치지 않는다.

해설 | ① [틀림] 채권자가 자기의 채권을 보전하기 위하여 그의 채무자에게 속하는 권리를 행사할 수 있는 실체법상의 권리이며 채권자가 자기의 명의로 채무자의 재산권 내지 거래관계에 간섭할 수 있는 실체법상의 권리이며 법정재산관리권이다.

> **제404조(채권자대위권)** ① 채권자는 자기의 채권을 보전하기 위하여 채무자의 권리를 행사할 수 있다. 그러나 일신에 전속한 권리는 그러하지 아니하다.
> ② 채권자는 그 채권의 기한이 도래하기 전에는 법원의 허가 없이 전항의 권리를 행사하지 못한다. 그러나 보전행위는 그러하지 아니하다.

② [옳음] 채무자에 대한 채권자의 채권이 유효하게 존재하고 있어야 한다. 이때 보전되는 채권은 이행기가 도래한 것이면 족하고 채무자에 대한 채권이 제3채무자에게까지 대항할 수 있는 것임을 요하는 것도 아니다. 또한 채권자의 채권이 채무자의 제3채무자에 대한 채권보다 먼저 성립해 있을 필요도 없다 (대판 2003.4.11. 2003다1250).

③ [틀림] 본안제소명령의 신청권이나 제소기간의 도과에 의한 가압류·가처분의 취소신청권은 채권자대위권의 목적이 될 수 있는 권리라고 봄이 상당하다(대결 1993.12.27. 93마1655). 그러나 채무자와 제3자 사이의 소송을 수행하기 위한 개별적 소송행위 예컨대 공격방어방법의 제출, 상소 또는 재심의 소의 제기, 집행방법 또는 가압류결정에 대한 이의신청 등의 행위에 대해서는 대위할 수 없다(대판 2012.12.27. 2012다75239).

④ [틀림] 채무자가 채권자의 대위권행사의 사실을 알게 된 때에는 채권자에 의해 통지가 있었던 것과 동일하게 취급되므로, 채무자는 그 권리의 처분을 가지고 채권자에게 대항할 수 없다(대판 1996.4.12. 95다54167).

> **제405조(채권자대위권행사의 통지)** ① 채권자가 전조 제1항의 규정에 의하여 보전행위 이외의 권리를 행사한 때에는 채무자에게 통지하여야 한다.
> ② 채무자가 전항의 통지를 받은 후에는 그 권리를 처분하여도 이로써 채권자에게 대항하지 못한다.

⑤ [틀림] 채권자대위권 행사의 효과는 채무자에게 귀속되는 것이므로 채권자대위소송의 제기로 인한 소멸시효 중단의 효과 역시 채무자에게 생긴다(대판 2011.10.13. 2010다80930).

정답 | ②

---

030 乙의 채권자 甲은 乙이 채무초과상태에서 자신의 유일한 재산인 X부동산을 丙에게 매도하고 소유권이전등기를 해 준 사실을 알고 채권자취소권을 행사하려고 한다. 이에 관한 설명으로 옳은 것은? (다툼이 있으면 판례에 따름) 〈노무사 2023〉

① 甲이 채권자취소권을 행사하기 위해서는 재판외 또는 재판상 이를 행사하여야 한다.

② 甲이 채권자취소권을 행사하기 위해서는 乙 및 丙의 사해의사 및 사해행위에 대한 악의를 증명하여야 한다.

③ 甲의 乙에 대한 채권이 X부동산에 대한 소유권이전등기청구권인 경우, 甲은 이를 피보전채권으로 하여 채권자취소권을 행사할 수 없다.

④ 甲이 채권자취소권을 재판상 행사하는 경우, 사해행위를 직접 행한 乙을 피고로 하여 그 권리를 행사하여야 한다.

⑤ 甲의 乙에 대한 채권이 시효로 소멸한 경우, 丙은 이를 들어 채권자취소권을 행사하는 甲에게 대항할 수 없다.

해설 | ① [틀림] 채권자취소권은 채권자 고유의 권리이며, 타인의 법률행위를 취소하는 것이므로 판례는 채권자취소권을 '재판상으로만 행사할' 수 있으며, 단지 항변으로서는 할 수 없다고 한다. 즉 소송상 공격방어방법으로 주장할 수 없다(대판 1995.7.25. 95다8393).

② [틀림] 채무자의 악의의 점에 대하여는 그 취소를 주장하는 채권자에게 입증책임이 있으나, 수익자 또는 전득자가 악의라는 점에 관하여는 증명책임이 채권자에게 있는 것이 아니고 '수익자 또는 전득자 자신에게 선의라는 사실을 증명'할 책임이 있다(대판 2018.4.10. 2016다272311).

③ [옳음] '이중매매'와 관련하여 제1매수인에게 채권자취소권의 행사가 가능한지 여부가 문제된다. 판례는 소유권이전등기청구권을 보전하기 위하여 행사하는 것은 허용되지 않으므로, 부동산의 제1매수인인 채권자는 자신의 소유권이전등기청구권 보전을 위하여, 채무자와 제3자 사이에 이루어진 제2의 소유권이전등기의 말소를 구하는 채권자취소권을 행사할 수 없다고 하였다(대판 1999.4.27. 98다56690).

④ [틀림] 채권자취소권의 법적성질에 관하여 통설·판례인 상대적 무효설에 따르면, 채권자는 사해행위로 인하여 이익을 받은 수익자나 그 자로부터 전득한 자를 상대로 그 법률행위의 취소를 청구하는 소송을 제기하여야 하며, 채무자를 상대로 그 소송을 제기할 수는 없다(대판 2004.8.30. 2004다21923).

⑤ [틀림] 소멸시효 완성을 주장할 수 있는 자로 ⅰ) 사해행위 취소소송의 상대방이 된 사해행위의 수익자(대판 2007.11.29. 2007다54849), ⅱ) 유치권이 성립된 부동산의 매수인(대판 2009.9.24. 2009다39530), ⅲ) 채권담보의 목적으로 매매예약의 형식을 빌어 소유권이전청구권 보전을 위한 가등기가 경료된 부동산을 양수하여 소유권이전등기를 마친 제3자(대판 1995.7.11. 95다12446) 등이 있다.

정답 | ③

031 채권자취소권에 관한 설명으로 옳지 않은 것은? (다툼이 있으면 판례에 따름) 〈노무사 2019〉

① 채권자가 사해행위 취소소송을 통해 원상회복만을 구하는 경우, 법원은 가액배상을 명할 수 없다.
② 채권자가 사해행위의 취소와 원상회복을 구하는 경우, 사해행위의 취소만을 먼저 청구한 다음 원상회복을 나중에 청구할 수도 있다.
③ 채무초과상태의 채무자가 유일한 재산을 우선변제권 있는 채권자에게 대물변제로 제공하는 경우, 특별한 사정이 없는 한 사해행위가 되지 않는다.
④ 사해행위 취소소송에서 채무자가 피고적격이 없다.
⑤ 채권자취소권의 행사에 있어서 제척기간의 도과에 관한 증명책임은 사해행위 취소소송의 상대방에게 있다.

해설 | ① [틀림] 사해행위의 취소에 따른 원상회복은 원칙적으로 그 목적물 자체의 반환(원물반환)에 의하여야 하나, 수익자가 목적물을 양도·소비·훼손하여 원물반환이 불가능하거나 현저히 곤란한 경우에 한하여 예외적으로 가액배상에 의하여야 한다(대판 2006.12.7. 2006다43620).

② [옳음] 채권자가 민법 제406조 제1항에 따라 사해행위의 취소와 원상회복을 청구하는 경우 사해행위의 취소만을 먼저 청구한 다음 원상회복을 나중에 청구할 수 있다(대판 2001.9.4. 2001다14108).

③ [옳음] 채무자의 재산이 채무의 전부를 변제하기에 부족한 경우에 채무자가 그의 유일한 재산을 어느 특정 채권자에게 대물변제로 제공하는 행위는 다른 특별한 사정이 없는 한 다른 채권자들에 대한 관계에서 사해행위가 되지만, 채권자들의 공동담보가 되는 채무자의 총재산에 대하여

제2편 채권총론

다른 채권자에 우선하여 변제를 받을 수 있는 권리를 가지는 채권자는 처음부터 채무자의 재산에 대한 환가절차에서 다른 채권자에 우선하여 배당을 받을 수 있는 지위에 있으므로, 그와 같은 우선변제권 있는 채권자에 대한 대물변제의 제공행위는 특별한 사정이 없는 한 다른 채권자들의 이익을 해한다고 볼 수 없어 사해행위가 되지 않는다(대판 2008.2.14. 2006다33357).

④ [옳음] 채권자취소권 행사의 상대방, 즉 취소소송의 피고는 언제나 이득반환청구의 상대방, 즉 수익자 또는 전득자이며(대판 1965.9.7. 65다1481), 채무자만을 피고로 하거나(대판 2009.1.15. 2008다72394) 또는 채무자를 그 취소권 행사의 상대방으로 추가하여 공동피고로 할 수는 없다(대판 2004.8.30. 2004다21923).

⑤ [옳음] 제척기간의 도과에 관한 입증책임은 채권자취소소송의 상대방에게 있다(대판 2013.4.26. 2013다5855).

정답 | ①

032 채권자취소권에 관한 설명으로 옳은 것은? (다툼이 있으면 판례에 따름) 〈노무사 2017〉

① 채권자취소권은 재판상 또는 재판 외에도 행사할 수 있다.
② 특정물에 대한 소유권이전등기청구권과 같은 특정채권도 채권자취소권의 피보전채권이 될 수 있다.
③ 채권자취소권에 의해 보전되는 채권은 특별한 경우 사해행위 이후에도 성립할 수 있다.
④ 상속재산의 분할협의는 채권자취소권의 대상이 될 수 없다.
⑤ 수인의 채권자 중 일부가 제기한 채권자취소권 행사의 효력은 취소소송을 행한 채권자에게만 귀속된다.

해설 | ① [틀림] 채권자취소권은 반드시 재판상 행사하여야 한다(제406조 제1항). 판례도 채권자취소권을 '재판상으로만 행사할' 수 있으며, 단지 항변으로서는 할 수 없다고 한다. 즉 소송상 공격방어방법으로 주장할 수 없다(대판 1995.7.25. 95다8393).

② [틀림] 채권자취소권을 특정물에 대한 소유권이전등기청구권을 보전하기 위하여 행사하는 것은 허용되지 않으므로, 부동산의 제1양수인은 자신의 소유권이전등기청구권 보전을 위하여 양도인과 제3자 사이에서 이루어진 이중양도행위에 대하여 채권자취소권을 행사할 수 없다(대판 1999.4.27. 98다56690).

③ [옳음] 채권자취소권에 의하여 보호될 수 있는 채권은 원칙적으로 채무자가 채권자를 해함을 알고 재산권을 목적으로 한 법률행위를 하기 전에 발생된 것이어야 하지만, 그 법률행위 당시에 이미 채권성립의 기초가 되는 법률관계가 성립되어 있고, 가까운 장래에 그 법률관계에 기하여 채권이 발생하리라는 점에 대한 고도의 개연성이 있으며, 실제로 가까운 장래에 그 개연성이 현실화되어 채권이 발생한 경우에는, 그 채권도 채권자취소권의 피보전채권이 될 수 있다(대판 2001.3.23. 2000다37821).

④ [틀림] 상속재산의 분할협의는 상속이 개시되어 공동상속인 사이에 잠정적 공유가 된 상속재산에 대하여 그 전부 또는 일부를 각 상속인의 단독소유로 하거나 새로운 공유관계로 이행시킴

으로써 상속재산의 귀속을 확정시키는 것으로 그 성질상 재산권을 목적으로 하는 법률행위이므로 사해행위취소권 행사의 대상이 될 수 있다(대판 2001.2.9. 2000다51797).

⑤ [틀림] 사해행위의 취소의 효과는 채권자가 수익자 또는 전득자로부터 일탈된 재산의 반환을 청구하는데 필요한 범위 내에서, 그리고 이들에 대한 관계에서만 영향을 미치고, 채무자와 수익자 또는 수익자와 전득자 사이의 법률관계에 대하여는 아무런 영향을 미치지 않는다(대판 2000.12.8. 98두11458 등). 따라서 취소의 효과는 채권자와 수익자 또는 전득자 사이에서만 발생하고, 채무자와 수익자 사이의 법률관계·수익자와 전득자 사이의 법률관계에는 영향을 미치지 않는다. 그리고 취소판결의 기판력은 소송에 참가하지 않은 채무자에게는 미치지 않는다.

정답 | ③

033 채권자취소권에 관한 설명으로 옳지 않은 것은? (다툼이 있으면 판례에 의함) 〈노무사 2014〉

① 상속재산의 분할협의는 채권자취소권의 대상이 될 수 없다.

② 사해행위 취소소송은 채권자가 취소원인을 안 날로부터 1년, 법률행위 있는 날로부터 5년 내에 제기하여야 한다.

③ 채무자의 법률행위가 사해행위에 해당하는지는 처분행위 당시를 기준으로 판단하며 취소의 대상이 되는 것은 채권행위이거나 물권행위를 불문한다.

④ 무자력인 채무자가 특정 채권자에게 부동산을 담보로 제공한 때 그 담보물이 채무자 소유의 유일한 부동산이 아닌 경우에도 사해행위로 인정될 수 있다.

⑤ 저당권이 설정되어 있는 부동산이 제3자에게 양도된 경우, 저당권의 피담보채권액이 부동산의 가액을 초과하는 때에는 그 부동산의 양도는 사해행위에 해당한다고 할 수 없다.

해설 | ① [틀림] 상속재산의 분할협의는 상속이 개시되어 공동상속인 사이에 잠정적 공유가 된 상속재산에 대하여 그 전부 또는 일부를 각 상속인의 단독소유로 하거나 새로운 공유관계로 이행시킴으로써 상속재산의 귀속을 확정시키는 것으로 그 성질상 재산권을 목적으로 하는 법률행위이므로 사해행위취소권 행사의 대상이 될 수 있다. 채무초과 상태에 있는 채무자가 상속재산의 분할협의를 하면서 상속재산에 관한 권리를 포기함으로써 결과적으로 일반 채권자에 대한 공동담보가 감소되었다 하더라도, 그 재산분할결과가 위 구체적 상속분에 상당하는 정도에 미달하는 과소한 것이라고 인정되지 않는 한 사해행위로서 취소되어야 할 것은 아니고, 구체적 상속분에 상당하는 정도에 미달하는 과소한 경우에도 사해행위로서 취소되는 범위는 그 미달하는 부분에 한정하여야 한다(대판 2001.2.9. 2000다51797).

② [옳음] 채권자는 취소의 원인을 안 날로부터 1년 이내, 법률행위가 있은 날로부터 5년 이내에 취소권을 재판상 행사하여야 한다(제406조 제2항). 위 기간은 제척기간(제소기간)에 해당한다.

③ [옳음] 채권자를 해하는 법률행위는 채권행위이거나 물권행위를 불문하며, 행위의 사해성이란 변제자력의 부족을 야기하는 것, 즉 채무자의 일반재산을 감소시켜 채권자에게 충분한 변제를

할 수 없는 재산상태를 만드는 것을 의미한다. 행위의 사해성 판단은 객관적 요건과 주관적 요건을 상관적·구체적으로 판단해야 한다. 채무자의 무자력 여부는 사해행위 당시를 기준으로 판단하여야 하며, 설령 재산처분행위가 정지조건부인 경우라 하더라도 특별한 사정이 없는 한 마찬가지이다(대판 2008.5.15. 2005다60338).

④ [옳음] 어느 특정 채권자에 대한 담보제공행위가 사해행위가 되기 위하여는 채무자가 이미 채무초과 상태에 있을 것과 그 채권자에게만 다른 채권자에 비하여 우선변제를 받을 수 있도록 하여 다른 일반 채권자의 공동담보를 감소시키는 결과를 초래할 것을 그 요건으로 하며, 특정 채권자에게 부동산을 담보로 제공한 경우 그 담보물이 채무자 소유의 유일한 부동산인 경우에 한하여만 사해행위가 성립한다고 볼 수는 없다(대판 2008.2.14. 2005다47106·47113·47120).

⑤ [옳음] 저당권이 설정되어 있는 부동산이 사해행위로 양도된 경우에 그 사해행위는 부동산의 가액, 즉 시가에서 저당권의 피담보채권액을 공제한 잔액의 범위 내에서 성립하고, 피담보채권액이 부동산의 가액을 초과하는 때에는 당해 부동산의 양도는 사해행위에 해당한다고 할 수 없는바, 여기서 피담보채권액이라 함은 근저당권의 경우 채권최고액이 아니라 실제로 이미 발생하여 있는 채권금액이다(대판 2001.10.9. 2000다42618).

정답 | ①

034 채권자 甲, 채무자 乙, 수익자 丙을 둘러싼 채권자취소소송에 관한 설명으로 옳은 것은? (단, 乙에게는 甲 외에 다수의 채권자가 존재하며 다툼이 있으면 판례에 따름) 〈노무사 2020〉

① 채권자취소소송에서 원고는 甲이고 피고는 乙과 丙이다.
② 원상회복으로 丙이 금전을 지급하여야 하는 경우에 甲은 직접 자신에게 이를 지급할 것을 청구할 수 있다.
③ 채권자취소권 행사의 효력은 소를 제기한 甲의 이익을 위해서만 발생한다.
④ 乙의 사해의사는 특정 채권자인 甲을 해한다는 인식이 필요하다.
⑤ 채권자취소소송은 甲이 乙의 대리인으로서 수행하는 것이다.

해설 | ① [틀림] 채권자취소권 행사의 상대방, 즉 취소소송의 피고는 언제나 수익자 또는 전득자이며(대판 1965.9.7. 65다1481), 채무자만을 피고로 하거나 또는 채무자를 그 취소권 행사의 상대방으로 추가하여 공동피고로 할 수는 없다(대판 2004.8.30. 2004다21923).

② [옳음] 취소채권자가 그 재산이나 금전을 직접 수령한 경우 재산의 반환채무와 그의 채권이 서로 상계적상에 있는 때에는 취소채권자는 상계함으로써 사실상 우선변제를 받는 것이 된다.

③ [틀림] 취소와 원상회복은 모든 채권자의 이익을 위하여 효력이 있다(제407조).

④ [틀림] 채무자가 사해행위의 당시에 그것에 의하여 채권자를 해하게 됨을 알고 있었어야 한다(제406조 제1항). 이 사해의 의사는 특정 채권자를 해한다는 적극적인 인식이 아니라 공동담보 부족이라는 소극적인 인식으로써 충분하다.

⑤ [틀림] 채권자취소권은 채권자 자신의 고유한 권리를 행사하는 것이다.

정답 | ②

035 채권자취소권에 관한 설명으로 옳은 것을 모두 고른 것은? (다툼이 있으면 판례에 의함) 〈노무사 2021〉

ㄱ. 채권자취소의 소는 취소원인을 안 날로부터 3년, 법률행위가 있은 날로부터 10년 내에 제기하여야 한다.
ㄴ. 채권자가 채무자의 사해의사를 증명하면 수익자의 악의는 추정된다.
ㄷ. 채무초과상태에 있는 채무자의 상속포기는 채권자취소권의 대상이 되지 못한다.
ㄹ. 사해행위 이전에 성립된 채권을 양수하였으나, 그 대항요건을 사해행위 이후에 갖춘 양수인은 이를 피보전채권으로 하는 채권자취소권을 행사할 수 없다.
ㅁ. 건물신축의 도급인이 민법 제666조에 따른 수급인의 저당권설정청구권 행사에 의해 그 건물에 저당권을 설정하는 행위는 특별한 사정이 없는 한 사해행위에 해당하지 않는다.

① ㄱ, ㄴ, ㅁ ② ㄱ, ㄷ, ㄹ ③ ㄱ, ㄹ, ㅁ
④ ㄴ, ㄷ, ㄹ ⑤ ㄴ, ㄷ, ㅁ

해설 | ㄱ [틀림] 채무자가 채권자를 해함을 알고 재산권을 목적으로 한 법률행위를 한 때에는 채권자는 그 취소 및 원상회복을 법원에 청구할 수 있다. 그러나 그 행위로 인하여 이익을 받은 자나 전득한 자가 그 행위 또는 전득 당시에 채권자를 해함을 알지 못한 경우에는 그러하지 아니하다. 이 경우 채권자가 취소원인을 안 날로부터 1년, 법률행위 있은 날로부터 5년 내에 제기하여야 한다(제406조).

ㄴ [옳음] 채무자의 제3자에 대한 담보제공행위가 객관적으로 사해행위에 해당하는 경우 수익자의 악의는 추정되는 것이므로 수익자가 그 법률행위 당시 선의였다는 입증을 하지 못하는 한 채권자는 그 법률행위를 취소하고 그에 따른 원상회복을 청구할 수 있다(대판 2006.4.14. 2006다5710).

ㄷ [옳음] 상속의 포기는 1차적으로 피상속인 또는 후순위상속인을 포함하여 다른 상속인 등과의 인격적 관계를 전체적으로 판단하여 행하여지는 '인적 결단'으로서의 성질을 가진다. 상속의 포기는 민법 제406조 제1항에서 정하는 "재산권에 관한 법률행위"에 해당하지 아니하여 사해행위취소의 대상이 되지 못한다(대판 2011.6.9. 2011다29307).

ㄹ [틀림] 채권자의 채권이 사해행위 이전에 성립되어 있는 이상 그 채권이 양도된 경우에도 그 양수인이 채권자취소권을 행사할 수 있고, 이 경우 채권양도의 대항요건을 사해행위 이후에 갖추었더라도 채권양수인이 채권자취소권을 행사하는 데 아무런 장애사유가 될 수 없다 할 것이다(대판 2006.6.29. 2004다5822).

ㅁ [옳음] 신축건물의 도급인이 민법 제666조가 정한 수급인의 저당권설정청구권의 행사에 따라 공사대금채무의 담보로 그 건물에 저당권을 설정하는 행위는 특별한 사정이 없는 한 사해행위에 해당하지 아니한다(대판 2018.11.29. 2015다19827).

정답 | ⑤

036 채권자취소권에 관한 설명으로 옳지 않은 것은? (다툼이 있으면 판례에 의함) 〈노무사 2013〉

① 채권자취소의 소의 상대방은 사해행위를 한 채무자와 수익자이다.
② 특정채권의 보전을 위한 채권자취소권의 행사는 허용되지 않는다.
③ 수급인의 저당권을 설정하는 것은 특별한 사정이 없는 한 사해행위가 아니다.
④ 사해행위 이전에 성립되어 있는 채권자의 채권이 양도된 경우, 채권양도의 대항요건을 사해행위 이후에 갖추었더라도 채권양수인은 양수채권의 보전을 위하여 채권자취소권을 행사할 수 있다.
⑤ 사해행위로 부동산이 양도된 후 그 이전에 설정된 저당권설정등기가 수익자의 변제로 말소된 경우에는 원물반환 대신 가액배상을 구할 수 있다.

해설 | ① [틀림] 채권자가 채권자취소권을 행사하려면 사해행위로 인하여 이익을 받은 자나 전득한 자를 상대로 그 법률행위의 취소를 청구하는 소송을 제기하여야 되는 것으로서, 채무자를 상대로 그 소송을 제기할 수는 없다(대판 1991.8.13. 91다13717).

② [옳음] 채권자취소권에 의해 보전되는 채권은 원칙적으로 금전채권에 한정되고, 등기청구권 등의 특정채권의 보전을 위해서는 취소권의 행사가 인정되지 않는다(대판 1988.2.23. 87다카1586).

③ [옳음] 신축건물의 도급인이 민법 제666조가 정한 수급인의 저당권설정청구권의 행사에 따라 공사대금채무의 담보로 그 건물에 저당권을 설정하는 행위는 특별한 사정이 없는 한 사해행위에 해당하지 아니한다(대판 2008.3.27. 2007다78616).

④ [옳음] 사해행위 이전에 성립되어 있는 채권자의 채권이 양도된 경우, 채권양도의 대항요건을 사해행위 이후에 갖춘 채권양수인이 채권자취소권을 행사할 수 있고(대판 2006.6.29. 2004다5822), 채권자의 채권이 사해행위 이전에 성립한 이상 사해행위 이후에 양도되었다고 하더라도 양수인은 채권자취소권을 행사할 수 있다(대판 2012.2.9. 2011다77146).

⑤ [옳음] 부동산에 관한 법률행위가 사해행위에 해당하는 경우에는 원칙적으로 그 사해행위를 취소하고 소유권이전등기의 말소 등 부동산 자체의 회복을 명하는 것이 원칙이지만, 저당권이 설정되어 있는 부동산에 관하여 사해행위가 이루어진 경우에 그 사해행위는 부동산의 가액에서 저당권의 피담보채권액을 공제한 잔액의 범위 내에서만 성립한다고 보아야 하므로, 사해행위 후 변제 등에 의하여 저당권설정등기가 말소된 경우, 사해행위를 취소하여 그 부동산의 자체의 회복을 명하는 것은 당초 일반 채권자들의 공동담보로 되어 있지 아니하던 부분까지 회복을 명하는 것이 되어 공평에 반하는 결과가 되므로, 그 부동산의 가액에서 저당권의 피담보채무액을 공제한 잔액의 한도에서 사해행위를 취소하고 그 가액의 배상을 구할 수 있을 뿐이고, 그와 같은 가액 산정은 사실심변론종결시를 기준으로 하여야 한다(대판 2001.12.27. 2001다33734).

정답 | ①

| 제1부 기출문제 | 제2부 실전모의고사 |

CHAPTER 03 다수당사자의 채권관계

제1절 분할채권관계와 불가분채권관계

001 불가분 약정 등 특별한 사정이 없는 한, 불가분채권인 것은? (판례에 따름) 〈노무사 2016〉

① A의 소유 건물을 B와 C가 공동으로 매수하는 경우, B와 C의 건물인도청구권

② A의 소유 건물을 B와 C가 공동으로 매수하는 경우, A의 매매대금청구권

③ A와 B가 공유하는 건물을 C에게 매도하는 경우, A와 B의 매매대금청구권

④ A와 B가 공유하는 건물을 C에게 매도하는 경우, C의 건물인도청구권

⑤ A와 B가 공유하는 토지를 C가 불법으로 점유한 경우, A와 B의 C에 대한 부당이득반환청구권

해설 | ① **[불가분채권]**, ④ **[특정물채권으로서 단독채권]** 불가분채권이란 불가분의 급부를 목적으로 하는 다수당사자의 채권관계를 말하며, 채권자가 다수인 불가분채권과 채무자가 다수인 불가분채무가 있다. 예컨대 甲·乙이 공동으로 丙으로부터 1대의 자동차나 1동의 건물을 산 경우에, 그 자동차나 건물의 인도청구권에 관하여는 甲·乙이 불가분채권을 가지게 되며, 반대로 甲·乙이 공유하는 자동차나 건물을 丙에게 판 경우에는 甲·乙은 자동차나 건물의 인도에 관하여 불가분채무를 부담하는 것이 된다. 매수인인 丙은 각각의 매도인의 지분에 따른 인도청구권을 가지게 되므로 단순 특정물채권이지 불가분채권이 아님을 유의하여야 한다.

② **[금전채권으로서 단독채권]** 위에서 본 ④의 내용과 마찬가지로 채권자와 채무자가 수인인 경우가 바로 다수당사자의 채권관계이다. 따라서 채권자가 1인이므로 이는 다수당사자의 채권관계가 아니다.

③ **[분할채권]** 매매대금채권은 가분채권으로 전형적인 분할채권에 해당한다.

> **제408조(분할채권관계)** 채권자나 채무자가 수인인 경우에 특별한 의사표시가 없으면 각 채권자 또는 각 채무자는 균등한 비율로 권리가 있고 의무를 부담한다.

⑤ **[분할채권]** 공유자는 특별한 사정이 없는 한 그 지분에 대응하는 비율의 범위 내에서만 그 차임 상당의 부당이득금반환의 청구권을 행사할 수 있다(대판 2002.10.11. 2000다17803).

정답 | ①

002 다수당사자 간의 법률관계에 관한 설명으로 옳지 않은 것은? (판례에 따름) 〈노무사 2021〉

① 공동임차인의 차임지급의무는 특별한 사정이 없는 한 불가분채무이다.
② 특별한 사정이 없는 한 연대채무자 중 1인이 채무 일부를 면제받더라도 그가 지급해야 할 잔존 채무액이 그의 부담부분을 초과한다면, 다른 연대채무자는 채무 전액을 부담한다.
③ 연대채무자 중 1인이 연대의 면제를 받더라도, 다른 연대채무자는 채무 전액을 부담한다.
④ 부진정연대채무의 다액채무자가 일부 변제한 경우, 그 변제로 인하여 먼저 소멸하는 부분은 다액채무자가 단독으로 부담하는 부분이다.
⑤ 보증채무자의 이행을 확보하기 위하여 채권자와 보증인은 보증채무에 관해서만 손해배상액을 예정할 수 있다.

해설 | ① [틀림] 공동임차인의 차임지급의무는 연대의무이다(제616조·제654조).

② [옳음] 민법 제419조는 "어느 연대채무자에 대한 채무면제는 그 채무자의 부담부분에 한하여 다른 연대채무자의 이익을 위하여 효력이 있다."라고 정하여 면제의 절대적 효력을 인정한다. 이는 당사자들 사이에 구상의 순환을 피하여 구상에 관한 법률관계를 간략히 하려는 데 취지가 있는바, 채권자가 연대채무자 중 1인에 대하여 채무를 일부 면제하는 경우에도 그와 같은 취지는 존중되어야 한다. 따라서 연대채무자 중 1인에 대한 채무의 일부 면제에 상대적 효력만 있다고 볼 특별한 사정이 없는 한 일부 면제의 경우에도 면제된 부담부분에 한하여 면제의 절대적 효력이 인정된다고 보아야 한다. 구체적으로 연대채무자 중 1인이 채무 일부를 면제받는 경우에 그 연대채무자가 지급해야 할 잔존 채무액이 부담부분을 초과하는 경우에는 그 연대채무자의 부담부분이 감소한 것은 아니므로 다른 연대채무자의 채무에도 영향을 주지 않아 다른 연대채무자는 채무 전액을 부담하여야 한다. 반대로 일부 면제에 의한 피면제자의 잔존 채무액이 부담부분보다 적은 경우에는 차액(부담부분 - 잔존 채무액)만큼 피면제자의 부담부분이 감소하였으므로, 차액의 범위에서 면제의 절대적 효력이 발생하여 다른 연대채무자의 채무도 차액만큼 감소한다(대판 2019.8.14. 2019다216435).

③ [옳음] 연대의 면제는 상대효이므로 연대채무자 중 1인이 연대의 면제를 받더라도, 다른 연대채무자는 채무 전액을 부담한다.

④ [옳음] 금액이 다른 채무가 서로 부진정연대 관계에 있을 때 다액채무자가 일부 변제를 하는 경우 변제로 인하여 먼저 소멸하는 부분은 당사자의 의사와 채무 전액의 지급을 확실히 확보하려는 부진정연대채무 제도의 취지에 비추어 볼 때 다액채무자가 단독으로 채무를 부담하는 부분으로 보아야 한다(대판 2018.3.22. 2012다74236 전원합의체).

⑤ [옳음] 보증인은 그 보증채무에 관한 위약금 기타 손해배상액을 예정할 수 있다(제429조 제2항).

정답 | ①

제2절　연대채무와 부진정연대채무

003 甲, 乙, 丙이 丁에 대하여 9백만 원의 연대채무를 부담하고 있고, 각자의 부담부분은 균등하다. 甲이 丁에 대하여 6백만 원의 상계적상에 있는 반대채권을 가지고 있는 경우에 관한 설명으로 옳은 것은? (당사자 사이에 다른 약정은 없으며, 다툼이 있으면 판례에 따름) 〈노무사 2023〉

① 甲이 6백만 원에 대해 丁의 채무와 상계한 경우, 남은 3백만 원에 대해 乙과 丙이 丁에게 각각 1백 5십만 원의 분할채무를 부담한다.

② 甲이 6백만 원에 대해 丁의 채무와 상계한 경우, 甲, 乙, 丙은 丁에게 3백만 원의 연대채무를 부담한다.

③ 甲이 상계권을 행사하지 않은 경우, 乙과 丙은 甲의 상계권을 행사할 수 없고, 甲, 乙, 丙은 丁에게 3백만 원의 연대채무를 부담한다.

④ 甲이 상계권을 행사하지 않은 경우, 乙은 丁을 상대로 甲의 6백만 원에 대해 상계할 수 있고, 乙과 丙이 丁에게 각각 1백 5십만 원의 분할채무를 부담한다.

⑤ 甲이 상계권을 행사하지 않은 경우, 丙은 丁을 상대로 甲의 6백만 원에 대해 상계할 수 있고, 乙과 丙이 丁에게 3백만 원의 연대채무를 부담한다.

해설 | ① [틀림], ② [옳음], ③ [틀림], ④ [틀림], ⑤ [틀림] 어느 연대채무자가 채권자에 대하여 채권이 있는 경우에 그 채무자가 상계한 때에는 채권은 모든 연대채무자의 이익을 위하여 소멸한다. 따라서 甲, 乙, 丙이 丁에 대하여 900만 원의 연대채무를 부담하고 있고(甲, 乙, 丙의 부담부분은 균등하다), 甲이 丁에 대하여 600만 원의 반대채권을 가지고 있는데, ⅰ) **甲이 직접 상계를 한다면 600만 원 전부에 대하여 상계할 수 있고**(이는 제418조 제1항에 따른 일체형 절대적 효력사유이다)**, 잔액 300만 원에 대하여 연대채무를 부담한다.** 한편 ⅱ) 甲이 상계할 수 있음에도 불구하고 상계를 하지 않는 경우, 다른 연대채무자인 乙, 丙이 상계를 하는 경우 부담부분인 300만 원의 범위 내에서 甲의 丁에 대한 채권을 가지고 상계할 수 있다. 이 경우 잔액 600만 원에 대하여 연대채무를 부담한다.

정답 | ②

004 甲과 乙은 A에 대하여 2억 원의 연대채무를 부담하고 있으며, 甲과 乙 사이의 부담 부분은 균등하다. 이에 관한 설명으로 옳은 것은? (다툼이 있으면 판례에 따름) 〈노무사 2022〉

① 甲의 A에 대한 위 채무가 시효완성으로 소멸한 경우, 乙도 A에 대하여 위 채무 전부를 이행할 의무를 면한다.

② 甲이 A에게 2억 원의 상계할 채권을 가지고 있음에도 상계를 하지 않는 경우, 乙은 甲이 A에게 가지는 2억 원의 채권으로 위 채무 전부를 상계할 수 있다.

③ A가 甲에 대하여 채무의 이행을 청구하여 시효가 중단된 경우, 乙에게도 시효중단의 효력이 있다.

④ A의 신청에 의한 경매개시결정에 따라 甲소유의 부동산이 압류되어 시효가 중단된 경우, 乙에게도 시효중단의 효력이 있다.

⑤ A가 甲에 대하여 위 채무를 전부 면제해 준 경우, 乙도 A에 대하여 위 채무 전부를 이행할 의무를 면한다.

해설 | ① [틀림] 민법 제412조. 소멸시효의 완성은 부담부분형 절대효이다.

> 제421조(소멸시효의 절대적 효력) 어느 연대채무자에 대하여 소멸시효가 완성한 때에는 그 <u>부담부분에 한하여</u> 다른 연대채무자도 의무를 면한다.

② [틀림] 민법 제418조 제2항. 다른 연대채무자가 상계하는 경우 부담부분형 절대효이다.

> 제418조(상계의 절대적 효력) ② 상계할 채권이 있는 연대채무자가 상계하지 아니한 때에는 그 채무자의 <u>부담부분에 한하여</u> 다른 연대채무자가 상계할 수 있다.

③ [옳음] '변제·대물변제·공탁'과 같이 채권의 만족을 가져오는 사유와 '이행의 청구(제416조, 이를 기초로 한 이행지체 및 시효중단의 효과도 포함)'도 절대적 효력사유로서 인정된다.

④ [틀림] 채권자의 신청에 의한 경매개시결정에 따라 연대채무자 1인의 소유 부동산이 압류된 경우, 이로써 위 채무자에 대한 채권의 소멸시효는 중단되지만, 압류에 의한 시효중단의 효력은 다른 연대채무자에게 미치지 아니하므로, 경매개시결정에 의한 시효중단의 효력을 다른 연대채무자에 대하여 주장할 수 없다(대판 2001.8.21. 2001다22840).

⑤ [틀림] 민법 제419조. 면제는 부담부분형 절대효이다.

> 제421조(소멸시효의 절대적 효력) 어느 연대채무자에 대하여 소멸시효가 완성한 때에는 그 <u>부담부분에 한하여</u> 다른 연대채무자도 의무를 면한다.

정답 | ③

005 甲, 乙, 丙, 丁은 戊에 대하여 200만 원의 연대채무를 4:3:2:1의 비율로 부담한다. 그 중 丙이 무자력이고 丁은 戊로부터 연대의 면제를 받은 경우 甲이 채무전부를 변제하였다면, 甲이 乙·丁·戊에게 각각 구상할 수 있는 금액은? 〈노무사 2011〉

① 乙-75만 원, 丁-20만 원, 戊-5만 원
② 乙-75만 원, 丁-25만 원, 戊-5만 원
③ 乙-75만 원, 丁-25만 원, 戊-0원
④ 乙-60만 원, 丁-20만 원, 戊-10만 원
⑤ 乙-60만 원, 丁-40만 원, 戊-10만 원

해설 | 甲, 乙, 丙, 丁은 4:3:2:1의 비율로 부담부분을 지므로 부담부분은 순서대로 80, 60, 40, 20만 원이다. 따라서 甲은 乙, 丙, 丁에게 각각 60, 40, 20만 원을 구상할 수 있는데, 丙이 무자력이므로 40만 원은 甲과 乙, 丁이 4:3:1의 비율로 부담하므로 순서대로 20만 원, 15만 원, 5만 원을 각각 부담한다. 그런데 丁은 戊로부터 연대의 면제를 받았으므로 丁이 부담할 5만 원은 戊의 부담으로 한다. 따라서 결국 乙에게는 60+15만 원=75만 원을, 丁에게는 20만 원을 구상할 수 있고, 5만 원은 戊의 부담으로 한다.

정답 | ①

006 A, B, C, D(부담부분은 균등)는 E에 대하여 1,200만 원의 연대채무를 부담하고 있다. E는 A에 대하여 연대의 면제를 하였다. 그 후 B는 무자력이 되었다. A, C, D가 최종적으로 부담하는 금액은? (다툼이 있는 경우 판례에 따름) 〈노무사 2016〉

① A는 100만 원, C는 300만 원, D는 300만 원
② A는 300만 원, C는 300만 원, D는 300만 원
③ A는 300만 원, C는 400만 원, D는 400만 원
④ A는 350만 원, C는 350만 원, D는 350만 원
⑤ A는 400만 원, C는 400만 원, D는 400만 원

해설 | (1) 상환무자력자의 부담부분의 분담

제427조(상환무자력자의 부담부분) ① 연대채무자 중에 상환할 자력이 없는 자가 있는 때에는 그 채무자의 부담부분은 구상권자 및 다른 자력이 있는 채무자가 그 부담부분에 비례하여 분담한다. 그러나 구상권자에게 과실이 있는 때에는 다른 연대채무자에 대하여 분담을 청구하지 못한다.

(2) 연대면제와 부담부분의 분담

제427조(상환무자력자의 부담부분) ② 전항의 경우에 상환할 자력이 없는 채무자의 부담부분을 분담할 다른 채무자가 채권자로부터 연대의 면제를 받은 때에는 그 채무자의 분담할 부분은 채권자의 부담으로 한다.

(3) A, C, D의 최종적인 부담금액

① A, B, C, D(부담부분은 균등) 4인이 E에 대하여 1,200만 원의 연대채무를 지고 있는 경우에 E가 A에 대하여 연대를 면제하였으므로 A는 자신의 부담부분인 300만 원을 E에게 부담한다.

② 그 후 B가 무자력이 되었으므로 B의 부담부분인 300만 원은 다른 연대채무자인 A, C, D에게 각각 부담부분에 비례하여 분담이 되므로, A는 400만 원, C도 400만 원, D도 400만 원을 부담하게 된다.

③ 그러나 A가 연대의 면제를 받았으므로 A가 부담하게 될 무자력자 B의 100만 원은 채권자인 E에게 이전되므로, 최종적인 부담금액은 300만 원이다.

④ 그러므로 A는 300만 원, B는 0원, C는 400만 원, D는 400만 원, 그리고 A의 연대면제의 부분에 따른 100만 원은 채권자 E가 부담하게 된다.

정답 | ③

007 乙, 丙, 丁은 연대하여 甲에 대하여 6,000만 원의 채무를 부담하고 있다. 다음 설명 중 옳은 것을 모두 고른 것은? (단, 乙, 丙, 丁의 부담부분은 균등함) 〈노무사 2015〉

> ㄱ. 乙이 甲에 대한 3,000만 원의 반대채권으로 상계를 한 때에는 丙과 丁은 3,000만 원에 대하여 연대채무를 부담한다.
>
> ㄴ. 甲이 丙에 대하여 채무 전부를 면제한 때에는 乙과 丁의 채무도 전부 소멸한다.
>
> ㄷ. 乙 한사람에 대하여 소멸시효가 완성한 때에는 丙과 丁은 4,000만 원에 대하여 연대채무를 부담한다.
>
> ㄹ. 乙, 丙, 丁의 채무가 기한이 없는 연대채무인 경우, 甲이 乙에게 이행청구를 하였다면 丙과 丁의 채무는 이행기가 도래한다.

① ㄱ, ㄷ　　② ㄷ, ㄹ　　③ ㄱ, ㄴ, ㄹ
④ ㄱ, ㄷ, ㄹ　　⑤ ㄱ, ㄴ, ㄷ, ㄹ

해설 | ㄱ [옳음], ㄹ [옳음] 연대채무자의 1인과 채권자 사이에 생긴 사유의 효력이 다른 연대채무자와 채권자 사이에 그대로 미치게 되는 경우로서, 변제·대물변제·공탁과 같이 채권의 만족을 가져오는 사유와 이행의 청구도 절대적 효력사유로서 인정된다. 그리고 채권자지체(제422조), 경개(제417조), 상계(제418조 제1항)도 일체형 절대적 효력사유로서 인정하고 있다.

ㄴ [틀림], ㄷ [옳음] 연대채무자 중 1인과 채권자 사이에서 생긴 사유의 효력이 당해 연대채무자의 부담부분의 범위 내에서만 다른 연대채무자와 채권자 사이에도 절대적 효력이 미치는 사유로서, 면제(제419조)·혼동(제420조)·소멸시효(제421조)가 이에 속한다. 또한 반대채권을 가진 채무자가 상계를 하지 않는 때에는 다른 연대채무자가 반대채권을 가진 채무자의 부담부분의 한도에서 상계할 수 있다(제418조 제2항).

정답 | ④

제3절 보증채무

008 甲은 乙로부터 금전을 빌렸고, 丙은 甲의 채무를 위해 보증인이 되었다. 이에 관한 설명으로 옳은 것은? (다툼이 있으면 판례에 따름) 〈노무사 2017〉

① 丙이 모르는 사이에 주채무의 목적이나 형태가 변경되어 주채무의 실질적 동일성이 상실된 경우에도 丙의 보증채무는 소멸되지 않는다.

② 丙의 보증계약은 구두계약에 의하여도 그 효력이 발생한다.

③ 丙은 甲이 가지는 항변으로 乙에게 대항할 수 있으나, 甲이 이를 포기하였다면 丙은 그 항변으로 乙에게 대항할 수 없다.

④ 甲의 乙에 대한 채무가 시효로 소멸되더라도 丙의 보증채무는 원칙적으로 소멸하지 않는다.

⑤ 甲의 의사에 반하여 보증인이 된 丙이 자기의 출재로 甲의 채무를 소멸하게 한 때에는 甲은 丙에게 현존이익의 한도에서 배상하여야 한다.

해설 | ① [틀림] 민법 제430조

> **제430조(목적, 형태상의 부종성)** 보증인의 부담이 주채무의 목적이나 형태보다 중한 때에는 주채무의 한도로 감축한다.

② [틀림] 민법 제428조의2 제1항

> **제428조의2(보증의 방식)** ① 보증은 그 의사가 보증인의 기명날인 또는 서명이 있는 서면으로 표시되어야 효력이 발생한다. 다만, 보증의 의사가 전자적 형태로 표시된 경우에는 효력이 없다.

③ [틀림] 민법 제433조

> **제433조(보증인과 주채무자 항변권)** ① 보증인은 주채무자의 항변으로 채권자에게 대항할 수 있다.
> ② 주채무자의 항변포기는 보증인에게 효력이 없다.

④ [틀림] 보증채무는 주채무에 종속하는 부종성을 가지므로 반드시 주채무가 있어야만 한다. 따라서 주채무가 소멸하면 그 이유 여하를 불문하고 보증채무도 소멸한다(존속상의 부종성).

⑤ [옳음] 민법 제444조 제1항

> **제444조(부탁 없는 보증인의 구상권)** ① 주채무자의 부탁 없이 보증인이 된 자가 변제 기타 자기의 출재로 주채무를 소멸하게 한 때에는 주채무자는 그 당시에 이익을 받은 한도에서 배상하여야 한다.

정답 | ⑤

009 보증채무에 관한 설명으로 옳지 않은 것은? 〈노무사 2014〉

① 보증인은 주채무자에 채권에 의한 상계로 채권자에게 대항할 수 있다.
② 보증인에 대한 시효의 중단은 주채무자에 대하여 그 효력이 있다.
③ 보증인의 부담이 주채무의 목적이나 형태보다 중한 때에는 주채무의 한도로 감축한다.
④ 수탁보증인이 과실 없이 채권자에게 보증채무를 이행할 재판을 받은 경우, 주채무자에 대하여 사전구상권을 행사할 수 있다.
⑤ 주채무자의 부탁 없이 보증인이 된 자가 변제하여 주채무를 소멸하게 한 경우, 주채무자는 그 당시에 이익을 받은 한도에서 배상하여야 한다.

해설 | ① [옳음] 민법 제434조

> **제434조(보증인과 주채무자상계권)** 보증인은 주채무자의 채권에 의한 상계로 채권자에게 대항할 수 있다.

② [틀림] 보증채무에 대한 소멸시효가 중단되었다고 하더라도 이로써 주채무에 대한 소멸시효가 중단되는 것은 아니고, 주채무가 소멸시효 완성으로 소멸된 경우에는 보증채무도 그 채무 자체의 시효중단에 불구하고 부종성에 따라 당연히 소멸된다(대판 2002.5.14. 2000다62476).

③ [옳음] 민법 제430조

> **제430조(목적, 형태상의 부종성)** 보증인의 부담이 주채무의 목적이나 형태보다 중한 때에는 주채무의 한도로 감축한다.

④ [옳음] 민법 제442조 제1항 제1호

> **제442조(수탁보증인의 사전구상권)** ① 주채무자의 부탁으로 보증인이 된 자는 다음 각 호의 경우에 주채무자에 대하여 미리 구상권을 행사할 수 있다.
> 1. 보증인이 과실없이 채권자에게 변제할 재판을 받은 때

⑤ [옳음] 민법 제444조 제1항

> **제444조(부탁없는 보증인의 구상권)** ① 주채무자의 부탁없이 보증인이 된 자가 변제 기타 자기의 출재로 주채무를 소멸하게 한 때에는 주채무자는 그 당시에 이익을 받은 한도에서 배상하여야 한다.

정답 | ②

010 민법상 보증채무에 관한 설명으로 옳지 않은 것은? (다툼이 있으면 판례에 따름) 〈노무사 2020〉

① 주채무가 민사채무이고 보증채무가 상사채무인 경우 보증채무의 소멸시효기간은 주채무에 따라 결정된다.
② 보증은 불확정한 다수의 채무에 대하여도 할 수 있다.
③ 주채권과 분리하여 보증채권만을 양도하기로 하는 약정은 그 효력이 없다.

④ 보증채권을 주채권과 함께 양도하는 경우 대항요건은 주채권의 이전에 관하여만 구비하면 족하다.

⑤ 보증인은 주채무자의 채권에 의한 상계로 채권자에게 대항할 수 있다.

해설 | ① [틀림] 보증채무는 주채무와는 별개의 독립한 채무이므로 보증채무와 주채무의 소멸시효기간은 채무의 성질에 따라 각각 별개로 정해진다(대판 2014.6.12. 2011다76105).

② [옳음] 민법 제428조의3은 제1항에서 "보증은 불확정한 다수의 채무에 대하여도 할 수 있다. 이 경우 보증하는 채무의 최고액을 서면으로 특정하여야 한다."라고 규정하고 있다.

③ [옳음], ④ [옳음] 보증채무는 주채무에 대한 부종성 또는 수반성이 있어서 주채무자에 대한 채권이 이전되면 당사자 사이에 별도의 특약이 없는 한 보증인에 대한 채권도 함께 이전하고, 이 경우 채권양도의 대항요건도 주채권의 이전에 관하여 구비하면 족하고, 별도로 보증채권에 관하여 대항요건을 갖출 필요는 없다(대판 2002.9.10. 2002다21509).

⑤ [옳음] 민법 제434조

> **제434조(보증인과 주채무자상계권)** 보증인은 주채무자의 채권에 의한 상계로 채권자에게 대항할 수 있다.

정답 | ①

011 보증채무에 관한 설명으로 옳은 것은? (다툼이 있는 경우에는 판례에 의함) 〈노무사 2011〉

① 보증인이 주채무자에게 사전통지를 하지 않고 채권자에게 변제한 경우, 주채무자는 채권자에게 대항할 수 있는 사유로 보증인에게 대항할 수 있다.

② 주채무자가 시효의 이익을 포기하면 보증인에게 그 효력이 미친다.

③ 주채무자의 의사에 반하여 보증인이 된 자는 주채무를 소멸하게 한 시점에 주채무자가 이익을 받은 한도에서 구상할 수 있다.

④ 장래의 채무에 대하여는 보증할 수 없다.

⑤ 주채무자가 채권자에 대하여 해제권이 있는 동안에는 보증인은 채권자에 대하여 채무의 이행을 거절할 수 없다.

해설 | ① [옳음] 보증인이 주채무자에게 (사전에) 통지하지 아니하고 변제 기타 자기의 출재로 주채무를 소멸하게 한 경우에, 주채무자가 채권자에게 대항할 수 있는 사유가 있었을 때에는 이 사유로 보증인에게 대항할 수 있고 그 대항사유가 상계인 때에는 상계로 소멸할 채권은 보증인에게 이전된다(제445조 제1항).

② [틀림] 보증인은 주채무자의 항변으로 채권자에게 대항할 수 있으며, 주채무자의 항변포기는 보증인에게 효력이 없다(제433조). 따라서 주채무가 시효로 소멸한 때에는 보증인도 그 시효소멸을 원용할 수 있으며 주채무자가 시효의 이익을 포기하더라도 보증인에게는 그 효력이 없다 할 것이다(대판 1991.1.29. 89다카1114).

③ [틀림] 주채무자의 의사에 반하여 보증인이 된 자가 변제 기타 자기의 출재로 주채무를 소멸하게 한 때에는 주채무자는 (보증인이 구상권 행사 당시의) 현존이익의 한도에서 배상하여야 한다(제444조 제2항).

④ [틀림] 장래의 채무에 대해서도 보증할 수 있다.

⑤ [틀림] 주채무자가 채권자에 대하여 취소권 또는 해제권이나 또 해지권이 있는 동안은 보증인은 채권자에 대하여 채무의 이행을 거절할 수 있다. 그러나 보증인이 주채무자의 취소권, 해제권, 해지권을 직접행사하지는 못한다(제435조).

정답 | ①

012 다수당사자 간의 채권채무관계에 관한 설명으로 옳지 않은 것은? (판례에 의함) 〈노무사 2013〉

① 확정채무의 보증인은 피보증채무의 이행기가 연장된 경우에도 원칙적으로 보증채무를 부담한다.

② 보증인은 주채무자의 채권에 의한 상계로 채권자에게 대항할 수 있다.

③ 어느 연대채무자에 대한 법률행위의 무효원인은 다른 연대채무자의 채무에 영향을 미치지 않는다.

④ 채무를 변제한 보증인은 주채무자의 부탁 여부와 관계없이 채권자를 대위할 수 있다.

⑤ 부진정연대채무자 중 1인이 자신의 채권자에 대한 반대채권으로 한 상계는 다른 부진정연대채무자에 대하여 그 효력이 미치지 않는다.

해설 | ① [옳음] 채무가 특정된 확정채무에 대하여 보증한 보증인으로서는 자신의 동의 없이 피보증채무의 이행기를 연장해 주었는지에 상관없이 보증채무를 부담하는 것이 원칙이다. 그렇지만 당사자 사이에 보증인의 동의를 얻어 피보증채무의 이행기가 연장된 경우에 한하여 피보증채무를 계속하여 보증하겠다는 취지의 특별한 약정이 있다면 약정에 따라야 한다(대판 2012.8.30. 2009다90924).

② [옳음] 보증인은 취소권 및 해제권과 달리 주채무자의 채권에 의한 상계로 채권자에게 대항할 수 있다(제434조).

③ [옳음] 연대채무자 1인에 대하여 법률행위의 무효 또는 취소의 원인이 존재하더라도 다른 연대채무자의 채무의 효력에는 영향을 미치지 않는다.

④ [옳음] 보증인은 변제할 정당한 이익이 있는 자이므로 변제에 의해 당연히 채권자의 채권 및 담보에 관한 권리를 대위한다(제481조).

⑤ [틀림] 부진정연대채무자 중 1인이 자신의 채권자에 대한 반대채권으로 상계를 한 경우에도 채권은 변제, 대물변제, 또는 공탁이 행하여진 경우와 동일하게 현실적으로 만족을 얻어 그 목적을 달성하는 것이므로, 그 상계로 인한 채무소멸의 효력은 소멸한 채무 전액에 관하여 다른 부진정연대채무자에 대하여도 미친다고 보아야 한다. 이는 부진정연대채무자 중 1인이 채권자와 상계계약을 체결한 경우에도 마찬가지이다. 나아가 이러한 법리는 채권자가 상계 내지 상계계약이 이루어질 당시 다른 부진정연대채무자의 존재를 알았는지 여부에 의하여 좌우되지 아니한다(대판 2010.9.16. 2008다97218 전원합의체).

정답 | ⑤

CHAPTER
04 채권양도와 채무인수

제1절 채권양도

001 지명채권의 양도에 관한 설명으로 옳은 것은? (다툼이 있으면 판례에 따름) 〈노무사 2018〉

① 채권양도의 대항요건인 채무자의 승낙에는 조건을 붙일 수 있다.
② 채권양도행위가 사해행위에 해당하지 않는 경우에도 양도통지가 별도로 채권자취소권 행사의 대상이 된다.
③ 근로자가 그 임금채권을 양도한 경우, 양수인은 사용자에 대하여 임금의 지급을 청구할 수 있다.
④ 채무자는 채권양도를 승낙한 후에도 양도인에 대한 채권을 새로 취득한 경우에 이를 가지고 양수인에 대하여 상계할 수 있다.
⑤ 채권양도에 대한 채무자의 승낙은 양도인에게 하여야 하며, 양수인에게 한 경우에는 효력이 없다.

해설 | ① **[옳음]** 지명채권의 양도를 승낙함에 있어서는 이의를 보류하고 할 수 있음은 물론이고, 양도금지의 특약이 있는 채권양도를 승낙함에 있어 조건을 붙여서 할 수도 있으며 승낙의 성격이 관념의 통지라고 하여 조건을 붙일 수 없는 것은 아니다(대판 1989.7.11. 88다카20866).

② **[틀림]** 채권자취소권은 채무자가 채권자에 대한 책임재산을 감소시키는 행위를 한 경우 이를 취소하고 원상회복을 하여 공동담보를 보전하는 권리이고, 채권양도의 경우 권리이전의 효과는 원칙적으로 당사자 사이의 양도계약 체결과 동시에 발생하며 채무자에 대한 통지 등은 채무자를 보호하기 위한 대항요건일 뿐이므로, 채권양도행위가 사해행위에 해당하지 않는 경우에 양도통지가 따로 채권자취소권 행사의 대상이 될 수는 없다(대판 2012.8.30. 2011다32785·32792).

③ **[틀림]** 근로자의 임금채권은 그 양도를 금지하는 법률의 규정이 없어 이를 양도할 수 있으나, 양수인이 스스로 사용자에 대하여 임금의 지급을 청구할 수는 없다(대판 1988.12.13. 87다카2803 전원합의체).

④ **[틀림]** 채무자가 채권양도를 승낙한 후에 취득한 양도인에 대한 채권으로 양수인에 대하여 상계로써 대항하지 못한다(대판 1984.9.11. 83다카2288).

⑤ **[틀림]** 채무자는 양도인 또는 양수인의 어느 쪽에 대하여 승낙해도 무방하다(대판 1986.2.25. 85다카1529).

정답 | ①

002 채권양도에 관한 설명으로 옳지 않은 것은? (다툼이 있으면 판례에 따름) 〈노무사 2019〉

① 근로자가 임금채권을 양도한 경우, 양수인은 스스로 사용자에 대항 임금지급을 청구할 수 없다.

② 주채권과 분리하여 보증채권만을 양도하기로 하는 약정은 그 효력이 없다.

③ 지명채권의 양도통지를 한 후 그 양도계약이 해제된 경우, 양도인이 그 해제를 이유로 채무자에게 양도채권으로 대항하려면 양수인이 그 채무자에게 해제사실을 통지하여야 한다.

④ 매매로 인한 소유권이전등기청구권에 관한 양도제한의 법리는 취득시효완성으로 인한 소유권이전등기청구권의 양도에도 적용된다.

⑤ 2인이 동업하는 조합의 조합원 1인이 다른 조합원의 동의 없이 한 조합채권의 양도행위는 무효이다.

해설 | ① [옳음] 근로자의 임금채권은 그 양도를 금지하는 법률의 규정이 없어 이를 양도할 수 있으나, 양수인이 스스로 사용자에 대하여 임금의 지급을 청구할 수는 없다(대판 1988.12.13. 87다카2803 전원합의체).

② [옳음] 주채권과 보증인에 대한 채권의 귀속주체를 달리하는 것은, 주채무자의 항변권으로 채권자에게 대항할 수 있는 보증인의 권리가 침해되는 등 보증채무의 부종성에 반하고, 주채권을 가지지 않는 자에게 보증채권만을 인정할 실익도 없기 때문에 주채권과 분리하여 보증채권만을 양도하기로 하는 약정은 그 효력이 없다(대판 2002.9.10. 2002다21509).

③ [옳음] 민법 제452조는 채권양도가 해제 또는 합의해제되어 소급적으로 무효가 되는 경우에도 유추적용 할 수 있다고 할 것이므로, 지명채권의 양도통지를 한 후 양도계약이 해제 또는 합의해제 된 경우에 채권양도인이 해제 등을 이유로 다시 원래의 채무자에 대하여 양도채권으로 대항하려면 채권양도인이 채권양수인의 동의를 받거나 채권양수인이 채무자에게 위와 같은 해제 등 사실을 통지하여야 한다(대판 2012.11.29. 2011다17953).

④ [틀림] 매매로 인한 소유권이전등기청구권의 양도는 특별한 사정이 없는 이상 양도가 제한되고 양도에 채무자의 승낙이나 동의를 요한다고 할 것이므로 통상의 채권양도와 달리 양도인의 채무자에 대한 통지만으로는 채무자에 대한 대항력이 생기지 않으며 반드시 채무자의 동의나 승낙을 받아야 대항력이 생긴다. 그러나 취득시효완성으로 인한 소유권이전등기청구권은 채권자와 채무자 사이에 아무런 계약관계나 신뢰관계가 없고, 그에 따라 채권자가 채무자에게 반대급부로 부담하여야 하는 의무도 없다. 따라서 취득시효완성으로 인한 소유권이전등기청구권의 양도의 경우에는 매매로 인한 소유권이전등기청구권에 관한 양도제한의 법리가 적용되지 않는다(대판 2018.7.12. 2015다36167).

⑤ [옳음] 2인이 동업하는 조합의 조합원 1인이 다른 조합원의 동업 없이 한 조합채권양도행위는 무효이다(대판 1990.2.27. 88다카11534).

정답 | ④

003 채권양도에 관한 설명으로 옳지 않은 것은? (다툼이 있는 경우에는 판례에 의함) 〈노무사 2010〉

① 기존채권이 제3자에게 이전되어 채권양도인지 경개인지 당사자의 의사가 명백하지 않은 경우, 일반적으로 채권의 양도로 보아야 한다.
② 가압류된 채권도 양도할 수 있으며, 이 경우 양수인은 가압류에 의해 권리가 제한된 상태의 채권을 양수받게 된다.
③ 채무자에 대한 대항요건으로서의 양도통지에는 조건이나 기한을 붙일 수 없지만, 승낙의 경우에는 이의를 유보할 수 있을 뿐 아니라 조건을 붙여서 할 수도 있다.
④ 장래의 채권도 양도 당시 기본적 채권관계가 어느 정도 확정되어 있어 그 권리의 특정이 가능하고 가까운 장래에 발생할 것임이 상당 정도 기대되는 경우에는 이를 양도할 수 있다.
⑤ 양도인의 채권양도의 통지만 있었던 경우, 채무자는 그 통지 이전에 양도인에 대하여 가지던 동시이행의 항변권으로 양수인에게 대항할 수 없다.

해설 | ① [옳음] 기존채무에 관하여, 채무자가 제3자에 대하여 가지고 있는 채권을 기존채무의 채권자에게 양도한 경우 그들 사이에 다른 특별한 의사표시가 없었다면 기존채무의 변제를 위하여 또는 그 담보조로 양도한 것이라고 추정하여야 한다(대판 2003.9.5. 2002다40456).

② [옳음] 가압류된 채권도 양도할 수 있으며 가압류된 채권을 양수받은 양수인은 그러한 가압류에 의하여 권리가 제한된 상태의 채권을 양수받게 된다(대판 2000.4.11. 99다23888). 그러나 가압류채권자가 채무자를 상대로 이행의 소를 제기하여 본안소송에서 승소한 경우에는 채권을 양수받은 양수인에 대한 채권양도는 무효라 할 것이다(대판 2002.4.26. 2001다59033).

③ [옳음] 채권양도의 통지는 양도인이 채권양도가 있었다는 사실을 채무자에게 알리는 관념의 통지로서 양도인의 일방적 행위에 해당한다. 따라서 상대방 지위에 중대한 영향을 미칠 수 있으므로 원칙적으로 조건이나 기한을 붙일 수 없다. 그러나 승낙의 통지는 채무자가 양도인 또는 양수인에게 행할 수 있는데, 이의의 유보뿐만 아니라 조건을 붙여 승낙할 수도 있으며(대판 2011.6.30. 2011다8614), 채권양도의 통지와 달리 사전승낙도 유효하다.

④ [옳음] 장래 발생할 채권도 현재 그 발생기초가 되는 법률관계가 존재하고 있으며, 채무의 이행기까지 그 내용을 확정할 수 있는 기준이 설정되어 있다면 양도성이 인정된다(대판 1997.7.25. 95다21624).

⑤ [틀림] 채무자는 그 통지 전에 양도인에 대하여 생긴 사유로써 양수인에게 대항할 수 있다. 따라서 기존채무의 지급을 위하여 수표를 교부받은 채권자가 그 수표와 분리하여 원인채권만을 제3자에게 양도하고 채무자에게 통지한 경우, 채무자는 양수인의 이행청구에 대하여 수표의 반환 없는 원인채무의 이행이므로 동시이행의 항변권을 행사하여 채무의 이행을 거절할 수 있다(대판 2003.5.30. 2003다13512).

정답 | ⑤

004 지명채권의 양도에 관한 설명으로 옳지 않은 것은? (다툼이 있으면 판례에 따름) 〈노무사 2020〉

① 장래의 채권도 그 권리의 특정이 가능하고 가까운 장래에 발생할 것임이 상당 정도 기대되는 경우에는 채권양도의 대상이 될 수 있다.
② 채권의 양도를 승낙함에 있어서는 이의를 보류할 수 있고 양도금지의 특약이 있는 채권양도를 승낙하면서 조건을 붙일 수도 있다.
③ 채권양도에 대한 채무자의 승낙은 양도인 또는 양수인에 대하여 할 수 있다.
④ 채권이 이중으로 양도된 경우 양수인 상호간의 우열은 통지 또는 승낙에 붙여진 확정일자의 선후에 의하여 결정된다.
⑤ 채권양도 없이 채무자에게 채권양도를 통지한 경우 선의인 채무자는 양수인에게 대항할 수 있는 사유로 양도인에게 대항할 수 있다.

해설 | ① [옳음] 장래 발생할 채권이라도 현재 그 권리의 특정이 가능하고, 가까운 장래에 발생할 것임이 상당한 정도로 기대되는 경우(예컨대 장래의 차임채권·장래의 이자채권 등)에는 **채권양도의 대상이 될 수 있다**(대판 1991.6.25. 88다카6358, 대판 1996.7.30. 95다7932).

② [옳음] 지명채권의 양도를 승낙함에 있어서는 이의를 보류하고 할 수 있음은 물론이고, 양도금지의 특약이 있는 **채권양도를 승낙함에 있어 조건을 붙여서 할 수도 있으며** 승낙의 성격이 관념의 통지라고 하여 조건을 붙일 수 없는 것은 아니다(대판 1989.7.11. 88다카20866).

③ [옳음] 채무자는 양도인 또는 양수인의 **어느 쪽에 대하여 승낙해도 무방하다**(대판 1986.2.25. 85다카1529).

④ [틀림] 채권이 이중으로 양도된 경우의 양수인 상호간의 우열은 통지 또는 승낙에 붙여진 확정일자의 선후에 의하여 결정할 것이 아니라 채권양도에 대한 채무자의 인식, 즉 **확정일자 있는 양도통지가 채무자에게 도달한 일시 또는 확정일자 있는 승낙의 일시의 선후에 의하여 결정하여야 할 것**이고, 이러한 법리는 채권양수인과 동일 채권에 대하여 가압류명령을 집행한 자 사이의 우열을 결정하는 경우에 있어서도 마찬가지라 할 것이므로, 확정일자 있는 채권양도통지와 가압류결정 정본의 제3채무자(채권양도의 경우는 채무자)에 대한 도달의 선후에 의하여 그 우열을 결정하여야 한다(대판 1994.4.26. 93다24223 전원합의체).

⑤ [옳음] 양도인이 채무자에게 채권양도를 통지한 때에는 아직 양도하지 아니하였거나 그 양도가 무효인 경우에도 선의인 채무자는 양수인에게 대항할 수 있는 사유로 양도인에게 대항할 수 있다(제452조 제1항).

정답 | ④

005 채권양도에 관한 설명으로 옳지 않은 것은? (다툼이 있는 경우에는 판례에 의함) 〈노무사 2011〉

① 소송행위를 하는 것을 주목적으로 하는 채권양도는 무효이다.
② 채권양도 이전에 채무자에게 행하는 사전통지도 원칙적으로 허용된다.
③ 양도인이 채무자에게 채권양도의 통지를 한 경우, 채권양수인은 채권양도로써 채무자에게 대항할 수 있다.
④ 부동산매매로 인한 소유권이전등기청구권은 매도인의 동의나 승낙이 없는 한 양도할 수 없다.
⑤ 근로자의 임금채권은 그 양도를 금지하는 법률의 규정이 없으므로 이를 양도할 수 있다.

해설 | ① [옳음] 소송행위를 하게 하는 것을 주목적으로 채권양도 등이 이루어진 경우 그 채권양도가 신탁법상의 신탁에 해당하지 않는다고 하여도 신탁법 제7조가 유추적용되므로 무효이다(대판 2002.12.6. 2000다4210).

② [틀림] 채권양도가 있기 전에 미리 하는 채권양도통지는 채무자로 하여금 양도의 시기를 확정할 수 없는 불안한 상태에 있게 하는 결과가 되어 원칙으로 허용될 수 없다 할 것이지만 이는 채무자를 보호하기 위하여 요구되는 것이므로 사전통지가 있더라도 채무자에게 법적으로 아무런 불안정한 상황이 발생하지 않는 경우에까지 그 효력을 부인할 것은 아니다. 채권양도인의 확정일자부 채권양도통지와 채무자의 확정일자부 채권양도승낙이 모두 있은 후에 채권양도계약이 체결된 사안에서, 실제로 채권양도계약이 체결된 날 위 채권양도의 제3자에 대한 대항력이 발생한다(대판 2010.2.11. 2009다90740).

③ [옳음] 채권자가 특정되어 이는 지명채권의 양도는 양도인이 채무자에게 통지하거나 채무자가 승낙하지 아니하면 채무자에게 대항하지 못한다(제450조 제1항). 이는 통지나 승낙이 있으면 양수인이 채무자에게 자신이 채권자임을 주장할 수 있다는 의미이다.

④ [옳음] 매매로 인한 소유권이전등기청구권은 특별한 사정이 없는 이상 그 권리의 성질상 양도가 제한되고 그 양도에 채무자의 승낙이나 동의를 요한다고 할 것이므로 통상의 채권양도와 달리 양도인의 채무자에 대한 통지만으로는 채무자에 대한 대항력이 생기지 않으며 반드시 채무자의 동의나 승낙을 받아야 대항력이 생긴다(대판 2001.10.9. 2000다51216).

⑤ [옳음] 근로자의 임금채권은 그 양도를 금지하는 법률의 규정이 없으므로 이를 양도할 수 있다. 다만 근로기준법 제36조 제1항에서 임금직접지급의 원칙을 규정하는 한편 동법 제109조에서 그에 위반하는 자는 처벌을 하도록 하는 규정을 두어 그 이행을 강제하고 있는 취지가 임금이 확실하게 근로자 본인의 수중에 들어가게 하여 그의 자유로운 처분에 맡기고 나아가 근로자의 생활을 보호하고자 하는 데 있는 점에 비추어 보면 근로자가 그 임금채권을 양도한 경우라 할지라도 그 임금의 지급에 관하여는 같은 원칙이 적용되어 사용자는 직접 근로자에게 임금을 지급하지 아니하면 안 되는 것이고 그 결과 비록 양수인이라고 할지라도 스스로 사용자에 대하여 임금의 지급을 청구할 수는 없다(대판 1988.12.13. 87다카2803).

정답 | ②

006 지명채권의 양도에 관한 설명으로 옳지 않은 것은? (다툼이 있는 경우 판례에 의함) 〈노무사 2012〉

① 채권자와 채무자 사이에 양도금지 특약이 있는 경우, 채무자는 그 사실을 모르는 양수인에게 그 특약을 주장할 수 있다.
② 채권의 양수인도 양도인으로부터 채권양도통지의 권한을 위임받아 대리인으로서 통지할 수 있다.
③ 채무자에 대한 채권양도의 통지에는 조건이나 기한을 붙일 수 없다.
④ 채무자가 이의를 보류하지 아니하고 채권양도를 승낙한 경우, 양도인에게 대항할 수 있는 사유를 가지고 양수인에게 대항하지 못한다.
⑤ 지명채권의 양도통지가 확정일자 없는 증서에 의하여 이루어짐으로써 제3자에 대한 대항력을 갖추지 못하였으나 그 후 그 증서에 확정일자를 얻은 경우에는 그 일자 이후에는 제3자에 대한 대항력을 취득한다.

해설 | ① **[틀림]** 채권양도금지특약에 반하여 채권양도가 이루어진 경우, 그 양수인이 양도금지특약이 있음을 알았거나 중대한 과실로 알지 못하였던 경우에는 채권양도는 효력이 없게 되고, 반대로 양수인이 중대한 과실 없이 양도금지특약의 존재를 알지 못하였다면 채권양도는 유효하게 되어 채무자로서는 양수인에게 양도금지특약을 가지고 그 채무이행을 거절할 수 없게 되어 양수인의 선의, 악의 등에 따라 양수채권의 채권자가 결정되는바, 이와 같이 양도금지의 특약이 붙은 채권이 양도된 경우에 양수인의 악의 또는 중과실에 관한 입증책임은 채무자가 부담하지만, 그러한 경우에도 채무자로서는 양수인의 선의 등의 여부를 알 수 없어 과연 채권이 적법하게 양도된 것인지에 관하여 의문이 제기될 여지가 충분히 있으므로 특별한 사정이 없는 한 민법 제487조 후단의 채권자 불확지를 원인으로 하여 변제공탁을 할 수 있다(대판 2000.12.22. 2000다55904).

② **[옳음]** 채권양도 통지는 관념의 통지이나, 대리에 관한 규정이 유추적용되므로 양도인이 직접 하지 아니하고 사자를 통하여 하거나 대리인으로 하여금 하게 할 수도 있다(대판 1997.6.27. 95다40977).

③ **[옳음]** 채권양도의 통지는 양도인이 채권양도가 있었다는 사실을 채무자에게 알리는 관념의 통지로서 양도인의 일방적 행위에 해당한다. 따라서 상대방 지위에 중대한 영향을 미칠 수 있으므로 원칙적으로 조건이나 기한을 붙일 수 없다.

④ **[옳음]** (단순승낙의 경우 채무자의 항변상실) 채무자가 이의를 보류하지 아니하고 전조의 승낙을 한 때에는 (채무자가) 양도인에게 대항할 수 있는 사유(예: 채권성립의 흠, 채권의 불성립, 채권의 소멸 등)로써 양수인에게 대항하지 못한다(제452조 제1항).

⑤ **[옳음]** 양도통지가 확정일자 없는 증서에 의하여 이루어짐으로써 제3자에 대한 대항력을 갖추지 못하였더라도 확정일자 없는 증서에 의한 양도통지나 승낙 후에 그 증서에 확정일자를 얻은 경우 그 일자 이후에는 제3자에 대한 대항력을 취득한다(대판 2010.5.13. 2010다8310).

정답 | ①

007 지명채권의 양도에 관한 설명으로 옳은 것은? (다툼이 있는 경우 판례에 따름) 〈노무사 2016〉

① 지명채권의 양도는 채권자의 통지 또는 채무자의 승낙에 의하여 효력이 발생한다.
② 양도인이 양도통지만을 한 때에는 채무자는 그 통지를 받은 때까지 양도인에 대하여 생긴 사유로써 양수인에게 대항할 수 있다.
③ 양도금지의 특약이 있는 채권은 압류가 금지된다.
④ 채권이 이중으로 양도된 경우, 양수인 상호간의 우열은 양도통지 증서의 확정일자 선후로 결정한다.
⑤ 채권양도의 통지는 관념의 통지로서, 양도인이 직접 하여야 하며 대리가 허용되지 않는다.

해설 | ① [틀림] 채권의 양도라 함은 채권의 귀속주체가 법률행위에 의하여 변경되는 것, 즉 법률행위에 의한 이전을 의미한다. 여기서 '법률행위'란 유언 외에는 통상 채권이 양도인에게서 양수인으로 이전하는 것 자체를 내용으로 하는 그들 사이의 합의를 가리키고, 이는 이른바 준물권행위 또는 처분행위로서의 성질을 가진다. 따라서 제450조에서 규정하고 있는 통지와 승낙은 대항요건이지 효력발생요건이 아니다.

제450조(지명채권양도의 대항요건) ① 지명채권의 양도는 양도인이 채무자에게 통지하거나 채무자가 승낙하지 아니하면 채무자 기타 제3자에게 대항하지 못한다.

② [옳음] 민법 제451조 제2항

제451조(승낙, 통지의 효과) ② 양도인이 양도통지만을 한 때에는 채무자는 그 통지를 받은 때까지 양도인에 대하여 생긴 사유로써 양수인에게 대항할 수 있다.

③ [틀림] 양도금지특약에 의해 양도금지된 채권이라도 법률규정에 의한 채권의 이전인 압류까지 제한할 수 있는 것은 아니다(대판 1976.10.29. 76다1623). 압류와 전부는 민사집행법에서 규정하고 있는 법률규정에 의한 채권이전이므로 이를 막을 수 없다.

④ [틀림] 채권이 이중으로 양도된 경우의 양수인 상호간의 우열은 통지 또는 승낙에 붙여진 확정일자의 선후에 의하여 결정할 것이 아니라 채권양도에 대한 채무자의 인식, 즉 확정일자 있는 양도통지가 채무자에게 도달한 일시 또는 확정일자 있는 승낙의 일시의 선후에 의하여 결정하여야 할 것이고, 이러한 법리는 채권양수인과 동일 채권에 대하여 가압류명령을 집행한 자 사이의 우열을 결정하는 경우에 있어서도 마찬가지라 할 것이므로, 확정일자 있는 채권양도통지와 가압류결정 정본의 제3채무자(채권양도의 경우는 채무자)에 대한 도달의 선후에 의하여 그 우열을 결정하여야 한다. 확정일자 있는 증서에 의한 통지의 도달시점의 선·후가 불분명하거나 같은 날 도달한 경우에는 동시도달로 추정된다(대판 1994.4.26. 93다24223 전원합의체).

⑤ [틀림] 민법은 양도인에게만 통지의무를 부여하고 있다. 따라서 양수인이 직접 통지를 할 수 없고 양도인을 대위하여 통지 할 수도 없다. 즉 양도인이 채무자에게 하여야 하며 이를 통해 양수인이 채무자에게 대항요건을 갖출 수 있도록 해줄 의무를 부담하는 것이다. 이 경우 대리에 관한 규정이 유추적용되므로 양도인이 직접 하지 아니하고 사자를 통하여 하거나 대리인으로 하여금 하게 할 수도 있다(대판 1997.6.27. 95다40977).

정답 | ②

제2절 채무인수

008 채무인수에 관한 설명으로 옳지 않은 것은? (다툼이 있으면 판례에 따름) 〈노무사 2022〉

① 중첩적 채무인수는 채권자와 인수인 사이의 합의가 있으면 채무자의 의사에 반하여서도 이루어질 수 있다.
② 채무자와 인수인의 계약에 의한 면책적 채무인수는 채권자의 승낙이 없더라도 면책적 채무인수의 효력이 있다.
③ 채무인수가 면책적인지 중첩적인지 불분명한 경우에는 중첩적 채무인수로 본다.
④ 면책적 채무인수인은 전(前)채무자의 항변할 수 있는 사유로 채권자에게 대항할 수 있다.
⑤ 전(前)채무자의 채무에 대한 보증은 보증인의 동의가 없는 한 면책적 채무인수로 인하여 소멸한다.

해설 | ① [옳음] 병존적 또는 중첩적 채무인수는 채무자의 채무에 대한 담보로서의 기능을 한다는 점에서 면책적 인수계약과 달리 채무자의 의사에 반해서도 유효하게 성립할 수 있다(대판 1988.11.22. 87다카1836).

② [틀림] 채무자와 인수인 사이의 계약으로 면책적 채무인수를 할 수 있으나, 이때에는 채권자의 승낙이 있어야 그 효력이 발생한다(제454조 제1항). 따라서 채권자의 승낙이 없는 경우에는 채무자와 인수인 사이에서 면책적 채무인수 약정을 하더라도 이행인수 등으로서 효력밖에 갖지 못하며 채무자는 채무를 면하지 못한다(대판 2012.5.24. 2009다88303).

③ [옳음] 채무인수가 면책적인가 중첩적인가 하는 것은 채무인수계약에 나타난 당사자 의사의 해석에 관한 문제이고, 채무인수에 있어서 면책적 인수인지, 중첩적 인수인지가 분명하지 아니한 때에는 이를 중첩적으로 인수한 것으로 볼 것이다(대판 2002.9.24. 2002다36228).

④ [옳음] 면책적 채무인수에서 인수인은 전채무자가 채권자에게 가지고 있던 항변사유, 즉 계약의 불성립·취소·채무의 일부면제·동시이행의 항변권 등 채무의 성립·존속 또는 이행을 저지·배척하는 모든 사유를 채권자에게 주장할 수 있다(제458조).

⑤ [옳음] 민법 제459조

> **제459조(채무인수와 보증, 담보의 소멸)** 전채무자의 채무에 대한 보증이나 제3자가 제공한 담보는 채무인수로 인하여 소멸한다. 그러나 보증인이나 제3자가 채무인수에 동의한 경우에는 그러하지 아니하다.

정답 | ②

009 채권양도와 채무인수에 관한 설명으로 옳은 것은? (다툼이 있으면 판례에 따름) 〈노무사 2017〉

① 면책적 채무인수에 있어서 전(前)채무자에 대한 보증채무는 그 보증인이 채무인수에 동의하지 않아도 소멸하지 않는다.
② 기존채무에 관하여 제3자가 채무자를 위하여 어음이나 수표를 발행하는 것은 특별한 사정이 없는 한, 이는 면책적 채무인수이다.
③ 채무자와 인수인 간 채무인수의 합의는 다른 특별한 사정이 없는 한 병존적 채무인수로서, 이는 일종의 제3자를 위한 계약으로서 채권자가 수익의 의사표시를 함으로써 인수인에 대한 권리를 갖게 된다.
④ 지시채권 양도의 대항요건은 채무자에 대한 양도인의 통지 또는 채무자의 승낙이다.
⑤ 지명채권 양도의 경우 채무자는 승낙의 의사표시에 조건을 붙일 수 없다.

해설 | ① [틀림] 민법 제459조

> **제459조(채무인수와 보증, 담보의 소멸)** 전채무자의 채무에 대한 보증이나 제3자가 제공한 담보는 채무인수로 인하여 소멸한다. 그러나 보증인이나 제3자가 채무인수에 동의한 경우에는 그러하지 아니하다.

② [틀림] 타인의 채무에 관하여 제3자가 채무자를 위하여 약속어음을 발행하여 채권자에게 교부한 경우, 특별한 사정이 없는 한 동일한 채무를 중첩적으로 인수한 것으로 보아야 한다(대판 1997.5.7. 97다4517).

③ [옳음] 채무자와 인수인의 합의에 의한 중첩적 채무인수는 일종의 제3자를 위한 계약이라고 할 것이므로, 채권자는 인수인에 대하여 채무이행을 청구하거나 기타 채권자로서의 권리를 행사하는 방법으로 수익의 의사표시를 함으로써 인수인에 대하여 직접 청구할 권리를 갖게 된다(대판 2013.9.13. 2011다56033).

④ [틀림] 민법 제508조

> **제508조(지시채권의 양도방식)** 지시채권은 그 증서에 배서하여 양수인에게 교부하는 방식으로 양도할 수 있다.

⑤ [틀림] 지명채권 양도의 경우 채무자는 승낙의 의사표시에 조건을 붙일 수 있다.

정답 | ③

010 채권양도와 채무인수에 관한 설명으로 옳지 않은 것은? (다툼이 있으면 판례에 따름) 〈노무사 2021〉

① 매매로 인한 소유권이전등기청구권의 양도는 채무자의 동의나 승낙을 받아야 대항력이 생긴다.
② 중첩적 채무인수는 채권자와 채무인수인 사이에 합의가 있더라도 채무자의 의사에 반해서는 이루어질 수 없다.
③ 당사자간 지명채권양도의 효과는 특별한 사정이 없는 한 통지 또는 승낙과 관계없이 양도계약과 동시에 발생한다.
④ 가압류된 채권도 특별한 사정이 없는 한 양도하는 데 제한이 없다.
⑤ 채무의 인수가 면책적인지 중첩적인지 불분명한 경우에는 중첩적 채무인수로 본다.

해설 | ① [옳음] 매매로 인한 소유권이전등기청구권은 특별한 사정이 없는 이상 그 권리의 성질상 양도가 제한되고 그 양도에 채무자의 승낙이나 동의를 요한다고 할 것이므로 통상의 채권양도와 달리 양도인의 채무자에 대한 통지만으로는 채무자에 대한 대항력이 생기지 않으며 반드시 채무자의 동의나 승낙을 받아야 대항력이 생긴다(대판 2005.3.10. 2004다67653·67660 등).

② [틀림] 채권자와 인수인 사이의 계약에 의해서도 병존적 채무인수는 성립되며, 면책적 인수계약과 달리 채무자의 의사에 반해서도 유효하게 성립할 수 있다(대판 1988.11.22. 87다카1836).

③ [옳음] 지명채권의 양도는 당사자 사이의 의사표시만으로 효력이 발생하고 그 통지나 승낙은 유효요건이 아니다. 지명채권의 양도는 양도인이 채무자에게 통지하거나 채무자가 승낙하지 아니하면 채무자 기타 제3자에게 대항하지 못한다(제450조 제1항).

④ [옳음] 일반적으로 채권에 대한 가압류가 있더라도 이는 가압류채무자가 제3채무자로부터 현실로 급부를 추심하는 것만을 금지하는 것이므로 가압류채무자는 제3채무자를 상대로 그 이행을 구하는 소송을 제기할 수 있고, 또 가압류된 채권도 이를 양도하는 데 아무런 제한이 없으나, 다만 가압류된 채권을 양수받은 양수인은 그러한 가압류에 의하여 권리가 제한된 상태의 채권을 양수받는다고 보아야 할 것이다(대판 2000.4.11. 99다23888).

⑤ [옳음] 면책적 채무인수는 구채무자의 채무를 면책시킨다는 처분행위를 수반하는 것이므로, 이에 관한 명백한 의사가 있음을 인정할 수 있거나 또는 그렇게 볼 만한 특별한 사정이 있는 경우에만 면책적 채무인수로서 인정할 것이고, 그렇지 않은 경우에는 모두 병존적 채무인수로 보아야 할 것이다(대판 1988.5.24. 87다카3104).

정답 | ②

011 채무인수에 관한 설명으로 옳은 것은? (다툼이 있으면 판례에 따름) 〈노무사 2019〉

① 채권자와 인수인의 계약에 의한 중첩적 채무인수는 채무자의 의사에 반하여 할 수 없다.

② 채무자와 인수인의 계약에 의한 면책적 채무인수는 채권자의 승낙이 없더라도 유효하다.

③ 면책적 채무인수로 인하여 종래의 채무가 소멸하는 것은 아니므로 특별한 사정이 없는 한 종래의 채무를 담보하는 저당권도 당연히 소멸하지는 않는다.

④ 채무인수가 면책적 인수인지, 중첩적 인수인지 분명하지 않은 때에는 이를 면책적 채무인수로 본다.

⑤ 부동산 매수인이 매매목적물에 설정된 저당권의 피담보채무를 인수하는 한편 그 채무액을 매매대금에서 공제하기로 약정한 경우, 특별한 사정이 없는 한 이는 매도인을 면책시키는 채무인수로 본다.

해설 | ① [틀림] 채권자와 인수인 사이의 계약에 의해서도 병존적 채무인수는 성립되며, 면책적 인수계약과 달리 채무자의 의사에 반해서도 유효하게 성립할 수 있다(대판 1988.11.22. 87다카1836).

② [틀림] 민법 제454조 제1항

> **제454조(채무자와의 계약에 의한 채무인수)** ① 제3자가 채무자와의 계약으로 채무를 인수한 경우에는 채권자의 승낙에 의하여 그 효력이 생긴다.

③ [옳음] 채무인수로 인하여 인수인은 종래의 채무자와 지위를 교체하여 새로이 당사자로서 채무관계에 들어서서 종래의 채무자와 동일한 채무를 부담하고 동시에 종래의 채무자는 채무관계에서 탈퇴하여 면책되는 것일 뿐 종래의 채무가 소멸하는 것이 아니므로, 채무인수로 종래의 채무가 소멸하였으니 저당권의 부종성으로 인하여 당연히 소멸한 채무를 담보하는 저당권도 소멸한다는 법리는 성립하지 않는다(대판 1996.10.11. 96다27476).

④ [틀림] 채무인수가 면책적인가 중첩적인가 하는 것은 채무인수계약에 나타난 당사자 의사의 해석에 관한 문제이고, 채무인수에 있어서 면책적 인수인지, 중첩적 인수인지가 분명하지 아니한 때에는 이를 중첩적으로 인수한 것으로 볼 것이다(대판 2012.1.12. 2011다76099).

⑤ [틀림] 부동산의 매수인이 매매목적물에 관한 근저당권의 피담보채무·가압류채무·임대차보증금반환채무를 인수하는 한편 그 채무액을 매매대금에서 공제하기로 약정한 경우, 다른 특별한 약정이 없는 이상, 이는 매도인을 면책시키는 채무인수가 아니라 이행인수로 보아야 한다(대판 2004.7.9. 2004다13083).

정답 | ③

012 채무인수·이행인수에 관한 설명으로 옳지 않은 것은? (다툼이 있는 경우 판례에 의함) 〈노무사 2013〉

① 채무자와 인수인 사이에 이루어진 병존적 채무인수 약정은 일종의 제3자를 위한 계약이다.
② 채무인수가 면책적인지 병존적인지 불분명한 때에는 병존적으로 채무를 인수한 것으로 본다.
③ 채권자는 채무자로부터 이행을 인수한 인수인에게 직접 채무의 이행을 청구할 수 있다.
④ 금전채무를 면책적으로 인수한 자는 채권자에 대한 자신의 반대채권으로 인수채무를 상계할 수 있다.
⑤ 채권자의 채무인수에 대한 승낙은 다른 의사표시가 없으면 인수한 때로의 소급하여 효력이 생긴다.

해설 | ① [옳음] 부동산매도인과 매수인 사이에 중도금 및 잔금을 매수인이 매도인의 채권자에게 직접 지급하기로 약정한 경우 이는 3자를 위한 계약이며, 매수인이 제3인인 채권자의 채무를 인수하는 병존적 채무인수에 해당한다(대판 1997.10.24. 97다28698).

② [옳음] 채무인수에 있어서 면책적 인수인지, 중첩적 인수인지가 분명하지 아니한 때에는 이를 중첩적으로 인수한 것으로 볼 것이다(대판 2002.9.24. 2002다36228).

③ [틀림] 채권자가 이행인수인에게 직접 채권을 취득하는 것은 아니므로 이행인수인에 대하여 채무의 이행을 청구할 권리를 가지지 않는다.

④ [옳음] 인수인은 전채무자가 채권자에게 가지고 있던 항변사유, 즉 계약의 불성립·취소·채무의 일부면제·동시이행의 항변권 등 채무의 성립·존속 또는 이행을 저지·배척하는 모든 사유를 주장할 수 있다(제458조).

⑤ [옳음] 채권자의 승낙은 다른 의사표시가 없으면 채무를 인수한 때에 소급하여 그 효력이 생긴다(제457조 본문).

정답 | ③

013 채무인수 등에 관한 설명으로 옳지 않은 것은? (다툼이 있으면 판례에 의함) 〈노무사 2014〉

① 병존적 채무인수는 채무자의 의사에 반해서도 할 수 있다.

② 채무인수가 있으면 계약관계로부터 생기는 취소권·해제권은 인수인에게 이전된다.

③ 채무자가 채권자에 대하여 부담하는 채무를 인수인이 이행하기로 하는 채무자와 인수인 사이의 계약은 이행인수이다.

④ 전(前)채무자의 채무에 대한 보증이나 제3자가 제공한 담보는 원칙적으로 면책적 채무인수로 인하여 소멸한다.

⑤ 부동산의 매수인이 매매목적물에 관한 근저당권의 피담보채무를 인수하면서 그 채무액을 매매대금에서 공제하기로 약정한 경우, 특별한 사정이 없는 한 이행인수이다.

해설 | ① [옳음] 병존적 채무인수는 채무자의 채무에 대한 담보로서의 기능을 한다는 점에서 면책적 인수계약과 달리 채무자의 의사에 반해서도 유효하게 성립할 수 있다(대판 1988.11.22. 87다카1836).

② [틀림] 계약의 취소권·해제권은 계약당사자의 지위에서 주어지는 권리이므로, 단순히 채무의 특정승계인에 지나지 않는 인수인은 이들 권리를 주장하지 못한다. 다만 계약당사자인 원채무자가 이들 권리를 해한 경우에, 인수인은 채무불성립 또는 채무소멸의 항변을 주장할 수 있을 뿐이다.

③ [옳음] 이행인수는 채무자와 인수인 사이의 계약으로 인수인이 채무자의 이행할 의무를 지는 것을 말한다. 채무인수는 인수인이 채무자가 되어 채권자에 대해 직접 의무를 지지만, 이행인수에서는, 인수인이 채무자에 대하여 그 채무를 이행할 의무를 부담하는 데에 그치며, 직접 채권자에 대하여 의무를 지지 않는다. 따라서 채권자는 인수인에 대해 직접 채무이행을 청구하지 못하고, 인수인이 채무자의 채무를 이행하지 않는 때에는 채무자에 대하여 채무불이행의 책임을 질 뿐이다.

④ [옳음] 전채무자의 채무에 대한 보증이나 제3자가 제공한 담보는 채무인수로 인하여 소멸한다. 그러나 보증인이나 제3자가 채무인수에 동의한 경우에는 그러하지 아니하다(제459조 본문).

⑤ [옳음] 부동산의 매수인이 매매목적물에 관한 채무를 인수하는 한편 그 채무액을 매매대금에서 공제하기로 약정한 경우, 그 인수는 특별한 사정이 없는 한 매도인을 면책시키는 채무인수가 아니라 이행인수로 보아야 하고, 면책적 채무인수로 보기 위하여는 이에 대한 채권자의 승낙이 있어야 한다(대판 1993.2.12. 92다23193).

정답 | ②

CHAPTER 05 채권의 소멸

제1절 변제(대물변제 및 변제공탁)

001 변제에 관한 설명으로 옳은 것은? (다툼이 있으면 판례에 따름) 〈노무사 2015〉

① 변제충당에 관한 민법 제476조 내지 제479조의 규정은 강행규정이다.
② 채무자가 채무전부를 변제한 때에 인정되는 채권증서반환청구권은 변제와 동시이행 관계에 있다.
③ 사실상의 이해관계를 가진 자는 변제할 정당한 이익이 있으므로 변제로 당연히 채권자를 대위한다.
④ 민법 제470조의 채권의 준점유자에는 채권자의 대리인이라고 하면서 채권을 행사하는 경우도 포함된다.
⑤ 착오로 변제기 이전에 변제한 자에 대하여 채권자는 그로 인하여 얻은 이익을 반환할 필요가 없다.

해설 | ① [틀림] 변제충당에 관한 민법 제476조 내지 제479조의 규정은 임의규정이므로 변제자(채무자)와 변제수령자(채권자)는 약정에 의하여 위 각 규정을 배제하고 제공된 급부를 어느 채무에 어떤 방법으로 충당할 것인가를 결정할 수 있다(대판 2012.4.13. 2010다1180).
② [틀림] 채권의 성립을 증명하는 서면인 채권증서가 있는 경우에 변제자가 채무 전부를 변제하였다면 그 채권증서의 반환을 청구할 수 있다(제475조). 변제·대물변제 이외에 상계·경개·면제 등의 원인에 의한 채권소멸의 경우에도 채권증서의 반환을 청구할 수 있다(제475조 후단). 채권증서의 반환비용은 영수증의 반환과 마찬가지로 반환의무자인 채권자가 부담하나, 채권증서의 반환이 변제와 동시이행의 관계에 있는 것은 아니다.
③ [틀림] 연대채무자·보증인·물상보증인·담보부동산의 제3취득자 등과 같이 채무의 변제에 대하여 법률상 이해관계를 가지는 자는 채무자의 의사에 반해서도 변제할 수 있다. 여기서 법률상 이해관계를 가진 자란 변제할 정당한 이익을 가지는 자로서, '변제하지 않으면 집행을 받게 될 지위에 있는 자'와 '변제하지 않으면 채무자에 대한 자기의 권리를 상실하게 되는 자'가 이에 해당한다(대판 1980.4.22. 79다1980). 따라서 사실상의 이해관계를 가진 것에 불과한 자는 채무자의 의사에 반하여 변제할 수 없다.
④ [옳음] 채권의 준점유자에는 스스로 채권자 본인이라고 하면서 채권을 행사하는 자는 물론이고 채권자의 대리인이라고 하면서 채권을 행사하는 자도 포함된다(대판 2004.4.23. 2004다5389).
⑤ [틀림] 변제기 전에 채무를 변제한 때에는 그 반환을 청구하지 못한다(제743조 본문). 변제기 이전이라도 채무가 존재하고, 변제기 전임을 알고 변제하는 것은 기한의 이익을 포기하는 것으로 볼 수

있다(대판 1991.8.13. 91다6856). 그러나 채권자가 미리 급부받은 것을 변제기까지 이용함으로써 사실상 얻은 이익은 법률상의 원인이 없는 것이므로, 채무자가 변제기의 착오로 변제한 경우에 한해서 채권자에게 발생한 이익의 반환을 청구할 수 있다(제743조 단서).

정답 | ④

002 甲은 乙로부터 차용한 5,000만 원의 채무를 담보하기 위하여 자기 소유의 A토지(시가 6,000만 원 상당)에 저당권을 설정하여 주었고, 丙은 甲의 乙에 대한 그 채무를 보증하였다. 그 후 A토지의 소유권이 丁에게 이전되었는데, 甲이 무자력이 되어 乙에 대한 채무를 변제하지 못하자 丁은 甲의 채무 5,000만 원 전액을 乙에게 변제하였으며, 현재 A토지의 가액은 8,000만 원이다. 이 경우 제3취득자 丁이 보증인 丙에 대하여 대위할 수 있는 금액의 범위는? 〈노무사 2010〉

① 0원
② 2,500만 원
③ 5,000만 원
④ 6,000만 원
⑤ 8,000만 원

해설 | 제3취득자는 등기부를 열람하여 담보권 존재 사실을 알고 즉 담보의 부담을 각오하고 부동산을 취득한 자이므로 보증인에 대하여 채권자를 대위하지 못한다(제482조 제2항 제2호). 따라서 대위금액은 0원이다.

정답 | ①

003 甲은 乙에 대하여 A채무(원본: 5천만 원, 대여일: 2021년 3월 1일, 이자: 월 0.5%, 변제기: 2021년 4월 30일)와 B채무(원본: 4천만 원, 대여일: 2021년 4월 1일, 이자: 월 1%, 변제기: 2021년 5월 31일)를 부담하고 있다. 이에 관한 설명으로 옳은 것을 모두 고른 것은? (다툼이 있으면 판례에 따름) 〈노무사 2022〉

ㄱ. 甲은 2021년 6월 5일에 5천만 원을 변제하면서 乙과의 합의로 B채무의 원본에 충당한 후 나머지는 A채무의 원본에 충당하는 것으로 정할 수 있다.
ㄴ. 甲이 2021년 6월 5일에 5천만 원을 변제하면서 법정충당이 이루어지는 경우, B채무에 보증인이 있다면 A채무의 변제에 먼저 충당된다.
ㄷ. 甲이 2021년 5월 3일에 5천만 원을 변제하면서 법정충당이 이루어지는 경우, B채무에 먼저 충당된다.
ㄹ. 甲이 2021년 4월 28일에 5천만 원을 변제하면서 법정충당이 이루어지는 경우, B채무에 먼저 충당된다.

① ㄱ, ㄴ
② ㄱ, ㄹ
③ ㄴ, ㄷ
④ ㄱ, ㄷ, ㄹ
⑤ ㄴ, ㄷ, ㄹ

해설 | ㄱ [옳음] 변제충당에 관한 민법 제476조 내지 제479조의 규정은 임의규정이므로 변제자(채무자)와 변제수령자(채권자)는 약정에 의하여 민법 규정을 배제하고 제공된 급부를 어느 채무에 어떤 방법으로 충당할 것인가를 결정할 수 있고, 변제자와 변제수령자 사이의 계약에 의해 충당방법이 우선하여 적용된다(대판 1999.11.26. 98다27517).

ㄴ [틀림] 보증인 또는 물상보증인이 존재하는 경우 : 변제이익의 다과는 변제자를 기준으로 판단하므로 주채무자가 변제자인 경우 보증인이 있는 채무와 보증인이 없는 채무 사이에 변제이익의 점에서는 차이가 없다고 보아야 하므로(대판 1999.8.24. 99다26481), 보증기간 중의 채무와 보증기간 종료 후의 채무 사이에서는 변제이익의 점에서 차이가 없고, 따라서 주채무자가 변제한 금원은 이행기가 먼저 도래한 채무부터 충당하여야 한다. 마찬가지로 변제자가 채무자인 경우 물상보증인이 제공한 물적담보가 있는 채무와 그러한 담보가 없는 채무 사이에도 변제이익의 점에서 차이가 없다(대판 2021.1.28. 2019다207141).

ㄷ [틀림] 부족변제시를 기준으로 변제기가 이미 도래한 A채무에 먼저 충당된다.

> **제477조(법정변제충당)** 당사자가 변제에 충당할 채무를 지정하지 아니한 때에는 다음 각호의 규정에 의한다.
> 1. 채무 중에 이행기가 도래한 것과 도래하지 아니한 것이 있으면 이행기가 도래한 채무의 변제에 충당한다.

ㄹ [옳음] 부족변제시를 기준으로 위 채무 모두 변제기가 도래하지 않았으므로, 변제이익이 많은, 즉 고이율의 채무인 B채무에 먼저 충당된다.

> **제477조(법정변제충당)** 당사자가 변제에 충당할 채무를 지정하지 아니한 때에는 다음 각호의 규정에 의한다.
> 2. 채무 전부의 이행기가 도래하였거나 도래하지 아니한 때에는 채무자에게 변제이익이 많은 채무의 변제에 충당한다.

정답 | ②

004 원본채무를 법정 변제충당하는 경우에 설명으로 옳지 않은 것은? (다툼이 있는 경우에는 판례에 의함) 〈노무사 2012〉

① 채무 전부의 이행기가 도래하였거나 도래하지 아니한 때에는 채무자에게 변제이익이 많은 채무의 변제에 충당한다.
② 이행기와 변제이익이 같은 채무는 각 채무액에 비례하여 변제에 충당한다.
③ 채무 중에 이행기가 도래한 것과 도래하지 아니한 것이 있으면 이행기가 도래한 채무의 변제에 충당한다.
④ 채무자 소유의 부동산에 대한 경매의 경우에도 채권자에 대한 배당금은 법정변제충당의 방법에 따라 충당한다.

⑤ 주채무자가 변제하는 경우, 보증인이 있는 채무와 보증인이 없는 채무 중 보증인이 없는 채무의 변제에 충당한다.

해설 | ① [옳음], ② [옳음], ③ [옳음] 민법 제477조

> **제477조(법정변제충당)** 당사자가 변제에 충당할 채무를 지정하지 아니한 때에는 다음 각호의 규정에 의한다.
> 1. 채무 중에 이행기가 도래한 것과 도래하지 아니한 것이 있으면 이행기가 도래한 채무의 변제에 충당한다.
> 2. 채무 전부의 이행기가 도래하였거나 도래하지 아니한 때에는 채무자에게 변제이익이 많은 채무의 변제에 충당한다.
> 3. 채무자에게 변제이익이 같으면 이행기가 먼저 도래한 채무나 먼저 도래할 채무의 변제에 충당한다.
> 4. 전2호의 사항이 같은 때에는 그 채무액에 비례하여 각 채무의 변제에 충당한다.

④ [옳음] 담보권실행을 위한 경매(대판 2000.12.8. 2000다51339) 또는 강제경매(대판 1991.7.23. 90다18678)로 인한 배당금의 경우에 다수의 이해관계인이 있을 수 있기 때문에 합의충당과 지정충당을 허용하지 않고 법정변제충당의 방법에 따라 충당을 하여야 한다.

⑤ [틀림] 변제자가 주채무자인 경우에 보증인이 있는 채무와 보증인이 없는 채무 사이에 있어서 전자가 후자에 비하여 변제이익이 더 많다고 볼 근거는 전혀 없어 양자는 변제이익의 점에 있어 차이가 없다(대판 1985.3.12. 84다카2093).

정답 | ⑤

005 변제에 관한 설명으로 옳지 않은 것은? (다툼이 있으면 판례에 따름) 〈노무사 2020〉

① 금액이 서로 다른 채무가 부진정연대관계에 있을 때, 다액채무자가 일부 변제를 하는 경우 변제로 먼저 소멸하는 부분은 다액채무자가 단독으로 채무를 부담하는 부분이다.
② 채권의 준점유자에게 한 변제는 변제자가 선의이며 과실 없음을 입증하면 채권자에 대하여 효력이 있다.
③ 변제충당에 관한 당사자의 특별한 합의가 없으면 그 채무의 비용, 이자, 원본의 순서로 변제에 충당하여야 한다.
④ 채권의 일부에 대하여 변제자대위에 인정되는 경우 그 대위자는 채무자의 채무불이행을 이유로 채권자와 채무자간의 계약을 해제할 수 있다.
⑤ 채권자가 변제수령을 거절하면 채무자는 공탁함으로써 그 채무를 면할 수 있다.

해설 | ① [옳음] 금액이 서로 다른 채무가 서로 부진정연대 관계에 있을 때 다액채무자가 일부 변제를 하는 경우 변제로 먼저 소멸하는 부분은 다액채무자가 단독으로 채무를 부담하는 부분으로 보아야 한다(대판 2018.4.10. 2016다252898).

② [옳음] 채권의 준점유자에 대한 변제는 변제자가 선의이며 과실이 없는 때에는 채권을 소멸시키는 효력이 있으므로 채무자는 그 채무를 면하게 된다(대판 2004.4.23. 2004다5389).

③ [옳음] 제479조 제1항에 의한 비용·이자·원본의 순서는 일방당사자의 의사에 의해서 그 순서를 변경할 수 없다(대판 1990.11.9. 90다카7262).

④ [틀림] 변제자대위의 경우 계약당사자만이 행사할 수 있는 해제권 등은 이전되지 않는다.

⑤ [옳음] 민법 제487조

> **제487조(변제공탁의 요건, 효과)** 채권자가 변제를 받지 아니하거나 받을 수 없는 때에는 변제자는 채권자를 위하여 변제의 목적물을 공탁하여 그 채무를 면할 수 있다. 변제자가 과실 없이 채권자를 알 수 없는 경우에도 같다.

정답 | ④

006 甲은 乙에게 1억 2,000만 원을 빌려주었다. 乙의 금전채무에 대하여, A와 B가 각각 보증을 섰고 C는 자신의 부동산(시가 8,000만 원)을 담보로 제공하였으며 D도 자신의 부동산(시가 4,000만 원)을 담보로 제공하였다. A가 甲에게 乙의 채무 전액을 변제한 경우, A가 B·C·D에 대해 대위할 수 있는 금액은? 〈노무사 2012〉

① B : 3,000만 원, C : 4,000만 원, D : 2,000만 원
② B : 3,000만 원, C : 3,000만 원, D : 2,000만 원
③ B : 3,000만 원, C : 2,000만 원, D : 3,000만 원
④ B : 2,000만 원, C : 3,000만 원, D : 4,000만 원
⑤ B : 2,000만 원, C : 4,000만 원, D : 4,000만 원

해설 | 수인의 법정대위자 상호간에 관계에 관한 문제이다. '물상보증인가 보증인 간에는 그 인원수에 비례하여 채권자를 대위한다'(제482조 제2항 제5호 본문). 그리고 '물상보증인이 수인인 때에는, 먼저 보증인의 부담부분을 공제하고, 그 잔액에 대하여 물상보증인들이 각 재산의 가액에 비례하여 채권자를 대위한다'(제5호의 단서). 1억 2,000만 원의 채무에 대해 A와 B가 각각 보증을 섰고 C는 자신의 부동산(시가 8,000만 원)을 담보로 제공하였으며 D도 자신의 부동산(시가 4,000만 원)을 담보로 제공한 경우 보증인 2명, 물상보증인이 2명이므로 먼저 1억 2,000만 원을 4명으로 나누면 1인당 3,000만 원이 되고 보증인이 두명이므로 그들의 부담부분은 6,000만 원인데 보증인들 사이의 부담부분은 같다. 따라서 보증인 A가 1억 2,000만 원의 채무전액을 변제한 경우, A는 다른 보증인 B에게 3,000만 원 범위에서 채권자를 대위할 수 있다. 보증인 A·B 2인의 부담부분인 6,000만 원을 공제한 6,000만 원은 물상보증인들이 부담하는 채무액이 되는데 물상보증인들은 각 재산의 가액에 비례하여 채무를 분담하므로 A는 C에게(6,000×2/3=4,000) 4,000만 원의 범위에서, A는 D에게 (6,000×1/3=2,000) 2,000만 원의 범위에서 채권자를 대위할 수 있다.

정답 | ①

제2절 상계

007 상계에 관한 설명으로 옳은 것은? (다툼이 있으면 판례에 따름) 〈노무사 2022〉

① 고의의 불법행위로 인하여 손해배상채무를 부담하는 자는 그 채무를 수동채권으로 하여 상계하지 못한다.
② 자동채권의 변제기는 도래하였으나 수동채권의 변제기가 도래하지 않은 경우에는 상계를 할 수 없다.
③ 채권자가 주채무자에 대하여 상계적상에 있는 자동채권을 상계하지 않는 경우, 보증채무자는 이를 이유로 보증한 채무의 이행을 거부할 수 있다.
④ 채무자는 채권양도를 승낙한 후에도 양도인에 대한 채권을 새로 취득한 경우에 이를 가지고 양수인에 대하여 상계할 수 있다.
⑤ 벌금형이 확정된 경우, 그 벌금채권은 상계의 자동채권이 될 수 없다.

해설 | ① [옳음] 민법 제496조

> **제496조(불법행위채권을 수동채권으로 하는 상계의 금지)** 채무가 고의의 불법행위로 인한 것인 때에는 그 채무자는 상계로 채권자에게 대항하지 못한다.

② [틀림] 수동채권의 변제기가 아직 도래하지 않은 경우 그 채무자 즉 자동채권의 채권자는 기한의 이익을 포기하고(제153조 제2항 참조) 변제기 전이라도 변제할 수 있으므로(제468조 본문) 상계할 수 있다. 즉, 수동채권의 변제기가 도래할 필요는 없으나 자동채권의 변제기는 반드시 도래하여야 한다.

③ [틀림] 상계는 단독행위로서 상계를 할지는 채권자의 의사에 따른 것이고 상계적상에 있는 자동채권이 있다고 하여 반드시 상계를 해야 할 것은 아니다. 채권자가 주채무자에 대하여 상계적상에 있는 자동채권을 상계하지 않았다고 하여 이를 이유로 보증채무자가 보증한 채무의 이행을 거부할 수 없으며 나아가 보증채무자의 책임이 면책되는 것도 아니다(대판 2018.9.13. 2015다209347).

④ [틀림] 채무자가 채권양도를 승낙함에 있어서 양도인에게 주장할 수 있는 항변을 유보하고 그것을 가지고 양수인에 대하여 주장할 수 있음을 밝히면서 행하는 이른바 이의를 유보한 승낙의 경우에는 그 효력이 통지의 효력과 같다. 그러므로 채무자는 채권양도를 승낙한 후에 취득한 양도인에 대한 채권으로서 양수인에 대하여 상계로서 대항하지 못한다(대판 1984.9.11. 83다카2288).

⑤ [틀림] 자동채권이 국가가 가지는 확정된 벌금채권이라 하더라도 국가는 이를 자동채권으로 하여 사인의 국가에 대한 채권과 대등액에서 상계할 수 있다(대판 2004.4.27. 2003다37891).

정답 | ①

008 상계에 관한 설명으로 옳지 않은 것은? (다툼이 있으면 판례에 따름) 〈노무사 2018〉

① 채무의 이행지가 서로 다른 채권은 상계할 수 없다.
② 지급을 금지하는 명령을 받은 제3채무자는 그 후에 취득한 채권에 의한 상계로 그 명령을 신청한 채권자에게 대항하지 못한다.
③ 채권이 압류하지 못할 것인 때에는 그 채무자는 상계로 채권자에게 대항하지 못한다.
④ 소멸시효가 완성된 채권이 그 완성 전에 상계할 수 있었던 것이면 채권자는 상계할 수 있다.
⑤ 쌍방의 채무가 상계적상에 있었으나 상계 의사표시를 않는 동안에 일방의 채무가 변제로 소멸한 후에는 상계할 수 없다.

해설 | ① [틀림] 각 채무의 이행지가 다른 경우에도 상계할 수 있다. 그러나 상계하는 당사자는 상대방에게 상계로 인한 손해를 배상하여야 한다(제494조).
② [옳음] 지급을 금지하는 명령을 받은 제3채무자는 그 후에 취득한 채권에 의한 상계로 그 명령을 신청한 채권자에게 대항하지 못한다(제498조).
③ [옳음] 채권이 압류하지 못할 것인 때에는 그 채무자는 상계로 채권자에게 대항하지 못한다(제497조).
④ [옳음] 소멸시효가 완성된 채권이 그 완성 전에 상계할 수 있었던 것이면 그 채권자는 상계할 수 있다(제495조).
⑤ [옳음] 상계적상은 상계자가 상계의 의사표시를 행하는 당시에 현존해야 한다. 따라서 일단 상계적상에 있었으나 상계를 하지 않고 있는 동안에 일방의 채권이 변제 등으로 소멸한 경우에는 상계를 할 수 없게 된다.

정답 | ①

009 甲의 乙에 대한 5천만 원의 A채권(변제기 2016.2.8.)과 乙의 甲에 대한 3천만 원의 B채권(변제기 2016.5.8.)이 있다. 이에 관한 설명으로 옳지 않은 것은? (다툼이 있으면 판례에 따름) 〈노무사 2017〉

① 乙은 B채권으로 2016.5.8. 이후 A채권과 상계할 수 있다.
② 乙의 甲에 대한 상계의 의사표시가 2016.7.20. 도달하였다면, 도달한 날을 기준으로 두 채권은 대등액의 범위 내에서 소멸한다.
③ B채권이 임금채권인 경우, 특별한 사유가 존재하지 않는 한 甲은 A채권으로 B채권과 상계하지 못한다.
④ B채권이 甲의 고의의 불법행위에 의한 손해배상채권인 경우, 甲은 A채권으로 상계할 수 없으나 乙은 B채권으로 상계할 수 있다.

⑤ 丙의 A채권에 대한 가압류신청에 따른 가압류명령이 2016.4.15. 乙에게 송달된 후, 乙은 B채권으로 가압류된 A채권을 상계하여 丙에게 대항할 수 없다.

해설 | ① [옳음] 자동채권은 반드시 이행기에 있어야 한다. 그러나 상계자가 스스로 자기의 기한의 이익을 포기할 수 있다는 점에서(제153조 제2항), 수동채권의 이행기가 반드시 도래할 필요는 없다. 따라서 乙은 B채권으로 2016. 5. 8. 이후 A채권과 상계할 수 있다.

② [틀림] 상계의 의사표시에 의하여 각 채무가 상계할 수 있었던 때에 소멸한 것으로 본다(제493조 제2항). 그러므로 양 채무의 변제기가 이미 도래한 후에 상계가 행하여진 경우에는, 채무는 상계적상이 생긴 시점에 소급하여 소멸한다. 따라서 乙의 甲에 대한 상계의 의사표시가 2016. 7. 20. 도달하였다면, 각 채무가 상계할 수 있었던 때를 기준으로 즉 2016. 5. 8.에 두 채권은 대등액의 범위 내에서 소멸한다.

③ [옳음] 근로자의 임금채권(근로기준법 제25조)·근로자의 재해보상청구권(근로기준법 제86조)·연금을 받을 채권(공무원연금법 제12조)·형사보상청구권(형사보상법 제22조) 등과 같은 압류금지채권을 수동채권으로 하지 못한다(제497조).

④ [옳음] 민법 제496조

> **제496조(불법행위채권을 수동채권으로 하는 상계의 금지)** 채무가 고의의 불법행위로 인한 것인 때에는 그 채무자는 상계로 채권자에게 대항하지 못한다.

⑤ [옳음] 채권가압류명령을 받은 제3채무자는 그 후에 취득한 채권에 의한 상계로 그 가압류채권자에게 대항하지 못하지만, 수동채권이 가압류될 당시 자동채권과 수동채권이 상계적상에 있거나 자동채권의 변제기가 수동채권의 그것과 동시 또는 그보다 먼저 도래하는 경우에는 제3채무자는 자동채권에 의한 상계로 가압류채권자에게 대항할 수 있다(대판 1989.9.12. 88다카25120).

정답 | ②

010 상계에 관한 설명으로 옳지 않은 것은? (다툼이 있는 경우 판례에 의함) 〈노무사 2013〉

① 상계할 채권이 있는 연대채무자가 상계하지 아니한 때에는 그 채무자의 부담부분에 한하여 다른 연대채무자가 상계할 수 있다.

② 고의의 불법행위로 인한 손해배상채권을 자동채권으로 하는 상계는 허용되지 않는다.

③ 채무자는 채권자와의 상계금지특약을 가지고 사전구상권을 자동채권으로 하는 상계는 원칙적으로 허용되지 않는다.

④ 수탁보증인이 주채무자에 대하여 가지는 사전구상권을 자동채권으로 하는 상계는 원칙적으로 허용되지 않는다.

⑤ 지급금지명령을 받은 제3채무자는 그 후에 취득한 채권에 의한 상계로 그 명령을 신청한 채권자에게 대항하지 못한다.

해설 | ① [옳음] 상계할 채권이 있는 연대채무자가 상계하지 아니한 때에는 그 채무자의 부담부분에 한하여 다른 연대채무자가 상계할 수 있다(제426조 제1항).

② [틀림] 고의의 불법행위를 한 자는 피해자의 손해배상청구권을 수동채권으로 하여 상계하지 못한다(대판 1990.12.21. 90다7586). 그러나 고의에 의한 불법행위로 발생된 손해배상채권이라 하더라도 피해자가 이를 자동채권으로 하여 상계하는 것은 상관없다.

③ [옳음] 당사자는 상계를 반대하는 의사표시를 함으로써 이를 금지할 수 있다(제492조 제2항 본문). 그러나 상계금지의 의사표시는 선의의 제3자에게 대항하지 못한다(제492조 제2항 단서).

④ [옳음] 항변권이 붙어 있는 채권을 자동채권으로 하여 타의 채무와의 상계를 허용한다면 상계자 일방의 의사표시에 의하여 상대방의 항변권 행사의 기회를 상실케 하는 결과가 되므로 이와 같은 상계는 성질상 허용될 수 없는 바, 수탁보증인이 주채무자에 대하여 가지는 사전구상권을 자동채권으로 하는 상계는 원칙적으로 허용되지 않는다(대판 2002.8.23. 2002다25242).

⑤ [옳음] 지급금지의 명령을 받은 제3채무자는 '그 후에' 채무자에 대하여 취득한 반대채권을 자동채권으로 하여 상계하더라도 그 명령을 신청한 채권자에게 대항하지 못한다(제498조).

정답 | ②

011 상계에 관한 설명으로 옳은 것은? (다툼이 있으면 판례에 의함) 〈노무사 2014〉

① 상계의 의사표시에는 조건이나 기한을 붙일 수 있다.
② 항변권이 붙어 있는 채권을 자동채권으로 하여 상계할 수 있다.
③ 채권이 압류하지 못할 것인 때에는 그 채무자는 상계로 채권자에게 대항하지 못한다.
④ 소멸시효가 완성된 채권이 그 완성 전에 상계할 수 있었던 때에도 채권자는 시효완성 후에는 상계할 수 없다.
⑤ 채무가 고의의 불법행위로 인한 것인 때에도 그 채무자는 상계로 채권자에게 대항할 수 있다.

해설 | ① [틀림] 상계는 상대방에 대한 의사표시로 한다. 이 의사표시에는 조건 또는 기한이 붙이지 못한다(제498조 제1항).

② [틀림] 항변권이 붙어 있는 채권을 자동채권으로 하여 타의 채무와의 상계를 허용한다면 상계자 일방의 의사표시에 의하여 상대방의 항변권행사의 기회를 상실케 하는 결과가 되므로 이와 같은 상계는 성질상 허용될 수 없다(대판 2002.8.23. 2002다25242).

③ [옳음] 수동채권이 압류될 수 없는 경우 채무자는 상계로 채권자에게 대항하지 못한다(제497조). 다시 말하면 압류금지채권을 수동채권으로 하여 상계하지 못한다.

④ [틀림] 소멸시효가 완성된 채권이 그 완성 전에 상계할 수 있었던 것이면 그 채권자는 상계할 수 있다(제495조).

⑤ [틀림] 채무가 고의의 불법행위로 인한 것인 때에는 그 채무자는 상계로 채권자에게 대항하지 못한다

(제495조). 즉 고의로 불법행위를 한 자는 피해자의 손해배상청구권을 수동채권으로 하여 상계하지 못한다(대판 1984.2.4. 83다카659).

정답 | ③

012 상계가 허용되는 경우는? (다툼이 있는 경우 판례에 따름) 〈노무사 2016〉

① 수동채권이 고의의 불법행위로 인한 손해배상청구권인 경우
② 자동채권에 조건 미성취의 항변권이 붙어 있는 경우
③ 자동채권의 변제기가 도래하지 않는 경우
④ 수동채권이 압류금지 채권인 경우
⑤ 자동채권과 수동채권이 이행지가 다른 경우

해설 | ① [틀림] 민법 제496조

> **제496조(불법행위채권을 수동채권으로 하는 상계의 금지)** 채무가 고의의 불법행위로 인한 것인 때에는 그 채무자는 상계로 채권자에게 대항하지 못한다.

② [틀림] 자동채권에 항변권이 붙어 있는 경우 채무의 성질상 상계가 허용될 수 없다(대판 2002.8.23. 2002다25242). 상계제도는 서로 대립하는 채권·채무를 간이한 방법에 의하여 결제함으로써 양자의 채권·채무관계를 원활하고 공평하게 처리함을 목적으로 하고 있으므로, 상계의 대상이 될 수 있는 자동채권과 수동채권이 동시이행관계에 있다고 하더라도 서로 현실적으로 이행하여야 할 필요가 없는 경우라면 상계로 인한 불이익이 발생할 우려가 없고 오히려 상계를 허용하는 것이 동시이행관계에 있는 채권·채무관계를 간명하게 해소할 수 있으므로 특별한 사정이 없는 한 상계가 허용된다(대판 2006.7.28. 2004다54633).

③ [틀림] 상계가 허용되기 위하여는 채무의 이행기가 도래한 때라 함은 채권자가 채무자에게 이행의 청구를 할 수 있는 시기가 도래하였음을 의미하고 채무자가 이행지체에 빠지는 시기를 말하는 것이 아니다. 이 경우 자동채권은 반드시 이행기에 있어야 한다. 그러나 상계자가 스스로 자기의 기한의 이익을 포기할 수 있다는 점에서, 수동채권의 이행기가 반드시 도래할 필요는 없다.

④ [틀림] 민법 제497조

> **제497조(압류금지채권을 수동채권으로 하는 상계의 금지)** 채권이 압류하지 못할 것인 때에는 그 채무자는 상계로 채권자에게 대항하지 못한다.

⑤ [옳음] 민법 제494조

> **제494조(이행지를 달리하는 채무의 상계)** 각 채무의 이행지가 다른 경우에도 상계할 수 있다. 그러나 상계하는 당사자는 상대방에게 상계로 인한 손해를 배상하여야 한다.

정답 | ⑤

제3절 기타 채권의 소멸

013 채권의 소멸에 관한 설명으로 옳지 않은 것은? (다툼이 있는 경우에는 판례에 의함) 〈노무사 2012〉

① 채권의 준점유자에 대한 변제는 변제자가 선의·무과실인 경우에 한하여 유효하다.
② 채무의 변제와 영수증 교부의무는 동시이행의 관계에 있다.
③ 경개계약은 신채권을 성립시키고 구채권을 소멸시키는 처분행위이다.
④ 조합의 탈퇴조합원은 자신의 조합에 대한 횡령금 반환채무와 출자지분 반환채권을 상계할 수 있다.
⑤ 질권 또는 저당권이 공탁으로 소멸한 경우, 변제자는 공탁물을 회수할 수 없다.

해설 | ① [옳음] 채권의 준점유자(=거래관념상 진정한 채권자라고 믿을 만한 외관을 갖춘 자. 예: 표현상속인, 예금증서 또는 기타의 채권증서와 인장을 소지하는 자)에 대한 변제는 변제자가 선의(=적극적으로 변제수령권한이 있다고 믿는 것)이며 (선의인데 대한) 과실이 없는 때에 한하여 효력이 있다(제470조).

② [옳음] 변제와 영수증 교부의무는 동시이행관계에 있지만, 변제와 채권증서의 반환은 동시이행관계에 있지 않다(대판 2005.8.19. 2003다22052).

③ [옳음] 경개는 채무의 중요한 부분을 변경함으로써 신채무를 성립시키는 동시에 구채무를 소멸시키는 계약으로, 구채무에 대한 소멸원인이 된다.

④ [틀림] 탈퇴한 동업자의 출자금반환청구에 있어서 그 탈퇴자가 공동영업사무집행 중 동업체의 금원을 횡령하였다면 탈퇴자는 동업체에 이를 변상할 책임이 있다고 할 것이므로 동업체의 업무집행자는 위 손해배상채권을 자동채권으로 하여 탈퇴자의 출자금반환청구와 상계를 주장할 수 있다(대판 1983.10.11. 83다카542).

> **제496조(불법행위채권을 수동채권으로 하는 상계의 금지)** 채무가 고의의 불법행위로 인한 것인 때에는 그 채무자는 상계로 채권자에게 대항하지 못한다.

⑤ [옳음] 채권자가 공탁을 승인한 경우와 채권자가 공탁소에 대하여 공탁물을 받기를 통고한 경우(제489조 제1항), 공탁유효의 판결이 확정된 경우(제489조 제1항), 공탁으로 질권 또는 저당권이 소멸한 경우, 그리고 회수권을 포기한 경우 등에는 공탁물회수권이 인정되지 않는다.

정답 | ④

PART 03

채권각론

CH 01 계약총론
CH 02 계약각론
CH 03 사무관리
CH 04 부당이득
CH 05 불법행위

CHAPTER 01 계약총론

제1절 계약의 성립

001 민법상 편무계약에 해당하는 것만 모두 고른 것은? 〈노무사 2023〉

ㄱ. 도급　　ㄴ. 조합　　ㄷ. 증여　　ㄹ. 사용대차

① ㄱ, ㄴ　　② ㄱ, ㄷ　　③ ㄴ, ㄷ　　④ ㄴ, ㄹ　　⑤ ㄷ, ㄹ

해설 | ㄷ [편무계약] 증여는 당사자 일방이 무상으로 재산을 상대방에게 수여하는 의사를 표시하고 상대방이 이를 승낙함으로써 성립하는 계약이다. 즉, 증여계약은 수증자의 급부의무 없이 성립하는 것이므로 그 대가는 존재하지 않는다.

ㄹ [편무계약] 사용대차라 함은 당사자 일방(대주)이 상대방(차주)에게 무상으로 사용·수익케 하기 위하여 목적물을 인도할 것을 약정하고, 상대방은 이를 사용·수익한 후 그 물건을 반환할 것을 약정함으로써 성립하는 계약이다. 대가지급의무가 없으므로 편무계약이다.

정답 | ⑤

002 계약의 성립에 관한 설명으로 옳지 않은 것은? (다툼이 있으면 판례에 따름) 〈노무사 2023〉

① 청약자가 청약의 의사표시를 발송한 후 상대방에게 도달 전에 사망한 경우, 그 청약은 효력을 상실한다.
② 명예퇴직의 신청이 근로계약에 대한 합의해지의 청약에 해당하는 경우, 이에 대한 사용자의 승낙으로 근로계약이 합의해지되기 전에는 근로자가 임의로 그 청약의 의사표시를 철회할 수 있다.
③ 승낙기간을 정하지 않은 청약은 청약자가 상당한 기간 내에 승낙의 통지를 받지 못한 때에는 그 효력을 잃는다.
④ 당사자 사이에 동일한 내용의 청약이 상호 교차된 경우에는 양 청약이 상대방에게 도달한 때에 계약이 성립한다.
⑤ 매도인이 매수인에게 매매계약의 합의해제를 청약한 경우, 매수인이 그 청약에 대하여 조건을 가하여 승낙한 때에는 그 합의해제의 청약은 거절된 것으로 본다.

해설 | ① [틀림] 청약의 의사표시가 도달하기 전에 청약자가 사망한 경우에도 원칙적으로 청약의 효력에는 영향이 없다(제111조 제2항).

② [옳음] 명예퇴직의 신청이 근로계약에 대한 합의해지의 청약에 해당하는 경우, 이에 대한 사용자의 승낙으로 근로계약이 합의해지되기 전에는 근로자가 임의로 그 청약의 의사표시를 철회할 수 있다.

③ [옳음]

> **제529조(승낙기간을 정하지 아니한 계약의 청약)** 승낙의 기간을 정하지 아니한 계약의 청약은 청약자가 상당한 기간 내에 승낙의 통지를 받지 못한 때에는 그 효력을 잃는다.

④ [옳음]

> **제533조(교차청약)** 당사자 간에 동일한 내용의 청약이 상호 교차된 경우에는 양 청약이 상대방에게 도달한 때에 계약이 성립한다.

⑤ [옳음] 매매계약 당사자 중 매도인이 매수인에게 매매계약을 합의해제할 것을 청약하였다고 할지라도, 매수인이 그 청약에 대하여 조건을 붙이거나 변경을 가하여 승낙한 때에는 민법 제534조의 규정에 비추어 보면 그 청약의 거절과 동시에 새로 청약한 것으로 보게 되는 것이고, 그로 인하여 종전의 매도인의 청약은 실효된다(대판 2009.2.12. 2008다71926).

정답 | ①

003 계약의 성립에 관한 설명으로 옳지 않은 것은? (다툼이 있으면 판례에 따름) 〈노무사 2022〉

① 청약은 상대방이 있는 의사표시이지만, 상대방은 청약 당시에 특정되어 있지 않아도 된다.
② 관습에 의하여 승낙의 통지가 필요하지 않은 경우에 계약은 승낙의 의사표시로 인정되는 사실이 있는 때에 성립한다.
③ 청약이 상대방에게 발송된 후 도달하기 전에 발생한 청약자의 사망은 그 청약의 효력에 영향을 미치지 아니한다.
④ 승낙자가 승낙기간을 도과한 후 승낙을 발송한 경우에 이를 수신한 청약자가 승낙의 연착을 통지하지 아니하면 그 승낙은 연착되지 아니한 것으로 본다.
⑤ 교차청약에 의한 격지자간 계약은 양(兩) 청약이 상대방에게 모두 도달한 때에 성립한다.

해설 | ① [옳음] 청약의 의사표시는 '상대방의 수령을 요하는 의사표시'로서 상대방의 승낙만 있으면 계약을 성립시키겠다는 확정적 의사표시이어야 한다. 청약은 불특정다수인에 대하여 가능하다.

② [옳음] 청약자의 의사표시나 관습에 의해서 승낙의 통지가 필요하지 않은 경우에는 승낙의 의사표시로 인정되는 사실의 존재(예컨대 호텔예약 주문을 받고 특정의 객실을 청소하는 행위)만으로 계약이 성립한다(제532조).

③ [옳음] 청약의 의사표시가 도달하기 전에 청약자가 사망한 경우에도 원칙적으로 청약의 효력에는 영향이 없다(제111조 제2항).

④ [틀림] 승낙의 통지가 기간 후에 도착하였더라도 통상적인 경우라면 그 기간 내에 도달할 수 있었을 경우에는 청약자는 지체없이 상대방에게 그 연착을 통지함으로써 계약이 성립되지 않았음을 알려야 한다(제528조 제2항 본문). 따라서 청약자가 연착의 통지를 하지 않으면 연착하지 않은 것으로 '본다'(제528조 제3항).

⑤ [옳음] 당사자 사이에 동일한 내용의 청약이 서로 교차한 경우, 즉 객관적·주관적으로 합치하는 두 개의 의사표시(청약)가 존재하게 됨으로써 계약이 성립한다. 계약의 성립시기는 양 청약이 모두 각각의 상대방에게 '도달'한 때이다(제533조).

정답 | ④

004 계약에 관한 설명으로 옳지 않은 것은? (다툼이 있는 경우 판례에 의함) 〈노무사 2014〉

① 계약금계약은 금전 기타 유가물의 교부를 요건으로 하는 요물계약이다.

② 승낙자가 청약에 변경을 가하여 승낙한 경우, 그 청약의 거절과 동시에 새로 청약한 것으로 본다.

③ 당사자 사이에 같은 내용의 청약이 서로 교차된 경우, 두 청약이 모두 도달하여야 계약이 성립한다.

④ 계약체결이 좌절되더라도 어쩔 수 없다고 생각하고 지출한 비용은 계약교섭의 부당한 중도파기로 인한 손해에 포함되지 않는다.

⑤ 제3자를 위한 계약은 요약자와 낙약자의 합의 이외에 제3자의 수익의 의사표시가 있어야 성립한다.

해설 | ① [옳음] 계약금계약은 요물계약이기 때문에 단지 계약금을 지급하기로 약정만 한 단계에서는 아직 계약금으로서의 효력, 즉 위 민법 규정에 의해 계약해제를 할 수 있는 권리는 발생하지 않는다고 할 것이다(대판 2008.3.13. 2007다73611).

② [옳음] 승낙자가 청약에 대해 조건을 붙이거나 변경을 가하여 승낙한 경우에는 청약 자체에 대해서는 거절한 것이지만, 승낙자가 새롭게 청약한 것으로 본다(대판 2008.2.1. 2006다20542).

③ [옳음] 당사자 사이에 동일한 내용의 청약이 서로 교차한 경우, 계약의 성립시기는 양 청약이 모두 각각의 상대방에게 '도달'한 때이다(제533조).

④ [옳음] 아직 계약체결에 관한 확고한 신뢰가 부여되기 이전 상태에서 계약교섭의 당사자가 계약체결이 좌절되더라도 어쩔 수 없다고 생각하고 지출한 비용, 예컨대 경쟁입찰에 참가하기 위하여 지출한 제안서, 견적서 작성비용 등은 여기에 포함되지 아니한다고 볼 것이다(대판 2003.4.11. 2001다53059).

⑤ [틀림] 채무자와 인수인의 합의에 의한 중첩적 채무인수의 경우 채권자의 수익의 의사표시는 그 계약의 성립요건이나 효력발생요건이 아니라 채권자가 인수인에 대하여 채권을 취득하기 위한 요건이라 할 것이다(대판 2013.9.13. 2011다56033).

정답 | ⑤

005 청약과 승낙에 관한 설명으로 옳은 것은? 〈노무사 2016〉

① 청약과 승낙의 의사표시는 특정인에 대해서만 가능하다.
② 승낙자가 청약에 변경을 가하지 않고 조건만을 붙여 승낙한 경우에는 계약이 성립된다.
③ 청약자가 청약이 상대방에게 도달하기 전에는 임의로 이를 철회할 수 있다.
④ 당사자 간에 동일한 내용의 청약이 상호교차된 경우에는 양 청약의 통지가 상대방에게 발송된 때에 계약이 성립한다.
⑤ 승낙의 기간을 정한 청약은 승낙자가 그 기간 내에 승낙의 통지를 발송하지 아니한 때에는 그 효력을 잃는다.

해설 | ① [틀림] 청약은 상대방의 승낙과 결합하여 일정한 내용의 계약을 성립시킬 것을 목적으로 하는 불특정인에 대한 의사표시이다. 반면 승낙이란 청약에 대응하여 계약을 성립시킬 목적으로 청약자라는 특정인에게 하는 수령자의 의사표시이다. 청약과 달리 불특정다수인에 대한 승낙이란 있을 수 없다.

② [틀림] 민법 제534조

> **제534조(변경을 가한 승낙)** 승낙자가 청약에 대하여 조건을 붙이거나 변경을 가하여 승낙한 때에는 그 청약의 거절과 동시에 새로 청약한 것으로 본다.

④ [틀림] 민법 제533조

> **제533조(교차청약)** 당사자 간에 동일한 내용의 청약이 상호 교차된 경우에는 양 청약이 상대방에게 도달한 때에 계약이 성립한다.

③ [옳음] 청약의 의사표시가 도달하기 전에는 이를 철회할 수 있으나 상대방에게 도달하면 아직 승낙이 없어 계약이 성립하지 않았더라도, 청약자는 이를 임의로 철회할 수 없다. 이를 청약의 구속력이라 한다.

> **제527조(계약의 청약의 구속력)** 계약의 청약은 이를 철회하지 못한다.

⑤ [틀림] 민법 제528조 제1항

> **제528조(승낙기간을 정한 계약의 청약)** ① 승낙의 기간을 정한 계약의 청약은 청약자가 그 기간 내에 승낙의 통지를 받지 못한 때에는 그 효력을 잃는다.

정답 | ③

006 甲은 2020. 2. 1. 자기 소유 중고자동차를 1,000만 원에 매수할 것을 乙에게 청약하는 내용의 편지를 발송하였다. 이에 관한 설명으로 옳지 않은 것은? 〈노무사 2020〉

① 甲의 편지가 2020. 2. 5. 乙에게 도달하였다면 甲은 위 청약을 임의로 철회하지 못한다.

② 甲의 편지가 2020. 2. 5. 乙에게 도달하였다면 그 사이 甲이 사망하였더라도 위 청약은 유효하다.

③ 乙이 위 중고자동차를 900만 원에 매수하겠다고 회신하였다면 乙은 甲의 청약을 거절하고 새로운 청약을 한 것이다.

④ 甲의 편지를 2020. 2. 5. 乙이 수령하였더라도 乙이 미성년자라면 甲은 원칙적으로 위 청약의 효력발생을 주장할 수 없다.

⑤ 乙이 위 청약을 승낙하는 편지를 2020. 2. 10. 발송하여 甲에게 2020. 2. 15. 도달하였다면 甲과 乙 간의 계약성립일은 2020. 2. 15.이다.

해설 | ① [옳음] 청약이 효력을 발생한 때에는 청약자가 임의로 이를 철회하지 못한다(제527조). 이를 청약의 구속력이라 한다.

② [옳음] 표의자가 그 통지를 발한 후 사망하거나 행위능력을 상실하여도 의사표시의 효력에 영향을 미치지 아니한다(제111조 제2항).

③ [옳음] 승낙자가 청약에 대하여 조건을 붙이거나 변경을 가하여 승낙한 때에는 그 청약의 거절과 동시에 새로 청약한 것으로 본다(제534조).

④ [옳음] 표의자는 제한능력자에 대한 의사표시로써 그 제한능력자에게 대항하지 못한다(제112조 본문). 그러나 제한능력자가 의사표시의 도달을 주장하는 것은 허용된다.

⑤ [틀림] 제531조에 의하면 격지자 간의 계약은 승낙의 통지를 발송한 때에 성립한다고 규정함으로써 도달주의에 대한 예외를 인정하고 있다(승낙하는 편지를 2020. 2. 10. 발송하여 甲에게 2020. 2. 15. 도달하였다면 甲과 乙 간의 계약성립일은 2020. 2. 10.이다).

정답 | ⑤

제2절 계약의 효력

007 동시이행의 관계에 있지 않은 것은? (다툼이 있으면 판례에 따름) 〈노무사 2017〉

① 채권자의 채권증서 반환의무와 채무자의 전부 변제의무
② 부동산 매매의 경우 매도인의 소유권이전등기의무, 인도의무와 매수인의 잔대금 지급의무
③ 매매계약이 취소된 경우 각 당사자의 원상회복의무
④ 임대차가 종료된 경우 임차인의 목적물반환의무와 임대인의 보증금반환의무
⑤ 도급인의 하자보수청구권 또는 손해배상청구권과 수급인의 보수지급청구권

해설 | ① [틀림] 채권증서반환청구권은 채권 전부를 변제한 경우에 인정되는 것이고, 영수증교부의무와는 달리 변제와 동시이행관계에 있지 않다(대판 2005.8.19. 2003다22042).

> **제475조(채권증서반환청구권)** 채권증서가 있는 경우에 변제자가 채무전부를 변제한 때에는 채권증서의 반환을 청구할 수 있다. 채권이 변제 이외의 사유로 전부 소멸한 때에도 같다.

② [옳음] 부동산매매계약에서 발생하는 매도인의 소유권이전등기의무와 매수인의 매매잔대금지급의무는 동시이행관계에 있고, 동시이행의 항변권은 상대방의 채무이행이 있기까지 자신의 채무이행을 거절할 수 있는 권리이므로, 매수인이 매도인을 상대로 매매목적 부동산 중 일부에 대해서만 소유권이전등기의무의 이행을 구하고 있는 경우에도 매도인은 특별한 사정이 없는 한 그 매매잔대금 전부에 대하여 동시이행의 항변권을 행사할 수 있다고 할 것이다(대판 2006.2.23. 2005다53187).

③ [옳음] 매매계약이 취소된 경우에 당사자 쌍방의 원상회복의무는 동시이행의 관계에 있다(대판 2001.7.10. 2001다3764).

④ [옳음] 임대차가 종료된 경우 임차인이 임차건물을 명도할 의무와 임대인이 임대보증금 중 미지급 월임료 등을 공제한 나머지 보증금을 반환할 의무는 동시이행의 관계에 있다(대판 1988.4.12. 86다카2476).

⑤ [옳음] 수급인이 도급계약에 따른 의무를 제대로 이해하지 못함으로 말미암아 도급인의 신체 또는 재산에 손해가 발생한 경우, 하자확대손해로 인한 수급인의 손해배상채무와 도급인의 공사대금채무는 동시이행의 관계에 있다(대판 2005.11.10. 2004다37676).

정답 | ①

008 동시이행의 항변권에 대한 설명 중 옳은 것을 모두 묶은 것은? (다툼이 있는 경우에는 판례에 의함) 〈노무사 2010〉

> ㄱ. 동시이행의 항변권이 붙은 채권을 자동채권으로 하여 상계하지 못하는 것이 원칙이다.
> ㄴ. 지입계약의 종료에 따른 지입회사의 지입차량에 대한 소유권이전등록절차이행의무와 지입차주의 연체된 관리비 등의 지급의무는 서로 동시이행관계에 있다.
> ㄷ. 매매계약이 취소될 경우 당사자 쌍방의 원상회복의무는 동시이행의 관계에 있다.
> ㄹ. 매도인의 토지거래계약허가 신청절차에 협력할 의무와 매수인의 대금지급의무는 동시이행의 관계에 있다.

① ㄱ, ㄴ ② ㄱ, ㄷ ③ ㄷ, ㄹ
④ ㄱ, ㄴ, ㄷ ⑤ ㄱ, ㄴ, ㄹ

해설 | ㄱ [옳음] 동시이행항변권이 붙은 채권을 자동채권으로 하여 상계하지 못한다. 즉 자동채권의 채무자가 항변권을 가지고 있지 않아야 한다. 자동채권자의 채무자가 항변권을 가지고 있는 경우에 자동채권의 채권자의 상계를 허용하면 채권자의 일방적 의사표시에 의해 채무자가 항변권을 잃게 되는 부당한 결과가 되기 때문이다.

ㄴ [옳음] 지입계약의 종료에 따라 지입회사가 지입차주에 대항 부담하는 소유권이전등록 절차이행의무와 지입계약이 유지됨으로 인하여 지입회사에게 부과된 세금이나 지입차주의 차량운행과 관련하여 발생한 과태료 등을 정산하여 지급하여야 할 지입차주의 지입회사에 대한 의무는 쌍무계약에 있어서 고유의 대가관계에 있는 것은 아니라고 하더라도 형평의 원칙에 비추어 서로 동시이행관계에 있다고 봄이 상당하다(대판 2010.6.24. 2010다22989).

ㄷ [옳음] 쌍무계약의 취소에 따른 당사자 쌍방의 부당이득반환의무도 동시이행의 관계에 있다(대판 2001.7.10. 2001다3764).

ㄹ [틀림] 매도인의 토지거래계약허가 신청절차에 협력할 의무와 토지거래허가를 받으면 매매계약 내용에 따라 매수인이 이행하여야 할 매매대금 지급의무나 이에 부수하여 매수인이 부담하기로 특약한 양도소득세 상당 금원의 지급의무 사이에는 상호 이행상의 견련성이 있다고 할 수 없으므로, 매도인으로서는 그러한 의무이행의 제공이 있을 때까지 그 협력의무의 이행을 거절할 수 있는 것은 아니다(대판 1996.10.25. 96다23825).

정답 | ④

009 다음 중 동시이행관계에 있지 않은 것은? (다툼이 있는 경우 판례에 의함) 〈노무사 2013〉

① 대여금채무의 변제와 영수증 교부의무
② 대여금채무의 변제와 채권증서의 반환의무
③ 계약해제로 인한 당사자 쌍방의 원상회복의무

④ 매매계약의 취소로 인한 당사자 쌍방의 원상회복의무

⑤ 교환계약의 무효로 인한 당사자 쌍방의 원상회복의무

해설 | 채무자가 채무 전부를 변제한 때에는 채권자에게 채권증서의 반환을 청구할 수 있으며, 제3자가 변제를 하는 경우에는 제3자도 채권증서의 반환을 구할 수 있으나(제475조 참조), 이러한 채권증서반환청구권은 채권 전부를 변제한 경우에 인정되는 것이고, 영수증교부의무와는 달리 변제와 동시이행관계에 있지 않다(대판 2005.8.19. 2003다22042).

정답 | ②

010 동시이행의 항변권에 관한 설명으로 옳지 않은 것은? (다툼이 있는 경우 판례에 따름) 〈노무사 2016〉

① 종전의 임차인이 임대인의 동의 아래 임대인으로부터 새로 목적물을 임차한 사람에게 그 목적물을 직접 이전해 준 경우, 임대인은 종전 임차인의 보증금반환청구에 대하여 목적물 반환과 동시에 이행할 것을 항변하지 못한다.

② 지명채권의 채무자가 채무 전부를 변제할 때에는 채권자에게 채권증서의 반환을 청구할 수 있고, 채무의 변제와 채권증서의 반환은 동시이행의 관계에 있다.

③ 특별한 사정이 없는 한, 자동채권과 수동채권이 동시이행관계에 있다고 하더라도 서로 현실적으로 이행하여야 할 필요가 없는 경우라면 상계가 허용된다.

④ 동시이행의 관계에 있는 쌍방의 채무 중 어느 한 채무가 이행불능이 됨에 따라 발생한 손해배상채무도 여전히 상대방의 채무와 동시이행의 관계에 있다.

⑤ 상대방의 이행제공이 있었으나 이를 수령하지 않아 수령지체에 빠진 자는 그 후 상대방이 자기 채무의 이행제공을 다시 하지 않고 이행을 청구한 경우에 동시이행의 항변권을 행사할 수 있다.

해설 | ① [옳음] 종전의 임차인이 임대인의 동의 아래 임대인으로부터 새로 목적물을 임차한 사람에게 그 목적물을 직접 이전해 준 경우, 임대인은 종전 임차인의 보증금반환청구에 대하여 목적물 반환과 동시에 이행할 것을 항변하지 못한다(대판 2009.7.9. 2009다18526).

② [틀림] 채무자가 채무 전부를 변제한 때에는 채권자에게 채권증서의 반환을 청구할 수 있으며, 제3자가 변제를 하는 경우에는 제3자도 채권증서의 반환을 구할 수 있으나, 이러한 채권증서 반환청구권은 채권 전부를 변제한 경우에 인정되는 것이고, 영수증 교부의무와는 달리 변제와 동시이행관계에 있지 않다(대판 2005.8.19. 2003다22042).

③ [옳음] 동시이행의 항변권이 붙은 채권을 자동채권으로 하여 상계할 수 없다. 그러나 자동채권과 수동채권이 서로 동시이행관계에 있고 서로 현실적으로 이행할 필요가 없는 경우 예외적으로 상계가 허용된다(대판 2002.8.23. 2002다25242).

④ [옳음] 일방의 채무가 채무자의 책임 있는 사유로 이행불능이 된 경우에는 이행불능에 갈음한 손해배상채권과 반대급부채권 사이에 동시이행항변권이 성립할 수 있다(대판 2000.2.25. 97다30066).

⑤ [옳음] 쌍무계약의 당사자 일방이 먼저 한번 현실의 제공을 하고 상대방을 수령지체에 빠지게 하였다고 하더라도 그 이행의 제공이 계속되지 않는 경우는 과거에 이행의 제공이 있었다는 사실만으로 상대방이 가지는 동시이행의 항변권이 소멸하는 것은 아니므로, 일시적으로 당사자 일방의 의무의 이행제공이 있었으나 곧 그 이행의 제공이 중지되어 더 이상 그 제공이 계속되지 아니하는 기간 동안에는 상대방의 의무가 이행지체상태에 빠졌다고 할 수는 없다고 할 것이고, 따라서 그 이행의 제공이 중지된 이후에 상대방의 의무가 이행지체되었음을 전제로 하는 손해배상청구도 할 수 없는 것이다(대판 1995.3.14. 94다26646).

정답 | ②

011 동시이행항변권에 관한 설명으로 옳은 것은? (다툼이 있으면 판례에 따름) 〈노무사 2021〉

① 공사도급계약상 도급인의 지체상금채권과 수급인의 공사대금채권은 특별한 사정이 없는 한 동시이행관계에 있다.

② 선이행의무자가 이행을 지체하는 동안 상대방의 채무가 이행기에 도래한 경우, 특별한 사정이 없는 한 양 당사자의 의무는 동시이행관계에 있지 않다.

③ 동시이행항변권에 따른 이행지체책임 면제의 효력은 그 항변권을 행사·원용하여야 발생한다.

④ 동시이행항변권은 연기적 항변권으로 동시이행관계에 있으면 소멸시효는 진행되지 아니한다.

⑤ 자동채권과 수동채권이 동시이행관계에 있더라도 서로 현실적으로 이행하여야 할 필요가 없는 경우, 특별한 사정이 없는 한 상계는 허용된다.

해설 | ① [틀림] 공사도급계약상 도급인의 지체상금채권과 수급인의 공사대금채권이 동시이행 관계에 있는지 여부(원칙적 소극) 공사도급계약상 도급인의 지체상금채권과 수급인의 공사대금채권은 특별한 사정이 없는 한 동시이행의 관계에 있다고 할 수 없다(대판 2015.8.27. 2013다81224·81231).

② [틀림] 쌍무계약인 매매계약에서 매수인이 선이행의무인 잔금지급의무를 이행하지 않던 중 매도인도 소유권이전등기의무의 이행을 제공하지 아니한 채 소유권이전등기의무의 이행기를 도과한 경우, 여전히 선이행의무로 하기로 약정하는 등 특별한 사정이 없는 한 매도인과 매수인 쌍방의 의무는 동시이행 관계에 놓이게 된다(대판 1999.7.9. 98다13754).

③ [틀림] 쌍무계약에서 쌍방의 채무가 동시이행관계에 있는 경우 일방의 채무의 이행기가 도래하더라도 상대방 채무의 이행제공이 있을 때까지는 그 채무를 이행하지 않아도 이행지체의 책임을 지지 않는 것이고, 이와 같은 효과는 이행지체의 책임이 없다고 주장하는 자가 반드시 동시이행의 항변권을 행사하여야만 발생하는 것은 아니다(대판 1998.3.13. 97다54604).

④ [틀림] 부동산에 대한 매매대금 채권이 소유권이전등기청구권과 동시이행의 관계에 있다고 할지라도 매도인은 매매대금의 지급기일 이후 언제라도 그 대금의 지급을 청구할 수 있는 것이며, 다만 매수인은 매도인으로부터 그 이전등기에 관한 이행의 제공을 받기까지 그 지급을 거절할 수 있는 데 지나지 아니하므로 매매대금 청구권은 그 지급기일 이후 시효의 진행에 걸린다(대판 1991.3.22. 90다9797).

⑤ [옳음] 상계의 대상이 될 수 있는 자동채권과 수동채권이 동시이행관계에 있다고 하더라도 서로 현실적으로 이행하여야 할 필요가 없는 경우라면 상계로 인한 불이익이 발생할 우려가 없고 오히려 상계를 허용하는 것이 동시이행관계에 있는 채권·채무 관계를 간명하게 해소할 수 있으므로 특별한 사정이 없는 한 상계가 허용된다(대판 2006.7.28. 2004다54633).

정답 | ⑤

012 제3자를 위한 계약에 관한 설명으로 옳은 것을 모두 고른 것은? (다툼이 있으면 판례에 따름)
〈노무사 2019〉

> ㄱ. 계약체결 당시에 수익자가 특정되어 있지 않으면 제3자를 위한 계약은 성립할 수 없다.
> ㄴ. 계약 당사자가 제3자에 대하여 가진 채권에 관하여 그 채무를 면제하는 계약도 제3자를 위한 계약에 준하는 것으로 유효하다.
> ㄷ. 낙약자는 요약자와 수익자 사이의 법률관계에 기한 항변으로 수익자에게 대항하지 못한다.
> ㄹ. 낙약자가 채무를 불이행하는 경우 수익자는 낙약자의 채무불이행을 이유로 계약을 해제할 수 있다.

① ㄱ, ㄴ ② ㄴ, ㄷ ③ ㄷ, ㄹ
④ ㄱ, ㄴ, ㄹ ⑤ ㄴ, ㄷ, ㄹ

해설 | ㄱ [틀림] 권리를 취득하게 되는 제3자는 계약이 성립할 때에 특정되어 있을 필요는 없으며, 특정할 수 있는 자(예컨대 태아나 설립 중의 법인)이면 된다. 즉 제3자는 계약성립시에 현존하고 있지 않아도 좋다. 그러나 계약이 효력을 발생하여 그 효과가 제3자에게 귀속하려면 제3자는 특정되고 또한 권리능력을 가지고 있어야 한다.

ㄴ [옳음] 제3자를 위한 계약이 성립하기 위하여는 일반적으로 그 계약의 당사자가 아닌 제3자로 하여금 직접 권리를 취득하게 하는 조항이 있어야 할 것이지만, 계약의 당사자(낙약자)가 제3자에 대하여 가진 채권에 관하여 그 채무를 면제하는 계약도 제3자를 위한 계약에 준하는 것으로서 유효하므로, 이에 의하여 채무면제의 효력이 생긴다(대판 2004.9.3. 2002다37405 등).

ㄷ [옳음] 제3자를 위한 계약의 체결원인이 된 요약자와 제3자(수익자) 사이의 법률관계(이른바 대가관계)의 효력은 제3자를 위한 계약 자체는 물론 그에 기한 요약자와 낙약자 사이의 법률관계(이른바 기본관계)의 성립이나 효력에 영향을 미치지 아니하므로 낙약자는 요약자와 수익자 사이의 법률관계에 기한 항변으로 수익자에게 대항하지 못하고, 요약자도 대가관계의 부존재나 효력의 상실을 이유로 자신이 기본관계에 기하여 낙약자에게 부담하는 채무의 이행을 거부할 수 없다(대판 2003.12.11. 2003다49771).

ㄹ [틀림] 제3자를 위한 계약의 당사자가 아닌 수익자는 계약의 해제권이나 해제를 원인으로 한 원상회복청구권이 있다고 볼 수 없다(대판 1994.8.12. 92다41559).

정답 | ②

013 甲이 乙에게 자신의 주택을 매도하면서 乙은 중도금 및 잔금을 丙에게 지급하기로 약정하였다. 다음 설명 중 옳지 않은 것은? (다툼이 있는 경우에는 판례에 의함) 〈노무사 2011〉

① 丙이 乙에게 수익의 의사표시를 하여야 중도금 및 잔금의 지급을 청구할 수 있다.

② 乙의 채무불이행을 이유로 丙은 매매계약을 해제할 수 없다.

③ 丙이 수익의 의사표시를 한 후에 乙의 귀책사유에 의하여 채무가 불이행된 경우, 丙은 乙에 대하여 손해배상을 청구할 수 있다.

④ 乙은 甲의 채무불이행을 이유로 매매계약을 해제할 수 있다.

⑤ 乙이 丙에게 중도금 및 잔금을 전부 지급한 후에 甲의 채무불이행을 이유로 매매계약을 해제한 경우, 특별한 사정이 없는 한 乙은 계약해제에 기한 원상회복을 원인으로 丙에게 그 반환을 청구할 수 있다.

해설 | ① [옳음] 수익의 의사표시는 제3자를 위한 계약의 성립요건이 아닌 제3자의 권리취득의 절대적 요건이다(대판 2013.9.13. 2011다56033).

② [옳음] 제3자를 위한 계약의 당사자가 아닌 수익자는 계약의 해제권이나 해제를 원인으로 한 원상회복청구권이 있다고 볼 수 없다(대판 1994.8.12. 92다41559).

③ [옳음] 제3자를 위한 계약에 있어서 수익의 의사표시를 한 수익자는 낙약자에게 직접 그 이행을 청구할 수 있을 뿐만 아니라 요약자가 계약을 해제한 경우에는 낙약자에게 자기가 입은 손해의 배상을 청구할 수 있다(대판 1994.8.12. 92다41559).

④ [옳음] 제3자가 수익의 의사표시를 행한 후 요약자가 낙약자의 채무불이행을 이유로 계약을 해제할 경우 제3자의 동의는 필요하지 않다(대판 1970.2.24. 69다1410·1411).

⑤ [틀림] 제3자를 위한 계약관계에서 낙약자와 요약자 사이의 법률관계(이른바 기본관계)를 이루는 계약이 무효이거나 해제된 경우 그 계약관계의 청산은 계약의 당사자인 낙약자와 요약자 사이에 이루어져야 하므로, 특별한 사정이 없는 한 낙약자가 이미 제3자에게 급부한 것이 있더라도 낙약자는 계약해제 등에 기한 원상회복 또는 부당이득을 원인으로 제3자를 상대로 그 반환을 구할 수 없다(대판 2010.8.19. 2010다31860·31877).

정답 | ⑤

014 제3자를 위한 계약에 관한 설명으로 옳은 것은? (다툼이 있으면 판례에 따름) 〈노무사 2022〉

① 채무자와 인수인 사이에 체결되는 중첩적 채무인수계약은 제3자를 위한 계약이 아니다.

② 제3자를 위한 도급계약에서 수익의 의사표시를 한 제3자가 그 계약에 따라 완성된 목적물의 하자로 인해 손해를 입은 경우, 특별한 사정이 없는 한 낙약자는 그 제3자에게 해당 손해를 배상할 의무가 있다.

③ 요약자와 낙약자의 합의에 따라 제3자의 권리를 소멸시킬 수 있음을 미리 유보하였더

라도 제3자에게 그 권리가 확정적으로 귀속되었다면 요약자와 낙약자는 제3자의 권리를 소멸시키지 못한다.

④ 제3자가 수익의 의사표시를 한 후에는 요약자는 원칙적으로 낙약자에 대하여 제3자에게 급부를 이행할 것을 요구할 수 있는 권리를 갖지 못한다.

⑤ 제3자가 수익의 의사표시를 한 경우, 특별한 사정이 없는 한 요약자는 낙약자의 채무불이행을 이유로 제3자의 동의 없이 계약을 해제할 수 없다.

해설 | ① [틀림] 채무자와 인수인의 계약으로 체결되는 병존적 채무인수는 채권자로 하여금 인수인에 대하여 새로운 권리를 취득하게 하는 것으로 제3자를 위한 계약이다(대판 2013.9.13. 2011다56033).

② [옳음] 제3자를 위한 계약에 있어서 수익의 의사표시를 한 수익자는 낙약자에게 직접 그 이행을 청구할 수 있을 뿐만 아니라 요약자가 계약을 해제한 경우에는 낙약자에게 자기가 입은 손해의 배상을 청구할 수 있다(대판 1994.8.12. 92다41559).

③ [틀림] 제3자가 수익의 의사표시를 하였거나, 법률의 규정 또는 당사자의 특약이나 거래의 관행과 목적에 의하여 수익의 의사표시 없이 계약의 성립과 함께 제3자에게 권리가 귀속된 후에는 요약자와 낙약자는 계약 당사자임에도 불구하고 이를 변경·소멸시키지 못한다(제541조). 다만 요약자와 낙약자의 합의에 의하여 제3자의 권리를 변경·소멸시킬 수 있음을 미리 유보하였거나, 제3자의 동의가 있는 경우에는 가능하다(대판 2007.5.31. 2007다13312).

[대판 2022.1.14. 2021다271183] 제3자를 위한 계약에서, 제3자가 민법 제539조 제2항에 따라 수익의 의사표시를 함으로써 제3자에게 권리가 확정적으로 귀속된 경우에는, 요약자와 낙약자의 합의에 의하여 제3자의 권리를 변경·소멸시킬 수 있음을 미리 유보하였거나 제3자의 동의가 있는 경우가 아니면 계약의 당사자인 요약자와 낙약자는 제3자의 권리를 변경·소멸시키지 못하고(민법 제541조), 만일 계약의 당사자가 제3자의 권리를 임의로 변경·소멸시키는 행위를 한 경우 이는 제3자에 대하여 효력이 없다.

④ [틀림] [대판 2022.1.27. 2018다259565] 제3자를 위한 계약에서 제3자는 채무자(낙약자)에 대하여 계약의 이익을 받을 의사를 표시한 때에 채무자에게 직접 이행을 청구할 수 있는 권리를 취득하고(민법 제539조), 요약자는 제3자를 위한 계약의 당사자로서 원칙적으로 제3자의 권리와는 별도로 낙약자에 대하여 제3자에게 급부를 이행할 것을 요구할 수 있는 권리를 가진다. 이때 낙약자가 요약자의 이행청구에 응하지 아니하면 특별한 사정이 없는 한 요약자는 낙약자에 대하여 제3자에게 급부를 이행할 것을 소로써 구할 이익이 있다.

⑤ [틀림] 요약자는 계약 당사자로서 낙약자에 대하여 제3자에게 이행할 것을 청구할 수 있을 뿐만 아니라, 낙약자의 채무불이행을 이유로 법정해제권을 행사할 수 있다. 제3자가 수익의 의사표시를 행한 후 요약자가 낙약자의 채무불이행을 이유로 계약을 해제할 경우 제3자의 동의는 필요하지 않다(대판 1970.2.24. 69다1410·1411).

정답 | ②

015 제3자를 위한 계약에 관한 설명으로 옳지 않은 것은? (다툼이 있으면 판례에 따름) 〈노무사 2015〉

① 제3자가 채무자에 대하여 계약의 이익을 받을 의사를 표시하여 제3자에게 권리가 생긴 후에는 당사자는 이를 변경 또는 소멸시키지 못한다.
② 계약의 당사자가 제3자에 대하여 가진 채권에 관하여 그 채무를 면제하는 계약도 제3자를 위한 계약에 준하는 것으로서 유효하다.
③ 낙약자는 요약자와 수익자 사이의 법률관계에 기한 항변으로 수익자에게 대항할 수 있다.
④ 낙약자와 요약자 사이의 매매계약이 무효인 경우, 특별한 사정이 없는 한 낙약자가 이미 제3자에게 급부한 것이 있더라도 낙약자는 부당이득을 원인으로 제3자를 상대로 그 반환을 구할 수 없다.
⑤ 채무자가 상당한 기간을 정하여 계약의 이익의 향수여부의 확답을 제3자에게 최고하였으나, 그 기간 내에 확답을 받지 못한 때에는 제3자가 계약의 이익을 받을 것을 거절할 것으로 본다.

해설 | ① [옳음] 제3자가 수익의 의사표시를 하였거나, 법률의 규정 또는 당사자의 특약이나 거래의 관행과 목적에 의하여 수익의 의사표시 없이 계약의 성립과 함께 제3자에게 권리가 귀속된 후에는 요약자와 낙약자는 계약당사자임에도 불구하고 이를 변경·소멸시키지 못한다(제541조).

② [옳음] 계약의 당사자가 제3자에 대하여 가진 채권에 관하여 그 채무를 면제하는 계약도 제3자를 위한 계약에 준하는 것으로서 유효하다(대판 2004.9.3. 2002다37405).

③ [틀림] 출연의 원인인 대가관계가 결여되었다 하더라도 제3자를 위한 계약과 이를 기초로 한 제3자의 권리발생에는 아무런 영향이 없다. 대가관계의 효력은 요약자와 낙약자 사이의 법률관계(이른바 기본관계)의 성립이나 효력에 영향을 미치지 아니하므로 낙약자는 요약자와 수익자 사이의 법률관계에 기한 항변으로 수익자에게 대항하지 못하고, 요약자도 대가관계의 부존재나 효력의 상실을 이유로 자신이 기본관계에 기하여 낙약자에게 부담하는 채무의 이행을 거부할 수 없다(대판 2003.12.11. 2003다49771).

④ [옳음] 제3자를 위한 계약관계에서 낙약자와 요약자 사이의 법률관계(이른바 기본관계)를 이루는 계약이 무효이거나 해제된 경우 그 계약관계의 청산은 계약의 당사자인 낙약자와 요약자 사이에 이루어져야 하므로, 특별한 사정이 없는 한 낙약자가 이미 제3자에게 급부한 것이 있더라도 낙약자는 계약해제 등에 기한 원상회복 또는 부당이득을 원인으로 제3자를 상대로 그 반환을 구할 수 없다(대판 2010.8.19. 2010다31860·31877).

⑤ [옳음] 채무자인 낙약자는 이익의 향유 여부의 확답을 제3자에게 최고할 수 있고, 낙약자가 그 기간 내에 확답을 받지 못한 때에는 제3자가 수익을 거절한 것으로 본다(제540조).

정답 | ③

제3절 계약의 실효(해제와 해지)

016 계약의 해제에 관한 설명으로 옳지 않은 것은? (특별한 사정이 없음을 전제로 하며, 다툼이 있으면 판례에 따름) 〈노무사 2022〉

① 당사자는 합의로 계약을 해제할 수 있다.

② 채권자가 채무액을 현저히 초과하는 금액의 지급을 최고하고, 이 금액을 지급하지 않으면 수령하지 않을 것이 분명한 경우에 이 최고에 터잡은 채권자의 해제는 무효이다.

③ 계약체결에 관한 대리권만을 수여받은 대리인은 계약체결 후 그 계약을 해제할 수 없다.

④ 하나의 계약에서 일방이 수인(數人)인 경우에 상대방은 그 수인 모두에게 해제의 의사표시를 하여야 한다.

⑤ 매도인의 책임있는 사유로 이행불능이 되어 매수인이 계약을 해제한 경우의 손해배상은 해제시 목적물의 싯가를 기준으로 그 손해를 산정한다.

해설 | ① [옳음] 합의해제 또는 해제계약이란 기존의 계약 당사자들이 계약해소에 관하여 합의한 것으로서, 계약자유의 원칙상 당연히 인정된다.

② [옳음] 채무를 이행하는 데 과다한 내용을 가진 '과다최고'의 경우에는 채무의 동일성이 인정되는 한 본래 급부의 범위 내에서 최고의 효력이 인정된다(대판 2004.7.9. 2004다13083). 그러나 채권자가 과다청구한 금액을 제공하지 않으면 수령하지 않을 것이라는 의사가 분명한 경우에는 그 최고는 부적법하고 이에 의한 해제는 효력이 없다(대판 1999.12.10. 99다31407).

③ [옳음] 어떠한 계약의 체결에 관한 대리권을 수여받은 대리인이 수권된 법률행위를 하게 되면 그것으로 대리권의 원인된 법률관계는 원칙적으로 목적을 달성하여 종료하는 것이고, 법률행위에 의하여 수여된 대리권은 그 원인된 법률관계의 종료에 의하여 소멸하는 것이므로, 그 계약을 대리하여 체결하였던 대리인이 체결된 계약의 해제 등 일체의 처분권과 상대방의 의사를 수령할 권한까지 가지고 있다고 볼 수는 없다(대판 2008.6.12. 2008다11276).

④ [옳음] 계약 당사자의 일방 또는 쌍방이 수인인 경우에 해제(해지)의 의사표시는 그 '전원'으로부터 '전원'에 대하여 행사되어야 그 효과가 발생한다(제547조 제1항).

⑤ [틀림] 이행불능으로 인한 전보배상액은 '이행불능 당시'의 시가 상당액을 표준으로 해야 한다고 한다(대판 2008.5.15. 2007다37721).

정답 | ⑤

017 부동산 매매계약의 합의해제(해제계약)에 관한 설명으로 옳은 것은? (판례에 따름) 〈노무사 2018〉

① 합의해제는 당사자 쌍방의 묵시적 합의로 성립할 수 없다.
② 합의해제시에 손해배상에 관한 특약 등을 하지 않았더라도 매도인은 채무불이행으로 인한 손해배상을 청구할 수 있다.
③ 합의해제의 소급효는 해제 전에 매매목적물에 대하여 저당권을 취득한 제3자에게 영향을 미친다.
④ 합의해제에 따른 매도인의 원상회복청구권은 소유권에 기한 물권적 청구권으로서 소멸시효의 대상이 되지 않는다.
⑤ 다른 약정이 없으면 합의해제로 인하여 반환할 금전에 그 받은 날로부터 이자를 가산하여야 할 의무가 있다.

해설 | ① [틀림] 계약이 합의해제되기 위하여는 일반적으로 계약이 성립하는 경우와 마찬가지로 계약의 청약과 승낙이라는 서로 대립하는 의사표시가 합치될 것을 그 요건으로 한다. 그런데 계약의 합의해제는 명시적인 경우뿐만 아니라 묵시적으로도 이루어질 수 있다(대판 2004.6.11. 2004다11506).
② [틀림] 합의해제시에 당사자 일방이 상대방에게 손해배상을 하기로 특약하거나 손해배상청구를 유보하는 의사표시를 하는 등 다른 사정이 없는 한 채무불이행으로 인한 손해배상을 청구할 수 없다(대판 1989.4.25. 86다카1147·1148).
③ [틀림] 계약의 합의해제에 있어서도 제548조의 계약해제의 경우와 같이 이로써 제3자의 권리를 해할 수는 없다(대판 2005.6.9. 2005다6341).
④ [옳음] 매매계약이 합의해제된 경우에도 매수인에게 이전되었던 소유권은 당연히 매도인에게 복귀하는 것이므로 합의해제에 따른 매도인의 원상회복청구권은 소유권에 기한 물권적 청구권이라고 할 것이고, 이는 소멸시효의 대상이 되지 아니한다(대판 1982.7.27. 80다2968).
⑤ [틀림] 해제에 관한 제548조 제2항의 규정이 적용되지 아니하므로 당사자 사이에 약정이 없는 이상 합의해제로 인하여 반환할 금전에 그 받은 날로부터의 이자를 가하여야 할 의무가 있는 것은 아니다(대판 1996.7.30. 95다16011).

정답 | ④

018 해제와 해지에 관한 설명으로 옳은 것은? (다툼이 있는 경우 판례에 따름) 〈노무사 2016〉

① 해제는 상대방에 대한 의사표시로 하고 상대방에게 도달한 때부터 그 효력이 생긴다.
② 계약이 합의해제되기 위해서는 명시적인 합의가 있어야 하며 묵시적인 합의해제는 인정되지 않는다.
③ 특별한 사정이 없는 한, 당사자의 일방 또는 쌍방이 수인인 경우에 해지나 해제의 권리가 당사자 1인에 대하여 소멸하여도 다른 당사자에게는 영향을 미치지 않는다.

④ 채무자의 책임 없는 사유로 채무의 이행이 불능하게 된 경우에도 채권자는 계약을 해제할 수 있다.

⑤ 계약이 해지된 경우, 계약은 소급적으로 그 효력을 잃기 때문에 이미 이행된 급부는 부당이득으로 상대방에게 반환하여야 한다.

해설 │ ① [옳음] 해제의 의사표시는 상대방 있는 의사표시로서 계약의 당사자인 상대방 또는 그 법률상의 지위를 승계하고 있는 자를 의미한다. 해제의 의사표시가 상대방에게 도달하여 그 효력이 발생한 뒤에는 철회할 수 없다.

> 제543조(해지, 해제권) ① 계약 또는 법률의 규정에 의하여 당사자의 일방이나 쌍방이 해지 또는 해제의 권리가 있는 때에는 그 해지 또는 해제는 상대방에 대한 의사표시로 한다.
> ② 전항의 의사표시는 철회하지 못한다.

② [틀림] 계약이 합의해제되기 위하여는 계약의 청약과 승낙이라는 서로 대립하는 의사표시가 합치되어야 하며, 이와 같은 합의가 성립하기 위하여는 쌍방 당사자의 표시행위에 나타난 의사의 내용이 객관적으로 일치하여야 된다(대판 1998.8.21. 98다17602). 묵시적으로 합의해제도 인정되는 바, 묵시적으로 해제되었다고 하려면 계약의 성립 후에 당사자 쌍방이 계약실현의사의 결여 또는 포기로 인하여 계약을 실현하지 아니할 당사자 쌍방의 의사가 일치되어야만 한다. 따라서 단순히 이행을 방치하였다는 사정만으로는 묵시적으로 합의해제되었다고 할 수 없다(대판 2004.6.11. 2004다11506).

③ [틀림] 민법 제547조 제2항

> 제547조(해지, 해제권의 불가분성) ② 전항의 경우에 해지나 해제의 권리가 당사자 1인에 대하여 소멸한 때에는 다른 당사자에 대하여도 소멸한다.

④ [틀림] 채무자의 귀책사유에 의하지 않은 경우에는 위험부담에 관한 제537조가 적용되므로 제546조는 문제되지 않는다. 물론 매도인의 매매목적물에 관한 소유권이전의무가 이행불능이 되었다고 할지라도, 그 이행불능이 매수인의 귀책사유에 의한 경우에는 매수인은 그 이행불능을 이유로 계약을 해제할 수 없다(대판 2002.4.26. 2000다50497).

⑤ [틀림] 계약이 해제되면 각 당사자는 상대방에게 계약이 행하여지지 않았던 것과 같은 상태에 복귀하게 할 의무를 부담하는바, 이를 원상회복의무라고 하며, 각 당사자가 부담하는 원상회복의무는 서로 동시이행의 관계에 있다(대판 1996.7.26. 95다25138·25145). 이는 그 본질상 부당이득반환의무와 동일하므로 기한의 정함이 없는 채무에 해당한다(대판 2008.2.14. 2006다37892). 다만 부당이득의 반환범위에 관한 제748조 제1항에 의해 반환하면 되는 것이 아니라, 이익의 현존 여부나 선·악의를 불문하고 받은 급부의 전체를 반환하여야 한다.

정답 │ ①

019 계약해제에 관한 설명으로 옳지 않은 것은? (다툼이 있으면 판례에 따름) 〈노무사 2019〉

① 약정해제권 행사의 경우, 특별한 사정이 없는 한 그 해제의 효과로서 손해배상청구는 할 수 없다.
② 해제로 인해 소멸되는 계약상의 채권을 계약해제 이전에 양수한 자는 계약해제의 효과를 규정한 민법 제548조 제1항 단서에 의해 보호받는 제3자에 해당하지 않는다.
③ 이행지체로 계약이 해제된 경우, 원상회복의무의 이행으로 반환할 금전에는 그 받은 날로부터 이자를 가하여야 한다.
④ 이행거절로 인한 계약해제의 경우, 해제자는 상대방의 최고 및 동시이행관계에 있는 자기 채무의 이행을 제공할 필요가 없다.
⑤ 계약해제에 따른 원상회복으로 매매대금의 반환을 구하는 경우, 해제자가 해제원인의 일부를 제공하였다면 과실상계가 적용된다.

해설 │ ① [옳음] 손해배상의 청구(제551조)는 약정해제에는 적용이 없다. 왜냐하면 제551조의 손해배상청구는 채무불이행을 이유로 하는 것이기 때문이다.
② [옳음] 계약상의 채권을 양수한 자나 그 채권 자체를 압류 또는 전부한 채권자는 여기서 말하는 제3자에 해당하지 아니한다(대판 2000.4.11. 99다51685).
③ [옳음] 계약이 해제된 경우에 각 당사자는 민법 제548조에 따라 상대방에 대하여 원상회복의 의무를 지며, 원상회복의무로서 반환할 금전에는 그 받은 날부터 이자를 가산하여 지급하여야 한다(대판 2013.12.12. 2013다14675).
④ [옳음] 계약상 채무자가 계약을 이행하지 아니할 의사를 명백히 표시한 경우에 채권자는 신의성실의 원칙상 이행기 전이라도 이행의 최고 없이 채무자의 이행거절을 이유로 계약을 해제하거나 채무자를 상대로 손해배상을 청구할 수 있다(대판 2007.9.20. 2005다63337).
⑤ [틀림] 과실상계는 본래 채무불이행 또는 불법행위로 인한 손해배상책임에 대하여 인정되는 것이고, 매매계약이 해제되어 소급적으로 효력을 잃은 결과 매매당사자에게 당해 계약에 기한 급부가 없었던 것과 동일한 재산상태를 회복시키기 위한 원상회복의무의 이행으로서 이미 지급한 매매대금 기타의 급부의 반환을 구하는 경우에는 적용되지 아니한다(대판 2014.3.13. 2013다34143).

정답 │ ⑤

020 계약의 합의해제에 관한 설명으로 옳지 않은 것은? (다툼이 있는 경우 판례에 의함) 〈노무사 2010〉

① 계약해제의 소급효로서 제3자의 권리를 해할 수 없다는 민법 제548조 제1항의 규정은 계약의 합의해제에는 적용되지 않는다.
② 계약의 합의해제는 청약과 승낙이라는 서로 대립되는 의사표시의 합치로 성립한다.
③ 부동산 매매계약의 합의해제에 따른 매도인의 원상회복청구권은 소유권에 기한 물권적 청구권이므로 소멸시효의 대상이 되지 않는다.

④ 당사자 쌍방이 자기 채무의 이행제공을 하지 않은 상태에서도 계약의 합의해제를 할 수 있다.
⑤ 계약을 합의해제 한 경우, 특별한 사정이 없는 한 채무불이행에 기한 손해배상청구를 할 수 없음이 원칙이다.

해설 | ① [틀림] 계약의 합의해제에 있어서도 민법 제548조의 계약해제의 경우와 같이 이로써 제3자의 권리를 해할 수 없다(대판 1991.4.12. 91다2601).
② [옳음] 계약의 합의해제 또는 해제계약이라 함은 해제권의 유무를 불문하고 계약당사자 쌍방이 합의에 의하여 기존의 계약의 효력을 소멸시켜 당초부터 계약이 체결되지 않았던 것과 같은 상태로 복귀시킬 것을 내용으로 하는 새로운 계약으로서, 계약이 합의해제되기 위하여는 일반적으로 계약이 성립하는 경우와 마찬가지로 계약의 청약과 승낙이라는 서로 대립하는 의사표시가 합치될 것을 그 요건으로 하는바, 이와 같은 합의가 성립하기 위하여는 쌍방당사자의 표시행위에 나타난 의사의 내용이 객관적으로 일치하여야 된다(대판 2009.2.12. 2008다71926).
③ [옳음] 매매계약이 합의해제된 경우에도 매수인에게 이전되었던 소유권은 당연히 매도인에게 복귀하는 것이므로 합의해제에 따른 매도인의 원상회복청구권은 소유권에 기한 물권적 청구권이라고 할 것이고 이는 소멸시효의 대상이 되지 아니한다(대판 1982.7.27. 80다2968).
④ [옳음] 합의해제는 서로 간의 합의에 의하여 계약관계를 소급적으로 소멸시키는 것이므로 이행지체에 의한 해제와는 달리 자기채무의 이행제공을 할 필요는 없다.
⑤ [옳음] 계약이 합의해제된 경우에는 그 해제시에 당사자 일방이 상대방에게 손해배상을 하기로 특약하거나 손해배상청구를 유보하는 의사표시를 하는 등 다른 사정이 없는 한 채무불이행으로 인한 손해배상을 청구할 수 없다(대판 1989.4.25. 86다카1147·86다카1148).

정답 | ①

021 계약의 해제에 관한 설명으로 옳은 것은? (다툼이 있는 경우에는 판례에 의함) 〈노무사 2012〉

① 해약금에 관한 규정(민법 제565조)은 매매 이외의 유상계약에는 적용되지 않는다.
② 매매계약을 합의해제한 후 그 합의해제를 무효화시키고 해제된 계약을 부활시키는 약정은 할 수 없다.
③ 매도인의 매매목적물에 관한 소유권이전의무가 매수인의 귀책사유에 의하여 이행불능이 된 경우, 매수인은 이행불능을 이유로 계약을 해제할 수 있다.
④ 계약 일부의 이행이 불능인 경우, 이행이 가능한 나머지 부분만의 이행으로 계약의 목적을 달성할 수 없는 경우에는 계약 전부를 해제할 수 있다.
⑤ 매매계약 해제 이전에 매매목적물에 관하여 제3자에게 소유권이전등기가 경료된 뒤에 계약이 해제된 경우, 매도인은 소유권에 기하여 매수인의 제3자에 대한 소유권이전등기의 말소를 청구할 수 있다.

해설 | ① [틀림] 본절의 규정은 매매 이외의 유상계약에 준용한다(제567조).

② [틀림] 매매계약을 합의해제한 후 그 합의해제를 무효화시키고 해제된 매매계약을 부활시키는 약정 역시 계약자유의 원칙상 적어도 당사자 사이에서는 가능하다(대판 2006.4.13. 2003다45700).

③ [틀림] 이행불능을 이유로 계약을 해제하기 위해서는 그 이행불능이 채무자의 귀책사유에 의한 경우여야만 하므로(민법 제546조), 매도인의 매매목적물에 관한 소유권이전의무가 이행불능이 되었다고 할지라도, 그 이행불능이 매수인의 귀책사유에 의한 경우에는 매수인은 그 이행불능을 이유로 계약을 해제할 수 없다(이 경우에는 채권자에게 책임 있는 사유로 급부불능이 된 경우이므로 제538조의 위험부담이 문제된다)(대판 2002.4.26. 2000다50497).

④ [옳음] 계약의 일부의 이행이 불능인 경우에는 이행이 가능한 나머지 부분만의 이행으로 계약의 목적을 달할 수 없을 경우에만 계약 전부의 해제가 가능하다고 할 것인데도, 원심이 이행이 가능한 부분만의 이행으로 계약의 목적을 달할 수 있는지 여부에 관하여 전혀 심리·판단도 하지 않은 채 이행불능을 이유로 한 계약 해제를 인용한 것은, 심리미진의 잘못이 있거나 채무의 일부불능으로 인한 계약의 해제에 관한 법리를 오해한 위법이 있다고 하여 원심판결을 파기한 사례(대판 1996.2.9. 94다57817).

⑤ [틀림] 민법 제548조 제1항 단서. 해제의 소급효는 제3자의 권리에 영향을 미치지 못하는 바, 제548조 제1항 단서에서 해제의 영향을 받지 않는 제3자라 함은 해제된 계약으로부터 발생된 법률효과를 기초로 하여 해제권행사 전에 새로운 이해관계를 가졌을 뿐만 아니라 등기·인도 등 완전한 권리를 취득한 자로서 그의 선·악을 불문한다(대판 2003.1.24. 2000다22850).

정답 | ④

022 계약해제에 관한 설명으로 옳은 것은? (다툼이 있는 경우 판례에 의함) 〈노무사 2014〉

① 계약을 합의해제한 후 그 합의해제를 무효화시키고 해제된 계약을 부활시키는 약정은 당사자 사이에서도 허용되지 않는다.

② 해제권자의 고의나 과실로 인하여 계약의 목적물이 현저히 훼손되거나 이를 반환할 수 없게 된 때에는 해제권은 소멸한다.

③ 계약이 합의해제된 경우에도 특별한 사정이 없는 한 채무불이행으로 인한 손해배상을 청구할 수 있다.

④ 증여의 의사가 서면으로 표시된 경우에도 특별한 사정이 없는 한 각 당사자는 이를 언제든지 해제할 수 있다.

⑤ 매수인이 매매목적물을 사용하던 중 그 매매계약이 해제된 경우, 그 사용이익과는 별도로 감가비(減價費) 상당액도 원상회복으로 반환하여야 한다.

해설 | ① [틀림] 매매계약을 합의해제한 후 그 합의해제를 무효화시키고, 해제된 매매계약을 부활시키는 약정은 계약자유의 원칙상 적어도 당사자 사이에서는 가능하다(대판 2006.4.13. 2003다45700).

② [옳음] 해제권자의 고의나 과실로 인하여 계약의 목적물이 현저히 훼손되거나 이를 반환할 수 없게 된 때 또는 가공이나 개조로 인하여 다른 종류의 물건으로 변경된 때에는 해제권은 소멸한다(제553조).

③ [틀림] 계약이 합의해제된 경우에는 그 해제시에 당사자 일방이 상대방에게 손해배상을 하기로 특약하거나 손해배상청구를 유보하는 의사표시를 하는 등 다른 사정이 없는 한 채무불이행으로 인한 손해배상을 청구할 수 없다(대판 1989.4.25. 86다카1147).

④ [틀림] 증여의 의사가 표시된 서면의 작성시기에 대하여는 법률상 아무런 제한이 없으므로 증여계약이 성립한 당시에는 서면이 작성되지 않았더라도 그 후 계약이 존속하는 동안 서면을 작성한 때에는 그 때부터는 서면에 의한 증여로서 당사자가 임의로 이를 해제할 수 없게 된다(대판 1989.5.9. 88다카2271).

⑤ [틀림] 당사자 일방이 목적물을 이용한 경우에는 그 사용에 의한 이익을 상대방에게 반환하여야 하는 것이므로, 피고가 이 사건 지게차와 페이로더를 원고가 인도받은 후 사용하였다 하더라도 이 사건 양도계약의 해제로 인하여 원고에게 그 사용에 의한 이익의 반환을 구함은 별론으로 하고, 위 지게차 등이 원고에 의하여 사용됨으로 인하여 감가 내지 소모가 되는 요인이 발생하였다 하여도 그것을 훼손으로 볼 수 없는 한 그 감가비 상당은 원상회복의무로서 반환할 성질의 것은 아니라 할 것이다(대판 2000.2.25. 97다30066).

정답 | ②

023 계약의 해제에 관한 설명으로 옳지 않은 것은? (다툼이 있으면 판례에 따름) 〈노무사 2015〉

① 계약이 해제된 경우, 반환할 금전에는 그 받은 날로부터 이자를 가산하여야 한다.

② 계약상의 채권을 양수한 자는 민법 제548조 제1항 단서의 제3자에 해당한다.

③ 계약 해제의 효과로서 원상회복의무의 반환의 범위는 이익의 현존 여부나 청구인의 선의·악의를 불문하고 특단의 사유가 없는 한 받은 이익의 전부이다.

④ 계약의 합의해제에 있어서도 민법 제548조의 계약해제의 경우와 같이 이로써 제3자의 권리를 해할 수 없다.

⑤ 계약이 해제되면 그 계약의 이행으로 변동이 생겼던 물권은 당연히 그 계약이 없었던 원상태로 복귀한다.

해설 | ① [옳음], ③ [옳음] 해제에서의 원상회복의무는 그 본질상 부당이득반환의무와 동일하므로 기한의 정함이 없는 채무에 해당한다(대판 2008.2.14. 2006다37892). 다만 부당이득의 반환범위에 관한 제748조 제1항에 의해 반환하면 되는 것이 아니라, 이익의 현존 여부나 선·악의를 불문하고 받은 급부의 전체를 반환할 뿐이다(대판 1998.12.23. 98다43175). 즉, 제548조 제1항 본문의 규정은 제741조에 대한 특칙이다. 금전의 경우 받은 날로부터 반환할 때까지의 이자를 가산하여 반환하여야 한다(제548조 제2항). 이자의 반환은 원상회복의무의 범위에 속하는 것으로 부당이득반환의 성질을 가지므로 반환의무의 이행지체로 인한 손해배상이 아니다.

② [틀림] 계약상의 채권을 양수한 자는 여기서 말하는 제3자에 해당하지 않으므로, 계약이 해제된 경우 계약해제 이전에 해제로 인하여 소멸되는 채권을 양수한 자는 계약해제의 효과에 반하여 자신의 권리를 주장할 수 없다(대판 2003.1.24. 2000다22850).

④ [옳음] 계약해제의 소급효로써 제3자의 권리를 해할 수 없다는 민법 제548조 제1항 단서의 규정은 합의해제에도 적용된다(대판 2004.7.8. 2002다73203).

⑤ [옳음] 우리의 법제가 물권행위의 독자성과 무인성을 인정하고 있지 않는 점과 제548조 제1항 단서가 거래안전을 위한 특별규정이란 점을 생각할 때 계약이 해제되면 그 계약의 이행으로 변동이 생겼던 물권은 당연히 그 계약이 없었던 원상태로 복귀한다(대판 1977.5.24. 75다1394).

정답 | ②

024 계약해제에 관한 설명으로 옳지 않은 것은? (다툼이 있으면 판례에 따름) 〈노무사 2021〉

① 제3자를 위한 계약에서 요약자는 낙약자의 채무불이행을 이유로 제3자의 동의 없이 기본관계를 이루는 계약을 해제할 수 있다.

② 계약이 해제된 경우 금전을 수령한 자는 해제한 날부터 이자를 가산하여 반환하여야 한다.

③ 甲, 乙, 丙 사이에 순차적으로 매매계약이 이루어지고 丙이 매매대금을 乙의 지시에 따라 甲에게 지급한 경우, 乙과 丙사이의 매매계약이 해제되더라도 丙은 甲에게 직접부당이득반환을 청구할 수 없다.

④ 매도인이 계약금계약에 의한 해제를 하는 경우, 매도인은 해제의사표시와 약정 계약금의 배액을 제공하면 되고, 매수인의 수령거절 시 공탁할 필요는 없다.

⑤ 계약해제로 인한 원상회복의무가 이행지체에 빠진 이후의 지연손해금률에 관하여 당사자 사이에 별도의 약정이 있는 경우, 그 지연손해금률이 법정이율보다 낮더라도 약정에 따른 지연손해금률이 적용된다.

해설 | ① [옳음] 요약자는 계약당사자로서 낙약자에 대해 의사표시의 흠결을 이유로 취소권을, 낙약자의 채무불이행을 이유로 해제권을 행사할 수 있다. 설령 제3자가 수익의 의사표시를 행한 후라 하더라도 요약자는 낙약자의 채무불이행을 이유로 제3자의 동의 없이도 단독으로 계약을 해제할 수 있다(대판 1970.2.24. 69다1410·1411).

② [틀림] 반환할 금전에는 그 받은 날로부터 이자를 가하여야 한다.

③ [옳음] 계약의 일방당사자가 계약상대방의 지시 등으로 급부과정을 단축하여 계약상대방과 또 다른 계약관계를 맺고 있는 제3자에게 직접 급부한 경우(이른바 삼각관계에서의 급부가 이루어진 경우), 그 급부로써 급부를 한 계약당사자의 상대방에 대한 급부가 이루어질 뿐 아니라 상대방의 제3자에 대한 급부도 이루어지는 것이므로 계약의 일방당사자는 제3자를 상대로 하여 법률상 원인 없이 급부를 수령하였다는 이유로 부당이득반환청구를 할 수 없다(대판 2017.7.11. 2013다55447).

④ [옳음] 계약금의 수령자는 그 배액을 상환하여 해제하여야 한다. 따라서 단순히 해제의 의사표시만으로는 해제하지 못하며, 그밖에 배액을 제공하여야 한다(대판 1966.6.21. 66다699·700). 제공하기만 하면 되고, 상대방이 이를 수령하지 않는다고 해서 공탁까지 할 필요는 없다(대판 1981.10.27. 80다2784).

⑤ [옳음] 원상회복의무가 이행지체에 빠진 이후의 기간에 대해서는 부당이득반환의무로서의 이자가 아니라 반환채무에 대한 지연손해금이 발생하게 되므로 거기에는 지연손해금률이 적용되어야 한다. 그 지연손해금률에 관하여도 당사자 사이에 별도의 약정이 있으면 그에 따라야 할 것이고, 설사 그것이 법정이율보다 낮다 하더라도 마찬가지이다(대판 2013.4.26. 2011다50509).

정답 | ②

025 민법 제548조 제1항 단서의 계약해제의 소급효로부터 보호받는 제3자에 해당하지 않는 자는? (다툼이 있으면 판례에 따름) 〈노무사 2023〉

① X토지에 대한 매매계약이 해제되기 전에 매수인으로부터 X토지를 매수하여 소유권을 취득한 자
② X토지에 대한 매매계약이 해제되기 전에 매수인의 X토지에 저당권을 취득한 자
③ X토지에 대한 매매계약의 해제로 X토지의 소유권을 상실하게 된 매수인으로부터 해제 이전에 X토지를 임차하여 임차권등기를 마친 자
④ X토지에 대한 매매계약이 해제되기 전에 매수인과 매매예약 체결 후 그에 기한 소유권이전등기청구권 보전을 위한 가등기를 마친 자
⑤ X토지에 대한 매매계약이 해제되기 전에 매수인으로부터 X토지에 대한 소유권이전등기청구권을 양도받은 자

해설 | ① [인정], ② [인정] 제548조 제1항 단서에서 해제의 영향을 받지 않는 제3자라 함은 해제된 계약으로부터 발생된 법률효과를 기초로 하여 해제권의 행사가 있기 전에 새로운 이해관계를 가졌을 뿐만 아니라 등기·인도 등 완전한 권리를 취득한 자로서 선·악을 불문한다(대판 2003.1.24. 2000다22850). 따라서 X토지에 대한 매매계약이 해제되기 전에 매수인으로부터 X토지를 매수하여 소유권을 취득한 자, X토지에 대한 매매계약이 해제되기 전에 매수인의 X토지에 저당권을 취득한 자는 모두 해제의 제3자에 해당한다.

③ [인정] 임대인의 임대권원이 되는 계약이 해제되기 전에 임대인으로부터 주택을 임차받아 주택의 인도와 주민등록을 마침으로써 주택임대차보호법상의 대항요건을 갖춘 임차인 또는 등기된 임차권자는 제3자에 해당한다(대판 2008.4.10. 2007다38908, 38915).

④ [인정] 매수인과 매매예약을 체결한 후 그에 기한 소유권이전청구권 보전을 위한 가등기를 마친 사람도 위 조항 단서에서 말하는 제3자에 포함된다(대판 2014.12.11. 2013다14569).

⑤ [부정] 계약상의 채권을 양수한 자는 여기서 말하는 제3자에 해당하지 않으므로, 채무자로부터 이행받은 급부를 원상회복할 의무가 있다(대판 2003.1.24. 2000다22850).

정답 | ⑤

CHAPTER 02 계약각론

제1절 증여

001 증여에 관한 설명으로 옳지 않은 것은? (다툼이 있는 경우 판례에 따름) 〈노무사 2016〉

① 서면에 의하지 않은 증여의 경우, 수증자는 이를 해제할 수 있다.
② 증여자의 손자에 대하여 수증자가 범죄행위를 한 경우, 증여자는 증여를 해제할 수 있다.
③ 부담부 증여의 수증자가 그 부담을 이행하지 않은 경우, 증여자는 증여를 해제할 수 있으나 이미 이행한 부분은 수증자에게 반환받지 못한다.
④ 증여의 목적이 물건의 하자나 흠결에 대하여 알면서 이를 수증자에게 고지하지 않은 증여자는 그에 대한 담보책임을 진다.
⑤ 수증자가 사망한 경우, 정기의 급여를 목적으로 하는 증여는 그 효력을 잃는다.

해설 | ① [옳음] 민법 제555조

> **제555조(서면에 의하지 아니한 증여와 해제)** 증여의 의사가 서면으로 표시되지 아니한 경우에는 각 당사자는 이를 해제할 수 있다.

② [옳음] 민법 제556조 제1항 제1호

> **제556조(수증자의 행위와 증여의 해제)** ① 수증자가 증여자에 대하여 다음 각호의 사유가 있는 때에는 증여자는 그 증여를 해제할 수 있다.
> 1. 증여자 또는 그 배우자나 직계혈족에 대한 범죄행위가 있는 때
> 2. 증여자에 대하여 부양의무 있는 경우에 이를 이행하지 아니하는 때
> ② 전항의 해제권은 해제원인 있음을 안 날로부터 6월을 경과하거나 증여자가 수증자에 대하여 용서의 의사를 표시한 때에는 소멸한다.

③ [틀림] 상대부담 있는 증여에 대하여는 민법 제561조에 의하여 쌍무계약에 관한 규정이 준용되어 부담의무 있는 상대방이 자신의 의무를 이행하지 아니할 때에는 비록 증여계약이 이미 이행되어 있다 하더라도 증여자는 계약을 해제할 수 있고, 그 경우 민법 제555조와 제558조는 적용되지 아니한다(대판 1997.7.8. 97다2177). 따라서 서면증여라도 해제할 수 있고, 해제원인 있음을 안 날로부터 6월이 경과한 경우라도 해제할 수 있으며, 이미 이행한 부분에 대해서도 해제의 소급효가 인정된다.

> **제561조(부담부 증여)** 상대부담 있는 증여에 대하여는 본절의 규정 외에 쌍무계약에 관한 규정을 적용한다.

④ [옳음] 민법 제559조

제559조(증여자의 담보책임) ① 증여자는 증여의 목적인 물건 또는 권리의 하자나 흠결에 대하여 책임을 지지 아니한다. 그러나 증여자가 그 하자나 흠결을 알고 수증자에게 고지하지 아니한 때에는 그러하지 아니하다.

⑤ [옳음] 민법 제560조

제560조(정기증여와 사망으로 인한 실효) 정기의 급여를 목적으로 한 증여는 증여자 또는 수증자의 사망으로 인하여 그 효력을 잃는다.

정답 | ③

제2절　매 매

002 매매계약에 관한 설명으로 옳은 것은? (다툼이 있으면 판례에 따름) 〈노무사 2023〉

① 매매목적물과 대금은 반드시 계약 체결 당시에 구체적으로 특정할 필요는 없고, 이를 나중에라도 구체적으로 특정할 수 있는 방법과 기준이 정해져 있으면 매매계약은 성립한다.
② 매도인이 매수인에게 현존하는 타인 소유의 물건을 매도하기로 약정한 경우, 그 매매계약은 원시적 불능에 해당하여 효력이 없다.
③ 매매예약완결권은 당사자 사이에 다른 약정이 없는 한 10년 내에 이를 행사하지 않으면 시효로 소멸한다.
④ 매도인과 매수인이 해제권을 유보하기 위해 계약금을 교부하기로 합의한 후 매수인이 약정한 계약금의 일부만 지급한 경우, 매도인은 실제 지급받은 금원의 배액을 상환하고 매매계약을 해제할 수 있다.
⑤ 매매계약에 관한 비용은 다른 약정이 없으면 매수인이 부담한다.

해설 | ① [옳음] 매매목적물과 대금은 반드시 계약 체결 당시에 구체적으로 특정할 필요는 없고, 이를 나중에라도 구체적으로 특정할 수 있는 방법과 기준이 정해져 있으면 충분하다. 다만, 매매계약의 당사자인 매도인과 매수인이 누구인지는 구체적으로 특정되어 있어야만 매매계약이 성립할 수 있다(대판 2021.1.14. 2018다223054).

② [틀림] 타인의 재산권을 매각한 경우 매도인은 이를 취득하여 매수인에게 이전하여야 한다(제569조). 즉 양도계약의 목적물이 타인의 권리에 속하는 경우에 있어서도 계약당사자 사이에서는 유효하고(대판 1993.9.10. 93다20283), 다만 제570조의 담보책임이 문제될 뿐이다.

③ [틀림] 매매예약 완결의 의사표시를 하여 매매의 효력을 생기게 하는 권리인 매매예약의 완결권은 일종의 '형성권'으로서 제척기간이 적용된다. 매매예약의 완결권의 행사기간과 관련하여, 당사자 사이에 행사기간을 약정한 때에는 그 기간 내에, 약정이 없는 때에는 예약이 성립한 때로부터 10년 내에 이를 행사하여야 하고, 그 기간을 지난 때에는 예약 완결권은 제척기간의 경과로 인하여 소멸한다. 한편 당사자 사이에 약정하는 예약완결권의 행사기간에 특별한 제한은 없다(대판 2017.1.25. 2016다42077).

④ [틀림] 해약금의 기준이 되는 금원은 '실제 교부받은 계약금'이 아니라 '약정 계약금'이라고 봄이 타당하므로, 매도인이 계약금의 일부로서 지급받은 금원의 배액을 상환하는 것으로는 매매계약을 해제할 수 없다(대판 2015.4.23. 2014다231378).

⑤ [틀림]

> **제566조(매매계약의 비용의 부담)** 매매계약에 관한 비용은 당사자 쌍방이 균분하여 부담한다.

정답 | ①

003 계약금에 관한 설명으로 옳지 않은 것은? (다툼이 있는 경우 판례에 따름) 〈노무사 2016〉

① 계약금은 해약금으로 추정한다.

② 해약금에 의하여 해제하는 경우에는 손해배상청구가 인정되지 아니한다.

③ 당사자의 약정에 따라 계약금이 해약금과 손해배상의 예정을 겸하는 경우, 그것이 부당히 과다한 때에는 법원은 이를 적당히 감액할 수 있다.

④ 계약금의 일부만 지급된 경우, 해약금의 기준이 되는 금원은 실제 교부받은 계약금이 아니라 약정 계약금이다.

⑤ 계약금의 수령자는 배액을 제공하고 해제할 수 있으며, 제공된 금액을 상대방이 수령하지 않으면 공탁할 의무를 부담한다.

해설 | ① [옳음] 계약금은 그 기능에 따라 증약금·위약계약금·해약금으로 구분할 수 있다. 그런데 계약금은 당사자 사이에 특약이 없는 한, 그 명칭 여하를 불문하고 해약금으로 추정한다(제565조 제1항). 즉 계약금을 교부한 자는 그것을 포기함으로써, 그리고 이를 수령한 자는 그 배액을 상환함으로써 각각 계약을 해제할 수 있다.

② [옳음] 해약금에 의한 해제도 보통의 해제와 마찬가지로 채권관계를 소급적으로 소멸케 하지만, 원상회복의무와 손해배상의무는 발생하지 않는다. 이는 당사자 일방의 이행이 있기 전에만 해제할 수 있기 때문이다.

③ [옳음] 당사자 일방이 위약한 경우에 있어서 그 계약금을 위약금으로 한다는 특약이 있을 때에 한하여 손해배상액 예정의 성질을 함께 가지므로 부당히 과다한 경우 법원은 이를 적당히 감액할 수 있다. 그러나 위약금특약(내지 손해배상액 예정의 합의)이 없는 한 계약이 당사자 일방의 귀책사유로 인하여 해제되더라도 상대방은 계약불이행으로 입은 실제 손해만을 배상받을 수 있을 뿐, 계약금이 위약금으로서 상대방에게 당연히 귀속되는 것은 아니다(대판 2010.4.29. 2007다24930).

④ [옳음], ⑤ [틀림] 계약금의 수령자는 그 배액을 상환하여 해제하여야 한다. 따라서 단순히 해제의 의사표시만으로는 해제하지 못하며, 그 밖에 배액을 제공하여야 한다(대판 1966.6.21. 66다699·700). 제공하기만 하면 되고, 상대방이 이를 수령하지 않는다고 해서 공탁까지 할 필요는 없다(대판 1981.10.27. 80다2784). 여기서 해약금의 기준이 되는 금원은 '실제 교부받은 계약금'이 아니라 '약정 계약금'이라고 봄이 타당하므로, 매도인이 계약금의 일부로서 지급받은 금원의 배액을 상환하는 것으로는 매매계약을 해제할 수 없다(대판 2015.4.23. 2014다231378).

정답 | ⑤

004 매매에 관한 설명으로 옳은 것을 모두 고른 것은? (다툼이 있으면 판례에 따름) 〈노무사 2021〉

> ㄱ. 당사자가 매매예약완결권의 행사기간을 약정하지 않은 경우, 완결권은 예약이 성립한 때로부터 10년 내에 행사되어야 하고, 그 기간을 지난 때에는 제척기간의 경과로 인하여 소멸한다.
> ㄴ. 목적물이 일정한 면적을 가지고 있다는 데 주안을 두고 대금도 면적을 기준으로 정하여지는 아파트분양계약은 특별한 사정이 없는 한 수량지정매매에 해당한다.
> ㄷ. 건축목적으로 매매된 토지에 대하여 건축허가를 받을 수 없어 건축이 불가능한 경우, 이와 같은 법률적 제한 내지 장애는 권리의 하자에 해당한다.
> ㄹ. 특정물매매에서 매도인의 하자담보책임이 성립하는 경우, 매수인은 매매계약 내용의 중요부분에 착오가 있더라도 이를 취소할 수 없다.

① ㄱ, ㄴ ② ㄱ, ㄹ ③ ㄴ, ㄷ
④ ㄱ, ㄷ, ㄹ ⑤ ㄴ, ㄷ, ㄹ

해설 | ㄱ [옳음] 매매의 일방예약에서 예약자의 상대방이 매매예약완결의 의사표시를 하여 매매의 효력을 생기게 하는 권리, 즉 매매예약완결권은 일종의 형성권으로서 당사자 사이에 그 행사기간을 약정한 때에는 그 기간 내에, 그러한 약정이 없는 때에는 그 예약이 성립한 때로부터 10년 내에 이를 행사하여야 하고, 그 기간을 지난 때에는 상대방이 예약목적물인 부동산을 인도받은 경우라도 예약완결권은 제척기간의 경과로 인하여 소멸한다(대판 1997.7.25. 96다47494·47500 등).

ㄴ [옳음] 「수량을 지정한 매매」라 함은 당사자가 매매의 목적인 특정물이 일정한 수량을 가지고 있다는 데 주안을 두고 대금도 그 수량을 기준으로 하여 정한 경우(예컨대 등기부상의 평수에 따라 평당 얼마씩 대금을 정한 경우에는 수량을 지정한 매매로 되는 수가 많음)를 말하는 것이다. 따라서 토지의 매매에 있어 목적물을 등기부상의 면적에 따라 특정한 경우라도 당사자가 그 지정된 구획을 전체로서 평가하였고 면적에 의한 계산이 하나의 표준에 지나지 아니하여 그것이 당사자들 사이에 대상토지를 특정하고 그 대금을 결정하기 위한 방편이었다고 보일 때에는 이를 가리켜 수량을 지정한 매매라 할 수 없다(대판 2003.1.24. 2000다65189 등).

ㄷ [틀림] 건축을 목적으로 매매된 토지에 대하여 건축허가를 받을 수 없어 건축이 불가능한 경우 위와 같은 법률적 제한 내지 장애 역시 매매목적물의 하자에 해당한다 할 것이나, 다만 위와 같은 하자의 존부는 매매계약성립시를 기준으로 판단하여야 할 것이다(대판 2000.1.18. 98다18506).

ㄹ [틀림] 착오로 인한 취소 제도와 매도인의 하자담보책임 제도는 취지가 서로 다르고, 요건과 효과도 구별된다. 따라서 매매계약 내용의 중요 부분에 착오가 있는 경우 매수인은 매도인의 하자담보책임이 성립하는지와 상관없이 착오를 이유로 매매계약을 취소할 수 있다(대판 2018.9.13. 2015다78703).

정답 | ①

005 매매에 관한 설명으로 옳은 것은? (다툼이 있는 경우에는 판례에 의함) 〈노무사 2011〉

① 매매대금은 시가에 따르기로 한다는 계약은 무효이다.
② 동산의 환매기간을 정하지 아니한 때에는 그 기간은 5년이다.
③ 매매목적물이 부동산인 경우에 소유권이전등기를 하고 1개월 후에 환매특약에 따라 환매권보류를 등기하였다면 제3자에게 환매권을 행사할 수 있다.
④ 계약금을 받은 매도인이 계약을 해제하려고 매수인에게 계약금의 배액을 제공하였으나 매수인이 이를 수령하지 않은 경우, 매도인은 이를 공탁하지 않으면 계약을 해제할 수 없다.
⑤ 매매목적물에 대하여 권리를 주장하는 자가 있어 매수인에게 권리상실의 위험이 있는 경우, 매도인이 상당한 담보를 제공하지 않으면 그 위험한도에서 매수인은 대금지급을 거절할 수 있다.

해설 | ① [틀림] 매매대금은 자유로이 결정할 수 있다.
② [틀림] 환매기간을 정하지 아니한 때에는 그 기간은 부동산은 5년, 동산은 3년으로 한다(제591조 제3항).
③ [틀림] 매매의 목적물이 부동산인 경우에 매매등기와 동시에 환매권의 보류를 등기한 때에는 제3자에 대하여 그 효력이 있다(제592조).
④ [틀림] 수령자(매도인)는 그 배액을 상환하면서 계약을 해제할 수 있으며 단순히 의사표시를 하는 것만으로는 해제될 수 없고, 반드시 그 의사표시와 동시에 배액을 상환하거나 적어도 그 이행의 제공이 있음을 요한다(대판 1992.7.28. 91다33612). 상대방이 이를 수령하지 않는다 하더라도 공탁까지 할 필요는 없다(대판 1992.5.12. 91다2151).
⑤ [옳음] 매매의 목적물에 대하여 권리를 주장하는 자가 있는 경우에 매수인이 매수한 권리의 전부나 일부를 잃을 염려가 있는 때에는 매수인은 그 위험의 한도에서 대금의 전부나 일부의 지급을 거절할 수 있다(이행거절권능의 존재 자체로 인하여 매수인은 이행지체책임을 지지 않는다). 그러나 매도인이 상당한 담보를 제공한 때에는 그러하지 아니하다(제588조).

정답 | ⑤

006 매매에 관한 설명으로 옳지 않은 것은? (다툼이 있는 경우에는 판례에 의함) 〈노무사 2012〉

① 매매계약에 관한 비용은 특별한 사정이 없는 한 매수인이 부담한다.

② 매매의 일방예약은 상대방이 매매를 완결할 의사를 표시하는 때에 매매의 효력이 생긴다.

③ 매매의 목적물의 인도와 동시에 대금을 지급할 경우에는 그 인도 장소에서 이를 지급하여야 한다.

④ 매매의 목적이 된 권리가 타인에게 속한 경우에는 매도인은 그 권리를 취득하여 매수인에게 이전하여야 한다.

⑤ 매매목적물의 인도 전이라도 매수인이 매매대금을 완납한 때에는 그 이후의 과실수취권은 매수인에게 귀속된다.

해설 | ① [틀림] 매매계약에 관한 비용은 당사자 쌍방이 <u>균분하여 부담한다</u>(제566조).

② [옳음] 매매의 일방예약은 상대방이 <u>매매를 완결할 의사를 표시하는</u> (즉 형성권인 예약완결권을 행사하는)때에 매매의 효력이 생긴다(제564조 제1항).

③ [옳음] 매매의 목적물의 인도와 동시에 대금을 지급할 경우에는 그 <u>인도장소에서 이를 지급하여야 한다</u>(제568조).

④ [옳음] 매매의 목적이 된 권리가 타인에게 속한 경우에는 매도인은 그 권리를 취득하여 매수인에게 이전하여야 한다(제569조).

⑤ [옳음] 특별한 사정이 없는 한 매매계약이 있은 후에도 인도하지 아니한 목적물로부터 생긴 과실은 매도인에게 속하나, <u>매매목적물의 인도 전이라도 매수인이 매매대금을 완납한 때에는 그 이후의 과실수취권은 매수인에게 귀속된다</u>(대판 1993.11.9. 93다28928).

정답 | ①

---

007 甲과 乙은 甲 소유의 부동산에 대하여 1억 원에 매매계약을 체결하고 甲은 계약금 1천만 원을 수령하였다. 이에 관한 설명으로 옳은 것은? (甲과 乙 사이에 다른 약정은 없으며, 다툼이 있으면 판례에 따름) 〈노무사 2017〉

① 乙의 귀책사유로 甲이 계약을 해제한 경우 계약금은 당연히 甲에게 귀속된다.

② 甲은 수령한 계약금을 乙에게 반환하고 매매계약을 해제할 수 있다.

③ 乙이 약정기일에 중도금을 지급한 경우 甲은 乙에게 2천만 원을 상환하고 계약을 해제할 수 없다.

④ 乙은 중도금을 지급한 후라도 계약금과 중도금을 포기하고 매매계약을 해제할 수 있다.

⑤ 계약금계약에 의하여 계약이 해제된 경우 甲과 乙은 원상회복 및 손해배상의무가 있다.

해설 | ① [틀림] 위약금특약이 없는 한 계약이 당사자 일반의 귀책사유로 인하여 해제되더라도 상대방은 계약불이행으로 입은 실제 손해만을 배상받을 수 있을 뿐, 계약금이 위약금으로서 상대방에게 당연히 귀속되는 것은 아니다(대판 2010.4.29. 2007다24930).

② [틀림] 매매의 당사자 일방이 계약 당시에 금전 기타 물건을 계약금, 보증금 등의 명목으로 상대방에게 교부한 때에는 당사자 간에 다른 약정이 없는 한 당사자의 일방이 이행에 착수할 때까지 교부자는 이를 포기하고 수령자는 그 배액을 상환하여 매매계약을 해제할 수 있다(제565조 제1항). 즉 당사자의 일방이 이행에 착수할 때까지 해제할 수 있고 '이행에 착수한다'는 것은 이행의 준비가 아니라 이행행위 자체를 착수하는 것을 말한다(대판 1994.11.11. 94다17659).

> **제565조(해약금)** ① 매매의 당사자 일방이 계약 당시에 금전 기타 물건을 계약금, 보증금 등의 명목으로 상대방에게 교부한 때에는 당사자 간에 다른 약정이 없는 한 당사자의 일방이 이행에 착수할 때까지 교부자는 이를 포기하고 수령자는 그 배액을 상환하여 매매계약을 해제할 수 있다.

③ [옳음] 따라서 乙이 약정기일에 중도금을 지급한 경우에는 이행에 착수가 있으므로 甲은 乙에게 2천만 원을 상환하고 계약을 해제할 수 없다.

④ [틀림] 당사자 중 어느 일방이라도 이행에 착수하면 비록 상대방이 이행에 착수하지 않고 있는 경우라도 해제권을 행사할 수 없다(대판 1994.11.11. 94다1759).

⑤ [틀림] 계약금은 당사자 사이에 특약이 없는 한, 그 명칭 여하를 불문하고 해약금으로 추정한다(제565조 제1항). 이러한 해약금에 의한 해제도 보통의 해제와 마찬가지로 채권관계를 소급적으로 소멸케 하지만, 특별한 사정이 없는 한 원상회복의무와 손해배상의무는 발생하지 않는다.

정답 | ③

008 매매계약의 불능에 관한 설명으로 옳지 않은 것은? (다툼이 있으면 판례에 따름) 〈노무사 2021〉

① 계약목적이 원시적·객관적 전부불능인 경우, 악의의 매도인은 매수인이 그 계약의 유효를 믿었음으로 인하여 받은 손해를 배상하여야 한다.

② 계약목적이 원시적·주관적 전부불능인 경우, 선의의 매수인은 악의의 매도인에게 계약상 급부의 이행을 청구할 수 있다.

③ 당사자 쌍방의 귀책사유 없이 매도인의 채무가 후발적·객관적 전부불능된 경우, 매도인은 매수인에게 매매대금의 지급을 구하지 못한다.

④ 매도인의 귀책사유로 그의 채무가 후발적·객관적 전부불능된 경우, 매수인은 매도인에게 전보배상을 청구할 수 있다.

⑤ 대상(代償)을 발생시키는 매매목적물의 후발적 불능에 대하여 매도인의 귀책사유가 존재하는 경우, 매수인은 대상청구권을 행사하지 못한다.

해설 | ① [옳음] 계약이 원시적·객관적 불능으로 무효가 되고, 계약당사자가 불능을 알았거나 알 수 있었으며, 상대방이 선의·무과실인 경우에는 계약체결상의 과실책임이 인정된다(민법 제535조).

② [옳음] 계약목적이 원시적·주관적 전부불능인 경우 즉 매매등 유상계약에서 원시적 불능으로 인하여 하자담보책임이 인정되는 경우(제574조·제580조 등)에는 계약체결상의 과실책임이 배제된다.

③ [옳음] 쌍무계약의 당사자 일방의 채무가 당사자 쌍방의 책임 없는 사유로 이행할 수 없게 된 때에는 채무자는 상대방의 이행을 청구하지 못한다. 쌍무계약의 일방의 채무가 채무자에게 책임 없는 사유로 이행불능이 되어 소멸한 경우에, 그에 대응하는 타방의 채무의 운명은 어떻게 되는지가 위험부담의 문제이다.

④ [옳음] 후발적 불능의 경우에는 채무자의 고의·과실이 있으면 채무불이행(이행불능)으로 인한 손해배상(제390조) 및 계약해제(제546조)가 문제된다.

⑤ [틀림] 대상청구권이란 이행불능을 발생케 한 것과 동일한 원인에 의하여 채무자가 이행의 목적물에 갈음하는 이익, 즉 대상을 취득하는 경우(예컨대 보험금청구권)에, 채권자가 채무자에 대하여 그러한 이익의 상환을 청구할 수 있는 권리를 말한다. 우리 민법에는 이행불능의 효과로서 채권자의 전보배상청구권과 계약해제권 외에 별도로 대상청구권을 규정하고 있지 않으나, 해석상 대상청구권을 부정할 이유가 없다(대판 1996.12.10. 94다43825).

정답 | ⑤

009 하자담보책임에 관한 설명으로 옳지 않은 것은? (다툼이 있으면 판례에 의함) 〈노무사 2013〉

① 매매의 목적물이 당사자가 예정하거나 보증한 성질을 결여한 경우에는 목적물의 하자에 해당한다.

② 매매목적물의 하자로 인한 계약해제권은 매수인이 그 사실을 안 날로부터 6월 내에 행사하여야 한다.

③ 매도인의 하자담보책임에 관한 매수인의 권리행사기간은 재판상 청구를 위한 출소기간이다.

④ 건축을 목적으로 매매된 토지가 매매계약 당시 건축허가를 받을 수 없는 법률적 장애로 건축이 불가능하게 되었다면, 매매목적물의 하자에 해당한다.

⑤ 매매목적물의 하자로 인한 확대손해에 대하여 배상책임을 지우기 위해서는 하자 없는 목적물을 인도하지 못한 의무위반사실 외에 그러한 의무위반에 대하여 매도인에게 귀책사유가 있어야 한다.

해설 | ① [옳음] 하자란 채무자의 급부가 현실적으로 '있는' 상태와 마땅히 '있어야 할' 상태가 불일치하는 것을 말한다. 이에 대하여 판례는 매매목적물이 거래통념상 기대되는 객관적 성질·성능을 결여하거나 당사자가 예정 또는 보증한 성질을 결여한 경우에 매도인은 매수인에 대하여 그 하자로 인한 담보책임을 부담한다(대판 2000.1.18. 98다18506)고 한다.

② [옳음], ③ [틀림] 매수인은 하자를 안 날부터 6개월 내에 계약해제권 및 손해배상청구권을 행사하여야 한다(제582조). 이는 재판상 또는 재판 외에서의 권리행사에 관한 기간이므로 매수인은 소정 기간 내에 재판 외에서 권리행사를 함으로써 그 권리를 보존할 수 있다(대판 2003.6.27. 2003다20190).

④ [옳음] 경매에 있어 적용되는 담보책임은 권리의 하자에 대하여만 적용되고 물건의 하자에 대해서는 적용되지 않으며 판례는 법률상의 하자를 물건의 하자로 보고 있다. 따라서 경락인은 경락물에 생긴 법률상의 하자 내지 제한으로 인하여 발생하는 손해를 감수하여야 한다.

⑤ [옳음] 매매목적물의 하자로 인한 확대손해에 대하여 매도인에게 배상책임을 지우기 위해서는 하자 없는 목적물을 인도하지 못한 의무위반 사실 외에 그러한 의무위반에 대하여 매도인에게 귀책사유가 있어야 한다(대판 2003.7.22. 2002다35676).

정답 | ③

010 담보책임에 관한 설명으로 옳은 것은? (특별한 사정이 없음을 전제로 하며, 다툼이 있으면 판례에 따름) 〈노무사 2022〉

① 특정물매매계약에 있어 목적물에 하자가 있는 경우, 악의의 매수인은 대금감액청구권을 행사할 수 있다.

② 특정물의 수량지정매매에서 수량이 부족한 경우, 악의의 매수인은 계약한 날로부터 1년 이내에 대금감액청구권을 행사하여야 한다.

③ 부담부 증여의 증여자는 담보책임을 지지 않는다.

④ 일정한 면적(수량)을 가지고 있다는 데 주안을 두고, 대금도 면적을 기준으로 하여 정해지는 아파트분양계약은 수량지정매매가 될 수 없다.

⑤ 건물신축도급계약에 따라 완성된 건물의 하자로 계약의 목적을 달성할 수 없는 경우, 도급인은 이를 이유로 그 계약을 해제할 수 있다.

해설 | ① [틀림] 특정물 매매에서의 담보책임에서는 대금감액청구권이 인정되지 않는다. 즉, 목적물의 하자가 계약의 목적을 달성할 수 없을 정도로 중대한 것이 아닌 경우에는 매수인은 손해배상만을 청구할 수 있고, 또한 목적물의 하자로 계약의 목적을 달성할 수 없을 때에는 계약을 해제할 수 있다(제580조 제1항).

② [틀림] 수량지정매매에서의 담보책임은 '선의의 매수인'에 한해서만 담보책임법의 권리가 인정된다. 즉, 선의의 매수인은 부족한 수량 또는 멸실한 비율만큼 '대금감액을 청구'할 수 있으며, 잔존한 부분만으로는 이를 매수하지 아니하였을 때에는 '계약의 전부를 해제'할 수 있다. 또한 선의의 매수인은 '손해배상'도 청구할 수 있다. 위의 권리는 악의의 매수인에게는 담보책임이 인정되지 않으므로, '선의의 매수인'이 수량부족 또는 일부멸실의 사실을 '안 때'로부터 1년의 제척기간에 걸린다(제574조, 제573조).

③ [틀림] 부담부 증여란 수증자가 증여를 받는 동시에 일정한 부담, 즉 일정한 급부를 하여야 할 채무를 부담하는 것을 부관으로 하는 증여를 말하며, 상대부담 있는 증여라고도 한다. 상대부담

있는 증여에 대해서는 증여자는 그 부담의 한도에서 매도인과 같은 담보의 책임이 있다(제561조).

④ [틀림] '수량을 지정한 매매'란 매수인이 일정한 면적이 있는 것으로 믿고 매도인도 그 면적이 있는 것을 명시적 또는 묵시적으로 표시하고, 나아가 당사자들이 면적을 가격결정요소 중 가장 중요한 요소로 파악하고 그 객관적인 수치를 기준으로 가격을 정하여 매매계약을 체결한 경우를 말한다(대판 2001.4.10. 2001다12256). 아파트를 분양할 때 공유대지면적을 지정한 아파트분양계약을 수량지정매매로 보아 공유대지면적을 부족하게 이전해준 경우(대판 2002.11.8. 99다58136), 건물 일부의 임대차계약을 체결함에 있어 임차인이 건물면적의 일정한 수량이 있는 것으로 믿고 계약을 체결하였고, 임대인도 그 일정 수량이 있는 것으로 명시적 또는 묵시적으로 표시하였으며, 또한 임대차보증금과 월임료 등도 그 수량을 기초로 하여 정하여진 임대차계약(대판 1995.7.14. 94다38342) 등은 수량을 지정한 것으로 보고 있다.

⑤ [틀림] 완성된 목적물의 하자로 말미암아 계약의 목적을 달성할 수 없는 때에는 도급인에게 계약의 해제권이 주어진다(제668조 본문). 그러나 건물 기타 토지의 공작물에 관하여는 중대한 하자가 있더라도 해제할 수 없다(제668조 단서).

정답 | 없다.

011 민법상 특정물 매도인의 하자담보책임에 관한 설명으로 옳지 않은 것은? (판례에 따름) 〈노무사 2020〉

① 매도인의 고의·과실은 하자담보책임의 성립요건이 아니다.

② 악의의 매수인에 대해서 매도인은 하자담보책임을 지지 않는다.

③ 매매 목적물인 서화(書畫)가 위작으로 밝혀진 경우, 매도인의 담보책임이 발생하면 매수인은 착오를 이유로는 매매계약을 취소할 수 없다.

④ 경매목적물에 물건의 하자가 있는 경우 하자담보책임이 발생하지 않는다.

⑤ 목적물에 하자가 있더라도 계약의 목적을 달성할 수 있는 경우에는 매수인에게 해제권이 인정되지 않는다.

해설 | ① [옳음] 하자담보책임은 매도인의 귀책사유를 책임요건으로 하지 않는 무과실책임이다.

② [옳음] 매수인은 목적물에 하자가 있음을 알지 못하고, 또한 알지 못하는 데에 과실이 없어야 한다(제580조 제1항 단서·제581조 제1항).

③ [틀림] 착오로 인한 취소 제도와 매도인의 하자담보책임 제도는 취지가 서로 다르고, 요건과 효과도 구별된다. 따라서 매매계약 내용의 중요 부분에 착오가 있는 경우 매수인은 매도인의 하자담보책임이 성립하는지와 상관없이 착오를 이유로 매매계약을 취소할 수 있다(대판 2018.9.13. 2015다78703).

④ [옳음] 경매의 경우 권리에 하자가 있는 경우에 적용된다. 따라서 경매의 목적물에 하자가 있더라도 하자담보책임은 생기지 않는다(제580조 제2항).

⑤ [옳음] 목적물의 하자로 인하여 매매의 목적을 달성할 수 없는 때에는, 매수인은 계약을 해제할 수 있다(제580조 제1항·제575조 제1항).

정답 | ③

012 매도인의 담보책임에 관한 설명으로 옳지 않은 것은? (다툼이 있으면 판례에 따름) 〈노무사 2015〉

① 저당권의 행사로 매매 목적 부동산의 소유권을 취득할 수 없게 된 경우, 악의의 매수인도 매매계약을 해제하고 매도인에 대하여 손해배상을 청구할 수 있다.
② 경매에 의하여 목적물을 매수한 경우, 물건의 하자에 대하여 매도인에게 담보책임을 물을 수 있다.
③ 건축을 목적으로 매매된 토지에 대하여 건축 허가를 받을 수 없어 건축이 불가능한 경우 등과 같은 법률적 제한 내지 장애는 매매목적물의 하자에 해당한다.
④ 제조물에 상품적합성이 결여되어 제조물 그 자체에 발생한 손해에 대해서는 제조물책임이 아니라 하자담보책임을 물어야 한다.
⑤ 매매의 목적이 된 권리의 일부가 타인에게 속함으로 인하여 매도인이 그 권리를 취득하여 매수인에게 이전할 수 없는 경우, 선의의 매수인은 물론이고 악의의 매수인도 대금의 감액을 청구할 수 있다.

해설 | ① [옳음], ⑤ [옳음] 권리의 하자로 인한 담보책임의 정리

유형	매수인	담보책임의 내용	제척기간
전부타인권리매매	선의	계약해제권 손해배상청구권(이행이익)	×
	악의	계약해제권	
일부타인권리매매	선의	대금감액청구권 계약해제권 손해배상청구권	1년
	악의	대금감액청구권	
저당권이 실행되어 취득한 소유권을 잃게 된 경우	선의 악의	① 소유권을 취득할 수 없거나, 잃은 때 - 계약해제권, 손해배상청구권 ② 자기의 출재로 소유권을 보존한 때 - 출재상환청구권, 손해배상청구권	×

② [틀림], ③ [옳음] 경매에 있어 적용되는 담보책임은 권리의 하자에 대하여만 적용되고 물건의 하자에 대해서는 적용되지 않으며 판례는 법률상의 하자를 물건의 하자로 보고 있다. 따라서 경락인은 경락물에 생긴 법률상의 하자 내지 제한으로 인하여 발생하는 손해를 감수하여야 한다. 판례는 매매의 목적이 된 물건에 법률적 장애가 발생한 경우 판례는 물건의 하자로 본다. 즉, 건축을 목적으로 매매된 토지에 대하여 건축허가를 받을 수 없어 건축이 불가능한 경우, 위와 같은 법률적 제한 내지 장애 역시 매매목적물의 하자에 해당한다(대판 2000.1.18. 98다18506).

④ [옳음] 제조업자는 제조물의 결함으로 인하여 생명·신체 또는 재산에 손해(당해 제조물에 대해서만 발생한 손해를 제외한다)를 입은 자에게 그 손해를 배상하여야 한다(제조물책임법 제3조). 제조물의 하자로 인한 확대손해에 대해서 제조업자는 무과실책임을 진다. 제조물책임이란 제조물에 통상

적으로 기대되는 안전성을 결여한 결함으로 인하여 생명·신체 또는 재산에 손해가 발생한 경우에 제조업자 등에게 지우는 손해배상책임인데, '제조물에 대하여만 발생한 재산상 손해'는 여기서 제외된다. 그리고 '제조물에 대하여만 발생한 재산상 손해'에는 제조물 자체에 발생한 재산상 손해뿐만 아니라 제조물의 결함 때문에 발생한 영업 손실로 인한 손해도 포함되므로 그로 인한 손해는 제조물책임법의 적용 대상이 아니다(대판 2015.3.26. 2012다4824).

정답 | ②

013 매도인의 담보책임에 관한 설명으로 옳지 않은 것은? (다툼이 있으면 판례에 따름) 〈노무사 2018〉

① 경매절차에서 취득한 물건에 하자가 있는 경우, 그에 대하여 담보책임을 물을 수 없다.
② 수량을 지정한 매매의 목적물이 부족한 경우, 악의의 매수인은 대금감액을 청구할 수 있다.
③ 매매의 목적인 권리의 전부가 타인에게 속한 경우, 매도인이 그 권리를 취득하여 매수인에게 이전할 수 없는 때에는 악의의 매수인은 매매계약을 해제할 수 있다.
④ 매매목적물의 하자로 인한 매수인의 매도인에 대한 하자담보책임에 기한 손해배상청구권에는 채권의 소멸시효에 관한 규정이 적용된다.
⑤ 매매의 목적인 부동산에 설정된 저당권의 행사로 인하여 매수인이 그 소유권을 취득할 수 없게 된 경우, 악의의 매수인은 계약을 해제할 수 있다.

해설 | ① [옳음] 경매의 목적물에 하자가 있더라도 하자담보책임은 생기지 않는다(제580조 제2항).

② [틀림] 권리의 일부가 타인에게 속한 경우와 매도인의 담보책임(제572조)과 그 권리행사의 기간(제573조)의 수량을 지정한 매매의 목적물이 부족되는 경우와 매매목적물의 일부가 계약 당시에 이미 멸실된 경우에 매수인이 그 부족 또는 멸실을 알지 못한 때에 준용한다(제574조).

> **제572조(권리의 일부가 타인에게 속한 경우와 매도인의 담보책임)** ① 매매의 목적이 된 권리의 일부가 타인에게 속함으로 인하여 매도인이 그 권리를 취득하여 매수인에게 이전할 수 없는 때에는 매수인은 그 부분의 비율로 대금의 감액을 청구할 수 있다.
> ② 전항의 경우에 잔존한 부분만이면 매수인이 이를 매수하지 아니하였을 때에는 선의의 매수인은 계약전부를 해제할 수 있다.
> ③ 선의의 매수인은 감액청구 또는 계약해제외에 손해배상을 청구할 수 있다.
>
> **제573조(전조의 권리행사의 기간)** 전조의 권리는 매수인이 선의인 경우에는 사실을 안 날로부터, 악의인 경우에는 계약한 날로부터 1년내에 행사하여야 한다.

③ [옳음] 매매의 목적이 된 권리가 타인에게 속한 경우에는 매도인은 그 권리를 취득하여 매수인에게 이전하여야 한다(제567조). 타인의 권리의 매매(제569조)의 경우에 매도인이 그 권리를 취득하여 매수인에게 이전할 수 없는 때에는 매수인은 계약을 해제할 수 있다. 그러나 매수인이 계약 당시 그 권리가 매도인에게 속하지 아니함을 안 때에는 손해배상을 청구하지 못한다(제570조).

④ [옳음] 민법 제582조의 제척기간 규정으로 인하여 소멸시효 규정의 적용이 배제된다고 볼 수 없으며, 이때 다른 특별한 사정이 없는 한 무엇보다도 매수인이 매매 목적물을 인도받은 때부터 소멸시효가 진행한다고 해석함이 상당하다(대판 2011.10.13. 2011다10266).

⑤ [옳음] 매매의 목적이 된 부동산에 설정된 저당권 또는 전세권의 행사로 인하여 매수인이 그 소유권을 취득할 수 없거나 취득한 소유권을 잃은 때에는 매수인은 계약을 해제할 수 있다(제576조 제1항).

정답 | ②

제3절 소비대차

014 소비대차에 관한 설명으로 옳은 것은? 〈노무사 2014〉

① 대주가 목적물을 차주에게 인도하기 전 파산선고를 받았더라도 소비대차는 효력이 있다.

② 소비대차는 당사자 일방이 상대방에게 부동산을 사용·수익하게 할 것을 약정함으로써 그 효력이 생긴다.

③ 금전대차에서 차주가 금전에 갈음하여 물건의 인도를 받은 때에는 그 인도시의 가액이 차용액으로 된다.

④ 이자 없는 소비대차의 당사자는 원칙적으로 목적물의 인도 전에 계약을 해제할 수 없다.

⑤ 차주는 약정한 시기에 차용한 물건 그 자체를 반환하여야 한다.

해설 | ① [틀림] 대주가 목적물을 차주에게 인도하기 전에 당사자 일방이 파산선고를 받은 때에는 소비대차는 그 효력을 잃는다(제599조).

② [틀림] 소비대차는 당사자 일방이 금전 기타 대체물의 소유권을 상대방에게 이전할 것을 약정하고 상대방은 그와 같은 종류, 품질 및 수량으로 반환할 것을 약정함으로써 그 효력이 생긴다(제598조).

③ [옳음] 민법 제606조

> **제606조(대물대차)** 금전대차의 경우에 차주가 금전에 갈음하여 유가증권 기타 물건의 인도를 받은 때에는 그 인도시의 가액으로써 차용액으로 한다.

④ [틀림] 이자 없는 소비대차의 당사자는 목적물의 인도 전에는 언제든지 계약을 해제할 수 있다. 그러나 상대방에게 생긴 손해가 있는 때에는 이를 배상하여야 한다(제601조).

⑤ [틀림] 차주는 약정시기에 차용물과 같은 종류, 품질 및 수량의 물건을 반환하여야 한다(제603조 제1항).

정답 | ③

제4절 임대차

015 건물 소유를 목적으로 X토지에 관하여 임대인 甲과 임차인 乙 사이에 적법한 임대차계약이 체결되었다. 이에 관한 설명으로 옳지 않은 것은? (다툼이 있으면 판례에 따름) 〈노무사 2023〉

① 甲과 乙 사이에 체결된 임대차계약에 임대차기간에 관한 약정이 없는 때에는 甲은 언제든지 계약해지의 통고를 할 수 있다.

② 乙이 甲의 동의없이 X토지를 전대한 경우, 甲은 원칙적으로 乙과의 임대차 계약을 해지할 수 있다.

③ X토지의 일부가 乙의 과실없이 멸실되어 사용·수익할 수 없게 된 경우, 乙은 그 부분의 비율에 의한 차임의 감액을 청구할 수 있다.

④ 토지임차임에게 인정되는 지상물매수청구권은 乙이 X토지 위에 甲의 동의를 얻어 신축한 건물에 한해 인정된다.

⑤ 甲이 변제기를 경과한 최후 2년의 차임채권에 의하여 그 지상에 있는 乙 소유의 건물을 압류한 때에는 저당권과 동일한 효력이 있다.

해설 | ① [옳음]

> **제635조(기간의 약정 없는 임대차의 해지통고)** ① 임대차기간의 약정이 없는 때에는 당사자는 언제든지 계약해지의 통고를 할 수 있다.

② [옳음]

> **제629조(임차권의 양도, 전대의 제한)** ① 임차인은 임대인의 동의 없이 그 권리를 양도하거나 임차물을 전대하지 못한다.
> ② 임차인이 전항의 규정에 위반한 때에는 임대인은 계약을 해지할 수 있다.

③ [옳음] 임차물의 일부(전부멸실의 경우에는 적용되지 않는다)가 임차인의 과실 없이 멸실 기타의 사유로 인하여 사용·수익할 수 없게 된 경우, 차임이 당연히 감액되는 것이 아니라 임차인은 그 부분의 비율에 대하여 차임의 감액을 청구할 수 있다(제627조 제1항).

④ [틀림] 매수대상은 원칙적으로 토지 위의 지상물로서 반드시 임대차계약 당시의 기존건물이거나 임대인의 동의를 얻어 신축한 것에 한정된다고 할 수는 없다(대판 1993.11.12. 93다34589).

⑤ [옳음]

> **제649조(임차지상의 건물에 대한 법정저당권)** 토지임대인이 변제기를 경과한 최후 2년의 차임채권에 의하여 그 지상에 있는 임차인소유의 건물을 압류한 때에는 저당권과 동일한 효력이 있다.

정답 | ④

016 임대차에 관한 설명으로 옳은 것은? (다툼이 있으면 판례에 따름) 〈노무사 2018〉

① 토지임차인이 지상물만을 타인에게 양도하더라도 임대차가 종료하면 그 임차인이 매수청구권을 행사할 수 있다.

② 건물임차인이 임대인의 동의 없이 건물의 소부분을 전대한 경우, 임대인은 임대차계약을 해지할 수 있다.

③ 임차인의 채무불이행으로 임대차계약이 해지된 경우, 임차인은 부속물매수청구권을 행사할 수 있다.

④ 임대인은 보증금반환채권에 대한 전부명령이 송달된 후에 발생한 연체차임을 보증금에서 공제할 수 없다.

⑤ 건물소유를 위한 토지임대차의 경우, 임차인의 차임연체액이 2기의 차임액에 이른 때에는 임대인은 계약을 해지할 수 있다.

해설 | ① [틀림] 지상물매수청구권자는 토지임차인으로서 그 지상물의 소유자만이 행사할 수 있다(대판 1993.7.27. 93다6386).

② [틀림] 건물의 임차인이 그 건물의 소부분을 타인에게 사용하게 하는 경우에는 임대인의 동의 없이 자유롭게 할 수 있다(제632조).

③ [틀림] 토지임차인의 차임연체 등 채무불이행을 이유로 임대차계약이 해지되는 경우 토지임차인으로서는 토지임대인에 대하여 지상건물의 매수를 청구할 수 없다(대판 1997.4.8. 96다54249).

④ [틀림] 임차보증금을 피전부채권으로 하여 전부명령이 있을 경우에도 제3채무자인 임대인은 임차인에게 대항할 수 있는 사유로서 전부채권자에게 대항할 수 있는 것이어서 건물임대차보증금의 반환채권에 대한 전부명령의 효력이 그 송달에 의하여 발생한다고 하여도 위 보증금반환채권은 임대인의 채권이 발생하는 것을 해제조건으로 하는 것이므로 임대인의 채권을 공제한 잔액에 관하여서만 전부명령이 유효하다(대판 1988.1.19. 87다카1315).

⑤ [옳음] 건물 기타 공작물의 임대차에는 임차인의 차임연체액이 2기의 차임액에 달하는 때에는 임대인은 계약을 해지할 수 있고(제640조), 건물 기타 공작물의 소유 또는 식목, 채염, 목축을 목적으로 한 토지임대차의 경우에도 전조의 규정을 준용한다(제641조).

정답 | ⑤

017 甲은 자기 소유의 건물에 대해 乙과 임대차계약을 체결하였고, 乙은 甲의 동의 없이 자신의 임차권을 丙에게 양도하였다. 이에 대한 설명으로 옳지 않은 것은? (다툼이 있는 경우에는 판례에 의함) 〈노무사 2010〉

① 乙의 무단 양도를 이유로 甲이 임대차계약을 해지하지 않는 한 甲은 乙에 대하여 여전히 차임청구권을 가진다.

② 乙의 무단 양도를 이유로 甲이 임대차계약을 해지하지 않는 한 甲은 丙에게 불법점유를 이유로 차임상당 손해배상청구나 부당이득 반환청구를 할 수 없다.

③ 乙이 임차권의 존속기간, 임대차의 동의 여부 등 임차권양도의 중요한 요소를 이루는 사항을 丙에게 알려주지 않았다면, 乙의 임차권양도행위는 기망행위에 해당할 수 있다.

④ 丙은 甲에게 임차권을 주장할 수 없으며, 나아가 乙과 丙 사이에도 임차권양도의 효력이 생기지 않는다.

⑤ 乙과 丙이 부부로서 임차건물에 동거하면서 함께 사업을 경영하는 특수한 관계에 있다면, 甲에게 해지권이 인정되지 않을 수 있다.

해설 | ① [옳음], ② [옳음] 임차인이 임대인의 동의를 받지 않고 제3자에게 임차권을 양도하거나 전대하는 등의 방법으로 임차물을 사용·수익하게 하더라도, 임대인이 이를 이유로 임대차계약을 해지하거나 그 밖의 다른 사유로 임대차계약이 적법하게 종료되지 않는 한 임대인은 임차인에 대하여 여전히 차임청구권을 가지므로, 임대차계약이 존속하는 한도 내에서는 제3자에게 불법점유를 이유로 한 차임상당 손해배상청구나 부당이득반환청구를 할 수 없다(대판 2008.2.28. 2006다10323).

③ [옳음] 임차권의 양도에 있어서 그 임차권의 존속기간, 임대기간 종료 후의 재계약 여부, 임대인의 동의 여부는 그 계약의 중요한 요소를 이루는 것이므로 양도인으로서는 이에 관계되는 모든 사정을 양수인에게 알려주어야 할 신의칙상의 의무가 있는데, 임차권양도계약이 체결될 당시에 임차건물에 대한 임대차기간의 연장이나 임차권 양도에 대한 임대인의 동의 여부가 확실하지 않은 상태에서 몇 차례에 걸쳐 명도요구를 받고 있었던 임차권 양도인이 그 여부를 확인하여 양수인에게 설명하지 아니한 채 임차권을 양도한 행위는 기망행위에 해당한다(대판 1996.6.14. 94다41003).

④ [틀림] 임대인의 동의를 받지 아니하고 임차권을 양도한 계약도 이로써 임대인에게 대항할 수 없을 뿐 임차인과 양수인 사이에는 유효한 것이고 이 경우 임차인은 양수인을 위하여 임대인의 동의를 받아 줄 의무가 있다(대판 1986.2.25. 85다카1812).

⑤ [옳음] 임차인이 비록 임대인으로부터 별도의 승낙을 얻지 아니하고 제3자에게 임차물을 사용·수익하도록 한 경우에 있어서도, 임차인의 당해 행위가 임대인에 대한 배신적 행위라고 할 수 없는 특별한 사정이 인정되는 경우에는, 임대인은 자신의 동의 없이 전대차가 이루어졌다는 것만을 이유로 임대차계약을 해지할 수 없으며, 임차권 양수인이나 전차인은 임차권의 양수나 전대차 및 그에 따른 사용·수익을 임대인에게 주장할 수 있다(대판 2010.6.10. 2009다101275). 임차권의 양수인이 임차인과 부부로서 임차건물에 동거하면서 함께 가구점을 경영하고 있는 등의 사정이 위 "나"항의 "특별한 사정"에 해당한다(대판 1993.4.27. 92다45308).

정답 | ④

018 임대차에 관한 설명으로 옳은 것은? (다툼이 있으면 판례에 따름) 〈노무사 2017〉

① 연체차임은 임대차계약 종료 전에 별도의 의사표시 없이 임대차보증금에서 당연히 공제된다.

② 건물임대차의 존속기간은 20년을 넘지 못한다.

③ 임대인이 수선의무를 이행함으로써 목적물의 사용·수익에 지장이 초래된 경우 임차인은 그 지장의 한도 내에서 차임지급을 거절할 수 있다.

④ 임대인이 임대목적물에 대한 소유권 기타 이를 임대할 권한이 없는 경우 임대차계약은 유효하게 성립하지 않는다.

⑤ 임차인이 임대인의 동의 없이 임차권을 양도한 경우 임대인은 임대차계약을 해지할 수 없다.

해설 | ① [틀림] 임대차계약 종료 전에는 공제 등 별도의 의사표시 없이 연체차임이 임대차보증금에서 당연히 공제되는 것은 아니고, 임차인도 임대차보증금의 존재를 이유로 차임의 지급을 거절할 수 없다(대판 2016.11.25. 2016다211309).

② [틀림] 헌법재판소는 지난 2013년 12월 26일 건물임대차 등의 존속기간을 20년으로 제한한 민법 제651조 제1항에 대해 위헌 결정을 내렸다. 따라서 그 동안 최장 20년으로 제한된 건물임대차 존속기간이 폐지되면서 앞으로는 당사자 간 합의로 임대차 기간을 정할 수 있게 됐다.

③ [옳음] 임대차계약에서 목적물을 사용·수익하게 할 임대인의 의무와 임차인의 차임지급의무는 상호 대응관계에 있으므로 임대인이 목적물을 사용·수익하게 할 의무를 불이행하여 목적물의 사용·수익이 부분적으로 지장이 있는 상태인 경우에는 임차인은 그 지장의 한도 내에서 차임의 지급을 거절할 수 있다(대판 1997.4.25. 96다44778).

④ [틀림] 타인소유 물건에 대한 임대차도 유효하다. 즉 임대차계약이 성립된 후 그 존속기간 중에 임대목적물에 대한 소유권을 상실한 경우에도 그 사실만으로 임대차계약이 종료하지 아니한다(대판 1978.9.12. 78다1103).

⑤ [틀림] 민법 제629조

> **제629조(임차권의 양도, 전대의 제한)** ① 임차인은 임대인의 동의없이 그 권리를 양도하거나 임차물을 전대하지 못한다.
> ② 임차인이 전항의 규정에 위반한 때에는 임대인은 계약을 해지할 수 있다.

정답 | ③

019 임대차에 관한 설명으로 옳지 않은 것은? 〈노무사 2016〉

① 일시사용을 위한 임대차가 명백한 경우, 임차인에게 부속물매수청구권이 인정되지 않는다.
② 임차물에 대하여 권리를 주장하는 자가 있고 임대인이 그 사실을 모르고 있는 경우, 임차인은 지체 없이 임대인에게 이를 통지하여야 한다.
③ 토지임대차의 기간의 약정이 없는 경우, 원칙적으로 각 당사자는 언제든지 임대차계약의 해지를 통고할 수 있다.
④ 다른 약정이 없는 한, 임대인의 행위가 임대물의 보존에 필요한 행위라도 임차인은 이를 거절할 수 있다.
⑤ 부동산임차인은 당사자 사이에 반대약정이 없으면 임대인에 대하여 그 임대차등기절차에 협력할 것을 청구할 수 있다.

해설 | ① [옳음] 부속물매수청구권의 경우 일시사용을 위한 임대차에서는 인정되지 않는다(제653조).

> **제653조(일시사용을 위한 임대차의 특례)** 제628조, 제638조, 제640조, 제646조 내지 제648조, 제650조 및 전조의 규정은 일시사용하기 위한 임대차 또는 전대차인 것이 명백한 경우에는 적용하지 아니한다.

② [옳음] 민법 제634조

> **제634조(임차인의 통지의무)** 임차물의 수리를 요하거나 임차물에 대하여 권리를 주장하는 자가 있는 때에는 임차인은 지체 없이 임대인에게 이를 통지하여야 한다. 그러나 임대인이 이미 이를 안 때에는 그러하지 아니하다.

③ [옳음] 민법 제635조

> **제635조(기간의 약정 없는 임대차의 해지통고)** ① 임대차기간의 약정이 없는 때에는 당사자는 언제든지 계약해지의 통고를 할 수 있다.

④ [틀림] 민법 제624조

> **제624조(임대인의 보존행위, 인용의무)** 임대인이 임대물의 보존에 필요한 행위를 하는 때에는 임차인은 이를 거절하지 못한다.

⑤ [옳음] 민법 제621조

> **제621조(임대차의 등기)** ① 부동산임차인은 당사자 간에 반대약정이 없으면 임대인에 대하여 그 임대차등기절차에 협력할 것을 청구할 수 있다.
> ② 부동산임대차를 등기한 때에는 그때부터 제삼자에 대하여 효력이 생긴다.

정답 | ④

020 乙과 甲 소유의 주택을 2년 간 임차하는 계약을 甲과 체결하여 그 주택에 거주하는 경우에 관한 설명으로 옳지 않은 것은? (다툼이 있으면 판례에 따름) 〈노무사 2019〉

① 특별한 사정이 없는 한 甲은 乙의 안전을 배려하거나 도난을 방지할 보호의무를 부담하지 않는다.
② 甲의 귀책사유로 임대차계약이 해지된 경우, 원칙적으로 乙은 원상회복의무를 부담하지 않는다.
③ 임대차계약 존속 중 주택에 사소한 파손이 생긴 경우, 乙의 사용·수익을 방해할 정도가 아니라면 특별한 사정이 없는 한 甲은 수선의무를 부담하지 않는다.
④ 원인불명의 화재로 주택이 소실된 경우 乙이 이행불능으로 인한 손해배상책임을 면하려면 그 주택의 보존에 관하여 선량한 관리자의 주의의무를 다하였음을 증명하여야 한다.
⑤ 乙이 주택의 사용·편익을 위하여 甲의 동의를 얻어 주택에 부속한 물건이 있는 경우, 특별한 사정이 없는 한 임대차 종료 시에 甲에 대하여 그 부속물의 매수를 청구할 수 있다.

해설 | ① [옳음] 통상의 임대차관계에 있어서 임대인의 임차인에 대한 의무는 특별한 사정이 없는 한 단순히 임차인에게 임대목적물을 제공하여 임차인으로 하여금 이를 사용·수익하게 함에 그치는 것이고, 더 나아가 임차인의 안전을 배려하여 주거나 도난을 방지하는 등의 보호의무까지 부담한다고 볼 수 없다(대판 1999.7.9. 99다10004).

② [틀림] 임대차가 종료되면 임차인은 임대차계약이 종료한 경우에는 임차목적물을 원상에 회복하여 임대인에게 반환할 의무가 있다.

③ [옳음] 목적물에 파손 또는 장해가 생긴 경우 그것이 임차인이 별 비용을 들이지 아니하고도 손쉽게 고칠 수 있을 정도의 사소한 것이어서 임차인의 사용·수익을 방해할 정도의 것이 아니라면 임대인은 수선의무를 부담하지 않지만, 그것을 수선하지 아니하면 임차인이 계약에 의하여 정해진 목적에 따라 사용·수익할 수 없는 상태로 될 정도의 것이라면 임대인은 그 수선의무를 부담한다(대판 1994.12.9. 94다34692·34708).

④ [옳음] 임차건물이 그 건물로부터 발생한 화재로 소실된 경우, 그 화재의 원인이 불명인 때에도 임차인이 그 책임을 면하려면 그 임차건물의 보존에 관하여 선량한 관리자의 주의의무를 다하였음을 입증하여야 한다(대판 1985.4.9. 84다카2416).

⑤ [옳음] 민법 제646조

> **제646조(임차인의 부속물매수청구권)** ① 건물 기타 공작물의 임차인이 그 사용의 편익을 위하여 임대인의 동의를 얻어 이에 부속한 물건이 있는 때에는 임대차의 종료시에 임대인에 대하여 그 부속물의 매수를 청구할 수 있다.
> ② 임대인으로부터 매수한 부속물에 대하여도 전항과 같다.

정답 | ②

021 임대차에 관한 설명으로 옳지 않은 것은? 〈노무사 2015〉

① 수인이 공동하여 물건을 임차한 때에는 분할하여 차임지급의무를 부담한다.
② 임차인이 임대인의 동의 없이 임차권을 양도한 경우 임대인은 임대차 계약을 해지할 수 있다.
③ 임차인이 임대인의 동의를 얻어 임차물을 전대한 때에는 전차인은 직접 임대인에 대하여 의무를 부담한다.
④ 임대차기간의 약정이 없는 때에는 당사자는 언제든지 계약해지의 통고를 할 수 있다.
⑤ 임차인이 임차물의 보존에 관한 필요비를 지출한 때에는 임대인에 대하여 그 상환을 청구할 수 있다.

해설 | ① [틀림] 여럿이 공동으로 목적물을 임차한 때에는 임차인이 연대하여 의무를 부담한다(제654조·제616조).

② [옳음] 임차권의 양도 및 임차물의 전대는 원칙적으로 금지되며, 임대인의 동의가 있는 경우에만 예외적으로 인정된다(제629조 제1항). 임차권의 무단양도가 있으면 임대인은 임대차계약을 해지할 수 있다(제629조 제2항).

③ [옳음] 임대인과 전차인 사이에는 직접적인 계약관계는 발생하지 않으나 민법은 임대인을 보호하기 위하여 전차인은 임대인에게 직접 의무를 부담한다고 규정하고 있다. 다만, 임대차 및 전대차가 동시에 종료한 경우에는 전차인이 임대인에게 목적물을 반환하면 전대인에 대한 반환의무를 면한다(대판 1995.12.12. 95다23996).

④ [옳음] 임대차의 존속기간을 약정하지 않은 때에는 당사자는 언제든지 계약해지를 상대방에게 통고할 수 있다(제635조 제1항). 이 규정은 강행규정이며 이에 위반하는 약정으로서 임차인에게 불리한 것은 효력이 없다(제652조·제635조).

⑤ [옳음] 모든 임차인은 선·악을 불문하고 임차물의 보존 및 관리에 필수적인 비용, 즉 필요비를 지출한 때에는, 임차인이 '즉시' 그 전액의 상환을 청구할 수 있으며(제626조 제1항), 임대인은 임대차관계가 존속하는 중이라도 이를 상환하여야 한다.

정답 | ①

022 임대차에 관한 설명으로 옳지 않은 것은? (다툼이 있으면 판례에 의함) 〈노무사 2014〉

① 임차인이 임대인에게 유익비상환청구를 하지 않겠다는 약정은 유효하다.
② 임차인이 임대인에게 부속물매수청구를 하지 않겠다는 약정은 원칙적으로 유효하다.
③ 다른 사람이 소유하는 부동산도 임대차의 목적물로 할 수 있다.
④ 임대인이 임대물의 보존에 필요한 행위를 하는 때에는 임차인은 이를 거절하지 못한다.
⑤ 부동산임차인은 임대인과의 반대약정이 없으면 임대인에게 임대차등기절차에 협력할 것을 청구할 수 있다.

해설 | ① [옳음] 임차인이 임차물의 보전에 관한 필요비를 지출한 때에는 임대인에 대하여 그 상환을 청구할 수 있다(제626조 제1항). 제626조는 강행규정이 아니어서, 당사자의 약정으로 임차인이 그 비용상환청구권을 포기하는 것으로 정하는 것은 유효하다.

② [틀림] 건물 기타 공작물의 임차인이 그 사용의 편익을 위하여 임대인의 동의를 얻어 이에 부속한 물건이 있는 때에는 임대차의 종료 시에 임대인에 대하여 그 부속물의 매수를 청구할 수 있다(제646조 제2항). 임차인의 부속물매수청구권은 강행규정으로서, 이에 위반하는 약정으로 임차인에게 불리한 것은 무효이다(제652조·제646조).

③ [옳음] 임대인이 임대차 목적물에 대한 소유권 기타 이를 임대할 권한이 없다고 하더라도 임대차계약은 유효하게 성립한다(대판 1996.9.6. 94다54641).

④ [옳음] 임차인은 목적물보존에 필요한 임대인의 행위를 거절하지 못한다(제624조).

⑤ [옳음] 임차인의 보증금 회수를 위하여 임차인이 임대인에 대하여 임대차등기절차에 협력할 것을 청구할 수 있다(제621조 제1항).

정답 | ②

023 乙은 석조건물소유의 목적으로 甲으로부터 그 소유의 토지를 임차한 후 그 토지에 건물을 신축하여 소유권보존등기를 하였다. 다음 설명 중 옳은 것은? (판례에 의함) 〈노무사 2011〉

① 乙이 3기의 차임액을 연체한 경우, 甲은 乙과의 임대차계약을 해지할 수 없다.
② 乙이 丙에게 건물의 소유권을 양도하면서 甲의 동의를 얻지 않고 임차권도 양도한 경우, 원칙적으로 丙은 甲에게 임차권을 주장할 수 있다.
③ 甲과 乙 사이의 임대차 존속기간은 원칙적으로 20년을 넘지 못한다.
④ 임대차기간의 약정이 없는 경우, 甲에 의한 해지통고에 의하여 그 임차권이 소멸하면, 乙의 지상물매수청구권은 乙의 계약갱신 청구의 유무에 불구하고 인정된다.
⑤ 건물이 甲소유의 토지 외에 제3자 소유의 토지 위에 걸쳐서 신축된 경우, 임대차가 종료하면 乙은 甲에게 건물 전체의 매수를 청구할 수 있다.

해설 | ① [틀림] 건물 기타 공작물의 소유 또는 식목, 채염, 목축을 목적으로 한 토지 임대차의 경우에 임차인의 차임연체액이 (연속할 필요 없이) 2기의 차임액에 달하는 때에는 임대인은 계약을 해지할 수 있다(제641조).

② [틀림] 丙은 甲에 대하여 임차권의 취득을 주장할 수 없다. 그러나 甲이 乙과의 임대차계약을 해지하지 않는 한, 목적물을 직접 자기에게 반환할 것을 청구할 수는 없고 乙에게 반환할 것을 청구할 수 있을 뿐이다. 또한 甲은 여전히 乙에게 차임청구권을 가지므로 그 한도에서는 손해도 발생하지 않으므로 丙에게 차임에 갈음하는 손해배상청구나 부당이득반환청구를 할 수 없다(대판 2008.2.28. 2006다10323).

③ [틀림] 임대차의 최단존속기간 규정은 헌법재판소의 위헌결정을 받고 이후 삭제되었다.

④ [옳음] 건물의 소유를 목적으로 한 기간의 약정 없는 토지임대차계약을 임대인이 해지함으로써 임대차가 종료하여 임차인이 임대인에게 토지를 인도하여야 하는 법률관계라면, 임차인은 임대인에게 계약갱신청구의 유무에 불구하고 건물매수청구권을 행사하여 건물대금의 지급을 구할 수 있다(대판 1995.2.3. 94다51178).

⑤ [틀림] 건물소유를 목적으로 하는 토지임대차에 있어서 임차인소유 건물이 임대인이 임대한 토지 외에 임차인 또는 제3자 소유의 토지 위에 걸쳐서 건립되어 있는 경우에는, 임차지에 있는 건물 부분 중 구분소유의 객체가 될 수 있는 부분에 한하여 임차인에게 매수청구권이 허용된다(대판 1996.3.21. 93다42634 전원합의체).

정답 | ④

제5절 도 급

024 甲은 자신의 토지에 X건물을 신축하기로 하는 계약을 수급인 乙과 체결하면서 甲명의로 건축허가를 받아 소유권보존등기를 하기로 하는 등 완공된 X건물의 소유권을 甲에게 귀속시키기로 합의하였다. 乙은 X건물을 신축하여 완공하였지만 공사대금을 받지 못하고 있다. 이에 관한 설명으로 옳은 것은? (다툼이 있으면 판례에 따름) 〈노무사 2018〉

① X건물의 소유권은 乙에게 원시적으로 귀속된다.

② X건물에 대한 乙의 하자담보책임은 무과실책임이다.

③ 乙의 甲에 대한 공사대금채권의 소멸시효는 10년이다.

④ 乙의 甲에 대한 공사대금채권을 담보하기 위하여 X건물을 목적으로 한 저당권 설정을 청구할 수 없다.

⑤ X건물의 하자로 인하여 계약의 목적을 달성할 수 없는 경우, 甲은 특별한 사정이 없는 한 계약을 해제할 수 있다.

해설 | ① [틀림] 건물신축도급계약에 있어서는 수급인이 자기의 노력과 재료를 들여 건물을 완성하더라도 도급인과 수급인 사이에 도급인명의로 건축허가를 받아 소유권보존등기를 하기로 하는 등 완성된 건물의 소유권을 도급인에게 귀속시키기로 합의한 경우에는 그 건물의 소유권은 도급인에게 원시적으로 귀속된다(대판 2005.11.25. 2004다36352).

② [옳음] 도급은 유상계약이므로 매도인의 담보책임에 관한 규정이 준용될 것이지만, 재료의 하자는 물론 일의 하자로도 완성된 일의 하자가 생길 수 있다는 도급의 특성을 고려하여, 수급인의 책임에 관하여 특별규정을 두고 있다(제667조~제672조). 수급인의 하자담보책임은 무과실책임으로 이해된다(판례).

③ [틀림] 민법 제163조 제3호가 3년의 단기소멸시효에 걸리는 채권으로 들고 있는 '도급받은 자의 공사에 관한 채권'이라 함은 도급받은 공사의 공사대금채권뿐만 아니라 그 공사에 부수되는 채권도 포함한다(대판 1987.6.23. 86다카2549).

> **제163조(3년의 단기소멸시효)** 다음 각 호의 채권은 3년간 행사하지 아니하면 소멸시효가 완성한다.
> 3. 도급받은 자, 기사 기타 공사의 설계 또는 감독에 종사하는 자의 공사에 관한 채권

④ [틀림] 부동산공사의 수급인은 전조의 보수에 관한 채권을 담보하기 위하여 그 부동산을 목적으로 한 저당권의 설정을 청구할 수 있다(제666조).

⑤ [틀림] 도급인이 완성된 목적물의 하자로 인하여 계약의 목적을 달성할 수 없는 때에는 계약을 해제할 수 있다. 그러나 건물 기타 토지의 공작물에 대하여는 그러하지 아니하다(제668조).

정답 | ②

025 도급인 甲은 수급인 乙과 X건물의 신축을 위한 도급계약을 체결하였다. 다음 설명으로 옳지 않은 것은? (다툼이 있는 경우에는 판례에 의함) 〈노무사 2012〉

① 甲은 X건물 완성부분의 하자로 인하여 계약의 목적을 달성할 수 없는 때에는 계약을 해제할 수 있다.

② 甲이 乙에게 청구할 수 있는 하자보수에 갈음한 손해배상청구권은 하자가 발생하여 보수가 필요하게 된 시점에서 성립된다.

③ 甲이 乙에 대하여 하자보수에 갈음하는 손해배상을 청구하는 경우, 甲은 그 손해배상액에 상응하는 공사대금채무에 관하여 이행지체에 빠지지 않는다.

④ 甲은 X건물의 완성부분에 하자가 있는 때에는 특별한 사정이 없는 한 乙에 대하여 상당한 기간을 정하여 그 하자의 보수를 청구할 수 있다.

⑤ 甲과 乙 사이에 계약이행보증금과 지체상금의 약정이 있는 경우, 특별한 사정이 없는 한 지체상금은 손해배상의 예정으로 볼 수 있다.

해설 | ① [**틀림**] 완성된 목적물의 하자로 말미암아 계약의 목적을 달성할 수 없는 때에는 도급인에게 계약의 해제권이 주어진다(제668조 본문). 그러나 건물 기타 토지의 공작물에 관하여는 중대한 하자가 있더라도 해제할 수 없다(제668조 단서).

② [**옳음**] 하자가 중요한 경우에는 그 보수에 갈음하는, 즉 실제로 보수에 필요한 비용이 손해배상에 포함된다. 특히 하자가 중요한 경우의 그 손해배상액수, 즉 하자보수비는 목적물의 완성시가 아니라 하자보수청구시 또는 손해배상청구시를 기준으로 산정한다(대판 1998.3.13. 95다30345).

③ [**옳음**] 도급인은 하자보수에 갈음하여 또는 하자보수와 함께 손해배상을 청구할 수 있다(제667조 제2항). 수급인의 손해배상채무와 도급인의 공사대금채무도 동시이행관계에 있다(대판 2005.11.10. 2004다37676). 따라서 손해배상채무에 상응하는 공사대금채무에 대하여는 이행지체에 빠지지 않는다.

④ [**옳음**] 완성된 목적물 또는 완성 전의 성취된 부분에 하자가 있는 경우에, 도급인은 수급인에 대하여 상당한 기간을 정하여 그 하자의 보수를 청구할 수 있다(제667조 제1항 본문). 그러나 하자가 중요하지 않고 그 보수에 과다한 비용을 요하는 경우에는 도급인은 보수를 청구하지 못한다. 그러나 이 경우에도 하자로 입은 손해의 배상은 청구할 수 있다(대판 1998.3.13. 97다54376).

⑤ [**옳음**] 도급에 관한 계약을 체결하면서 지체상금의 약정을 하였다면 이는 특별한 사정이 없는 한 그 채무이행의 지연에 따른 손해배상액의 예정에 해당한다(대판 2002.9.4. 2001다1386).

정답 | ①

026 수급인의 하자담보책임에 관한 설명으로 옳지 않은 것은? (다툼이 있으면 판례에 따름) 〈노무사 2020〉

① 신축된 건물에 하자가 있는 경우 도급인은 수급인의 하자담보책임에 기하여 계약을 해제할 수 없다.

② 수급인의 하자담보책임에 관한 제척기간은 재판상 또는 재판 외의 권리행사 기간이다.

③ 완성된 목적물의 하자가 중요하지 아니하면서 동시에 보수에 과다한 비용을 요하는 경우 도급인은 수급인에게 하자의 보수에 갈음하는 손해배상을 청구할 수 있다.

④ 완성된 액젓저장탱크에 균열이 발생하여 보관 중이던 액젓의 변질로 인한 손해배상은 하자보수에 갈음하는 손해배상과는 별개의 권원에 의하여 경합적으로 인정된다.

⑤ 수급인의 하자담보책임을 면제하는 약정이 있더라도 수급인이 알면서 고지하지 아니한 사실에 대하여는 그 책임이 면제되지 않는다.

해설ㅣ ① [옳음] 제668조 도급인이 완성된 목적물의 하자로 인하여 계약의 목적을 달성할 수 없는 때에는 계약을 해제할 수 있다. 그러나 건물 기타 토지의 공작물에 대하여는 그러하지 아니하다.

② [옳음] 민법상 수급인의 하자담보책임에 관한 기간은 제척기간으로서 재판상 또는 재판 외의 권리행사기간이며 재판상 청구를 위한 출소기간이 아니라고 할 것이다(대판 2000.6.9. 2000다15371).

③ [틀림] 도급계약에 있어서 완성된 목적물에 하자가 있을 경우에 도급인은 수급인에게 그 하자의 보수나 하자의 보수에 갈음한 손해배상을 청구할 수 있으나, 다만 하자가 중요하지 아니하면서 동시에 보수에 과다한 비용을 요할 때에는 하자의 보수나 하자의 보수에 갈음하는 손해배상을 청구할 수는 없고 하자로 인하여 입은 손해의 배상만을 청구할 수 있다고 할 것이다(대판 1998.3.13. 97다54376 등).

④ [옳음] 액젓 저장탱크의 제작·설치공사도급계약에 의하여 완성된 저장탱크에 균열이 발생한 경우, 보수비용은 민법 제667조 제2항에 의한 수급인의 하자담보책임 중 하자보수에 갈음하는 손해배상이고, 액젓 변질로 인한 손해배상은 위 하자담보책임을 넘어서 수급인이 도급계약의 내용에 따른 의무를 제대로 이행하지 못함으로 인하여 도급인의 신체·재산에 발생한 손해에 대한 배상으로서 양자는 별개의 권원에 의하여 경합적으로 인정된다(대판 2004.8.20. 2001다70337).

⑤ [옳음] 수급인이 담보책임이 없음을 약정한 경우에도 알고 고지하지 아니한 사실에 대하여는 그 책임을 면하지 못한다(제672조).

정답ㅣ ③

---

027 여행계약에 관한 설명으로 옳지 않은 것은? 〈노무사 2016〉

① 여행자는 여행을 시작하기 전에는 언제든지 여행계약을 해제할 수 있으나, 여행주최자에게 발생한 손해는 배상하여야 한다.

② 여행대금의 지급에 대하여 당사자의 약정 및 관습이 없는 경우, 여행자는 여행 종료 후에 지체 없이 지급하여야 한다.

③ 여행에 하자가 있는 경우 여행자는 여행주최자에게 하자의 시정 또는 대금의 감액을 청구할 수 있으나, 시정에 지나치게 많은 비용이 드는 경우에는 시정을 청구할 수 없다.

④ 여행계약이 중대한 하자로 해지된 경우 여행주최자는 대금청구권을 상실하지만, 여행자가 이미 실행된 여행으로 이익을 얻은 때에는 이를 여행주최자에게 상환해야 한다.

⑤ 예측할 수 없는 천재지변으로 여행주최자가 여행계약을 해지한 경우, 여행주최자는 귀환운송의 의무를 지며 계약해지로 발생한 추가 비용은 여행자가 부담한다.

해설 | ① [옳음] 민법 제674조의3

> 제674조의3(여행 개시 전의 계약 해제) 여행자는 여행을 시작하기 전에는 언제든지 계약을 해제할 수 있다. 다만, 여행자는 상대방에게 발생한 손해를 배상하여야 한다.

② [옳음] 민법 제674조의5

> 제674조의5(대금의 지급시기) 여행자는 약정한 시기에 대금을 지급하여야 하며, 그 시기의 약정이 없으면 관습에 따르고, 관습이 없으면 여행의 종료 후 지체 없이 지급하여야 한다.

③ [옳음] 민법 제674조의6

> 제674조의6(여행주최자의 담보책임) ① 여행에 하자가 있는 경우에는 여행자는 여행주최자에게 하자의 시정 또는 대금의 감액을 청구할 수 있다. 다만, 그 시정에 지나치게 많은 비용이 들거나 그 밖에 시정을 합리적으로 기대할 수 없는 경우에는 시정을 청구할 수 없다.

④ [옳음] 민법 제674조의7

> 제674조의7(여행주최자의 담보책임과 여행자의 해지권) ① 여행자는 여행에 중대한 하자가 있는 경우에 그 시정이 이루어지지 아니하거나 계약의 내용에 따른 이행을 기대할 수 없는 경우에는 계약을 해지할 수 있다.
> ② 계약이 해지된 경우에는 여행주최자는 대금청구권을 상실한다. 다만, 여행자가 실행된 여행으로 이익을 얻은 경우에는 그 이익을 여행주최자에게 상환하여야 한다.

⑤ [틀림] 민법 제674조의4

> 제674조의4(부득이한 사유로 인한 계약 해지) ① 부득이한 사유가 있는 경우에는 각 당사자는 계약을 해지할 수 있다. 다만, 그 사유가 당사자 한쪽의 과실로 인하여 생긴 경우에는 상대방에게 손해를 배상하여야 한다.
> ② 제1항에 따라 계약이 해지된 경우에도 계약상 귀환운송 의무가 있는 여행주최자는 여행자를 귀환운송할 의무가 있다.
> ③ 제1항의 해지로 인하여 발생하는 추가 비용은 그 해지 사유가 어느 당사자의 사정에 속하는 경우에는 그 당사자가 부담하고, 누구의 사정에도 속하지 아니하는 경우에는 각 당사자가 절반씩 부담한다.

정답 | ⑤

제6절 위임

028 민법상 위임에 관한 설명으로 옳지 않은 것은? (다툼이 있으면 판례에 따름) 〈노무사 2022〉

① 무상위임의 수임인은 선량한 관리자의 주의의무를 부담한다.
② 수임인은 부득이한 사유가 있으면 제3자로 하여금 자기에 갈음하여 위임사무를 처리하게 할 수 있다.
③ 변호사에게 계쟁사건의 처리를 위임함에 있어서 보수에 관하여 명시적으로 약정하지 않은 경우, 특별한 사정이 없는 한 응분의 보수를 지급할 묵시의 약정이 있는 것으로 볼 수 있다.
④ 위임인에게 불리한 시기에 부득이한 사유로 계약을 해지한 수임인은 그 해지로 인해 위임인에게 발생한 손해를 배상하여야 한다.
⑤ 위임이 종료된 경우, 수임인은 특별한 사정이 없는 한 지체없이 그 전말을 위임인에게 보고하여야 한다.

해설 | ① [옳음] 위임에서의 사무는 법률상 또는 사실상의 모든 행위를 포함한다. 특히 수임인은 주된 의무로서 위임의 유상·무상에 관계없이 위임의 내용에 따라 선량한 관리자의 주의로써 위임사무를 처리할 의무를 부담한다(제681조).

② [옳음] 수임인은 원칙적으로 수임사무를 스스로 처리하여야 하며, 타인으로 하여금 처리하도록 할 수 없다. 다만 예외적으로 위임인의 승낙이 있는 경우나 부득이한 사유가 있는 경우에 한해 복위임을 할 수 있다(제682조 제1항).

③ [옳음] 민법상 위임은 무상이 원칙이지만 당사자 간에 보수의 특약이 있는 경우에 위임인은 수임인에게 보수를 지급할 의무를 부담한다(제686조 제1항). 그러나 무보수로 한다는 등 특별한 사정이 없는 한 응분의 보수를 지급할 묵시적 약정이 있다고 볼 수 있다(대판 1993.11.12. 93다36882).

④ [틀림] 위임에서는 기간의 정함이 있는지의 여부와 관계없이 각 당사자는 언제든지 위임계약을 해지할 수 있지만(제689조 제1항), 상대방이 불리한 시기에 해지한 때에는 그로 말미암아 생기는 손해를 배상하여야 한다. 다만, 그 시기에 해지하는 것이 부득이한 사유에 의한 것일 때에는 배상책임을 부담하지 않는다(제689조 제2항).

⑤ [옳음] 수임인은 위임인의 요구가 있을 때에는 언제나 위임사무의 처리상황을 보고하여야 하며, 또한 위임이 종료한 때에는 지체없이 그 전말을 보고하여야 한다(제683조).

정답 | ④

029 위임에 관한 설명으로 옳은 것은? (다툼이 있는 경우에는 판례에 의함) 〈노무사 2011〉

① 위임계약은 당사자의 사망으로 인하여 원칙적으로 종료하지 않는다.
② 당사자 일방은 상대방에게 불리한 시기에는 위임계약을 해지하지 못한다.
③ 보수에 관한 명시적인 약정이 없다면, 변호사는 소송의뢰인에게 보수를 청구하지 못한다.
④ 위임사무의 처리에 비용을 요하는 때에는 특별한 사정이 없는 한 위임인은 수임인의 청구에 의하여 이를 선급하여야 한다.
⑤ 수임인은 위임인의 승낙이나 부득이한 사유가 없더라도 제3자로 하여금 자기에 갈음하여 위임사무를 처리하게 할 수 있다.

해설 | ① [틀림] 위임은 당사자 일방의 사망 또는 파산으로 인하여 종료한다. 수임인이 성년후견심판을 받은 때에도 같다(제690조).
② [틀림] 당사자 일방이 부득이한 사유 없이 상대방의 불리한 시기에 계약을 (해지할 수는 있지만) 해지한 때에는 그 손해를 배상하여야 한다(제689조 제2항).
③ [틀림] 민법상 위임은 무상이 원칙이지만 당사자 간에 보수의 특약이 있는 경우에 위임인은 수임인에게 보수를 지급할 의무를 부담한다(제686조 제1항). 그러나 무보수로 한다는 등 특별한 사정이 없는 한 응분의 보수를 지급할 묵시적 약정이 있다고 볼 수 있다(대판 1993.11.12. 93다36882).
④ [옳음] 위임사무의 처리에 비용을 요하는 때에는 위임인은 수임인의 청구에 의하여 이를 선급하여야 한다(제687조).
⑤ [틀림] 위임은 당사자의 신뢰관계를 기초로 하므로 원칙적으로 수임인은 자기 스스로 위임사무를 처리하여야 한다. 다만 민법 제682조에서 위임인의 승낙이 있거나 부득이한 사유가 있으면 수임인은 제3자로 하여금 자기에 갈음하여 위임사무를 처리하게 할 수 있다(제682조 제1항).

정답 | ④

030 甲은 자기 소유 부동산을 매매하는 사무를 乙에게 위임하였다. 이에 관한 설명으로 옳지 않은 것은? (다툼이 있으면 판례에 따름) 〈노무사 2019〉

① 乙은 甲의 승낙이나 부득이한 사유 없이 제3자로 하여금 위임사무를 대신 처리하도록 할 수 없다.
② 乙은 甲의 청구가 있는 때에는 위임사무의 처리상황을 보고하고 위임이 종료한 때에는 지체 없이 그 전말을 보고하여야 한다.
③ 乙이 위임을 해지하여 甲이 손해를 입었더라도 乙은 손해배상의무를 부담하지 않는 것이 원칙이다.
④ 위임사무처리에 비용을 요하는 경우, 乙은 위임사무를 완료한 후가 아니면 그 비용을 청구할 수 없다.
⑤ 甲 또는 乙은 원칙적으로 언제든지 위임계약을 해지할 수 있다.

해설 | ① [옳음] 수임인은 원칙적으로 스스로 위임사무를 처리하여야 하나(자신복무의 원칙), 위임인의 승낙이 있는 때 또는 부득이한 사유가 있는 때에 한하여 예외적으로 복위임을 할 수 있다(제682조 제2항).

② [옳음] 민법 제683조

> **제683조(수임인의 보고의무)** 수임인은 위임인의 청구가 있는 때에는 위임사무의 처리상황을 보고하고 위임이 종료한 때에는 지체 없이 그 전말을 보고하여야 한다.

③ [옳음], ⑤ [옳음] 민법 제689조

> **제689조(위임의 상호해지의 자유)** ① 위임계약은 각 당사자가 언제든지 해지할 수 있다.
> ② 당사자 일방이 부득이한 사유 없이 상대방의 불리한 시기에 계약을 해지한 때에는 그 손해를 배상하여야 한다.

④ [틀림] 민법 제687조

> **제687조(수임인의 비용선급청구권)** 위임사무의 처리에 비용을 요하는 때에는 위임인은 수임인의 청구에 의하여 이를 선급하여야 한다.

정답 | ④

031 위임계약에 관한 설명으로 옳지 않은 것은? (다툼이 있는 경우에는 판례에 의함) 〈노무사 2012〉

① 위임은 원칙적으로 당사자 일방의 사망으로 종료한다.
② 복위임은 위임인이 승낙한 경우나 부득이한 경우에만 허용된다.
③ 위임계약은 유상·무상을 묻지 않고 위임인이나 수임인이 언제든지 해지할 수 있다.
④ 위임사무의 처리에 비용을 요하는 때에는 위임인은 수임인의 청구에 의하여 이를 선급하여야 한다.
⑤ 당사자 일방이 상대방의 불리한 시기에 위임계약을 부득이한 사유에 해지한 때에는 그 손해를 배상하여야 한다.

해설 | ① [옳음] 위임은 당사자 일방의 사망 또는 파산으로 인하여 종료한다. 수임인이 성년후견심판을 받은 때에도 같다(제690조).

② [옳음] 수임인은 위임인의 승낙이나 부득이한 사유 없이 제3자로 하여금 자기에 갈음하여 위임사무를 처리하게 하지 못한다(제682조 제1항).

③ [옳음], ⑤ [틀림] 민법상 위임계약은 그것이 유상계약이든 무상계약이든 당사자 쌍방의 특별한 대인적 신뢰관계를 기초로 하는 위임계약의 본질상 각 당사자는 언제든지 이를 해지할 수 있고(제689조 제1항), 그로 인해 상대방이 손해를 입는 일이 있어도 손해배상의무는 지지 않는 것이 원칙이다. 다만 상대방이 불리한 시기에 해지한 때에는 그 해지가 부득이한 사유에 의한 것이 아닌

한 그로 인한 손해를 배상하여야 하나(제689조 제2항), 이 때의 배상의 범위는 위임이 해지되었다는 사실로부터 생기는 손해가 아니라 적당한 시기에 해지되었더라면 입지 아니하였을 손해에 한한다(대판 2000.6.9. 98다64202).

④ [옳음] 위임사무의 처리에 비용을 요하는 때에는 위임인은 수임인의 청구에 의하여 이를 선급하여야 한다(제687조).

정답 | ⑤

032 위임계약에 관한 설명으로 옳은 것은? (다툼이 있으면 판례에 의함) 〈노무사 2013〉

① 무상위임계약은 각 당사자가 언제든지 해지할 수 있다.
② 보수지급시기에 관하여 특약이 없으면 위임사무의 시작과 함께 그 보수를 선급하여야 한다.
③ 위임인이 사망하면 수임인은 특단의 사정이 없는 한 상속인을 위하여 위임계약상의 의무를 이행하여야 한다.
④ 수임인이 위임인에 대한 대변제청구권을 보전하기 위하여 채권자대위권을 행사하는 경우에는 위임인의 무자력이 요구된다.
⑤ 수임인은 업무집행에 대한 재량권이 있으므로 위임인의 지시에 따라야 하는 것은 아니지만, 위임인에 대하여 지시의 변경까지는 요구할 수는 없다.

해설 | ① [옳음] 각 당사자는 언제든지 위임계약을 해지할 수 있지만, 상대방이 불리한 시기에 해지한 때에는 그로 말미암아 생기는 손해를 배상하여야 한다. 다만, 그 시기에 해지하는 것이 부득이한 사유에 의한 것일 때에는 배상책임을 부담하지 않는다(제689조 제2항).

② [틀림] 보수의 종류에는 제한이 없으며 보수의 지급시기에 관하여 특약이 없으면 수임인은 위임사무가 종료한 후에 청구할 수 있다.

③ [틀림] 민법 제691조

> **제691조(위임종료시의 긴급처리)** 위임종료의 경우에 급박한 사정이 있는 때에는 수임인, 그 상속인이나 법정대리인은 위임인, 그 상속인이나 법정대리인이 위임사무를 처리할 수 있을 때까지 그 사무의 처리를 계속하여야 한다. 이 경우에는 위임의 존속과 동일한 효력이 있다.

④ [틀림] 수임인이 제688조 제2항 전단에 따라 위임인에게 갖는 대변제청구권의 보전을 위하여 채무자인 위임인의 채권을 대위하는 경우에는 금전채권임에도 불구하고 무자력을 필요로 하지 않는다(대판 2002.1.25. 2001다52506).

⑤ [틀림] 사무의 처리에 관하여 위임인의 지시가 있는 경우에는 수임인은 이에 따라야 한다. 그러나 지시에 따르는 것이 위임의 취지에 적합하지 않거나 또는 위임인에게 불이익한 경우에는, 수임인은 그 사실을 위임인에게 통지하고 지시의 변경을 구해야 한다(대판 2003.1.10. 2000다61671).

정답 | ①

033 위임에 관한 설명으로 옳지 않은 것은? 〈노무사 2014〉

① 당사자 일방이 부득이한 사유 없이 상대방의 불리한 시기에 위임계약을 해지한 때에는 그 손해를 배상하여야 한다.
② 수임인이 성년후견개시의 심판을 받은 경우에 위임은 종료한다.
③ 수임인이 위임사무의 처리로 인하여 받은 금전 기타의 물건에서 생긴 과실은 수임인에게 귀속한다.
④ 수임인이 위임인을 위하여 자기의 명의로 취득한 권리는 위임인에게 이전하여야 한다.
⑤ 위임사무의 처리에 비용을 요하는 때에는 위임인은 수임인의 청구가 있으면 이를 미리 지급하여야 한다.

해설 | ① [옳음] 위임에서는 기간의 정함이 있는지의 여부와 관계없이 각 당사자는 언제든지 위임계약을 해지할 수 있다(제689조 제1항). 각 당사자는 언제든지 위임계약을 해지할 수 있지만, 상대방이 불리한 시기에 해지한 때에는 그로 말미암아 생기는 손해를 배상하여야 한다. 다만, 그 시기에 해지하는 것이 부득이한 사유에 의한 것일 때에는 배상책임을 부담하지 않는다(제689조 제2항).
② [옳음] 수임인이 성년후견개시의 심판을 받은 경우 위임관계는 종료한다(제690조 후단). 반대로 위임인이 성년후견개시의 심판을 받은 때에는 위임관계가 종료하지 않는다.
③ [틀림] 수임인은 위임사무의 처리로 인하여 받은 금전 기타의 물건 및 그가 수취한 과실을 <u>위임인에게 인도하여야 한다</u>(제684조 제1항).
④ [옳음] 수임인은 위임인을 위하여 수임인의 명의로 취득한 권리를 <u>위임인에게 이전하여야 한다</u>(제684조 제2항).
⑤ [옳음] 위임사무의 처리에 비용이 필요한 경우에는 수임인의 청구가 있으면 <u>위임인은 이를 먼저 지급하여야 한다</u>(제687조).

정답 | ③

제7절 임치

034 민법상 임치에 관한 설명으로 옳지 않은 것은? (다툼이 있는 경우는 판례에 의함) 〈노무사 2013〉

① 무상수치인은 임치물에 대하여 자기재산과 동일한 주의의무를 부담한다.
② 제3자가 수치인에 대하여 임치물에 대한 권리를 주장하며 소를 제기한 경우, 수치인은 지체 없이 임치인에게 그 사실을 통지하여야 한다.
③ 임치인은 임치물의 하자로 인하여 생긴 손해를 수치인에게 배상하여야 하지만, 수치인이 그 하자를 안 때에는 그러하지 아니하다.
④ 임치기간의 약정이 있더라도 임치인은 언제든지 계약을 해지할 수 있다.
⑤ 임치한 물건이 대체물인 경우, 그 물건이 수치인의 과실로 인하여 멸실되었다면 수치인은 그와 동종·동량·동질의 물건을 인도하여야 한다.

해설 | ① [옳음] 보수 없이 임치를 받은 자는 임치물을 자기재산과 동일한 주의로 보관하여야 한다(제695조).

② [옳음] 민법 제696조

> **제696조(수치인의 통지의무)** 임치물에 대한 권리를 주장하는 제삼자가 수치인에 대하여 소를 제기하거나 압류한 때에는 수치인은 지체없이 임치인에게 이를 통지하여야 한다.

③ [옳음] 민법 제697조

> **제697조(임치물의 성질, 하자로 인한 임치인의 손해배상의무)** 임치인은 임치물의 성질 또는 하자로 인하여 생긴 손해를 수치인에게 배상하여야 한다. 그러나 수치인이 그 성질 또는 하자를 안 때에는 그러하지 아니하다.

④ [옳음] 민법 제699조

> **제699조(기간의 약정없는 임치의 해지)** 임치기간의 약정이 없는 때에는 각 당사자는 언제든지 계약을 해지할 수 있다.

⑤ [틀림] 수치인이 받은 물건이나 금전 또는 유가증권 그 자체이다. 즉, 임치물의 동종·동질·동량의 것이 아니다. 임치물이 대체물인 경우에도 같다(대판 1976.11.9. 76다1932).

정답 | ⑤

제8절 조 합

035 민법상 조합에 관한 설명으로 옳지 않은 것은? (다툼이 있으면 판례에 따름) 〈노무사 2015〉

① 조합원의 지분에 대한 압류는 그 조합원의 장래의 이익배당 및 지분의 반환을 받을 권리에 대하여 효력이 있다.

② 탈퇴한 조합원의 지분은 그 출자의 종류 여하에 불구하고 금전으로 반환할 수 있다.

③ 민법상 조합의 채권은 조합원 전원에게 합유적으로 귀속하는 것이어서 특별한 사정이 없는 한, 조합원 중 1인에 대한 채권으로써 그 조합원 개인을 집행채무자로 하여 조합의 채권에 대하여 강제집행을 할 수 없다.

④ 조합의 채무자는 그가 조합에 대하여 부담하는 채무와 조합원에 대한 채권을 상계할 수 있다.

⑤ 금전을 출자의 목적으로 한 조합원이 출자시기를 지체한 때에는 연체이자를 지급하는 외에 손해를 배상하여야 한다.

해설 | ① [옳음] 조합원의 채권자는 조합원의 합유지분에 대하여 압류할 수 있지만, 그 압류는 조합원이 장래 배당받을 이익 및 지분을 반환받을 권리에 대하여 효력이 있을 뿐이다(제714조).

② [옳음] 탈퇴한 조합원의 지분은 그 출자의 종류 여하에 불구하고 금전으로 반환할 수 있다(제719조 제2항).

③ [옳음] 채권자가 조합재산에 대하여 강제집행을 하기 위해서는 조합원 전원에 대한 집행권원이 필요하기 때문에, 채권자는 조합원 전원에 대하여 채권전액을 가지고 이행의 소를 제기하여야 한다. 따라서 조합원 중 1인에 대한 채권으로써 그 조합원 개인을 집행채무자로 하여 조합의 채권에 대하여 강제집행을 할 수 없다(대판 2001.2.23. 2000다68924).

④ [틀림] 조합으로부터 채무를 지고 있는 자가 조합원 중의 1인에 대하여 개인적으로 채권을 가지고 조합과의 잔대금 채무를 서로 대등액에서 상계할 수 없다(제715조).

⑤ [옳음] 금전을 출자의 목적으로 한 조합원이 출자시기를 지체한 때에는 연체이자를 지급하는 외에 손해를 배상하여야 한다(제705조).

정답 | ④

036 조합계약에 관한 설명으로 옳은 것을 모두 고른 것은? (다툼이 있으면 판례에 따름) 〈노무사 2020〉

> ㄱ. 2인이 상호출자하여 부동산 임대사업을 하기로 약정하고 이를 위해 부동산을 취득한 경우 그 부동산은 위 2인이 총유한다.
> ㄴ. 업무집행자가 수인인 경우 그 조합의 통상사무는 각 업무집행자가 전행할 수 있다.
> ㄷ. 당사자들이 공동이행방식의 공동수급체를 구성하여 도급인으로부터 공사를 수급받는 경우 그 공동수급체는 원칙적으로 민법상 조합에 해당한다.

① ㄱ
② ㄱ, ㄴ
③ ㄱ, ㄷ
④ ㄴ, ㄷ
⑤ ㄱ, ㄴ, ㄷ

해설 | ㄱ [틀림] 조합이란 2인 이상의 특정인이 서로 출자하여 공동사업을 경영할 목적으로 결합한 단체를 말한다. 그리고 조합계약이란 2인 이상이 서로 출자하여 공동사업을 경영할 것을 약정함으로써 성립하는 계약이다(제703조 제1항). 총유가 아닌 합유이다.

ㄴ [옳음] 조합의 통상사무는 전항의 규정에 불구하고 각 조합원 또는 각 업무집행자가 전행할 수 있다. 그러나 그 사무의 완료 전에 다른 조합원 또는 다른 업무집행자의 이의가 있는 때에는 즉시 중지하여야 한다(제706조 제3항).

ㄷ [옳음] 당사자들이 공동이행방식의 공동수급체를 구성하여 도급인으로부터 공사를 수급받는 경우 공동수급체는 원칙적으로 민법상 조합에 해당한다(대판 2018.1.24. 2015다69990).

정답 | ④

037 민법상 조합에 관한 설명으로 옳지 않은 것은? (다툼이 있으면 판례에 따름) 〈노무사 2021〉

① 수인이 공동사업을 경영할 목적 없이 전매차익만을 얻기 위해 상호 협력한 경우, 특별한 사정이 없는 한 이들 사이의 법률관계는 조합에 해당하지 않는다.
② 조합채무자가 조합원들 중의 1인에 대하여 개인 채권을 가지고 있는 경우, 그 채권과 조합에 대한 채무를 서로 대등액에서 상계할 수 없다.
③ 조합계약에서 출자의무의 이행과 이익분배를 직접 연결시키는 특약을 두지 않는 경우, 조합은 출자의무를 이행하지 않은 조합원의 이익분배 자체를 거부할 수 없다.
④ 조합원의 지분에 대한 압류는 그 조합원의 장래의 이익배당 및 지분의 반환을 받을 권리에 대하여 효력이 있다.
⑤ 2인 조합에서 조합원 1인이 탈퇴하면 조합관계는 종료되고, 원칙적으로 조합은 즉시 해산된다.

해설 | ① [옳음] 공동매수의 목적이 전매차익의 획득에 있을 경우 그것이 공동사업을 위해 동업체에서 매수한 것이 되려면, 적어도 공동매수인들 사이에서 그 매수한 토지를 공유가 아닌 동업체의 재산으로 귀속시키고 공동매수인 전원의 의사에 기해 전원의 계산으로 처분한 후 그 이익을 분배하기로 하는 명시적 또는 묵시적 의사의 합치가 있어야만 할 것이고, 이와 달리 공동매수 후 매수인별로 토지에 관하여 공유에 기한 지분권을 가지고 각자 자유롭게 그 지분권을 처분하여 대가를 취득할 수 있도록 한 것이라면 이를 동업체에서 매수한 것으로 볼 수는 없다 할 것이다(대판 2007.6.14. 2005다5140).

② [옳음] 조합의 채무자는 그 채무와 조합원에 대한 채권으로 상계하지 못한다(제715조).

③ [옳음] 건설공동수급체는 기본적으로 민법상 조합의 성질을 가지는 것인데, 건설공동수급체의 구성원인 조합원이 그 출자의무를 불이행하였더라도 그 조합원을 조합에서 제명하지 않는 한 건설공동수급체는 조합원에 대한 출자금채권과 그 연체이자채권, 그 밖의 손해배상채권으로 조합원의 이익분배청구권과 직접 상계할 수 있을 뿐이고, 조합계약에서 출자의무의 이행과 이익분배를 직접 연계시키는 특약을 두지 않는 한 출자의무의 불이행을 이유로 이익분배 자체를 거부할 수는 없다(대판 2006.8.25. 2005다16959).

④ [옳음] 조합원의 지분에 대한 압류는 그 조합원의 장래의 이익배당 및 지분의 반환을 받을 권리에 대하여 효력이 있다(제714조).

⑤ [틀림] 2인 조합에서 조합원 1인이 탈퇴하면 조합관계는 종료되지만 특별한 사정이 없는 한 조합이 해산되지 아니하고, 조합원의 합유에 속하였던 재산은 남은 조합원의 단독소유에 속하게 되어 기존의 공동사업은 청산절차를 거치지 않고 잔존자가 계속 유지할 수 있다(대판 2006.3.9. 2004다49693).

정답 | ⑤

제9절 화 해

038 화해계약에 관한 설명으로 옳지 않은 것은? (다툼이 있으면 판례에 따름) 〈노무사 2019〉

① 화해당사자의 자격에 관할 착오가 있는 경우에는 이를 이유로 취소하지 못한다.
② 화해계약은 특별한 사정이 없는 한, 당사자 일방이 양보한 권리가 소멸되고 상대방이 화해로 인하여 그 권리를 취득하는 효력이 있다.
③ 채권자와 채무자 간의 잔존채무액의 계산행위는 특별한 사정이 없는 한 화해계약이 아니다.
④ 화해계약이 사기로 인해 이루어진 경우에는 화해의 목적인 분쟁에 관한 사항에 착오가 있더라도 사기에 의한 의사표시를 이유로 이를 취소할 수 있다.
⑤ 성질상 당사자가 임의로 처분할 수 없는 법률관계는 화해계약의 대상이 될 수 없다.

해설 | ① [틀림] 민법 제733조

> **제733조 (화해의 효력과 착오)** 화해계약은 착오를 이유로 하여 취소하지 못한다. 그러나 화해당사자의 자격 또는 화해의 목적인 분쟁 이외의 사항에 착오가 있는 때에는 그러하지 아니하다.

② [옳음] 민법 제732조

> **제732조 (화해의 창설적 효력)** 화해계약은 당사자 일방이 양보한 권리가 소멸되고 상대방이 화해로 인하여 그 권리를 취득하는 효력이 있다.

③ [옳음] 채권자와 채무자 간의 잔존채무액의 계산행위는 화해의 창설적 효력이 없으므로 특별한 사정이 없는 한 화해계약이 아니다.
④ [옳음] 민법 제733조의 규정에 의하면, 화해계약은 화해당사자의 자격 또는 화해의 목적인 분쟁 이외의 사항에 착오가 있는 경우를 제외하고는 착오를 이유로 취소하지 못하지만, 화해계약이 사기로 인하여 이루어진 경우에는 화해의 목적인 분쟁에 관한 사항에 착오가 있는 때에도 민법 제110조에 따라 이를 취소할 수 있다(대판 2008.9.11. 2008다15278).
⑤ [옳음] 분쟁이란 법률관계의 존부·범위·태양 등에 관하여 당사자가 서로 다르게 주장하는 것을 의미한다. 다툼이 있는 법률관계의 종류에는 제한이 없으나, 당사자가 자유로이 처분할 수 없는 법률관계는 화해의 목적이 되지 않는다.

정답 | ①

CHAPTER 03 사무관리

001 사무관리에 관한 설명으로 옳지 않은 것은? (다툼이 있으면 판례에 따름) 〈노무사 2015〉

① 관리자가 본인의 의사에 반하는 관리행위로 인하여 필요비 또는 유익비를 지출한 때에는 본인의 현존이익의 한도에서 그 상환을 청구할 수 있다.

② 관리자가 사무관리를 함에 있어서 과실 없이 손해를 받은 때에는 본인의 현존이익의 한도에서 그 손해의 보상을 청구할 수 있다.

③ 사무를 처리한 자에게 타인을 위하여 처리한다는 관리의사가 없는 경우에도 사무관리가 성립될 수 있다.

④ 관리자가 관리를 개시한 때에는 지체없이 본인에게 통지하여야 하지만, 본인이 이미 이를 안 때에는 그러하지 아니하다.

⑤ 관리자가 타인의 생명, 신체, 명예 또는 재산에 대한 급박한 위해를 면하게 하기 위하여 그 사무를 관리한 때에는 고의나 중대한 과실이 없으면 이로 인한 손해를 배상할 책임이 없다.

해설 | ① [옳음] 관리자가 본인의 의사에 반하는 관리행위로 인하여 필요비 또는 유익비를 지출한 때에는 본인의 현존이익의 한도에서 그 상환을 청구할 수 있다(제739조 제3항).

② [옳음] 관리자가 사무관리를 함에 있어서 과실 없이 손해를 받은 때에는 본인의 현존이익의 한도에서 그 손해의 보상을 청구할 수 있다(제740조).

③ [틀림] 사무관리가 성립하기 위하여는 우선 그 사무가 타인의 사무이고, 타인을 위하여 사무를 처리하는 의사가 있어야 함은 물론 나아가 그 사무의 처리가 본인에게 불리하거나 본인의 의사에 반한다는 것이 명백하지 않을 것을 요한다. 만약 그 사무가 타인의 사무가 아니라거나 또는 사무를 처리한 자에게 타인을 위하여 처리한다는 관리의사가 없는 경우에는 사무관리가 성립할 수 없다.

④ [옳음] 관리자가 관리를 개시한 때에는 지체없이 본인에게 통지하여야 하지만, 본인이 이미 이를 안 때에는 그러하지 아니하다(제736조).

⑤ [옳음] 관리자가 타인의 생명, 신체, 명예 또는 재산에 대한 급박한 위해를 면하게 하기 위하여 그 사무를 관리한 때에는 고의나 중대한 과실이 없으면 이로 인한 손해를 배상할 책임이 없다(제735조).

정답 | ③

002 甲은 법률상 의무 없이 乙의 사무를 처리하고 있다. 이에 관한 설명으로 옳지 않은 것은? (다툼이 있으면 판례에 따름) 〈노무사 2021〉

① 甲이 제3자와의 별도의 위임계약에 따라 乙의 사무를 처리한 경우, 원칙적으로 甲과 乙사이에 사무관리는 성립하지 않는다.

② 사무관리가 성립되기 위한 甲의 사무관리의사는 甲 자신을 위한 의사와 병존할 수 있다.

③ 사무관리가 성립하는 경우, 甲은 乙에게 부당이득반환을 청구할 수 없다.

④ 사무관리가 성립하는 경우, 甲이 乙의 의사를 알거나 알 수 있었다면 甲은 사무의 성질에 좇아 乙에게 이익이 되는 방법으로 관리하여야 한다.

⑤ 甲이 사무관리하면서 과실 없이 손해를 입은 경우, 甲은 乙의 현존이익의 한도 내에서 그 손해의 보상을 청구할 수 있다.

해설 | ① [옳음] 관리자가 법률의 규정(친권자·후견인) 또는 계약(위임 등)에 의하여 본인 또는 제3자에 대해 그 사무를 관리할 의무를 부담하는 경우에는 사무관리는 성립하지 않는다.

② [옳음] 관리의사는 관리자 자신의 이익을 위한 의사와 병존(예컨대 공유자의 한 사람이 각 공유자의 부담에 돌아갈 비용의 전부를 지급하는 경우)하여도 상관없다. 그러나 단순히 자기의 이익을 꾀하려는 의사만을 가진 때에는 사무관리가 성립하지 않는다.

③ [틀림] 의무 없이 타인을 위하여 사무를 관리한 자는 타인에 대하여 민법상 사무관리 규정에 따라 비용상환 등을 청구할 수 있는 외에 사무관리에 의하여 결과적으로 사실상 이익을 얻은 다른 제3자에 대하여 직접 부당이득반환을 청구할 수는 없다(대판 2013.6.27. 2011다17106). 그러나 문제의 지문은 甲이 법률상 의무 없이 乙의 사무를 처리하고 있다고 하였는 바, 甲과 乙 사이의 문제이다. 따라서 사무관리의 요건을 갖출 경우, 사무관리에 따른 비용을 청구할 수 있으며, 만약 사무관리가 성립하지 않는 경우에는 부당이득이 문제될 수 있다. 명확한 지문이 아니기에 복수정답으로 인정되었다.

④ [틀림] 의무 없이 타인을 위하여 사무를 관리하는 자는 그 사무의 성질에 좇아 가장 본인에게 이익되는 방법으로 이를 관리하여야 한다. 관리자가 본인의 의사를 알거나 알 수 있는 때에는 그 의사에 적합하도록 관리하여야 한다(제734조).

⑤ [옳음] 관리자가 사무관리를 함에 있어서 과실 없이 손해를 받은 때에는 본인의 현존이익의 한도에서 그 손해의 보상을 청구할 수 있다(제740조).

정답 | ③, ④

CHAPTER 04 부당이득

001 부당이득에 관한 설명으로 옳은 것은? (다툼이 있으면 판례에 따름) 〈노무사 2023〉

① 법률상 원인 없는 이득이 있다면 그 이득으로 인해 타인에게 손해가 발생한 것이 아니더라도 그 타인은 부당이득반환청구를 할 수 있다.
② 변제기에 있지 아니한 채무를 착오 없이 변제한 때에는 그 변제한 것의 반환을 청구할 수 있다.
③ 「부동산 실권리자명의 등기에 관한 법률」에 위반되어 무효인 명의신탁약정에 기하여 타인 명의로 등기를 마쳐준 것은 당연히 불법원인급여에 해당한다.
④ 선의의 수익자가 패소한 때에는 그 소가 확정된 때로부터 악의의 수익자로 본다.
⑤ 제한행위능력을 이유로 법률행위를 취소한 경우 제한능력자는 선의·악의를 묻지 않고 그 행위로 인하여 받은 이익이 현존하는 한도에서 상환할 책임이 있다.

해설 | ① [틀림]

> 제741조(부당이득의 내용) 법률상 원인 없이 타인의 재산 또는 노무로 인하여 이익을 얻고 이로 인하여 <u>타인에게 손해를 가한 자</u>는 그 이익을 반환하여야 한다.

② [틀림]

> 제743조(기한 전의 변제) 변제기에 있지 아니한 채무를 변제한 때에는 그 반환을 청구하지 못한다. 그러나 채무자가 착오로 인하여 변제한 때에는 채권자는 이로 인하여 얻은 이익을 반환하여야 한다.

③ [틀림] 부동산 실권리자명의 등기에 관한 법률(이하 '부동산실명법'이라 한다) 규정의 문언, 내용, 체계와 입법 목적 등을 종합하면, <u>부동산실명법을 위반하여 무효인 명의신탁약정에 따라 명의수탁자 명의로 등기를 하였다는 이유만으로 그것이 당연히 불법원인급여에 해당한다고 단정할 수는 없다</u>(대판 2019.6.20. 2013다218156 전원합의체).

④ [틀림]

> 제749조(수익자의 악의인정) ① 수익자가 이익을 받은 후 법률상 원인 없음을 안 때에는 그때부터 악의의 수익자로서 이익반환의 책임이 있다.
> ② 선의의 수익자가 패소한 때에는 그 소를 제기한 때부터 악의의 수익자로 본다.

⑤ [옳음]

> 제141조(취소의 효과) 취소한 법률행위는 처음부터 무효인 것으로 본다. 그러나 제한능력자는 그 행위로 인하여 받은 이익이 현존하는 한도에서 상환할 책임이 있다.

정답 | ⑤

002 부당이득에 관한 설명으로 옳은 것은? (다툼이 있으면 판례에 따름) 〈노무사 2022〉

① 채무자가 착오로 변제기 전에 채무를 변제한 경우, 채권자는 이로 인해 얻은 이익을 반환할 의무가 없다.
② 수익자가 이익을 받은 후 법률상 원인없음을 안 때에는 그 이익을 받은 날로부터 악의의 수익자로서 이익반환의 책임이 있다.
③ 선의의 수익자가 패소한 때에는 패소가 확정된 때부터 악의의 수익자로 본다.
④ 불법원인급여에서 수익자의 불법성이 현저히 크고, 그에 비하여 급여자의 불법성은 경미한 경우라 하더라도 급여자의 반환 청구는 허용되지 않는다.
⑤ 법률상 원인 없이 이득을 얻은 자는 있지만 그로 인해 손해를 입은 자가 없는 경우, 부당이득반환청구권은 인정되지 않는다.

해설 | ① [틀림] 변제기 전에 채무를 변제한 때에는 그 반환을 청구하지 못한다. 변제기 이전이라도 채무가 존재하고, 변제기 전임을 알고 변제하는 것은 기한의 이익을 포기하는 것으로 볼 수 있다(대판 1991.8.13. 91다6856). 그러나 채권자가 미리 급부받은 것을 변제기까지 이용함으로써 사실상 얻은 이익은 법률상의 원인이 없는 것이므로, 채무자가 변제기의 착오로 변제한 경우에 한해서 채권자에게 발생한 이익의 반환을 청구할 수 있다(제743조).

② [틀림], ③ [틀림] 수익자가 이익을 받은 후 그것이 법률상 원인이 없는 것을 안 때 또는 선의의 수익자가 패소한 때에는, 원인 없음을 안 때 또는 그 소를 제기한 때로부터 악의의 수익자로 본다(제749조 제1항·2항).

④ [틀림] 제746조 단서에 따르면 불법원인이 수익자에게만 있는 경우 급여자는 급여한 것의 반환을 청구할 수 있다. 또한 급부자와 수익자 모두에게 불법성이 인정되더라도 수익자의 불법성이 급부자의 그것보다 현저히 큰 경우에는 급여자의 반환청구가 허용된다. 이를 '불법성 비교론'이라고 한다. 즉, 급여자의 불법성이 수익자의 불법성에 비해 미약한 정도이고 급여자의 반환을 부인하는 것이 신의칙이나 공평의 원칙에 반하는 때에는 급부자의 반환청구를 인정한다(대판 2007.2.15. 2004다50426 전원합의체).

⑤ [옳음] 부당이득이 성립하려면, 이익과 손실이 존재하여야 하며, 서로 인과관계가 있어야 한다. 따라서 불법점유라는 사실이 발생하지 않았더라도 소득이 발생할 여지가 없는 특별한 사정이 있는 때에는 손해배상이나 부당이득반환을 청구할 수 없다(대판 2008.1.17. 2006다586).

정답 | ⑤

003 부당이득에 관한 설명으로 옳은 것은? (다툼이 있으면 판례에 따름) 〈노무사 2019〉

① 채무자가 채무 없음을 알고 임의로 변제한 경우, 그 반환을 청구할 수 있다.

② 선의의 수익자가 패소한 때에는 패소 시부터 악의의 수익자로 본다.

③ 불법원인급여로 인해 반환을 청구하지 못하는 이익은 종국적인 것임을 요하지 않는다.

④ 제한능력을 이유로 법률행위를 취소하는 경우, 악의의 제한능력자는 그 행위로 인하여 받은 이익 전부를 상환하여야 한다.

⑤ 수익자가 법률상 원인 없이 이득한 재산을 처분함으로 인하여 원물반환이 불가능한 경우, 반환하여야 할 가액은 특별한 사정이 없는 한 그 처분 당시의 대가이다.

해설 | ① [틀림] 민법 제742조

> 제742조(비채변제) 채무 없음을 알고 이를 변제한 때에는 그 반환을 청구하지 못한다.

② [틀림] 민법 제749조 제2항

> 제749조(수익자의 악의인정) ② 선의의 수익자가 패소한 때에는 그 소를 제기한 때부터 악의의 수익자로 본다.

③ [틀림] 불법원인급여에서 급여는 종국적이어야 한다. 급여가 종국적인 이익이 되지 못하고 종속적인 것에 불과하여 수령자가 그 이익을 향수하려면 경매신청을 하는 것과 같이 별도의 조치를 취하여야 하는 경우에는 제746조의 급여가 있다고 볼 수 없다(대판 1995.8.11. 94다54108).

④ [틀림] 취소한 제한능력자의 반환범위에 관한 민법 제141조 단서가 유추적용되어 제한능력자의 선의·악의를 묻지 아니하고 언제나 현존이익의 한도에서 반환하면 된다(대판 2009.1.15. 2008다58367).

⑤ [옳음] 일반적으로 수익자가 법률상 원인 없이 이득한 재산을 처분함으로 인하여 원물반환이 불가능한 경우에 있어서 반환하여야 할 가액은 특별한 사정이 없는 한 그 처분 당시의 대가이다(대판 1995.5.12. 94다25551).

정답 | ⑤

004 부당이득에 관한 설명으로 옳은 것은? (다툼이 있으면 판례에 따름) 〈노무사 2018〉

① 선의의 수익자가 패소한 때에는 그 판결이 확정된 때부터 악의의 수익자로 본다.

② 악의의 비채변제라도 변제를 강제당한 경우 등 그 변제가 자유로운 의사에 반하여 이루어진 때에는 반환을 청구할 수 있다.

③ 임차인이 동시이행의 항변권에 기하여 임차목적물을 사용·수익한 경우에는 부당이득이 성립하지 않는다.

④ 무효인 명의신탁약정에 의하여 타인 명의의 등기가 마쳐졌다는 이유만으로 그것이 불법원인급여에 해당한다.

⑤ 채무 없는 자가 착오로 변제한 경우에 그 변제가 도의관념에 적합한 때에도 그 반환을 청구할 수 있다.

해설 | ① [**틀림**] 선의의 수익자가 패소한 때에는 소를 제기한 때부터 악의의 수익자로 본다(제749조 제2항).

② [**옳음**] 채무 없음을 알았다 하더라도 지급자가 임의로 지급한 것이 아니고 부득이한 사정으로 진의에 반하여 지급한 경우에는 그 반환청구권을 상실하지 않는다(대판 2003.7.25. 2003다22813).

③ [**틀림**] 임대차종료 후 임차인의 임차목적물명도의무와 임대인의 연체차임 기타 손해배상금을 공제하고 남은 임대차보증금반환채무와는 동시이행의 관계에 있으므로 임차인이 동시이행의 항변권에 기하여 임차목적물을 점유하고 사용수익한 경우 그 점유는 불법점유라 할 수 없어 그로 인한 손해배상책임은 지지 아니하되, 다만 사용수익으로 인하여 실질적으로 얻은 이익이 있으면 부당이득으로서 반환하여야 한다(대판 1989.2.28. 87다카2114).

④ [**틀림**] 강행법규 위반이 곧 불법원인급여에 해당하는 것은 아니다(대판 1983.11.22. 83다430). 무효인 명의신탁약정에 기하여 타인 명의의 등기가 마쳐졌다는 이유만으로 그것이 당연히 불법원인급여에 해당한다고 볼 수 없다(대판 2003.11.27. 2003다41722).

⑤ [**틀림**] 채무 없는 자가 착오로 인하여 변제한 경우에 그 변제가 도의관념에 적합한 때에는 그 반환을 청구하지 못한다(제744조).

정답 | ②

005 부당이득에 관한 설명으로 옳지 않은 것은? (다툼이 있으면 판례에 따름) 〈노무사 2017〉

① 소유권과 같은 물권의 취득뿐만 아니라 채권의 취득도 이득에 해당한다.

② 채무 없는 자가 착오로 변제한 경우에 그 변제가 도의관념에 적합한 때에는 그 반환을 청구하지 못한다.

③ 법률상 원인 없이 타인 소유의 건물을 점유하여 거주하는 자는 특별한 사정이 없는 한 건물의 차임 상당액을 부당이득으로 반환할 의무가 있다.

④ 부당이득으로 취득한 금전은 취득자의 소비 여부를 불문하고 현존하는 것으로 추정된다.

⑤ 부당이득 반환의무는 수익자에게 고의 또는 과실이 있는 경우에만 인정된다.

해설 | ① [**옳음**] 채권도 물권과 같이 재산권의 하나이므로 그 취득도 당연히 이득이 되고 수익이 된다(대판 1995.12.5. 95다22061).

② [**옳음**] 민법 제744조

> **제744조(도의관념에 적합한 비채변제)** 채무없는 자가 착오로 인하여 변제한 경우에 그 변제가 도의관념에 적합한 때에는 그 반환을 청구하지 못한다.

③ [옳음] 건물임대차계약 종료 이후 이를 계속 점유·사용하고 있는 건물임차인은 건물소유자에 대한 관계에 있어서 건물부지의 사용·수익으로 인한 이득이 포함된 건물임료 상당의 부당이득을 하였다고 보아야 할 것이다(대판 1994.12.9. 94다27809).

④ [옳음] 판례는 취득한 것이 금전상의 이득인 때에는 그 이득은 현존하는 것으로 추정하고(대판 2005.4.15. 2003다60297, 대판 1987.8.18. 87다카768 등), 그 밖의 경우는 이를 부정하면서 이득반환청구권자가 현존이익의 사실을 입증하여야 한다고 한다(대판 1970.2.10. 69다2171).

⑤ [틀림] 부당이득 반환의무는 불법행위와 달리 고의 또는 과실을 요하지 않는다.

정답 | ⑤

006 부당이득의 반환의무 또는 책임의 범위가 현존이익으로 한정되는 경우가 아닌 것은? 〈노무사 2016〉

① 선의의 부당이득자의 반환의무
② 실종선고가 취소된 경우, 실종선고를 직접원인으로 하여 선의로 재산을 취득한 자의 반환의무
③ 법률행위가 제한능력을 이유로 취소되는 경우, 제한능력자의 상환의무
④ 수탁보증인이 과실 없이 변제 기타의 출재로 주채무를 소멸시킨 경우, 주채무자의 수탁보증인에 대한 구상채무
⑤ 사무관리를 함에 있어 관리자가 과실 없이 손해를 받은 경우, 본인의 관리자에 대한 무과실손해보상채무

해설 | ① [현존] 민법 제748조

> 제748조(수익자의 반환범위) ① 선의의 수익자는 그 받은 이익이 현존한 한도에서 전조의 책임이 있다.

② [현존] 민법 제29조

> 제29조(실종선고의 취소) ② 실종선고의 취소가 있을 때에 실종의 선고를 직접원인으로 하여 재산을 취득한 자가 선의인 경우에는 그 받은 이익이 현존하는 한도에서 반환할 의무가 있고 악의인 경우에는 그 받은 이익에 이자를 붙여서 반환하고 손해가 있으면 이를 배상하여야 한다.

③ [현존] 민법 제141조

> 제141조(취소의 효과) 취소한 법률행위는 처음부터 무효인 것으로 본다. 다만, 제한능력자는 그 행위로 인하여 받은 이익이 현존하는 한도에서 상환할 책임이 있다.

④ [전부] 민법 제425조, 제441조

> 제425조(출재채무자의 구상권) ① 어느 연대채무자가 변제 기타 자기의 출재로 공동면책이 된 때에는 다른 연대채무자의 부담부분에 대하여 구상권을 행사할 수 있다.

② 전항의 구상권은 면책된 날 이후의 법정이자 및 피할 수 없는 비용 기타 손해배상을 포함한다.

제441조(수탁보증인의 구상권) ② 제425조 제2항의 규정은 전항의 경우에 준용한다.

⑤ [현존] 민법 제740조

제740조(관리자의 무과실손해보상청구권) 관리자가 사무관리를 함에 있어서 과실 없이 손해를 받은 때에는 본인의 현존이익의 한도에서 그 손해의 보상을 청구할 수 있다.

정답 | ④

007 부당이득반환청구권에 관한 설명으로 옳지 않은 것은? (다툼이 있으면 판례에 따름) 〈노무사 2020〉

① 부당이득반환청구권의 요건인 수익자의 이득은 실질적으로 귀속된 이득을 의미한다.
② 법률상 원인 없이 이득을 얻은 자는 있지만 그로 인해 손해를 입은 자가 없다면 부당이득반환청구권은 성립하지 않는다.
③ 수인이 공동으로 법률상 원인 없이 타인의 재산을 사용한 경우 발생하는 부당이득반환채무는 특별한 사정이 없는 한 부진정연대관계에 있다.
④ 부당이득이 금전상 이득인 경우 이를 취득한 자가 소비하였는지 여부를 불문하고 그 이득은 현존하는 것으로 추정된다.
⑤ 선의의 수익자가 부당이득반환청구소송에서 패소한 때에는 그 소가 제기된 때부터 악의의 수익자로 간주된다.

해설 | ① [옳음] 부당이득반환에 있어서 "이득"이라 함은 실질적인 이익을 가리키는 것이다(대판 1986.3.25. 85다422).

② [옳음] 일방에 법률상의 원인이 없는 이익이 있더라도 상대방에게 손실이 없으면 부당이득이 되지 않는다(제741조).

③ [틀림] 여러 사람이 공동으로 법률상 원인 없이 타인의 재산을 사용한 경우의 부당이득 반환채무는 특별한 사정이 없는 한 불가분적 이득의 반환으로서 불가분채무이고, 불가분채무는 각 채무자가 채무 전부를 이행할 의무가 있으며, 1인의 채무이행으로 다른 채무자도 그 의무를 면하게 된다(대판 2001.12.11. 2000다13948).

④ [옳음] 판례는 취득한 것이 금전상의 이득인 때에는 그 이득은 현존하는 것으로 추정하고(대판 2005.4.15. 2003다60297), 그 밖의 경우는 이를 부정하면서 이득반환청구권자가 현존이익의 사실을 입증하여야 한다고 한다(대판 1970.2.10. 69다2171).

⑤ [옳음] 선의의 수익자가 패소한 때에는 그 소를 제기한 때부터 악의의 수익자로 본다.

정답 | ③

008 부당이득에 관한 설명으로 옳은 것은? (다툼이 있는 경우에는 판례에 의함) 〈노무사 2012〉

① 법률상 원인 없이 타인의 토지를 점유함으로 인한 부당이득반환채무는 부당이득이 발생한 때부터 지체책임이 있다.

② 법률상 원인 없이 제3자에 대한 채권을 취득하였으나 아직 그 채권을 현실적으로 추심하지 못한 경우, 손실자는 채권의 이득자에 대하여 그 채권 가액에 해당하는 금전의 반환을 구할 수 없다.

③ 임대차계약 종료 후 임차인이 동시이행의 항변권을 행사하여 임차건물을 사용·수익한 경우, 임대인은 임차인에 대하여 부당이득반환을 청구할 수 없다.

④ 계약에 따른 어떤 급부가 그 계약의 상대방 아닌 제3자의 이익으로 된 경우, 급부를 한 계약당사자는 그 제3자에 대하여 직접 부당이득반환을 청구할 수 있다.

⑤ 정당한 권원 없이 타인의 토지 일부분 위에 시설물을 설치·소유함으로써 토지소유자가 나머지 토지까지 사용할 수 없게 된 경우, 토지소유자는 토지 전체에 대하여 임대료 상당의 부당이득반환을 청구할 수 없다.

해설 | ① **[틀림]** 부당이득반환의무는 이행기한의 정함이 없는 채무로서 채무자는 이행청구를 받은 때로부터 지체책임을 진다(대판 2010.1.28. 2009다24187·24194).

② **[옳음]** 법률상 원인 없이 제3자에 대한 채권을 취득한 경우, 만약 채권의 이득자가 이미 그 채권을 변제받았다면 그 변제받은 금액이 이득이 되어 이를 반환하여야 할 것이나, 아직 그 채권을 현실적으로 추심하지 못한 경우에는 손실자는 채권의 이득자에 대하여 그 채권의 반환을 구하여야 하고 결국 부당이득한 채권의 양도와 그 채권 양도의 통지를 그 채권의 채무자에게 하여줄 것을 청구하는 형태가 된다(대판 1995.12.5. 95다22061).

③ **[틀림]** 임차인이 동시이행의 항변권에 기하여 임차목적물을 사용·수익한 경우에도 그로 인하여 임대인에게 손해를 끼치는 한에 있어서는 부당이득이 된다(대판 1992.4.14. 91다45202·45219).

④ **[틀림]** 계약에 따른 어떤 급부가 그 계약의 상대방 아닌 제3자의 이익으로 된 경우 계약당사자는 계약상대방에 대하여 계약상의 반대급부를 청구할 수 있을 뿐이고 그 제3자에 대하여 직접 부당이득을 주장하여 반환을 청구할 수 없다(대판 2005.4.15. 2004다49976).

⑤ **[틀림]** 타인의 토지 위에 정당한 권원 없이 시설물을 설치·소유함으로써 나머지 토지 부분이 과소토지로 남게 되어 사실상 소유자가 그 과소토지 부분을 자신이 원하는 용도로 사용할 수 없게 된 경우, 그 토지의 소유자는 그 과소토지 부분을 포함한 당해 토지 전부에 대한 임료 상당의 이득을 소유자에게 반환할 의무를 진다(대판 2001.3.9. 2000다70828).

정답 | ②

009 부당이득에 관한 설명으로 옳은 것을 모두 고른 것은? (다툼이 있으면 판례에 따름) 〈노무사 2015〉

> ㄱ. 법률행위가 사기에 의한 것으로서 취소되는 경우에 그 법률행위가 동시에 불법행위를 구성하는 때에는 취소의 효과로 생기는 부당이득반환청구권과 불법행위로 인한 손해배상청구권은 경합하여 병존하는 것이므로, 채권자는 어느 것이라도 선택하여 행사할 수 있지만 중첩적으로 행사할 수는 없다.
> ㄴ. 채무자가 횡령한 금전으로 자신의 채권자에 대한 채무를 변제하는 경우, 채권자가 그 변제를 수령함에 있어 단순히 과실이 있는 경우에는 그 변제는 유효하고 채권자의 금전 취득이 피해자에 대한 관계에 있어서 법률상 원인을 결여한 것이라고 할 수 없다.
> ㄷ. 비채변제에 관한 규정(민법 제742조)은 변제자가 채무 없음을 알면서도 변제를 한 경우에 적용되는 것이므로, 채무 없음을 알지 못한 경우에는 그 과실 유무를 불문하고 적용되지 아니한다.

① ㄱ   ② ㄱ, ㄴ   ③ ㄱ, ㄷ
④ ㄴ, ㄷ   ⑤ ㄱ, ㄴ, ㄷ

해설 | ㄱ [옳음] 법률행위가 사기에 의한 것으로서 취소되는 경우에 그 법률행위가 동시에 불법행위를 구성하는 때에는 취소의 효과로 생기는 부당이득반환청구권과 불법행위로 인한 손해배상청구권은 경합하여 병존하는 것이므로, 채권자는 어느 것이라도 선택하여 행사할 수 있지만 중첩적으로 행사할 수는 없다(대판 1993.4.27. 92다56087).

ㄴ [옳음] 채무자가 횡령한 금전으로 자신의 채권자에 대한 채무를 변제하는 경우 채권자가 그 변제를 수령함에 있어 악의 또는 중대한 과실이 있는 경우에는 채권자의 금전취득은 피해자에 대한 관계에 있어서 법률상 원인을 결여한 것으로 봄이 상당하나, 채권자가 그 변제를 수령함에 있어 단순히 과실이 있는 경우에는 그 변제는 유효하고 채권자의 금전 취득이 피해자에 대한 관계에 있어서 법률상 원인을 결여한 것이라고 할 수 없다(대판 2008.3.13. 2006다53733·53740). 이는 횡령한 금전을 타인에게 증여한 경우에도 마찬가지이다(대판 2012.1.12. 2011다74246).

ㄷ [옳음] 비채변제라 함은 채무가 없음에도 불구하고 채무가 있는 것으로 잘못 알고 변제한 경우를 말한다. 이에 대하여 민법은 변제자가 변제 당시에 채무없음을 '알면서' 변제한 때에는 그 급부의 반환을 청구할 수 없다고 규정하고 있다(제742조). 변제자가 변제 당시 채무 없음을 알았어야 한다. 따라서 채무 없음을 알지 못한 경우에는 그 과실 유무를 불문하고 적용되지 아니한다(대판 1998.11.13. 97다58453). 이러한 채무 없음을 알았다는 사실은 반환의무를 면하려는 변제수령자가 증명해야 한다.

정답 | ⑤

010 부당이득에 관한 설명으로 옳은 것은? (다툼이 있는 경우에는 판례에 의함) 〈노무사 2011〉

① 채무 없음을 알고 이를 변제한 경우, 변제자는 그 반환을 청구할 수 있다.
② 비채변제에 있어 변제자가 채무 없음을 알았다는 점에 대한 증명책임은 반환을 청구하는 측에 있다.
③ 채무 없는 자가 착오로 변제한 경우, 그 변제가 도의관념에 적합한 때에는 그 반환을 청구할 수 없다.
④ 채무자 아닌 제3자가 타인의 채무라는 사실을 알면서 변제하였고 그것이 채무자의 의사에 반하지 않는 경우, 제3자는 채권자에게 부당이득반환을 청구할 수 있다.
⑤ 채무자가 착오로 인하여 변제기 전에 변제를 한 경우, 채무자는 채권자가 급부받은 것을 변제기까지 이용하여 얻은 이익의 반환을 청구할 수 없다.

해설 │ ① [틀림] 채무 없음을 알고 이를 변제한 때에는 그 반환을 청구하지 못한다(제742조).

② [틀림] 채무 없음을 알았다는 사실은 반환의무를 면하려는 변제수령자가 증명해야 한다.

③ [옳음] 채무 없는 자가 착오로 인하여 변제한 경우에 그 변제가 도의관념에 적합한 때에는 그 반환을 청구하지 못한다(제744조).

④ [틀림] 제3자의 변제란 제3자가 자기의 이름으로 타인의 채무를 이행하려는 의사를 가지고 타인의 채무로서 변제하는 경우를 말하는데, 이는 원칙적으로 인정된다(제469조 제1항 본문). 즉 제3자의 변제란 제3자가 타인의 채무로서 변제하는 경우를 말하고, 제3자가 타인의 채무를 자기의 채무로 오신하고 변제하면 비채변제가 된다(제745조 참조).

⑤ [틀림] 변제기에 있지 아니한 채무를 (변제기 전임을 알면서) 변제한 때에는 (변제기가 도래하지 않았어도, 채무는 존재하는 것이므로, 법률상 원인이 없는 것은 아니다. 따라서 그 실질은 비채변제가 아니라 기한이익의 포기이므로) 그 반환을 청구하지 못한다. 그러나 '채무자가 착오로 인하여' 변제한 때에는 채권자는 이로 인하여 얻은 이익을 반환하여야 한다(제743조).

정답 │ ③

011 민법상 불법원인급여에 관한 설명으로 옳지 않은 것은? (다툼이 있으면 판례에 의함) 〈노무사 2013〉

① 도박자금 대여채권을 담보하기 위한 근저당권설정등기가 경료되었을 뿐인 경우, 저당권설정자는 무효인 근저당권설정등기의 말소를 구할 수 있다.
② 강제집행을 면할 목적으로 부동산의 소유자명의를 신탁하는 것은 불법원인급여에 해당하지 않는다.
③ 급여자는 급여한 물건에 대하여 부당이득에 기한 반환청구가 배척되는 경우에도 소유권에 기한 반환청구를 할 수 있다.
④ 수익자의 불법성이 급여자의 그것보다 현저히 크고 그에 비하면 급여자의 불법성은 미약한 경우, 급여자의 반환청구는 허용된다.
⑤ 불법원인급여 후 급부를 이행 받은 자가 급부의 원인행위와 별도의 약정으로 급부 그 자체의 반환을 특약하는 것은 사회질서에 반하지 않는 한 유효하다.

해설 | ① [옳음] 도박자금으로 금전을 대여함으로 인하여 발생한 채권을 담보하기 위한 근저당권설정등기가 경료되었을 뿐이라면 수령자가 그 이익을 향수하기 위해 경매신청을 하는 등 별도의 조치를 취하여야 하는 경우에는, 그 불법원인급여로 인한 이익이 종국적인 것이 아니므로 등기설정자는 무효인 근저당권설정등기의 말소를 구할 수 있다(대판 1995.8.11. 94다54108).
② [옳음] 강제집행을 면탈의 목적만으로는 선량한 풍속 기타 사회질서에 위반한 사항을 내용으로 하는 법률행위로 볼 수 없다(대판 2004.5.28. 2003다70041).
③ [틀림] 불법원인급여에 해당하는 경우 그 대가의 반환을 청구할 수 없으며, 나아가 그 돈을 반환하여 주기로 한 약정도 결국 불법원인급여물의 반환을 구하는 범주에 속하는 것으로서 무효이다(대판 1995.7.14. 94다51994). 나아가 불법의 원인으로 급여를 한 사람이 급여물의 소유권이 자기에게 있다는 주장으로 소유권에 기한 반환청구를 하는 것도 허용할 수 없다(대판 1979.11.13. 79다483 전원합의체).
④ [옳음] 제746조 단서에 따르면 불법원인이 수익자에게만 있는 경우 또는 급부자와 수익자 모두에게 불법성이 인정되더라도 수익자의 불법성이 급부자의 그것보다 현저히 큰 경우에는 급여자의 반환청구가 허용된다(대판 2007.2.15. 2004다50426).
⑤ [옳음] 불법원인급여 후 급부를 이행받은 자가 급부의 원인행위와 별도의 약정으로 급부 그 자체 또는 그에 갈음한 대가물의 반환을 특약하는 것은 그 반환약정 자체가 사회질서에 반하여 무효가 되지 않는 한 유효하다(대판 2010.5.27. 2009다12580).

정답 | ③

CHAPTER 05 불법행위

제1절 불법행위의 성립

001 불법행위에 기한 손해배상에 관한 설명으로 옳지 않은 것을 모두 고른 것은? (다툼이 있으면 판례에 따름) 〈노무사 2022〉

> ㄱ. 작위의무 있는 자의 부작위에 의한 과실방조는 공동불법행위의 방조가 될 수 없다.
> ㄴ. 도급인이 수급인의 일의 진행과 방법에 관해 구체적으로 지휘·감독한 경우, 수급인의 그 도급업무와 관련된 불법행위로 인한 제3자의 손해에 대해 도급인은 사용자책임을 진다.
> ㄷ. 책임능력 없는 미성년자의 불법행위로 인해 손해를 입은 자는 그 미성년자의 감독자에게 배상을 청구하기 위해 그 감독자의 감독의무해태를 증명하여야 한다.
> ㄹ. 파견근로자의 파견업무에 관한 불법행위에 대하여 파견사업주는 특별한 사정이 없는 한 사용자로서의 배상책임을 부담하지 않는다.

① ㄱ   ② ㄴ, ㄷ   ③ ㄴ, ㄹ
④ ㄱ, ㄷ, ㄹ   ⑤ ㄱ, ㄴ, ㄷ, ㄹ

해설 | ㄱ [**틀림**] 교사자나 방조자는 공동불법행위자로 간주된다(제760조 제3항). 여기서 방조라 함은 불법행위를 용이하게 하는 '직접·간접의 모든 행위'를 가리키는 것으로서 작위에 의한 경우뿐만 아니라, 작위의무 있는 자가 그것을 방지하여야 할 제반조치를 취하지 아니하는 '부작위'로 인하여 불법행위자의 실행행위를 용이하게 하는 경우도 포함된다. 이러한 작위의무는 법적인 의무이어야 하므로 단순한 도덕상 또는 종교상 의무는 포함되지 않는다(대판 2012.4.26. 2010다8709). 불법행위의 방조는 '과실에 의한 방조'도 가능하다(대판 2014.3.27. 2013다91597).

ㄴ [**옳음**] 도급인이 수급인에 대해서 작업에 관한 실질적인 지휘·감독을 하는 경우에는 사용관계가 성립되어 도급인은 사용자책임을 지게 된다(대판 2005.11.10. 2004다37676). 그러나 단지 공사의 진행이 설계대로 행해지는 것만을 확인하는 감리감독의 경우에는 성립하지 않는다(대판 1983.11.22. 83다카1153).

ㄷ [**틀림**] 감독자가 감독의무를 게을리하지 않았음을 증명하면 책임을 면한다(제755조 제1항 단서). 즉, 손해를 입은 자가 증명하는게 아니라 감독자가 스스로 의무 다하였음을 증명하여야 한다.

ㄹ [**틀림**] 파견사업주와 파견근로자 사이에는 민법 제756조의 사용관계가 인정되어 파견사업주는 선발 및 일반적 지휘·감독권의 행사에 있어서 주의를 다하지 않은 경우 파견근로자의 파견업무에 관련한 불법행위에 대하여 파견근로자의 사용자로서의 책임을 부담한다(대판 2003.10.9. 2001다24655).

정답 | ④

002 사용자책임에 관한 설명으로 옳지 않은 것은? (다툼이 있으면 판례에 따름) 〈노무사 2017〉

① 사용자책임이 성립하려면 사용자가 피용자를 실질적으로 지휘·감독하는 관계에 있어야 한다.
② 특별한 사정이 없다면 퇴직 이후 피용자의 행위에 대하여 종전의 사용자에게 사용자책임을 물을 수 없다.
③ 도급인이 수급인에 대하여 특정한 행위를 지휘한 경우 도급인에게는 사용자로서의 배상책임이 없다.
④ 피용자의 불법행위가 외형상 객관적으로 사용자의 사무집행행위로 보일 경우 행위자의 주관적 사정을 고려함이 없이 이를 사무집행에 관하여 한 행위로 본다.
⑤ 사용자책임의 경우에도 피해자에게 과실이 있으면 과실상계를 할 수 있다.

해설 | ① [옳음] 불법행위에 있어 사용자책임이 성립하려면 사용자와 불법행위자 사이에 사용관계, 즉 사용자가 불법행위자를 실질적으로 지휘·감독하는 관계가 있어야 하는 것이다(대판 1998.4.28. 96다25500).

② [옳음] 피용자가 퇴직한 뒤에는 퇴직에도 불구하고 사용자의 실질적인 지휘·감독 아래에 있었다고 볼 수 있는 특별한 사정이 없다면 그의 행위에 대하여 원칙적으로 종전의 사용자에게 사용자책임을 물을 수 없다(대판 2001.9.4. 2000다26128).

③ [틀림] 도급인이 수급인에 대하여 특정한 행위를 지휘하거나 특정한 사업을 도급시키는 경우와 같은 이른바 노무도급의 경우에는, 비록 도급인이라고 하더라도 사용자로서의 배상책임이 있다(대판 2005.11.10. 2004다37676).

④ [옳음] 민법 제756조에 규정된 사용자책임의 요건인 "사무집행에 관하여"라는 뜻은 피용자의 불법행위가 외형상 객관적으로 사용자의 사업활동 내지 사무집행행위 또는 그와 관련된 것이라고 보일 때에는 행위자의 주관적 사정을 고려함이 없이 이를 사무집행에 관하여 한 행위로 본다는 것이다(대판 1994.11.18. 94다34272).

⑤ [옳음] 사용자책임도 불법행위의 한 유형이므로 피해자에게 과실이 있으면 과실상계를 할 수 있다. 다만 피해자의 부주의를 이용하여 고의로 불법행위를 한 자가 바로 그 피해자의 부주의를 이유로 자신의 책임을 감하여 달라고 주장하는 것은 허용될 수 없다(대판 2007.6.14. 2005다32999).

정답 | ③

003 사용자책임에 관한 설명으로 옳지 않은 것은? (다툼이 있으면 판례에 의함) 〈노무사 2014〉

① 동업관계라 하더라도 사무집행에 관하여 지휘·감독하는 관계에 있으면 사용자책임이 인정될 수 있다.
② 도급인이 수급인의 공사에 대하여 감리적인 감독을 하는데 지나지 않을 때에도 사용자책임이 인정된다.
③ 사용자가 피용자의 선임·사무감독에 상당한 주의를 한 때 또는 상당한 주의를 하여도 손해가 발생하였을 경우에는 면책된다.
④ 피용자의 행위가 사무집행행위에 해당하지 않음을 피해자 자신이 알았거나 중대한 과실로 인하여 알지 못한 경우에는 사용자책임을 물을 수 없다.
⑤ 타인에게 어떤 사업에 관하여 자기의 명의를 사용할 것을 허용한 경우, 명의사용자의 업무수행상 불법행위에 대하여 명의대여자는 사용자책임을 진다.

해설 | ① [옳음] 동업관계라 하더라도 업무집행에 관하여 지휘·감독 밑에서 집행하는 관계가 있으면 사용관계는 인정된다(대판 2006.3.10. 2005다65562).
② [틀림] 도급인이 수급인에 대하여 특정한 행위를 구체적으로 지시·감독하거나 특정한 사업을 도급시키는 노무도급의 경우 사용관계가 인정될 수 있다(대판 2005.11.10. 2004다37676).
③ [옳음] 사용자는 피용자의 선임·감독에 상당한 주의를 한 때, 또는 상당한 주의를 하였더라도 손해가 발생하였을 때에는 면책된다(제756조 제1항 단서). 사용자의 면책사유에 관하여는 사용자 측에서 증명책임 부담한다.
④ [옳음] 거래상대방이 피용자의 행위가 사무집행에 해당하지 않음을 알았거나(악의) 또는 중과실로 알지 못한 경우에는 사용자책임이 성립하지 않는다(대판 2005.2.25. 2003다361331).
⑤ [옳음] 명의사용을 허가받은 사람이 업무수행을 함에 있어 고의 또는 과실로 다른 사람에게 손해를 끼쳤다면 명의사용을 허가한 사람은 민법 제756조 제1항에 의하여 그 손해를 배상할 책임이 있다(대판 1998.5.15. 97다58538).

정답 | ②

004 사용자책임에 관한 설명으로 옳지 않은 것은? (다툼이 있는 경우에는 판례에 의함) 〈노무사 2012〉

① 법인의 대표자가 직무에 관하여 불법행위를 한 경우, 피해자는 법인에 대하여 사용자책임을 주장할 수 없다.
② 피용자가 퇴직한 뒤에 행한 불법행위에 대하여 특별한 사정이 없다면 종전의 사용자에게 사용자책임을 물을 수 있다.
③ 지입차량의 차주 또는 그가 고용한 운전자의 과실로 타인에게 손해를 가한 경우에 지입회사는 이러한 불법행위에 대하여 사용자책임을 부담한다.

④ 피용자의 불법행위가 사용자의 사무집행행위에 해당하지 않음을 피해자 자신이 알았 거나 중과실로 알지 못한 경우, 사용자책임을 물을 수 없다.

⑤ 동업관계에 있는 자들이 공동으로 처리하여야 할 업무를 동업자 중 1인에게 맡겨 그로 하여금 처리하도록 한 경우, 업무집행과정에서 발생한 사고에 대하여 다른 동업자에게 사용자책임을 물을 수 있다.

해설 | ① [옳음] 법인이 사용자책임을 지는 것은 피용자가 그 사무집행에 관하여 제3자에게 손해를 가하여야 한다. 법인의 대표자가 직무에 관하여 불법행위를 한 경우, 피해자는 법인에 대하여 사용자책임을 물을 수는 없고, 법인에 대하여 불법행위책임을 물을 수 있다.

② [틀림] 민법 제756조의 사용자책임이 성립하려면 사용자가 불법행위자인 피용자를 실질적으로 지휘·감독하는 관계에 있어야 하므로, 피용자가 퇴직한 뒤에는 퇴직에도 불구하고 사용자의 실질적인 지휘·감독 아래에 있었다고 볼 수 있는 특별한 사정이 없다면 그의 행위에 대하여 원칙적으로 종전의 사용자에게 사용자책임을 물을 수 없다(대판 2001.9.4. 2000다26128).

③ [옳음] 지입차량의 차주가 또는 그가 고용한 운전자의 과실로 타인에게 손해를 가한 경우에 지입회사는 이러한 불법행위에 대하여 사용자책임을 부담한다(대판 1966.6.7. 66다673).

④ [옳음] 거래상대방이 피용자의 행위가 사무집행에 해당하지 않음을 알았거나(악의) 또는 중과실로 알지 못한 경우에는 사용자책임이 성립하지 않는다(대판 2005.2.25. 2003다361331).

⑤ [옳음] 동업관계라 하더라도 업무집행에 관하여 지휘·감독 밑에서 집행하는 관계가 있으면 사용관계는 인정된다(대판 2006.3.10. 2005다65562).

정답 | ②

---

005 공인노무사 甲에게 고용된 乙이 제3자의 부당해고 구제와 관련된 서류를 노동위원회에 제출하러 가던 중 본인의 과실로 교통사고를 일으켜 丙에게 중상을 입혔다. 다음 설명 중 옳은 것은? (다툼이 있는 경우에는 판례에 의함) 〈노무사 2011〉

① 丙에게 과실이 있더라도 법원은 손해배상액을 산정할 때 이를 참작하지 않을 수 있다.

② 甲이 丙에게 손해배상을 한 경우, 甲은 특별한 사정이 없는 한 乙에게 그 금액을 구상할 수 없다.

③ 丙의 직계비속이 입은 정신적 손해에 대하여는 甲은 배상책임을 부담할 여지가 없다.

④ 甲이 丙에게 사용자책임을 부담하므로, 丙은 乙에게 불법행위를 이유로 손해배상을 청구할 수 없다.

⑤ 만약 제3자 丁과 乙의 과실로 교통사고가 발생한 경우, 甲이 乙의 책임비율 이상을 丙에게 배상하였다면 丁의 부담부분 범위 내에서 그 초과분에 대한 구상권을 丁에게 행사할 수 있다.

해설 | ① [틀림] 사용자가 피용자의 과실에 의한 불법행위로 인한 사용자책임을 부담하는 경우와 마찬가지로 피용자의 고의에 의한 불법행위로 인하여 사용자책임을 부담하는 경우에도 피해자에게 그 손해의 발생과 확대에 기여한 과실이 있다면 사용자책임의 범위를 정함에 있어서 이러한 피해자의 과실을 고려하여 그 책임을 제한할 수 있다(대판 2002.12.26. 2000다56952).

② [틀림] 일반적으로 사용자가 피용자의 업무수행과 관련하여 행하여진 불법행위로 인하여 직접 손해를 입었거나 그 피해자인 제3자에게 사용자로서의 손해배상책임을 부담한 결과로 손해를 입게 된 경우에 있어서, 사용자는 그 사업의 성격과 규모·시설의 현황·피용자의 업무내용과 근로조건 및 근무태도·가해행위의 발생원인과 성격·가해행위의 예방이나 손실의 분산에 관한 사용자의 배려의 정도·기타 제반사정에 비추어 손해의 공평한 분담이라는 견지에서 신의칙상 상당하다고 인정되는 한도 내에서만 피용자에 대하여 손해배상을 청구하거나 그 구상권을 행사할 수 있다(대판 1996.4.9. 95다52611). 그러나 피용자의 가해행위가 지니는 책임성에 비하여 사용자의 가해행위에 대한 기여도 내지 가공도가 지나치게 큰 점 경우에는, 사용자로서 피용자에 대한 구상권 행사는 신의칙상 부당하므로 도저히 받아들일 수 없다(대판 1991.5.10. 91다7255).

③ [틀림] 일반적으로 타인의 불법행위로 부당하게 신체를 구금당한 피해자의 직계존속은 특별한 사정이 없는 한 경험칙상 정신적 고통을 받았다 할 것이므로 특별한 사정이 없는 경우 피해자의 부모도 그 정신적 고통에 대하여 위자료를 청구할 수 있다(대판 1999.4.23. 98다41377).

④ [틀림] 甲이 丙에게 사용자책임을 부담하고, 丙은 乙에게 불법행위책임을 지고, 이 둘은 부진정연대관계이다. 즉 사용자 또는 사용자에 갈음하여 현실적으로 그 사무를 감독하는 대리감독자는 피용자의 불법행위에 대해 제756조에 의해 손해배상책임을 진다. 이 경우 피용자가 제750조의 일반불법행위책임을 지는 것은 당연하다. 사용자책임이 인정되면 사용자와 피용자는 부진정연대책임을 진다.

⑤ [옳음] 공동불법행위에 있어서는 그로 인한 손해의 배상책임은 소위 부진정연대채무관계에 있다 할 것이고, 그 중의 한 채무자에 대한 채무면제의 효력에 관하여는 민법 제419조가 적용되지 아니하고 다른 채무자에게는 그 효력이 미치지 아니한다(대판 1980.7.22. 79다1107). 따라서 채권자인 피해자가 공동불법행위자의 1인에 대하여 채무를 면제하더라도 그 효력은 다른 공동불법행위자에게 미치지 아니하여 피해자는 그에게 전액의 지급을 청구할 수가 있다. 한편 공동불법행위자는 채권자에 대한 관계에서는 연대책임(부진정연대채무)을 지되, 공동불법행위자들 내부관계에서는 일정한 부담부분이 있고, 이 부담부분은 공동불법행위자의 과실의 정도에 따라 정하여지는 것으로서 공동불법행위자 중 1인이 자기의 부담부분 이상을 변제하여 공동의 면책을 얻게 하였을 때에는 다른 공동불법행위자에게 그 부담부분의 비율에 따라 구상권을 행사할 수 있다(대판 2006.2.9. 2005다28426).

정답 | ⑤

006 甲은 자신의 X건물을 공인노무사 乙에게 임대하였다. 乙이 X건물에서 사무소를 운영하고 있던 중 乙의 사무직원 丙의 과실로 X건물이 화재로 멸실되었다. 이에 관한 설명으로 옳지 않은 것은? (다툼이 있으면 판례에 따름) 〈노무사 2018〉

① 甲은 乙에게 사용자책임을 주장할 수 있다.
② 甲은 乙에게 채무불이행으로 인한 손해배상을 청구할 수 있다.
③ 甲은 丙에게 채무불이행으로 인한 손해배상을 청구할 수 없다.
④ 甲은 동시에 乙과 丙에 대하여 손해배상 전부의 이행을 청구할 수 없다.
⑤ 乙이 甲에게 손해를 배상한 경우, 乙은 丙에게 구상권을 행사할 수 있다.

해설 | ① [옳음] 丙은 乙의 사무직원이고 "사무집행에 관하여"라 함은 행위의 외형상 객관적으로 사무의 범위 내라고 인정되는 경우라면, 사용자책임이 생기게 된다(대판 1964.11.30. 64다1232).

② [옳음] 민법 제391조에서의 이행보조자로서의 피용자라 함은 일반적으로 채무자의 의사관여 아래 그 채무의 이행행위에 속하는 활동을 하는 사람이면 족하고, 반드시 채무자의 지시 또는 감독을 받는 관계에 있어야 하는 것은 아니므로 채무자에 대하여 종속적인가 독립적인 지위에 있는가는 문제되지 않는다(대판 1999.4.13. 98다51077). 甲은 乙에게 제391조, 제390조에 따라 채무불이행으로 인한 손해배상을 청구할 수 있다.

③ [옳음] 丙은 계약 당사자가 아니므로 甲은 丙에게 채무불이행으로 인한 손해배상을 청구할 수 없다. 일반불법행위만 문제될 뿐이다.

④ [틀림] 甲은 乙에게 제390조에 따라 채무불이행으로 인한 손해배상을, 丙에게는 제750조 불법행위로 인한 손해배상을 乙과 丙은 부진정연대채무관계이므로 甲은 동시에 乙과 丙에 대하여 손해배상 전부의 이행을 청구할 수 있다.

⑤ [옳음] 사용자 또는 대리감독자가 배상을 한 때에는 피용자에 대하여 구상권을 행사할 수 있다(제756조 제3항). 사용자는 피용자가 전부 부담하여야 할 배상액을 피해자와의 대외적 관계에서 부진정연대채무로서 이행한 데에 불과하므로, 피용자에게 구상할 수 있다(대판 1996.4.9. 95다52611).

정답 | ④

007 甲은 乙이 운전하던 택시의 승객인데, 교차로에서 乙, 丙, 丁이 운전하는 차량의 3중 충돌 사고로 부상을 입었으며, 조사결과 乙에게 10%, 丙에게 50%, 丁에게 40%의 과실이 있음이 인정되었다. 이에 대한 설명으로 옳지 않은 것은? (다툼이 있는 경우에는 판례에 의함) 〈노무사 2010〉

① 甲은 丙에게 손해의 전액에 대한 배상을 청구할 수 있다.

② 丙이 甲에게 손해의 전액을 배상한 경우 丙은 자신의 부담부분을 넘는 배상액을 乙과 丁에게 구상할 수 있다.

③ 甲이 乙에게 손해배상채무를 면제해 준 이후 손해의 전액을 배상한 丙이 乙에게 구상권을 행사할 때, 乙은 자기의 채무가 면제되었음을 이유로 丙에게 대항할 수 있다.

④ 丙이 甲에게 손해의 전액을 배상하고 乙과 丁에게 구상하는 경우, 乙과 丁은 원칙적으로 각자의 부담부분에 따라 구상의무를 부담한다.

⑤ 丙이 甲에게 손해의 전액을 배상한 경우, 甲의 丁에 대한 손해배상청구권이 시효로 소멸한 경우에도 丙은 丁에게 구상권을 행사할 수 있다.

해설 | ① [옳음] 공동불법행위책임은 가해자 내부관계에서는 과실비율에 따라 일정한 부담부분이 있다고 하더라도, 피해자에 대한 관계에서는 각 개인의 행위에 대하여 개별적으로 그로 인한 손해를 구하는 것이 아니라, 가해자 각자가 그 금액의 전부에 대한 책임을 부담하는 것이다(대판 2001.9.7. 99다70365).

② [옳음] 공동불법행위자가 구상권을 갖기 위하여는 반드시 피해자의 손해 전부를 배상하여야 할 필요는 없으나, 자기의 부담부분을 초과하여 배상을 하여야 한다(대판 2006.2.9. 2005다28426).

③ [틀림] 공동불법행위로 인한 손해배상책임은 부진정연대채무관계에 있는 것이므로 그 중의 한 채무자에 대한 채무면제에는 민법 제419조가 적용되지 아니하여 다른 채무자에게는 그 효력이 미치지 아니하며(대판 1997.10.10. 97다28391), 공동불법행위자 1인의 구상권행사에 대하여 다른 공동불법행위자는 자기의 채무가 면제되었음을 이유로 그 구상을 거절할 수 없다(대판 1971.2.9. 70다2508).

④ [옳음] 공동불법행위자 중 1인에 대하여 수인의 다른 공동불법행위자가 부담하는 구상채무는 특별한 사정이 없는 이상 분할채무로 보아야 한다(대판 2008.2.29. 2007다89494).

⑤ [옳음] 피해자에게 손해배상을 한 공동불법행위자가 구상권을 취득한 이후에 그 다른 공동불법행위자에 대한 피해자의 손해배상채권이 시효로 소멸되었다고 하여 그러한 사정만으로 이미 취득한 구상권이 소멸된다고 할 수 없다(대판 1996.3.26. 96다3791).

정답 | ③

008 공동불법행위에 관한 설명으로 옳은 것은? (다툼이 있는 경우에는 판례에 의함) 〈노무사 2012〉

① 공동불법행위가 성립하기 위해서는 가해자들 사이에 공모나 공동의 인식이 있어야 한다.

② 공동불법행위자 중 1인에 대한 권리포기나 채무면제의 효력은 다른 공동불법행위자에게 미친다.

③ 공동불법행위자 사이에 구상권 발생시점은 구상권자가 현실로 피해자에게 손해배상금을 지급한 때이다.

④ 구상권자인 공동불법행위자 1인에게 과실이 없는 경우, 그에 대하여 구상의무를 부담하는 수인의 다른 공동불법행위자의 구상채무는 분할채무이다.

⑤ 공동불법행위자 1인이 자기의 부담부분 일부를 변제하여 공동면책을 시킨 경우, 다른 공동불법행위자에게 그 부담부분의 비율로 구상권을 행사할 수 있다.

해설 | ① [틀림] 수인이 공동의 불법행위로 타인에게 손해를 가한 경우를 특히 협의의 공동불법행위라고 한다(제760조 제1항). 행위자 사이에 공모는 물론 의사의 공통이나 행위공동의 인식이 필요한 것은 아니며 객관적으로 행위관련성이 있으면 충분하다(대판 2008.4.24. 2007다44774).

② [틀림] 공동불법행위로 인한 손해배상책임은 부진정연대채무관계에 있는 것이므로 그 중의 한 채무자에 대한 채무면제에는 민법 제419조가 적용되지 아니하여 다른 채무자에게는 그 효력이 미치지 아니하며(대판 1997.10.10. 97다28391), 공동불법행위자 1인의 구상권행사에 대하여 다른 공동불법행위자는 자기의 채무가 면제되었음을 이유로 그 구상을 거절할 수 없다(대판 1971.2.9. 70다2508).

③ [옳음] 피해자에게 손해배상을 한 공동불법행위자가 구상권을 취득한 이후에 그 다른 공동불법행위자에 대한 피해자의 손해배상채권이 시효로 소멸되었다고 하여 그러한 사정만으로 이미 취득한 구상권이 소멸된다고 할 수 없다. 위 구상권의 소멸시효는 구상권자가 공동면책행위를 한 때로부터 기산하여야 할 것이고, 그 기간도 일반채권과 같이 10년으로 보아야 한다(대판 1996.3.26. 96다3791).

④ [틀림] 공동불법행위자 중 1인에 대하여 수인의 다른 공동불법행위자가 부담하는 구상채무는 특별한 사정이 없는 이상 분할채무로 보아야 한다(대판 2008.2.29. 2007다89494). 그러나 구상권자인 공동불법행위자 측에 과실이 없는 경우, 즉 내부적인 부담 부분이 전혀 없는 경우에는 수인의 구상의무 사이의 관계는 부진정연대채무에 해당한다(대판 2005.10.13. 2003다24147).

⑤ [틀림] 공동불법행위자가 구상권을 갖기 위하여는 반드시 피해자의 손해 전부를 배상하여야 할 필요는 없으나, 자기의 부담부분을 초과하여 배상을 하여야 한다(대판 2006.2.9. 2005다28426).

정답 | ③

009 甲과 乙이 공동작업 중에 그들의 과실로 丙에게 부상을 입힌 경우, 그 손해배상책임에 관한 설명으로 옳은 것은? (다툼이 있으면 판례에 의함) 〈노무사 2014〉

① 甲과 乙 사이에 공동의 인식이 있어야 공동불법행위가 성립하며, 이 경우 甲과 乙이 丙에게 부담하는 손해배상채무는 불가분채무이다.

② 甲이 자기의 부담부분 범위 내에서 丙에게 배상한 경우에도 乙에게 구상권을 행사할 수 있다.

③ 丙이 甲에 대하여 한 채무면제나 이행청구로 인한 시효중단은 원칙적으로 乙에게 미치지 않는다.

④ 甲이 丙에게 손해배상을 한 경우, 乙에 대한 구상권은 공동면책행위를 한 때로부터 기산하여 3년의 소멸시효에 걸린다.

⑤ 甲은 乙이 丙에 대하여 가지고 있는 반대채권을 가지고 乙을 대위하여 상계할 수 있다.

해설 | ① [틀림], ③ [옳음] 수인이 공동의 불법행위로 타인에게 손해를 가한 경우를 특히 협의의 공동불법행위라고 한다(제760조 제1항). 행위자 사이에 공모는 물론 의사의 공통이나 행위공동의 인식이 필요한 것은 아니며 객관적으로 행위관련성이 있으면 충분하다(대판 2008.4.24. 2007다44774). 공동불법행위로 인한 손해배상책임은 부진정연대채무관계에 있는 것이므로 그 중의 한 채무자에 대한 채무면제 및 이행청구(이에 따른 시효의 중단)는 다른 채무자에게는 그 효력이 미치지 않는다(대판 1997.10.10. 97다28391).

② [틀림] 공동불법행위자는 채권자에 대한 관계에서는 연대책임(부진정연대채무)을 지되, 공동불법행위자들 내부관계에서는 일정한 부담 부분이 있고, 이 부담 부분은 공동불법행위자의 과실의 정도에 따라 정하여지는 것으로서 공동불법행위자 중 1인이 자기의 부담 부분 이상을 변제하여 공동의 면책을 얻게 하였을 때에는 다른 공동불법행위자에게 그 부담 부분의 비율에 따라 구상권을 행사할 수 있다(대판 1997.12.12. 96다50896).

④ [틀림] 공동불법행위자의 다른 공동불법행위자에 대한 구상권의 소멸시효는 그 구상권이 발생한 시점, 즉 구상권자가 공동면책행위를 한 때로부터 기산하여야 할 것이고, 그 기간도 일반 채권과 같이 10년으로 보아야 한다(대판 1996.3.26. 96다3791).

⑤ [틀림] 부진정연대채무에 있어서 부진정연대채무자 1인이 한 상계가 다른 부진정연대채무자에 대한 관계에 있어서도 공동면책의 효력 내지 절대적 효력이 있는 것인지는 별론으로 하더라도, 부진정연대채무자 사이에는 고유의 의미에 있어서의 부담부분이 존재하지 아니하므로 위와 같은 고유의 의미의 부담부분의 존재를 전제로 하는 민법 제418조 제2항은 부진정연대채무에는 적용되지 아니하는 것으로 봄이 상당하고, 따라서 부진정연대채무에 있어서는 한 부진정연대채무자가 채권자에 대하여 상계할 채권을 가지고 있음에도 상계를 하지 않고 있다 하더라도 다른 부진정연대채무자가 그 채권을 가지고 상계를 할 수는 없는 것으로 보아야 한다(대판 1994.5.27. 93다21521).

정답 | ③

010 공동불법행위에 관한 설명으로 옳지 않은 것은? (다툼이 있으면 판례에 의함) 〈노무사 2013〉

① 공동불법행위자는 피해자에 대하여 부진정연대채무를 부담한다.

② 공동불법행위자는 내부관계에서 과실의 정도에 따라 책임의 부담부분이 정하여진다.

③ 방조행위와 피방조자의 불법행위 사이에 상당인과관계가 있으면 방조자도 공동불법행위책임을 진다.

④ 노동조합의 불법쟁의행위 시 일반조합원이 노동조합의 지시에 따라 단순히 노무를 정지한 경우에도, 원칙적으로 노동조합과 함께 공동불법행위책임을 진다.

⑤ 공동불법행위에 관하여 과실상계를 함에는 피해자에 대한 공동불법행위자 전원의 과실과 피해자의 공동불법행위자 전원에 대한 과실을 전체적으로 평가하여야 한다.

해설 | ① [옳음] 공동불법행위에 있어서는 그로 인한 손해의 배상책임은 그 상호간에 부진정연대채무관계가 성립한다고 함이 상당할 것이며 그 중의 한 채무자에 대한 채무 면제의 효력에 관하여는 민법 제419조가 적용되지 아니하고 다른 채무자에게는 그 효력이 미치지 아니한다고 하여야 할 것이다(대판 1969.8.26. 69다962).

② [옳음] 공동불법행위책임은 가해자 내부관계에서는 과실비율에 따라 일정한 부담부분이 있다(대판 2001.9.7. 99다70365).

③ [옳음] 공동불법행위에 있어 방조라 함은 불법행위를 용이하게 하는 직접·간접의 모든 행위를 가리키는 것으로서 형법과 달리 전보를 목적으로 하여 과실을 원칙적으로 고의와 동일시하는 민법의 해석으로서는 과실에 의한 방조도 가능하다고 할 것이며, 이 경우의 과실의 내용은 불법행위에 도움을 주지 않아야 할 주의의무가 있음을 전제로 하여 의무에 위반하는 것을 말한다(대판 1998.12.23. 98다31264).

④ [틀림] 불법쟁의행위를 기획·지시·지도하는 등으로 주도한 조합간부들이 아닌 일반조합원의 경우, 쟁의행위는 언제나 단체원의 구체적인 집단적 행동을 통하여서만 현실화되는 집단적 성격과 근로자의 단결권은 헌법상 권리로서 최대한 보장되어야 하는데 일반조합원에게 쟁의행위의 정당성 여부를 일일이 판단할 것을 요구하는 것은 근로자의 단결권을 해칠 수도 있는 점, 쟁의행위의 정당성에 관하여 의심이 있다 하여도 일반조합원이 노동조합 및 노동조합 간부들의 지시에 불응하여 근로제공을 계속하기를 기대하기는 어려운 점 등에 비추어 보면, 일반조합원이 불법쟁의행위 시 노동조합 등의 지시에 따라 단순히 노무를 정지한 것만으로는 노동조합 또는 조합 간부들과 함께 공동불법행위책임을 진다고 할 수 없다(대판 2006.9.22. 2005다30610).

⑤ [옳음] 공동불법행위책임은 가해자 각 개인의 행위에 대하여 개별적으로 그로 인한 손해를 구하는 것이 아니라 그 가해자들이 공동으로 가한 불법행위에 대하여 그 책임을 추궁하는 것으로, 법원이 피해자의 과실을 들어 과실상계를 함에 있어서는 피해자의 공동불법행위자 각인에 대한 과실비율이 서로 다르더라도 피해자의 과실을 공동불법행위자 각인에 대한 과실로 개별적으로 평가할 것이 아니고 그들 전원에 대한 과실로 전체적으로 평가하여야 한다(대판 2000.9.8. 99다48245).

정답 | ④

제2절 불법행위의 효과

011 불법행위책임에 관한 설명으로 옳지 않은 것은? (다툼이 있으면 판례에 따름) 〈노무사 2021〉

① 피용자의 불법행위로 인하여 사용자책임을 지는 자가 그 피용자에 대하여 행사하는 구상권은 신의칙을 이유로 제한 또는 배제될 수 있다.

② 공동불법행위에서 과실상계를 하는 경우, 피해자에 대한 공동불법행위자 전원의 과실과 피해자의 공동불법행위자 전원에 대한 과실을 전체적으로 평가하여야 한다.

③ 가해자 중 1인이 다른 가해자에 비하여 불법행위에 가공한 정도가 경미한 경우, 그 가해자의 피해자에 대한 책임범위를 손해배상액의 일부로 제한하여 인정할 수 있다.

④ 불법행위에 경합된 당사자들의 과실정도에 관한 사실인정이나 그 비율을 정하는 것은 특별한 사정이 없는 한 사실심의 전권사항에 속한다.

⑤ 일반육체노동을 하는 사람의 가동연한은 특별한 사정이 없는 한 경험칙상 만 65세로 보아야 한다.

해설 | ① [옳음] 일반적으로 사용자가 피용자의 업무수행과 관련하여 행하여진 불법행위로 인하여 직접 손해를 입었거나 피해자인 제3자에게 사용자로서의 손해배상책임을 부담한 결과로 손해를 입게 된 경우에 사용자는 사업의 성격과 규모, 시설의 현황, 피용자의 업무내용과 근로조건 및 근무태도, 가해행위의 발생원인과 성격, 가해행위의 예방이나 손실의 분산에 관한 사용자의 배려의 정도, 기타 제반 사정에 비추어 손해의 공평한 분담이라는 견지에서 신의칙상 상당하다고 인정되는 한도 내에서만 피용자에 대하여 손해배상을 청구하거나 구상권을 행사할 수 있다(대판 2017.4.27. 2016다271226).

② [옳음] 공동불법행위의 경우 법원이 피해자의 과실을 들어 과실상계를 함에 있어서는 피해자의 공동불법행위자 각인에 대한 과실비율이 서로 다르더라도 피해자의 과실을 공동불법행위자 각인에 대한 과실로 개별적으로 평가할 것이 아니고 그들 전원에 대한 과실로 전체적으로 평가하여야 한다(대판 2007.6.14. 2005다32999).

③ [틀림] 가해자의 1인이 다른 가해자에 비하여 불법행위에 가공한 정도가 경미하다고 하더라도 피해자에 대한 관계에서 그 가해자의 책임 범위를 위와 같이 정하여진 손해배상액의 일부로 제한하여 인정할 수는 없다(대판 2007.6.14. 2005다32999).

④ [옳음] 불법행위에 경합된 당사자들의 과실 정도에 관한 사실인정이나 그 비율을 정하는 것은 그것이 형평의 원칙에 비추어 현저하게 불합리하다고 인정되지 않는 한 사실심의 전권사항에 속한다(대판 2000.11.24. 2000다1327).

⑤ [옳음] 특별한 사정이 없는 한 만 60세를 넘어 만 65세까지도 가동할 수 있다고 보는 것이 경험칙에 합당하다(대판 2019.2.21. 2018다248909 전원합의체).

정답 | ③

012 불법행위에 관한 설명으로 옳지 않은 것은? (다툼이 있으면 판례에 따름) <노무사 2023>

① 과실로 불법행위를 방조한 자에 대해서는 공동불법행위가 인정될 수 없다.
② 고의로 심신상실을 초래한 자는 타인에게 심신상실 중에 가한 손해를 배상할 책임이 있다.
③ 사용자가 근로계약에 수반되는 보호의무를 위반함으로써 피용자가 손해를 입은 경우, 사용자는 이를 배상할 책임이 있다.
④ 고의로 불법행위를 한 가해자는 피해자의 손해배상채권을 피해자에 대한 자신의 다른 채권으로 상계할 수 없다.
⑤ 미성년자가 성폭력을 당한 경우에 이로 인한 손해배상청구권의 소멸시효는 그가 성년이 될 때까지는 진행되지 아니한다.

해설 | ① [틀림] 민법 제760조 제3항의 방조는 불법행위를 용이하게 하는 직접, 간접의 모든 행위를 가리키는 것으로서 작위에 의한 경우뿐만 아니라 작위의무 있는 사람이 그것을 방지하여야 할 제반 조치를 취하지 아니하는 부작위로 인하여 불법행위자의 실행행위를 용이하게 하는 경우도 포함하며, 손해의 전보를 목적으로 하여 과실을 원칙적으로 고의와 동일시하는 민사법의 영역에서는 과실에 의한 방조도 가능하다. 이 경우 방조자에게 공동불법행위자로서 책임을 지우기 위하여는 방조행위와 피해자의 손해 발생 사이에 상당인과관계가 있어야 한다(대판 2014.3.27. 2013다91597).

② [옳음]

> **제754조(심신상실자의 책임능력)** 심신상실 중에 타인에게 손해를 가한 자는 배상의 책임이 없다. 그러나 고의 또는 과실로 인하여 심신상실을 초래한 때에는 그러하지 아니하다.

③ [옳음] 채무자가 부담하는 보호의무는 상대방의 생명·신체·재산 또는 기타의 법익을 침해하지 않을 의무를 말한다. 대표적으로 고용관계에 있어서 피용자에 대한 사용자의 배려·보호의무, 숙박업자의 투숙객에 대한 보호의무, 여행자에 대한 여행업자의 안전배려의무, 입원환자에 대한 병원의 보호의무 등이 있다. 채무자가 그의 귀책사유로 보호의무에 위반하여 채권자에게 손해를 발생케 한 경우에 채권자는 제2조, 제390조, 제750조 등에 근거해서 그 손해에 대한 배상을 청구할 수 있다.

④ [옳음]

> **제141조(취소의 효과)** 취소한 법률행위는 처음부터 무효인 것으로 본다. 그러나 제한능력자는 그 행위로 인하여 받은 이익이 현존하는 한도에서 상환할 책임이 있다.

⑤ [옳음]

> **제766조(손해배상청구권의 소멸시효)** ③ 미성년자가 성폭력, 성추행, 성희롱, 그 밖의 성적(性的) 침해를 당한 경우에 이로 인한 손해배상청구권의 소멸시효는 그가 성년이 될 때까지는 진행되지 아니한다.

정답 | ①

013 불법행위에 관한 설명으로 옳은 것은? (다툼이 있으면 판례에 따름) 〈노무사 2018〉

① 민법 제758조의 공작물의 소유자책임은 과실책임이다.

② 불법행위에서 고의 또는 과실의 증명책임은 원칙적으로 가해자가 부담한다.

③ 명예훼손의 경우, 법원은 피해자의 청구가 없더라도 직권으로 명예회복에 적합한 처분을 명할 수 있다.

④ 중과실의 불법행위자는 피해자에 대한 채권을 가지고 피해자의 손해배상채권을 상계할 수 있다.

⑤ 여럿이 공동의 불법행위로 타인에게 손해를 가한 때에는 분할하여 그 손해를 배상할 책임이 있다.

해설 | ① [틀림] 공작물책임이란 공작물 등의 설치 또는 보존의 하자로 인하여 타인에게 입힌 손해를 공작물 등의 점유자나 소유자가 배상할 의무를 지는 것을 말한다(제758조). 공작물책임은 1차책임과 2차책임으로 구성되며, 1차책임인 공작물점유자의 책임은 손해방지의무의 해태로 인한 과실책임(입증책임의 전환에 의한 중간책임)이라 할 수 있으나, 2차책임인 공작물소유자의 책임은 주의의무해태와 관련 없는 순수한 위험책임으로서 면책사유가 인정되지 않는 절대적 무과실책임이다.

② [틀림] 불법행위에서 고의 또는 과실의 증명책임은 원칙적으로 피해자가 부담한다.

③ [틀림] 타인의 명예를 훼손한 자에 대하여는 법원은 "피해자의 청구"에 의하여 손해배상에 갈음하거나 손해배상과 함께 명예회복에 적당한 처분을 명할 수 있다(제764조).

④ [옳음] 고의의 불법행위에 인한 손해배상채권에 대한 상계금지를 중과실의 불법행위에 인한 손해배상채권에까지 유추 또는 확장적용하여야 할 필요성이 있다고 할 수 없다(대판 1994.8.12. 93다52808). 제496조는 '고의'의 불법행위자가 피해자의 손해배상청구권을 수동채권으로 하여 상계하는 것을 금지한다. 따라서 고의가 아닌 과실에 기한 불법행위자는 상계할 수 있다.

⑤ [틀림] 공동불법행위자가 피해자들에게 부담하는 손해배상채무는 부진정연대채무에 해당한다.

정답 | ④

014 불법행위에 관한 설명으로 옳지 않은 것은? (다툼이 있으면 판례에 따름) 〈노무사 2019〉

① 타인의 불법행위로 모체 내에서 사망한 태아는 불법행위로 인한 손해배상청구권을 갖지 못한다.

② 고의의 불법행위로 인한 손해배상청구권을 수동채권으로 하는 상계는 허용되지 않는다.

③ 불법행위에 의하여 재산권이 침해된 경우, 특별한 사정이 없는 한 그 재산적 손해의 배상에 의하여 정신적 고통도 회복된다고 볼 수 있다.

④ 공동불법행위자 1인에 대한 이행청구는 다른 공동불법행위자에 대하여 시효중단의 효력이 있다.

⑤ 책임능력 있는 미성년자가 불법행위책임을 지는 경우에 그 손해가 그 미성년자의 감독의무자의 의무위반과 상당인과관계가 있으면 그 감독의무자도 일반불법행위책임을 진다.

해설 | ① [옳음] 태아의 권리능력 취득시기와 관련하여 판례인 정지조건설에 따르면 태아가 반드시 살아서 출생하여야 하는 바, 모체 내에서 사망한 경우 권리능력이 없다.

② [옳음] 채무가 고의의 불법행위로 인한 것인 때에는 그 채무자는 상계로 채권자에게 대항하지 못한다(제496조).

③ [옳음] 일반적으로 타인의 불법행위로 인하여 재산권이 침해된 경우에는 그 재산적 손해의 배상에 의하여 정신적 고통도 회복된다고 보아야 할 것이나 재산적 손해의 배상만으로는 회복할 수 없는 정신적 손해가 있다면 이는 특별한 사정으로 인한 손해로서 그로 인한 위자료를 인정할 수 있다(대판 1991.6.11. 90다20206).

④ [틀림] 부진정연대채무에 있어 채무자 1인에 대한 이행의 청구는 타 채무자에 대하여 그 효력이 미치지 않는다(대판 1997.9.12. 95다42027).

⑤ [옳음] 미성년자가 책임능력이 있어 그 스스로 불법행위책임을 지는 경우에도 그 손해가 당해 미성년자의 감독의무자의 의무위반과 상당인과관계가 있으면 감독의무자는 일반불법행위자로서 손해배상책임이 있다 할 것이지만, 이 경우에 그러한 감독의무위반사실 및 손해발생과의 상당인과관계의 존재는 이를 주장하는 자가 입증하여야 한다(대판 2003.3.28. 2003다5061).

정답 | ④

MEMO

원포인트 공인노무사 객관식 민법

제2부
실전모의고사

제1회 실전모의고사

01. 관습법에 관한 설명 중 옳은 것을 모두 고른 것은? (다툼이 있는 경우 판례에 따름)

> ㄱ. 사회의 관행으로 생성된 사회생활규범이 관습법으로 되기 위하여는 그것이 사회 구성원들의 법적 확신과 인식에 의하여 법적 규범으로 승인·강행되기에 이르러야 한다.
> ㄴ. 공동선조와 성과 본을 같이하는 후손은 성별의 구별없이 성년이 되면 당연히 그 구성원이 된다고 보는 것이 관습법에 합당하다.
> ㄷ. 공동상속인들 사이에 협의가 이루어지지 않는 경우 피상속인의 직계비속 중 남녀, 적서를 불문하고 최근친의 연장자가 제사주재자로 우선한다고 보는 것이 가장 조리에 부합한다.

① ㄱ
② ㄴ
③ ㄱ, ㄴ
④ ㄱ, ㄷ
⑤ ㄱ, ㄴ, ㄷ

02. 신의칙에 관한 설명으로 옳은 것을 모두 고른 것은? (다툼이 있는 경우 판례에 따름)

> ㄱ. 법원은 당사자의 주장이 없으면 직권으로 신의칙 위반 여부를 판단할 수 없다.
> ㄴ. 무권대리인이 무권대리행위 후 단독으로 본인의 지위를 상속한 경우, 본인의 지위에서 그 무권대리행위의 추인을 거절하는 것은 신의칙에 반한다.
> ㄷ. 부동산거래에서 신의칙상 고지의무의 대상은 직접적인 법령의 규정뿐만 아니라 계약상, 관습상 또는 조리상의 일반원칙에 의해서도 인정될 수 있다.

① ㄱ ② ㄷ ③ ㄱ, ㄷ ④ ㄴ, ㄷ ⑤ ㄱ, ㄴ, ㄷ

03. 성년인 甲은 질병으로 인한 정신적 제약으로 사무를 처리할 능력이 부족한 상태이다. 이에 관한 설명으로 옳지 않은 것은? (다툼이 있는 경우 판례에 따름)

① 甲은 스스로 한정후견개시의 심판을 청구할 수 있다.
② 가정법원은 甲에 한정후견개시의 심판을 할 때 甲의 의사를 고려해야 한다.
③ 甲의 배우자가 甲에 대한 성년후견개시의 심판을 청구한 경우에도 가정법원은 필요하다면 한정후견개시의 심판을 할 수 있다.
④ 가정법원은 甲에 대한 한정후견개시의 심판을 할 때 취소할 수 없는 甲의 법률행위의 범위를 정할 수 있다.
⑤ 甲에 대한 한정후견개시의 심판이 있은 후 한정후견개시의 원인이 소멸된 경우, 甲은 한정후견종료의 심판을 청구할 수 있다.

04. 미성년자 甲과 그의 유일한 법정대리인인 乙에 관한 설명으로 옳은 것은? (다툼이 있는 경우 판례에 따름)

① 甲이 그 소유 물건에 대한 매매계약을 체결한 후에 미성년인 상태에서 매매대금의 이행을 청구하여 대금을 모두 지급받았다면 乙은 그 매매계약을 취소할 수 없다.
② 乙이 甲에게 특정한 영업에 관한 허락을 한 경우에도 乙은 그 영업에 관하여 여전히 甲을 대리할 수 있다.
③ 甲이 乙의 동의 없이 타인의 적법한 대리인으로서 법률행위를 했더라도 乙은 甲의 제한능력을 이유로 그 법률행위를 취소할 수 있다.
④ 甲이 乙의 동의 없이 신용구매계약을 체결한 이후에 乙의 동의 없음을 이유로 그 계약을 취소하는 것은 신의칙에 반한다.
⑤ 乙이 재산의 범위를 정하여 甲에게 처분을 허락한 경우, 甲이 그에 관한 법률행위를 하기 전에는 乙은 그 허락을 취소할 수 있다.

05. 甲은 2000. 3. 14. 18:00 잠수장비를 착용하고 해양생물 연구를 위해 바다에 잠수하였다가 행방불명되었고, 2012. 3. 15. 甲에 대하여 실종선고가 내려졌다. 이에 관한 설명으로 옳은 것을 모두 고른 것은? (다툼이 있는 경우 판례에 따름)

> ㄱ. 실종선고에 의해 甲이 사망한 것으로 간주되는 시점은 2001. 3. 14. 24:00이다.
> ㄴ. 甲이 실종된 후 법원의 결정으로 甲을 위한 부재자 재산관리인이 선임된 경우 그 재산관리인이 甲의 부동산을 매도하려면 법원의 허가를 받아야 한다.
> ㄷ. 실종선고에 의해 甲은 권리능력을 상실하므로 재산법적 법률관계와 가족법적 법률관계는 모두 종료된다.

① ㄱ
② ㄴ
③ ㄱ, ㄷ
④ ㄴ, ㄷ
⑤ ㄱ, ㄴ, ㄷ

06. 甲사단법인의 대표이사 乙이 외관상 그 직무에 관한 행위로 丙에게 불법행위를 한 경우에 관한 설명으로 옳지 않은 것은? (다툼이 있는 경우 판례에 따름)

① 乙의 불법행위로 인해 甲이 丙에 대해 손해배상책임을 지는 경우에도 乙은 丙에 대한 자기의 손해배상책임을 면하지 못한다.
② 甲의 손해배상책임 원인이 乙의 고의적인 불법행위인 경우에는 丙에게 과실이 있더라도 과실상계의 법리가 적용될 수 없다.
③ 丙이 乙의 행위가 실제로는 직무에 관한 행위에 해당하지 않는다는 사실을 알았거나 중대한 과실로 알지 못한 경우에는 甲에게 손해배상책임을 물을 수 없다.
④ 甲의 사원 丁이 乙의 불법행위에 가담한 경우, 丁도 乙과 연대하여 丙에 대하여 손해배상책임을 진다.
⑤ 甲이 비법인사단인 경우라 하더라도 甲은 乙의 불법행위로 인한 丙의 손해를 배상할 책임이 있다.

07. 甲사단법인이 3인의 이사(乙, 丙, 丁)를 두고 있는 경우에 관한 설명으로 옳지 않은 것은? (다툼이 있는 경우 판례에 따름)

① 乙, 丙, 丁은 甲의 사무에 관하여 원칙적으로 각자 甲을 대표한다.
② 甲의 대내적 사무집행은 정관에 다른 규정이 없으면 乙, 丙, 丁의 과반수로 결정한다.

③ 甲의 정관에 乙의 대표권 제한에 관한 규정이 있더라도 이를 등기하지 않으면 그와 같은 정관의 규정에 대해 악의인 제3자에 대해서도 대항할 수 없다.
④ 丙이 제3자에게 甲의 제반 사무를 포괄 위임한 경우, 그에 따른 제3자의 사무대행행위는 원칙적으로 甲에게 효력이 없다.
⑤ 甲의 토지를 丁이 매수하기로 결정한 경우, 이 사항에 관하여 丁은 대표권이 없으므로 법원은 이해관계인이나 검사의 청구에 의하여 임시이사를 선임하여야 한다.

08. 물건에 관한 설명으로 옳지 않은 것은? (다툼이 있는 경우 판례에 따름)

① 주물의 구성부분은 종물이 될 수 없다.
② 1필의 토지의 일부는 분필절차를 거치지 않는 한 용익물권의 객체가 될 수 없다.
③ 국립공원의 입장료는 법정과실이 아니다.
④ 주물과 장소적 밀접성이 인정되더라도 주물 그 자체의 효용과 직접 관계가 없는 물건은 종물이 아니다.
⑤ 저당권 설정행위에 "저당권의 효력이 종물에 미치지 않는다"는 약정이 있는 경우, 이를 등기하지 않으면 그 약정으로써 제3자에게 대항할 수 없다.

09. 형성권으로만 모두 연결된 것은?

① 저당권-취소권-동의권
② 상계권-준물권-예약완결권
③ 해제권-취소권-지상물매수청구권
④ 추인권-해지권-물권적 청구권
⑤ 해지권-동시이행항변권-부속물매수청구권

10. 반사회적 법률행위로서 무효가 아닌 것은? (다툼이 있는 경우 판례에 따름)

① 변호사가 민사소송의 승소대가로 성공보수를 받기로 한 약정
② 도박자금에 제공할 목적으로 금전을 대여하는 행위
③ 수증자가 부동산 매도인의 배임행위에 적극 가담하여 체결한 부동산 증여계약
④ 마약대금채무의 변제로서 토지를 양도하기로 하는 계약
⑤ 처음부터 보험사고를 가장하여 오로지 보험금을 취득할 목적으로 체결한 생명보험계약

11. 착오에 관한 설명으로 옳은 것을 모두 고른 것은? (다툼이 있는 경우 판례에 따름)

> ㄱ. 매도인의 하자담보책임이 성립하더라도 착오를 이유로 한 매수인의 취소권은 배제되지 않는다.
> ㄴ. 경과실로 인해 착오에 빠진 표의자가 착오를 이유로 의사표시를 취소한 경우, 상대방에 대하여 불법행위로 인한 손해배상책임을 진다.
> ㄷ. 상대방이 표의자의 착오를 알고 이용한 경우, 표의자는 착오가 중대한 과실로 인한 것이더라도 의사표시를 취소할 수 있다.
> ㄹ. 매도인이 매수인의 채무불이행을 이유로 계약을 적법하게 해제한 후에는 매수인은 착오를 이유로 취소권을 행사할 수 없다.

① ㄱ, ㄴ ② ㄱ, ㄷ
③ ㄱ, ㄹ ④ ㄴ, ㄷ
⑤ ㄴ, ㄹ

12. 사기·강박에 의한 의사표시에 관한 설명으로 옳지 않은 것은? (다툼이 있는 경우 판례에 따름)

① 사기나 강박에 의한 소송행위는 원칙적으로 취소할 수 없다.
② 대리인의 기망행위로 계약을 체결한 상대방은 본인이 선의이면 계약을 취소할 수 없다.
③ 강박으로 의사결정의 자유가 완전히 박탈되어 법률행위의 외형만 갖춘 의사표시는 무효이다.
④ 교환계약의 당사자 일방이 자기 소유 목적물의 시가를 묵비한 것은 특별한 사정이 없는 한 기망행위가 아니다.
⑤ 제3자의 사기로 계약을 체결한 경우, 피해자는 그 계약을 취소하지 않고 그 제3자에게 불법행위책임을 물을 수 있다.

13. 만 18세의 甲은 乙의 대리인을 사칭하여 그가 보관하던 乙의 노트북을 그 사정을 모르는 丙에게 팔았다. 이에 관한 설명으로 옳지 않은 것은? (다툼이 있는 경우 판례에 따름)

① 乙이 丙에게 매매계약을 추인한 때에는 매매계약은 확정적으로 효력이 생긴다.
② 乙이 甲에게 추인한 때에도 그 사실을 모르는 丙은 매매계약을 철회할 수 있다.
③ 乙이 추인하지 않으면, 甲은 자신의 선택으로 丙에게 매매계약을 이행하거나 손해를 배상하여야 한다.
④ 丙이 甲에게 대리권이 없음을 알았더라도 丙은 乙에게 추인 여부의 확답을 최고할 수 있다.
⑤ 乙이 추인한 때에는 甲은 자신이 미성년자임을 이유로 매매계약을 취소하지 못한다.

14. 표현대리에 관한 설명으로 옳지 않은 것을 모두 고른 것은? (다툼이 있는 경우 판례에 따름)

> ㄱ. 대리권 소멸 후의 표현대리에 관한 규정은 임의대리에만 적용된다.
> ㄴ. 표현대리를 주장할 때에는 무권대리인과 표현대리에 해당하는 무권대리 행위를 특정하여 주장하여야 한다.
> ㄷ. 강행법규를 위반하여 무효인 법률행위라 하더라도 표현대리의 법리는 준용될 수 있다.
> ㄹ. 표현대리가 성립하는 경우에도 상대방에게 과실이 있다면 과실상계의 법리를 유추적용하여 본인의 책임을 경감할 수 있다.

① ㄱ, ㄴ   ② ㄴ, ㄷ
③ ㄱ, ㄴ, ㄷ   ④ ㄱ, ㄷ, ㄹ
⑤ ㄴ, ㄷ, ㄹ

15. 조건과 기한에 관한 설명으로 옳은 것은? (다툼이 있는 경우 판례에 따름)

① 기성조건이 정지조건이면 그 법률행위는 무효이고, 해제조건이면 조건 없는 법률행위가 된다.
② 조건의 성취로 인하여 불이익을 받을 당사자가 신의성실에 반하여 조건의 성취를 방해한 경우, 조건이 성취된 것으로 의제되는 시점은 조건의 성취를 방해한 때이다.
③ 어떤 법률행위가 정지조건부 법률행위에 해당한다는 사실은 그 법률행위의 효과 발생을 다투려는 자에게 증명책임이 있다.
④ 이미 부담하고 있는 채무에 관하여 발생이 불확실한 장래의 사실을 부관으로 붙인 경우에는 조건을 정한 것으로 보아야 한다.
⑤ 정지조건부 기한이익 상실의 특약이 있는 경우 기한이익 상실사유가 발생하더라도 채권자의 통지나 청구 등이 있어야 이행기가 도래한다.

16. 甲과 乙은 토지거래허가구역 내에 있는 甲의 X 토지에 대하여 乙과 매매계약을 체결하였고, 乙은 계약 당일 甲에게 계약금을 지급하였다. 이에 관한 설명으로 옳지 않은 것을 모두 고른 것은? (다툼이 있는 경우 판례에 따름)

> ㄱ. 甲과 乙이 토지거래허가를 받은 후에도 이행에 착수하기 전이라면 甲은 계약금의 배액을 乙에게 지급하고 매매계약을 해제할 수 있다.
> ㄴ. 매매계약이 乙의 사기에 의해 체결된 경우라도, 甲은 乙의 사기를 이유로 매매계약의 취소를 주장하여 매매계약을 확정적으로 무효화시킬 수 없다.
> ㄷ. 甲과 乙은 상대방에 대하여 공동으로 관할관청의 허가를 신청할 의무를 부담하며, 乙은 甲에 대하여 협력의무의 이행을 소송으로 구할 수 있다.

① ㄱ　　② ㄴ
③ ㄱ, ㄴ　　④ ㄱ, ㄷ
⑤ ㄱ, ㄴ, ㄷ

17. 법률행위의 취소에 관한 설명으로 옳지 않은 것은? (다툼이 있는 경우 판례에 따름)
① 취소권의 단기제척기간은 취소할 수 있는 날로부터 3년이다.
② 취소권의 행사시 반드시 취소원인의 진술이 함께 행해져야 하는 것은 아니다.
③ 취소할 수 있는 법률행위의 상대방이 그 행위로 취득한 특정의 권리를 양도한 경우, 양수인이 아닌 원래의 상대방에게 취소의 의사표시를 하여야 한다.
④ 노무자의 노무가 일정 기간 제공된 후 행해진 고용계약의 취소에는 소급효가 인정되지 않는다.
⑤ 매도인이 매매계약을 적법하게 해제한 후에도 매수인은 그 매매계약을 착오를 이유로 취소할 수 있다.

18. 다음 설명 중 옳은 것을 모두 고른 것은? (다툼이 있는 경우 판례에 따름)

> ㄱ. 기간의 말일이 토요일 또는 공휴일에 해당하는 때에는 기간은 그 익일로 만료한다.
> ㄴ. 1990년 8월 20일 오전 10시에 출생한 자는 2008년 8월 20일 오전 0시에 민법상 성년으로 된다.
> ㄷ. 2007년 8월 1일 선박 중에 있다가 그 선박침몰사고로 생사불명인 자에 대해 2008년 8월 31일 실종선고가 내려졌다면 그 사람은 2008년 8월 1일 24시에 사망한 것으로 본다.
> ㄹ. 기간의 초일이 공휴일이라 하더라도 기간은 초일부터 기산한다.

① ㄱ, ㄴ, ㄷ　　② ㄱ, ㄴ, ㄹ
③ ㄴ, ㄷ, ㄹ　　④ ㄱ, ㄷ, ㄹ
⑤ ㄱ, ㄴ, ㄷ, ㄹ

19. 소멸시효에 관한 설명으로 옳지 않은 것은? (다툼이 있는 경우 판례에 따름)
① 손해배상청구권에 대해 법률이 제척기간을 규정하고 있더라도 그 청구권은 소멸시효에 걸린다.
② 동시이행의 항변권이 붙어 있는 채권은 그 항변권이 소멸한 때로부터 소멸시효가 기산한다.
③ 채권양도 후 대항요건을 갖추지 못한 상태에서 양수인이 채무자를 상대로 소를 제기하면 양도된 채권의 소멸시효는 중단된다.
④ 비법인사단이 채무를 승인하여 소멸시효를 중단시키는 것은 사원총회의 결의를 요하는 총유물의 관리·처분행위가 아니다.

⑤ 채권의 소멸시효 완성 후 채무자가 채권자에게 그 담보를 위해 저당권을 설정해 줌으로써 소멸시효의 이익을 포기했다면 그 효력은 그 후 저당부동산을 취득한 제3자에게도 미친다.

20. 甲의 乙에 대한 채권의 소멸시효 완성을 '독자적으로 원용'할 수 있는 자를 모두 고른 것은? (다툼이 있는 경우 판례에 따름)

> ㄱ. 甲이 乙에 대한 채권을 보전하기 위하여 행사한 채권자취소권의 상대방이 된 수익자
> ㄴ. 乙의 일반채권자
> ㄷ. 甲의 乙에 대한 채권을 담보하기 위해 저당권이 설정된 경우, 그 후순위 저당권자

① ㄱ ② ㄴ
③ ㄱ, ㄴ ④ ㄱ, ㄷ
⑤ ㄱ, ㄴ, ㄷ

21. 금전채무불이행에 의한 손해배상에 관한 설명 중 옳지 않은 것은?

① 금전채무에 대하여는 이행불능이 있을 수 없으므로, 이행지체에 의한 손해만이 인정될 뿐이다.
② 금전채무불이행의 손해배상액은 법정이율에 의하되, 법령제한을 초과하지 않는 약정이율이 있으면 그 이율에 의한다.
③ 민법 소정의 이율은 연 5%이고, 상법 소정의 이율은 연 6%이다.
④ 채권자는 이행지체로 인한 손해의 증명을 할 필요 없이 지연손해금을 청구할 수 있다.
⑤ 채무자는 과실 없음을 항변하여 손해배상채무를 면할 수 있다.

22. 이행지체에 관한 설명 중 옳은 것을 모두 고른 것은? (다툼이 있는 경우 판례에 따름)

> ㄱ. 신원보증인의 채무는 신원보증계약에 기하여 발생한 채무로서 이행기의 정함이 없는 채무이므로 채권자로부터 이행청구를 받지 않으면 지체의 책임이 생기지 않는다.
> ㄴ. 금전채무에 관하여 이행지체에 대비한 지연손해금 비율을 따로 약정한 경우에 이를 손해배상액의 예정이라고 할 수는 없으므로 법원의 감액 대상이 되지 않는다.
> ㄷ. 이행기의 정함이 없는 채권을 양수한 채권양수인이 채무자를 상대로 그 이행을 구하는 소를 제기하고 소송계속 중 채무자에 대한 채권양도통지가 이루어진 경우에는 특별한 사정이 없는 한 채무자는 채권양도통지가 도달된 다음 날부터 이행지체의 책임을 진다.

① ㄱ ② ㄴ
③ ㄱ, ㄴ ④ ㄱ, ㄷ
⑤ ㄱ, ㄴ, ㄷ

23. 강제이행에 관한 다음 설명 중 가장 옳은 것은? (다툼이 있는 경우 판례에 따름)

① 매수인이 매매계약의 목적물을 인도받고서도 매매대금을 지급하지 않는 경우에 매도인은 간접강제를 통해 구제받을 수 있다.
② 이웃거주자가 오후 10시 이후에는 악기연주를 하지 않기로 약정을 하였음에도 이에 위반하여 악기연주를 하는 경우에 피해자는 직접강제를 통해 구제받을 수 있다.
③ 사과 1박스를 매수하여 인도받기로 하고 매매대금을 지급하였음에도 매도인이 이를 이행하지 않는 경우에 매수인은 대체집행을 통해 구제받을 수 있다.

④ 소설을 창작하여 출판하기로 계약을 한 소설가가 창작을 이행하지 않은 경우에 출판사는 간접강제를 통해 구제받을 수 있다.
⑤ 방해물을 건축하지 않아야 할 채무를 부담하는 자가 방해물을 건축한 경우에 피해자는 채무자의 비용으로 제3자에게 방해물을 제거토록 하는 강제이행을 통해 구제받을 수 있다.

24. 채권자대위권에 관한 설명으로 옳지 않은 것은? (다툼이 있는 경우 판례에 따름)

① 공유물분할청구권은 오로지 공유자의 의사에 행사의 자유가 맡겨져 있어 공유자 본인만 행사할 수 있는 권리에 해당하는 바, 공유물분할청구권은 원칙적으로 채권자대위권의 목적이 될 수 없다.
② 토지를 공동매수한 채권자가 채무자에 대한 소유권이전등기청구권을 보전하기 위하여 제3채무자를 상대로 소유권이전등기청구권을 대위 행사하는 경우, 채권자는 자신의 매수 지분 범위 내에서만 대위가 가능하다.
③ 채권자가 대위권을 행사할 당시에 이미 채무자가 그 권리를 재판상 행사하였을 때에는 채권자는 채무자를 대위하여 채무자의 권리를 행사할 수 없다.
④ 채권자는 채무자 자신이 주장할 수 있는 사유의 범위 내에서 주장할 수 있을 뿐, 자기와 제3채무자 사이의 독자적인 사정에 기한 사유를 주장할 수는 없다.
⑤ 채권자대위권 행사의 효과는 채무자에게 귀속되는 것이므로 채권자대위소송의 제기로 인한 소멸시효 중단의 효과 역시 채무자에게 생긴다.

25. 채권자취소권에 관한 설명 중 옳은 것은? (다툼이 있는 경우 판례에 따름)

① 피보전채권이 사해행위 이전에 성립되어 있다 하더라도 액수나 범위가 구체적으로 확정되지 않은 경우라면 채권자취소권의 피보전채권이 될 수 없다.
② 채권자는 채무자가 제3자에 대하여 가지고 있는 채권자취소권을 대위행사할 수 있고, 이 경우 채권자는 자신이 그 취소원인을 안 날로부터 1년, 법률행위가 있은 날로부터 5년 내라면 채권자취소의 소를 제기할 수 있다.
③ 채권자가 사해행위의 취소와 원상회복을 구하는 경우 사해행위의 취소만을 먼저 청구한 다음 원상회복을 나중에 청구할 수 있는데, 이 경우 사해행위취소 청구가 제척기간 내에 제기되었다면 원상회복청구는 그 기간이 지난 뒤에도 할 수 있다.
④ 유증을 받을 자가 이를 포기하는 것은 사해행위 취소의 대상이 된다.
⑤ 상속의 포기는 재산법적 성질을 가지고 있으므로 민법 제406조 제1항에서 정하는 재산권에 관한 법률행위에 해당하여 사해행위취소의 대상이 된다.

26. 보증채무에 관한 설명 중 옳지 않은 것을 모두 고른 것은? (다툼이 있는 경우 판례에 따름)

ㄱ. 보증기간과 보증한도액의 정함이 없는 계속적 보증계약의 경우, 보증인이 사망하면 상속인은 보증인의 지위를 상속하지 않고 이미 발생한 보증채무만을 상속한다.
ㄴ. 회사의 이사로서 회사의 확정채무에 대하여 보증을 한 자가 이사직을 사직한 경우, 사정변경을 이유로 보증계약을 해지할 수 있다.

ㄷ. 특정채무를 보증하는 경우에도 신의칙을 근거로 보증책임을 제한하는 것이 예외적으로 허용될 수 있다.
ㄹ. 보증한도액이 정해진 계속적 보증계약의 경우, 보증인이 사망하면 보증계약은 당연히 종료하고 이미 발생한 채무만 상속된다.

① ㄱ, ㄴ ② ㄱ, ㄷ
③ ㄴ, ㄷ ④ ㄴ, ㄹ
⑤ ㄷ, ㄹ

27. 甲에 대한 乙의 채무를 丙이 인수한 경우, 다음 설명 중 옳지 않은 것은? (다툼이 있는 경우 판례에 따름)

① 乙의 부탁으로 丙이 乙의 채무를 병존적으로 인수한 경우, 丙과 乙은 甲에게 연대채무를 부담한다.
② 乙과 丙이 병존적 채무인수계약을 체결하였음에도 불구하고 병존적 채무인수라는 취지를 甲에게 알리지 않아서 甲이 면책적 채무인수인줄 알고 승낙을 거절하였더라도, 다시 수익의 의사표시를 하여 丙에 대한 채권을 취득할 수 있다.
③ 면책적 채무인수계약에 따라 丙이 乙의 채무를 인수한 경우에 乙의 채무는 소멸하므로 부종성의 법리에 따라 乙이 제공한 저당권도 소멸한다.
④ 乙과 丙의 면책적 채무인수계약에 따라 丙이 乙의 채무를 인수한 경우에 甲의 승낙이 없으면, 그 계약은 이행인수 등으로서의 효력밖에 갖지 못한다.
⑤ 면책적 채무인수계약에 따라 丙이 인수한 채무가 상사채무인 경우, 그 채무인수행위가 상행위나 보조적 상행위에 해당하지 않더라도, 그 인수채무는 상사시효의 적용대상이 된다.

28. 채권양도에 관한 설명 중 옳은 것을 모두 고른 것은? (다툼이 있는 경우 판례에 따름)

ㄱ. 주채무자에 대하여 채권양도통지 등 대항요건을 갖추었다면 연대보증인에 대하여 별도의 대항요건을 갖추지 않았더라도 양수인은 연대보증인에게 대항할 수 있다.
ㄴ. 임대인이 임대차보증금반환채권의 양도통지를 받은 후에는 임대인과 임차인 사이에 임대차계약의 갱신이나 계약기간 연장에 관하여 명시적 또는 묵시적합의가 있더라도 그 합의의 효과는 임대차보증금반환채권의 양수인에 대하여는 미칠 수 없다.
ㄷ. 지명채권의 양도통지를 한 후 양도계약이 합의해제된 경우, 채권양도인이 해제를 이유로 다시 원래의 채무자에 대하여 양도채권으로 대항하려면, 채권양수인이 채무자에게 위와 같은 해제 사실을 통지하여야 한다.

① ㄷ ② ㄱ, ㄴ
③ ㄱ, ㄷ ④ ㄴ, ㄷ
⑤ ㄱ, ㄴ, ㄷ

29. 변제충당에 관한 설명 중 옳지 않은 것은? (다툼이 있는 경우 판례에 따름)

① 변제자가 주채무자이고 연대보증약정이 있는 경우로서 다른 조건이 동일하다면, 연대보증기간 내의 채무와 연대보증기간 종료 후의 채무 사이의 변제이익은 같다.
② 변제자가 주채무자인 경우로서 다른 조건이 동일하다면, 물상보증인이 제공한 물적 담보가 있는 채무와 그러한 담보가 없는 채무 사이의 변제이익은 같다.
③ 변제자가 주채무자인 경우로서 다른 조건이 동일하다면, 제3자가 발행 또는 배서한 어음에 의하여 담보되는 채무가 그렇지 않은 채무

보다 변제이익이 더 많다.
④ 주채무자 이외의 자가 변제자인 경우로서 다른 조건이 동일하다면, 변제자가 발행 또는 배서한 어음에 의하여 담보되는 채무가 그렇지 않은 채무보다 변제이익이 더 많다.
⑤ 변제자가 주채무자인 경우로서 다른 조건이 동일하다면, 담보로 주채무자 자신이 발행 또는 배서한 어음에 의하여 담보되는 채무가 그렇지 않은 채무보다 변제이익이 더 많다.

30. 상계에 관한 설명으로 옳지 않은 것은? (다툼이 있는 경우 판례에 따름)

① 상계의 대상이 되는 채권은 상대방과 사이에서 직접 발생한 채권에 한하는 것이 아니라 제3자로부터 양수 등을 원인으로 하여 취득한 채권도 포함한다.
② 채권자는 상계의 상대방이 제3자에 대하여 가지는 채권과 상계하지 못한다.
③ 임대인은 임대차계약이 존속 중이라도 임대차보증금반환채무에 관한 기한의 이익을 포기하고 임차인의 임대차보증금반환채권을 수동채권으로 하여 연체된 차임채권과 상계할 수 있다.
④ 손해배상채무가 중과실에 의한 불법행위로 발생한 경우에 그 채무자는 상계로 채권자에게 대항하지 못한다.
⑤ 소멸시효가 완성된 채권이 그 완성 전에 상계할 수 있었던 것이면 그 채권자는 상계할 수 있다.

31. 계약의 종류와 그에 해당하는 예가 잘못 짝지어진 것은?

① 쌍무계약 - 도급계약
② 편무계약 - 무상임치계약
③ 유상계약 - 임대차계약
④ 무상계약 - 사용대차계약
⑤ 낙성계약 - 현상광고계약

32. 甲은 승낙기간을 2020. 5. 8.로 하여 자신의 X주택을 乙에게 5억 원에 팔겠다고 하고, 그 청약은 乙에게 2020. 5. 1. 도달하였다. 이에 관한 설명으로 틀린 것은? (다툼이 있는 경우 판례에 따름)

① 甲의 청약은 乙에게 도달한 때에 그 효력이 생긴다.
② 甲이 청약을 발송한 후 사망하였다면, 그 청약은 효력을 상실한다.
③ 甲이 乙에게 "2020. 5. 8.까지 이의가 없으면 승낙한 것으로 본다"고 표시한 경우, 乙이 그 기간까지 이의하지 않더라도 계약은 성립하지 않는다.
④ 乙이 2020. 5. 15. 승낙한 경우, 甲은 乙이 새로운 청약을 한 것으로 보고 이를 승낙함으로써 계약을 성립시킬 수 있다.
⑤ 乙이 5억 원을 5천만 원으로 잘못 읽어, 2020. 5. 8. 甲에게 5천만 원에 매수한다는 승낙이 도달하더라도 계약은 성립하지 않는다.

33. 동시이행의 관계에 있는 것을 모두 고른 것은? (다툼이 있는 경우 판례에 따름)

> ㄱ. 임대차 종료시 임차보증금 반환의무와 임차물 반환의무
> ㄴ. 피담보채권을 변제할 의무와 근저당권설정등기 말소의무
> ㄷ. 매도인의 토지거래허가 신청절차에 협력할 의무와 매수인의 매매대금지급의무
> ㄹ. 토지임차인이 건물매수청구권을 행사한 경우, 토지임차인의 건물인도 및 소유권이전등기의무와 토지임대인의 건물대금지급의무

① ㄹ　　② ㄱ, ㄴ
③ ㄱ, ㄹ　　④ ㄴ, ㄷ
⑤ ㄱ, ㄷ, ㄹ

34. 甲은 자신의 X토지를 乙에게 매도하고 소유권이전등기를 마쳐주었으나, 乙은 변제기가 지났음에도 매매대금을 지급하지 않고 있다. 이에 관한 설명으로 틀린 것을 모두 고른 것은? (다툼이 있는 경우 판례에 따름)

> ㄱ. 甲은 특별한 사정이 없는 한 별도의 최고 없이 매매계약을 해제할 수 있다.
> ㄴ. 甲이 적법하게 매매계약을 해제한 경우, X토지의 소유권은 등기와 무관하게 계약이 없었던 상태로 복귀한다.
> ㄷ. 乙이 X토지를 丙에게 매도하고 그 소유권이전등기를 마친 후 甲이 乙을 상대로 적법하게 매매계약을 해제하였다면, 丙은 X토지의 소유권을 상실한다.

① ㄱ　　② ㄴ
③ ㄷ　　④ ㄱ, ㄷ
⑤ ㄴ, ㄷ

35. 甲은 자기 소유의 X토지를 乙에게 매도하는 매매계약을 체결하였다. 이에 관한 설명 중 옳은 것을 모두 고른 것은? (다툼이 있는 경우 판례에 따름)

> ㄱ. X토지는 토지거래허가구역 내에 있는 토지인데, 甲과 乙은 "甲은 乙로부터 매매대금을 먼저 지급받은 후 乙에게 X토지의 소유권이전등기를 마쳐준다."라고 약정하였다. 이 경우 아직 토지거래허가를 받기 전에는 乙이 매매대금의 지급을 지체하더라도 甲은 乙의 매매대금지급의무의 이행지체를 이유로 위 매매계약을 해제할 수 없다.
> ㄴ. 甲과 乙 사이의 X토지 매매계약이 취소된 경우 甲과 乙은 원상회복의무를 부담한다. 이 경우 「민법」제548조 제2항이 유추적용되므로, 甲은 선의라고 하더라도 乙에게 그로부터 수령한 매매대금 및 수령한 날로부터의 이자의 합산액을 반환하여야 한다.
> ㄷ. 乙은 甲에게 매매대금을 모두 지급하고 甲으로부터 X토지를 인도받았으나 아직 소유권이전등기를 마치지 아니한 채 점유하여 사용·수익하던 중, 乙은 X토지를 丙에게 전매하여 대금을 완납받고 이를 인도하였다. 이 경우 丙의 乙에 대한 소유권이전등기청구권 및 乙의 甲에 대한 소유권이전등기청구권의 소멸시효는 진행하지 않는다.

① ㄱ　　② ㄴ
③ ㄱ, ㄴ　　④ ㄱ, ㄷ
⑤ ㄱ, ㄴ, ㄷ

36. 甲은 자신의 토지를 乙에게 매도하면서 계약금을 수령한 후, 중도금과 잔금은 1개월 후에 지급받기로 약정하였다. 다음 설명 중 옳지 않은 것은? (다툼이 있는 경우 판례에 따름)

① 甲과 乙 사이에 계약금을 위약금으로 하는 특약도 가능하다.
② 甲과 乙 사이의 계약금계약은 매매계약의 종된 계약이다.
③ 乙은 중도금의 지급 후에는 특약이 없는 한 계약금을 포기하고 계약을 해제할 수 없다.
④ 乙의 해약금에 기한 해제권 행사로 인하여 발생한 손해에 대하여 甲은 그 배상을 청구할 수 있다.
⑤ 甲과 乙 사이에 해약금에 기한 해제권을 배제하기로 하는 약정을 하였다면 더 이상 그 해제권을 행사할 수 없다.

37. 임차인 甲이 임대인 乙에게 지상물매수청구권을 행사하는 경우에 관한 설명으로 옳은 것은? (다툼이 있는 경우 판례에 따름)

① 甲의 매수청구가 유효하려면 乙의 승낙을 요한다.
② 건축허가를 받은 건물이 아니라면 甲은 매수청구를 하지 못한다.
③ 甲 소유 건물이 乙이 임대한 토지와 제3자 소유의 토지 위에 걸쳐서 건립된 경우, 甲은 건물 전체에 대하여 매수청구를 할 수 있다.
④ 임대차가 甲의 채무불이행 때문에 기간 만료 전에 종료 되었다면, 甲은 매수청구를 할 수 없다.
⑤ 甲은 매수청구권의 행사에 앞서 임대차계약의 갱신을 청구할 수 없다.

38. 부당이득에 관한 설명 중 옳은 것을 모두 고른 것은? (다툼이 있는 경우 판례에 따름)

ㄱ. 유효한 도급계약에 기하여 수급인이 도급인으로부터 제3자 소유 물건의 점유를 이전받아 이를 수리한 결과 그 물건의 가치가 증가한 경우, 수급인은 제3자에 대해 부당이득의 반환을 청구할 수 없다.
ㄴ. 甲이 수취인의 예금계좌에 계좌이체를 하였는데, 그 계좌이체의 원인이 되는 법률관계가 존재하지 않는 경우, 甲은 수취은행을 상대로 부당이득의 반환을 청구할 수 있다.
ㄷ. 타인의 토지를 권원 없이 점유하여 나무를 심어 키운 후 이를 처분한 경우, 그 점유자는 특별한 사정이 없는 한 그 토지의 차임 상당액과는 별도로 나무의 처분대금까지 부당이득으로 반환해야 하는 것은 아니다.

① ㄱ
② ㄴ
③ ㄱ, ㄴ
④ ㄱ, ㄷ
⑤ ㄴ, ㄷ

39. 사용자책임에 관한 다음 설명 중 옳지 않은 것은? (다툼이 있는 경우 판례에 따름)

① 피용자의 사용자에 대한 사무는 일시적·한시적인 경우에도 무방하다.
② 피용자의 사무가 외형상 객관적으로 사무집행에 해당하는 경우에도 사무집행에 관한 것이 아님을 피해자가 알았거나 알 수 있었을 경우에는 사용자책임이 부정된다.
③ 사용자책임이 인정되기 위해서는 사용자와 피용자 간에 고용계약이 없더라도 사용자가 피용자를 실질적으로 지휘·감독하는 관계에 있으면 된다.

④ 사용자가 피용자의 선임 및 사무 감독에 상당한 주의를 다한 경우에는 사용자는 책임을 면한다.
⑤ 피용자의 가해행위가 위법하지 않은 경우에는 사용자는 사용자책임을 지지 않는다.

40. 불법행위에 관한 설명으로 옳지 않은 것은?
(다툼이 있는 경우 판례에 따름)

① 미성년자가 성폭력, 성추행, 성희롱, 그 밖의 성적 침해를 당한 경우에는 해당 미성년자가 성년이 될 때까지 손해배상청구권의 소멸시효가 진행되지 아니한다.
② 공동불법행위자 중 1인의 손해배상채무가 시효로 소멸한 후에 다른 공동불법행위자 1인이 피해자에게 자기의 부담 부분을 넘는 손해를 배상하였을 경우, 그 공동불법행위자는 손해배상채무가 시효로 소멸한 다른 공동불법행위자에게 구상권을 행사할 수 있다.
③ 가해자불명의 공동불법행위에 있어서는 개별 행위자가 손해의 일부가 자신의 행위에서 비롯된 것이 아님을 증명하면 배상책임이 그 범위로 감축된다.
④ 불법행위가 일회적이 아닌 불법점유와 같이 계속적인 경우에는 나날이 새로운 불법행위에 의한 손해가 발생하는 것으로 보아 날마다 새로운 불법행위에 의하여 발생한 '그 각 손해를 안 날'로부터 각각 별개로 소멸시효가 진행된다.
⑤ 피해자의 과실을 들어 과실상계를 하는 경우 공동불법행위자 각인에 대한 과실비율이 서로 다르다면 피해자의 과실을 공동불법행위자 각인에 대한 과실로 개별적으로 평가하여야 한다.

제2회 실전모의고사

01. 신의성실의 원칙에 관한 설명 중 옳지 않은 것을 모두 고른 것은? (다툼이 있는 경우 판례에 따름)

> ㄱ. 사립학교 경영자가 「사립학교법」 규정에 위반한 매도나 담보제공이 무효라는 사실을 알고서 매도나 담보제공을 한 후 스스로 그 무효를 주장하는 것은 원칙적으로 신의성실의 원칙에 위반된다.
> ㄴ. 상속인 중 1인이 피상속인의 생존시에 피상속인에 대하여 상속을 포기하기로 약정하였다면, 상속개시 후 민법이 정하는 절차와 방식에 따라 상속을 포기하지 않았다 하더라도, 상속개시 후에 자신의 상속권을 주장하는 것은 선행행위에 모순되는 행동이어서 허용되지 않는다.
> ㄷ. 인지청구권을 행사할 수 있음에도 불구하고 장기간 방치하면 인지청구권은 실효될 수 있다.

① ㄱ
② ㄴ
③ ㄱ, ㄴ
④ ㄴ, ㄷ
⑤ ㄱ, ㄴ, ㄷ

02. 태아에게 권리능력이 인정되는 경우가 아닌 것은? (다툼이 있는 경우 판례에 따름)

① 재산상속
② 유증
③ 증여
④ 불법행위에 기한 손해배상청구
⑤ 유류분권

03. 미성년자에 관련된 설명 중 옳지 않은 것을 모두 고른 것은?

> ㄱ. 법정대리인이 재산의 범위를 정하여 미성년자에게 처분을 허락하였다면, 법정대리인은 그 재산의 처분에 관하여 스스로 유효한 대리행위를 할 수 없다.
> ㄴ. 법정대리인이 미성년자에게 영업의 종류를 특정하여 영업을 허락하였다면, 법정대리인은 허락한 영업과 관련된 행위를 스스로 대리할 수 없다.
> ㄷ. 피후견인의 신상과 재산에 관한 모든 사정을 고려하여, 성년후견인과 마찬가지로 미성년후견인도 여러명 둘 수 있다.
> ㄹ. 제한능력자가 속임수로써 법정대리인의 동의가 있는 것으로 믿게 하여 법률행위를 한 경우, 그 행위를 취소할 수 없다.

① ㄱ, ㄴ
② ㄱ, ㄷ
③ ㄱ, ㄴ, ㄹ
④ ㄱ, ㄷ, ㄹ
⑤ ㄱ, ㄴ, ㄷ, ㄹ

04. 부재와 실종에 관한 설명 중 옳은 것을 모두 고른 것은? (다툼이 있는 경우 판례에 따름)

> ㄱ. 잠수장비를 착용한 채 바다에 입수하였다가 부상하지 아니한 채 행방불명되었다 하더라도, 이는 민법 제27조 제2항의 '사망의 원인이 될 위난'이라고 할 수 없다.
> ㄴ. 부재자가 재산관리인을 선임하면서 처분권까지 부여하였더라도, 이후 부재자의 생사가 분명하지 않게 되었다면 위 부재자 재산관리인의 처분행위는 법원의 허가를 받아야 한다.
> ㄷ. 부재자 재산관리인이 법원의 허가를 받고 선임결정이 취소되기 전에 한 처분행위는 그것이 부재자에 대한 실종기간 만료 후에 이루어졌더라도 유효하다.

① ㄱ   ② ㄴ
③ ㄷ   ④ ㄱ, ㄴ
⑤ ㄱ, ㄷ

05. 제한능력자의 상대방 보호에 관한 설명 중 옳은 것을 모두 고른 것은?

> ㄱ. 상대방은 제한능력자 본인에 대해서 추인 여부를 최고하더라도 최고의 효력이 인정되지 않는다.
> ㄴ. 제한능력자의 상대방은 제한능력자의 법정대리인에게 추인여부의 확답을 최고 할 수 있으나, 악의의 상대방은 최고를 할 수 없다.
> ㄷ. 상대방은 법률행위 당시에 제한능력자임을 알지 못한 경우에 한하여 철회권이 인정된다.
> ㄹ. 상대방은 제한능력자 본인에게 철회나 거절의 의사표시를 하면 효력이 있다.

① ㄱ, ㄷ   ② ㄴ, ㄹ
③ ㄱ, ㄴ, ㄹ   ④ ㄱ, ㄷ, ㄹ
⑤ ㄱ, ㄴ, ㄷ, ㄹ

06. 甲 법인의 대표자가 乙에게 대표자의 모든 권한을 포괄적으로 위임하여 乙이 실질적으로 법인의 대표자로서 그 법인의 사무를 집행하고 있던 중 乙이 丙과 조합원 대행계약을 체결하였다. 이에 관한 설명 중 옳지 않은 것을 모두 고른 것은? (다툼이 있는 경우 판례에 따름)

> ㄱ. 甲 법인의 대표자가 행한 乙에 대한 업무의 포괄적 위임과 포괄적 수임인 乙의 조합원 대행계약은 원칙적으로 甲 법인에 효력이 미친다.
> ㄴ. 乙의 행위가 자신의 이익을 도모하기 위한 것이라면 丙은 甲 법인을 상대로 민법 제35조에서 정한 법인의 불법행위책임에 따른 손해배상을 청구할 수 없다.
> ㄷ. 乙의 행위가 실제로 직무에 관한 행위에 해당하지 아니함을 丙이 알았거나 과실로 알지 못한 경우에는 甲 법인을 상대로 민법 제35조에서 정한 법인의 불법행위책임에 따른 손해배상을 청구할 수 없다.

① ㄱ   ② ㄴ
③ ㄱ, ㄴ   ④ ㄱ, ㄷ
⑤ ㄱ, ㄴ, ㄷ

07. 법인에 관한 설명 중 옳지 않은 것은?

① 법인의 불법행위가 성립하는 경우 법인과 함께 대표자 개인도 자기의 손해배상책임을 면하지 못한다.
② 권리능력 없는 사단도 직접 그 사단의 이름으로 부동산의 등기를 할 수 있다.
③ 유언으로 재단법인을 설립하는 때에는 출연재

산은 유언의 효력이 발생한 때로부터 법인에 귀속한 것으로 본다.
④ 법인의 이사가 수인인 때에는 정관에 다른 규정이 없으면 법인의 사무집행은 이사의 과반수로써 결정한다.
⑤ 이사의 대표권에 대한 제한은 이를 정관에 기재하면 제3자에게 대항할 수 있다.

08. "종물은 주물의 처분에 따른다."는 민법 제100조 제2항에 관한 다음 설명 중 옳지 않은 모두 고른 것은? (다툼이 있는 경우 판례에 따름)

> ㄱ. 횟집으로 사용할 점포 건물에 거의 붙여서 횟감용 생선을 보관하기 위하여 신축한 수족관 건물은 독립한 부동산이지만 점포 건물의 종물에 해당한다.
> ㄴ. 민법 제100조 제2항의 규정은 주된 권리와 종된 권리 상호간에 유추적용되므로 원본채권이 양도되면 특별한 사정이 없는 한 변제기에 도달한 이자채권도 함께 양도된다.
> ㄷ. 민법 제100조 제2항은 임의규정이므로 당사자는 주물을 처분할 때에 특약으로 종물을 제외할 수 있고 종물만을 별도로 처분할 수도 있다.

① ㄱ   ② ㄴ
③ ㄱ, ㄴ   ④ ㄱ, ㄷ
⑤ ㄱ, ㄴ, ㄷ

09. 반사회질서의 법률행위에 해당하여 무효로 되는 것을 모두 고른 것은? (다툼이 있는 경우 판례에 따름)

> ㄱ. 성립 과정에서 강박이라는 불법적 방법이 사용된 데 불과한 법률행위
> ㄴ. 강제집행을 면할 목적으로 허위의 근저당권을 설정하는 행위
> ㄷ. 양도소득세를 회피할 목적으로 실제로 거래한 매매대금보다 낮은 금액으로 매매계약을 체결한 행위
> ㄹ. 이미 매도된 부동산임을 알면서도 매도인의 배임행위에 적극 가담하여 이루어진 저당권 설정행위

① ㄷ   ② ㄹ
③ ㄱ, ㄴ   ④ ㄱ, ㄷ
⑤ ㄴ, ㄹ

10. 불공정한 법률행위에 관한 설명으로 옳지 않은 것은? (다툼이 있는 경우 판례에 따름)

① 궁박은 정신적·심리적 원인에 기인할 수도 있다.
② 무경험은 거래일반에 대한 경험의 부족을 의미한다.
③ 대리인에 의해 법률행위가 이루어진 경우, 궁박 상태는 본인을 기준으로 판단하여야 한다.
④ 급부와 반대급부 사이에 현저한 불균형이 존재하는지는 특별한 사정이 없는 한 법률행위 당시를 기준으로 판단하여야 한다.
⑤ 급부와 반대급부 사이의 현저한 불균형은 피해자의 궁박·경솔·무경험의 정도를 고려하여 당사자의 주관적 가치에 따라 판단한다.

11. 비진의표시에 관한 설명으로 옳지 않은 것은? (다툼이 있는 경우 판례에 따름)

① 대출절차상 편의를 위하여 명의를 빌려준 자가 채무부담의 의사를 가졌더라도 그 의사표시는 비진의표시이다.
② 비진의표시에 관한 규정은 원칙적으로 상대방 있는 단독행위에 적용된다.
③ 매매계약에서 비진의표시는 상대방이 선의이며 과실이 없는 경우에 한하여 유효하다.
④ 사직의사 없는 사기업의 근로자가 사용자의 지시로 어쩔 수 없이 일괄사직서를 제출하는 형태의 의사표시는 비진의표시이다.
⑤ 상대방이 표의자의 진의 아님을 알았다는 것은 무효를 주장하는 자가 증명하여야 한다.

12. 착오에 관한 설명으로 옳지 않은 것은? (다툼이 있는 경우 판례에 따름)

① 당사자가 착오를 이유로 의사표시를 취소하지 않기로 약정한 경우, 표의자는 의사표시를 취소할 수 없다.
② 건물과 그 부지를 현상대로 매수한 경우에 부지의 지분이 미미하게 부족하다면, 그 매매계약의 중요부분의 착오가 되지 아니한다.
③ 부동산거래계약서에 서명·날인한다는 착각에 빠진 상태로 연대보증의 서면에 서명·날인한 경우에는 표시상의 착오에 해당한다.
④ 상대방이 표의자의 착오를 알고 이용한 경우에도 의사표시에 중대한 과실이 있는 표의자는 착오에 의한 의사표시를 취소할 수 없다.
⑤ 상대방에 의해 유발된 동기의 착오는 동기가 표시되지 않았더라도 중요부분의 착오가 될 수 있다.

13. 甲은 乙과 체결한 매매계약에 대한 적법한 해제의 의사표시를 내용증명우편을 통하여 乙에게 발송하였다. 다음 설명 중 옳은 것은? (다툼이 있는 경우 판례에 따름)

① 甲이 그 후 사망하면 해제의 의사표시는 효력을 잃는다.
② 乙이 甲의 해제의 의사표시를 실제로 알아야 해제의 효력이 발생한다.
③ 甲은 내용증명우편이 乙에게 도달한 후에도 일방적으로 해제의 의사표시를 철회할 수 있다.
④ 甲의 내용증명우편이 반송되지 않았다면, 특별한 사정이 없는 한 그 무렵에 乙에게 송달되었다고 봄이 상당하다.
⑤ 甲의 내용증명우편이 乙에게 도달한 후 乙이 성년후견 개시의 심판을 받은 경우, 甲의 해제의 의사표시는 효력을 잃는다.

14. 乙은 대리권 없이 행위능력자인 甲의 임의대리인으로 행세하여 甲 소유의 부동산을 丙에게 매매하는 계약을 체결하였다. 이에 관한 설명으로 옳지 않은 것은? (다툼이 있는 경우 판례에 따름)

① 乙이 위 계약에 따라 丙에게 소유권이전등기를 해준 경우, 甲은 丙 명의 등기의 말소를 청구할 수 있다.
② 乙이 위 계약 당시 제한능력자인 경우, 乙은 丙에게 계약의 이행 또는 손해배상 책임을 지지 않는다.
③ 甲이 乙의 무권대리행위를 알면서도 丙에게 매매대금을 청구하여 전부를 수령하였다면, 특별한 사정이 없는 한, 위 계약을 추인한 것으로 볼 수 있다.
④ 甲이 乙에 대하여 추인을 하였다면 丙이 그 추인 사실을 몰랐더라도 위 계약을 철회할 수 없다.
⑤ 甲의 유효한 추인이 있으면, 특별한 사정이 없

는 한, 乙의 행위는 계약 시에 소급하여 甲에게 효력이 있다.

15. 甲은 자신의 X토지를 매도하기 위해 乙에게 대리권을 수여하였고, 乙은 甲을 위한 것임을 표시하고 X토지에 대하여 丙과 매매계약을 체결하였다. 다음 설명 중 옳지 않은 것은? (다툼이 있는 경우 판례에 따름)

① 乙은 특별한 사정이 없는 한 丙으로부터 매매계약에 따른 중도금이나 잔금을 수령할 수 있다.
② 丙이 매매계약을 적법하게 해제한 경우, 丙은 乙에게 손해배상을 청구할 수 있다.
③ 丙의 채무불이행이 있는 경우, 乙은 특별한 사정이 없는 한 계약을 해제할 수 없다.
④ 丙이 매매계약을 적법하게 해제한 경우, 그 해제로 인한 원상회복의무는 甲과 丙이 부담한다.
⑤ 만약 甲이 매매계약의 체결과 이행에 관하여 포괄적 대리권을 수여한 경우, 乙은 특별한 사정이 없는 한 약정된 매매대금 지급기일을 연기해 줄 권한도 가진다.

16. 토지거래허가구역 내의 토지에 대한 매매계약이 체결된 경우(유동적 무효)에 관한 설명으로 옳은 것을 모두 고른 것은? (다툼이 있는 경우 판례에 따름)

ㄱ. 해약금으로서 계약금만 지급된 상태에서 당사자가 관할관청에 허가를 신청하였다면 이는 이행의 착수이므로 더 이상 계약금에 기한 해제는 허용되지 않는다.
ㄴ. 당사자 일방이 토지거래허가 신청절차에 협력할 의무를 이행하지 않는다면 다른 일방은 그 이행을 소구할 수 있다.
ㄷ. 매도인의 채무가 이행불능임이 명백하고 매수인도 거래의 존속을 바라지 않는 경우, 위 매매계약은 확정적 무효로 된다.
ㄹ. 위 매매계약 후 토지거래허가구역 지정이 해제되었다고 해도 그 계약은 여전히 유동적 무효이다.

① ㄱ, ㄴ ② ㄱ, ㄹ
③ ㄴ, ㄷ ④ ㄷ, ㄹ
⑤ ㄱ, ㄴ, ㄷ

17. 법률행위의 취소에 관한 설명으로 옳지 않은 것은?

① 제한능력자가 제한능력을 이유로 자신의 법률행위를 취소하기 위해서는 법정대리인의 동의를 받아야 한다.
② 취소권은 추인할 수 있는 날로부터 3년 내에, 법률행위를 한 날로부터 10년 내에 행사하여야 한다.
③ 취소된 법률행위는 특별한 사정이 없는 한 처음부터 무효인 것으로 본다.
④ 제한능력을 이유로 법률행위가 취소된 경우, 제한능력자는 그 법률행위에 의해 받은 급부를 이익이 현존하는 한도에서 상환할 책임이 있다.
⑤ 취소할 수 있는 법률행위에 대해 취소권자가 적법하게 추인하면 그의 취소권은 소멸한다.

18. 조건에 관한 설명으로 옳지 않은 것은? (다툼이 있는 경우 판례에 따름)

① 조건성취의 효력은 특별한 사정이 없는 한 소급하지 않는다.
② 해제조건이 선량한 풍속 기타 사회질서에 위반한 것인 때에는 특별한 사정이 없는 한 조건 없는 법률행위로 된다.
③ 정지조건과 이행기로서의 불확정기한은 표시된 사실이 발생하지 않는 것으로 확정된 때에 채무를 이행하여야 하는지 여부로 구별될 수 있다.
④ 이행지체의 경우 채권자는 상당한 기간을 정한 최고와 함께 그 기간 내에 이행이 없을 것을 정지조건으로 하여 계약을 해제할 수 있다.
⑤ 신의성실에 반하는 방해로 말미암아 조건이 성취된 것으로 의제되는 경우, 성취의 의제시점은 그 방해가 없었더라면 조건이 성취되었으리라고 추산되는 시점이다.

19. 소멸시효의 기산점에 관한 설명으로 옳지 않은 것은? (다툼이 있는 경우 판례에 따름)

① 정지조건부 권리의 소멸시효는 조건이 성취된 때로부터 진행한다.
② 이행불능으로 인한 손해배상청구권의 소멸시효는 이행불능된 때로부터 진행한다.
③ 재판상 청구에 의하여 중단된 소멸시효는 그 재판이 확정된 때로부터 새로이 진행한다.
④ 무권대리인에 대한 상대방의 이행청구권이나 손해배상청구권의 소멸시효는 그 선택권을 행사할 수 있을 때로 부터 진행한다.
⑤ 소멸시효의 실제 기산일과 당사자가 주장하는 기산일이 서로 다른 경우, 법원은 실제 기산일을 기준으로 시효기간을 계산하여야 한다.

20. 소멸시효에 관한 내용 중 옳지 아니한 것은?

① 소멸시효는 권리를 행사할 수 있는 때부터 진행하고, 그 기산일에 소급하여 효력이 생긴다.
② 시효가 중단된 때에는 중단까지에 경과한 시효기간은 이를 산입하지 아니하고 중단사유가 종료한 때로부터 새로이 진행한다.
③ 재판상 청구는 소송의 각하·기각 또는 취하의 경우에는 시효중단의 효력이 없다.
④ 재판상의 화해·조정 기타 판결과 동일한 효력이 있는 것에 의하여 확정된 채권은 단기의 소멸시효에 해당한 것이라도 그 소멸시효는 10년으로 한다.
⑤ 소멸시효는 법률행위에 의하여 이를 배제·연장 또는 가중할 수 있으나 이를 단축 또는 경감할 수 없다.

21. 채권의 목적에 관한 설명 중 옳지 않은 것은?

① 채권의 목적이 수개의 행위 중에서 선택에 좇아 확정될 경우에 다른 법률의 규정이나 당사자의 약정이 없으면 선택권은 채권자에게 있다.
② 채권의 목적을 종류로만 지정한 경우에 법률행위의 성질이나 당사자의 의사에 의하여 품질을 정할 수 없는 때에는 채무자는 중등품질의 물건으로 이행하여야 한다.
③ 금전채무불이행의 손해배상에 관하여는 채권자는 손해의 증명을 요하지 아니하고 채무자는 과실 없음을 항변하지 못한다.
④ 특정물의 인도가 채권의 목적인 때에는 채무자는 이행기의 현상대로 그 물건을 인도하여야 한다.
⑤ 채무의 성질 또는 당사자의 의사표시로 변제장소를 정하지 아니한 때에는 특정물의 인도는 채권성립 당시에 그 물건이 있던 장소에서 하여야 한다.

22. 이행지체에 관한 설명 중 옳지 않은 것을 모두 고른 것은? (다툼이 있는 경우 판례에 따름)

ㄱ. 이행기를 정하지 않은 채권의 양수인이 2021. 1. 3. 채무자에게 이행을 청구한 후에 2021. 1. 13. 채권양도사실의 통지가 채무자에게 도달하였다면 채무자는 2021. 1. 14.부터 이행지체의 책임을 진다.
ㄴ. 불법행위로 인한 손해배상채무는 기한의 정함이 없는 채무이므로 가해자는 피해자의 이행청구를 받은 때로부터 이행지체의 책임을 진다.
ㄷ. 甲이 乙에게 변제기를 정하지 않고 1억 원을 대여한 후 2021. 5. 15. 대여금의 반환을 청구하였다면 乙은 2021. 5. 16.부터 이행지체의 책임을 진다.
ㄹ. 부당이득반환채무의 경우 부당이득한 날부터 지체책임을 부담한다.

① ㄱ, ㄴ
② ㄱ, ㄹ
③ ㄴ, ㄷ
④ ㄴ, ㄷ, ㄹ
⑤ ㄱ, ㄴ, ㄷ, ㄹ

23. 과실상계에 대한 설명 중 옳은 것은? (다툼이 있는 경우 판례에 따름)

① 불법행위책임에는 과실상계가 적용되나, 채무불이행의 경우에는 과실상계가 적용되지 않는다.
② 피해자의 부주의를 이용하여 고의로 불법행위를 저지른 자가 바로 그 피해자의 부주의를 이유로 자신의 책임을 감하여 달라고 주장하는 것은 허용될 수 없다.
③ 공동불법행위자에 대한 손해배상청구를 별개의 소로 진행한 경우에도 과실상계비율이나 손해액을 달리 인정할 수 없다.
④ 손해배상예정액을 민법 제398조 제2항에 따라 감액하는 것과는 별도로 과실상계를 적용하여 감경할 필요가 있다.
⑤ 과실상계에 있어서 과실이란 불법행위의 성립요건으로서의 엄격한 의미의 과실을 말한다.

24. 채권자대위권과 채권자취소권에 관한 다음 설명 중 옳지 않은 것은? (다툼이 있는 경우 판례에 따름)

① 채권자대위권의 행사 시 채권자의 채권은 채무자의 제3채무자에 대한 권리보다 먼저 성립될 필요가 없으나, 채권자 취소권의 행사 시 채권자의 채권은 원칙적으로 사해행위 보다 먼저 성립되어야 한다.
② 채권자대위권은 재판상 또는 재판 외에서 행사할 수 있으나, 채권자취소권은 반드시 소제기의 방법으로만 행사할 수 있다.
③ 채권자대위권의 행사 시 채권자의 채권은 금전채권이 아닌 것도 가능하나, 채권자취소권의 행사 시 채권자의 채권은 금전채권이어야 한다.
④ 채권자대위권의 행사 시 채무자의 무자력이 반드시 필요한 것은 아니지만, 채권자취소권의 행사 시 채무자의 무자력이 반드시 필요하다.
⑤ 채권자대위권과 달리 채권자취소권의 경우 취소채권자는 자신이 회복해 온 재산에 대하여 우선권을 갖게 된다.

25. 연대채무자 甲·乙·丙이 채권자 丁에 대하여 90만 원의 채무를 부담하고 있고 부담부분은 각 1/3이다. 다음 설명 중 바르지 않은 것은? (다툼이 있는 경우 판례에 따름)

① 甲이 30만 원을 공탁하여 丁이 이를 이의 없이 수령하면, 甲·乙·丙은 60만 원의 연대채무를 지게 된다.
② 乙이 丁에 대한 60만 원의 반대채권으로 상계하면, 甲·乙·丙은 30만 원의 연대채무를 지게 된다.
③ 丁이 甲의 부동산에 가압류를 하면, 乙·丙에 대한 소멸시효도 중단된다.
④ 丁이 丙의 채무를 면제하면, 丙의 채무는 소멸하고, 甲·乙은 60만 원의 연대채무를 지게 된다.
⑤ 甲이 丁의 채권을 상속하면, 乙·丙의 연대채무도 60만 원으로 감소한다.

26. 보증채무에 관한 다음의 설명 중 옳은 것은? (다툼이 있는 경우 판례에 따름)

① 채무자가 보증인을 세울 의무가 있는 경우 반드시 행위능력이 있는 자 중에서 보증인을 세워야 하는 것은 아니다.
② 보증인은 주채무자가 채권자에 대하여 가지고 있는 취소권 또는 해제권을 대신 행사할 수 있다.
③ 연대보증인에게는 최고·검색의 항변권이 인정된다.
④ 보증인에 대한 시효의 중단은 주채무자에 대하여 효력이 있다.
⑤ 주채무자의 부탁으로 보증인이 된 자는 채무의 이행기가 도래한 경우 주채무자에 대하여 미리 구상권을 행사할 수 있다.

27. 채권양도에 관한 설명으로 옳지 않은 것은? (다툼이 있는 경우 판례에 따름)

① 채권양도 당시 양도 목적 채권이 확정되어 있지 아니하였다 하더라도 현재 그 발생기초가 되는 법률관계가 존재하고 있으며 채무의 이행기까지 이를 확정할 수 있는 기준이 설정되어 있다면 그 채권의 양도는 유효하다.
② 임금채권도 양도 가능하며 그 양수인이 사용자에게 직접이행을 청구할 수 있다.
③ 임차인과 임대인 사이의 약정에 의해 임차권의 양도가 금지되어 있더라도 임차보증금반환채권의 양도까지 금지되는 것은 아니다.
④ 채권양도의 통지는 양도인이 채무자에게 이를 하여야 하나, 양수인이 양도인의 사자(使者) 또는 대리인으로서 양도사실을 통지할 수도 있다.
⑤ 채무자에 의한 승낙의 경우 사전승낙도 유효하다.

28. 채무인수에 관한 다음 설명 중 옳은 것을 모두 고른 것은? (다툼이 있는 경우 판례에 따름)

ㄱ. 면책적 채무인수는 채무자와 인수인 사이의 계약으로도 할 수 있으며, 이 경우 채권자의 승낙이 있어야 그 효력이 발생한다.
ㄴ. 면책적 채무인수에서 채권자가 승낙을 거절하면 그 이후에는 채권자가 다시 승낙하여도 채무인수로서의 효력이 생기지 않는다.
ㄷ. 채무자와 인수인 사이의 면책적 채무인수약정에 대해 채권자의 승낙이 있는 경우 채무자가 자신의 채무를 담보하기 위해 설정하였던 저당권은 원칙적으로 소멸한다.
ㄹ. 부동산의 매수인이 매매목적물에 관한 임대차보증금 반환채무를 인수하는 한편 그 채무

액을 매매대금에서 공제하기로 약정한 경우 이에 대해 채권자인 임차인의 승낙이 있다면 면책적 채무인수로 볼 수 있다.

① ㄱ, ㄴ
② ㄱ, ㄹ
③ ㄴ, ㄷ
④ ㄱ, ㄴ, ㄹ
⑤ ㄴ, ㄷ, ㄹ

29. 甲이 乙에 대하여 100만 원의 채권을 가지고 있고, 乙이 이를 담보하기 위하여 자신 소유의 부동산(경매대가 80만 원)에 근저당권을 설정해 주었고, 丙, 丁이 乙의 甲에 대한 채무를 보증하였다. 변제자 대위에 관한 다음 설명 중 옳은 것을 모두 고른 것은? (다툼이 있는 경우 판례에 따름)

ㄱ. 만일 戊가 채무자인 乙로부터 담보로 제공된 부동산을 취득한 후 乙의 채무를 전액 변제하였다 하더라도, 戊는 보증인 丙과 丁에 대하여 대위할 수 없다.
ㄴ. 보증인 丙이 40만 원을 변제하면 丙은 변제한 가액에 비례하여 채권자 甲과 함께 그 권리를 행사하게 되는바, 저당부동산이 경매된 경우 경매대금 80만 원에서 甲은 48만 원, 丙은 32만 원을 배당받는다.
ㄷ. 보증인 丙과 丁이 각각 40만 원과 60만 원을 甲에게 변제한 경우 경매대가 80만 원은 변제의 순서에 관계없이 丙에게 32만 원, 丁에게 48만 원이 배당된다.

① ㄱ
② ㄴ
③ ㄱ, ㄴ
④ ㄱ, ㄷ
⑤ ㄱ, ㄴ, ㄷ

30. 상계에 관한 다음의 설명 중 옳지 않은 것은?
① 상계의 의사표시에는 조건 또는 기한을 붙이지 못한다.
② 상계의 의사표시에 의한 상계의 효력발생시기는 상계적상이 있었던 때로 소급한다.
③ 소멸시효가 완성된 채권이 그 완성 전에 상계할 수 있었던 것이면 그 채권자는 상계할 수 있다.
④ 채무가 고의의 불법행위로 인한 것인 때에는 그 채권자는 상계로 채무자에게 대항하지 못한다.
⑤ 지급을 금지하는 명령을 받은 제3채무자는 그 후에 취득한 채권에 의한 상계로 그 명령을 신청한 채권자에게 대항하지 못한다.

31. 동시이행의 항변권에 관한 설명으로 옳은 것은? (다툼이 있는 경우 판례에 따름)
① 동시이행관계에 있는 쌍방의 채무 중 어느 한 채무가 이행불능이 되어 손해배상채무로 바뀌는 경우, 동시이행의 항변권은 소멸한다.
② 임대차 종료 후 보증금을 반환받지 못한 임차인이 동시이행의 항변권에 기하여 임차목적물을 점유하는 경우, 불법점유로 인한 손해배상책임을 진다.
③ 동시이행의 항변권은 당사자의 주장이 없어도 법원이 직권으로 고려할 사항이다.
④ 채권자의 이행청구소송에서 채무자가 주장한 동시이행의 항변이 받아들여진 경우, 채권자는 전부 패소판결을 받게 된다.
⑤ 선이행의무자가 이행을 지체하는 동안에 상대방의 채무의 변제기가 도래한 경우, 특별한 사정이 없는 한 쌍방의 의무는 동시이행관계가 된다.

32. 甲과 乙이 乙소유의 주택에 대한 매매계약을 체결하였는데, 주택이 계약 체결 후 소유권 이전 및 인도 전에 소실되었다. 다음 설명 중 옳지 않은 것은?

① 甲과 乙의 책임 없는 사유로 주택이 소실된 경우, 乙은 甲에게 매매대금의 지급을 청구할 수 없다.
② 甲과 乙의 책임 없는 사유로 주택이 소실된 경우, 乙이 계약금을 수령하였다면 甲은 그 반환을 청구할 수 있다.
③ 甲의 과실로 주택이 소실된 경우, 乙은 甲에게 매매대금의 지급을 청구할 수 있다.
④ 乙의 과실로 주택이 소실된 경우, 甲은 계약을 해제할 수 있다.
⑤ 甲의 수령지체 중에 甲과 乙의 책임 없는 사유로 주택이 소실된 경우, 乙은 甲에게 매매대금의 지급을 청구할 수 없다.

33. 매도인 甲과 매수인 乙이 계약을 하면서 그 대금을 丙에게 지급하기로 하는 제3자를 위한 계약을 체결하였다. 다음 설명 중 옳지 않은 것은? (다툼이 있는 경우 판례에 따름)

① 乙은 甲의 丙에 대한 항변으로 丙에게 대항할 수 있다.
② 丙이 수익의 의사표시를 한 후 乙이 대금을 지급하지 않으면, 甲은 계약을 해제할 수 있다.
③ 丙이 수익의 의사표시를 하면 특별한 사정이 없는 한 乙에 대한 대금지급청구권을 확정적으로 취득한다.
④ 乙이 상당한 기간을 정하여 丙에게 수익 여부의 확답을 최고하였으나 그 기간 내에 확답을 받지 못하면, 丙이 수익을 거절한 것으로 본다.
⑤ 乙이 丙에게 대금을 지급한 후 계약이 해제된 경우, 특별한 사정이 없는 한 乙은 丙에게 대금의 반환을 청구할 수 없다.

34. 부동산의 매매계약이 합의해제된 경우에 관한 설명 중 옳지 않은 것은? (다툼이 있는 경우 판례에 따름)

① 특별한 사정이 없는 한 채무불이행으로 인한 손해배상을 청구할 수 있다.
② 매도인은 원칙적으로 수령한 대금에 이자를 붙여 반환할 필요가 없다.
③ 매도인으로부터 매수인에게 이전되었던 소유권은 매도인에게 당연히 복귀한다.
④ 합의해제의 소급효는 법정해제의 경우와 같이 제3자의 권리를 해하지 못한다.
⑤ 매도인이 잔금기일 경과 후 해제를 주장하며 수령한 대금을 공탁하고 매수인이 이의 없이 수령한 경우, 특별한 사정이 없는 한 합의해제된 것으로 본다.

35. 2014. 5. 1. 甲이 그의 건물을 乙에게 매도하면서 같은 해 5. 10. 계약금을, 그로부터 2개월 후에 중도금 및 잔금을 지급받기로 하였다. 다음 설명 중 옳지 않은 것은? (다툼이 있는 경우 판례에 따름)

① 甲·乙 사이의 계약금계약은 낙성계약이다.
② 乙이 지급한 계약금은 다른 약정이 없는 한 해약금으로 추정한다.
③ 乙이 계약금을 지급하지 않으면 甲은 계약금 약정을 해제할 수 있다.
④ 乙이 2014. 6. 10. 중도금을 지급한 경우, 甲은 계약금의 배액을 상환하고 계약을 해제할 수 없다.
⑤ 乙이 2014. 7. 10. 중도금과 잔금을 지급하였으나 甲이 소유권이전등기를 해주지 않으면 乙은 매매계약을 해제할 수 있다.

36. 甲은 그 소유의 X토지에 대하여 乙과 매매계약을 체결하였다. 다음 설명 중 옳지 않은 것은? (다툼이 있는 경우 판례에 따름)

① X토지가 인도되지 않고 대금도 완제되지 않은 경우, 특별한 사정이 없는 한 乙은 인도의무의 지체로 인한 손해배상을 청구할 수 없다.
② 乙이 대금지급을 거절할 정당한 사유가 있는 경우, X토지를 미리 인도받았더라도 그 대금에 대한 이자를 지급할 의무는 없다.
③ X토지가 인도되지 않았다면, 특별한 사정이 없는 한 乙이 잔대금지급을 지체하여도 甲은 잔대금의 이자상당액의 손해배상청구를 할 수 없다.
④ X토지를 아직 인도받지 못한 乙이 미리 소유권이전등기를 경료받았다고 하여도 매매대금을 완제하지 않은 이상 X토지에서 발생하는 과실은 甲에게 귀속된다.
⑤ X토지가 인도되지 않았다면 乙이 대금을 완제하더라도 특별한 사정이 없는 한 X토지에서 발생하는 과실은 甲에게 귀속된다.

37. 건물임대인 甲의 동의를 얻어 임차인 乙이 丙과 전대차계약을 체결하고 그 건물을 인도해 주었다. 옳은 것을 모두 고른 것은? (다툼이 있는 경우 판례에 따름)

> ㄱ. 甲과 乙의 합의로 임대차계약이 종료되어도 丙의 권리는 소멸하지 않는다.
> ㄴ. 전대차 종료 시에 丙은 건물 사용의 편익을 위해 乙의 동의를 얻어 부속한 물건의 매수를 甲에게 청구할 수 있다.
> ㄷ. 임대차와 전대차 기간이 모두 만료된 경우, 丙은 건물을 甲에게 직접 명도해도 乙에 대한 건물명도의무를 면하지 못한다.
> ㄹ. 乙의 차임연체액이 2기의 차임액에 달하여 甲이 임대차계약을 해지하는 경우, 甲은 丙에 대해 그 사유의 통지 없이도 해지로써 대항할 수 있다.

① ㄱ, ㄷ   ② ㄱ, ㄹ
③ ㄴ, ㄷ   ④ ㄴ, ㄹ
⑤ ㄷ, ㄹ

38. 위임에 대한 설명 중 옳은 것을 모두 고른 것은? (다툼이 있는 경우 판례에 따름)

> ㄱ. 위임은 원칙적으로 무상계약이지만 특약이 있으면 위임인은 보수지급의무를 지고, 유상의 위임에 있어서 수임인의 귀책사유 없이 위임이 이행 중 종료한 경우에도 위임인은 이미 행해진 이행의 비율에 따라서 보수를 지급하여야 한다.
> ㄴ. 무상위임에 있어서도 위임인은 위임사무처리를 위하여 수임인이 지출한 비용을 상환할 의무를 지지만, 비용 지출 전에 수임인이 청구해 온 경우에는 위임인은 비용을 지급할 의무가 없다.
> ㄷ. 수임인이 위임사무를 처리하기 위하여 자기에게 과실 없이 손해를 입은 때에는 이에 관하여 위임인에게 과실이 있는 경우에 한하여 그 손해의 배상을 청구할 수 있다.
> ㄹ. 위임인은 특별한 이유가 없어도 계약을 해지할 수 있지만, 부득이한 사유 없이 수임인에게 불리한 시기에 해지한 때에는 수임인에게 생긴 손해를 배상하여야 한다.

① ㄱ, ㄴ, ㄷ   ② ㄱ, ㄷ, ㄹ
③ ㄴ, ㄷ   ④ ㄴ, ㄷ, ㄹ
⑤ ㄱ, ㄹ

39. 부당이득에 관한 내용 중 옳은 것을 모두 고른 것은? (다툼이 있는 경우 판례에 따름)

> ㄱ. 유치권자가 유치물에 관하여 제3자와 전세계약을 체결하여 전세금을 수령한 경우, 유치권자가 반환하여야 할 부당이득의 범위는 전세금에 대한 법정이자 상당액이다.
> ㄴ. 계약상 급부가 제3자에게 행하여지고 그 계약의 효력이 불발생한 경우 채무의 이행을 한 계약당사자가 부당이득반환을 청구하여야 할 상대방은 계약상 급부를 수령한 제3자이다.
> ㄷ. 계약명의신탁에서 명의수탁자가 수령한 매수자금이 명의신탁약정에 기하여 지급되었다는 사실을 알았다는 사정만으로 '악의의 수익자'로 단정할 수는 없다.
> ㄹ. 불법원인급여 후 급부를 이행받은 자가 별도의 약정으로 급부 그 자체 또는 그에 갈음한 대가물을 반환하기로 하는 특약은 원칙적으로 유효하다.

① ㄱ, ㄴ ② ㄴ, ㄷ
③ ㄱ, ㄷ, ㄹ ④ ㄴ, ㄷ, ㄹ
⑤ ㄱ, ㄴ, ㄷ, ㄹ

40. 불법행위에 관한 설명 중 옳은 것은?

① 사용자에 갈음하여 사무를 감독하는 자가 있는 때에는 피용자가 사무집행에 관하여 제3자에게 가한 손해에 대하여 그 감독자만이 배상책임을 진다.
② 도급인은 도급 또는 지시에 관하여 중대한 과실이 있더라도 수급인이 그 일에 관하여 제3자에게 가한 손해를 배상할 책임이 없다.
③ 심신상실자가 과실로 인하여 심신상실을 초래하여 타인에게 손해를 가한 경우에는 배상의 책임이 있다.
④ 공작물의 설치 또는 보존의 하자로 인하여 타인에게 손해를 가한 때에는 원칙적으로 공작물의 소유자가 손해를 배상할 책임이 있다.
⑤ 공동 아닌 수인의 행위 중 어느 자의 행위가 손해를 가한 것인지를 알 수 없는 경우는 수인이 공동의 불법행위로 타인에게 손해를 가한 경우와는 달리 연대하여 그 손해를 배상할 책임이 있는 것이 아니다.

제3회 실전모의고사

01. 민법의 법원(法源)에 관한 설명으로 옳은 것은? (다툼이 있는 경우 판례에 따름)

① 민법 제1조에서 민법의 법원으로 규정한 '민사에 관한 법률'은 민법전만을 의미한다.
② 민법 제1조에서 민법의 법원으로 규정한 '관습법'에는 사실인 관습이 포함된다.
③ 대법원이 정한 「공탁규칙」은 민법의 법원이 될 수 없다.
④ 헌법에 의하여 체결·공포된 국제조약은 그것이 민사에 관한 것이더라도 민법의 법원이 될 수 없다.
⑤ 미등기무허가 건물의 양수인에게는 소유권에 준하는 관습법상의 물권이 인정되지 않는다.

02. 신의성실의 원칙에 관한 설명으로 옳지 않은 것은? (다툼이 있는 경우 판례에 따름)

① 채권자가 유효하게 성립한 계약에 따른 급부의 이행을 청구하는 때에 법원이 급부의 일부를 감축하는 것은 원칙적으로 허용되지 않는다.
② 아파트 분양자는 아파트단지 인근에 공동묘지가 조성되어 있는 사실을 분양계약자에게 고지할 신의칙상의 의무를 부담한다.
③ 경제상황의 변동으로 당사자에게 손해가 생기더라도 합리적인 사람의 입장에서 사정변경을 예견할 수 있었다면 사정변경을 이유로 계약을 해제할 수 없다.
④ 법령에 위반되어 무효임을 알면서도 법률행위를 한 자가 강행법규 위반을 이유로 그 무효를 주장하는 것은 신의칙에 반한다.
⑤ 취득시효완성 사실을 모르고 해당 토지에 관하여 어떠한 권리도 주장하지 않기로 약속한 후, 이에 반하여 취득시효주장을 하는 것은 특별한 사정이 없는 한 신의칙상 허용되지 않는다.

03. 후견에 관한 설명으로 옳지 않은 것은? (다툼이 있는 경우 판례에 따름)

① 성년후견인은 여러 명을 둘 수 있다.
② 가정법원은 본인의 청구에 의하여 취소할 수 없는 피성년후견인의 법률행위의 범위를 변경할 수 있다.
③ 가정법원이 피성년후견인에 대하여 한정후견 개시의 심판을 할 때에는 종전의 성년후견의 종료 심판을 하여야 한다.
④ 한정후견의 개시를 청구한 사건에서 의사의 감정 결과 성년후견 개시의 요건을 충족하고 있다면 법원은 본인의 의사를 고려하지 않고 성년후견을 개시할 수 있다.
⑤ 특정후견의 심판이 있은 후에 피특정후견인이 특정후견인의 동의 없이 재산상의 법률행위를 하더라도 이는 취소의 대상이 되지 않는다.

04. 부재자의 재산관리에 관한 설명으로 옳지 않은 것은? (다툼이 있는 경우 판례에 따름)

① 부재자로부터 재산처분권한을 수여받은 재산관리인은 그 재산을 처분함에 있어 법원의 허가를 받을 필요가 없다.
② 부재자가 재산관리인을 정하지 않은 경우, 부재자의 채권자는 재산관리에 필요한 처분을 명할 것을 법원에 청구할 수 있다.

③ 법원이 선임한 재산관리인은 법원의 허가 없이 부재자의 재산에 대한 차임을 청구할 수 있다.
④ 재산관리인의 처분행위에 대한 법원의 허가는 이미 행한 처분행위를 추인하는 방법으로 할 수 있다.
⑤ 부재자가 사망한 사실이 확인되면 부재자 재산관리인 선임결정이 취소되지 않더라도 관리인의 권한은 당연히 소멸한다.

05. 비법인사단에 관한 설명으로 옳지 않은 것은? (다툼이 있는 경우 판례에 따름)

① 비법인사단의 대표자는 자신의 업무를 타인에게 포괄적으로 위임할 수 있다.
② 정관이나 규약에 달리 정함이 없는 한, 사원총회의 결의를 거치지 않은 총유물의 관리행위는 무효이다.
③ 고유한 의미의 종중은 종중원의 신분이나 지위를 박탈할 수 없고, 종중원도 종중을 탈퇴할 수 없다.
④ 고유한 의미의 종중은 자연발생적 종족단체이므로 특별한 조직행위나 성문의 규약을 필요로 하지 않는다.
⑤ 비법인사단의 사원이 집합체로서 물건을 소유할 때에는 총유로 한다.

06. 민법상 법인의 기관에 관한 설명으로 옳은 것은? (다툼이 있는 경우 판례에 따름)

① 이사의 변경등기는 대항요건이 아니라 효력발생요건이다.
② 이사가 수인인 경우, 특별한 사정이 없는 한 법인의 사무에 관하여 이사는 공동으로 법인을 대표한다.
③ 사단법인의 정관 변경에 관한 사원총회의 관한은 정관에 의해 박탈할 수 있다.
④ 이사회에서 법인과 어느 이사와의 관계사항을 의결하는 경우, 그 이사는 의사정족수 산정의 기초가 되는 이사의 수가 포함된다.
⑤ 법인의 대표권 제한에 관한 사항이 등기되지 않았더라도 법인은 대표권 제한에 대해 악의인 제3자에게 대항할 수 있다.

07. 권리의 객체에 관한 설명 중 옳지 않은 것을 모두 고른 것은? (다툼이 있는 경우 판례에 따름)

> ㄱ. 주택에 부속하여 지어진 연탄창고는 그 주택에서 떨어져 지어진 것일지라도 그 주택의 종물이다.
> ㄴ. 호텔의 각 방실에 시설된 텔레비전·전화기·세탁기·냉장고·비디오 등은 주물인 호텔 자체의 경제적 효용에 직접 이바지하는 것이므로 그 호텔에 대한 종물이라고 할 수 있다.
> ㄷ. 시설부지에 정착된 철도레일은 사회관념상 그 부지에 계속적으로 정착되어 있는 상태에서 사용되는 시설의 일부로서 독립된 권리의 객체로 될 수 없다.
> ㄹ. 건물을 축조하면서 건물의 사용에 필요한 부대시설인 정화조를 그 건물의 대지에 인접하여 있는 다른 필지의 지하에 설치한 경우, 위 정화조는 종물로 보아야 한다.

① ㄱ, ㄴ   ② ㄱ, ㄷ
③ ㄴ, ㄹ   ④ ㄱ, ㄹ
⑤ ㄷ, ㅁ

08. 반사회질서의 법률행위에 관한 설명으로 옳지 않은 것은? (다툼이 있는 경우 판례에 따름)

① 반사회질서의 법률행위에 해당하는지 여부는 해당 법률행위가 이루어진 때를 기준으로 판단해야 한다.
② 반사회질서의 법률행위의 무효는 이를 주장할 이익이 있는 자는 누구든지 주장할 수 있다.
③ 법률행위가 사회질서에 반한다는 판단은 부단히 변천하는 가치관념을 반영한다.
④ 다수의 보험계약을 통하여 보험금을 부정취득할 목적으로 체결한 보험계약은 반사회질서의 법률행위이다.
⑤ 대리인이 매도인의 배임행위에 적극 가담하여 이루어진 부동산의 이중매매는 본인인 매수인이 그러한 사정을 몰랐다면 반사회질서의 법률행위가 되지 않는다.

09. 甲은 자신의 부동산에 관하여 乙과 통정한 허위의 매매계약에 따라 소유권이전등기를 乙에게 해주었다. 그 후 乙은 이러한 사정을 모르는 丙과 위 부동산에 대한 매매계약을 체결하고 그에게 소유권이전등기를 해주었다. 다음 설명 중 옳지 않은 것은? (다툼이 있는 경우 판례에 따름)

① 甲과 乙은 매매계약에 따른 채무를 이행할 필요가 없다.
② 甲은 丙을 상대로 이전등기의 말소를 청구할 수 없다.
③ 丙이 부동산의 소유권을 취득한다.
④ 甲이 자신의 소유권을 주장하려면 丙의 악의를 증명해야 한다.
⑤ 甲과 乙의 통정한 허위의 매매계약은 무효이며, 불법원인급여에 해당한다.

10. 착오로 인한 의사표시에 관한 설명으로 옳지 않은 것은? (다툼이 있는 경우 판례에 따름)

① 매도인의 하자담보책임이 성립하더라도 착오를 이유로 한 매수인의 취소권은 배제되지 않는다.
② 계약 당시를 기준으로 하여 장래의 미필적 사실의 발생에 대한 기대나 예상이 빗나간 경우, 착오취소는 인정되지 않는다.
③ 동기의 착오는 동기가 표시되어 해석상 법률행위의 내용으로 된 경우에 한해서만 유일하게 고려된다.
④ 매매계약에서 매수인이 목적물의 시가에 관해 착오를 하였더라도 이는 원칙적으로 중요부분의 착오에 해당하지 않는다.
⑤ 상대방이 표의자의 착오를 알면서 이용하였다면 표의자의 착오에 중대한 과실이 있더라도 착오취소가 인정된다.

11. 甲은 자신의 X토지를 매도하기 위하여 乙에게 대리권을 수여하였다. 다음 설명 중 옳지 않은 것은? (다툼이 있는 경우 판례에 따름)

① 乙이 한정후견개시의 심판을 받은 경우, 특별한 사정이 없는 한 乙의 대리권은 소멸한다.
② 乙은 甲의 허락이 있으면 甲을 대리하여 자신이 X토지를 매수하는 계약을 체결할 수 있다.
③ 甲은 특별한 사정이 없는 한 언제든지 乙에 대한 수권행위를 철회할 수 있다.
④ 甲의 수권행위는 불요식행위로서 묵시적인 방법에 의해서도 가능하다.
⑤ 乙은 특별한 사정이 없는 한 대리행위를 통하여 체결된 X토지 매매계약에 따른 잔금을 수령할 권한도 있다.

12. 甲은 자기 소유 X토지를 매도하기 위해 乙에게 대리권을 수여하였다. 이후 乙은 丙을 복대리인으로 선임하였고, 丙은 甲을 대리하여 X토지를 매도하였다. 이에 관한 설명으로 옳은 것은? (다툼이 있는 경우 판례에 따름)

① 丙은 甲의 대리인임과 동시에 乙의 대리인이다.
② X토지의 매매계약이 갖는 성질상 乙에 의한 처리가 필요하지 않다면, 특별한 사정이 없는 한 丙의 선임에 관하여 묵시적 승낙이 있는 것으로 보는 것이 타당하다.
③ 乙이 甲의 승낙을 얻어 丙을 선임한 경우 乙은 甲에 대하여 그 선임감독에 관한 책임이 없다.
④ 丙을 적법하게 선임한 후 X토지 매매계약 전에 甲이 사망한 경우, 특별한 사정이 없다면 丙의 대리권은 소멸하지 않는다.
⑤ 만일 대리권이 소멸된 乙이 丙을 선임하였다면, X토지 매매에 대하여 민법 제129조에 의한 표현대리의 법리가 적용될 여지가 없다.

13. 무권대리인 乙이 甲을 대리하여 甲소유의 X부동산을 丙에게 매도하는 계약을 체결하였다. 이에 관한 설명으로 옳은 것을 모두 고른 것은? (다툼이 있는 경우 판례에 따름)

ㄱ. 乙이 甲을 단독상속한 경우, 본인 甲의 지위에서 추인을 거절하는 것은 신의성실의 원칙에 반한다.
ㄴ. 丙이 상당한 기간을 정하여 甲에게 추인 여부의 확답을 최고한 경우, 甲이 그 기간 내에 확답을 발하지 않은 때에는 추인을 거절한 것으로 본다.
ㄷ. 丙이 甲을 상대로 제기한 매매계약의 이행청구 소송에서 丙이 乙의 유권대리를 주장한 경우, 그 주장 속에는 표현대리의 주장도 포함된다.
ㄹ. 매매계약을 원인으로 丙명의로 소유권이전등기가 된 경우, 甲이 무권대리를 이유로 그 등기의 말소를 청구하는 때에는 丙은 乙의 대리권의 존재를 증명할 책임이 있다.

① ㄱ, ㄴ   ② ㄱ, ㄷ
③ ㄷ, ㄹ   ④ ㄱ, ㄴ, ㄹ
⑤ ㄴ, ㄷ, ㄹ

14. 甲은 토지거래허가구역 내에 있는 그 소유 X토지에 관하여 乙과 매매계약을 체결하였다. 비록 이 계약이 토지거래허가를 받지는 않았으나 확정적으로 무효가 아닌 경우, 다음 설명 중 옳지 않은 것은? (다툼이 있는 경우 판례에 따름)

① 위 계약은 유동적 무효의 상태에 있다.
② 乙이 계약내용에 따른 채무를 이행하지 않더라도 甲은 이를 이유로 위 계약을 해제할 수 없다.
③ 甲은 乙의 매매대금 이행제공이 없음을 이유로 토지거래허가 신청에 대한 협력의무의 이행을 거절할 수 없다.
④ 토지거래허가구역 지정기간이 만료되었으나 재지정이 없는 경우, 위 계약은 확정적으로 유효로 된다.
⑤ 乙이 丙에게 X토지를 전매하고 丙이 자신과 甲을 매매 당사자로 하는 허가를 받아 甲으로부터 곧바로 등기를 이전받았다면 그 등기는 유효하다.

15. 법정추인이 인정되는 경우가 아닌 것은? (단, 취소권자는 추인할 수 있는 상태이며, 행위자가 취소할 수 있는 법률행위에 관하여 이의보류 없이 한 행위임을 전제함)

① 취소권자가 상대방에게 채무를 이행한 경우
② 취소권자가 상대방에게 담보를 제공한 경우
③ 상대방이 취소권자에게 이행을 청구한 경우
④ 취소할 수 있는 행위로 취득한 권리를 취소권자가 타인에게 양도한 경우
⑤ 취소권자가 상대방과 경개계약을 체결한 경우

16. 법률행위의 조건과 기한에 관한 설명으로 옳지 않은 것은? (다툼이 있는 경우 판례에 따름)

① 조건부 법률행위에서 불능조건이 정지조건이면 그 법률행위는 무효이다.
② 조건부 법률행위에서 기성조건이 해제조건이면 그 법률행위는 무효이다.
③ 법률행위에 조건이 붙어 있다는 사실은 그 조건의 존재를 주장하는 자가 증명해야 한다.
④ 기한이익 상실특약은 특별한 사정이 없으면 정지조건부 기한이익 상실특약으로 추정된다.
⑤ 종기(終期) 있는 법률행위는 기한이 도래한 때로부터 그 효력을 잃는다.

17. 다음 중 민법상 3년의 단기소멸시효에 걸리는 권리로 바르게 고른 것은?

ㄱ. 매월 지급받기로 한 급료채권
ㄴ. 약국에서의 약품조제에 관한 채권
ㄷ. 여관의 숙박료채권
ㄹ. 공사수급인의 기성공사대금채권

① ㄱ, ㄴ　　② ㄱ, ㄷ
③ ㄷ, ㄹ　　④ ㄱ, ㄴ, ㄹ
⑤ ㄴ, ㄷ, ㄹ

18. 제척기간과 소멸시효에 관한 다음 설명 중 옳지 않은 것은? (다툼이 있는 경우 판례에 따름)

① 소멸시효에 의한 권리의 소멸은 소급적으로 소멸하나, 제척기간에 의한 권리의 소멸은 장래에 향하여 소멸한다.
② 소멸시효는 시효이익을 받을 자가 공격·방어방법으로 제출하여야 하나, 제척기간의 경우에는 당사자가 공격·방어방법으로 제출하지 않더라도 법원이 직권으로 조사하여 재판에 고려하여야 한다.
③ 소멸시효의 이익은 시효기간이 완성하기 전에는 포기할 수 없으나, 소멸시효가 완성된 후에 있어서 소멸시효의 이익을 포기하는 것은 유효하다.
④ 시효가 중단된 때에는 중단까지에 경과한 시효기간은 이를 산입하지 아니하고 중단사유가 종료한 때로부터 새로 이 시효기간이 진행한다.
⑤ 매매의 일방예약에서 예약자의 상대방이 매매예약완결의 의사표시를 하여 매매의 효력을 생기게 하는 권리, 즉 매매예약의 완결권은 그 예약이 성립한 때로부터 10년 내에 이를 행사하여야 하는 소멸시효기간이다.

19. 다음 설명 중 옳지 않은 것은? (다툼이 있는 경우 판례에 따름)

① 채권자지체 중에는 채무자는 고의 또는 중대한 과실이 없으면 불이행으로 인한 모든 책임이 없다.
② 손해배상액의 예정은 이행의 청구나 계약의 해제에 영향을 미치지 아니한다.
③ 채권자가 그 채권의 목적인 물건 또는 권리의 가액전부를 손해배상으로 받은 때에는 채무자는 그 물건 또는 권리에 관하여 당연히 채권자를 대위한다.
④ 채권자지체 중이라도 채무자는 이자 있는 채권에 대하여는 이자를 지급할 의무가 있다.
⑤ 당사자가 금전이 아닌 것으로써 손해의 배상에 충당할 것을 예정한 위약금 약정도 손해배상액의 예정으로 추정된다.

20. 이자채권에 관한 설명으로 옳지 않은 것은? (다툼이 있는 경우 판례에 따름)

① 이자채권은 주된 채권인 원본의 존재를 전제로 그에 대응하여 일정한 비율로 발생하는 종된 권리이다.
② 이미 발생한 이자에 관하여 채무자가 이행을 지체한 경우에는 그 이자에 대한 지연손해금을 청구할 수 있다.
③ 원본채권이 양도될 당시 이미 변제기에 도달한 이자채권은 그 이자채권도 함께 양도한다는 의사표시가 없더라도 양도되는 것이 원칙이다.
④ 이자채권이라고 하더라도 1년 이내의 정기에 지급하기로 한 것이 아니면 민법 제163조가 정한 3년의 단기소멸시효가 적용되지 않는다.
⑤ 대여금 원본채권에 대한 소멸시효 완성의 효력은 소멸시효가 완성된 원금 부분으로부터 그 완성 전에 발생한 이자에도 미친다.

21. 손해배상에 관한 설명으로 옳지 않은 것은? (다툼이 있는 경우 판례에 따름)

① 이행불능 후에 가격이 등귀하였다고 하여도 매도인이 이행불능 당시 이를 알았거나 알 수 있었던 경우에만 등귀한 가격에 의한 손해배상을 청구할 수 있다.
② 불법행위의 직접적 대상에 대한 손해가 아닌 간접적 손해는 가해자가 그 사정을 알았거나 알 수 있었을 것이라고 인정되는 경우에만 배상책임이 있다.
③ 재산상 손해의 발생이 인정되는데도 입증곤란 등의 이유로 그 손해액의 확정이 불가능하여 그 배상을 받을 수 없다는 사정은 위자료의 증액사유로 참작할 수 있다.
④ 손해발생으로 인하여 피해자에게 이득이 생겼다면 손해액을 산정할 때 먼저 손익상계를 한 후에 과실상계를 하여야 한다.
⑤ 손해배상액 산정에서 손익상계가 허용되기 위해서는 피해자의 이득이 배상 의무자가 배상하여야 할 손해의 범위에 대응하는 것이어야 한다.

22. 손해배상액의 예정에 관한 설명으로 옳은 것은? (다툼이 있는 경우 판례에 따름)

① 채권자는 채무불이행 사실 및 손해발생 사실을 증명하여야 예정배상액을 청구할 수 있다.
② 손해배상의 예정액이 부당하게 과다한지 여부는 채무불이행시를 기준으로 판단한다.
③ 손해배상액의 예정에 관한 약관조항이 「약관의 규제에 관한 법률」에 의하여 무효인 경우에도 그것이 유효함을 전제로 손해배상의 예정액을 적당한 한도로 감액할 수 있다.
④ 채무자는 채무불이행에 대하여 자신의 귀책사유가 없음을 주장·증명하더라도 특별한 사

정이 없는 한 예정배상액의 지급책임을 면할 수 없다.
⑤ 법원이 손해배상의 예정액이 부당하게 과다하다고 하여 감액을 한 경우, 손해 배상액의 예정에 관한 약정 중 감액부분에 해당하는 부분은 처음부터 무효이다.

23. 甲, 乙, 丙은 丁에 대하여 3,000만 원의 연대채무를 부담하고 있으며, 그 부담부분이 균등한 경우에 관한 설명으로 옳지 않은 것은?

① 甲이 丁에게 900만 원을 변제하였다면 甲은 乙과 丙에게 각 300만 원씩 구상할 수 있다.
② 乙이 변제기가 도래한 丁에 대한 2,000만 원의 금전채권을 자동채권으로 하여 상계한 경우, 2,000만 원의 범위 내에서 甲과 丙의 채무도 소멸한다.
③ 乙이 丁에 대한 채권으로 상계하지 않는 경우, 甲은 乙의 丁에 대한 금전채권을 자동채권으로 하여 1,000만 원의 범위 내에서 상계할 수 있다.
④ 丁의 甲에 대한 채권이 시효완성으로 인하여 소멸하였다면 乙과 丙도 채무를 전부 면하게 된다.
⑤ 丁이 丙에 대하여 채무 전부를 면제해 주었다면 이제 甲과 乙은 丁에 대하여 2,000만 원의 연대채무를 부담하게 된다.

24. 채권자 甲이 乙에 대한 채권을 보전하기 위하여 대위행사할 수 있는 권리 (피대위권리)를 모두 고른 것은? (다툼이 있는 경우 판례에 따름)

ㄱ. 乙은 X조합의 구성원이며, 乙이 X조합을 탈퇴하려고 할 때 乙의 X조합에 대한 조합탈퇴권
ㄴ. 원고 乙이 피고 丙에게 가지는 상소의 제기권 또는 재심의 소제기권
ㄷ. 임차인 丙으로부터 임대차보증금 반환채권을 양수한 甲이 그 이행을 청구하기 위하여 丙의 건물명도가 선이행되어야 할 필요가 있는 경우, 임대인 乙의 丙에 대한 명도청구

① ㄱ, ㄴ　　② ㄱ, ㄷ
③ ㄴ, ㄹ　　④ ㄱ, ㄹ
⑤ ㄱ, ㄴ, ㄷ

25. 甲의 乙에 대한 금전채무에 대하여 丙이 乙과 보증계약을 체결하였다. 이에 관한 설명으로 옳은 것은? (다툼이 있는 경우 판례에 따름)

① 甲이 시효이익을 포기하면 丙은 보증채무의 소멸을 乙에게 주장할 수 없다.
② 甲과 乙 사이에 금전채무에 관하여 위약금 약정이 없는 경우, 乙과 丙은 보증 채무에 관하여 위약금을 정할 수는 없다.
③ 甲이 乙에게 변제를 한 경우, 丙에게 사전에 통지하지 않으면 甲은 자기의 면책행위의 유효를 丙에게 주장할 수 없다.
④ 丙이 甲의 의사에 반하여 乙과 보증계약을 체결하고 乙에게 보증채무를 이행한 경우, 丙은 甲의 현존이익의 한도에서 甲에 대하여 구상할 수 있다.
⑤ 丙이 보증채무의 이행을 지체한 경우, 丙은 특별한 약정이 없으면 법정이율이 아니라 甲과 乙 사이에 약정된 연체이율에 따라 보증채무 자체의 이행지체로 인한 지연손해금을 부담한다.

26. 甲이 자신의 乙에 대한 매매대금채권을 丙에게 양도한 경우에 관한 설명으로 옳은 것은? (다툼이 있는 경우 판례에 따름)

① 丙이 乙에게 자신의 명의로 된 확정일자 있는 채권양도통지서를 발송하여 도달되었다면, 특별한 사정이 없는 한 丙은 乙에게 위 채권양도로 대항할 수 있다.
② 매매대금채권에 관하여 甲과 乙 사이에 양도금지 특약이 있다면, 乙은 경과실로 이를 알지 못한 丙에게 위 특약으로써 대항할 수 있다.
③ 丙이 乙로부터 변제를 받은 후 甲과 乙 사이의 매매계약이 해제되었다면 乙은 직접 丙에게 급부의 반환을 청구할 수 있다.
④ 甲이 乙에 대한 위 채권을 丁에게도 양도하였고 丙과 丁에 대한 양도에 대하여 확정일자 있는 증서에 의한 통지가 이루어졌다면 丙과 丁 간의 우열은 확정일자의 선후에 의한다.
⑤ 丙이 乙에 대하여 매매대금의 지급을 청구하였다고 하더라도 丙이 아직 대항요건을 갖추지 못하였다면 丙의 재판상 청구는 소멸시효 중단사유로 인정되지 않는다.

27. 채무인수에 관한 설명으로 옳지 않은 것은? (다툼이 있는 경우 판례에 따름)

① 중첩적 채무인수는 채권자와 인수인 사이의 합의가 있으면 채무자의 의사에 반해서도 할 수 있다.
② 면책적 채무인수가 있는 경우, 인수채무의 소멸시효기간은 채무인수에 따라 중단되고 채무인수일로부터 새로이 진행한다.
③ 채권자의 승낙에 의하여 채무인수의 효력이 생기는 경우, 채권자가 승낙을 거절하면 그 이후에는 채권자가 다시 승낙하여도 채무인수로서의 효력이 생기지 않는다.
④ 면책적 채무인수에 대한 채권자의 승낙은 묵시적으로도 가능하며, 채권자가 승낙을 하지 않는 대신 직접 인수인을 상대로 인수채무의 이행을 청구하는 것도 묵시적 승낙에 해당한다.
⑤ 매수인이 매매목적물에 관한 임대차보증금반환채무를 인수하면서 그 채무액을 매매대금에서 공제하기로 약정한 경우, 임차인의 승낙이 없으면 병존적 채무인수로 본다.

28. 변제자대위에 관한 설명으로 옳지 않은 것을 모두 고른 것은? (다툼이 있는 경우 판례에 따름)

ㄱ. 변제자대위는 채무자에 대한 구상권을 담보하는 효력을 가지므로 구상권이 없으면 변제자대위가 성립하지 않는다.
ㄴ. 법률상 이해관계 있는 제3자는 그가 가지는 구상권의 범위에서 당연히 채권자의 채권과 그 담보에 관한 권리를 행사할 수 있다.
ㄷ. 근저당권으로 담보된 채무의 일부를 변제한 제3자는 변제한 가액의 범위에서 채권자가 가졌던 채권과 담보에 관한 권리를 법률상 당연히 취득하여 채권자에 우선하여 변제받을 권리가 있다.

① ㄱ
② ㄴ
③ ㄷ
④ ㄴ, ㄷ
⑤ ㄱ, ㄷ

29. 甲과 乙은 서로 1억 원의 대여금채권을 가지고 있었는데, 그 후 甲의 채권자 丙이 甲의 乙에 대한 채권을 가압류하였다. 다음 설명 중 옳은 것을 모두 고른 것은? (다툼이 있는 경우 판례에 따름)

ㄱ. 가압류 효력발생 당시 乙의 채권이 변제기에 도달하지 않은 경우, 乙의 채권의 변제기가

ㄱ. 甲의 채권의 변제기와 동시에 도래하면, 乙은 상계로써 丙에게 대항할 수 있다.

ㄴ. 가압류의 효력발생 당시 乙의 채권이 변제기에 도달하지 않은 경우, 甲의 채권의 변제기 후에 乙의 채권이 변제기에 도달하더라도 乙은 상계로써 丙에게 대항할 수 있다.

ㄷ. 가압류 효력발생 당시 乙의 채권이 변제기에 도달하지 않은 경우, 乙의 채권의 변제기가 甲의 채권의 변제기보다 먼저 도래하면 乙은 상계로써 丙에게 대항할 수 있다.

① ㄱ
② ㄴ
③ ㄷ
④ ㄴ, ㄷ
⑤ ㄱ, ㄷ

30. 甲은 乙에게 우편으로 자기 소유의 X건물을 3억 원에 매도하겠다는 청약을 하면서, 자신의 청약에 대한 회신을 2022. 10. 5.까지 해 줄 것을 요청하였다. 甲의 편지는 2022. 9. 14. 발송되어 2022. 9. 16. 乙에게 도달되었다. 이에 관한 설명으로 옳지 않은 것을 모두 고른 것은? (다툼이 있는 경우 판례에 따름)

ㄱ. 甲이 2022. 9. 23. 자신의 청약을 철회한 경우, 특별한 사정이 없는 한 甲의 청약은 효력을 잃는다.

ㄴ. 乙이 2022. 9. 20. 甲에게 승낙의 통지를 발송하여 2022. 9. 22. 甲에게 도달한 경우, 甲과 乙의 계약은 2022. 9. 22.에 성립한다.

ㄷ. 乙이 2022. 9. 27. 매매가격을 2억 5천만 원으로 조정해 줄 것을 조건으로 승낙한 경우, 乙의 승낙은 청약의 거절과 동시에 새로 청약한 것으로 본다.

① ㄱ
② ㄴ
③ ㄱ, ㄴ
④ ㄴ, ㄷ
⑤ ㄱ, ㄴ, ㄷ

31. 동시이행의 관계에 있는 경우를 모두 고른 것은? (다툼이 있는 경우 판례에 따름)

ㄱ. 부동산의 매매계약이 체결된 경우 매도인의 소유권이전등기의무와 매수인의 잔대금지급의무

ㄴ. 임대차 종료시 임대인의 임차보증금 반환의무와 임차인의 임차물 반환의무

ㄷ. 매도인의 토지거래허가 신청절차에 협력할 의무와 매수인의 매매대금지급의무

① ㄱ
② ㄷ
③ ㄱ, ㄴ
④ ㄴ, ㄷ
⑤ ㄱ, ㄴ, ㄷ

32. 제3자를 위한 계약에 관한 설명으로 옳지 않은 것은? (다툼이 있는 경우 판례에 따름)

① 제3자의 권리는 그 제3자가 채무자에 대해 수익의 의사표시를 하면 계약의 성립시에 소급하여 발생한다.

② 제3자는 채무자의 채무불이행을 이유로 그 계약을 해제할 수 없다.

③ 채무자에게 수익의 의사표시를 한 제3자는 그 채무자에게 그 채무의 이행을 직접 청구할 수 있다.

④ 채무자는 상당한 기간을 정하여 계약이익의 향수 여부의 확답을 제3자에게 최고할 수 있다.

⑤ 채무자와 인수인의 계약으로 체결되는 병존적 채무인수는 제3자를 위한 계약으로 볼 수 있다.

33. 甲소유의 X토지와 乙소유의 Y주택에 대한 교환계약에 따라 각각 소유권이전등기가 마쳐진 후 그 계약이 해제되었다. 계약해제의 소급효로부터 보호되는 제3자에 해당하지 않는 자를 모두 고른 것은? (다툼이 있는 경우 판례에 따름)

> ㄱ. 계약의 해제 전 乙로부터 X토지를 매수하여 소유권이전등기를 경료한 자
> ㄴ. 계약의 해제 전 乙로부터 X토지를 매수하여 그에 기한 소유권이전청구권보전을 위한 가등기를 마친 자
> ㄷ. 계약의 해제 전 甲으로부터 Y주택을 임차하여 「주택임대차보호법」상의 대항력을 갖춘 임차인
> ㄹ. 계약의 해제 전 X토지상의 乙의 신축 건물을 매수한 자

① ㄴ ② ㄷ
③ ㄹ ④ ㄱ, ㄴ
⑤ ㄷ, ㄹ

34. 甲은 그 소유의 X부동산에 관하여 乙과 매매의 일방예약을 체결하면서 예약완결권은 乙이 가지고 20년 내에 행사하기로 약정하였다. 이에 관한 설명으로 옳은 것은? (다툼이 있는 경우 판례에 따름)

① 乙이 예약체결시로부터 1년 뒤에 예약완결권을 행사한 경우, 매매는 예약체결시로 소급하여 그 효력이 발생한다.
② 乙의 예약완결권은 형성권에 속하므로 甲과의 약정에도 불구하고 그 행사기간은 10년으로 단축된다.
③ 乙이 가진 예약완결권은 재산권이므로 특별한 사정이 없는 한 타인에게 양도할 수 있다.
④ 乙이 예약완결권을 행사기간 내에 행사하였는지에 관해 甲의 주장이 없다면 법원은 이를 고려할 수 없다.
⑤ 乙이 예약완결권을 행사하더라도 甲의 승낙이 있어야 비로소 매매계약은 그 효력이 발생한다.

35. 권리의 하자에 대한 매도인의 담보책임과 관련하여 '악의의 매수인에게 인정되는 권리'로 옳은 것을 모두 고른 것은?

> ㄱ. 권리의 전부가 타인에게 속하여 매수인에게 이전할 수 없는 경우 - 계약해제권
> ㄴ. 권리의 일부가 타인에게 속하여 그 권리의 일부를 매수인에게 이전할 수 없는 경우 - 대금감액청구권
> ㄷ. 목적물에 설정된 저당권의 실행으로 인하여 매수인이 소유권을 취득할 수 없는 경우 - 계약해제권
> ㄹ. 목적물에 설정된 지상권에 의해 매수인의 권리행사가 제한되어 계약의 목적을 달성할 수 없는 경우 - 계약해제권

① ㄱ, ㄴ ② ㄱ, ㄹ
③ ㄴ, ㄷ ④ ㄷ, ㄹ
⑤ ㄱ, ㄴ, ㄷ

36. 임차인의 권리에 관한 설명으로 옳은 것은?

① 임차물에 필요비를 지출한 임차인은 임대차 종료 시 그 가액증가가 현존한 때에 한하여 그 상환을 청구할 수 있다.
② 건물임차인이 그 사용의 편익을 위해 임대인으로부터 부속물을 매수한 경우, 임대차 종료 전에도 임대인에게 그 매수를 청구할 수 있다.
③ 건물소유를 목적으로 한 토지임대차를 등기하지 않았더라도, 임차인이 그 지상건물의 보존

등기를 하면, 토지임대차는 제3자에 대하여 효력이 생긴다.
④ 건물소유를 목적으로 한 토지임대차의 기간이 만료된 경우, 임차인은 계약갱신의 청구 없이도 매도인에게 건물의 매수를 청구할 수 있다.
⑤ 토지임대차가 묵시적으로 갱신된 경우, 임차인은 언제든지 해지통고 할 수 있으나, 임대인은 그렇지 않다.

37. 위임에 관한 다음 설명 중 옳지 않은 것은?

① 수임인은 선량한 관리자의 주의로써 위임사무를 처리하여야 한다.
② 수임인은 특별한 약정이 없더라도 위임인에게 적정한 수준의 보수를 청구할 수 있다.
③ 위임사무의 처리에 비용을 요하는 때에는 위임인은 수임인의 청구에 의하여 이를 미리 지급하여야 한다.
④ 위임계약은 각 당사자가 언제든지 해지할 수 있으나, 당사자 일방이 부득이한 사유 없이 상대방의 불리한 시기에 계약을 해지한 때에는 그 손해를 배상하여야 한다.
⑤ 위임 종료의 경우 급박한 사정이 있는 때에는 수임인·그 상속인이나 법정대리인은 위임인·그 상속인이나 법정대리인이 위임사무를 처리할 수 있을 때까지 그 사무의 처리를 계속하여야 한다.

38. 甲과 乙 2인은 인공지능 관련 사업을 동업하기로 하는 「민법」상 조합계약을 체결하였다. 개인적인 사정으로 인해 乙이 조합을 탈퇴하게 되었다. 이에 관한 설명 중 옳지 않은 것을 모두 고른 것은? (다툼이 있는 경우 판례에 따름)

ㄱ. 乙이 탈퇴함으로써 조합관계가 종료되고 그 결과 조합은 당연히 해산 또는 청산된다.
ㄴ. 乙은 甲에 대해 탈퇴로 인한 조합재산의 계산을 요구할 수 있으며 그 계산은 乙의 탈퇴 당시의 조합재산 상태에 의하여야 한다.
ㄷ. 乙의 지분을 계산할 때 지분을 계산하는 방법에 관해서 별도 약정이 있다는 등 특별한 사정이 없는 한 조합재산의 상태를 증명할 책임은 甲에게 있다.

① ㄱ　　　　② ㄷ
③ ㄱ, ㄴ　　　④ ㄴ, ㄷ
⑤ ㄱ, ㄷ

39. 부당이득에 관한 설명으로 옳은 것을 모두 고른 것은? (다툼이 있는 경우 판례에 따름)

ㄱ. 법률상 원인 없이 취득한 것이 금전상의 이득인 때에는 그 금전은 이를 취득한 자가 소비하였는가의 여부를 불문하고 현존하는 것으로 추정된다.
ㄴ. 변제기에 있지 아니한 채무를 변제한 때에는 그 반환을 청구하지 못하나, 채무자가 착오로 인하여 변제한 때에는 채권자는 이로 인하여 얻은 이익을 반환하여야 한다.
ㄷ. 채무 없는 자가 착오로 인하여 변제한 경우에 그 변제가 도의관념에 적합한 때에는 그 반환을 청구하지 못한다.
ㄹ. 불법의 원인으로 인하여 재산을 급여하거나 노무를 제공한 때에 그 불법원인이 수익자에게만 있는 경우에는 그 이익의 반환을 청구할 수 있다.

① ㄱ, ㄴ　　　② ㄱ, ㄹ
③ ㄴ, ㄷ　　　④ ㄴ, ㄷ, ㄹ
⑤ ㄱ, ㄴ, ㄷ, ㄹ

40. 불법행위에 관한 설명 중 옳지 않은 것은?
(다툼이 있는 경우 판례에 따름)

① 미성년자에게 책임능력이 있어 스스로 불법행위책임을 지는 경우에도, 그 손해가 미성년자에 대한 감독의무자의 의무위반과 상당인과관계가 있으면 감독의무자는 「민법」제750조에 의하여 일반불법행위자로서 손해배상의무를 진다.

② 유효한 고용관계는 없지만 사실상 어떤 사람이 다른 사람을 위하여 그 지휘·감독 아래 그 의사에 따라 사업을 집행하는 관계에 있을 때에도, 사용자책임이 성립하기 위한 사용자와 피용자의 관계가 인정될 수 있다.

③ 도급인이 수급인의 일의 진행 및 방법에 관하여 구체적으로 지휘·감독을 하는 경우에는, 수급인이 일의 진행을 위하여 고용한 제3자의 불법행위로 인한 손해에 대하여도 도급인이 「민법」제756조에 의한 사용자책임을 부담한다.

④ 제3자의 행위 또는 피해자의 행위와 경합하여 피해자에게 손해가 발생한 경우, 공작물의 설치·보존상의 하자가 공동원인의 하나가 되는 이상 그 손해는 공작물의 설치·보존상의 하자에 의하여 발생한 것이라고 보아야 한다.

⑤ 실질적으로 부부공동생활이 파탄되어 회복할 수 없을 정도의 상태이지만 재판상 이혼이 청구되지 않았다면, 제3자가 부부의 일방과 부정행위를 한 경우 상대방 배우자에 대한 불법행위가 성립한다.

제4회 실전모의고사

01. 신의칙에 관한 설명 중 옳지 않은 것은? (다툼이 있는 경우 판례에 따름)

① 차임을 증액하지 않기로 하는 특약이 있더라도, 그 특약을 유지시키는 것이 신의칙에 반한다고 인정될 정도의 사정변경이 있는 경우에는 임대인의 차임증액청구를 인정하여야 한다.
② 강행법규에 위반되어 무효임을 알면서 법률행위를 한 자는 강행법규 위반을 이유로 그 법률행위의 무효를 주장할 수 있다.
③ 항소권과 같은 소송법상의 권리에 대하여는 실효의 원칙이 적용되지 않는다.
④ 시효완성 후에 채무자가 시효를 원용하지 아니할 것 같은 태도를 보여 권리자로 하여금 그와 같이 신뢰하게 한 경우에 채무자가 소멸시효의 완성을 주장하는 것이 신의성실의 원칙에 반하여 권리남용으로서 허용될 수 없다.
⑤ 본인의 지위를 단독으로 상속한 무권대리인은 본인의 지위에서 추인거절권을 행사할 수 없다.

02. 제한능력자에 관한 설명 중 옳지 않은 것은?

① 법정대리인이 미성년자에게 영업의 종류를 특정하여 영업을 허락하였다면, 법정대리인은 허락한 영업과 관련된 행위를 스스로 대리할 수 없다.
② 휴대폰대리점 개설에 대해 친권자로부터 허락을 얻은 미성년자는 대리점의 영업에 관하여는 성년자와 동일한 행위능력이 있다.
③ 미성년자가 법정대리인으로부터 허락을 얻은 특정한 영업에 관해서는 법정대리인의 대리권이 소멸하고, 법정대리인은 그가 한 허락을 취소할 수 없다.
④ 성년후견은 피성년후견인의 정신적 제약으로 사무처리 능력이 지속적으로 결여된 경우에 한하여 개시되고, 신체적 장애만으로는 성년후견이 개시될 수 없다.
⑤ 甲에 대한 성년후견개시 심판이 확정된 후 甲이 행한 법률행위는 그의 성년후견인이 취소할 수 있다. 다만 일상생활에 필요하고 그 대가가 과도하지 아니한 법률행위는 성년후견인이 취소할 수 없다.

03. 제한능력자의 상대방 보호에 관한 설명 중 옳은 것은?

① 제한능력자와 계약을 맺은 상대방은 계약 당시에 제한능력자임을 알았다고 하더라도 추인이 있을 때까지 그 의사표시를 철회할 수 있다.
② 미성년자가 법률행위를 할 때 단순히 자신이 성년자라고 말하였을 뿐 그 이상의 적극적인 속임수를 사용하지 않은 경우 법정대리인은 위 법률행위를 취소할 수 없다.
③ 제한능력자가 속임수로써 법정대리인의 동의가 있는 것으로 믿게 한 경우에는 그 행위를 취소할 수 없다.
④ 만 17세인 甲이 자신의 명의로 등기되어 있는 부동산을 단독으로 乙과 매매계약을 체결한 경우, 乙은 甲의 친권자에게 그 계약의 추인 여부를 1월 이상의 기간을 정하여 최고할 수 있고, 甲의 친권자가 그 기간 내에 확답을 발하지 아니한 때에는 추인한 것으로 본다.
⑤ 악의의 상대방은 제한능력자의 단독행위에 대하여 거절할 수 없다.

04. 투자에 실패한 甲은 부인 乙을 볼 면목이 없어 2015. 9. 15. 지리산으로 들어가 누구와도 연락을 하지 않았다. 甲의 생사를 알지 못한 乙은 2021. 9. 7. 법원에 실종선고를 청구하여 2022. 3. 10. 실종선고가 되었다. 甲의 실종선고로 甲에 대한 사망보험금 5억 원을 乙이 수령하였고, 甲은 2023. 2. 5. 집으로 돌아왔다. 이에 관한 설명으로 옳은 것은? (다툼이 있는 경우 판례에 따름)

① 실종선고로 甲의 사망이 의제된 시점은 2022. 3. 10.이다.
② 甲의 실종선고가 취소되지 않더라도 甲이 살아 있는 것이 증명되었으므로, 보험회사는 乙을 상대로 한 사망보험금 반환소송에서 승소할 수 있다.
③ 甲에 대한 실종선고가 취소되면, 선의인 乙은 현존이익 한도에서 보험금을 반환하면 된다.
④ 실종선고를 취소하지 않는 한, 甲은 공직선거권이 없다.
⑤ 법원에 의해 甲의 실종선고가 취소되면, 그 때부터 장래를 향하여 甲에 대한 실종선고의 효력이 부정된다.

05. 법인의 불법행위에 관한 설명으로 옳지 않은 것은? (다툼이 있는 경우 판례에 따름)

① 대표권이 없는 이사의 행위로 인하여는 법인의 불법행위가 성립하지 않는다.
② 법인의 불법행위능력은 사단법인뿐만 아니라 재단법인에 대하여도 적용된다.
③ 민법 제35조 제1항의 규정은 법인 아닌 사단에 유추적용된다.
④ 대표자의 행위가 법령의 규정에 위배된 것이라도 외관상, 객관적으로 직무에 관한 행위라고 인정될 수 있는 것이라면 제35조 제1항의 직무에 관한 행위에 해당한다.
⑤ 대표자의 행위가 직무에 관한 행위에 해당하지 아니함을 피해자가 알았던 경우에도 법인의 불법행위책임이 인정된다.

06. 권리능력 없는 사단에 관한 설명으로 옳은 것은? (다툼이 있는 경우 판례에 따름)

① 권리능력 없는 사단의 구성원은 그가 사단의 대표자이거나 사원총회의 결의를 거쳤다 하더라도 그 사단의 재산에 관한 제3자와의 소송에서 당사자가 될 수 없다.
② 비법인사단이 타인 간의 금전채무를 보증하는 행위는 총유물의 관리·처분행위라고 볼 수 있다.
③ 비법인사단이 총유물에 관한 매매계약에 의하여 부담하고 있는 채무의 존재를 인식하고 있다는 뜻을 표시하는 소멸시효 중단사유로서의 승인은 총유물의 관리·처분행위에 해당한다.
④ 권리능력 없는 사단의 대표자는 필요한 경우에 자신의 업무를 타인에게 포괄적으로 위임할 수 있다.
⑤ 법인 아닌 사단의 채권자가 채권자대위권에 기하여 법인 아닌 사단의 총유재산에 대한 권리를 대위행사하는 경우, 사원총회의 결의를 거쳐야 한다.

07. 동일소유자에게 속하는 다음 물건 중 주물과 종물의 관계로 보기 어려운 것은? (다툼이 있는 경우 판례에 따름)

① 배와 노
② 자물쇠와 열쇠
③ 주유소건물과 주유기
④ 횟집과 수족관
⑤ 주유소부지와 그 지하에 매설된 유류저장탱크

08. 甲은 자신의 X부동산을 乙에게 매도하고 계약금과 중도금을 지급받았다. 그 후 丙이 甲의 배임행위에 적극 가담하여 甲과 X부동산에 대한 매매계약을 체결하고 자신의 명의로 소유권이전등기를 마쳤다. 다음 설명으로 옳지 않은 것은? (다툼이 있는 경우 판례에 따름)

① 乙은 丙에게 소유권이전등기를 직접 청구할 수 없다.
② 乙은 丙에 대하여 불법행위를 이유로 손해배상을 청구할 수 있다.
③ 甲은 계약금 배액을 상환하고 乙과 체결한 매매계약을 해제할 수 없다.
④ 丙명의의 등기는 甲이 추인하더라도 유효가 될 수 없다.
⑤ 만약 선의의 丁이 X부동산을 丙으로부터 매수하여 이전등기를 받은 경우, 丁은 甲과 丙의 매매계약의 유효를 주장할 수 있다.

09. 불공정한 법률행위(민법 제104조)에 관한 설명으로 옳지 않은 것은? (다툼이 있는 경우 판례에 따름)

① 경매에는 적용되지 않는다.
② 무상계약에는 적용되지 않는다.
③ 불공정한 법률행위에 무효행위 전환의 법리가 적용될 수 있다.
④ 법률행위가 대리인에 의하여 행해진 경우, 궁박 상태는 대리인을 기준으로 판단하여야 한다.
⑤ 매매계약이 불공정한 법률행위에 해당하는지는 계약체결 당시를 기준으로 판단하여야 한다.

10. 의사와 표시가 불일치하는 경우에 관한 설명으로 옳은 것은? (다툼이 있는 경우 판례에 따름)

① 통정허위표시의 무효로 대항할 수 없는 제3자에 해당하는지를 판단할 때, 파산관재인은 파산채권자 일부가 선의라면 선의로 다루어진다.
② 비진의 의사표시는 상대방이 표의자의 진의 아님을 알 수 있었을 경우 취소할 수 있다.
③ 비진의 의사표시는 상대방과 통정이 없었다는 점에서 착오와 구분된다.
④ 통정허위표시의 무효에 대항하려는 제3자는 자신이 선의라는 것을 증명하여야 한다.
⑤ 매수인의 채무불이행을 이유로 매도인이 계약을 적법하게 해제했다면, 착오를 이유로 한 매수인의 취소권은 소멸한다.

11. 甲은 자신의 X토지를 乙에게 증여하고, 세금을 아끼기 위해 이를 매매로 가장하여 乙명의로 소유권이전등기를 마쳤다. 그 후 乙은 X토지를 丙에게 매도하고 소유권이전등기를 마쳤다. 다음 설명 중 옳은 것을 모두 고른 것은? (다툼이 있는 경우 판례에 따름)

> ㄱ. 甲과 乙 사이의 매매계약은 무효이다.
> ㄴ. 甲과 乙 사이의 증여계약은 유효이다.
> ㄷ. 甲은 丙에게 X토지의 소유권이전등기말소를 청구할 수 없다.
> ㄹ. 丙이 甲과 乙 사이에 증여계약이 체결된 사실을 알지 못한데 과실이 있더라도 丙은 소유권을 취득한다.

① ㄱ
② ㄱ, ㄷ
③ ㄴ, ㄹ
④ ㄴ, ㄷ, ㄹ
⑤ ㄱ, ㄴ, ㄷ, ㄹ

12. 대리에 관한 설명으로 옳지 않은 것은? (다툼이 있는 경우 판례에 따름)

① 대리인이 파산선고를 받아도 그의 대리권은 소멸하지 않는다.
② 대리인이 수인인 때에는 원칙적으로 각자가 본인을 대리한다.
③ 대리인은 본인의 허락이 있으면 당사자 쌍방을 대리할 수 있다.
④ 대리인의 대리권 남용을 상대방이 알았거나 알 수 있었을 경우 대리행위는 본인에게 효력이 없다.
⑤ 매매계약을 체결할 대리권을 수여받은 대리인은 특별한 사정이 없는 한 중도금과 잔금을 수령할 권한이 있다.

13. 무권대리에 관한 설명으로 옳은 것은? (다툼이 있는 경우 판례에 따름)

① 무권대리행위의 일부에 대한 추인은 상대방의 동의를 얻지 못하는 한 효력이 없다.
② 무권대리행위를 추인한 경우 원칙적으로 추인한 때로부터 유권대리와 마찬가지의 효력이 생긴다.
③ 무권대리행위의 추인의 의사표시는 본인이 상대방에게 하지 않으면, 상대방이 그 사실을 알았더라도 상대방에게 대항하지 못한다.
④ 무권대리인의 계약상대방은 계약 당시 대리권 없음을 안 경우에도 본인에 대해 계약을 철회할 수 있다.
⑤ 무권대리행위가 무권대리인의 과실 없이 제3자의 기망 등 위법행위로 야기된 경우, 특별한 사정이 없는 한 무권대리인은 상대방에게 책임을 지지 않는다.

14. 표현대리에 관한 설명으로 옳은 것은? (다툼이 있는 경우 판례에 따름)

① 상대방의 유권대리 주장에는 표현대리의 주장도 포함된다.
② 권한을 넘은 표현대리의 기본대리권은 대리행위와 같은 종류의 행위에 관한 것이어야 한다.
③ 권한을 넘은 표현대리의 기본대리권에는 대리인에 의하여 선임된 복대리인의 권한도 포함된다.
④ 대리권수여표시에 의한 표현대리에서 대리권수여표시는 대리권 또는 대리인이라는 표현을 사용한 경우에 한정된다.
⑤ 대리권소멸 후의 표현대리가 인정되고 그 표현대리의 권한을 넘는 대리행위가 있는 경우, 권한을 넘은 표현대리가 성립할 수 없다.

15. 추인하여도 효력이 생기지 않는 무효인 법률행위를 모두 고른 것은? (다툼이 있는 경우 판례에 따름)

ㄱ. 불공정한 법률행위
ㄴ. 입양합의 없는 무효인 신분행위
ㄷ. 불법조건이 붙은 법률행위
ㄹ. 통정허위표시에 의한 매매계약

① ㄱ, ㄴ
② ㄱ, ㄷ
③ ㄴ, ㄹ
④ ㄱ, ㄷ, ㄹ
⑤ ㄴ, ㄷ, ㄹ

16. 甲이 乙을 기망하여 건물을 매도하는 계약을 乙과 체결하였다. 법정추인사유에 해당하는 경우는?

① 甲이 乙에게 매매대금의 지급을 청구한 경우
② 甲이 乙에 대한 대금채권을 丙에게 양도한 경우
③ 甲이 이전등기에 필요한 서류를 乙에게 제공한 경우

④ 기망상태에서 벗어난 乙이 이의 없이 매매대금을 지급한 경우
⑤ 乙이 매매계약의 취소를 통해 취득하게 될 계약금 반환청구권을 丁에게 양도한 경우

17. 조건에 관한 설명 중 옳지 않은 것은? (다툼이 있는 경우 판례에 따름)

① 어떤 법률행위가 정지조건부 법률행위에 해당한다는 사실은 그 법률행위의 효과 발생을 다투려는 자에게 증명 책임이 있다.
② 어느 법률행위에 어떤 조건이 붙어 있었는지 아닌지는 사실인정의 문제로서 그 조건의 존재를 주장하는 자가 이를 입증하여야 한다고 할 것이다.
③ 조건 있는 법률행위의 당사자는 조건의 성부가 미정한 동안에 조건의 성취로 인하여 생길 상대방의 이익을 해하지 못한다.
④ 조건의 성취로 이익을 받게 되는 당사자가 신의성실에 반하여 조건을 성취시킨 경우, 상대방은 그 조건의 불성취를 주장할 수 있다.
⑤ 기성조건이 정지조건이면 그 법률행위는 무효이고, 해제조건이면 조건 없는 법률행위가 된다.

18. 다음 빈 칸 <A>와 <B>에 들어갈 말로 바르게 연결된 것은? (다툼이 있는 경우 판례에 따름)

> 부관이 붙은 법률행위에 있어서 부관에 표시된 사실이 발생하지 아니하면 채무를 이행하지 아니하여도 된다고 보는 것이 상당한 경우에는 < A >으로 보아야 하고, 표시된 사실이 발생한 때에는 물론이고 반대로 발생하지 아니하는 것이 확정된 때에도 그 채무를 이행하여야 한다고 보는 것이 상당한 경우에는 표시된 사실의 발생 여부가 확정되는 것을 < B >으로 정한 것으로 보아야 한다.

	A	B
①	불확정기한	조건
②	확정기한	조건
③	조건	기한
④	조건	확정기한
⑤	조건	불확정기한

19. 다음 중 3년의 단기소멸시효가 적용되는 채권이 아닌 것은? (다툼이 있는 경우 판례에 따름)

① 금전소비대차계약에 따라 1년 이내의 정기로 지급하기로 한 이자채권
② 세무사의 직무에 관한 용역비채권
③ 의사의 치료비 채권
④ 변호사의 직무에 관한 보수채권
⑤ 공사를 도급받아 수행한 건설업자의 공사대금 채권

20. 소멸시효에 관한 설명 중 옳은 것은? (다툼이 있는 경우 판례에 따름)

① 소멸시효의 기간만료 전 1년 내에 제한능력자에게 법정대리인이 없는 경우, 그가 능력자가 되거나 법정대리인이 취임한 때로부터 1년 내에는 소멸시효가 완성되지 아니한다.
② 부부 중 한쪽이 다른 쪽에 대하여 가지는 권리는 혼인관계가 종료된 때부터 1년 내에는 소멸시효가 완성되지 아니한다.
③ 소멸시효는 법률행위에 의하여 이를 배제, 연장 또는 가중할 수 없고, 이를 단축 또는 경감할 수도 없다.
④ 주채무가 시효로 소멸한 때에는 보증인은 그 시효소멸을 원용할 수 없다.
⑤ 소멸시효 완성 후 채무자가 원용하지 않을 것 같은 태도를 보여 이를 신뢰한 권리자가 시효정지에 준하는 단기간 내에 그의 권리를 행사한 경우 채무자는 시효완성을 주장하지 못한다.

21. 금전채권 및 이자채권에 관한 설명 중 옳은 것을 모두 고른 것은? (다툼이 있는 경우 판례에 따름)

> ㄱ. 채무자가 최고이자율을 초과하는 이자를 임의로 지급한 경우에는 초과 지급된 이자 상당 금액은 원본에 충당된다.
> ㄴ. 이미 변제기에 도달한 이자채권은 원본채권의 양도 당시 그 이자채권도 양도한다는 의사표시가 없는 한 당연히 양도되지는 않는다.
> ㄷ. 채권의 목적이 어느 종류의 다른 나라 통화로 지급할 것인 경우에 그 통화가 변제기에 강제통용력을 잃은 때에는 우리나라 통화로 변제하여야 한다.

① ㄱ
② ㄴ
③ ㄱ, ㄴ
④ ㄱ, ㄷ
⑤ ㄱ, ㄴ, ㄷ

22. 甲은 자신의 토지를 乙에게 팔고 중도금까지 수령하였으나, 그 토지가 공용(재결)수용되는 바람에 乙에게 소유권을 이전할 수 없게 되었다. 다음 설명 중 옳은 것은? (다툼이 있는 경우 판례에 따름)

① 乙은 매매계약을 해제하고 전보배상을 청구할 수 있다.
② 乙은 甲의 수용보상금청구권의 양도를 청구할 수 있다.
③ 乙은 이미 지급한 중도금을 부당이득으로 반환 청구할 수 없다.
④ 乙은 계약체결상의 과실을 이유로 신뢰이익의 배상을 청구할 수 있다.
⑤ 乙이 매매대금 전부를 지급하면 甲의 수용보상금청구권 자체가 乙에게 귀속한다.

23. 이행불능에 관한 다음 설명 중 옳지 않은 것을 모두 고른 것은? (다툼이 있는 경우 판례에 따름)

> ㄱ. 이행지체 후에 이행불능이 생긴 경우, 채무자는 자기에게 이행불능에 대한 과실이 없었음을 항변하지 못한다.
> ㄴ. 소유권이전등기의무의 이행불능을 이유로 매매계약을 해제함에 있어서는 잔대금지급의무의 이행의 제공을 필요로 한다.
> ㄷ. 급부의 일부만이 불능으로 된 경우에는 채권자는 가능한 부분의 급부청구와 함께 불능부분의 전보배상을 청구할 수 있다.

① ㄱ　　　　　　② ㄴ
③ ㄱ, ㄴ　　　　④ ㄱ, ㄷ
⑤ ㄱ, ㄴ, ㄷ

24. 채권자 甲이 채무자 乙을 대위하여 제3채무자 丙을 상대로 채권자대위소송을 제기한 경우에 관한 설명으로 옳은 것은? (다툼이 있는 경우 판례에 따름)

① 乙이 丙에 대하여 채무의 이행을 청구하는 소를 제기하였다가 패소한 경우에도 甲은 丙에 대하여 채권자대위권을 행사할 수 있다.
② 甲이 丙에 대하여 채권자대위권을 행사한 경우 丙은 甲의 乙에 대한 채권이 시효로 소멸하였음을 주장할 수 있다.
③ 甲이 乙에게 가지고 있는 채권과 乙이 丙에게 가지고 있는 채권이 인정되지 않을 경우, 채권자대위소송은 부적법하여 각하할 수밖에 없다.
④ 乙에 대한 甲의 채권이 丙에게까지 대항할 수 있는 것임을 요하는 것도 아니며, 乙의 丙에 대한 채권보다 먼저 성립해 있을 필요도 없다.
⑤ 甲이 채권자대위권을 행사하는 과정에서 비용을 지출하였더라도 甲은 乙에게 그 비용의 상환을 청구할 수 없다.

25. 채권자취소권에 관한 설명 중 옳은 것을 모두 고른 것은? (다툼이 있는 경우 판례에 따름)

ㄱ. 채무자의 법률행위가 통정허위표시로 무효인 경우에는 채권자취소권의 대상이 될 수 없다.
ㄴ. 유증을 받은 채무자가 유증을 포기하는 것은 사해행위 취소의 대상이 된다.
ㄷ. 소유권이전등기청구권을 보전하기 위하여는 채권자취소권을 행사할 수 없다.
ㄹ. 상속의 포기는 사해행위취소의 대상이 되지 못한다.

① ㄱ, ㄴ　　　　② ㄱ, ㄷ
③ ㄴ, ㄷ　　　　④ ㄴ, ㄹ
⑤ ㄷ, ㄹ

26. 甲의 乙에 대한 금전채무에 대하여 丙이 乙과 보증계약을 체결하였다. 다음 설명 중 옳은 것은? (다툼이 있는 경우 판례에 따름)

① 甲과 乙 사이에 금전채무에 관하여 위약금 약정이 없는 경우, 乙과 丙은 보증채무에 관하여 위약금을 정할 수는 없다.
② 丙이 부담하는 보증채무 자체의 이행지체로 인한 지연손해금은 보증한도액과는 별도로 부담한다.
③ 丙은 乙의 甲에 대한 채권으로 상계할 수 없다.
④ 乙과 丙의 보증계약은 서면으로 표시되어야 효력이 발생하며, 보증의사가 전자적 형태로 표시된 경우에도 효력이 있다.
⑤ 乙과 丙이 보증계약을 체결하는 과정에서 丙의 서명 또는 기명날인은 타인이 이를 대행하는 방법으로도 가능하다.

27. 연대채무 및 부진정연대채무에 관한 설명 중 옳은 것을 모두 고른 것은? (다툼이 있는 경우 판례에 따름)

> ㄱ. 乙과 丙은 연대하여 甲에게 9,000만 원을 부담하고 있으며, 부담부분은 乙이 2/3, 丙이 1/3로 정해져 있다. 乙이 甲의 단독상속인으로 9,000만 원의 채권을 상속받은 경우에는 丙은 乙에게 3,000만 원의 채무를 부담하게 된다.
> ㄴ. 甲, 乙은 丙으로부터 농기계 1대를 10일 동안 사용하기로 하고 차임 1,000만 원에 공동으로 임차하였는데 甲, 乙 사이의 부담부분에 관하여 따로 정하지 아니하였다. 甲이 丙에게 차임지급채무 1,000만 원 중 500만 원을 지급한 경우, 甲은 乙에 대하여 구상권을 행사할 수 없다.
> ㄷ. 금액이 다른 채무가 서로 부진정연대 관계에 있을 때 다액채무자가 일부 변제를 하는 경우 그 변제로 인하여 먼저 소멸하는 부분은 다액채무자가 단독으로 채무를 부담하는 부분으로 보아야 한다.

① ㄱ ② ㄴ
③ ㄱ, ㄴ ④ ㄱ, ㄷ
⑤ ㄱ, ㄴ, ㄷ

28. 채권양도 및 채무인수에 관한 설명 중 옳지 않은 것은? (다툼이 있는 경우 판례에 따름)

① 채권은 양도할 수 있는 것이 원칙이나, 채권의 성질이 양도를 허용하지 않는 경우 및 당사자가 양도 반대의 의사표시를 한 경우에는 양도할 수 없다.
② 점유취득시효 완성으로 인한 소유권이전등기청구권을 양도하는 경우, 채무자에 대한 대항력 취득을 위하여는 양도인의 채무자에 대한 통지만으로는 부족하다.
③ 양도금지특약을 위반하여 채권을 양도한 경우에 채권양수인이 양도금지특약이 있음을 알았거나 중대한 과실로 알지 못하였다면 채권 이전의 효과가 생기지 아니한다.
④ 면책적 채무인수는 채무자와 인수인 사이의 계약으로도 할 수 있으며, 이 경우 채권자의 승낙이 있어야 그 효력이 발생한다.
⑤ 면책적 채무인수에서 전채무자가 항변할 수 있는 사유로 인수인은 채권자에게 대항할 수 있다.

29. 변제에 관한 설명 중 옳지 않은 것은? (다툼이 있는 경우 판례에 따름)

① 채권의 준점유자에 대한 변제는 변제자가 선의이며 과실 없는 때에 한하여 효력이 있다.
② 채권의 준점유자에는 준점유자가 스스로 채권자라고 하여 채권을 행사하는 경우도 포함된다.
③ 채무자가 채무 전부를 변제할 때에는 채권자에게 채권증서의 반환을 청구할 수 있고, 채무의 변제와 채권증서의 반환은 동시이행의 관계에 있다.
④ 변제자가 채무자인 경우 물상보증인이 제공한 물적 담보가 있는 채무와 그러한 담보가 없는 채무 사이에도 변제이익의 점에서 차이가 없다.
⑤ 채무자로부터 담보부동산을 취득한 제3자는 채무를 변제하거나 담보권의 실행으로 소유권을 잃게 되면 물상보증인에 대하여 채권자를 대위할 수 없다.

30. 상계에 관한 설명 중 옳지 않은 것은? (다툼이 있는 경우 판례에 따름)

① 상계의 의사표시가 있으면, 쌍방의 채무는 상계의 의사표시가 있었던 시점을 기준으로 대등액에 관하여 소멸한 것으로 본다.
② 쌍방의 채무의 이행지가 다른 경우에도 상계할 수 있다.
③ 제척기간이 지난 경우에도 제척기간이 지나기 전 상대방의 채권과 상계할 수 있었던 경우에는 민법 제495조를 유추적용해서 상대방의 채권과 상계할 수 있다.
④ 피용자의 고의의 불법행위로 인하여 사용자책임이 성립하는 경우, 사용자는 자신의 고의가 없음을 주장하여 피해자의 손해배상채권을 수동채권으로 하는 상계권을 행사할 수 없다.
⑤ 지급을 금지하는 명령을 받은 제3채무자는 그 후에 취득한 채권에 의한 상계로 그 명령을 신청한 채권자에게 대항하지 못한다.

31. 청약과 승낙에 관한 다음 설명 중 옳은 것을 모두 고른 것은?

ㄱ. 甲이 2013. 1. 10. 乙에게 A를 100만 원에 팔겠다는 청약을 하였으나, 乙이 그와 같은 甲의 청약사실을 알지 못한 채 같은 달 12일 甲에게 A를 100만 원에 사겠다는 청약을 하였는데, 甲과 乙의 청약이 모두 상대방에게 도달한 경우, 甲과 乙 사이에 계약이 성립한다.
ㄴ. 甲의 청약에 대하여 乙이 조건을 붙여서 승낙을 하였는데, 甲이 乙의 조건부 승낙에 대하여 승낙의 의사표시를 하여 그 의사표시가 乙에게 도달된 경우, 甲과 乙 사이에 계약이 성립한다.
ㄷ. 승낙의 기간을 정한 계약의 청약은 청약자가 그 기간 내에 승낙의 통지를 받지 못한 때에는 그 효력을 잃고, 승낙의 기간을 정하지 아니한 계약의 청약은 청약자가 상당한 기간 내에 승낙의 통지를 받지 못한 때에는 그 효력을 잃는다.

① ㄱ　　② ㄴ
③ ㄱ, ㄴ　　④ ㄴ, ㄷ
⑤ ㄱ, ㄴ, ㄷ

32. 甲은 자신의 토지를 乙에게 매도하면서 그 대금은 乙이 甲의 의무이행과 동시에 丙에게 지급하기로 약정하고, 丙은 乙에게 수익의 의사표시를 하였다. 다음 설명 중 옳지 않은 것은? (다툼이 있는 경우 판례에 따름)

① 丙은 乙의 채무불이행을 이유로 甲과 乙의 매매계약을 해제할 수 없다.
② 甲과 乙의 매매계약이 적법하게 취소된 경우, 丙의 급부청구권은 소멸한다.
③ 甲이 乙에게 매매계약에 따른 이행을 하지 더라도, 乙은 특별한 사정이 없는 한 丙에게 대금지급을 거절할 수 없다.
④ 丙이 수익의 의사표시를 한 후에는 특별한 사정이 없는 한 甲과 乙의 합의에 의해 丙의 권리를 소멸시킬 수 없다.
⑤ 丙이 대금을 수령하였으나 매매계약이 무효인 것으로 판명된 경우, 특별한 사정이 없는 한 乙은 丙에게 대금반환을 청구할 수 없다.

33. 계약의 해제에 관한 설명으로 옳지 않은 것은? (다툼이 있는 경우 판례에 따름)

① 계약이 합의해제된 경우, 특약이 없는 한 반환할 금전에 그 받은 날로부터 이자를 붙여 지급할 의무가 없다.
② 계약의 상대방이 여럿인 경우, 해제권자는 그 전원에 대하여 해제권을 행사하여야 한다.
③ 매매계약의 해제로 인하여 양 당사자가 부담하는 원상회복의무는 동시이행의 관계에 있다.
④ 성질상 일정한 기간 내에 이행하지 않으면 그 목적을 달성할 수 없는 계약에서 당사자 일방이 그 시기에 이행하지 않으면 해제의 의사표시가 없더라도 해제의 효과가 발생한다.
⑤ 매매대금채권이 양도된 후 매매계약이 해제된 경우, 그 양수인은 해제로 권리를 침해당하지 않는 제3자에 해당하지 않는다.

34. 증여에 관한 설명으로 옳지 않은 것을 모두 고른 것은? (다툼이 있는 경우 판례에 따름)

> ㄱ. 수증자가 증여자 또는 그 배우자나 직계혈족에 대한 범죄행위가 있을 때에는 증여자는 그 증여를 해제할 수 있는 바, 수증자가 그 범죄행위로 형사처벌을 받을 것을 요한다.
> ㄴ. 부담부증여에서 수증자가 부담의무를 이행하지 않은 경우, 증여자는 자신의 의무를 이행했더라도 증여계약을 해제할 수 있다.
> ㄷ. 증여자에 대해 법률상 부양의무를 지는 수증자가 부양의무를 이행하지 않은 경우, 증여자는 그 사실을 안 날로부터 6개월이 경과한 때에는 해제할 수 없다.
> ㄹ. 증여의 의사가 서면으로 표시되지 않았음을 이유로 한 증여의 해제는 형성권의 제척기간의 적용된다.

① ㄱ, ㄴ ② ㄱ, ㄷ
③ ㄱ, ㄹ ④ ㄴ, ㄷ
⑤ ㄷ, ㄹ

35. 甲은 자신의 X부동산에 관하여 매매대금 3억 원, 계약금 3천만 원으로 하는 계약을 乙과 체결하였다. 다음 설명 중 옳지 않은 것은? (다툼이 있는 경우 판례에 따름)

① 乙이 계약금의 전부를 지급하지 않으면, 계약금계약은 성립하지 않는다.
② 乙이 계약금을 지급하였더라도 정당한 사유 없이 잔금 지급을 지체한 때에는 甲은 손해배상을 청구할 수 있다.
③ 甲과 乙 사이의 매매계약이 무효이거나 취소되더라도 계약금계약의 효력은 소멸하지 않는다.
④ 乙이 甲에게 지급한 계약금 3천만 원은 증약금으로서의 성질을 가진다.
⑤ 乙이 계약금과 중도금을 지급한 경우, 특별한 사정이 없는 한 甲은 계약금의 배액을 상환하여 계약을 해제할 수 없다.

36. 매도인의 담보책임에 관한 설명으로 옳은 것은? (다툼이 있는 경우 판례에 따름)

① 타인의 권리를 매도한 자가 그 전부를 취득하여 매수인에게 이전할 수 없는 경우, 악의의 매수인은 계약을 해제할 수 없다.
② 저당권이 설정된 부동산의 매수인이 저당권의 행사로 그 소유권을 취득할 수 없는 경우, 악의의 매수인은 특별한 사정이 없는 한 계약을 해제하고 손해배상을 청구할 수 있다.
③ 매매목적인 권리의 전부가 타인에게 속하여 권리의 전부를 이전할 수 없게 된 경우, 매도인은 선의의 매수인에게 신뢰이익을 배상하

여야 한다.
④ 매매목적 부동산에 전세권이 설정된 경우, 계약의 목적달성 여부와 관계없이, 선의의 매수인은 계약을 해제할 수 있다.
⑤ 권리의 일부가 타인에게 속한 경우, 선의의 매수인이 갖는 손해배상청구권은 계약한 날로부터 1년 내에 행사되어야 한다.

37. 임대차의 차임에 관한 설명으로 옳지 않은 것은? (다툼이 있는 경우 판례에 따름)

① 임차물의 일부가 임차인의 과실 없이 멸실되어 사용·수익할 수 없는 경우, 임차인은 그 부분의 비율에 의한 차임의 감액을 청구할 수 있다.
② 여럿이 공동으로 임차한 경우, 임차인은 연대하여 차임지급의무를 부담한다.
③ 경제사정변동에 따른 임대인의 차임증액청구에 대해 법원이 차임증액을 결정한 경우, 그 결정 다음 날부터 지연손해금이 발생한다.
④ 임차인의 차임연체로 계약이 해지된 경우, 임차인은 임대인에 대하여 부속물매수를 청구할 수 없다.
⑤ 연체차임액이 1기의 차임액에 이르면 건물임대인이 차임연체로 해지할 수 있다는 약정은 무효이다.

38. 甲은 공사업자 乙에게 단독주택 신축을 맡겼고, 이 도급계약에는 지체상금약정이 있었다. 이에 관한 설명으로 옳지 않은 것을 모두 고른 것은? (다툼이 있는 경우 판례에 따름)

ㄱ. 乙이 계약에서 정한 완공기한을 1개월 넘겨 지체상금을 부담하는 경우, 지체상금이 부당하게 과다하다면 법원은 직권으로 감액할 수 있다.
ㄴ. 완공된 건물의 하자로 인해 확대손해가 발생한 경우, 특별한 사정이 없는 한 乙의 손해배상채무는 甲의 공사대금채무와 동시이행관계에 있지 않다.
ㄷ. 완공된 건물에 하자가 있는 경우, 甲은 이를 이유로 계약을 해제할 수 있다.

① ㄱ　　　　　　② ㄴ
③ ㄱ, ㄴ　　　　　④ ㄴ, ㄷ
⑤ ㄱ, ㄴ, ㄷ

39. 부당이득에 관한 설명으로 옳은 것을 모두 고른 것은? (다툼이 있는 경우 판례에 따름)

ㄱ. 甲이 乙에게서 횡령한 금전을 자신의 친구 丙에게 무상으로 증여한 경우, 丙이 이를 수령하면서 그 금전이 횡령한 것이라는 사실에 대하여 악의 또는 중대한 과실이 없으면 丙의 금전취득은 乙에 대한 관계에서 법률상 원인이 있다고 하여야 한다.
ㄴ. 계약의 일방당사자 甲이 그 상대방 乙의 지시로 乙과 또 다른 법률관계에 있는 丙에게 직접 급부한 경우, 급부의 원인이 된 甲과 乙 간의 계약이 적법하게 취소되면 甲은 丙에게 부당이득반환을 청구할 수 있다.
ㄷ. 특별한 사정이 없으면, 불법의 원인으로 乙에게 재산을 급여한 甲은 그 불법의 원인에 가공한 乙의 불법행위를 이유로 그 재산의 급여로 인하여 발생한 자신의 손해를 배상할 것을 乙에게 청구할 수 있다.

① ㄱ　　　　　　② ㄴ
③ ㄱ, ㄴ　　　　　④ ㄴ, ㄷ
⑤ ㄱ, ㄴ, ㄷ

40. 공동불법행위에 관한 설명으로 옳지 않은 것은? (다툼이 있는 경우 판례에 따름)

① 피해자가 공동불법행위자 중 1인에게 손해배상을 청구한 경우, 그에 따른 시효 중단 효과는 다른 공동불법행위자에게도 미친다.
② 피해자가 공동불법행위자 중 1인에 대하여 손해배상에 관한 권리를 포기하거나 채무를 면제하는 의사표시를 하였다 하더라도 다른 불법행위자에 대하여 그 효력이 미치지 않는다.
③ 가해자 甲이 다른 가해자 乙에 비하여 불법행위에 가공한 정도가 경미하더라도 피해자 丙에 대한 관계에서 甲의 책임범위를 손해배상액의 일부로 제한할 수 없다.
④ 불법행위를 방지할 작위의무 있는 사람이 그것을 방지하여야 할 제반조치를 취하지 아니하는 부작위로 인하여 불법행위자의 실행행위를 용이하게 하는 경우, 공동불법행위책임을 질 수 있다.
⑤ 공동불법행위자 1인이 공동면책행위를 한 경우, 다른 공동불법행위자에 대한 구상권은 공동면책행위를 한 날로부터 10년이 지나면 소멸시효가 완성된다.

제5회 실전모의고사

01. 상대방 없는 단독행위에 해당하는 것은?

① 착오로 인한 계약의 취소
② 무권대리로 체결된 계약에 대한 본인의 추인
③ 미성년자의 법률행위에 대한 법정대리인의 동의
④ 손자에 대한 부동산의 유증
⑤ 이행불능으로 인한 계약의 해제

02. 신의성실의 원칙에 관한 설명으로 옳은 것을 모두 고른 것은? (다툼이 있는 경우 판례에 따름)

> ㄱ. 회사의 이사가 확정채무를 보증한 경우에는 그 직을 사임하더라도 사정변경을 이유로 그 보증계약을 해지할 수 없다.
> ㄴ. 소멸시효 완성 전에 채무자가 시효중단을 현저히 곤란하게 하여 채권자가 아무런 조치를 취할 수 없었던 경우, 그 채무자가 시효완성을 주장하는 것은 신의칙상 허용되지 않는다.
> ㄷ. 강행법규를 스스로 위반한 자가 스스로 강행법규 위반을 이유로 약정의 무효를 주장하는 것은 특별한 사정이 없는 신의칙에 반한다.
> ㄹ. 계약의 일방 당사자는 신의성실의 원칙상 상대방에게 계약의 효력에 영향을 미치거나 상대방의 권리 확보에 위험을 가져올 수 있는 사정 등을 미리 고지할 의무가 있다. 이러한 의무는 계약 체결 이후 이를 이행하는 과정에서도 유지된다.

① ㄱ, ㄷ ② ㄴ, ㄷ
③ ㄱ, ㄴ, ㄹ ④ ㄴ, ㄷ, ㄹ
⑤ ㄱ, ㄴ, ㄷ, ㄹ

03. 甲은 취소할 수 없는 법률행위의 범위를 정함이 없이 성년후견개시심판을 받았다. 그 후 甲은 법정대리인 乙의 동의가 있는 것처럼 믿게 하여 자기 소유 건물을 丙에게 매각하는 계약을 체결하였다. 이에 관한 설명으로 옳지 않은 것을 모두 고른 것은?

> ㄱ. 乙은 丙을 상대로 계약을 취소할 수 있다.
> ㄴ. 丙은 甲을 상대로 계약의 추인여부에 대한 확답을 촉구할 수 있다.
> ㄷ. 계약 당시 甲이 제한능력자임을 丙이 알았더라도 그 추인이 있기 전까지 丙은 乙을 상대로 자기의 의사표시를 철회할 수 있다.

① ㄱ ② ㄷ
③ ㄱ, ㄴ ④ ㄴ, ㄷ
⑤ ㄱ, ㄴ, ㄷ

04. 후견에 관한 설명으로 옳지 않은 것을 모두 고른 것은? (다툼이 있는 경우 판례에 따름)

> ㄱ. 성년후견개시심판과 한정후견개시심판을 할 때 본인의 의사를 고려하여야 하므로 본인의 의사에 반하여 할 수 없다.
> ㄴ. 가정법원은 피성년후견인이 될 사람의 정신상태를 판단할 만한 다른 충분한 자료가 있는 경우 의사의 감정이 없더라도 성년후견을 개시할 수 있다.
> ㄷ. 법원은 미성년자의 신상과 재산에 관한 모든 사정을 고려하여 2인 이상의 미성년후견인을 둘 수 있다.

ㄹ. 한정후견의 개시를 청구한 사건에서 의사의 감정 결과에 비추어 성년후견 개시의 요건을 충족하고 본인도 성년후견의 개시를 희망한다면 법원이 성년후견을 개시할 수 있다.

① ㄱ, ㄴ ② ㄱ, ㄷ
③ ㄱ, ㄴ, ㄷ ④ ㄱ, ㄷ, ㄹ
⑤ ㄱ, ㄴ, ㄷ, ㄹ

05. 비법인사단인 A종중에 관한 설명으로 옳지 않은 것을 모두 고른 것은? (다툼이 있는 경우 판례에 따름)

ㄱ. 대표자 甲이 乙에게 한 A의 업무에 대한 포괄적 위임과 그에 따른 乙의 대행 행위는 A에게 그 효력이 미친다.
ㄴ. A의 명예를 훼손한 乙에 대하여 A가 손해배상을 청구할 수는 없다.
ㄷ. 대표자 甲의 불법행위로 乙이 손해를 입은 경우, 甲의 행위가 직무에 관한 것이 아님을 乙이 알았다면, A는 불법행위책임을 부담하지 않는다.
ㄹ. 공동선조의 후손들은 A종중을 양분하는 것과 같은 종중분열을 할 수 없다.

① ㄱ ② ㄴ
③ ㄱ, ㄴ ④ ㄱ, ㄴ, ㄹ
⑤ ㄴ, ㄷ, ㄹ

06. 법인에 관한 설명 중 옳은 것은?
① 법인의 해산 및 청산은 주무관청이 검사, 감독한다.
② 법인이 파산하는 경우에는 이사가 청산인이 된다.
③ 사단법인의 경우 정관의 변경과 임의해산의 결의에는 총사원 4분의 3 이상의 동의가 필요하다.
④ 이사의 대표권에 대한 제한이 정관에 기재되어 있으나 등기하지 아니하면 효력이 없다.
⑤ 이사는 법인의 사무를 집행하며, 이사가 수인인 경우에는 정관에 다른 규정이 없으면 법인의 사무집행은 이사의 과반수로써 결정한다.

07. 주물과 종물에 설명으로 옳지 않은 것은? (다툼이 있는 경우 판례에 따름)
① 주택에 부속하여 지어진 연탄창고는 주택의 종물이다.
② 주물과 종물의 관계에 관한 법리는 권리 상호간의 관계에도 적용된다.
③ 주물을 처분할 때에 특약으로 종물을 제외할 수 있고, 종물만을 별도로 처분할 수도 있다.
④ 호텔의 각 방실에 시설된 텔레비전, 전화기 등의 집기는 호텔 건물의 종물이다.
⑤ 저당권의 효력은 특별한 사정이 없는 한 당해 저당부동산의 종물에도 미친다.

08. 甲이 자신의 부동산을 乙에게 매도하였는데, 그 사실을 잘 아는 丙이 甲의 배임행위에 적극가담하여 그 부동산을 매수하여 소유권이전등기를 받은 경우에 관한 설명으로 옳지 않은 것은? (다툼이 있는 경우 판례에 따름)
① 甲·丙 사이의 매매계약은 무효이다.
② 乙은 丙에게 소유권이전등기를 청구할 수 없다.
③ 乙은 甲을 대위하여 丙에게 소유권이전등기의 말소를 청구할 수 있다.
④ 丙으로부터 그 부동산을 전득한 丁이 선의이면 소유권을 취득한다.

⑤ 乙은 甲·丙 사이의 매매계약에 대하여 채권자취소권을 행사할 수 없다.

09. 법률행위와 의사표시에 관한 설명 중 옳지 않은 것은? (다툼이 있는 경우 판례에 따름)

① 어떠한 법률행위가 불공정한 법률행위에 해당하는지는 법률행위 시를 기준으로 판단하여야 한다.
② 법령 중의 선량한 풍속 기타 사회질서에 관계없는 규정과 다른 관습이 있는 경우에 당사자의 의사가 명확하지 아니한 때에는 그 관습에 의한다.
③ 소취하합의의 의사표시는 민법 제109조에 따라 법률행위의 내용의 중요 부분에 착오가 있는 때에도 취소할 수 없다.
④ 법률행위는 당사자의 내심적 의사 여하에 관계없이 당사자가 그 표시행위에 부여한 객관적 의미를 합리적으로 해석하여야 한다.
⑤ 부동산의 양도가 있은 경우에 그에 대하여 부과될 양도소득세 등의 세액에 관한 착오가 미필적인 장래의 불확실한 사실에 관한 것이라도 착오에서 제외되는 것은 아니다.

10. 통정허위표시의 무효는 선의의 '제3자'에게 대항하지 못한다는 규정의 '제3자'에 해당하는 자를 모두 고른 것은? (다툼이 있는 경우 판례에 따름)

ㄱ. 통정허위표시에 의한 채권을 가압류한 자
ㄴ. 통정허위표시에 의해 설정된 전세권에 대해 저당권을 설정 받은 자
ㄷ. 대리인의 통정허위표시에서 본인
ㄹ. 통정허위표시에 의해 체결된 제3자를 위한 계약에서 제3자

① ㄱ, ㄴ   ② ㄱ, ㄷ
③ ㄴ, ㄷ   ④ ㄴ, ㄹ
⑤ ㄷ, ㄹ

11. 사기에 의한 의사표시에 관한 설명으로 옳지 않은 것은? (다툼이 있는 경우 판례에 따름)

① 아파트분양자가 아파트단지 인근에 공동묘지가 조성되어 있다는 사실을 분양계약자에게 고지하지 않은 경우에는 기망행위에 해당한다.
② 아파트분양자에게 기망행위가 인정된다면, 분양계약자는 기망을 이유로 분양계약을 취소하거나 취소를 원하지 않을 경우 손해배상만을 청구할 수도 있다.
③ 분양회사가 상가를 분양하면서 그 곳에 첨단 오락타운을 조성하여 수익을 보장한다는 다소 과장된 선전광고를 하는 것은 항상 기망행위에 해당한다.
④ 제3자의 사기에 의해 의사표시를 한 표의자는 상대방이 그 사실을 알았거나 알 수 있었을 경우에 그 의사표시를 취소할 수 있다.
⑤ 대리인의 기망행위에 의해 계약이 체결된 경우, 계약의 상대방은 본인이 선의이더라도 계약을 취소할 수 있다.

12. 의사표시의 효력발생에 관한 설명 중 옳은 것을 모두 고른 것은? (다툼이 있는 경우 판례에 따름)

ㄱ. 표의자가 매매의 청약을 발송한 후 사망하여도 그 청약의 효력에 영향을 미치지 아니한다.
ㄴ. 상대방이 정당한 사유 없이 통지의 수령을 거절한 경우에도 그가 통지의 내용을 알아야 의사표시의 효력이 생긴다.
ㄷ. 의사표시가 기재된 내용증명우편이 발송되고 달리 반송되지 않았다면 특별한 사정이 없는 한 그 의사표시는 도달된 것으로 본다.
ㄹ. 표의자가 그 통지를 발송한 후 제한능력자가 된 경우, 그 법정대리인이 통지 사실을 알기 전에는 의사표시의 효력이 없다.

① ㄱ, ㄴ
② ㄱ, ㄷ
③ ㄴ, ㄷ
④ ㄱ, ㄹ
⑤ ㄷ, ㄹ

13. 행위능력자 乙은 대리권 없이 甲을 대리하여 甲이 보유하고 부동산을 丙에게 매매하는 계약을 체결하였고, 이에 丙은 乙에게 계약금을 지급하였다. 이에 관한 설명으로 옳지 않은 것은? (단, 표현대리는 성립하지 않으며, 다툼이 있는 경우 판례에 따름)

① 계약 체결 당시 乙의 무권대리를 알지 못한 丙은 甲의 추인이 있을 때까지 계약을 철회할 수 있다.
② 丙이 계약을 유효하게 철회하면, 무권대리행위는 확정적으로 무효가 된다.
③ 丙이 계약을 유효하게 철회하면, 丙은 乙을 상대로 무권대리인의 책임을 추궁할 수 있다.
④ 丙이 계약을 철회한 경우, 甲이 그 철회의 유효를 다투기 위해서는 乙에게 대리권이 없음을 丙이 알았다는 것에 대해 증명해야 한다.
⑤ 丙의 계약 철회 전 甲이 사망하고 乙이 단독상속인이 된 경우, 乙이 丙에게 추인을 거절하는 것은 신의칙에 반한다.

14. 甲은 乙에게 자신의 X토지에 대한 담보권설정의 대리권만을 수여하였으나, 乙은 X토지를 丙에게 매도하는 계약을 체결하였다. 다음 설명 중 옳은 것은? (다툼이 있는 경우 판례에 따름)

① 乙은 표현대리의 성립을 주장할 수 있다.
② 표현대리가 성립한 경우, 丙에게 과실이 있으면 과실상계하여 甲의 책임을 경감할 수 있다.
③ 丙은 계약체결 당시 乙에게 그 계약을 체결할 대리권이 없음을 알았다면 甲을 상대로 상당한 기간 지정하여 추인여부의 확답을 촉구할 수 없다.
④ X토지가 토지거래허가구역 내에 있는 경우, 토지거래허가를 받지 못해 계약이 확정적 무효가 되더라도 표현대리가 성립할 수 있다.
⑤ 乙이 X토지에 대한 매매계약을 甲명의가 아니라 자신의 명의로 丙과 체결한 경우, 丙이 선의·무과실이더라도 표현대리가 성립하지 않는다.

15. 甲은 토지거래허가구역 내 자신의 토지를 乙에게 매도하였고 곧 토지거래허가를 받기로 하였다. 다음 설명 중 옳은 것을 모두 고른 것은? (다툼이 있는 경우 판례에 따름)

ㄱ. 甲과 乙은 토지거래허가신청절차에 협력할 의무가 있다.
ㄴ. 甲은 계약상 채무불이행을 이유로 계약을 해제할 수 있다.
ㄷ. 계약이 현재 유동적 무효 상태라는 이유로

乙은 이미 지급한 계약금 등을 부당이득으로 반환청구할 수 있다.
ㄹ. 乙은 토지거래허가가 있을 것을 조건으로 하여 甲을 상대로 소유권이전등기절차의 이행을 청구할 수 없다.

① ㄷ, ㄹ ② ㄱ, ㄷ
③ ㄱ, ㄹ ④ ㄴ, ㄷ
⑤ ㄴ, ㄹ

16. 甲(1998년 3월 14일 17시 출생)은 자기 소유의 부동산을 법정대리인인 부모의 동의 없이 2016년 2월 19일 오전 10시경 乙에게 매도하였다. 甲이 직접 계약을 취소하려는 경우, 그 취소권은 언제까지 행사할 수 있는가? (기간 말일의 공휴일 등 기타 사유는 고려하지 않음)

① 2020년 3월 13일 24시
② 2020년 3월 14일 24시
③ 2021년 3월 13일 24시
④ 2021년 3월 14일 24시
⑤ 2026년 2월 19일 24시

17. 법률행위의 조건과 기한에 관한 설명으로 옳지 않은 것은?

① 법정조건은 법률행위의 부관으로서의 조건이 아니다.
② 조건이 선량한 풍속 기타 사회질서에 위반한 것이면 그 법률행위는 무효이다.
③ 조건부 법률행위는 조건이 성취되었을 때에 비로소 그 법률행위가 성립한다.
④ 조건부 법률행위에서 불능조건이 정지조건이면 그 법률행위는 무효이다.
⑤ 과거의 사실은 법률행위의 부관으로서의 조건으로 되지 못한다.

18. 소멸시효에 관한 설명 중 옳지 않은 것은? (다툼이 있는 경우 판례에 따름)

① 주택임대차보호법에 따른 임대차에서 그 기간이 끝난 후 임차인이 보증금을 반환받기 위해 목적물을 점유하고 있는 경우 보증금반환채권에 대한 소멸시효는 진행하지 않는다.
② 어떤 권리의 소멸시효기간이 얼마나 되는지에 관한 주장은 단순한 법률상의 주장에 불과하므로 변론주의의 적용대상이 되지 않고 법원이 직권으로 판단할 수 있다 할 것이다.
③ 저당권설정청구권은 공사대금채권을 담보하기 위하여 저당권설정등기절차의 이행을 구하는 채권적 청구권으로서 그 소멸시효기간 역시 3년이라고 보아야 한다.
④ 채무불이행으로 인한 손해배상채권은 본래의 채권이 시효로 소멸하더라도 함께 소멸하지 않는다.
⑤ 채권자와 주채무자 사이의 확정판결에 의하여 주채무가 확정되어 그 소멸시효기간이 10년으로 연장되었다 할지라도 보증채무의 소멸시효기간은 여전히 종전의 소멸시효기간에 따른다.

19. 소멸시효의 중단과 포기에 관한 설명 중 옳지 않은 것은?

① 파산절차참가는 채권자가 이를 취소하거나 그 청구가 각하된 때에는 시효중단의 효력이 없다.
② 지급명령은 채권자가 법정기간 내에 가집행신청을 하지 아니함으로 인하여 그 효력을 잃은 때에는 시효중단의 효력이 없다.
③ 화해를 위한 소환은 상대방이 출석하지 아니하거나 화해가 성립되지 아니한 때에는 1월 내에 소를 제기하지 아니하면 시효중단의 효력이 없다.
④ 압류, 가압류 및 가처분은 시효의 이익을 받은 자에 대하여 하지 아니한 때에는 이를 그에게 통지하지 않더라도 시효중단의 효력이 있다.
⑤ 소멸시효의 이익은 미리 포기하지 못한다.

20. 금전채권 및 이에 대한 지체책임에 관한 설명 중 옳은 것은? (다툼이 있는 경우 판례에 의함)

① 금전소비대차의 채권자가 고의 또는 과실로 「이자제한법」상의 최고이자율을 초과하는 이자를 받은 경우, 그 초과 부분이 원본에 충당됨으로써 원본이 전부 소멸하고도 남는 금액이 있으면, 특별한 사정이 없는 한 그 부분에 대해서는 채권자에게 불법행위책임이 발생한다.
② 금전채권의 일부에 대한 전부명령이 확정되면, 압류채무자에 대하여 그 채권에 대한 반대채권을 가진 제3채무자의 상계는 채권 총액에 대한 전부된 부분의 채권액과 전부되지 않은 부분의 채권액의 각 비율에 따라 행사되어야 한다.
③ 보증채무의 연체이율에 관하여 별도의 약정이 없는 한 보증채무에는 주채무에 대하여 약정된 연체이율이 적용된다.
④ 이행기가 불확정기한으로 되어 있는 경우에 기한이 도래한 때부터 채무자는 이행지체의 책임을 지게 된다.
⑤ 피보증인의 불법행위로 인하여 손해가 발생하게 되면, 신원보증인은 피보증인의 불법행위 시부터 신원보증채무에 대한 지체책임을 진다.

21. 甲은 乙의 농장에서 키우는 유일한 진돗개 A를 매수하면서, 1주일 후 잔금지급과 동시에 A를 인도받기로 하였다. 이에 대한 설명으로 옳지 않은 것은? (다툼이 있는 경우 판례에 따름)

① 乙은 다른 약정이 없는 한 A를 자신의 농장에서 甲에게 인도하면 된다.
② 乙이 선관주의의무를 다하여 A를 관리하였으나 丙이 A를 훔쳐간 경우, 乙은 甲에게 손해를 배상할 책임이 없다.
③ 乙이 선관주의의무를 다하여 A를 관리하였는지 여부에 대한 증명책임은 甲에게 있다.
④ 乙이 선관주의의무를 다하여 A를 관리할 의무는 A에 대한 매매계약이 성립한 시점부터 발생한다.
⑤ 乙이 선관주의 의무를 다하여 A를 관리하였으나 A가 질병에 걸린 경우, 乙은 A를 현상 그대로 인도하면 된다.

22. 甲과 乙은 甲 소유의 X 토지에 관한 매매계약을 체결하면서 계약금 3,000만 원은 당일 지급하였다. 그 후 X 토지가 수용되어 甲이 보상금으로 4억 원을 받았다. 다음 설명 중 옳은 것을 모두 고른 것은? (다툼이 있는 경우 판례에 따름)

> ㄱ. 乙은 甲에 대하여 대상청구권을 행사하면서 보상금의 지급을 구하지 않고, 계약금 3,000만 원에 대한 부당이득반환청구권을 행사할 수 있다.

ㄴ. X 토지의 수용은 甲의 귀책사유에 의한 것이 아니므로 위험부담의 법리에 따라 乙의 반대급부의무 역시 소멸한다.

ㄷ. 甲이 지급받은 보상금의 반환을 청구할 수 있는 乙의 권리는 특별한 사정이 없는 한 X 토지가 수용된 시점부터 소멸시효가 진행한다.

ㄹ. 乙이 보상금 4억 원에 대한 대상청구권이 성립하기 위해서는 급부가 후발적으로 불능이 되어야 하며 그 후발적 불능이 甲의 귀책사유로 인한 것이어야 한다.

① ㄱ, ㄷ ② ㄴ, ㄷ
③ ㄱ, ㄹ ④ ㄱ, ㄴ, ㄷ
⑤ ㄴ, ㄷ, ㄹ

23. 과실상계에 관한 설명 중 옳지 않은 것을 모두 고른 것은? (다툼이 있는 경우 판례에 따름)

ㄱ. 피해자의 손해가 100만 원, 손해야기행위로 인한 이익이 30만 원, 피해자 과실이 30%인 경우, 피해자가 배상받을 수 있는 손해액은 49만 원이다.

ㄴ. 계약 해제에 따른 원상회복의무의 이행으로서 매매대금 기타 급부의 반환을 구하는 경우 과실상계가 적용되지 않는다.

ㄷ. 원이 어느 정도로 채권자의 과실을 참작하느냐는 법원의 재량사항이므로 채권자의 과실을 인정하더라도 이를 참작하지 않을 수 있다.

ㄹ. 당사자 사이의 계약에서 채무자의 채무불이행으로 인한 손해배상액이 예정되어 있는 경우, 과실상계를 할 수는 없다.

① ㄱ, ㄴ ② ㄱ, ㄷ
③ ㄴ, ㄷ ④ ㄴ, ㄹ
⑤ ㄷ, ㄹ

24. 채권자대위권에 관한 설명 중 옳은 것은? (다툼이 있는 경우 판례에 따름)

① 임대차보증금반환채권을 양수한 채권자가 임대인의 임차인에 대한 임차가옥 인도청구권을 대위행사하는 경우에도 임대인의 무자력을 요건으로 한다.

② 채권자는 채무자가 주장할 수 있는 사유의 범위 내에서 주장할 수 있을 뿐만 아니라 자기와 제3채무자 사이의 독자적인 사정에 기한 사유를 주장할 수도 있다.

③ 유류분반환청구권은 유류분권리자에게 그 권리행사의 확정적 의사가 있다고 인정되는 경우가 아니라면 채권자대위권의 목적이 될 수 없다.

④ 재심대상판결에 대하여 불복하여 종전 소송절차의 재개, 속행 및 재심판을 구하는 재심의 소 제기는 채권자대위권의 목적이 될 수 있다.

⑤ 협의 또는 심판에 의하여 이혼으로 인한 재산분할청구권의 구체적 내용이 형성되기 전이라 할지라도 피보전채권으로 하여 채권자대위권을 행사할 수 있다.

25. 甲에 대하여 금전채무를 부담하고 있는 乙이 자기 소유의 유일한 재산인 부동산을 丙에게 증여하고 소유권이전등기를 경료해 주었다. 甲이 채권자취소권을 행사하는 경우에 관한 설명 중 옳은 것을 모두 고른 것은? (다툼이 있는 경우 판례에 따름)

> ㄱ. 甲은 丙을 상대로 乙, 丙 사이의 증여계약을 취소하고, 부동산소유권이전에 갈음하는 가액의 반환을 청구할 수 있으며, 이 경우 취소판결의 효력은 乙에게는 미치지 않는다.
>
> ㄴ. 원칙적으로 甲은 乙에게 원상회복된 책임재산에 대한 강제집행절차를 통해서 채권의 만족을 받아야 하며, 이 경우 甲에게 우선변제권이 인정되는 것은 아니다.
>
> ㄷ. 만약 乙의 유일한 재산인 부동산의 증여행위가 정지조건부 법률행위에 해당한다면, 사해행위가 되는지는 처분행위 당시가 아닌 조건성취시를 기준으로 판단하여야 한다.

① ㄱ　　② ㄴ
③ ㄷ　　④ ㄱ, ㄴ
⑤ ㄱ, ㄷ

26. 甲, 乙, 丙은 **연대하여** 丁**으로부터 1,500만 원을 빌린 후, 이를 각각 500만원씩 나누어 사용하였다.** 이에 관한 설명 중 옳지 않은 것은?

① 甲이 착오를 이유로 그 소비대차계약을 취소하더라도 다른 특별한 사정이 없는 한 乙, 丙과 丁 간의 소비대차계약(1,500만 원의 대차)에는 영향이 없다.

② 甲이 丁에게 500만 원의 반대채권을 가지고 있는데 아직 상계하지 않았다면, 乙 또는 丙은 甲의 丁에 대한 채권액을 한도로 1,500만 원의 채무와 상계할 수 있다.

③ 丁이 甲에 대해서는 연대면제를 해 주었다면, 甲은 500만 원의 채무를 부담하고, 乙, 丙은 각각 1,000만 원의 채무를 丁에게 부담하게 된다.

④ 丙이 丁에게 1,500만 원의 채무를 변제한 후 甲이 무자력이 되었다면, 甲의 내부적 부담부분은 乙, 丙이 각각 반분한다.

⑤ 乙의 채무는 시효가 완성되어 소멸되었다면, 甲, 丙은 丁에게 각각 1,000만 원씩의 채무를 부담하게 된다.

27. 보증계약에 관한 설명 중 옳은 것은?

① 보증은 그 의사가 보증인의 기명날인 또는 서명이 있는 서면 또는 전자적 형태로 표시되어야 효력이 발생한다.

② 위 ①항의 경우 보증인이 보증채무를 이행하였다 하더라도, 보증의 무효를 주장할 수 있다.

③ 장래에 발생할 불특정채무를 보증하는 경우에 보증최고액을 서면으로 특정하지 않으면 그와 같은 보증계약은 효력이 없다.

④ 채권자가 주채무자의 재산에 대해 압류나 가압류를 하였더라도 보증인에게 이러한 사정을 통지하지 않았다면 보증인에 대해서는 시효중단의 효력이 발생하지 않는다.

⑤ 채권자가 보증계약을 체결할 때에 보증계약의 체결여부 또는 그 내용에 영향을 미칠 수 있는 주채무자의 채무 관련 신용정보를 보유하더라도 보증인에게 그 정보를 알려야 할 의무를 부담하지 않는다.

28. 채권양도와 채무인수에 관한 설명 중 옳지 않은 것을 모두 고른 것은? (다툼이 있는 경우에는 판례에 따름)

> ㄱ. 주채무자에 대하여 채권양도통지 등 대항요건을 갖추었다 하더라도 보증인에 대하여 별도의 대항요건을 갖추지 않았다면 양수인은 보증인에게 대항할 수 없다.
> ㄴ. 면책적 채무인수가 있는 경우, 인수채무의 소멸시효기간은 채무인수와 동시에 이루어진 채무승인에 따라 채무인수일로부터 새로이 진행한다.
> ㄷ. 이행인수에서 채무자의 인수인에 대한 청구권을 채무자의 채권자는 대위하여 행사 할 수 없다.

① ㄱ
② ㄴ
③ ㄱ, ㄷ
④ ㄴ, ㄷ
⑤ ㄱ, ㄴ, ㄷ

29. 1억 원의 채무를 부담하고 있는 甲을 위하여 乙과 丙은 보증인이 되었고, 丁은 자기 소유의 시가 6,000만 원의 부동산에 저당권을 설정하여 물상보증인이 되었으며, 戊도 자기 소유의 시가 4,000만 원의 부동산에 저당권을 설정하여 물상보증인이 되었다. 당사자 사이의 특약 등 다른 특별한 사정이 없다면 乙이 甲의 채무 전액을 변제한 경우, 乙이 丙, 丁, 戊에 대하여 채권자를 대위할 수 있는 범위로 옳은 것은? (다툼이 있는 경우 판례에 의함)

	丙	丁	戊
①	2,500만 원	2,500만 원	2,500만 원
②	2,500만 원	2,000만 원	3,000만 원
③	2,500만 원	3,000만 원	2,000만 원
④	5,000만 원	1,500만 원	1,000만 원
⑤	7,500만 원	0원	0원

30. 상계에 관한 설명 중 옳은 것은? (다툼이 있는 경우 판례에 따름)

① 벌금형이 확정된 벌금채권은 상계의 자동채권이 되지 못한다.
② 채권양수인이 양수채권을 자동채권으로 하여 그 채무자가 채권양수인에 대해 가지고 있던 기존 채권과 상계한 경우, 상계의 효력은 변제기로 소급한다.
③ 법률의 규정 등 특별한 사정이 없는 한 자동채권으로 될 수 있는 채권은 상계자가 상대방에 대하여 가지는 채권이어야 하고 제3자가 상대방에 대하여 가지는 채권으로는 상계할 수 없다.
④ 소멸시효가 완성된 채권이 그 완성 전에 상계할 수 있었던 것이라도 그 채권자는 상계할 수 없다.
⑤ 상계의 경우에는 변제충당의 법리가 적용되지 않는다.

31. 동시이행항변권에 관한 설명으로 옳지 않은 것은? (다툼이 있는 경우 판례에 따름)

① 계약해제로 인한 당사자 상호간의 원상회복의무는 동시이행관계에 있다.
② 금전채권에 대한 압류 및 추심명령이 있는 경우, 추심채무자로서는 제3채무자에 대하여 피압류채권에 기하여 그 동시이행을 구하는 항변권을 상실하지 않는다.
③ 부동산 매매계약에 있어 매수인이 부가가치세를 부담하기로 약정한 경우, 특별한 사정이 없는 한 부가가치세를 제외한 매매대금과 소유권이전등기의무가 동시이행의 관계에 있다

④ 동시이행관계에 있는 어느 일방의 채권이 양도되더라도 그 동일성이 인정되는 한 동시이행관계는 존속한다.
⑤ 동시이행의 항변권의 행사가 주로 자기 채무의 이행만을 회피하기 위한 수단이라고 보여지는 경우에는 그 항변권의 행사는 권리남용으로서 배척되어야 할 것이다.

32. 甲(요약자)과 乙(낙약자)은 丙을 수익자로 하는 제3자를 위한 계약을 체결하였다. 다음 설명 중 옳지 않은 것은? (다툼이 있는 경우 판례에 따름)

① 甲은 대가관계의 부존재를 이유로 자신이 기본관계에 기하여 乙에게 부담하는 채무의 이행을 거부할 수 없다.
② 甲과 乙 간의 계약이 해제된 경우, 乙은 丙에게 급부한 것이 있더라도 丙을 상대로 부당이득반환을 청구할 수 없다.
③ 丙이 수익의 의사표시를 한 후 甲이 乙의 채무불이행을 이유로 계약을 해제하면, 丙은 乙에게 그 채무불이행으로 자기가 입은 손해의 배상을 청구할 수 있다.
④ 甲과 乙 간의 계약이 甲의 착오로 취소된 경우, 丙은 착오취소로써 대항할 수 없는 제3자의 범위에 속한다.
⑤ 수익의 의사표시를 한 丙은 乙에게 직접 그 이행을 청구할 수 있다.

33. 계약해제에 관한 설명으로 옳지 않은 것은? (다툼이 있는 경우 판례에 따름)

① 계약이 적법하게 해제된 후에도 착오를 원인으로 그 계약을 취소할 수 있다.
② 소 제기로 해제권을 행사한 경우에 그 후 소를 취하하더라도 해제권의 행사에는 영향이 없다.
③ 매도인의 이행불능을 이유로 매수인이 계약을 해제하려면 매매대금의 변제제공을 하여야 한다.
④ 채권자지체가 성립하는 경우 원칙적으로 일반적인 채무불이행책임과 마찬가지로 손해배상이나 계약 해제를 주장할 수는 없다.
⑤ 매매계약의 일방 당사자가 사망하였고 그에게 여러 명의 상속인이 있는 경우에 그 상속인들이 위 계약을 해제하려면, 상속인들 전원이 해제의 의사표시를 하여야 한다.

34. 계약금에 관한 설명으로 옳지 않은 것은? (다툼이 있는 경우 판례에 따름)

① 매도인이 계약금의 배액을 상환하여 계약을 해제하는 경우, 그 이행의 제공을 하면 족하고 매수인이 이를 수령하지 않더라도 공탁까지 할 필요는 없다.
② 가계약금에 관하여 해약금 약정이 인정되려면 교부자는 이를 포기하고, 수령자는 그 배액을 상환하여 계약을 체결하지 않기로 약정하였음이 명백하게 인정되어야 한다.
③ 해약금에 기해 계약을 해제하는 경우에는 원상회복의 문제가 생기지 않는다.
④ 토지거래허가구역 내 토지에 관한 매매계약을 체결하고 계약금만 지급한 상태에서 거래허가를 받은 경우, 매도인은 계약금의 배액을 상환하고 계약을 해제할 수 없다.
⑤ 계약금 포기에 의한 계약해제의 경우, 상대방은 채무불이행을 이유로 손해배상을 청구할 수 없다.

35. 하자담보책임에 관한 설명으로 옳지 않은 것은? (다툼이 있는 경우 판례에 따름)

① 건축의 목적으로 매수한 토지에 대해 법적 제한

으로 건축허가를 받을 수 없어 건축이 불가능한 경우, 이는 매매목적물의 하자에 해당한다.
② 하자담보책임으로 발생하는 매수인의 계약해제권 행사기간은 제척기간이다.
③ 하자담보책임에 기한 매수인의 손해배상청구권도 소멸시효의 대상이 될 수 있다.
④ 매도인이 매매목적물에 하자가 있다는 사실을 알면서 이를 매수인에게 고지하지 않고 담보책임 면제의 특약을 맺은 경우 그 책임을 면할 수 없다.
⑤ 매도인의 담보책임은 무과실책임이므로 하자의 발생 및 그 확장에 가공한 매수인의 잘못을 참작하여 손해배상범위를 정할 수 없다.

36. 甲은 건물 소유의 목적으로 乙의 X토지를 임차하여 그 위에 Y건물을 신축한 후 사용하고 있다. 다음 설명 중 옳지 않은 것은? (다툼이 있는 경우 판례에 따름)

① Y건물이 무허가건물이더라도 특별한 사정이 없는 한 甲의 지상물매수청구권의 대상이 될 수 있다.
② 甲의 차임연체를 이유로 乙이 임대차계약을 해지한 경우, 甲은 지상물매수청구권을 행사할 수 없다.
③ 임대차 기간의 정함이 없는 경우, 乙이 해지통고를 하면 甲은 지상물매수청구권을 행사할 수 있다.
④ 대항력을 갖춘 甲의 임차권이 기간만료로 소멸한 후 乙이 X토지를 丙에게 양도한 경우, 甲은 丙을 상대로 지상물매수청구권을 행사할 수 있다.
⑤ 甲이 Y건물에 근저당권을 설정한 경우, 임대차기간이 만료하면 甲은 乙을 상대로 지상물매수청구권을 행사할 수 없다.

37. 여행계약에 관한 다음 설명 중 옳지 않은 것은?

① 여행에 하자가 있는 경우에는 여행자는 원칙적으로 여행용역을 제공하는 여행주최자에게 하자의 시정 또는 대금의 감액을 청구할 수 있다.
② 여행자는 여행을 시작하기 전에는 언제든지 계약을 해제할 수 있다. 다만 여행자는 상대방에게 발생한 손해를 배상하여야 한다.
③ 부득이한 사유가 있는 경우에는 각 당사자는 계약을 해지할 수 있는데, 그 해지 사유가 누구의 사정에도 속하지 아니하는 경우 위 해지로 인하여 발생하는 추가비용은 각 당사자가 절반씩 부담한다.
④ 여행자는 약정한 시기에 대금을 지급하여야 하며, 그 시기의 약정이 없으면 관습에 따르고, 관습이 없으면 여행계약의 체결과 동시에 지급하여야 한다.
⑤ 여행자는 여행에 중대한 하자가 있는 경우에 그 시정이 이루어지지 아니하거나 계약의 내용에 따른 이행을 기대할 수 없는 경우에는 계약을 해지할 수 있다.

38. 사무관리에 관한 다음 설명 중 옳지 않은 것은? (다툼이 있는 경우 판례에 따름)

① 관리자가 사무관리를 함에 있어서 손해를 입었다 하더라도 그에게 과실이 없는 경우에 한하여 본인의 현존이익의 한도에서 그 손해의 보상을 청구할 수 있다.
② 민법상 사무관리에는 보수청구권이나 비용선급청구권이 인정되지 아니한다.
③ 국가의 사무가 사인이 국가를 대신하여 처리할 수 있는 성질의 것이고 사무 처리의 긴급성 등 국가의 사무에 대한 사인의 개입이 정당화되는 경우라면 사무관리가 성립할 수 있다.

④ 관리자가 본인의 의사에 반하여 관리한 때에는 유익비는 물론이고 필요비 역시 현존이익의 한도에서 상환을 청구할 수 있을 뿐이다.
⑤ 관리자가 본인의 의사에 반하여 관리한 경우라 하더라도 과실이 없는 이상 그로 인한 손해를 배상할 책임이 없음이 원칙이다.

39. 부당이득에 관한 다음 설명 중 옳지 않은 것은?

① 채무 없는 자가 착오로 인하여 변제한 경우에 그 변제가 도의관념에 적합한 때에는 그 반환을 청구하지 못한다.
② 채무자 아닌 자가 착오로 인하여 타인의 채무를 변제한 경우에 채권자가 선의로 증서를 훼멸하거나 담보를 포기하거나 시효로 인하여 그 채권을 잃은 때에는 변제자는 그 반환을 청구하지 못한다.
③ 수익자가 그 받은 목적물을 반환할 수 없는 때에는 그 가액을 반환해야 한다.
④ 선의의 수익자는 그 받은 이익에 이자를 붙여 반환하여야 하지만 손해가 있더라도 이를 배상할 필요가 없는 반면, 악의의 수익자는 손해가 있으면 이를 배상해야 한다.
⑤ 선의의 수익자가 패소한 때에는 그 소를 제기한 때부터 악의의 수익자로 본다.

40. 甲과 乙의 과실로 丙에게 손해를 입힌 공동불법행위에 관한 설명 중 옳은 것을 모두 고른 것은? (甲과 乙의 과실비율은 동일하며, 다툼이 있는 경우 판례에 따름)

> ㄱ. 甲이 丙에게 손해 전부에 대하여 배상할 때에 이미 乙의 손해배상채무가 시효로 소멸하였다면, 공동면책 될 채무가 존재하지 아니하므로, 甲의 乙에 대한 구상권은 인정되지 아니한다.
> ㄴ. 甲이 丙에게 전액배상을 한 후에 다시 乙이 丙에게 전액배상을 한 경우, 甲이 乙에게 전액배상의 사실을 통지하지 아니한 경우에는 甲의 乙에 대한 구상권은 인정되지 아니한다.
> ㄷ. 甲이 丙에게 자기의 과실비율에 따른 부담부분인 손해의1/2만을 배상한 경우, 甲은 乙에 대하여 구상권을 행사할 수 없다.

① ㄱ
② ㄴ
③ ㄷ
④ ㄱ, ㄴ
⑤ ㄱ, ㄷ

정답·해설 실전모의고사

제1회

01 정답 ④

ㄱ [옳음] 대판 1983.6.13. 80다3231

ㄴ [틀림] [대판 2007.9.6. 2007다34982] 공동선조와 성과 본을 같이하는 후손은 성별의 구별 없이 성년이 되면 당연히 그 구성원이 된다고 보는 것이 조리에 합당하다.

ㄷ [옳음] [대판 2023.5.11. 2018다248626] 공동상속인들 사이에 협의가 이루어지지 않는 경우에는 제사주재자의 지위를 인정할 수 없는 특별한 사정이 있지 않는 한 피상속인의 직계비속 중 남녀, 적서를 불문하고 최근친의 연장자가 제사주재자로 우선한다고 보는 것이 가장 조리에 부합한다.

02 정답 ④

ㄱ [틀림] 신의칙은 다른 민법규정과 마찬가지로 법관을 구속하는 '재판규범'이면서 아울러 일반인에 대한 행위규범이기도 하다. 특히 신의성실의 원칙에 반하는 것 또는 권리남용은 '강행규정'에 위배되는 것이므로 당사자의 주장이 없더라도 '법원은 직권으로 판단'할 수 있다(대판 1995.12.22. 94다42129).

ㄴ [옳음] 무권대리인이 본인을 상속한 경우에 무권대리행위의 무효를 주장하여 등기말소 등을 구하는 것은 금반언의 원칙에 반한다(대판 1994.9.27. 94다20617).

ㄷ [옳음] 부동산거래에서 거래상대방이 일정한 사정에 관한 고지를 받았더라면 그 거래를 하지 않았을 것임이 경험칙상 명백한 경우에는 신의성실의 원칙상 사전에 상대방에게 그와 같은 사정을 고지할 의무가 있으며, 고지의무의 대상이 되는 것은 직접적인 법령뿐만 아니라 계약상, 관습상 또는 조리상의 일반원칙에 의하여도 인정될 수 있다(대판 2007.6.1. 2005다5812).

03 정답 ④

① [옳음] 민법 제12조 제1항

② [옳음] 민법 제12조 제2항

③ [옳음] 한정후견의 개시를 청구한 사건에서 의사의 감정 결과 등에 비추어 성년후견 개시의 요건을 충족하고 본인도 성년후견의 개시를 희망한다면 법원이 성년후견을 개시할 수 있고, 성년후견 개시를 청구하고 있더라도 필요하다면 한정후견을 개시할 수 있다고 보아야 한다(대결 2021.6.10. 2020스596).

④ [틀림] 제13조 제1항. 가정법원은 피한정후견인이 한정후견인의 동의를 받아야 하는 행위의 범위를 정할 수 있다.

⑤ [옳음] 민법 제14조

04 정답 ⑤

① [틀림] 법정추인은 취소원인이 종료한 후에 발생하여야 한다(제145조 본문). 따라서 여전히 甲이 미성년인 상태에서 매매대금의 지급을 청구하여 대금을 지급받았다 하더라도 법정추인이 되지 않으며, 법정대리인 乙은 여전히 甲의 매매계약을 취소할 수 있다.

② [틀림] 미성년자가 법정대리인으로부터 허락을 얻은 특정한 영업에 관하여는 성년자와 동일한 행위능력이 있다(제8조 제1항). '성년자와 동일한 행위능력이 있다'는 것은, 그 범위에서는 법정대리인의 동의를 필요로 하지 않을 뿐만 아니라 법정대리인의 대리권도 이 범위에서 소멸함을 의미한다.

③ [틀림] 제117조. 대리의 효과는 본인에게 귀속한다는 점에서 본인 또는 법정대리인은 제한능력을 이유로 대리행위를 취소할 수 없다.

④ [틀림] 미성년자의 법률행위에 법정대리인의 동의를 요하도록 하는 것은 강행규정인데, 법정대리인의 동의 없이 신용구매계약을 체결한 미성년자가 사후에 법정대리인의 동의 없

음을 사유로 들어 이를 취소하는 것이 신의칙에 위배된 것이라고 할 수 없다(대판 2007.11.16. 2005다71659).

⑤ [옳음] 제7조

05 정답 ②

ㄱ. [틀림] 잠수장비를 착용하고 바다에 입수하였다가 부상하지 않은 채 행방불명된 것은 "사망의 원인이 될 위난"이라고 할 수 없다(대판 2011.1.31. 2010스165). 따라서 사안에서는 특별실종으로서 1년이 아닌 보통실종으로서 5년이 적용되므로, 2005. 3. 14. 24:00에 사망한 것으로 간주된다(제28조).

ㄴ. [옳음] 제25조. 법원에 의하여 부재자재산관리인으로 선임된 자가 처분행위 등 관리행위 이상의 행위를 하는 경우에는 가정법원의 허가가 필요하고 허가 없는 처분행위는 무효이다. 매매는 대표적인 처분행위로서 부재자재산관리인이 甲의 부동산을 매도하려면 법원의 허가를 받아야 한다.

ㄷ. [틀림] 실종선고에 따라 사망한 것으로 간주되더라도 실종선고는 실종자의 주소를 중심으로 하는 사법상의 법률관계만을 종료시키는 것이며 권리능력을 박탈하는 제도가 아니다. 민법 제3조에서 「사람은 생존한 동안 권리와 의무의 주체가 된다」고 규정하고 있으므로, 권리능력은 오직 사망만으로 소멸한다.

06 정답 ②

① [옳음] 법인의 불법행위가 성립하는 경우라도 개인으로서의 대표기관의 책임은 면책되지 않으며, 법인과 경합하여 피해자에게 배상책임을 부담한다. 이 경우 그 책임의 성질은 부진정연대채무이다.

② [틀림] 제35조 제1항의 요건이 충족되면 법인은 피해자에게 그 손해를 배상하여야 한다. 이는 법인 자신의 책임으로서 선임·감독상의 과실이 없다 하더라도 면책되지 않는다. 다만, 상대방에게 과실이 있는 경우 과실상계의 법리가 적용되어 손해배상에 참작될 수 있다.

③ [옳음] 대표자의 행위가 직무에 관한 행위에 해당하지 아니함을 피해자 자신이 알았거나 또는 중대한 과실로 인하여 알지 못한 경우 손해배상책임을 물을 수 없다(대판 2008.1.18. 2005다34711).

④ [옳음] 대표자의 불법행위에 '사원'이 공동으로 불법행위를 저질렀거나 이에 가담하였다고 볼 만한 사정이 있으면 사원도 대표자와 연대하여 손해배상책임을 부담한다(대판 2009.1.30. 2006다37465).

⑤ [옳음] 대판 2003.7.25. 2002다27088

07 정답 ⑤

① [옳음] 제59조 제1항

② [옳음] 제58조

③ [옳음] 대표권을 제한하는 경우 정관에 기재하지 않으면 효력이 없으나(제41조), 정관에 기재하였다 하더라도 이를 등기하지 않으면 제3자에게 대항할 수 없다(제60조). 대표권 제한의 등기가 없는 경우, 선·악을 묻지 않고 제3자에 대하여 대항할 수 없다(대판 1992.2.14. 91다24564). 따라서 법인은 계약상의 책임을 상대방에게 부담하며, 등기된 사실에 대한 주장·증명책임은 대표권 제한을 주장하는 법인에 있다(대판 1992.2.14. 91다24564).

④ [옳음] 정관 또는 총회의 결의로 금지하지 아니한 사항에 한하여 타인으로 하여금 특정의 행위를 대리하게 할 수 있다(제62조). 즉 포괄적으로 위임할 수 없으며, 이를 위반한 행위의 효과는 법인에게 발생하지 않는다(대판 1996.9.6. 94다18522).

⑤ [틀림] 법인과 이사의 이익이 상반되는 사항에 대하여 이사는 대표권이 없으며, 이해관계인 또는 검사의 청구로 '법원이 특별대리인을 선임'하여야 한다(제64조). 이사가 없거나 결원이 있는 경우에 이로 인하여 손해가 생길 염려가 있는 때에는 이해관계인이나 검사의 청구에 의하여 '법원이 임시이사를 선임'하여야 한다(제63조).

08 정답 ②

① [옳음] 종물은 주물의 구성부분이 아닌 **독립한 물건**이어야 한다.
② [틀림] 토지의 분필절차는 1필지의 소유권을 취득하기 위해 필요한 절차이며, 용익물권의 설정과는 관련이 없다. 즉, **토지의 분필절차와 무관하게 토지 일부에 대한 용익물권의 설정은 가능**하다.
③ [옳음] 대판 2001.12.28. 2000다27749
④ [옳음] 대판 1997.10.10. 97다3750
⑤ [옳음] 대판 1978.12.26. 78다2028

09 정답 ③

당사자의 의사표시만으로 효력이 발생하는 경우	추인권, <u>취소권</u>, <u>해제·해지권</u>, 상계권, 선택권, 예약완결권 등
법원의 판결이 있어야 효력이 발생하는 경우	채권자취소권, 혼인취소, 재판상 이혼, 친생부인권 등
청구권으로 불리지만 실질은 형성권인 경우	지료증감청구권, 차임증감청구권, <u>지상물매수청구권</u>, 부속물매수청구권, 공유물분할청구권 등

10 정답 ①

① [유효] 대판 2018.5.17. 2016다35833 전원합의체
② [무효], ④ [무효] 도박대금채무약정이나 마약대금채무약정 및 이를 변제하기 위한 계약 역시 **모두 제103조에 해당하여 무효**이다.
[관련 판례] 도박채무를 변제하기 위하여 채무자로부터 부동산의 처분을 위임받은 채권자가 그 부동산을 제3자에게 매도한 경우, **도박채무의 부담행위 및 그 변제약정이 민법 제103조의 선량한 풍속 기타 사회질서에 위반되어 무효**라 하더라도, 부동산처분에 관한 대리권을 도박채권자에게 수여한 행위부분까지 무효라고 볼 수는 없으므로, '위와 같은 사정을 알지 못하는 거래상대방'이 도박채무자로부터 그 처분권한을 수여받은 대리인인 도박채권자를 통하여 위 부동산을 매수한 행위까지 무효가 된다고 할 수는 없다(대판 1995.7.14. 94다40147).
③ [무효] 이중매매가 공서양속에 반한다고 하려면, 다른 특별한 사정이 없는 한 상대방에게도 그러한 무효의 제재, 보다 실질적으로 말하면 그가 의도한 권리취득 자체의 좌절을 정당화할 만한 책임귀속사유가 있어야 한다(대판 2013.10.11. 2013다52622). 즉, **적극가담이 있어야 한다. 이러한 법리는 매매 아닌 증여의 경우에도 적용된다**(대판 1983.4.26. 83다카57).
⑤ [무효] 대판 2018.9.13. 2016다255125

11 정답 ②

ㄱ [옳음] 매도인의 하자담보책임 제도와 착오를 이유로 한 취소제도는 서로 목적과 취지가 다르다. 매도인의 하자담보책임이 성립하더라도 매수인이 중요부분에 착오가 있으면 착오를 이유로 취소할 수 있다.
ㄴ [틀림] 불법행위로 인한 손해배상책임은 고의 또는 과실로 인한 위법행위로 타인에게 손해를 가한 경우에 인정된다. 따라서 착오에 빠진 것은 위법한 것이 아니므로 경과실이 있는 표의자라 하더라도 손해배상책임은 지지 않는다.
ㄷ [옳음] 착오로 인한 의사표시는 취소할 수 있으나, 표의자에게 중대한 과실이 있으면 취소할 수 없다. 그러나 상대방이 표의자의 착오를 알고 이용한 경우에는 표의자에게 중대한 과실이 있더라도 의사표시를 취소할 수 있다.
ㄹ [틀림] 매수인의 채무불이행을 이유로 계약을 해제하게 되면 귀책사유가 있는 매수인은 손해배상책임을 질 수 있다. 이 경우 매수인이 착오를 이유로 취소하게 되면 손해배상책임을 면하거나 계약금을 돌려받을 수 있으므로

판례는 매도인의 해제 후라도 취소할 수 있다고 하였다.

12 정답 ②

① [옳음] 민법상 의사표시에 관한 규정은 소송행위에 대해서는 적용될 수 없으므로 사기나 강박을 이유로 취소할 수 없다.
② [틀림] 상대방 있는 의사표시에서 제3자가 사기나 강박을 한 경우, 상대방이 그 사실을 알았거나 알 수 있었을 때 한하여 취소할 수 있다. 그러나 대리인이 기망을 한 것은 제3자의 기망행위가 아니라 본인이 기망을 한 경우와 동일하게 볼 수 있으므로 본인이 선의라 하더라도 상대방은 계약을 취소할 수 있다.
③ [옳음] 강박으로 인한 의사표시는 취소할 수 있는 것이 원칙이나, 의사결정의 자유가 완전히 박탈된 경우에는 무효이다.
④ [옳음] 대판 2002.9.4. 2000다54
⑤ [옳음] 제3자의 기망행위가 불법행위를 구성하는 경우, 피해자는 사기에 의한 의사표시를 이유로 그 계약을 취소할 수도 있고, 그 제3자에게 불법행위책임을 물을 수도 있다.

13 정답 ③

① [옳음], ⑤ [옳음] 추인은 다른 의사표시가 없는 한, 계약시에 소급하여 그 효력이 생긴다(제133조 본문). 따라서 乙이 丙에게 매매계약을 추인한 때에는 매매계약은 소급하여 확정적으로 효력이 생기며, 더 이상 취소할 수 없다.
② [옳음] 무권대리인에 대하여 추인할 때에는 상대방이 추인의 사실을 알 때까지 상대방에 대하여 추인의 효력을 주장할 수 없다(제132조 단서). 그러므로 상대방은 그때까지 자신의 의사표시를 철회할 수 있다(제134조). 그러나 상대방은 무권대리인에 대한 본인의 추인이 있었음을 주장할 수 있다(대판 1981.4.14. 80다2314).
③ [틀림] 무권대리인이 그 대리권의 존재를 증명하지 못하고 또 본인의 추인을 얻지 못하면, 그 계약이 철회되지 않는 한 대리인은 상대방의 선택에 좇아 계약의 이행 또는 손해배상의 책임을 부담한다(제135조 제1항). 즉 丙이 선택권자이다.
④ [옳음] 무권대리행위의 상대방은 상당한 기간을 정하여 본인에게 그 추인 여부의 확답을 최고할 수 있다(제131조 전단). 본인이 그 기간 내에 확답(추인 또는 추인거절)을 발송하지 아니한 때에는 추인을 거절한 것으로 본다(제131조 후단). 특히 최고권은 무권대리행위임을 알고 있는 악의의 상대방도 할 수 있다.

14 정답 ④

ㄱ [틀림] 제129조의 표현대리는 법정대리에도 적용된다(대판 1975.1.28. 74다1199).
ㄴ [옳음] 대판 1984.7.24. 83다카1819
ㄷ [틀림] 표현대리가 성립하기 위해서는 대리행위자체는 존재하여야 하므로 강행규정을 위반한 행위에는 표현대리가 적용될 여지가 없다.
ㄹ [틀림] 표현대리의 요건이 충족되면 표현대리인이 한 법률행위의 효과는 본인에게 발생한다. 따라서 상대방에게 과실이 있다고 하더라도 과실상계의 법리를 유추적용하여 본인의 책임을 경감할 수 없다(대판 1996.7.12. 95다49554).

15 정답 ③

① [틀림] 제151조 제2항 및 제3항.
② [틀림] [대판 1998.12.22. 98다42356] 조건의 성취로 인하여 불이익을 받을 당사자가 신의성실에 반하여 조건의 성취를 방해한 경우, 조건이 성취된 것으로 의제되는 시점은 이러한 신의성실에 반하는 행위가 없었더라면 조건이 성취되었으리라고 추산되는 시점이다. '실제로 방해행위를 한 때'가 아님을 유의하여야 한다.
③ [옳음] 대판 1993.9.28. 93다20832

④ [틀림] [대판 2011.4.28. 2010다89036] 이미 부담하고 있는 채무에 관하여 발생이 불확실한 장래의 사실을 부관으로 붙인 경우에도 특별한 사정이 없는 한 기한을 정한 것으로 보아야 한다.
⑤ [틀림] [대판 2002.9.4. 2002다28340] 기한이익상실의 특약에는 일정한 사유가 발생하면 채권자가 별도의 청구를 하지 않더라도 당연히 기한의 이익이 상실되어 이행기가 도래하는 정지조건부 기한이익상실의 특약과, 일정한 사유가 발생하면 채권자의 통지나 청구 등 채권자의 의사행위를 기다려 비로소 이행기가 도래하는 형성권적 기한이익상실의 특약이 존재한다.

16 정답 ②
ㄱ [옳음] 대판 2009.4.23. 2008다62427
ㄴ [틀림] 토지거래가 계약 당사자의 표시와 불일치한 의사(비진의표시, 허위 표시 또는 착오) 또는 사기·강박이 있는 의사에 의하여 이루어진 경우에는 거래허가를 신청하기 전에 이러한 사유를 주장하여 거래허가신청협력에 대한 거절의사를 명백히 하여 그 계약을 확정적으로 무효화시키고 자신의 거래허가절차에 협력할 의무를 면할 수 있다(대판 1997.11.14. 97다36118).
ㄷ [옳음] 대판 1991.12.24. 90다12243 전원합의체

17 정답 ①
① [틀림] 제146조
② [옳음] 대판 2005.5.27. 2004다43824
③ [옳음] 계약 및 상대방 있는 단독행위의 상대방이 확정된 경우에는 그 취소는 그 상대방에 대한 의사표시로 하여야 한다(제142조). 따라서 상대방이 취소의 대상이 된 행위에 의하여 취득한 권리를 제3자에게 양도한 경우에도 원래의 상대방이 여전히 취소의 상대방이다.
④ [옳음] 대판 2017.12.22. 2013다25194
⑤ [옳음] 대판 1996.12.6. 95다24982

18 정답 ④
ㄱ [옳음] 제161조
ㄴ [틀림] 만 19세로 성년이 된다(제4조). 그런데 연령계산에는 출생일을 산입한다(제158조). 따라서 기산일은 1990년 8월 20일이고, 만료일은 2010년 8월 19일 24 : 00시, 즉 8월 20일 오전 0시부터 민법상 성년으로 된다.
ㄷ [옳음] 침몰한 선박 중에 있던 자의 생사가 선박의 침몰 후 1년간 분명하지 아니한 때에는 법원은 이해관계인이나 검사의 청구에 의하여 실종선고를 하여야 하고(제27조 제2항), 실종선고를 받은 자는 그 1년의 기간이 만료한 때에 사망한 것으로 본다(제28조). 그런데 기간을 일·주·월 또는 연으로 정한 때에는 원칙적으로 기간의 초일은 산입하지 아니한다(제157조 본문). 따라서 1년의 기산일은 2007년 8월 2일이고, 만료일은 2008년 8월 1일 24 : 00이다.
ㄹ [옳음] 대판 1982.2.23. 81누204

19 정답 ②
① [옳음] 대판 2011.10.13. 2011다10266
② [틀림] 이행기가 도래한 후 반대급부를 제공함과 동시에 자신의 채권을 행사할 수 있으므로 '이행기부터 소멸시효가 진행'한다. 즉 매도인은 매매대금의 지급기일 이후 언제라도 그 지급청구를 할 수 있으므로 그때부터 소멸시효가 진행된다(대판 1993.12.13. 93다27314).
③ [옳음] 대판 2005.11.10. 2005다41818
④ [옳음] 대판 2009.11.26. 2009다64383
⑤ [옳음] 대판 2015.6.11. 2015다200227

20 정답 ①
ㄱ [옳음] 대판 2007.11.29. 2007다54849
ㄴ [틀림] 채무자에 대한 일반채권자는 자기의 채권을 보전하기 위하여 필요한 한도 내에서 채무자를 대위하여 소멸시효주장을 할 수 있을

뿐 채권자의 지위에서 독자적으로 소멸시효의 주장을 할 수 없다(대판 2012.5.10. 2011다109500).

ㄷ [틀림] 후순위 담보권자는 선순위 담보권의 피담보채권이 소멸하면 담보권의 순위가 상승하고 이에 따라 피담보채권에 대한 배당액이 증가할 수 있지만, 이러한 배당액 증가에 대한 기대는 담보권의 순위 상승에 따른 반사적 이익에 지나지 않는다. 후순위 담보권자는 선순위 담보권의 피담보채권 소멸로 직접 이익을 받는 자에 해당하지 않아 선순위 담보권의 피담보채권에 관한 소멸시효가 완성되었다고 주장할 수 없다고 보아야 한다(대판 2021.2.25. 2016다232597).

21 정답 ⑤

① [옳음] 금전채무에는 종류채무와 같은 목적물의 특정이란 관념이 없으므로 완전히 이행을 완료할 때까지는 이행불능의 상태가 생길 여지가 없다. 다만 이행지체의 책임만 생길 따름이다.
② [옳음] 제397조 제1항
③ [옳음] 제379조, 상법 제54조
④ [옳음], ⑤ [틀림] 금전채무불이행의 손해배상에 관하여는 채권자는 손해의 증명을 요하지 아니하고, 채무자는 과실 없음을 항변하지 못한다(제397조 제2항).

22 정답 ④

ㄱ [옳음] 대판 2009.11.26. 2009다59671
ㄴ [틀림] 금전채무에 관하여 이행지체에 대비한 지연손해금 비율을 따로 약정한 경우에 이는 일종의 손해배상액의 예정으로서 민법 제398조에 의한 감액의 대상이 된다. 손해배상 예정액이 부당하게 과다한 경우에는 법원은 당사자의 주장이 없더라도 직권으로 이를 감액할 수 있고, 지연손해금의 과다 여부는 그 대상 채무를 달리할 경우에는 별도로 판단할 수 있다(대판 2000.7.28. 99다38637).
ㄷ [옳음] 대판 2014.4.10. 2012다29557

23 정답 ⑤

① [틀림] 「주는 채무」에 관하여는 직접강제를 한다(제389조 제1항 본문).
② [틀림] 건축금지의 약정에 위반하여 건축을 한 경우처럼 물적 상태가 존재하는 부작위채무의 위반이 있는 경우, 그 위반의 결과는 대체집행에 의하여 제거될 수 있으나(제389조 제3항), 소음을 내지 않기로 한 약정에 위반하여 소음을 내는 것처럼 물적 상태가 존재하지 않는 부작위채무의 계속적인 위반이 있는 경우, 이때는 부작위채무가 부대체적인 채무로서 간접강제가 인정된다.
③ [틀림] 「주는 채무」에 관하여는 직접강제를 한다(제389조 제1항 본문).
④ [틀림] 부대체적 급부를 목적으로 하는 채무이더라도 ㉠ 그 이행이 채무자의 의사만으로 이루어질 수 없는 채무(이행에 제3자의 협력이 필요하거나 과다한 비용이 요구되는 채무), ㉡ 채무자의 자유의사에 반하여 강제되어서는 채무의 내용에 좇은 급부를 기대할 수 없는 채무(예술가의 작품제작의무) 및 ㉢ 강제하는 것이 인격존중에 반하는 채무(부부의 동거의무)는 불이행되는 경우에 간접강제가 허용되지 않으므로 채권자는 손해배상 기타의 구제방법에 의존하는 수밖에 없다.
⑤ [옳음] 건축금지의 약정에 위반하여 건축을 한 경우처럼 물적 상태가 존재하는 부작위채무의 위반이 있는 경우, 그 위반의 결과는 대체집행에 의하여 제거될 수 있다(제389조 제3항).

24 정답 ①

① [틀림] 채권자는 자기의 채권을 보전하기 위하여, 일신에 전속한 권리가 아닌 한 채무자의 권리를 행사할 수 있다(민법 제404조 제1항). 공유물분할청구권은 공유관계에서 수반되는 형성권으로서 공유자의 일반재산을 구성하는 재산권의 일종이다. 공유물분할청구권이 오

로지 공유자의 의사에 행사의 자유가 맡겨져 있어 공유자 본인만 행사할 수 있는 권리라고 볼 수는 없다. 따라서 공유물분할청구권도 채권자대위권의 목적이 될 수 있다. 다만, 채권자가 자신의 '금전채권'을 보전하기 위하여 채무자를 대위하여 '부동산에 관한' 공유물분할청구권을 행사하는 것은 극히 예외적인 경우가 아니라면 금전채권자는 부동산에 관한 공유물분할청구권을 대위행사할 수 없다고 보아야 한다(대판 2020.5.21. 2018다879 전원합의체).

② [옳음] 대판 2010.11.11. 2010다43597
③ [옳음] 대판 2018.10.25. 2018다210539
④ [옳음] 대판 2020.7.9. 2020다223781
⑤ [옳음] 대판 2010.6.24. 2010다17284

25 정답 ③

① [틀림] 채권자취소권 행사는 채무 이행을 구하는 것이 아니라 총채권자를 위하여 채무자의 자력 감소를 방지하고, 일탈된 채무자의 책임재산을 회수하여 채권의 실효성을 확보하는 데 목적이 있으므로, 피보전채권이 사해행위 이전에 성립되어 있는 이상 액수나 범위가 구체적으로 확정되지 않은 경우라고 하더라도 채권자취소권의 피보전채권이 된다(대판 2018.6.28. 2016다1045).

② [틀림] 채권자취소권도 채권자가 채무자를 대위하여 행사하는 것이 가능하다고 할 것인바, 채권자가 채무자의 채권자취소권을 대위행사하는 경우, 제소기간은 대위의 목적으로 되는 권리의 채권자인 채무자를 기준으로 하여 그 준수 여부를 가려야 할 것이다(대판 2001.12.27. 2000다73049). 그러므로 채권자취소권의 권리자인 채무자가 알아야 제소기간이 진행하고 이를 대위행사하는 채권자가 사해행위를 안지 1년이 지났다 하더라도 채무자가 모르고 있는 경우 채무자의 채권자취소권을 대위행사하여 채권자취소소송을 제기할 수 있다.

③ [옳음] 대판 2001.9.4. 2001다14108

④ [틀림] 유증을 받을 자가 이를 포기하는 것은 사해행위 취소의 대상이 되지 않는다(대판 2019.1.17. 2018다260855).

⑤ [틀림] 상속의 포기는 재산법적 성질을 가지고 있으나 1차적으로 피상속인 또는 후순위 상속인을 포함하여 다른 상속인 등과의 인격적 관계를 전체적으로 판단하여 행하여지는 '인적 결단'으로서의 성질을 가진다. 그러므로 상속의 포기는 민법 제406조 제1항에서 정하는 재산권에 관한 법률행위에 해당하지 아니하여 사해행위취소의 대상이 되지 못한다(대판 2011.6.9. 2011다29307).

26 정답 ④

ㄱ [옳음], ㄹ [틀림] 대판 2001.6.12. 2000다47187

ㄴ [틀림] [대판 1999.1.15. 98다46082] 회사의 이사라는 지위에서 보증계약을 체결한 후 퇴사하여 이사의 지위를 떠난 때에는 보증계약 성립 당시의 사정에 현저한 변경이 생긴 경우에 해당하므로 설령 보증기간과 보증한도액의 정함이 있다고 하더라도 보증계약을 해지할 수 있다. 그러나 주채무가 확정된 경우 또는 이사가 재직 중에 특정채무를 보증한 경우에는 회사의 퇴직을 이유로 해지할 수 없다. 또한 이사직을 사임하면서 다시 감사로 취임한 경우에는 신뢰관계가 파탄된 것으로 볼 수 없으므로 해지할 수 없다.

ㄷ [옳음] 대판 2004.1.27. 2003다45410

27 정답 ③

① [옳음] 대판 2009.8.20. 2009다32409
② [옳음] 대판 2013.9.13. 2011다56033
③ [틀림] 면책적 채무인수로 인하여 인수인은 종래의 채무자와 지위를 교체하여 새로이 당사자로서 채무관계에 들어서서 종래의 채무자와 동일한 채무를 부담하고 동시에 종래의 채무자는 채무관계에서 탈퇴하여 면책되는 것일 뿐 종래의 채무가 소멸하는 것이 아니므로, 채무

인수로 종래의 채무가 소멸하였으니 저당권의 부종성으로 인하여 당연히 소멸한 채무를 담보하는 저당권도 소멸한다는 법리는 성립하지 않는다(대판 1996.10.11. 96다27476).

④ [옳음] 대판 2012.5.24. 2009다88303

⑤ [옳음] 대판 1999.7.9. 99다12376

28 정답 ⑤

ㄱ [옳음] 대판 2002.9.10. 2002다21509

ㄴ [옳음] 대판 1989.4.25. 88다카4253

ㄷ [옳음] 대판 1993.8.27. 93다17379

29 정답 ③

① [옳음] 대판 1999.8.24. 99다26481

② [옳음] 대판 2014.4.30. 2013다8250

③ [틀림], ⑤ [옳음] 주채무자가 변제자인 경우에는, 담보로 제3자가 발행 또는 배서한 약속어음이 교부된 채무와 다른 채무 사이에 변제이익의 점에서 차이가 없다고 보아야 할 것이나, 담보로 주채무자 자신이 발행 또는 배서한 어음이 교부된 채무는 다른 채무보다 변제이익이 많은 것으로 보아야 한다(대판 1999.8.24. 99다22281).

④ [옳음] 대판 1999.8.24. 99다22281

30 정답 ④

① [옳음] 자동채권은 상대방과 사이에서 직접 발생한 채권뿐만 아니라 제3자로부터 양수 등을 원인으로 하여 취득한 채권도 포함된다.

② [옳음] 대판 2011.4.28. 2010다101394

③ [옳음] 대판 2017.3.15. 2015다252501

④ [틀림] 제496조는 채무자의 상계권을 금지하는 규정이므로 고의의 불법행위에 인한 손해배상채권에 대한 상계금지를 중과실의 불법행위에 의한 손해배상채권에까지 유추 또는 확대적용하여야 할 필요가 없다(대판 1994.8.12. 93다52808). 즉 가해자의 손해배상채무채무가 중과실에 의하여 발생한 경우에는 상계가 허용된다.

⑤ [옳음] 민법 제495조.

31 정답 ⑤

⑤ 현상광고계약은 당사자의 합의만으로 성립하는 것이 아니라, 광고에서 정한 행위를 완료하여야 계약이 성립하므로 요물계약에 해당한다.

32 정답 ②

① [옳음] 청약은 상대방 있는 의사표시이므로 상대방 乙에게 도달한 때에 그 효력이 생긴다.

② [틀림] 청약자가 그 통지를 발송한 후 도달 전에 사망하거나 행위능력을 상실하여도 청약의 효력은 상실되지 않는다.

③ [옳음] 승낙여부는 상대방의 자유이므로 청약자가 미리 정한 기간 내에 이의를 하지 아니하면 승낙한 것으로 본다는 뜻을 청약시 표시하였더라도 특별한 사정이 없는 한 상대방을 구속하지 않는다.

④ [옳음] 조건을 붙이거나 연착된 승낙은 청약자가 이를 새로운 청약으로 볼 수 있다. 乙은 2020. 5. 15. 승낙하였으므로 연착된 승낙에 해당한다. 청약자 甲은 이를 새로운 청약으로 보고 이를 승낙함으로써 계약을 성립시킬 수 있다.

⑤ [옳음] 청약과 승낙은 주관적, 객관적으로 합치되어야 계약이 성립한다. 乙이 5억 원을 5천만 원으로 잘못 읽어, 5천만 원에 매수한다는 승낙은 객관적 불합치가 있으므로 승낙이 도달하더라도 계약은 성립하지 않는다.

33 정답 ③

ㄱ [옳음] 대판 1989.2.28. 87다카2114

ㄴ [틀림] 피담보채권을 변제할 의무는 선이행의무이므로 근저당권설정등기말소의무와 동시이행관계가 아니다(대판 1981.6.23. 80다3108).

ㄷ [틀림] 매도인의 토지거래허가 신청절차에 협력할 의무는 선이행의무에 해당한다. 매수인의 매매대금지급의무와 동시이행관계에 있는 것은 매도인의 목적물 인도의무이다(대판 1993.8.27. 93다15366).

ㄹ [옳음] 대판 1998.5.8. 98다2389

34 정답 ④

ㄱ [틀림] 이행지체를 이유로 계약을 해제하기 위해서는 최고가 있어야 한다.

ㄴ [옳음] 대판 1977.5.24. 75다1394

ㄷ [틀림] 丙은 매매계약을 해제하기 전에 완전한 권리를 취득하였으므로 선악을 불문하고 보호되므로 소유권을 취득한다.

35 정답 ④

ㄱ [옳음] 대판 2001.1.28. 99다40524

ㄴ [틀림] 쌍무계약이 무효 또는 취소된 경우 선의의 매도인에게도 민법 제587조의 유추적용에 의하여 대금의 운용이익 또는 법정이자의 반환을 부정하여야 한다.

ㄷ [옳음] 대판 1976.11.6. 76다148

36 정답 ④

① [옳음] 계약금은 해약금으로 추정되는 것이 원칙이나, 위약금으로 하기로 하는 특약이 있으면 손해배상액 예정으로서의 성질을 가진다.

② [옳음] 계약금계약은 매매계약의 종된 계약이므로 주된 계약이 무효이거나 취소되면 효력을 잃는다.

③ [옳음] 계약금이 해약금으로 추정되는 경우, 당사자 일방이 이행에 착수하기 전까지 교부자는 이를 포기하고, 수령자는 그 배액을 상환하여 매매계약을 해제할 수 있다. 중도금을 지급한 것은 이행에 착수한 것이므로 해제할 수 없다.

④ [틀림] 해약금에 의한 해제권 행사는 채무불이행이 아니므로 손해배상을 청구할 수 없다.

⑤ [옳음] 계약금은 다른 약정이 없는 한 해약금으로 추정되는 것이므로 당사자 사이에서 해약금에 의한 해제권을 배제하기로 하는 약정을 하였다면 더 이상 그 해제권을 행사할 수 없다.

37 정답 ④

① [틀림] 지상물매수청구권은 형성권이므로 임대인 乙의 승낙이 없어도 지상물에 관한 매매계약이 성립한다.

② [틀림] 무허가건물도 매수청구를 할 수 있다. 다만 토지의 임대목적에 반하여 축조되고 임대인이 예상할 수 없을 정도의 고가의 것이라는 등의 특별한 사정이 있으면 그러하지 아니하다.

③ [틀림] 임차인 甲 소유 건물이 임대인 乙의 토지와 제3자 소유의 토지위에 걸쳐서 건립된 경우에는 임대인 소유의 토지위에 있는 건물부분이 구분소유의 객체가 될 수 있는 부분에 한하여 매수청구권을 행사할 수 있다.

④ [옳음] 임차인의 채무불이행을 이유로 토지임대차계약이 해지되거나 토지임대차의 목적에 반하여 설치된 건물인 경우에는 임차인 甲은 매수청구를 할 수 없다.

⑤ [틀림] 지상물매수청구권은 임차인의 갱신요구가 거절된 경우에 비로소 청구할 수 있다.

38 정답 ④

ㄱ [옳음] 대판 2002.8.23. 99다66564

ㄴ [틀림] [대판 2007.11.29. 2007다51239] 특별한 사정이 없는 한 송금의뢰인과 수취인 사이에 자금이체의 원인인 법률관계가 존재하는지 여부에 관계 없이 수취인과 수취은행 사이에는 위 입금액 상당의 예금계약이 성립하고, 수취인이 수취은행에 대하여 위 입금액 상당의 예금채권을 취득한다. 따라서 계좌이체에 의하여 수취인이 예금채

권 상당을 취득한 경우에는 송금의뢰인은 수취인에 대하여 위 금액 상당의 부당이득반환청구권을 가지게 된다.

ㄷ [옳음] 대판 2006.12.22. 2006다56367

39 정답 ②

① [옳음], ③ [옳음] 대판 1998.8.21. 97다13702).

② [틀림] 거래상대방이 피용자의 행위가 사무집행에 해당하지 않음을 알았거나(악의) 또는 중과실로 알지 못한 경우에는 사용자책임이 성립하지 않는다(대판 2005.2.25. 2003다361331). 여기서 피해자의 중대한 과실이라 함은, 거래의 상대방이 조금만 주의를 기울였더라면 피용자의 행위가 그 직무권한 내에서 적법하게 행하여진 것이 아니라는 사정을 알 수 있었음에도 만연히 이를 직무권한 내의 행위라고 믿음으로써 일반인에게 요구되는 주의의무에 현저히 위반한 것을 의미한다(대판 2014.4.10. 2012다61377).

④ [옳음] 사용자는 피용자의 선임·감독에 상당한 주의를 한 때, 또는 상당한 주의를 하였더라도 손해가 발생하였을 때에는 면책된다(제756조 제1항 단서).

⑤ [옳음] 대판 1992.2.23. 91다43657

40 정답 ⑤

① [옳음] 개정 민법은 '미성년자가 성폭력, 성추행, 성희롱, 그 밖의 성적 침해를 당한 경우에는 해당 미성년자가 성년이 될 때까지 손해배상청구권의 소멸시효가 진행되지 아니한다'고 하여 미성년자인 피해자가 성년이 된 후 스스로 가해자에게 손해배상을 청구할 수 있도록 보장함으로써 성적 침해를 당한 미성년자에 대한 보호를 강화하고 있다.

② [옳음] 대판 1997.12.23. 97다42830

③ [옳음] 대판 2008.4.10. 2007다76306

④ [옳음] 대판 1999.3.23. 98다30285

⑤ [틀림] 공동불법행위책임은 가해자 각 개인의 행위에 대하여 개별적으로 그로 인한 손해를 구하는 것이 아니라 가해자들이 공동으로 가한 불법행위에 대하여 그 책임을 추궁하는 것으로, 법원이 피해자의 과실을 들어 과실상계를 함에 있어서는 피해자의 공동불법행위자 각인에 대한 과실비율이 서로 다르더라도, 피해자의 과실을 공동불법행위자 각인에 대한 과실로 개별적으로 평가할 것이 아니고 그들 전원에 대한 과실로 전체적으로 평가하여야 한다(대판 2011.7.28. 2010다76368).

제2회

01 정답 ⑤

ㄱ [틀림] 사립학교 경영자가 매도나 담보제공이 무효라는 사실을 알고서 매도나 담보제공을 하였다고 하더라도 매도나 담보제공을 금한 관련 법 규정의 입법취지에 비추어 강행규정 위배로 인한 무효주장을 신의성실원칙에 반하거나 권리남용이라고 볼 것은 아니다 (대판 2000.6.9. 99다70860).

ㄴ [틀림] 상속인 중의 1인이 피상속인의 생존시에 피상속인에 대하여 상속을 포기하기로 약정하였다고 하더라도, 상속개시 후 민법이 정하는 절차와 방식에 따라 상속포기를 하지 아니한 이상, 상속개시 후에 자신의 상속권을 주장하는 것은 정당한 권리행사로서 권리남용에 해당하거나 또는 신의칙에 반하는 권리의 행사라고 할 수 없다(대판 1998.7.24. 98다9021).

ㄷ [틀림] 인지청구권은 본인의 일신전속적인 신분관계상의 권리로서 포기할 수도 없으며 포기하였더라도 그 효력이 발생할 수 없는 것이고, 이와 같이 인지청구권의 포기가 허용되지 않는 이상 거기에 실효의 법리가 적용될 여지도 없다(대판 2001.11.27. 2001므1353).

02 정답 ③

① [옳음] 제1000조 제3항
② [옳음] 제1064조
③ [틀림] 태아에게는 일반적으로 권리능력이 인정되지 아니하고 손해배상청구권 또는 상속 등 특별한 경우에 한하여 제한된 권리능력이 인정될 뿐이므로, 증여에 관하여는 태아의 수증능력이 인정되지 아니하고, 또 태아인 동안에는 법정대리인이 있을 수 없으므로 법정대리인에 의한 수증행위도 할 수 없다(대판 1982.2.9. 81다534).
④ [옳음] 제762조
⑤ [옳음] 제1118조·제1001조 참조

03 정답 ④

ㄱ [틀림] 법정대리인이 범위를 정하여 처분을 허락한 재산은 미성년자가 임의로 처분할 수 있다(제6조). 법정대리인의 허락이 있다고 하여 미성년자가 성년자로 되는 것은 아니므로, 법정대리인 스스로 대리행위를 할 수 있다.

ㄴ [옳음] 미성년자가 법정대리인으로부터 허락을 얻은 특정한 영업에 관하여 성년자와 동일한 행위능력이 있다(제8조 제1항). 따라서 당해 영업과 관련하여서는 법정대리인의 대리권도 소멸한다.

ㄷ [틀림] 미성년자에게 친권자가 없거나, 친권자가 법률행위의 대리권과 재산관리권을 행사할 수 없는 경우에는 미성년후견인을 두어야 한다(제928조). 미성년후견인의 수는 한 명으로 하고(제930조 제1항), 피후견인의 법정대리인이 된다(제938조 제1항).

ㄹ [틀림] 제17조 제2항

04 정답 ⑤

ㄱ [옳음] 대결 2011.1.31. 2010스165
ㄴ [틀림] 부재자가 스스로 위임한 재산관리인이 있는 경우에는, 그 재산관리인의 권한은 그 위임의 내용에 따라 결정될 것이며 그 위임관리인에게 재산처분권까지 위임된 경우에는 그 재산관리인이 그 재산을 처분함에 있어 법원의 허가를 요하는 것은 아니라 할 것이다(대판 1973.7.24. 72다2136).
ㄷ [옳음] 대판 1981.7.28. 80다2668

05 정답 ④

ㄱ [옳음], ㄴ [틀림], ㄷ [옳음], ㄹ [옳음] 상대방의 최고권·철회권·거절권 비교

	최고권(제15조)	철회권(제16조 제1항)	거절권(제16조 제2항)
상대방	법정대리인 또는 능력자로 된 본인 Cf) 제한능력자에 대한 최고는 무효	법정대리인 또는 제한능력자 본인	
선악여부	선악 불문 행사 가능	선의 필요	선악 불문
시기	1개월 이상의 유예기간 Cf) 무권대리 : 상당한 기간	본인의 추인이 있기 전까지 가능	
효과	• 법정대리인이 알기 전까지 최고의 효력이 없으므로 여전히 취소할 수 있다. • 기간내 확답을 발하지 않은 경우(발신주의) 추인 간주되어 취소할 수 없다.	소급적 소멸효과 발생	

06 정답 ⑤

ㄱ [틀림] [대판 2011.4.28. 2008다15438] 비법인사단에 대하여는 사단법인에 관한 민법 규정 가운데 법인격을 전제로 하는 것을 제외하고는 이를 유추적용하여야 하는데, 민법 제62조에 비추어 보면 비법인사단의 대표자는 정관 또는 총회의 결의로 금지하지 아니한 사항에 한하여 타인으로 하여금 특정한 행위를 대리하게 할 수 있을 뿐 비법인사단의 제반 업무처리를 포괄적으로 위임할 수는 없으므로 비법인사단 대표자가 행한 타인에 대한 업무의 포괄적 위임과 그에 따른 포괄적 수임인의 대행행위는 민법 제62조를 위반한 것이어서 비법인사단에 대하여 효력이 미치지 않는다.

ㄴ [틀림], ㄷ [틀림] [대판 2011.4.28. 2008다15438] 민법 제35조 제1항은 "법인은 이사 기타 대표자가 그 직무에 관하여 타인에게 가한 손해를 배상할 책임이 있다"라고 정한다. 여기서 '법인의 대표자'에는 그 명칭이나 직위 여하, 또는 대표자로 등기되었는지 여부를 불문하고 당해 법인을 실질적으로 운영하면서 법인을 사실상 대표하여 법인의 사무를 집행하는 사람을 포함한다고 해석함이 상당하다. 그리고 이러한 법리는 주택조합과 같은 비법인사단에도 마찬가지로 적용된다.
[대판 2008.1.18. 2005다34711] [1] 대표이사가 대표권의 범위 내에서 한 행위는 설사 대표이사가 회사의 영리목적과 관계없이 자기 또는 제3자의 이익을 도모할 목적으로 그 권한을 남용한 것이라 할지라도 일단 회사의 행위로서 유효하고, 다만 그 행위의 상대방이 대표이사의 진의를 알았거나 알 수 있었을 때에는 회사에 대하여 무효가 되는 것이며, 이는 민법상 법인의 대표자가 대표권한을 남용한 경우에도 마찬가지이다. [2] 법인의 대표자의 행위가 직무에 관한 행위에 해당하지 아니함을 피해자 자신이 알았거나 또는 중대한 과실로 인하여 알지 못한 경우에는 법인에게 손해배상책임을 물을 수 없다.

07 정답 ⑤

① [옳음] 제35조 제1항
② [옳음] 부동산등기법 제30조
③ [옳음] 제48조 제2항
④ [옳음] 제58조 제2항
⑤ [틀림] 이사의 대표권에 대한 제한은 이를 정관에 기재하지 아니하면 그 효력이 없고(제41조), 이사의 대표권에 대한 제한은 등기하지 아니하면 제3자에게 대항하지 못한다(제60조).

08 정답 ②

ㄱ [옳음] 대판 1993.2.12. 92도3234
ㄴ [틀림] 이자채권은 원본채권에 대하여 종속성을 갖고 있으나 이미 변제기에 도달한 이자채권은 원본채권과 분리하여 양도할 수 있고 원본채권과 별도로 변제할 수 있으며 시효로 인하여 소멸되기도 하는 등 어느 정도 독립성을 갖게 되는 것이므로, 원본채권이 양도된 경우 이미 변제기에 도달한 이자채권은 원본채권의 양도당시 그 이자채권도 양도한다는 의사표시가 없는 한 당연히 양도되지는 않는다(대판 1989.3.28. 88다카12803).
ㄷ [옳음] 대판 1978.12.26. 78다2028

09 정답 ②

ㄱ [틀림] 법률행위의 성립 과정에서 강박이라는 불법적 방법이 사용된 것은 의사표시에 하자가 있는 경우에 불과하고, 반사회질서행위에 해당하지는 않는다.
ㄴ [틀림] 강제집행을 면할 목적은 반사회적 법률행위에는 해당하지 않는다.
ㄷ [틀림] 양도소득세를 회피할 목적만으로는 반사회질서행위에 해당하지 않는다.
ㄹ [옳음] 이중매매는 유효인 것이 원칙이나, 제2매수인이 매도인의 배임행위에 적극 가담하여 이루어진 매매행위는 반사회질서행위에 해당하므로 무효이다. 아울러 매도인의 배임행위에 적극 가담하여 이루어진 저당권설정행위에 대해서도 유추적용하여 무효가 된다.

10 정답 ⑤

① [틀림] 궁박은 경제적 원인에 의한 것뿐만 아니라, 정신적, 심리적 원인에 의한 것을 포함한다.
② [틀림] 불공정 거래행위의 주관적 요건 중에서 무경험이란 거래 일반에 대한 경험부족을 말하는 것이고, 해당 특정영역에서의 경험부족을 말하는 것이 아니다.
③ [틀림] 대리인에 의하여 불공정 거래행위가 이루어진 경우, 궁박상태는 본인을 기준으로 하지만, 경솔과 무경험은 대리인을 기준으로 판단한다.
④ [틀림] 급부와 반대급부가 현저하게 공정을 잃은 것인지 여부에 대한 판단은 법률행위의 성립당시, 즉 계약을 체결할 당시를 기준으로 판단하여야 한다.
⑤ [옳음] 급부와 반대급부 사이의 현저한 불균형은 개별, 구체적인 상황에서 사회통념에 따라 객관적으로 판단하여야 하고, 당사자의 주관적 가치를 기준으로 하지 않는다.

11 정답 ①

① [틀림] 대출절차상 편의를 위하여 명의를 빌려준 자는 채무부담의 의사를 가진 것으로 볼 수 있다는 것이 판례의 입장이므로 비진의표시에 해당하지 않는다.

12 정답 ④

① [옳음] 착오에 관한 규정은 임의규정이므로 당사자의 합의로 이를 배제할 수 있다. 따라서 의사표시를 취소하지 않기로 약정한 경우, 표의자는 의사표시를 취소할 수 없다.
② [옳음] 건물과 그 부지를 현상대로 매수한 경우에 부지의 지분이 부족한 경우라 하더라도 근소한 차이에 불과한 경우에는 중요부분의 착오로 볼 수 없다.
③ [옳음] 부동산거래계약서에 서명·날인한다는 착각에 빠진 상태로 연대보증의 서면에 서명·날인한 경우에는 표시상의 착오에 해당한다.
④ [틀림] 착오로 인한 의사표시는 취소할 수 있으나, 표의자에게 중대한 과실이 있으면 취소할 수 없다. 그러나 상대방이 표의자의 착오를 알고 이용한 경우에는 표의자에게 중대한 과실이 있더라도 의사표시를 취소할 수 있다.

⑤ [옳음] 동기의 착오는 상대방에게 표시되었거나 표시되지 않아도 상대방에 의해 유발된 경우에는 중요부분의 착오가 될 수 있다.

13 정답 ④

① [틀림] 의사표시자가 그 통지를 발송한 후 사망하더라도 의사표시의 효력에 영향이 없다.
② [틀림] 상대방 있는 의사표시는 그 통지가 상대방에게 도달한 때 효력이 생기는 것이다. 여기서 도달이라 함은 사회통념상 상대방이 통지의 내용을 알 수 있는 객관적 상태에 놓여 있는 경우를 의미하는 것이고, 상대방이 이를 현실적으로 수령하였거나 그 통지의 내용을 알았을 것까지는 필요하지 않다.
③ [틀림] 의사표시는 도달해야 효력이 발생하므로 도달하기 전에는 철회할 수 있다. 따라서 상대방에게 의사표시가 도달한 후에는 의사표시를 철회할 수 없다.
④ [옳음] 보통우편과 달리 내용증명우편은 상대방의 수령사실을 확인받는 것이므로 반송되지 않는 한 도달이 추정된다.
⑤ [틀림] 의사표시자가 그 통지를 발송한 후 제한능력자가 되더라도 의사표시의 효력에는 영향이 없다.

14 정답 ④

① [옳음] 무권대리행위가 행하여졌다고 하여 그 행위가 즉시 확정적으로 무효가 되는 것은 아니며, 유효화 될 수 있는 바, 이를 유동적 무효라고 한다. 따라서 甲이 추인을 하지 않는 한, 매매계약은 무효이므로, 甲은 丙 명의 등기의 말소를 청구할 수 있다.
② [옳음] 제135조
③ [옳음] 대판 2003.12.26. 2003다49542
④ [틀림] 무권대리인에 대하여 추인할 때에는 상대방이 추인의 사실을 알 때까지 상대방에 대하여 추인의 효력을 주장할 수 없다(제132조 단서). 그러므로 상대방은 그때까지 자신의 의사표시를 철회할 수 있다(제134조). 그러나 상대방은 무권대리인에 대한 본인의 추인이 있었음을 주장할 수 있다(대판 1981.4.14. 80다2314).
⑤ [옳음] 제133조

15 정답 ②

① [옳음], ⑤ [옳음] 매매계약을 체결할 권한이 있으면, 매매계약에 따른 중도금이나 잔금을 수령할 수 있으며, 약정된 매매대금 지급기일을 연기해 줄 권한도 가진다.
② [틀림] 대리행위의 효과는 본인에게 귀속된다. 상대방이 매매계약을 적법하게 해제한 경우, 손해배상책임도 본인인 甲에게 있다.
③ [옳음] 계약을 체결할 권한만 가지고 있는 대리인은 해제할 권한은 없다. 해제하기 위해서는 특별수권을 받아야 한다.
④ [옳음] 매매계약이 적법하게 해제되면 본인인 甲과 상대방인 丙 사이에서 원상회복의무를 부담한다.

16 정답 ③

ㄱ [틀림] 계약금에 기한 해제는 일방이 이행에 착수하기 전까지 할 수 있다. 토지거래허가의 신청은 이행의 착수에 해당하지 않는다.
ㄴ [옳음] 대판 1991.12.24. 90다12243
ㄷ [옳음] 거래계약상 일방의 채무가 이행불능임이 명백하고 나아가 그 상대방이 거래계약의 존속을 더 이상 바라지 않고 있는 경우에도 확정적으로 무효가 된다.
ㄹ [틀림] 토지거래허가구역의 지정이 해제되면 계약은 허가를 받을 필요가 없으므로 확정적으로 유효가 된다.

17 정답 ①

① [틀림] 제한능력자는 단독으로 취소할 수 있다.
② [옳음] 제146조
③ [옳음], ④ [옳음] 제141조
⑤ [옳음] 추인에 의해 법률행위는 확정적으로 유효가 되므로, 더 이상 취소할 수 없다.

18 정답 ②

① [옳음] 조건은 특약이 없는 한 소급할 수 없다.
② [틀림] 해제조건이 반사회질서행위에 해당하면 불법조건으로서 법률행위 전부가 무효가 된다.
③ [옳음] 표시된 사실이 발생하지 않은 경우 이행할 필요가 없으면 정지조건이고, 그래도 이행하여야 하는 것이면 불확정기한으로 본다.
④ [옳음] 단독행위에는 조건을 붙일 수 없으나, 상대방에게 유리한 경우에는 가능하다. 정지조건부 계약의 해제는 상대방에게 유리하므로 가능하다.
⑤ [옳음] 대판 1998.12.22. 98다42356

19 정답 ⑤

⑤ [틀림] 소멸시효의 기산일은 채무의 소멸이라고 하는 법률효과 발생의 요건에 해당하는 소멸시효 기간 계산의 시발점으로서 소멸시효 항변의 법률요건을 구성하는 구체적인 사실에 해당하므로 이는 변론주의의 적용 대상이고, 따라서 본래의 소멸시효 기산일과 당사자가 주장하는 기산일이 서로 다른 경우에는 변론주의의 원칙상 법원은 당사자가 주장하는 기산일을 기준으로 소멸시효를 계산하여야 한다(대판 1995.8.25. 94다35886).

20 정답 ⑤

① [옳음] 제166조 제1항·제167조
② [옳음] 제178조 제1항
③ [옳음] 제170조 제1항
④ [옳음] 제165조 제2항
⑤ [틀림] 시효의 완성을 곤란하게 하는 특약, 즉 소멸시효를 배제·연장·가중하는 특약은 무효이다. 그러나 반대로 이를 단축 또는 경감하는 특약은 유효하다(제184조 제2항).

21 정답 ①

① [틀림] 다른 법률의 규정이나 당사자의 약정이 없으면 선택권은 "채무자"에게 있다(제380조).
② [옳음] 제375조 제1항
③ [옳음] 제397조 제2항
④ [옳음] 제462조
⑤ [옳음] 제467조

22 정답 ④

ㄱ [옳음] 대판 2014.4.10. 2012다29557
ㄴ [틀림] 불법행위로 인한 손해배상채무의 지연손해금의 기산일은 불법행위 성립일이다(대판 2010.7.22. 2010다18829). → 불법행위로 인한 손해배상채무는 불법행위 성립시부터 이행지체 책임을 부담한다.
ㄷ [틀림] 반환시기 약정이 없는 소비대차의 반환에 있어 이행지체 책임은 대주가 상당한 기간을 정하여 반환을 최고한 후 그 기간을 경과한 때이다. 민법 제603조(반환시기) 제2항 반환시기의 약정이 없는 때에는 대주는 상당한 기간을 정하여 반환을 최고하여야 한다. 그러나 차주는 언제든지 반환할 수 있다.
ㄹ [틀림] 타인의 토지를 점유함으로 인한 부당이득반환채무는 이행의 기한이 없는 채무로서 이행청구를 받은 때로부터 지체책임이 있다(대판 2008.2.1. 2007다8914).

23 정답 ②

① [틀림] 민법 제396조는 불법행위에도 준용되고 있다(제763조).
② [옳음] 대판 2005.11.10. 2003다66066
③ [틀림] 피해자가 공동불법행위자들을 모두 피고로 삼아 한꺼번에 손해배상청구의 소를 제기한 경우와 달리 공동불법행위자별로 별개의 소를 제기하여 소송을 진행하는 경우에는 과실상계비율과 손해액도 서로 달리 인정될 수 있다(대판 2001.2.9. 2000다60227).
④ [틀림] 손해배상예정액을 민법 제398조 제2항에 따라 감액하는 것과는 별도로 과실상계를 적용하여 감경할 필요는 없다(대판 2002.1.25. 99다57126).
⑤ [틀림] 불법행위에 있어서 가해자의 과실은 의무 위반이라는 강력한 과실인데 반하여, 피해자의 과실을 따지는 과실상계에 있어서의 과실은 전자의 것과는 달리 사회통념상·신의성실의 원칙상·공동생활상 요구되는 약한 의미의 부주의를 가리키는 것으로 보아야 한다(대판 1999.7.23. 98다31868).

24 정답 ⑤

⑤ [틀림] 사해행위의 취소와 원상회복은 모든 채권자의 이익을 위하여 그 효력이 있으므로(제407조), 채권자취소권의 행사로 채무자에게 회복된 재산에 대하여 취소채권자가 우선변제권을 가지는 것이 아니다(대판 2008.6.12. 2007다37837).

[채권자대위권과 채권자취소권의 비교]

	채권자대위권	채권자취소권
피보전 채권의 발생시기	채무자의 권리보다 먼저 발생할 필요 없음	원칙적으로 채무자의 사해행위 전의 발생(예외 : 기.개.실)
특정 채권의 보전	○(무자력 불요), 금전채권은 무자력 원칙	×(종류물은 가능)
피보전 채권의 이행기 도래	○(원칙)	× - 조건부·기한부 채권도 무방
행사의 상대방	채무자 아닌 제3채무자	채무자 아닌 수익자나 전득자
행사의 방법	재판상·재판외 행사	재판상 행사
행사의 범위	피보전채권을 초과할 수 있음 (전통적 다수설, 현재는 불분명)	피보전채권을 한도로 함
행사의 효과	채무자에게 귀속 ○	채무자에게 귀속 ×(상대적무효)
제척 기간	×	○ - 1년, 5년
기판력	채무자에 통지 또는 안 경우 미침	채무자에게 미치지 않음
채권자의 직접수령	가능	

25 정답 ③

① [옳음] 변제·대물변제·공탁은 채권자에게 만족을 주는 것이므로, 명문의 규정이 없더라도 절대적 효력이 있다.
② [옳음] 어느 연대채무자가 채권자에 대하여 채권이 있는 경우에 그 채무자가 상계한 때에는 채권은 모든 연대채무자의 이익을 위하여 소멸한다(제418조 제1항).
③ [틀림] 이행의 청구에 의한 시효중단(제416조) 이외의 기타 사유(압류·가압류·가처분, 승인)에 의한 시효중단은 민법 제423조에 의해 모두 상대적효력만 생긴다(대판 2001.8.21. 2001다22840 참조).

④ [옳음] 어느 연대채무자에 대한 채무면제는 그 채무자의 부담부분에 한하여 다른 연대채무자의 이익을 위하여 효력이 있다(제419조).
⑤ [옳음] 어느 연대채무자와 채권자간에 혼동이 있는 때에는 그 채무자의 부담부분에 한하여 다른 연대채무자도 의무를 면한다(제420조).

26 정답 ⑤

① [틀림] 채무자가 보증인을 세울 의무가 있는 경우에는 그 보증인은 행위능력 및 변제자력이 있는 자로 하여야 한다(제431조 제1항).
② [틀림] 주채무자가 채권자에 대하여 취소권 또는 해제권이나 해지권이 있는 동안은 보증인은 채권자에 대하여 채무의 이행을 거절할 수 있다(제435조). 그러나 주채무자의 형성권인 취소권·해제권·해지권은 주채무자만이 행사할 수 있으므로 보증인이 위의 권리들을 직접 행사할 수는 없다.
③ [틀림] 보증인이 주채무자와 연대하여 채무를 부담한 때, 즉 연대보증인에게는 주채무에 대한 보충성이 없으므로 최고·검색의 항변권이 인정되지 아니하다(제437조 단서).
④ [틀림] 채권자와 보증인과의 사이에서 보증인에 관하여 생긴 사유는 원칙적으로 주채무자에 대하여 영향을 미치지 않는다(상대적 효력). 따라서 보증채무에 대한 소멸시효가 중단되었다 하더라도 이로써 주채무에 대한 소멸시효가 중단되는 것은 아니다. 반면에 주채무가 소멸시효 완성으로 소멸된 경우에는 보증채무도 그 채무 자체의 시효중단에도 불구하고 부종성에 따라 당연히 소멸한다(대판 2002.5.14. 2000다62476).
⑤ [옳음] 채무의 이행기가 도래한 때에는 수탁보증인의 사전구상권이 인정된다(제442조 제1항 제4호).

27 정답 ②

① [옳음] 대판 1997.7.25. 95다21624
② [틀림] 근로자의 임금채권은 그 양도를 금지하는 법률의 규정이 없어 이를 양도할 수 있으나, 양수인이 스스로 사용자에 대하여 임금의 지급을 청구할 수는 없다(대판(전합) 1988.12.13. 87다카2803).
③ [옳음] 대판 2001.6.12. 2001다2624
④ [옳음] 대판 2004.2.13. 2003다43490
⑤ [옳음] 대판 1989.7.11. 88다카20866

28 정답 ④

ㄱ [옳음] 대판 2013.9.13. 2011다56033
ㄴ [옳음] 대판 1998.11.24. 98다33765
ㄷ [틀림] 채무인수로 종래의 채무가 소멸하였으니 저당권의 부종성으로 인하여 당연히 소멸한 채무를 담보하는 저당권도 소멸한다는 법리는 성립하지 않는다(대판 1996.10.11. 96다27476).
ㄹ [옳음] 대판 2015.5.29. 2012다84370

29 정답 ④

ㄱ [옳음] 「제3취득자는 보증인에 대하여 채권자를 대위하지 못한다」(제482조 제2항 제2호). 따라서 戊는 보증인 丙과 丁에 대하여 대위할 수 없다.
ㄴ [틀림] 채권의 일부에 대하여 대위변제가 있는 때에는 대위자는 그 변제한가액에 비례하여 채권자와 함께 그 권리를 행사한다(제483조 제1항). 여기서 「채권자와 함께 그 권리를 행사한다」는 의미는 일부대위자는 대위한 권리가 비록 가분이더라도 그것을 단독으로 행사하지는 못하며, 채권자가 그 권리를 행사하는 경우에 그 채권자와 함께 그의 권리를 행사할 수 있을 뿐이고, 또한 이 경우에 변제에 관하여는 채권자가 우선하는 것으로 봄이 다수설·판례(대판 1988.9.27. 88다카1797)이다. 따라서 저당부동산이경매된 경우 경매대금

80만 원에서 채권자 甲은 나머지 60만 원, 丙은 20만 원을 배당받는다.

ㄷ [옳음] 변제의 순서에 관계없이 채권액에 비례하여 보증인 丙과 丁이 각각 40만 원과 60만 원을 甲에게 변제한 경우 경매대가 80만 원은 丙에게 32만 원, 丁에게 48만 원이 배당된다.

30 정답 ④

① [옳음] 제493조
② [옳음] 제493조 제2항
③ [옳음] 제495조
④ [틀림] 채무가 고의의 불법행위로 인한 것인 때에는 그 채무자는 상계로 채권자에게 대항하지 못한다(제496조). 즉 고의의 불법행위자는 피해자의 손해배상청구권을 '수동채권'으로 하여 상계하는 것이 금지된다. 따라서 고의에 의한 불법행위로 발생된 손해배상채권이라 하더라도 피해자가 이를 자동채권으로 하여 상계하는 것은 상관없다.
⑤ [옳음] 제498조

31 정답 ⑤

① [틀림] 일방의 채무가 이행불능 등의 원인으로 소멸하면 동시이행항변권도 소멸하는 것이 원칙이지만, 손해배상채무로 바뀌는 경우에는 동시이행의 항변권은 존속한다.
② [틀림] 임대차종료시 보증금반환의무와 목적물인도의무는 동시이행관계에 있으므로 보증금을 반환받지 못하고 있는 동안에도 임차인은 목적물을 적법하게 점유할 권원이 있다. 따라서 불법점유로 인한 손해배상책임을 지지 않는다.
③ [틀림] 동시이행의 항변권은 당사자가 소송에서 이를 주장하는 경우에 효력이 생긴다. 법원이 직권으로 항변권의 존재여부를 판단하는 것은 아니다.
④ [틀림] 채권자의 이행청구소송에서 채무자가 주장한 동시이행의 항변이 받아들여진 경우라 하더라도 채권자가 전부 패소판결을 받는 것이 아니라 원고 일부승소판결, 즉 상환이행판결을 받게 된다.
⑤ [옳음] 동시이행항변권은 상대방 채무가 변제기에 있어야 하는 것이 원칙이나, 선이행의무자가 이행을 지체하는 동안에 상대방의 채무의 변제기가 도래한 경우에는 특별한 사정이 없는 한 동시이행관계가 된다.

32 정답 ⑤

① [틀림] 쌍방의 책임 없는 사유로 주택이 소실된 경우에는 채무자가 위험을 부담하는 것이 원칙이므로 채무자 乙은 주택의 인도의무를 면하게 되지만 채권자 甲에게 매매대금의 지급을 청구할 수도 없다.
② [틀림] 쌍방의 책임 없는 사유로 주택이 소실된 경우에는 채무자가 위험을 부담하는 것이 원칙이므로 채무자 乙이 계약금을 수령하였다면 부당이득으로써 채권자 甲은 그 반환을 청구할 수 있다.
③ [틀림] 일방에게 책임이 있는 사유로 이행불능이 된 경우에는 상대방은 이행을 청구할 수 있다. 채권자 甲의 과실로 주택이 소실된 경우, 채무자 乙은 甲에게 매매대금의 지급을 청구할 수 있다.
④ [틀림] 채무자의 乙의 과실로 주택이 소실된 경우에는 채무불이행의 문제이므로 채권자 甲은 계약을 해제하거나 손해배상을 청구할 수 있다.
⑤ [옳음] 위험부담이란 일방의 채무가 채무자의 책임 없는 사유로 후발적으로 전부 불능이 된 경우에 성립하는 것이다. 채권자의 수령지체 중에는 쌍방의 책임 없는 사유로 이행할 수 없게 된 때에도 이미 채권자에게 책임이 있는 것이므로 채무자는 상대방의 이행을 청구할 수 있다. 따라서 채무자 乙은 채권자 甲에게 매매대금의 지급을 청구할 수 있다.

33 정답 ①

① [틀림] 제3자를 위한 계약에 있어서 낙약자는 요약자와 수익자 사이의 대가관계에서 발생한 항변으로 수익자에게 대항할 수 없다.
② [옳음] 수익자 丙이 수익의 의사표시를 하면 권리가 발생한다. 낙약자 乙이 대금을 지급하지 않으면, 계약의 당사자인 甲은 계약을 해제할 수 있다.
③ [옳음] 수익자는 수익의 의사표시를 함으로써 낙약자에 대한 권리를 확정적으로 취득한다.
④ [옳음] 채무자는 상당한 기간을 정하여 계약이익의 향수 여부의 확답을 제3자에게 최고할 수 있으며, 기간 내에 확답을 받지 못하면 거절한 것으로 본다.
⑤ [옳음] 기본계약이 무효가 되면 원상회복이나 부당이득반환은 계약의 당사자 사이에서 이루어져야 하고, 제3자에게 급부한 것이 있더라도 제3자를 상대로 반환을 구할 수는 없다.

34 정답 ①

① [틀림] 합의해제는 계약의 일종이므로 해제에 관한 민법규정은 적용되지 않는다. 따라서 계약의 내용으로서 손해배상의 합의가 없는 한 손해배상은 청구할 수 없다.
② [옳음] 합의해제는 계약의 일종이므로 해제에 관한 민법규정은 적용되지 않는다. 따라서 계약의 내용으로서 이자를 가산하기로 합의하지 않는 한 이자를 가산하여야 할 의무가 없다.
③ [옳음] 계약의 해제는 소급효를 가지므로 매도인으로부터 매수인에게 이전되었던 소유권은 매도인에게 당연히 복귀한다.
④ [옳음] 합의해제는 계약에 해당하므로 해제에 관한 민법규정이 적용되지 않는 것이 원칙이나, 제3자 보호규정은 적용된다.
⑤ [옳음] 합의해제는 묵시적으로도 가능하므로 매도인이 잔금기일 경과 후 해제를 주장하며 수령한 대금을 공탁하고 매수인이 이의 없이 수령한 경우에는 계약이 묵시적으로 합의해제된 것으로 본다.

35 정답 ①

① [틀림] 계약금계약은 실제로 계약금을 지급해야 성립하는 요물계약이다. 낙성계약은 당사자 간의 의사표시의 합치만으로 성립하는 계약을 말한다.
② [옳음] 계약금은 별도의 약정이 없는 한 해약금으로서 추정된다.
③ [옳음] 계약금계약도 계약이므로 채무불이행을 이유로 해제할 수 있으나, 요물계약이라는 점에서 계약금이 지급되지 않으면 성립하지 않는다. 따라서 엄밀하게 말하면 계약의 해제라기 보다는 계약금을 지급하기로 하는 약정을 소멸시킨 것이라고 볼 수 있다.
④ [옳음] 해약금에 의한 계약해제는 일방이 이행에 착수할 때까지 해제할 수 있다. 이행기 전에 착수한 경우에도 이행기 전에 착수할 수 없다는 특약이 없다면 이행의 착수에 해당하므로 해약금에 의한 해제권은 행사할 수 없다. 중도금 지급기일은 계약금을 지급한 2014. 5. 10.로부터 2개월 후이므로 2014. 7. 1.이 된다. 乙은 2014. 6. 10. 중도금을 지급하였으므로 이행기 전에 이행에 착수한 경우에 해당하고, 이런 경우도 이행 착수에 해당하므로 甲은 해제권을 행사할 수 없다.
⑤ [옳음] 중도금과 잔금을 지급한 이후에는 해약금에 의한 해제는 불가능하나, 채무불이행을 이유로 한 해제권 행사는 가능하다. 따라서 매도인 甲이 소유권이전등기를 해주지 않은 것은 채무불이행에 해당하므로 매수인 乙은 매매계약을 해제할 수 있다.

36 정답 ⑤

① [옳음] 매매계약의 경우 매도인의 목적물 인도의무는 매수인의 대금지급의무와 동시이행관계에 있다. 매수인 乙이 대금을 지급하지 않으면 매도인 甲도 목적물의 인도를 거절할 수 있으므로 매수인 乙은 인도의무의 지체로 인한 손해배상을 청구할 수 없다.
② [옳음] 매수인의 대금지급의무는 매도인의 소유권이전의무와 동시이행관계에 있다. 매수인 乙이 목적물을 미리 인도받았더라도 매도인 甲이 소유권이전등기 절차에 협력하지 않는 한 대금지급을 거절할 정당한 사유가 있으므로 그 대금에 대한 이자를 지급할 의무는 없다.
③ [옳음] 매수인의 대금지급의무는 매도인의 소유권이전의무와 동시이행관계에 있다. 매도인 甲이 X토지를 인도하지 않았다면, 매수인 乙이 잔대금을 지급하지 않더라도 이행지체가 될 수 없으므로 매도인 甲은 잔대금의 이자상당액의 손해배상청구를 할 수 없다.
④ [옳음] 매매계약 있은 후에도 인도하기 전에는 매도인에게 과실수취권이 있다. 다만 매수인이 대금을 완납한 이후에는 매수인에게 귀속된다. 매수인 乙이 미리 소유권이전등기를 경료받았다고 하여도 X토지를 아직 인도받지 못하였고, 매매대금을 완제하지도 않았으므로 과실수취권은 매도인 甲에게 귀속된다.
⑤ [틀림] X토지가 인도되지 않았더라도 매수인 乙이 대금을 완제한 경우에는 과실수취권은 매수인 乙에게 귀속된다.

37 정답 ②

ㄱ [옳음] 임대인의 동의를 얻은 전대차계약은 적법한 것이므로 임대인과 임차인의 합의로 임대차계약이 종료되어도 전차인 丙의 권리는 소멸하지 않는다.
ㄴ [틀림] 적법한 전대차의 경우에는 부속물매수청구권이 인정되므로 임대인에게 청구할 수 있다. 다만 임대인의 동의를 얻거나 임대인으로부터 매수한 부속물에 한정되고, 임차인의 동의를 얻어 부속한 물건은 이에 해당하지 않는다.
ㄷ [틀림] 임대차와 전대차 기간이 모두 만료된 경우에는 전차인 丙은 임대인 甲에게 직접 건물을 명도하면 임차인 乙에 대한 건물명도의무를 면한다.
ㄹ [옳음] 차임연체액이 2기에 달하여 임대차계약을 해지하는 경우에는 임대인 甲은 전차인 丙에 대해 그 사유의 통지 없이도 해지로써 대항할 수 있다. 그러나 해지통고로 인한 경우에는 전차인 丙에게 통지해야 대항할 수 있다.

38 정답 ⑤

ㄱ [옳음] 제686조 제1항·제3항
ㄴ [틀림] 수임인이 위임사무의 처리에 관하여 필요비를 지출한 때에는 위임인에 대하여 그 지출금액과 지출한 날 이후의 이자를 청구할 수 있다(제688조 제1항). 그리고 위임사무의 처리에 비용을 요하는 때에는 위임인은 수임인의 청구에 의하여 이를 선급하여야 한다(제687조).
ㄷ [틀림] 수임인이 위임사무의 처리를 위하여 과실 없이 손해를 받은 때에는 위임인에 대하여 그 배상을 청구할 수 있다(제688조 제3항). 즉 위임은 무과실책임을 진다.
ㄹ [옳음] 대판 2000.6.9. 98다64202

39 정답 ③

ㄱ [옳음] 대판 2009.12.24. 2009다32324
ㄴ [틀림] [대판 2010.3.11. 2009다98706] 적법한 이행을 한 계약당사자는 다른 특별한 사정이 없는 한 그 제3자가 아니라 계약의 상대방 당사자에 대하여 계약의 효력불발생으로 인한 부당이득을 이유로 자신의 급부 또는 그 가

액의 반환을 청구하여야 한다.
ㄷ [옳음] 대판 2010.1.28. 2009다24187, 24194
ㄹ [옳음] 대판 2010.5.27. 2009다12580

40 정답 ③

① [틀림] 사용자에 갈음하여 그 사무를 감독하는 자도 책임이 있다(제756조 제2항).
② [틀림] 도급인은 수급인이 그 일에 관하여 제3자에게 가한 손해를 배상할 책임이 없다. 그러나 도급 또는 지시에 관하여 도급인에게 중대한 과실이 있는 때에는 그러하지 아니하다(제757조).
③ [옳음] 심신상실 중에 타인에게 손해를 가한 자는 배상의 책임이 없다. 그러나 고의 또는 과실로 인하여 심신상실을 초래한 때에는 그러하지 아니하다(제754조).
④ [틀림] 공작물의 설치 또는 보존의 하자로 인하여 타인에게 손해를 가한 때에는 공작물점유자가 손해를 배상할 책임이 있다. 그러나 점유자가 손해의 방지에 필요한 주의를 해태하지 아니한 때에는 그 소유자가 손해를 배상할 책임이 있다(제758조 제1항).
⑤ [틀림] 공동 아닌 수인의 행위 중 어느 자의 행위가 그 손해를 가한 것인지를 알 수 없는 때에도 연대하여 그 손해를 배상할 책임이 있다(제760조 제2항).

제3회

01 정답 ⑤

① [틀림], ③ [틀림], ④ [틀림] 민법전뿐만 아니라 민사에 관한 특별법 및 법규 등을 말한다(광의의 법률). 명령(대통령의 긴급재정·경제명령과 긴급명령)과 대법원규칙도 민법의 법원이다. 또한 비준·공포된 조약과 일반적으로 승인된 국제법규도 민사에 관한 것일 경우 법률과 동일한 효력을 가지므로 민사에 관한 법원이 된다(헌법 제6조 제1항).

② [틀림] 관습법은 사실인 관습과 구별되며, 민법 제1조는 관습법의 법원으로서의 보충적 효력을 인정하는 데 반하여, 사실인 관습은 일반적으로 사적자치가 인정되는 분야에서의 관습의 법률행위의 해석기준이나 의사를 보충적 효력을 정한 것이다(대판 1983.6.14. 80다3231).

⑤ [옳음] 대판 2007.6.15. 2007다11347

02 정답 ④

① [옳음] 대판 2016.12.1. 2016다240543
② [옳음] 대판 2007.6.1. 2005다5812
③ [옳음] 대판 2017.6.8. 2016다249557
④ [틀림] 강행규정 위배로 인한 무효주장을 신의성실원칙에 반하거나 권리남용이라고 볼 것은 아니다(대판 2000.6.9. 99다70860).
⑤ [옳음] 대판 1998.5.22. 96다24101

03 정답 ④

① [옳음] 제930조 ① 미성년후견인의 수(數)는 한 명으로 한다. ② 성년후견인은 피성년후견인의 신상과 재산에 관한 모든 사정을 고려하여 여러 명을 둘 수 있다. ③ 법인도 성년후견인이 될 수 있다.
② [옳음] 제10조
③ [옳음] 제14조의3
④ [틀림] 성년후견이나 한정후견에 관한 심판절차는 가사소송법 제2조 제1항 제2호 (가)목에서 정한 가사비송사건으로서, 가정법원이 당사자의 주장에 구애받지 않고 후견적 입장에서 합목적적으로 결정할 수 있다. 이때 성년후견이든 한정후견이든 본인의 의사를 고려하여 개시 여부를 결정한다는 점은 마찬가지이다(민법 제9조 제2항, 제12조 제2항).
⑤ [옳음] 법원이 특정후견인을 선임하였고, 또 일정한 범위에서 대리권을 수여하였다고 해서 그 범위 내의 법률행위에 관하여 피특정후견인의 행위능력이 제한된다고는 볼 수 없다. 그러므로 특정후견인의 동의 없이 재산상의 법률행위를 하더라도 취소의 대상이 되지 않는다.

04 정답 ⑤

① [옳음] 대판 1973.7.24. 72다2136
② [옳음] 제22조. 부재자의 채권자는 법률상 이해관계에 있는 자이므로 재산관리에 필요한 처분을 명할 것을 청구할 수 있다.
③ [옳음] 부재자재산관리인이 부재자를 위한 소송비용 때문에 피고로부터 돈을 차용하고, 그 돈을 임대보증금으로 하여 본건 임야를 피고에게 임대하는 행위(대판 1980.11.11. 79다2164). 그리고 차임청구·손해배상청구·등기청구·물건의 인도청구 등은 허가 없이 할 수 있다.
④ [옳음] 대판 2000.12.26. 99다19278
⑤ [틀림] 법원이 선임한 부재자의 재산관리인은 그 부재자의 사망이 확인된 후라 할지라도 위 선임결정이 취소되지 않는 한 그 관리인으로서의 권한이 소멸되는 것은 아니다(대판 1971.3.23. 71다189).

05 정답 ①

① [틀림] 비법인사단의 대표자는 정관 또는 총회의 결의로 금지하지 아니한 사항에 한하여 타인으로 하여금 특정한 행위를 대리하게 할 수 있을 뿐 비법인사단의 제반 업무처리를 포괄적으로 위임할 수는 없으므로 비법인사단 대표자가 행한 타인에 대한 업무의 포괄적 위임과 그에 따른 포괄적 수임인의 대행행위는 민법 제62

조를 위반한 것이어서 비법인사단에 대하여 그 효력이 미치지 않는다(대판 2011.4.28. 2008다15438).
② [옳음] 대판 2014.2.13. 2012다112299
③ [옳음], ④ [옳음] 대판 2019.2.14. 2018다264628
⑤ [옳음] 제275조 제1항

06 정답 ④

① [틀림] 이사가 변경된 경우, 이에 따른 변경등기는 대항요건에 해당한다.
② [틀림] 주의를 요하는 지문이다. 법인의 사무집행 그 자체는 이사의 과반수로 집행하며, 대외적인 대표는 각자대표이다.
③ [틀림] 사원총회는 정관으로 이사 또는 기타 임원에게 위임한 사항 외에는 법인의 사무의 전부에 관하여 결의권을 가진다. 특히 정관의 변경(제42조) 및 임의해산(제77조 제2항)은 총회의 전권사항이므로 정관에 의해서도 박탈하지 못한다.
④ [옳음] 대판 2009.4.9. 2008다1521
⑤ [틀림] 대표권 제한의 등기가 없는 경우, 대표권 제한사실에 관하여 선의의 상대방은 보호를 받아야 할 것이다. 그러나 악의의 상대방까지 보호할 필요성이 있는지가 문제되며, 판례는 채무를 부담할 때 이사회의 결의를 얻도록 한 규정은 법인대표권의 제한규정이므로 이를 등기하지 않은 한, 선·악을 묻지 않고 제3자에 대하여 대항할 수 없다고 하였다(대판 1992.2.14. 91다24564).

07 정답 ③

ㄱ [옳음] 대판 1991.5.14. 91다2779
ㄴ [틀림] 호텔의 각 방실에 시설된 텔레비젼·전화기, 호텔세탁실에 시설된 세탁기·탈수기·드라이크리닝기, 호텔주방에 시설된 냉장고·제빙기, 호텔방송실에 시설된 브이티알(비데오)·앰프 등은 적어도 호텔의 경영자나 이용자의 상용에 공여됨은 별론으로 하고, 주물인 부동산 자체의 경제적 효용에 직접 이바지하지 아니함은 경험칙상 명백하므로 위 부동산에 대한 종물이라고 할 수는 없다(대판 1985.3.26. 84다카269).
ㄷ [옳음] 대결 1972.7.27. 72마741
ㄹ [틀림] 정화조는 건물의 대지가 아닌 인접한 다른 필지의 지하에 설치되어 있다 하더라도 독립된 물건으로서 종물이라기보다는 건물의 구성부분으로 보아야 할 것이다(대판 1993.12.10. 93다42399).

08 정답 ⑤

① [옳음] 반사회질서의 법률행위에 해당하는지 여부의 판단은 법률행위의 성립시를 기준으로 하고, 이행기를 기준으로 하지 않는다.
② [옳음] 반사회질서의 법률행위의 무효는 절대적 무효이므로 이를 주장할 이익이 있는 자는 누구든지 무효를 주장할 수 있다.
③ [옳음] 반사회질서 행위에 해당하는지 여부의 판단은 그 시대의 사회통념에 따르기 때문에 변천하는 가치관념을 반영한다.
④ [옳음] 부정취득 목적의 보험계약은 반사회질서행위에 해당한다.
⑤ [틀림] 이중매매는 원칙적으로 유효하나, 제2매수인이 적극 가담한 경우에는 반사회질서 행위에 해당하여 무효가 된다. 대리인을 통한 매매계약의 경우에는 대리인을 기준으로 적극 가담여부를 판단하여야 하므로 본인인 매수인이 그러한 사정을 몰랐다 하더라도 반사회질서행위가 된다.

09 정답 ⑤

① [옳음] 甲과 乙 사이의 매매계약은 통정허위표시에 해당하여 무효이므로 그에 따른 채무를 이행할 필요가 없다.
② [옳음], ③ [옳음] 통정허위표시에 해당하여 무효가 되더라도 선의의 제3자에 대항하지 못한다. 丙은 선의의 제3자에 해당하므로 甲은 丙을 상대로 이전등기의 말소를 청구할 수 없다. 따라서 丙은 부동산의 소유권을 취득한다.

④ [옳음] 제3자의 선의는 추정되므로 악의를 주장하여 소유권을 회복하려는 甲이 丙의 악의를 증명해야 한다.
⑤ [틀림] 통정허위표시에 해당하여 무효라 하더라도 불법원인급여에 해당하지 않는다.

10 정답 ③

① [옳음] 대판 2018.9.13. 2015다78703
② [옳음] 대판 2011.6.24. 2008다44368
③ [틀림] 동기의 착오가 표시된 경우에 한해서만 고려된다고 하여 틀린 지문이다. 판례는 동기가 상대방에게 유발된 경우라면 표시 불문하고 착오 취소로 고려될 수 있다고 하였다.
[관련 판례] 동기가 상대방의 부정한 방법에 의하여 유발된 경우(대판 1987.7.21. 85다카2339) 또는 동기가 상대방으로부터 제공된 경우(대판 1978.7.11. 78다719)에는 동기가 표시되지 않았다고 하더라도 동기의 착오에 의한 의사표시는 취소될 수 있다.
④ [옳음] 대판 1985.4.23. 84다카890
⑤ [옳음] 대판 2014.11.27. 2013다49794

11 정답 ①

① [틀림] 대리권의 소멸사유는 본인의 사망, 대리인의 사망·성년후견개시·파산이다. 대리인의 한정후견개시는 소멸사유가 아니다.

12 정답 ②

① [틀림] 복대리인 丙은 대리인이 선임하지만 본인 甲의 대리인이다. 대리인 乙의 대리인은 아니다.
② [옳음] 대리의 목적인 법률행위의 성질상 대리인 자신에 의한 처리가 필요하지 아니한 경우에는 본인이 복대리 금지의 의사를 명시하지 아니하는 한 복대리인의 선임에 관하여 묵시적인 승낙이 있는 것으로 본다. 매매계약은 반드시 대리인 자신이 처리하여야 하는 성질은 아니므로 특별히 복대리인 선임을 금지하지 않는 한 묵시적 승낙이 있는 것으로 보는 것이 타당하다.
③ [옳음] 대리인 乙이 본인 甲의 승낙을 얻어 복대리인 丙을 선임한 경우, 대리인 乙은 그 선임감독에 관한 책임이 있다.
④ [옳음] 본인의 사망은 대리권의 소멸사유에 해당하므로 복대리권도 소멸한다.
⑤ [옳음] 민법 제129조에 의한 표현대리는 대리인의 권한이 소멸된 후 상대방과 거래하는 경우뿐만 아니라, 대리인의 대리권이 소멸된 후 복대리인을 선임한 경우에도 적용된다.

13 정답 ①

ㄱ [옳음] 무권대리인 乙이 본인 甲을 단독 상속한 경우, 본인 甲의 지위에서 추인을 거절하는 것은 신의성실의 원칙에 반하는 것이므로 허용되지 않는다.
ㄴ [옳음] 무권대리 행위는 무효인 것이 원칙이므로 상대방 丙의 최고에 대하여 본인 甲은 대답할 의무가 없다. 따라서 본인 甲이 그 기간 내에 확답을 발하지 않은 때에는 추인을 거절한 것으로 본다.
ㄷ [틀림] 표현대리는 무권대리의 일종이므로 유권대리의 주장 속에 표현대리의 주장은 포함되지 않는다.
ㄹ [틀림] 등기에는 추정력이 인정되므로 상대방 丙명의로 소유권이전등기가 되어 있으면 丙은 적법한 권리자로 추정된다. 따라서 등기의 추정력을 부정하는 본인 甲이 乙에게 대리권이 없다는 사실을 증명할 책임이 있다.

14 정답 ⑤

① [옳음] 토지거래허가구역 내에서는 매매계약이 허가를 받기 전까지는 무효이고, 허가를 받으면 소급해서 유효가 되는 것이므로 유동적 무효의 상태에 있다.

② [옳음] 유동적 무효상태인 경우에는 이행청구권이나 이행의무가 발생하지 않으므로 채무불이행이 될 수 없다. 따라서 계약해제나 손해배상청구는 허용되지 않는다.

③ [옳음] 유동적 무효상태인 경우에도 허가를 받도록 협력할 의무는 존재한다. 그러나 대금지급의무는 발생하지 않으므로 매매대금 이행제공이 없음을 이유로 토지거래허가 신청에 대한 협력의무의 이행을 거절할 수는 없다.

④ [옳음] 토지거래허가구역에서의 매매행위는 허가구역으로 지정되어 있는 기간 내에 매매계약을 체결하고 허가를 받아야 하는 것이다. 허가구역의 지정기간이 만료되고 재지정이 없으면 계약은 확정적으로 유효가 된다.

⑤ [틀림] 중간생략등기가 이미 실행된 경우에는 원칙적으로 유효이나, 토지거래허가구역 내에서는 무효이다. 최초 매도인인 甲으로부터 중간 매수인 乙을 거치지 않고, 최종 매수인 丙의 명의로 바로 등기를 이전하는 것은 중간생략등기에 해당한다. 토지거래허가구역 내에서는 3자간 합의가 있더라도 무효이다.

15 정답 ③

③ [부정] 이행의 청구는 법정추인사유에 해당한다. 그러나 취소권자가 청구한 경우에 한정되므로 상대방이 취소권자에게 이행을 청구한 경우는 해당하지 않는다.

16 정답 ④

① [옳음] 정지조건은 조건이 성취되어야 비로소 법률행위가 효력을 발생하는 것이다. 그 조건이 이미 성취될 수 없다면 법률행위는 효력을 발생할 가능성이 없으므로 그 법률행위는 무효이다.

② [옳음] 해제조건이란 조건이 성취되면 법률행위의 효력이 당연소멸된다. 그 조건이 이미 성취된 것이라면 효력이 생길 여지가 없으므로 그 법률행위는 무효이다.

③ [옳음] 조건이 붙어 있다는 사실은 사실인정의 문제이므로 법률행위의 효력을 다투려는 자가 조건의 존재를 입증해야 한다.

④ [틀림] 기한이익 상실특약은 기한이 도래하면 당연 상실되는 정지조건부 특약이 아니라 채권자의 의사표시가 있어야 비로소 기한의 이익이 상실되는 형성권적 기한이익 상실특약으로 추정하는 것이 판례의 입장이다.

⑤ [옳음] 종기란 법률행위의 효력이 상실되는 기한이므로 기한이 도래한 때로부터 그 효력을 잃는다.

17 정답 ④

ㄱ [3년] 이자, 부양료, 급료, 사용료 기타 1년 이내의 기간으로 정한 금전 또는 물건의 지급을 목적으로 한 채권(제163조 제1호)은 3년간 행사하지 아니하면 소멸시효가 완성한다.

ㄴ [3년] 의사, 조산사, 간호사 및 약사의 치료, 근로 및 조제에 관한 채권(제163조 제2호)은 3년간 행사하지 아니하면 소멸시효가 완성한다.

ㄷ [1년] 여관, 음식점, 대석, 오락장의 숙박료, 음식료, 대석료, 입장료, 소비물의 대가 및 체당금의 채권(제164조 제1호)은 1년간 행사하지 아니하면 소멸시효가 완성한다.

ㄹ [3년] 도급받은 자(수급인), 기사 기타 공사의 설계 또는 감독에 종사하는 자의 공사에 관한 채권(제163조 제3호)은 3년간 행사하지 아니하면 소멸시효가 완성한다.

18 정답 ⑤

① [옳음] 소멸시효는 그 기산일에 소급하여 효력이 생긴다(제167조). 그러나 제척기간에 의한 권리의 소멸은 소급효가 없다.

② [옳음] 소멸시효기간 만료에 인한 권리소멸에 관한 것은 소멸시효의 이익을 받은 자가 소멸시효 완성의 항변을 하지 않으면 그 의사에 반하여 재판할 수 없으나 제척기간이 도과하였는지

여부는 당사자의 주장에 관계없이 법원이 당연히 조사하여 고려하여야 할 사항이다.
③ [옳음] 소멸시효의 이익은 미리 포기하지 못한다(제184조 제1항).
④ [옳음] 제178조 제1항
⑤ [틀림] 매매예약의 완결권의 행사기간은 제척기간이다(대판 2003.1.10. 2000다26425).

19 정답 ④

① [옳음] 채권자지체중에는 채무자의 주의의무가 경감되어 채무자는 고의 또는 중대한 과실이 있을 때에만 불이행책임을 부담한다(제401조).
② [옳음] 손해배상액의 예정은 이행의 청구나 계약의 해제에 영향을 미치지 않는다(제398조 제3항).
③ [옳음] 채권자가 그 채권의 목적인 물건 또는 권리의 가액전부를 손해배상으로 받은 때에는 채무자는 그 물건 또는 권리에 관하여 당연히 채권자를 대위한다(제399조).
④ [틀림] 채권이 이자 있는 것이라 하더라도 채무자는 그 이자의 지급의무를 부담하지 않는다(제402조 제3항).
⑤ [옳음] 배상액의 예정은 일정액의 금전으로 하는 것이 보통이나, 손해배상액의 예정방법에 대한 특별한 제한이 없으므로 금전 이외의 것으로도 배상액을 예정할 수 있다(제398조 제5항).

20 정답 ③

③ [틀림] 이자채권은 원본채권에 대하여 종속성을 갖고 있으나 이미 변제기에 도달한 이자채권은 원본채권과 분리하여 양도할 수 있고 원본채권과 별도로 변제할 수 있으며 시효로 인하여 소멸되기도 하는 등 어느 정도 독립성을 갖게 되는 것이므로, 원본채권이 양도된 경우 이미 변제기에 도달한 이자채권은 원본채권의 양도당시 그 이자채권도 양도한다는 의사표시가 없는 한 당연히 양도되지는 않는다(대판 1989.3.28. 88다카12803).
④ [옳음] 대판 2007.2.22. 2005다65821

⑤ [옳음] 대판 2008.3.14. 2006다2940

21 정답 ④

④ [틀림] 손해발생으로 인하여 피해자에게 이득이 생기고, 한편 그 손해발생에 피해자의 과실이 경합되어 과실상계를 하여야 할 경우에는 먼저 산정된 손해액에다 과실상계를 한 후에 위 이득을 공제하여야 한다(대판 1981.6.9. 80다3277).

22 정답 ⑤

① [틀림], ④ [틀림] 채무불이행으로 인한 손해배상액이 예정되어 있는 경우 채권자는 채무불이행 사실만 증명하면 손해의 발생 및 그 액수를 증명하지 아니하고 예정배상액을 청구할 수 있으나, 반면 채무자는 채권자와 채무불이행에 있어 채무자의 귀책사유를 묻지 아니한다는 약정을 하지 아니한 이상 자신의 귀책사유가 없음을 주장·증명함으로써 위 예정배상액의 지급책임을 면할 수 있다(대판 2007.12.27. 2006다9408).
② [틀림] 사실심의 변론종결 당시를 기준으로 하여 그 사이에 발생한 위와 같은 모든 사정을 종합적으로 고려하여야 하며, 형평의 원칙에 비추어 현저히 불합리하다고 인정되지 않는 한 사실심의 전권에 속하는 사항이다(대판 2017.5.30. 2016다275402).
③ [틀림] 약관의 규제에 관한 법률에 의하여 약관조항이 무효인 경우 그것이 유효함을 전제로 민법 제398조 제2항을 적용하여 적당한 한도로 손해배상예정액을 감액하거나, 과중한 손해배상의무를 부담시키는 부분을 감액한 나머지 부분만으로 그 효력을 유지시킬 수는 없다(대판 2009.8.20. 2009다20475).
⑤ [옳음] 법원이 손해배상의 예정액이 부당히 과다하다고 하여 감액을 한 경우에는 손해배상액의 예정에 관한 약정 중 감액 부분에 해당하는 부분은 처음부터 무효이다(대판 2004.12.10. 2002다73852).

23 정답 ④

① [옳음] 제425조
② [옳음] 제418조 제1항
③ [옳음] 제418조 제2항
④ [틀림] 소멸시효의 경우 부담부분에 한하여 절대효가 있다.

> **제421조(소멸시효의 절대적 효력)** 어느 연대채무자에 대하여 소멸시효가 완성한 때에는 그 부담부분에 한하여 다른 연대채무자도 의무를 면한다.

⑤ [옳음] 제419조

24 정답 ②

ㄱ [가능] 대결 2007.11.30. 2005마1130
ㄴ [불가] 상소의 제기와 마찬가지로 종전 재심대상 판결에 대하여 불복하여 종전 소송절차의 재개, 속행 및 재심판을 구하는 재심의소 제기는 채권자대위권의 목적이 될 수 없다(대판 2012.12.27. 2012다75239).
ㄷ [가능] 대판 1989.4.25. 88다카4253

25 정답 ④

① [틀림] 제433조
② [틀림] 제429조 제2항
③ [틀림] 주채무자는 보증인에게 사전통지의무가 없으며, 수탁보증인에게만 사후통지의무를 부담한다.
④ [옳음] 제444조 제2항
⑤ [틀림] 보증채무는 주채무와는 별개의 채무이기 때문에 보증채무 자체의 이행지체로 인한 지연손해금은 보증한도액과는 별도로 부담하고 이 경우 보증채무의 연체이율에 관하여 특별한 약정이 없는 경우라면 그 거래행위의 성질에 따라 상법 또는 민법에서 정한 법정이율에 따라야 하며, 주채무에 관하여 약정된 연체이율이 당연히 여기에 적용되는 것이 아니다(대판 2000.4.11. 99다12123).

26 정답 ③

① [틀림] 채권양도의 통지는 양도인이 하여야 한다.
② [틀림] 채무자는 제3자가 채권자로부터 채권을 양수한 경우 채권양도금지 특약의 존재를 알고 있는 양수인이나 그 특약의 존재를 알지 못함에 중대한 과실이 있는 양수인에게 그 특약으로써 대항할 수 있다(대판 2003.1.24. 2000다5336). 그러므로 경과실의 丙은 채권을 유효하게 취득할 수 있으므로, 乙은 대항할 수 없다.
③ [옳음] 채권의 양수인은 해제의 제3자에 해당하지 않기 때문에, 원상회복의무를 부담한다.
④ [틀림] 채권이 이중으로 양도된 경우의 양수인 상호간의 우열은 통지 또는 승낙에 붙여진 확정일자의 선후에 의하여 결정할 것이 아니라, 채권양도에 대한 채무자의 인식, 즉 확정일자 있는 양도통지가 채무자에게 도달한 일시 또는 확정일자 있는 승낙의 일시의 선후에 의하여 결정하여야 한다(대판 1994.4.26. 93다24223 전원합의체).
⑤ [틀림] 비록 대항요건을 갖추지 못하여 채무자에게 대항하지 못한다고 하더라도 채권의 양수인이 채무자를 상대로 재판상의 청구를 하였다면 이는 소멸시효 중단사유인 재판상의 청구에 해당한다고 보아야 한다(대판 2005.11.10. 2005다41818).

27 정답 ⑤

① [옳음] 병존적 채무인수 내지 중첩적 채무인수는 면책적 채무인수와 달리 채무자의 의사에 반하여도 가능하다.
② [옳음] 대판 1999.7.9. 99다12376
③ [옳음] 대판 1998.11.24. 98다33765
④ [옳음] 대판 1989.11.14. 88다카29962
⑤ [틀림] 채권자인 임차인의 승낙이 없는 한, 이행인수에 불과하다.

28 정답 ③

ㄱ [옳음] 대판 1994.12.9. 94다38106
ㄴ [옳음] 제481조
ㄷ [틀림] 제483조. 일부변제의 경우, 채권자와 함께 권리를 행사할 수 있으나, 이 경우에도 채권자가 우선하여 변제를 받는다.

29 정답 ⑤

ㄱ [옳음], ㄴ [틀림], ㄷ [옳음] 채권압류명령 또는 채권가압류명령을 받은 제3채무자가 압류채무자에 대한 반대채권을 가지고 있는 경우에 상계로써 압류채권자에게 대항하기 위하여는, 압류의 효력 발생 당시에 대립하는 양 채권이 상계적상에 있거나, 그 당시 반대채권(자동채권)의 변제기가 도래하지 아니한 경우에는 그것이 피압류채권(수동채권)의 변제기와 동시에 또는 그보다 먼저 도래하여야 한다(대판 2012.2.16. 2011다45521 전원합의체). 그러므로 乙의 자동채권이 甲의 수동채권의 변제기보다 먼저 도래하거나 동시에 도래한 경우인, ㄱ과 ㄷ의 경우에 상계로 대항할 수 있다.

30 정답 ③

ㄱ [틀림] 청약이 9. 16. 도달한 후에는 철회할 수 없다.
ㄴ [틀림] 승낙기간에 도달한 경우에는 계약을 발송한 때 성립하므로 甲과 乙의 계약은 2022. 9. 14.에 성립한다.
ㄷ [옳음] 변경을 가한 청약은 새로운 청약으로 본다.

31 정답 ③

ㄱ [옳음] 부동산의 매매계약이 체결된 경우, 매도인의 소유권이전등기의무와 매수인의 잔대금지급의무는 동시이행관계에 있다.
ㄴ [옳음] 임대차 종료시 임대인의 임차보증금 반환의무와 임차인의 임차물 반환의무는 동시이행관계에 있다.
ㄷ [틀림] 매도인의 토지거래허가 신청절차에 협력할 의무와 매수인의 매매대금지급의무는 동시이행관계가 아니라 토지거래허가 신청절차에 협력할 의무가 선이행의무이다.

32 정답 ①

① [틀림] 제3자의 권리는 그 제3자가 채무자에 대하여 수익의 의사표시를 한 때 생긴다.
② [옳음] 제3자는 계약의 당사자가 아니므로 채무자의 채무불이행을 이유로 그 계약을 해제할 수 없다.
③ [옳음]
④ [옳음] 채무자는 상당한 기간을 정하여 계약이익의 향수 여부의 확답을 제3자에게 최고할 수 있으며, 기간 내에 확답을 받지 못하면 거절한 것으로 본다.
⑤ [옳음] 채무자와 인수인의 계약으로 체결되는 병존적 채무인수는 제3자를 위한 계약으로 볼 수 있으나, 면책적 채무인수는 그러하지 아니하다.

33 정답 ③

ㄱ [인정] 대판 2003.1.24. 2000다22850
ㄴ [인정] 대판 2014.12.11. 2013다14569
ㄷ [인정] 대판 2008.4.10. 2007다38908, 38915
ㄹ [부정] 토지를 매도하였으나, 매수인으로부터 대금지급을 받지 못하여 매매계약을 해제한 경우, 그 토지 위에 신축된 건물을 매수한 자는 보호되는 제3자에 해당되지 않는다.

34 정답 ③

① [틀림] 乙이 예약완결권을 행사하면 그때 매매의 효력이 생긴다.
② [틀림] 예약완결권은 형성권에 속하고 그 행사기간은 제척기간에 해당하지만 특약으로 달리 정할 수 있다.

③ [옳음]
④ [틀림] 제척기간은 법원의 직권조사 사항이므로 당사자가 주장하지 않더라도 법원은 이를 고려하여야 한다.
⑤ [틀림] 예약완결권은 형성권이므로 상대방의 승낙이 필요 없다.

35 정답 ⑤

⑤ 악의의 매수인에게도 인정되는 것은 1) 권리의 전부가 타인의 권리에 속하는 경우 계약해제권, 2) 권리의 일부가 타인에게 속하는 경우의 대금감액청구권, 3) 저당권의 실행으로 인하여 매수인이 소유권을 취득할 수 없는 경우의 계약해제권과 손해배상청구권이 있다.

36 정답 ③

① [틀림] 필요비는 지출한 즉시 청구할 수 있으며, 가액증가의 현존유무는 고려하지 않는다. 유익비는 임대차 종료 시 그 가액증가가 현존한 때에 한하여 그 상환을 청구할 수 있다.
② [틀림] 건물임차인이 그 사용의 편익을 위해 임대인으로부터 부속물을 매수한 경우, 부속물매수청구권은 임대차가 종료한 때에 행사할 수 있다.
③ [옳음] 임대차계약은 채권계약이므로 등기하지 않아도 성립하지만, 등기하지 않으면 제3자에게 대항력이 없다. 이런 문제점을 시정하기 위해서 건물소유를 목적으로 한 토지임대차를 등기하지 않았더라도, 임차인이 그 지상건물의 보존등기를 하면, 토지임대차는 제3자에 대하여 대항력이 생기는 것으로 규정하고 있다.
④ [틀림] 건물소유를 목적으로 한 토지임대차의 기간이 만료된 경우, 임차인의 지상물매수청구권은 임차인의 갱신요구가 거절된 경우에 비로소 청구할 수 있다.

⑤ [틀림] 임대차가 묵시적으로 갱신되면 존속기간은 약정이 없는 것으로 보기 때문에 양 당사자는 언제든지 해지통고를 할 수 있다. 다만 임대인이 한 경우에는 6개월 후, 임차인이 한 경우에는 1개월 후에 효력을 발생한다.

37 정답 ②

① [옳음] 제681조
② [틀림] 수임인은 특별한 약정이 없으면 위임인에 대하여 보수를 청구하지 못한다(제688조 제1항).
③ [옳음] 제687조
④ [옳음] 제689조
⑤ [옳음] 제691조 전문

38 정답 ⑤

ㄱ [틀림] 2인으로 된 조합관계에 있어 그 중 1인이 탈퇴하면 조합관계는 종료된다 할 것이나 특별한 사정이 없는 한 조합은 해산되지 아니하고 따라서 청산이 뒤따르지 아니하며, 다만 조합원의 합유에 속한 조합재산은 남은 조합원의 단독소유에 속하며 탈퇴자와 남은 자 사이에는 탈퇴로 인한 계산을 하는데 불과하다(대판 1987.11.24. 86다카2484).
ㄴ [옳음] 대판 1996.9.6. 96다19208
ㄷ [틀림] 탈퇴 조합원의 지분을 계산할 때 지분을 계산하는 방법에 관해서 별도 약정이 있다는 등 특별한 사정이 없는 한 지분의 환급을 주장하는 사람에게 조합재산의 상태를 증명할 책임이 있다(대판 2021.7.29. 2019다207851). 따라서 조합재산의 상태를 증명할 책임은 乙에게 있다.

39 정답 ⑤

ㄱ [옳음] 대판 1995.11.21. 94다45753
ㄴ [옳음] 제743조
ㄷ [옳음] 제744조

ㄹ [옳음] 제746조

40　정답 ⑤

① [옳음] 대판 2003.3.28. 2003다5061

④ [옳음] 대판 2007.6.28. 2007다10139

⑤ [틀림] 부부가 장기간 별거하는 등의 사유로 실질적으로 부부공동생활이 파탄되어 실체가 더 이상 존재하지 아니하게 되고 객관적으로 회복할 수 없는 정도에 이른 경우에는 혼인의 본질에 해당하는 부부공동생활이 유지되고 있다고 볼 수 없다. 따라서 비록 부부가 아직 이혼하지 아니하였지만 이처럼 실질적으로 부부공동생활이 파탄되어 회복할 수 없을 정도의 상태에 이르렀다면, 제3자가 부부의 일방과 성적인 행위를 하더라도 이를 두고 부부공동생활을 침해하거나 유지를 방해하는 행위라고 할 수 없고 또한 그로 인하여 배우자의 부부공동생활에 관한 권리가 침해되는 손해가 생긴다고 할 수도 없으므로 불법행위가 성립한다고 보기 어렵다. 그리고 이러한 법률관계는 재판상 이혼청구가 계속 중에 있다거나 재판상 이혼이 청구되지 않은 상태라고 하여 달리 볼 것은 아니다(대판 2014.11.20. 2011므2997).

제4회

01 정답 ③

③ [틀림] 항소권과 같은 소송법상의 권리에 대하여도 실효의 원칙이 적용될 수 있다.

02 정답 ③

① [옳음], ② [옳음], ③ [틀림] 제8조
④ [옳음] 제9조
⑤ [옳음] 제10조

03 정답 ④

① [틀림] 제16조
② [틀림] 적극적인 속임수를 의미하므로, 소극적인 속임수의 경우에는 여전히 취소할 수 있다.
③ [틀림] 성년후견인에게는 동의권이 없으므로 피성년후견인이 성년후견인의 동의 있는 것으로 믿게 한 경우에도 여전히 취소할 수 있다.
④ [옳음] 제15조
⑤ [틀림] 거절권은 악의의 상대방도 행사할 수 있다.

04 정답 ③

① [틀림] 보통실종은 5년이므로, 2020. 9. 15. 24시에 사망한 것으로 간주되며, 실종선고 시점이 사망간주시점이 아니다.
② [틀림] 사망의 효과는 간주이므로, 설령 반증이 있다 하더라도 취소되지 않는 한, 이를 번복할 수 없다. 그러므로 승소할 수 없다.
③ [옳음], ⑤ [틀림] 제29조. 실종선고의 취소는 소급효가 있다.
④ [틀림] 사망간주의 효과는 종래 주소를 기준으로 사법상 권리에만 영향을 미치며, 공법상 권리, 예를 들면 선거권 등까지 박탈되는 것은 아니다.

05 정답 ⑤

⑤ [틀림] 법인의 대표자의 행위가 직무에 관한 행위에 해당하지 아니함을 피해자 자신이 알았거나 또는 중대한 과실로 인하여 알지 못한 경우에는 법인에게 손해배상책임을 물을 수 없다(대판 2004.3.26. 2003다34045).

06 정답 ①

① [옳음] 대판 2005.9.15. 2004다44971
② [틀림] 비법인사단이 타인 간의 금전채무를 보증하는 행위는 총유물 그 자체의 관리·처분이 따르지 아니하는 단순한 채무부담행위에 불과하여 이를 총유물의 관리·처분행위라고 볼 수는 없다(대판 2007.4.19. 2004다60072).
③ [틀림] 비법인사단이 총유물에 관한 매매계약에 의하여 부담하고 있는 채무의 존재를 인식하고 있다는 뜻을 표시하는 소멸시효 중단사유로서의 승인은 총유물의 관리·처분행위에 해당하지 않는다(대판 2009.11.26. 2009다64383).
④ [틀림] 비법인사단의 대표자는 정관 또는 총회의 결의로 금지하지 아니한 사항에 한하여 타인으로 하여금 특정한 행위를 대리하게 할 수 있을 뿐 비법인사단의 제반 업무처리를 포괄적으로 위임할 수는 없다(대판 2011.4.28. 2008다15438).
⑤ [틀림] 채권자대위권의 행사에는 채무자의 동의가 필요 없다. 따라서 비법인사단이 총유재산에 관한 권리를 행사하지 아니하고 있어 비법인사단의 채권자가 채권자대위권에 기하여 비법인사단의 총유재산에 관한 권리를 대위행사하는 경우에는 사원총회의 결의 등 비법인사단의 내부적인 의사결정절차를 거칠 필요가 없다(대판 2014.9.25. 2014다211336).

07 정답 ⑤

⑤ [틀림] 동일소유자에게 속하는 배와 노, 자물쇠와 열쇠, 주유소건물과 주유기, 횟집과 수족관은 주물과 종물의 관계이나, 주유소의 지하에 매설된 유류저장탱크는 종물이 아니라 토지의 부합물이다. 즉 유류저장탱크는 독립물이 아니기 때문에 종물이라고 볼 수 없다.

08 정답 ⑤

① [옳음] 제1매수인 乙은 아직 소유권이전등기를 하지 않았으므로 소유권자가 아니다. 따라서 제2매수인 丙에게 소유권이전등기를 직접 청구할 수 없다.

② [옳음] 제2매수인 丙이 적극가담하여 이중매매를 한 것은 고의로 제1매수인 乙의 채권을 침해한 것이므로 乙은 丙에 대하여 불법행위를 이유로 손해배상을 청구할 수 있다.

③ [옳음] 계약금의 배액을 상환하고 계약을 해제하는 것은 상대방이 이행에 착수하기 전에 가능하다. 이미 중도금을 지급한 것은 이행에 착수한 것이므로 매도인 甲은 제1매수인 乙과의 매매계약을 해제할 수 없다.

④ [옳음] 무효행위의 추인은 추인할 때 유효요건을 갖추어야 한다. 제2매수인 丙명의의 등기는 반사회질서행위로서 무효이므로 추인하더라도 유효가 될 수 없다.

⑤ [틀림] 이중매매가 반사회질서행위에 해당되면 절대적 무효이므로 선의의 제3자에게도 대항할 수 있다. 따라서 제2매수인 丙으로부터 전득한 丁은 甲과 丙의 매매계약의 유효를 주장할 수 없다.

09 정답 ③

① [옳음] 경매절차에서는 국가기관이 개입하여 공정성이 담보된다는 점에서 불공정 거래행위를 주장할 수 없다.

② [옳음] 불공정한 법률행위에 관한 규정은 급부와 반대급부 사이의 균형을 추구하는 것이므로 무상계약에는 적용되지 않는다.

③ [틀림] 불공정한 법률행위를 공정한 행위로 바꾸는 무효행위의 전환에 관한 규정은 불공정한 법률행위에 적용될 수 있다.

④ [옳음] 대리인에 의하여 불공정 거래행위가 이루어진 경우, 궁박상태는 본인을 기준으로 하지만, 경솔과 무경험은 대리인을 기준으로 판단한다.

⑤ [옳음] 급부와 반대급부가 현저하게 공정을 잃은 것인지 여부에 대한 판단은 법률행위의 성립당시, 즉 계약을 체결할 당시를 기준으로 판단하여야 한다.

10 정답 ①

① [옳음] 총파산채권자를 기준으로 하여 파산채권자 모두가 악의로 되지 않는 한 파산관재인은 선의의 제3자라고 할 수밖에 없다.

② [틀림] 비진의 의사표시는 상대방이 표의자의 진의 아님을 알았거나 알 수 있었을 경우 무효가 된다.

③ [틀림] 비진의 의사표시는 의사와 표시가 불일치하는 것을 표의자 스스로 알고 있다는 점에서 착오와 구분된다. 비진의의사표시나 착오는 모두 상대방과 통정이 없다는 점에서는 공통된다.

④ [틀림] 통정허위표시가 무효가 되더라도 보호받는 제3자의 선의는 추정되므로 무효를 주장하는 자가 제3자의 악의를 입증할 책임이 있다.

⑤ [틀림] 매수인의 채무불이행을 이유로 매도인이 계약을 적법하게 해제하였더라도 매수인은 착오를 이유로 취소하게 되면 손해배상책임을 면할 수 있는 등 실익이 있으므로 매수인의 취소권은 소멸하지 않는다.

11 정답 ⑤

ㄱ [옳음] 甲과 乙 사이의 매매계약은 통정허위표시에 해당하므로 무효이다.

ㄴ [옳음] 甲과 乙 사이의 증여계약은 은닉행위로서 그 자체에 무효사유가 없는 한 유효이다.

ㄷ [옳음] 甲과 乙 사이의 소유권이전등기는 실체관계는 존재한다는 점에서 유효한 등기이므로 丙의 소유권이전등기는 선악을 불문하고 유효이다. 따라서 甲은 丙에게 X토지의 소유권이전등기말소를 청구할 수 없다.

ㄹ [옳음] 丙은 유효한 등기를 이전받은 것이므로 선의, 악의를 불문하고, 과실유무를 불문하고 소유권을 취득한다.

12 정답 ①

① [틀림] 대리인이 파산선고는 대리권의 소멸사유에 해당한다.

13 정답 ①

① [옳음] 무권대리행위에 대한 추인은 전부에 대하여 하여야 한다. 다만 무권대리행위의 일부에 대한 추인이나 내용을 변경한 경우 상대방의 동의를 얻지 못하는 한 무효이다.

② [틀림] 무권대리행위를 추인하면 계약 시에 소급하여 그 효력이 생긴다.

③ [틀림] 무권대리행위의 추인의 의사표시는 상대방이 아닌 무권대리인이나 전득자에 대해서도 할 수 있다. 다만 상대방에게 추인의 의사표시를 하지 않은 경우, 상대방이 추인의 사실을 모르고 있으면 상대방에게 대항할 수 없다.

④ [틀림] 무권대리인의 계약상대방은 최고나 철회를 할 수 있으나, 철회는 선의인 경우에만 가능하다. 따라서 계약 당시 대리권 없음을 알고 있는 경우에는 본인에 대해 계약을 철회할 수 없다.

⑤ [틀림] 무권대리행위에 대해서 추인받지 못하거나 또는 대리권을 증명하지 못하면 무권대리인이 무과실책임을 진다. 따라서 무권대리인의 과실이 없어도 상대방에게 책임을 진다.

14 정답 ③

① [틀림] 표현대리는 무권대리의 일종이므로 유권대리의 주장에 포함되지 않는다.

② [틀림] 권한을 넘은 표현대리의 기본대리권은 대리행위와 반드시 동종 또는 유사한 행위이어야 하는 것은 아니다.

③ [옳음] 복대리의 경우에도 표현대리가 성립될 수 있다.

④ [틀림] 대리권수여의 표시에는 반드시 대리권 또는 대리인이라는 표현을 사용한 경우에 한정되는 것은 아니고, 대리권을 추단할 수 있는 직함이나 명칭을 사용하는 것을 승낙 또는 묵인한 경우도 인정될 수 있다.

⑤ [틀림] 대리권소멸 후의 표현대리가 인정되는 경우에도 그 표현대리의 권한을 넘는 대리행위가 있는 경우에는 권한을 넘은 표현대리가 성립한다.

15 정답 ②

ㄱ [옳음] 불공정한 법률행위는 절대적 무효이므로 추인해도 효력이 생기지 않는다.

ㄴ [틀림] 입양합의가 없는 신분행위도 추인에 의하여 유효가 될 수 있으나, 이 경우 신분적 생활관계가 반드시 수반되어야 한다.

ㄷ [옳음] 불법조건이 붙은 법률행위는 절대적 무효이므로 추인해도 효력이 생기지 않는다.

ㄹ [틀림] 통정허위표시에 의한 임대차계약은 확정적 무효이므로 추인에 의해 유효가 될 수 없으나, 무효행위의 추인에 의하여 새로운 법률행위로 유효가 될 뿐이다.

16 정답 ④

① [부정] 취소권자가 추인할 수 있는 것을 알고서 이행을 청구한 경우에는 법정추인이 되지만 상대방의 이행청구는 해당하지 않는다. 취소권자는 기망당한 乙이므로 甲이 매매대금의 지급을 청구한 것은 법정추인사유가 아니다.

② [부정] 취소권자가 취소할 수 있는 권리의 전부나 일부의 양도한 경우에는 법정추인사유에 해당하지만 상대방이 한 경우에는 해당하지 않는다. 취소권자가 아닌 甲이 취소권자인 乙에 대한 대금채권을 丙에게 양도하더라도 법정추인인 되는 것은 아니다.

③ [부정] 취소권자가 전부나 일부의 이행을 한 경우 법정추인에 해당하지만 상대방이 한 것은 해당하지 않는다. 취소권자가 아닌 甲이 이전등기에 필요한 서류를 乙에게 제공하더라도 취소권자인 乙이 수령하여야 이행된 것이므로 법정추인이 될 수 있다.

④ [인정] 기망을 당한 乙은 취소권자에 해당하고, 기망상태에서 벗어난 경우에는 추인할 수 있으므로 이의 없이 매매대금을 지급하면 채무를 이행한 것이므로 법정추인에 해당한다.

⑤ [부정] 취소권자인 乙이 매매계약을 취소한 것은 계약을 확정적으로 무효로 만드는 것이므로 법정추인에 해당하지 않는다.

17 정답 ⑤

① [옳음] 대판 1993.9.28. 93다20832
② [옳음] 대판 2006.11.24. 2006다35766
③ [옳음] 제148조
④ [옳음] 제150조
⑤ [틀림] 제151조 제2항. 조건이 법률행위의 당시 이미 성취한 것인 경우에는 그 조건이 정지조건이면 조건 없는 법률행위로 하고 해제조건이면 그 법률행위는 무효로 한다.

18 정답 ⑤

⑤ [옳음] 부관이 붙은 법률행위에 있어서 부관에 표시된 사실이 발생하지 아니하면 채무를 이행하지 아니하여도 된다고 보는 것이 상당한 경우에는 <조건>으로 보아야 하고, 표시된 사실이 발생한 때에는 물론이고 반대로 발생하지 아니하는 것이 확정된 때에도 그 채무를 이행하여야 한다고 보는 것이 상당한 경우에는 표시된 사실의 발생 여부가 확정되는 것을 <불확정기한>으로 정한 것으로 보아야 한다(대판 2003.8.19. 2003다24215).

19 정답 ②

② [10년] 세무사는 규정이 없기 때문에, 일반 민사채권으로 10년의 소멸시효에 걸린다.

20 정답 ⑤

① [틀림] 소멸시효의 기간만료 전 6개월 내에 제한능력자에게 법정대리인이 없는 경우에는 그가 능력자가 되거나 법정대리인이 취임한 때부터 6개월 내에는 시효가 완성되지 아니한다.

② [틀림] 부부 중 한쪽이 다른 쪽에 대하여 가지는 권리는 혼인관계가 종료된 때부터 6개월 내에는 소멸시효가 완성되지 아니한다.

③ [틀림] 소멸시효는 법률행위에 의하여 이를 배제, 연장 또는 가중할 수 없으나 이를 단축 또는 경감할 수 있다.

④ [틀림] 주채무가 시효로 소멸한 때에는 보증인도 그 시효소멸을 원용할 수 있으며, 주채무자가 시효의 이익을 포기하더라도 보증인에게는 그 효력이 없다(대판 1991.1.29. 89다카1114).

⑤ [옳음] 대판 2013.5.16. 2012다202819

21 정답 ③

ㄱ [옳음] 대판 2021.3.25. 2020다289989
ㄴ [옳음] 대판 1989.3.28. 88다카12803
ㄷ [틀림] 제377조 제2항. 채권의 목적이 어느 종류의 다른 나라 통화로 지급할 것인 경우에 그 통화가 변제기에 강제통용력을 잃은 때에는 그 나라의 다른 통화로 변제하여야 한다.

22 정답 ②

① [틀림] 쌍방의 책임 없는 사유로 이행불능이 된 경우에는 위험부담의 문제가 되므로 채무불이행을 전제로 한 매매계약의 해제나 손해배상은 청구할 수 없다.
② [옳음], ⑤ [틀림] 수용으로 인하여 이행불능이 된 경우 채무자가 수용보상금 등을 받는다면 채권자는 대상청구권을 행사하여 수용보상금을 청구하거나 수용보상금청구권의 양도를 청구할 수 있다. 다만 채권자가 수용보상금청구권을 바로 취득하는 것은 아니다.
③ [틀림] 쌍방의 책임 없는 사유로 이행불능이 되면 채무자가 위험을 부담하는 것이 원칙이므로 채권자 乙은 이미 지급한 중도금을 부당이득으로 반환 청구할 수 있다.
④ [틀림] 계약체결상의 과실을 이유로 신뢰이익의 배상을 청구할 수 있는 것은 원시적으로 전부 이행이 불능한 경우라야 한다. 계약체결 후 수용으로 인하여 이행불능이 된 것은 후발적 불능이다.

23 정답 ②

ㄱ [옳음] 채무자는 자기에게 과실이 없는 경우에도 그 이행지체중에 생긴 손해를 배상하여야 한다(제392조). 이행지체 중에 이행불능이 되면 책임이 가중되어 무과실책임이 된다. 그러나 채무자가 이행기에 이행하여도 손해를 면할 수 없는 경우에는 책임을 지지 아니하다.

ㄴ [틀림] 매도인의 매매계약상의 소유권이전등기의무가 이행불능이 되어 이를 이유로 매매계약을 해제함에 있어서는 상대방의 잔대금지급의무가 매도인의 소유권이전등기의무와 동시이행관계에 있다고 하더라도 그 이행의 제공을 필요로 하는 것이 아니다(대판 2003.1.24. 2000다22850).
ㄷ [옳음] 대판 1995.7.25. 95다5929

24 정답 ④

① [틀림] 채무자가 이미 권리를 행사하였으므로 채권자는 더 이상 채권자대위권을 행사할 수 없다.
② [틀림] 피보전채권의 소멸시효가 완성된 경우 제3채무자는 이를 원용할 수 없다.
③ [틀림] 피보전채권이 부존재할 경우에는 각하이나, 피대위권리가 부존재할 경우에는 기각이다.
④ [옳음] 채무자에 대한 채권자의 채권이 제3채무자에게까지 대항할 수 있는 것임을 요하는 것도 아니며, 채권자의 채권이 채무자의 제3채무자에 대한 채권보다 먼저 성립해 있을 필요도 없다.
⑤ [틀림] 채권자대위는 일종의 법정위임관계라고 할 수 있다. 그러므로 대위를 위하여 채권자가 비용을 지출한 때에는 제688조를 준용하여 채무자에게 그 비용의 상환을 청구할 수 있다.

25 정답 ⑤

ㄱ [틀림] 채무자의 법률행위가 통정허위표시인 경우에도 채권자취소권의 대상으로 된다고 할 것이고(대판 1984.7.24. 84다카68).
ㄴ [틀림] 채무자의 유증 포기가 직접적으로 채무자의 일반재산을 감소시켜 채무자의 재산을 유증 이전의 상태보다 악화시킨다고 볼 수도 없다. 따라서 유증을 받을 자가 이를 포

기하는 것은 사해행위 취소의 대상이 되지 않는다(대판 2019.1.17. 2018다260855).
ㄷ [옳음] 대판 1999.4.27. 98다56690
ㄹ [옳음] 대판 2011.6.9. 2011다29307

26 정답 ②

① [틀림] 제429조 제2항. 보증인은 그 보증채무에 관한 위약금 기타 손해배상액을 예정할 수 있다.
② [옳음] 대판 2003.6.13. 2001다29803
③ [틀림] 제434조. 보증인은 주채무자의 채권에 의한 상계로 채권자에게 대항할 수 있다.
④ [틀림] 제428조의2 제1항. 보증은 그 의사가 보증인의 기명날인 또는 서명이 있는 서면으로 표시되어야 효력이 발생한다. 다만, 보증의 의사가 전자적 형태로 표시된 경우에는 효력이 없다.
⑤ [틀림] '보증인의 서명'은 원칙적으로 보증인이 직접 자신의 이름을 쓰는 것을 의미하므로 타인이 보증인의 이름을 대신 쓰는 것은 이에 해당하지 않지만, '보증인의 기명날인'은 타인이 이를 대행하는 방법으로 하여도 무방하다(대판 2019.3.14. 2018다282473).

27 정답 ④

ㄱ [옳음] 제420조
ㄴ [틀림] 공동임차인의 차임지급의무는 연대채무에 해당하며, 연대채무자 상호간의 구상권을 행사함에 있어 초과출재는 필요 없다. 그러므로 구상권을 부담부분에 따라 행사할 수 있다.
ㄷ [옳음] 대판 2018.3.22. 2012다74236

28 정답 ②

① [옳음] 제449조
② [틀림] 취득시효완성으로 인한 소유권이전등기청구권은 채권자와 채무자 사이에 아무런 계약관계나 신뢰관계가 없고, 그에 따라 채권자가 채무자에게 반대급부로 부담하여야 하는 의무도 없다. 따라서 취득시효완성으로 인한 소유권이전등기청구권의 양도의 경우에는 매매로 인한 소유권이전등기청구권에 관한 양도제한의 법리가 적용되지 않는다(대판 2018.7.12. 2015다36167). 즉 통지만으로도 대항력을 취득할 수 있다.
③ [옳음] 대판 2019.12.19. 2016다24284
④ [옳음] 제454조
⑤ [옳음] 제458조

29 정답 ③

① [옳음] 제470조
② [옳음] 대판 2004.4.23. 2004다5389
③ [틀림] 채무자가 채무 전부를 변제한 때에는 채권자에게 채권증서의 반환을 청구할 수 있으며, 제3자가 변제를 하는 경우에는 제3자도 채권증서의 반환을 구할 수 있으나, 이러한 채권증서 반환청구권은 채권 전부를 변제한 경우에 인정되는 것이고, 영수증 교부의무와는 달리 변제와 동시이행관계에 있지 않다(대판 2005.8.19. 2003다22042).
④ [옳음] 대판 2014.4.30. 2013다8250
⑤ [옳음] 대판 2014.12.18. 2011다50233

30 정답 ①

① [틀림] 제493조 제2항. 상계의 의사표시는 각 채무가 상계할 수 있는 때에 대등액에 관하여 소멸한 것으로 본다.
② [옳음] 제494조
③ [옳음] 매도인이나 수급인의 담보책임을 기초로 한 손해배상채권의 제척기간이 지난 경우에도 제척기간이 지나기 전 상대방의 채권과 상계할 수 있었던 경우에는 매수인이나 도급인은 민법 제495조를 유추적용해서 위 손해배상채권을 자동채권으로 해서 상대방의 채권과

상계할 수 있다(대판 2019.3.14. 2018다255648).
④ [옳음] 대판 2006.10.26. 2004다63019
⑤ [옳음] 제498조

31 정답 ⑤
ㄱ [옳음] 제533조
ㄴ [옳음] 제534조
ㄷ [옳음] 제529조

32 정답 ③
① [옳음] 丙은 수익자에 불과하므로 甲과 乙의 기본관계를 해제할 수 없다.
② [옳음] 기본관계가 적법하게 취소되면 수익자인 丙의 급부청구권은 소멸한다.
③ [틀림] 낙약자는 기본관계에 관한 항변으로 수익자에게 대항할 수 있다. 따라서 요약자 甲의 채무불이행이 있으면 낙약자 乙은 수익자 丙에게 대금지급을 거절할 수 있다.
④ [옳음] 수익자 丙이 수익의 의사표시를 한 후에는 계약의 당사자인 甲과 乙이 합의 해제하더라도 丙에게 대항할 수 없다. 다만 기본계약의 하자가 있으면 취소할 수는 있다.
⑤ [옳음] 기본계약이 무효가 되면 원상회복이나 부당이득반환은 계약의 당사자 사이에서 이루어져야 하고, 제3자에게 급부한 것이 있더라도 제3자를 상대로 반환을 구할 수는 없다.

33 정답 ④
① [옳음] 합의해제는 계약의 일종이므로 해제에 관한 민법규정은 적용되지 않는다. 따라서 금전을 반환할 때 이자를 지급할 의무가 당연히 인정되는 것은 아니다.
② [옳음] 당사자의 일방 또는 쌍방이 수인인 경우에는 계약의 해지나 해제는 그 전원으로부터 또는 전원에 대하여 하여야 한다.
③ [옳음] 제539조
④ [틀림] 정기행위란 성질상 일정한 기간 내에 이행하지 않으면 그 목적을 달성할 수 없는 계약을 말한다. 정기행위의 경우에는 이행지체가 있으면 해제권이 발생하고, 이행의 최고 없이도 해제권을 행사할 수 있으나, 해제의 의사표시는 하여야 한다.
⑤ [옳음] 계약을 해제하면 각 당사자는 원상회복의무가 있으나, 제3자의 권리를 침해하지 못한다. 이때 제3자라 함은 계약으로부터 생긴 법률적 효과를 기초로 새로운 이해관계를 가지고, 등기나 인도 등으로 완전한 권리를 취득한 자를 의미한다. 따라서 매매대금채권을 양수한 자는 채권에 불과한 권리이므로 권리를 침해하지 못하는 제3자에 해당하지 않는다.

34 정답 ③
ㄱ [틀림] '범죄행위'는 신뢰관계를 중대하게 침해하여 수증자에게 증여의 효과를 그대로 유지시키는 것이 사회통념상 허용되지 아니할 정도의 범죄를 저지르는 것을 말하며, 반드시 수증자가 그 범죄행위로 형사처벌을 받을 필요는 없다(대판 2022.3.11. 2017다207475, 207482).
ㄴ [옳음] 상대부담 있는 증여에 대하여는 민법 제561조에 의하여 쌍무계약에 관한 규정이 준용되어 부담의무 있는 상대방이 자신의 의무를 이행하지 아니할 때에는 비록 증여계약이 이미 이행되어 있다 하더라도 증여자는 계약을 해제할 수 있다.
ㄷ [옳음] 제556조
ㄹ [틀림] 대판 2003.4.11. 2003다1755

35 정답 ③
① [옳음] 계약금 계약은 계약금 전부를 지급해야 성립하므로 일부만 지급한 경우에는 해약금에 의한 해제권을 행사할 수 없다.
② [옳음] 계약금 계약을 체결하였더라도 채무불이행에 의한 해제권이 소멸하는 것은 아니므

로 매수인 乙이 정당한 사유 없이 잔금을 지급하지 않으면 매도인 甲은 계약의 해제하고, 손해배상을 청구할 수 있다.
③ [틀림] 계약금계약은 종된 계약이므로 주된 계약인 매매계약이 무효이거나 취소되면 효력을 상실한다.
④ [옳음] 계약금은 기본적으로 계약을 체결한 증약금으로서의 성질을 가진다.
⑤ [옳음] 해약금에 의한 계약해제는 일방이 이행에 착수할 때까지 해제할 수 있다. 중도금을 일부라도 지급하면 이행에 착수한 것이므로 해약금에 의한 해제권은 행사할 수 없다.

36 정답 ②

① [틀림] 매매계약을 체결하였으나, 권리의 전부가 타인에게 속한 경우, 매수인은 선의, 악의를 불문하고 계약을 해제할 수 있다.
② [옳음] 저당권이 설정된 부동산의 매수인이 저당권의 행사로 그 소유권을 취득할 수 없는 경우, 매수인은 선의, 악의를 불문하고 계약을 해제하고 손해배상을 청구할 수 있다.
③ [틀림] 매매계약을 체결하였으나, 권리의 전부가 타인에게 속한 경우, 선의의 매수인만 손해배상을 청구할 수 있으며, 이때는 이행이익을 배상하여야 한다.
④ [틀림] 매매목적 부동산에 전세권이 설정된 경우, 그 전세권으로 인하여 계약의 목적을 달성할 수 없는 경우에 한하여 선의의 매수인만 계약을 해제할 수 있다.
⑤ [틀림] 매매계약을 체결하였으나, 권리의 일부가 타인에게 속한 경우, 선의의 매수인은 손해배상을 청구할 수 있다. 이때 제척기간의 기산점은 그 사실을 안 날로부터 1년 이내이다.

37 정답 ③

③ [틀림] 경제사정변동에 따른 임대인의 차임증액청구에 대해 법원이 차임증액을 결정한 경우, 차임은 증액청구의 의사표시를 한 때에 소급하여 그 효력이 생기는 것이므로, 특별한 사정이 없는 한 증액청구의 의사표시가 상대방에게 도달한 때부터 지연손해금이 발생한다.

38 정답 ④

ㄱ [옳음] 지체상금약정은 손해배상액의 예정에 해당하는 바, 부당히 과다한 경우 법원이 직권으로 감액할 수 있다.
ㄴ [틀림] 확대손해로 발생하는 손해배상채무 역시 동시이행관계에 있다.
ㄷ [틀림] 제668조. 건물도급의 경우에는 해제할 수 없다.

39 정답 ①

ㄱ [옳음] 대판 2008.3.13. 2006다53733, 53740
ㄴ [틀림] 지시에 의하여 급부가 이루어진 후에 원인이 된 계약이 취소된 경우, 제3자를 상대로 부당이득반환을 청구할 수 없다.
ㄷ [틀림] 불법원인급여의 경우, 상대방의 불법행위를 이유로 그 재산의 급여로 말미암아 발생한 자신의 손해를 배상할 것을 주장할 수 없다.

40 정답 ①

① [틀림] 부진정연대채무에서 이행의 청구는 절대효가 없다.
② [옳음] 부진정연대채무에서 채무면제 또는 채권포기는 절대효가 없다.
③ [옳음] 대판 2001.9.7. 99다70365
④ [옳음] 대판 2014.3.27. 2013다91597
⑤ [옳음] 구상권은 일반 민사채권으로 10년의 소멸시효에 걸린다.

제5회

01 정답 ④

① [틀림], ② [틀림], ③ [틀림], ⑤ [틀림] 상대방 있는 단독행위에 해당한다.
④ [옳음] 상대방 없는 단독행위에는 소유권 포기, 재단법인 설립, 유언, 유증 등이 있다.

02 정답 ③

ㄱ [옳음] 대판 2004.1.27. 2003다45410
ㄴ [옳음] 대판 2011.10.13. 2011다36091
ㄷ [틀림] 강행법규를 위반한 자가 스스로 무효를 주장하는 것은 신의칙에 위반되지 않으며, 이를 신의칙에 위반되는 권리행사라는 이유로 그 주장을 배척한다면, 오히려 강행법규에 의하여 배제하려는 결과를 실현시키는 셈이 되어 입법취지를 몰각하게 되기 때문이다(대판 2013.12.18. 2012다89399).
ㄹ [옳음] 대판 2022.5.26. 2020다215124

03 정답 ④

ㄱ [옳음] 피성년후견인의 경우 법정대리인에게는 동의권이 없으므로 설령 피성년후견인이 법정대리인의 동의가 있는 것으로 믿게 하였다 하더라도 취소할 수 있다. 설문에서 甲은 법정대리인 乙의 동의서를 위조하는 방법으로 乙의 동의가 있는 것처럼 믿게 하여 자기 소유 건물을 丙에게 매각하는 계약을 체결하였으나, 乙에게는 동의권이 없으므로 여전히 甲이 체결한 매매계약을 취소할 수 있다.
ㄴ [틀림] 제한능력자에 대한 최고는 무효이다. 따라서 丙이 피성년후견인인 甲에게 한 최고는 효력이 없다.
ㄷ [틀림] 철회권은 선의의 상대방만이 행사할 수 있다. 따라서 계약 당시 甲이 제한능력자임을 丙이 알았다면 철회할 수 없다.

04 정답 ②

ㄱ [틀림] 성년후견개시심판과 한정후견개시심판을 할 때 본인의 의사를 고려하여야 하고(제9조 제2항, 제12조), 특정후견의 심판은 본인의 의사에 반하여 할 수 없다(제14조의2).
즉, 성년후견개시심판과 한정후견개시심판은 본인의 의사를 고려하기만 하면 되며, 본인의 의사를 고려하였다면 본인의 의사에 반하여도 할 수 있다.
ㄴ [옳음], ㄹ [옳음] 한정후견의 개시를 청구한 사건에서 의사의 감정 결과 등에 비추어 성년후견 개시의 요건을 충족하고 본인도 성년후견의 개시를 희망한다면 법원이 성년후견을 개시할 수 있고, 성년후견 개시를 청구하고 있더라도 필요하다면 한정후견을 개시할 수 있다고 보아야 한다. 가정법원은 피성년후견인이나 피한정후견인이 될 사람의 정신상태를 판단할 만한 다른 충분한 자료가 있는 경우 의사의 감정이 없더라도 성년후견이나 한정후견을 개시할 수 있다(대판 2021.6.10. 2020스596).
ㄷ [틀림] 제930조 제1항. 미성년후견인의 수는 한 명으로 한다.

05 정답 ③

ㄱ [틀림] 정관 또는 총회의 결의로 금지하지 아니한 사항에 한하여 타인으로 하여금 특정의 행위를 대리하게 할 수 있는 바(제62조), 포괄적으로는 위임할 수 없으며, 이를 위반한 행위의 효과는 종중에게 발생하지 않는다(대판 1996.9.6. 94다18522).
ㄴ [틀림] 비법인사단도 명예권의 주체가 될 수 있으므로, 이를 침해한다면, 손해배상을 청구할 수 있다.
ㄷ [옳음] 대판 2008.1.18. 2005다34711
ㄹ [옳음] 종중이 자연발생적으로 성립한 후에 정관 등 종중규약을 작성하면서 일부 종원의

자격을 임의로 제한하거나 확장하더라도 그러한 규약은 종중의 본질에 반하여 무효이고, 그로 인하여 이미 성립한 종중의 실재 자체가 부인되는 것은 아니다. 또한 종중이 종중원의 자격을 박탈하거나 종중원이 종중을 탈퇴할 수 없는 것이어서 공동선조의 후손들은 종중을 양분하는 것과 같은 종중분열을 할 수 없다(대판 2023.12.28. 2023다278829).

06 정답 ⑤

① [틀림] 제95조. 법원이 검사, 감독한다.
② [틀림] 제82조. 법인이 해산한 때에는 파산의 경우를 제하고는 이사가 청산인이 된다. 그러나 정관 또는 총회의 결의로 달리 정한 바가 있으면 그에 의한다.
③ [틀림] 정관의 변경은 3분의 2, 임의해산이 4분의 3이다.
④ [틀림] 이사의 대표권 제한과 관련하여 정관의 기재는 효력요건이고, 등기가 대항요건이므로, 정관에 기재가 되었다면, 효력이 있다.
⑤ [옳음] 제58조

07 정답 ④

① [옳음] 대판 1991.5.14. 91다2779
② [옳음] 대판 2006.10.26. 2006다29020
③ [옳음] 대판 1978.12.26. 78다2028
④ [틀림] 호텔의 각 방실에 시설된 텔레비전, 전화기 등의 집기는 호텔 건물의 종물이 아니다(대판 1985.3.26. 84다카269).
⑤ [옳음] 제358조. 저당권의 효력은 종물과 종된권리에도 미친다.

08 정답 ④

① [옳음] 제2매수인 丙이 매도인 甲의 배임행위에 적극 가담하여 이루어진 이중매매는 반사회질서행위에 해당하므로 무효이다.
② [옳음] 제1매수인 乙은 아직 소유권이전등기를 하지 않았으므로 소유권자가 아니다. 따라서 제2매수인 丙에게 소유권이전등기를 직접 청구할 수 없다.
③ [옳음] 제1매수인 乙은 자신의 소유권이전청구권을 보전하기 위하여 매도인 甲을 대위하여 제2매수인 丙에게 소유권이전등기의 말소를 청구할 수 있다.
④ [틀림] 이중매매는 반사회질서행위로서 절대적 무효이므로 제2매수인 丙으로부터 그 부동산을 전득한 丁은 선의인 경우라 하더라도 소유권을 취득할 수 없다.
⑤ [옳음] 채권자취소권은 금전채권을 침해한 경우에 한하여 가능하다. 제1매수인 乙의 채권은 금전채권이 아니므로 甲·丙 사이의 매매계약에 대하여 채권자취소권을 행사할 수는 없다.

09 정답 ③

① [옳음] 대판 2013.9.26. 2011다53683
② [옳음] 제106조
③ [틀림] 소취하합의의 의사표시 역시 민법 제109조에 따라 법률행위의 내용의 중요 부분에 착오가 있는 때에는 취소할 수 있을 것이다(대판 2020.10.15. 2020다227523).
④ [옳음] 대판 2006.9.8. 2006다24131
⑤ [옳음] 대판 1994.6.10. 93다24810

10 정답 ①

ㄱ [인정] 통정허위표시에 의한 채권은 허위표시를 기초로 발생한 권리이므로 이 채권을 가압류한 자는 제3자에 해당한다.
ㄴ [인정] 통정허위표시에 의해 설정된 전세권은 허위표시를 기초로 발생한 권리이므로 이 전세권에 대해서 저당권을 설정 받은 자는 제3자에 해당한다.
ㄷ [부정] 대리인의 통정허위표시에서 본인은 계약의 당사자에 해당하므로 제3자가 아니다.

ㄹ [부정] 제3자를 위한 계약이 통정허위표시인 경우에 수익을 받는 제3자는 통정허위표시를 기초로 새로운 이해관계를 맺은 자가 아니라 계약의 내용 속에 포함되어 있다.

11 정답 ③

① [옳음] 공동묘지는 주거환경에 친한 시설이 아니므로 분양계약의 체결 및 가격에 상당한 영향을 미치는 요인이므로 이를 분양계약자에게 고지하지 않은 것은 기망행위에 해당한다.
② [옳음] 기망이 동시에 불법행위를 구성하는 경우, 취소권을 행사하든, 불법행위에 따른 손해배상청구를 하든 권리자의 자유이다. 취소권의 행사가 반드시 전제될 필요는 없다.
③ [틀림] 상품의 선전 광고는 신의칙에 비추어 비난받을 정도의 방법으로 허위로 고지한 경우에는 기망행위에 해당한다고 할 것이나, 다소 과장된 내용이 있다 하더라도 그것이 일반 상거래의 관행과 신의칙에 비추어 시인될 수 있는 정도인 경우에는 기망행위가 아니다.
④ [옳음] 제110조
⑤ [옳음] 대리인은 본인과 동일한 것으로 볼 수 있으므로 본인이 선의라 하더라도 상대방은 계약을 취소할 수 있다.

12 정답 ②

ㄱ [옳음], ㄹ [틀림] 제111조
ㄴ [틀림] 상대방 있는 의사표시는 그 통지가 상대방에게 도달한 때 효력이 생기는 것이고, 여기서 도달이라 함은 사회통념상 상대방이 통지의 내용을 알 수 있는 객관적 상태에 놓여 있는 경우를 의미한다. 따라서 상대방이 정당한 사유 없이 통지의 수령을 거절한 경우라 하더라도 상대방이 그 통지의 내용을 알 수 있는 객관적 상태에 놓여 있는 때에 의사표시의 효력이 생긴다.
ㄷ [옳음] 보통우편은 내용증명우편이나 등기우편과 달리 상대방의 수령사실을 확인할 수 없으므로 발송되었다는 사실만으로 상당한 기간 내에 도달하였다고 추정할 수는 없다.

13 정답 ③

① [옳음] 무권대리의 상대방은 선의인 경우에 한하여, 본인의 추인이 있을 때까지 계약을 철회할 수 있다. 양도계약 체결 당시 상대방 丙은 乙의 무권대리를 모르고 있었으므로 甲의 추인이 있을 때까지 계약을 철회할 수 있다.
② [옳음] 무권대리행위는 상대방이 계약을 유효하게 철회하면, 확정적으로 무효가 된다.
③ [틀림] 제135조에 따라 무권대리인에게 책임을 추궁하기 위해서는 계약이 철회되지 않을 것을 요한다.
④ [옳음] 상대방 丙의 철회는 선의인 경우에 한하여 가능하다. 선의는 추정되므로 철회의 유효를 다투는 甲이 丙의 악의를 입증할 책임이 있다.
⑤ [옳음] 무권대리인이 본인을 상속한 경우에는 신의칙상 추인을 거절할 수 없고, 확정적으로 유효가 된다.

14 정답 ⑤

① [틀림] 표현대리의 성립은 계약의 상대방인 丙만 주장할 수 있으며, 본인 甲이나 무권대리인 乙 스스로 주장할 수는 없다.
② [틀림] 표현대리가 성립하면 본인 甲은 전적으로 책임을 져야 하고, 상대방 丙에게 과실이 있더라도 과실상계의 원리를 유추하여 본인의 책임을 경감할 수는 없다.
③ [틀림] 최고권은 악의의 상대방이라도 행사할 수 있다.
④ [틀림] 대리행위 자체가 무효인 경우에는 표현대리가 성립하지 않는다. 토지거래허가구역 내에서 토지거래허가를 받지 못하면 계약이 확정적으로 무효가 되므로 표현대리가 성

립할 수 없다.

⑤ [옳음] 대리인 乙이 현명하지 않고 자신의 명의로 丙과 계약을 체결한 경우에는 丙이 선의·무과실이더라도 표현대리는 성립할 수 없으므로 본인에게 책임을 물을 수 없다.

15 정답 ③

ㄱ [옳음] 허가를 받기 전 유동적 무효상태에 있는 경우에도 甲과 乙은 토지거래허가신청절차에 협력할 의무가 있다.

ㄴ [틀림] 유동적 무효상태에서는 계약상의 의무가 발생하지 않으므로 채무불이행을 이유로 한 계약해제는 불가능하다.

ㄷ [틀림] 유동적 무효 상태에서는 이미 지급한 계약금 등을 부당이득으로 반환청구할 수 없으며, 확정적으로 무효가 된 경우에 가능하다.

ㄹ [옳음] 토지거래허가에 협력할 의무와 소유권이전등기의무는 동시이행의 관계가 아니므로 甲을 상대로 소유권이전등기절차의 이행을 청구할 수 없다.

16 정답 ①

① [옳음] 제146조. 취소권은 추인할 수 있는 날로부터 3년 내에, 법률행위를 한 날로부터 10년 내에 행사하여야 한다. 연령계산은 초일을 산입하므로 甲은 2017년 3월 13일 24시에 만 19세로서 성년자가 된다. 그로부터 2020년 3월 13일 24시까지 취소할 수 있다.

17 정답 ③

① [옳음] 법정조건은 법률의 내용에 해당하는 것이고, 법률행위의 부관으로서의 조건이 아니다.

② [옳음] 제151조 제1항

③ [틀림] 제147조. 조건부 법률행위는 이미 성립한 법률행위가 조건이 성취되었을 때에 비로소 그 효력을 발생하는 것이다.

④ [옳음] 제151조 제3항

⑤ [옳음] 조건은 장래의 불확실한 사실의 발생 여부에 법률행위의 효력을 의존하게 하는 것이므로 과거의 사실은 조건이 되지 못한다.

18 정답 ④

① [옳음] 대판 2020.7.9. 2016다244224, 244231

② [옳음] 대판 2008.3.27. 2006다70929

③ [옳음] 대판 2016.10.27. 2014다211978

④ [틀림] 채무불이행으로 인한 손해배상채권은 본래의 채권이 확장된 것이거나 본래의 채권의 내용이 변경된 것이므로 본래의 채권과 동일성을 가진다. 따라서 본래의 채권이 시효로 소멸한 때에는 손해배상채권도 함께 소멸한다(대판 2018.2.28. 2016다45779).

⑤ [옳음] 대판 2006.8.24. 2004다26287

19 정답 ④

① [옳음] 제171조

② [옳음] 제172조

③ [옳음] 제173조

④ [틀림] 제176조. 압류, 가압류 및 가처분은 시효의 이익을 받은 자에 대하여 하지 아니한 때에는 이를 그에게 통지한 후가 아니면 시효중단의 효력이 없다.

⑤ [옳음] 제184조

20 정답 ①

① [옳음] 대판 2021.2.25. 2020다230239

② [틀림] 제3채무자로서는 전부채권자 혹은 압류채무자 중 어느 누구도 상계의 상대방으로 지정하여 상계하거나 상계로 대항할 수 있고, 그러한 제3채무자의 상계 의사표시를 수령한 전부채권자는 압류채무자에 잔존한 채권부분이 먼저 상계되어야 한다거나 각 분할채권액의 채권 총액에 대한 비율에 따라 상계되어야 한다는 이의를 할 수 없다(대판 2010.3.25.

2007다35152).
③ [틀림] 보증채무의 연체이율에 관하여 특별한 약정이 없는 경우라면 그 거래행위의 성질에 따라 상법 또는 민법에서 정한 법정이율에 따라야 하며, 주채무에 관하여 약정된 연체이율이 당연히 여기에 적용되는 것은 아니다(대판 2000.4.11. 99다12123).
④ [틀림] 채무이행의 불확정한 기한이 있는 경우에는 채무자는 기한이 도래함을 안 때로부터 지체책임이 있다(제387조 제1항 제2문).
⑤ [틀림] 신원보증인의 채무는 피보증인의 불법행위로 인한 손해배상채무 그 자체가 아니고 신원보증계약에 기하여 발생한 채무로서 이행기의 정함이 없는 채무이므로 채권자로부터 이행청구를 받지 않으면 지체의 책임이 생기지 않는다(대판 2009.11.26. 2009다59671).

21 정답 ③

① [옳음] 제467조 제1항
② [옳음], ③ [틀림] 채무자가 선관주의를 게을리하여 목적물을 훼손 또는 멸실케 한 경우에는 손해배상의무를 부담한다(제390조). 선관주의를 다하였다는 사실은 채무자가 증명하여야 하며, 채무자가 선관주의의무를 다하여 목적물을 관리한 경우에는 손해배상책임을 부담하지 않는다.
④ [옳음] 제374조
⑤ [옳음] 제462조

22 정답 ④

ㄱ [옳음], ㄴ [옳음], ㄹ [틀림] 대상청구권은 후발적 불능의 경우에 인정되는데, 채무자의 귀책여부는 묻지 않는다. 사안의 경우에는 쌍방의 귀책사유 없이 후발적 불능이 되었으므로 제537조의 채무자 위험부담주의 적용되어 乙의 반대급부의무 역시 소멸하며, 만약 乙이 보상금에 대하여 대상청구권을 행사한다면 자신의 반대급부 역시 이행을 하여야 한다. 즉, 당사자 일방이 대상청구권을 행사하려면 상대방에 대하여 반대급부를 이행할 의무가 있으므로 설문에서 乙이 甲에 대하여 보상금의 반환을 청구한다면 乙의 반대급부의무가 소멸되지 않는다. 이 경우 계약관계가 유지된다고 보아야 하기 때문이다. 그러나 대상청구권을 행사하지 않고, 계약이 실효되었음을 이유로 자신이 지급한 계약금을 부당이득으로 반환청구할 수도 있다.
ㄷ [옳음] [대판 2002.2.8. 99다23901] 설문을 보면 보상금으로 바로 4억 원을 받았으므로 특별한 사정이 없는 한 이행불능시인 수용된 시점부터 소멸시효가 진행된다.

23 정답 ②

ㄱ [틀림] [대판 1990.5.8. 89다카29129] 불법행위로 인하여 손해가 발생하고 그 손해발생으로 이득이 생기고 동시에 그 손해발생에 피해자에게도 과실이 있어 과실상계를 하여야 할 경우에는 먼저 산정된 손해액에서 과실상계를 한 다음에 위 이득을 공제하여야 한다. 설문을 보면 손해 100만 원에서 과실상계 30%를 하면, 70만 원이고, 이에 이익 30만 원을 공제하면 청구할 수 있는 금액은 40만 원이다.
ㄴ [옳음] 대판 2014.3.13. 2013다34143
ㄷ [틀림] 피해자에게 과실이 인정되면 법원은 손해배상의 책임 및 그 금액을 정함에 있어서 이를 참작하여야 하며, 배상의무자가 피해자의 과실에 관하여 주장하지 않는 경우에도 소송자료에 의하여 과실이 인정되는 경우에는 이를 법원이 직권으로 심리·판단하여야 한다(대판 1996.10.25. 96다30113).
ㄹ [옳음] 대판 2016.6.10. 2014다200763

24 정답 ③

① [틀림] 채권자가 자기채권을 보전하기 위하여 채무자의 권리를 행사하려면 채무자의 무자력을 요건으로 하는 것이 통상이지만 임대차보증금반환채권을 양수한 채권자가 그 이행을 청구하기 위하여 임차인의 가옥명도가 선이행되어야 할 필요가 있어서 그 명도를 구하는 경우에는 그 채권의 보전과 채무자인 임대인의 자력유무는 관계가 없는 일이므로 무자력을 요건으로 한다고 할 수 없다(대판 1989.4.25. 88다카4253).

② [틀림] 채권자는 채무자 자신이 주장할 수 있는 사유의 범위 내에서 주장할 수 있을 뿐 자기와 제3채무자 사이의 독자적인 사정에 기한 사유를 주장할 수는 없다(대판 2009.5.28. 2009다4787).

③ [옳음] 대판 2010.5.27. 2009다93992

④ [틀림] 상소의 제기와 마찬가지로 재심대상판결에 대하여 불복하여 종전 소송절차의 재개, 속행 및 재심판을 구하는 재심의 소 제기는 채권자대위권의 목적이 될 수 없다(대판 2012.12.27. 2012다75239).

⑤ [틀림] 이혼으로 인한 재산분할청구권은 협의 또는 심판에 의하여 그 구체적 내용이 형성되기까지는 그 범위 및 내용이 불명확·불확정하기 때문에 구체적으로 권리가 발생하였다고 할 수 없으므로 이를 보전하기 위하여 채권자대위권을 행사할 수 없다(대판 1999.4.9. 98다58016).

25 정답 ④

ㄱ [옳음] 채권자취소소송의 판결은 소송의 당사자들에만 효력이 있다(상대적 무효설) 소송에 참여하지 않은 채무자나 수익자 또는 전득자는 채권자취소소송의 판결의 효력을 받지 않는다. 그러므로 甲이 丙을 상대로 채권자취소소송을 제기한 경우 채무자 乙에게는 그 소송의 효력이 미치지 않는다.

ㄴ [옳음] 채권자취소권 행사에 의한 취소와 원상회복은 모든 채권자의 이익을 위하여 그 효력이 있다(제407조). 취소권을 행사한 채권자이더라도 취소권에 의하여 회복된 재산에 대하여 다시 강제집행절차를 밟지 않으면, 자기 채권의 변제에 충당할 수 없다. 즉 채권자가 회복된 재산으로부터 우선변제를 받을 권리는 없다.

ㄷ [틀림] 채무자의 재산처분행위가 사해행위가 되는지는 처분행위 당시를 기준으로 판단하여야 하며, 설령 재산처분행위가 정지조건부인 경우라 하더라도 특별한 사정이 없는 한 마찬가지이다(대판 2013.6.28. 2013다8564).

26 정답 ③

① [옳음] 연대채무자 1인에 대하여 법률행위의 무효 또는 취소의 원인이 존재하더라도 다른 연대채무자의 채무의 효력에는 영향을 미치지 않는다.

② [옳음] 제418조 제2항

③ [틀림] 연대의 면제는 채권자와 개개 연대채무자 사이에서 대외적 채무액을 그 채무자의 부담부분에 해당하는 액의 한도에서 그 이상의 청구를 하지 않겠다는 면제를 말한다. 채권총액에는 아무 영향을 주지 않으므로 채무의 면제와는 구별된다. 연대의 면제에는 절대적 연대면제와 상대적 연대면제가 있다. 전자는 모든 연대채무자에 대하여 전부급부의무를 해체하여 대외적 관계에서 각자의 부담부분에 한정하는 것을 말한다. 따라서 절대적 연대면제가 행해지면 연대채무는 분할채무가 된다. 따라서 丁이 甲에게 연대하여 채무를 이행할 의무를 면제해준 경우 甲은 자신의 부담부분인 500만 원만을 변제할 의무를 부담하고, 乙과 丙은 여전히 1,500만 원을 변제할 의무를 진다.

④ [옳음] 제427조 제1항

⑤ [옳음] 연대채무자 중 1인과 채권자 사이에서 생긴 사유의 효력이 당해 연대채무자의 부담부분의 범위 내에서만 다른 연대채무자와 채권자 사이에도 절대적 효력이 미치는 사유로서, 면제(제419조)·혼동(제420조)·소멸시효(제421조)가 이에 속한다.

27 정답 ③

① [틀림], ② [틀림] 보증은 그 의사가 보증인의 기명날인 또는 서명이 있는 서면으로 표시되어야 효력이 발생하며, 보증인에게 불리하게 변경하는 경우에도 마찬가지이다. 다만, 보증의 의사가 전자적 형태로 표시된 경우에는 효력이 없다(제428조의2 제1항). 그러나 보증인이 보증채무를 이행한 경우에는 그 한도에서 제1항에 따른 방식의 하자를 이유로 보증의 무효를 주장할 수 없다.

③ [옳음] 제428조의3

④ [틀림] 주채무자에 대한 시효중단은 보증인에 대하여도 효력이 있다(제440조). 그러므로 주채무자에 대한 시효중단의 사유가 발생하였을 때는 그 보증인에 대한 별도의 중단조치가 이루어지지 아니하여도 동시에 시효중단의 효력이 생기도록 한 것이다(대판 2005.10.27. 2005다35554).

⑤ [틀림] 민법 제436조의2. 채권자는 보증계약을 체결할 때 또는 보증계약을 갱신할 때 보유하고 있거나 알고 있는 주채무자의 채무관련 신용정보를 보증인에게 알려야 하며, 이러한 정보제공의무를 위반한 경우에는 법원은 그 내용과 정도 등을 고려하여 보증채무를 감경하거나 면제할 수 있다고 한다.

28 정답 ③

ㄱ [틀림] 보증채무는 주채무에 대한 부종성 또는 수반성이 있어서 주채무자에 대한 채권이 이전되면 당사자 사이에 별도의 특약이 없는 한 보증인에 대한 채권도 함께 이전하고, 이 경우 채권양도의 대항요건도 주채권의 이전에 관하여 구비하면 족하고, 별도로 보증채권에 관하여 대항요건을 갖출 필요는 없다(대판 2002.9.10. 2002다21509).

ㄴ [옳음] 대판 1999.7.9. 99다12376

ㄷ [틀림] 채무자의 인수인에 대한 청구권은 그 성질상 재산권의 일종으로서 일신전속적 권리라고 할 수는 없으므로, 채권자는 채권자대위권에 의하여 채무자의 인수인에 대한 청구권을 대위행사 할 수 있다(대판 2009.6.11. 2008다75072).

29 정답 ③

물상보증인과 보증인 사이에서는 그 인원수에 비례하여 채권자를 대위한다(제482조 제2항 제5호 본문). 다만, 물상보증인이 여러 명인 때에는 보증인의 부담부분을 제외한 그 잔액에 대해서 각 담보물의 가액에 비례하여 대위한다(제482조 제2항 제5호 단서). 이는 보증인과 물상보증 중 어느 1인에 의하여 주채무 전액이 상환되었을 것을 전제로 하며, 따라서 보증인과 물상보증인이 여럿 있는 경우 어느 누구라도 위와 같은 방식으로 산정한 각자의 부담 부분을 넘는 대위변제 등을 하지 않으면 다른 보증인과 물상보증인을 상대로 채권자의 권리를 대위할 수 없다(대판 2010.6.10. 2007다61113·61120).

⑴ 보증인 乙이 전액을 변제한 경우, 우선 각자의 부담부분은 인원수에 비례하여 1억 원÷4(보증인 2. 물상보증인 2) = 2,500만 원이므로 乙은 보증인 丙에게 2,500만 원을 대위하여 청구할 수 있다. 乙과 丙의 부담부분을 제외한 5,000만 원에 대하여 물상보증인 丁과 戊는 담보물의 가액의 비례하여(3 : 2) 각각 3,000만 원과 2,000만 원을 부담한다.

⑵ 따라서 乙은 丙에 대하여는 2,500만 원에 대한 채권자의 보증채권을, 丁과 戊에 대하여는 각각 3,000만 원과 2,000만 원의 한도에

서 채권자의 담보권을 대위하여 행사할 수 있다.

30 정답 ③

① [틀림] 벌금형이 확정된 이상 벌금채권의 변제기는 도래한 것이므로 달리 이를 금하는 특별한 법률상 근거가 없는 이상 벌금채권은 적어도 상계의 자동채권이 되지 못할 아무런 이유가 없다(대판 2004.4.27. 2003다37891).

② [틀림] 채권양수인이 양수채권을 자동채권으로 하여 그 채무자가 채권양수인에 대해 가지고 있던 기존 채권과 상계한 경우, 채권양수인은 채권양도의 대항요건이 갖추어진 때 비로소 자동채권을 행사할 수 있으므로 채권양도 전에 이미 양 채권의 변제기가 도래하였다고 하더라도 상계의 효력은 변제기로 소급하는 것이 아니라 채권양도의 대항요건이 갖추어진 시점으로 소급한다(대판 2022.6.30. 2022다200089).

③ [옳음] 대판 2019.5.16. 2016다239420

④ [틀림] 제495조

⑤ [틀림] 상계의 경우에도 민법 제499조에 의하여 민법 제476조, 제477조에 규정된 변제충당의 법리가 준용된다(대판 2013.2.28. 2012다94155).

31 정답 ③

② [옳음] 대판 2001.3.9. 2000다73490

③ [틀림] 부동산 매매계약에 있어 매수인이 부가가치세를 부담하기로 약정한 경우, 부가가치세를 매매대금과 별도로 지급하기로 했다는 등의 특별한 사정이 없는 한 부가가치세를 포함한 매매대금 전부와 부동산의 소유권이전등기의무가 동시이행의 관계에 있다(대판 2006.2.24. 2005다58656).

⑤ [옳음] 대판 2001.9.18. 2001다9304

32 정답 ④

① [옳음] 대가관계에서 발생한 항변사유는 기본계약에 영향을 미치지 않는다.

② [옳음] 제3자를 위한 계약에서 기본계약이 해제된 경우 원상회복과 부당이득반환은 계약의 당사자 사이에서 청구할 수 있다. 이미 제3자에게 급부한 것이 있더라도 제3자를 상대로 반환을 청구할 수 없다.

③ [옳음] 수익자 丙이 수익의 의사표시를 한 이후에 낙약자인 乙이 채무를 불이행한 경우에는 요약자 甲은 기본계약을 해제할 수 있고, 수익자 丙은 낙약자 乙에게 직접 손해배상을 청구할 수 있다.

④ [틀림] 기본계약이 착오로 취소된 경우, 선의의 제3자는 보호된다. 그러나 제3자를 위한 계약에서의 제3자는 제3자에 포함되지 않는다.

⑤ [옳음] 수익의 의사표시를 하면 수익자는 권리를 확정적으로 취득하므로 낙약자 乙에게 직접 그 이행을 청구할 수 있다.

33 정답 ③

① [옳음] 매수인의 중도금지급의무 위반을 이유로 계약이 적법하게 해제된 후에도 매수인은 상대방의 계약해제에 따른 효과로서 손해배상책임을 지거나 계약금의 반환을 받을 수 없는 불이익을 면하기 위하여 착오를 원인으로 그 계약을 취소할 수 있다.

② [옳음] 대판 1982.5.11. 80다916

③ [틀림] 이행불능의 경우에는 이행할 수 없는 경우이므로 상대방의 변제제공은 의미가 없다. 따라서 최고 없이 곧바로 계약을 해제할 수 있다.

④ [옳음] 채권자지체가 성립하는 경우 그 효과로서 원칙적으로 채권자에게 민법 규정에 따른 일정한 책임이 인정되는 것 외에, 채무자가 채권자에 대하여 일반적인 채무불이행책임과 마찬가지로 손해배상이나 계약 해제를 주

장할 수는 없다(대판 2021.10.28. 2019다293036).
⑤ [옳음] 매매계약의 일방 당사자가 사망하였고 그에게 여러 명의 상속인이 있는 경우에 그 상속인들이 위 계약을 해제하려면, 상대방과 사이에 다른 내용의 특약이 있다는 등의 특별한 사정이 없는 한, 상속인들 전원이 해제의 의사표시를 하여야 한다(대판 2013.11.28. 2013다22812).

34 정답 ④

① [옳음] 해약금에 의한 해제권 행사는 해제의 의사표시만으로는 부족하고, 수령자는 계약금의 배액을 제공하여야 한다. 다만, 이행을 제공하면 충분하고 매수인이 이를 수령하지 않더라도 공탁까지 할 필요는 없다.
② [옳음] 가계약금에 관하여 해약금 약정이 있었다고 인정하기 위해서는 약정의 내용, 계약이 이루어지게 된 동기 및 경위, 당사자가 계약에 의하여 달성하려고 하는 목적과 진정한 의사, 거래의 관행 등에 비추어 정식으로 계약을 체결하기 전까지 교부자는 이를 포기하고, 수령자는 그 배액을 상환하여 계약을 체결하지 않기로 약정하였음이 명백하게 인정되어야 한다(대판 2022.9.29. 2022다247187).
③ [옳음] 이행이 이루어지기 전의 약정해제이므로, 원상회복이 문제되지 않는다.
④ [틀림] 해약금에 의한 계약해제는 일방이 이행에 착수할 때까지 해제할 수 있다. 토지거래허가구역 내의 토지에 관하여 토지거래허가를 받은 것은 이행에 착수한 것으로 보지 않는다. 따라서 다른 약정이 없는 한 매도인은 계약금의 배액을 상환하고 계약을 해제할 수 있다.
⑤ [옳음] 계약금 포기에 의한 계약해제는 해약금에 의한 해제권 행사이고, 채무불이행으로 인한 경우가 아니므로 상대방은 손해배상을 청구할 수 없다.

35 정답 ⑤

① [옳음] 법률상의 제한이나 장애가 있는 것은 권리의 하자가 아니라 물건의 하자로 본다.
② [옳음] 매수인의 계약해제권 행사기간은 제척기간이다. 다만 출소기간은 아니라는 것이 판례의 입장이다.
③ [옳음] 매도인의 담보책임에 기한 손해배상청구권은 제척기간의 적용이 있으나, 채권의 소멸시효에 관한 규정의 적용이 배제되는 것은 아니라는 것이 판례의 입장이다. 이때 다른 특별한 사정이 없는 한 매수인이 매매 목적물을 인도받은 때부터 소멸시효가 진행한다고 해석한다.
④ [옳음] 매도인의 담보책임을 배제하거나 경감하는 특약은 가능하다. 다만 매도인이 하자가 있음을 알면서 고지하지 않은 경우에는 책임을 면하지 못한다.
⑤ [틀림] 채무불이행책임과 경합할 수 있는 바, 물건의 소유권이 매도인에게 속하지 않는다는 것을 매수인이 알지 못하였으나 이에 과실이 있었다면 손해배상범위를 정할 때 매수인의 과실을 참작할 수 있다.

36 정답 ⑤

① [옳음] 무허가건물도 지상물매수청구권의 대상이 될 수 있다.
② [옳음] 임차인의 차임연체를 이유로 임대인이 임대차계약을 해지한 경우에는 임차인은 지상물매수청구권을 행사할 수 없다.
③ [옳음] 지상물매수청구권은 임차인의 갱신요구를 임대인이 거절한 경우에 청구할 수 있다. 임대차 기간의 정함이 없는 경우, 임대인이 해지통고를 하면 갱신거절의 의사가 포함된 것으로 볼 수 있으므로 지상물매수청구권을 행사할 수 있다.
④ [틀림] 임차권이 대항력을 갖춘 경우에 지상물매수청구권 행사의 상대방은 현재의 토지

임대인이다. 임차권이 기간만료로 소멸한 후 임대토지가 양도된 경우, 임차인 甲은 현재 임대인의 지위를 승계한 丙을 상대로 지상물매수청구권을 행사할 수 있다.

⑤ [옳음] 지상물매수청구권은 토지임대차의 기간이 만료된 경우 지상물이 현존하면 행사할 수 있으므로 건물에 근저당권이 설정된 경우에도 가능하다.

37 정답 ④

① [옳음] 여행에 하자가 있는 경우에는 여행자는 여행주최자에게 하자의 시정 또는 대금의 감액을 청구할 수 있다. 다만, 그 시정에 지나치게 많은 비용이 들거나 그 밖에 시정을 합리적으로 기대할 수 없는 경우에는 시정을 청구할 수 없다(제674조의6 제1항).

② [옳음] 제674조의3

③ [옳음] 부득이한 사유가 있는 경우에는 각 당사자는 계약을 해지할 수 있다. 이 경우 그 해지로 인하여 발생하는 추가 비용은 그 해지 사유가 어느 당사자의 사정에 속하는 경우에는 그 당사자가 부담하고, 누구의 사정에도 속하지 아니하는 경우에는 각 당사자가 절반씩 부담한다(제674조의4 제3항).

④ [틀림] 여행 종료 후에 지급한다(제674조의5).

⑤ [옳음] 제674조의7 제1항

38 정답 ⑤

① [옳음] 제740조

② [옳음] 위임에서와 달리 민법상 사무관리에는 보수청구권이나 비용선급청구권이 인정되지 아니한다.

③ [옳음] 대판 2014.12.11. 2012다15602

④ [옳음] 제739조

⑤ [틀림] 제734조 제3항. 관리자가 과실없는 때에도 이로 인한 손해를 배상할 책임이 있다.

39 정답 ④

① [옳음] 제744조

② [옳음] 제745조 제1항

③ [옳음] 제747조 제1항

④ [틀림] 제748조. 선의의 수익자는 그 받은 이익이 현존한 한도에서 부당이득반환의 책임이 있고, 악의의 수익자는 그 받은 이익에 이자를 붙여 반환하고 손해가 있으면 이를 배상하여야 한다.

⑤ [옳음] 제749조 제2항

40 정답 ③

ㄱ [틀림] 공동불법행위자 중 1인의 손해배상채무가 시효로 소멸한 후에 다른 공동불법행위자 1인이 피해자에게 자기의 부담부분을 넘는 손해를 배상하였을 경우에도, 그 공동불법행위자는 다른 공동불법행위자에게 구상권을 행사할 수 있다(대판 1997.12.23. 97다42830).

ㄴ [틀림] 부진정연대채무에 해당하는 공동불법행위로 인한 손해배상채무에 있어서도 채무자 상호간에 구상요건으로서의 통지에 관한 민법의 위 규정을 유추적용할 수는 없다(대판 1998.6.26. 98다5777).

ㄷ [옳음] 대판 2002.5.24. 2002다14112. 부진정연대채무에서 구상권이 발생하기 위하여는 자기 부담부분을 초과하여 배상하여야 한다.

[제3판]
공인노무사 원포인트 객관식 민법

인쇄일 1쇄 2024년 3월 15일
발행일 1쇄 2024년 3월 25일

저 자   김 중 연
발행인 이 종 은
발행처 새 흐 름
서울특별시 마포구 독막로 295 삼부골든타워 212호
등록   2014. 1. 21. 제2014-000041호(윤)
전 화   (02) 713-3069
F A X   (02) 713-0403
홈페이지 www.sehr.co.kr

ISBN   979-11-6293-468-5(93360)
정 가   25,000원

* 본서의 무단복제행위를 금합니다. 파본은 바꿔드립니다.
* 저자와 협의하여 인지첩부를 생략합니다.